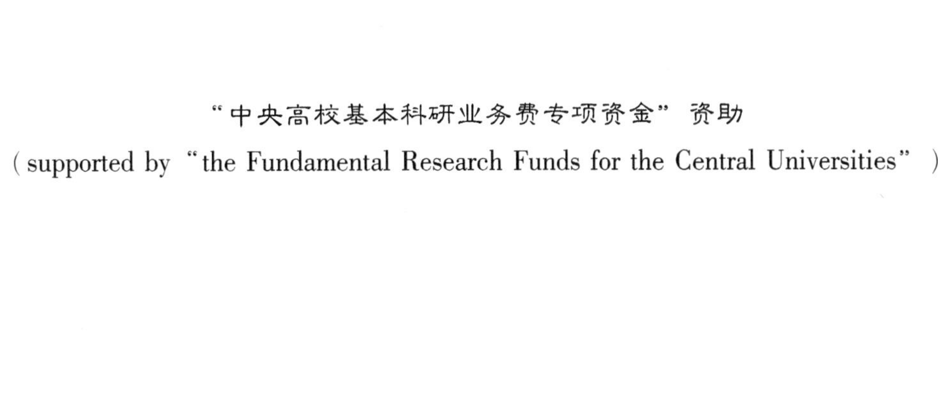
"中央高校基本科研业务费专项资金"资助

(supported by "the Fundamental Research Funds for the Central Universities")

特别顾问◎裴广川

犯罪科学

[澳]理查德·沃特 Richard Wortley [英]艾登·赛德博顿 Aiden Sidebottom
[英]尼克·蒂利 Nick Tilley [英]格洛丽亚·莱科克 Gloria Laycock ◎编
徐轶超◎译

Routledge Handbook of Crime Science

中国政法大学出版社
2025 · 北京

Routledge Handbook of Crime Science, First Edition
editedby Richard Wortley, Aiden Sidebottom, Nick Tilley and Gloria Laycock
ISBN: 9780367580414

北京市版权局著作权合同登记号：图字 01-2024-4287 号

《犯罪科学》出版序言

徐轶超翻译《犯罪科学》一书，嘱我作序。这是我为他作序的第四本译著。前三本是《美国刑事司法》《英国刑事司法》《犯罪预防》。这本《犯罪科学》是英国伦敦大学学院集西方当代犯罪学研究之大成的一本力作。我愿意以序言作者的身份将我对这本书的读书心得写出来，以飨读者。

一

本书名为《犯罪科学》，是将犯罪作为一门科学来研究，旨在用科学的方法研究犯罪问题的学科，或称是用科学的方法来研究犯罪的知识体系。

犯罪学是在资本主义形成过程中发展起来的。到 19 世纪末意大利的一位监狱医生切萨雷·龙勃罗梭于 1876 年出版了第一本名为《犯罪人论》的著作，这标志着犯罪学的产生，也因此他被人称为犯罪学之父。意大利的加罗法洛在 1885 年出版了世界上第一本《犯罪学》著作，并于 19 世纪末开始成为一个独立的学科。从龙勃罗梭到加罗法洛，现代犯罪学由兴起到成型，在理论上由古典学派过渡到实证主义学派。

古典学派是在 18 世纪中叶功利主义哲学的基础上发展起来的。其中古典主义学派的代表人物贝卡里亚、罗米利和边沁等人形成了芝加哥犯罪学派，这对后来的犯罪学产生了重要影响。他们指出，人类对自己行为负责是因为人有决定自己行为的自由意志，人类行为选择的动力是人类对极度快乐的追求。人类选择快乐，避免痛苦，这种理性盘算会在行为前算计出得和失之后再根据快乐和痛苦的权衡采取行动，国家对犯罪行为严惩程度越高，越会增加一个行为的成本而驱使众人远离犯罪。正是这一实用主义的哲学价值，让人们得出了及时且确定的惩罚才是阻止犯罪有效的手段。这一哲学思潮助推了法国大革命的产生、英国的刑法改革和监狱改革，并成为社会变革的推动思潮。

历史证明，实用主义哲学是犯罪学古典学派产生的基础，犯罪学古典学派推动了刑法改革和监狱改革的浪潮，以至于至今犯罪学对于世界各国现代刑法都留下了深深烙印。当然，由于古典学派将人类行为假设在理性人的基础上，忽略了人类行为中的非理性因素和情感因素，使其产生了原生性的局限，而不能全面地、不间断地、深入地指引犯罪学继续发展。

实证主义学派用犯罪社会学的方法研究人的行为，这种方法认为犯罪人实施犯罪行为是由其内外不可控制的因素所决定的，并以此为特征形成了犯罪学实证主义派，其中生理实证主义、心理实证主义和社会实证主义尽管有很大的局限性，但在犯罪学形成独立学科的过程中仍然起到了不可磨灭的作用。

生理实证主义的奠基人是19世纪的龙勃罗梭，他坚持以实证的观点审视世界，并建议观察人的生理特征，诸如颧骨、发线等并以此决定犯罪行为是否会发生。可以说他是“天生犯罪人”论点的主要炮制者。这种生理实证主义在后来的犯罪学中难以被接受。

心理实证主义认为个性和神经机能，是导致犯罪行为发生的重要因素，并以此为对象展开犯罪学研究，提出犯罪模型。在这一领域的代表人物是英国心理学家策尔比，他的模型为儿童社会化的理论、犯罪学的心理解释和社会学的理论发展铺平了道路，促进犯罪心理学日后形成独立的学科。

社会实证主义研究对犯罪产生的深层次原理进行了探讨，诸如贫穷、次文化、低教育水平等。这一学说认为一个人的行为是由社会交往差异形成的，类似中国古语中的“近朱者赤，近墨者黑”。因为社会关系在没有展开分工之前，处于机械连带的社会关系中，行为标准单一一致，而在有机连带过程中，不再以行为一致为基础。两种连带关系本质不同，两种关系的冲突是犯罪产生的原因，其使用的名称是“失忆理论”。按照失忆理论的观点，犯罪是在缺乏合适的社会规范调整的状态下，个人欲望或个人需要无限膨胀和用不正当方式加以满足的产物。这无疑是立法学赖以成立的主要理论基础之一。失忆理论在法学界颇为流行，其代表人物是迪尔凯姆。美国社会学家默顿将失忆理论运用来研究美国社会，提出社会结构与失范论产生了紧张理论，它认为任何社会的文化特征都有两个特征，即确立它认为应当追求的社会目标，并以规范、制度等形式规定了实现目标的手段。但社会目标因阶层地位不同实现方式也不相同，当下层阶级的人们无法用合法手段达到目的的时候会产生挫折感、愤怒等负面情绪，于是失范行为即犯罪行为就发生了。在紧张理论中，犯罪发生持久性是由人性中固有的愿望和冲动导致的，失范是调整个人和自然欲望的社会力量瓦解的表现。这一理论，对当代刑事政策的发展和完善提供了有说服力的理论基础。

社会控制论认为，犯罪发生是社会控制力量薄弱所引起的。这一理论，无论是对西方资本主义社会还是对社会主义社会国家的犯罪“严打”而言都提供了理论基础。

上述事实，概述了犯罪学由意大利学者加罗法洛撰写的《犯罪学》问世到龙勃罗梭的天生犯罪人论，由犯罪学古典学派的哲学思辨到实证主义学派的兴起，使《犯罪学》由思辨走向现实。但无论思辨的《犯罪学》还是实证的《犯罪学》都不能再像18世纪到19世纪的犯罪学那样，对于刑法和监狱的改革产生重大影响，并对整个刑事司法实践发挥引领作用。《犯罪科学》的问世，标志着《犯罪学》对于刑法改革并指导司法实践的时代落幕，重回大地，我们应当续写犯罪学新的华章。

二

《犯罪科学》的问世，标志着犯罪学由思辨的犯罪学经实证犯罪学到以科学为手段的犯罪学的华丽转型。《犯罪科学》与传统的《犯罪学》的异同表现在以下几个方面。

（一）《犯罪科学》与传统《犯罪学》的共同点：

1. 它们都以犯罪作为学科确立的对象；

2. 它们都以探讨犯罪的成因和预防为己任；

3. 它们在自己出世后对所面临的刑法改革、监狱改革、刑事司法实践都发挥和可能发挥引领作用。

（二）《犯罪科学》与传统《犯罪学》的不同是：

1.《犯罪科学》坚持但超越了哲学思辨和经验证据的实证主义的合理内

核，采用现代科学技术方法展开犯罪学研究，对犯罪学的研究实践再次实现了引领作用；

2.《犯罪学》从此走出象牙塔走向全社会。《犯罪学》的古典学派是出自古典哲学学派的哲学家对法律概念的热心而展开的思辨的结晶。《犯罪学》实证学派出自社会学家、人口学家、心理学家所做的理论探讨，局限在少数专业人员的范围内。而《犯罪科学》的研究者从学者到官员，从社会管理者到社区工作人员，从人文到科技各行各业的人才都有参加，使犯罪学成为全社会普及的学科；

3. 传统的《犯罪学》是国别犯罪学，而《犯罪科学》本身就是跨国犯罪学。意大利学者龙勃罗梭的天生犯罪人论的问世标志着犯罪研究由古典主义转向实证主义，意大利的学者加罗法洛出版的《犯罪学》标志着犯罪学以一门独立的学科登场。此后犯罪学的发展中心逐渐由欧洲转向美国。而近期的犯罪科学则迸发于英国，并崭露头角。为了应对资本主义社会发生的犯罪浪潮，用科学手段研究犯罪问题，形成了以哲学家边沁为代表的伦敦大学学院学派。由于芝加哥学派旗手离开，队伍内部纷争又导致人员离散而衰落，以《犯罪科学》命名的犯罪学在英国伦敦大学学院诞生。近代犯罪学繁荣于美国，其中最好的研究机构是马里兰大学帕克学院，而犯罪科学最发达的学校则是英国的伦敦大学学院，可以说是英美两个国家的两所大学共同实现了犯罪学的历史性转身。而本书的译者徐轶超正是在这两所学校先后分别获得了硕士学位和博士学位，这是一件很有意思的事情。

三

我国对犯罪学的研究起步较晚，新中国成立以来，对犯罪学的研究起步于对青少年犯罪的研究，到 1982 年我国成立青少年犯罪研究会，再到 1992 年以北大康树华教授为会长的犯罪学学会才正式成立。但我国的犯罪学研究一直是在刑法学、刑事诉讼法学的夹缝中开展活动，抽象地说，仅停留在刑事政策范围内，并没有充分展开学科的深入研究。19 世纪以来，随着西学东渐，西方犯罪学被引入中国。20 世纪 20、30 年代我国出版了第一批犯罪学译著。新中国成立之后犯罪学研究停滞了 30 年，十一届三中全会后，新中国犯罪学诞生。改革开放以来，我国北京大学出版社出版了康树华教授和张小虎教授主编的《犯罪学》，中国政法大学出版社出版了魏平雄教授主编的《犯罪学》，高等教育出版社出版了王牧教授主编的《新犯罪学》，还有不少专家学者出版过多种版本的《犯罪学》，为我国刑事司法的改革与进步提供了很大的助力。但随着一些老学者的陆续离去，我国犯罪学发展势微。振兴犯罪学是发展刑事司法相关学科不可缺少的手段。为此建议如下：

1. 应当明确犯罪学是所有刑事学科和刑事司法的上游学科，为刑事司法的改革、为监狱改革提供思想支持；

2. 应当批判地吸收犯罪学古典学派、实证学派的合理内核。实际上传统犯罪学中的天生犯罪人论，无论是在资本主义国家还是社会主义国家，都对其持否定态度。理性犯罪人的缺陷尽人皆知，因为人的行为并非都受理性支配，也会受非理性因素、情感因素的影响，这是客观事实。在理性状态下心理强制论具备预防犯罪的作用，在非理性状态下心理强制论不会对预防犯罪发生作用。对前人的学说进行辩证取舍才能为我所用，才能促进学术的发展和繁荣；

3.《犯罪科学》采用科学方法来研究犯罪为我们打开了新的视野，但不能因此而否定哲学思辨的方法，以及经验证据实证方法在犯罪学发展过程中的手段作用。

哲学思辨是任何学科必不可少的思想基础。没有芝加哥学派创始人、边沁等人的哲学思辨就不可能有犯罪学中的古典学派，也就没有19世纪法国的刑法改革和监狱改革运动。今后犯罪学的发展也离不开哲学思维的指导和推动。在机构和制度发生变革的过程中，从哲学思维上首先要一分为二，明确好坏对错，在好/坏和对/错的坏的倾向中预防犯罪；在机构和制度确立之后，就要一分为三，在对与错、好与坏之间的中间地带预防犯罪。哲学思维对头才能为预防犯罪在正确的地方提出中肯的建议。

实证的方法与科学的方法相比，实证方法依赖的是证据，而证据的证明力又有有无之分、大小之分。科学方法证明力最强，科学的结论是可印证可复制的，对证据的认定是准确的，而经验证据对事实的认定是有条件的。但二者都有局限性。因为科学永无止境，其真理性可能是在未来不在当下，科学一时不能做到万能，在犯罪学的发展过程中，片面性是难以避免的。可以说学术就是将片面性发挥到极致的产物，世界上没有不带片面性的学术。不能以发现片面性为由，就诋毁研究者是黑专家；

4. 建议效法犯罪学芝加哥学派的做法，吸收各行各业的专家，学习犯罪学，使其成为各行各业包括刑事司法学的政策制定者、法律的监督者、预防犯罪的志愿者的高端人才。因此我们应在犯罪学研究所吸收各类本科毕业生，让他们来犯罪研究所继续深造，参与犯罪预防研究，以适应社会的深层需要。

以上各项内容都是我在阅读《犯罪科学》一书的过程中所思所想。希望《犯罪科学》的出版能对我国犯罪学的拓展提供新的方向，我也期待中国的《犯罪学科》在中国这块土地上，生根发芽。

谨以此文为序。

裴广川

2023 年 4 月 5 日

本书概要

犯罪科学，正如其名称所暗示的，是将科学研究方法应用于犯罪现象的研究。本书志在成为犯罪科学的一面旗帜，展现这一领域的广阔天地。我们希望通过这样的努力，使读者能够深入了解犯罪科学的基本假设、愿景以及研究方法，并探索其所涵盖的众多主题。犯罪科学提供了一种独特的视角来理解和解决犯罪问题：一种注重实效、基于证据、跨越学科界限的研究路径。其核心宗旨在于探索新方法以减少犯罪发生，保障公共安全。

本书首先阐述了犯罪科学的理论基础，回顾了其在环境犯罪学中的发展根源，并详细描述了其显著特点。全书分为两大部分：第一部分由各相关领域的专家撰写，展现了他们基于犯罪科学的研究成果；第二部分则通过一系列示范性案例研究，揭示了犯罪科学家在对抗犯罪方面的多样化工作。在书的最后，笔者综合了前面的章节贡献以及相关研究成果，对犯罪科学未来的发展方向进行了深入的探讨。

本书是社会科学家和犯罪科学工作者不可或缺的读物。它标志着犯罪研究、侦查以及预防工作进入了一个全新的阶段，体现了犯罪科学的重要性和前沿性。

目　录

第一部分　对犯罪科学的学科贡献

第二部分　犯罪科学在行动

第一章

什么是犯罪科学？

介绍

犯罪科学是将科学应用于对犯罪现象的研究。若你以为犯罪科学仅仅是传统犯罪学的一种延续，那么这种理解是远远不够的。

首先，犯罪学的关注点远超犯罪本身，它涉及到犯罪者的特征及其形成背景、社会结构、社会机构的功能、法律的制订与执行、刑事司法系统的运作及其参与者的行为模式。然而，对于犯罪科学家而言，犯罪本身始终是研究的核心。他们深入探究的是犯罪的主体、犯罪的原因、犯罪的性质、犯罪的方式、犯罪的地点和时机。犯罪科学研究的终极目标，在于学习如何更有效地预防和减少犯罪行为。

进一步来说，并非所有的犯罪学研究都能贴上“科学”的标签，这一观点可能颠覆了许多人的传统认知。科学方法通常被理解为系统地搜集和验证证据的过程，它涉及测量、假设构建和实验等方法。然而，犯罪学中的一些流派，例如文化犯罪学（海沃德和扬，2004），往往规避这种实证主义方法，转而采用强调知识主观性的解释性研究方法。在审视刑事司法系统的运作时，我们常会遇到大量基于公众情绪、意识形态、政治妥协、直觉、道德假设等因素而产生的所谓的“好主意”以及基于“我们一贯的做法”而做出的决策。这些决策往往并非基于最佳的科学依据。犯罪科学则是一种以证据为基础的方法，旨在解决犯罪问题，其中包括实证研究的运用。在犯罪科学中，“科学”的含义远不止于目前主导犯罪学的传统社会学、心理学和法学方法。它还涵盖了减少犯罪所需的其他科学理论、方法，以及可能来自社会科学、自然科学、形式科学和应用科学的广泛知识。犯罪科学倡导的是一种跨学科的综合研究途径，以科学的态度寻求更有效的犯罪问题解决方案。

因此，犯罪科学在犯罪研究上表现得更为专注，同时其研究领域也更加广泛。它的狭义使命是致力于减少犯罪，而在实现这一目标的方式和方法上，它采取了包容多元的策略。通过融合这些要素，我们可以得出以下精炼的定义：犯罪科学是将多学科的科学方法和知识综合应用，以开发出实用且符合伦理的策略，旨在降低犯罪率并保障公共安全。

“犯罪科学”这一术语宛如一面旗帜，号召那些信仰实证主义方法、致力于研究和实践减少犯罪的人们聚集于此。这些人中，许多并不具备传统的犯罪学背景。犯罪科学在借鉴现有理论和方法的基础上，以其独特的视角和方法论，聚焦于减少犯罪的共同目标。尽管越来越多的研究者自称为犯罪科学家，但其中不少人对犯罪科学的深刻内涵理解不深，只是进行了一些表面看似复杂的研究工作。

本书旨在成为犯罪科学的一篇宣言，揭示其独特魅力。在书中，我们精选了若干犯罪科学的案例，明确了其主要特征，并展示了其在实践中的应用路径。本导言章节分为两个核心部分。在第一部分，我们将探索犯罪科学的根源——环境犯罪学。环境犯罪学为犯罪科学奠定了哲学和理论方法的基石，这些方法成为犯罪科学不可或缺的支撑。第二部分，我们深入探讨了犯罪科学的三大标志性特征：以减少犯罪为核心的结果导向方法、科学的定位，以及对于跨学科知识的广泛包容性。

犯罪科学的根源——环境犯罪学

在 20 世纪 70 年代，美国和英国共同探讨了一个关键问题，即罪犯预防能在多大程度上有效地减少犯罪？当时，罪犯治疗计划是主流的减少犯罪手段，而“无计可施”的忧虑（马丁森，1974）成为了刑事司法系统工作者，尤其是监狱工作人员间流传的一种消极论调，这无疑削弱了他们的工作动力。同时，这也留下了一个关于有效犯罪对策的政策空白。从 20 世纪 70 年代初至 20 世纪 80 年代中期，环境犯罪学作为一个新兴的研究领域，通过一系列具有里程碑意义的出版物，为犯罪预防工作提供了新颖的视角和丰富的信息资源（见表 1. 1）。这些方法源自不同的学科背景，关注点各异，它们在理解犯罪事件本身（而非深层的犯罪原因）和犯罪发生的直接环境（而非遥远的假设原因）方面提供了独特的见解（沃特利和汤斯利，2017）。在本章中，我们将回顾环境犯罪学的发展轨迹，并展示这些多元线索是如何交织融合，从而形成了一个连贯的视角。在这一过程中，我们强调了那些影响犯罪科学概念化的关键假设和方法。

表 1.1　环境犯罪学的开创性方法年表

年	概念	主要人物	关键思想
1971 年	通过环境设计预防犯罪	C·雷·杰弗里	犯罪是违法行为的直接后果。环境的设计应以阻止犯罪行为的方式进行。
1972 年	防御空间	奥斯卡·纽曼	犯罪是与城市生活相关的匿名性的产物。城市设计应帮助提高公民保护脆弱空间免受潜在罪犯入侵的能力。
1976 年	情境犯罪预防	罗纳德·克拉克	犯罪只有在有机会的地方才会发生。应改变直接环境以减少特定犯罪的机会。
1979 年	日常活动方法	马库斯·费尔森	当一个可能的罪犯和一个合适的目标在没有有能力的监护人保护的情况下聚集在一起时，犯罪就会发生。这三个要素的融合是由社会惯例支配的。
1981 年	犯罪几何/犯罪模式理论	布兰特林厄姆夫妇	犯罪不是随机的。犯罪机会的分布和罪犯在城市环境中的日常活动形成了犯罪模式。
1985 年	理性选择视角	德里克·康尼、什罗纳德·V·克拉克	犯罪是有目的的，并且是一种选择。当潜在的犯罪者的感知利益被判断为超过感知成本时，就会发生特定犯罪。

通过环境设计预防犯罪

在马丁森（1974）发表那篇著名的《一事无成》报告的前三年，C·雷·杰弗里（1971）出版了一部具有前瞻性的学术作品，预言了当时犯罪矫正工作的局限性，并提出了更为激进的预防犯罪策略。这本名为《通过环境设计预防犯罪》的著作，简称 CPTED，对当时占主导地位的刑事司法政策和实践进行了深刻的批判。杰弗里主张，鉴于我们对促进罪犯改造的科学知识之缺乏，我们应该转而专注于抑制他们的犯罪行为。这意味着，我们需要将注意力从罪犯的潜在犯罪倾向转移到那些直接促进或抑制犯罪行为的情境上。杰弗里的思想深受行为学家B·F·斯金纳（1953）的操作性条件反射理论的影响。操作性条件反射理论认为，我们的行为是由其结果的反馈所决定的——得到奖励的行为会被加强，受到惩罚的行为会被削弱或阻止。杰弗里将这一理论应用于犯罪研究领域并断言，"不存在所谓的自发犯罪者，只有在特定环境因素的促成下，人才会实施犯罪行为"。他强调，"在适当的环境结构中，任何人都有可能成为犯罪者"（杰弗里，1971，第177页）。

杰弗里开创了一门新的学科领域——环境犯罪学，该学科为刑事司法政策提供了新的视角，并推动了犯罪预防工作的进步。在这一新兴学科中，他阐述了一种观点：

> 相较于传统的伦理或现行方法，环境犯罪学更注重采用科学手段来应对犯罪问题。它强调所有观察和结论都应建立在可验证的、客观的、可观察的行为基础之上。
>
> 这种方法具有跨学科的特性，它打破了传统的学术壁垒，实现了不同领域知识的自由融合。在环境犯罪学的框架下，人类被视为一个综合系统，涵盖了生物、心理和社会多个层面。
>
> 环境犯罪学将人类视为一个输入输出系统，认为人类能够接收环境信息并作出相应反应。在这一过程中，沟通、控制和反馈成为核心概念，对于理解人类行为和犯罪预防至关重要。
>
> 生物体对环境的适应是至关重要的过程，而行为被视为生物体适应环境的一种手段。
>
> 这种方法采用了系统论的视角，将重点放在了各组成部分之间的相互联系、结构功能分析，以及系统中单一组件对整体的影响。
>
> 行为主义和决策理论强调的是行为的未来后果，而非过往经验或某些变量。

《通过环境设计预防犯罪》一书堪称杰作。尽管距离它的出版已近半个世纪，但在许多方面，它仍然领先于时代。这本书不仅保留了当时学术著作所特有的价值，还引入了创新的思想。在深入探讨犯罪行为的本质时，杰弗里采纳了一种非常具有前瞻性的视角，主张犯罪应被“视为一种生物物理现象，可以用与其他自然事件相同的术语来理解和解释”（第 185 页）。尽管近年来基因组学领域发生了革命性变化，但许多犯罪学家至今仍对将犯罪与生物过程相关联持有保留态度。更广泛地说，杰弗里坚信“科学和技术的力量可以应用于预防和控制犯罪”（第 212 页）。为了挑战“法学、社会学和心理学”在犯罪学领域的传统主导地位，他倡导进行跨学科研究，将城市规划、公共管理、统计学、系统分析、计算机科学、工程学以及生物心理学等新兴学科融入犯罪学研究中（第 262 页）。

在当今时代，鲜有学校或研究机构的犯罪学部门能够涵盖杰弗里所倡导的广泛学科。正如此章节后续将展示的，在我们寻求技术支持以应对 21 世纪犯罪活动日益增长的挑战时，杰弗里构建的社会科学与自然科学之间的桥梁显得尤为关键。或许只需稍作调整，杰弗里的环境犯罪学六大原则便能成为现代犯罪科学的发展蓝图。

尽管大多数犯罪研究学者对 CPTED 的概念有所耳闻，但我们怀疑真正系统性地阅读过杰弗里著作的人寥寥无几。这或许是因为他提出的犯罪预防方法的基础——生物社会行为模式和环境决定论——并未对主流犯罪学者产生足够的吸引力。此外，对于那些对环境犯罪学感兴趣的研究者来说，杰弗里的著作很快就被同年稍晚些时候出版的一本书——《防御空间：通过城市设计预防犯罪》（Defensible Space：Crime Prevention with Urban Design，作者：奥斯卡・纽曼，1972）所掩盖。[1] 尽管杰弗里的 CPTED 概念一直存在，但他的方法似乎已被边缘化，许多人甚至将 CPTED 视为纽曼“防御空间”概念的衍生。

防御空间

尽管两书的标题看似相近，但纽曼与杰弗里的著作在内容上却有着显著的区别。正如纽曼书名所暗示的，他专注于探讨建筑、街道和开放空间的设计如何影响城市环境中的犯罪现象。纽曼的核心论点是，城市犯罪源于现代城市的匿名性和社会断裂。在这种背景下，人们不熟悉他们的邻居，对周围环境的归属感薄弱。这种疏离感进而导致居民对犯罪和反社会行为降低警觉性，以及缺乏保护性行动。纽曼认为，预防犯罪的途径在于激发居民的领土意识。如果能够增强居民对环境的投入感，他们便更可能采取行动，保护这些地区不受侵犯。他提出的“防御空间”概念可以通过“一系列的机制——包括实际的和象征性的屏障、明确界定的领域以及增强的监视机会——来构建，将这些元素融合在一起，便能将环境置于居民的管控之下”（纽曼，1972，第3页）。

纽曼将预防犯罪的焦点缩小至创造可防御空间的构想，从而使得他的版本的CPTED走上了与环境犯罪学不同的理论路径。如今，CPTED更倾向于被视为一个专注于建筑环境设计的独立模型（阿米塔吉，2017）。尽管如此，纽曼的《防御空间：通过城市设计预防犯罪》还是对环境犯罪学乃至整个犯罪科学领域作出了三项显著贡献。

首先，纽曼展示了将犯罪学的视野拓展至传统犯罪嫌疑人范畴之外的重要性。作为一名建筑师，他是撰写关于犯罪及其预防著作的首批非社会科学家之一。环境犯罪学的基本理念是，犯罪是人的特质与环境条件的综合作用结果。由于犯罪学领域主要由社会科学家组成，因此大量研究集中在人性的探讨上。而纽曼则能从环境情境的角度提供权威见解，因此他能够就建筑设计如何为环境犯罪学提供洞见提出专业的建议。

其次，纽曼突显了预防策略实施的重要性。杰弗里的CPTED理论虽然具有争议性且理论性强，但在应用层面却显得不足。相对而言，《防御空间：通过城市设计预防犯罪》本质上更像是一份实践指南。纽曼为预防犯罪提供了明确的指导，并列举了许多具体的实践案例。例如，他指出了低层建筑的犯罪率往往低于高层建筑；即便是简陋的围栏也能有效阻止潜在的入侵者；窗户应朝向街道，以便居民能够监视外界；涂鸦和垃圾的存在可能导致秩序混乱，等等。防御空间的原则在很大程度上可以轻松转化为政策宣言，甚至被纳入建筑和城市规划的法规之中。

最后，纽曼强调了理解并改变潜在受害者和犯罪观察者的行为的重要性。杰弗里构建了详尽的罪犯心理模型，而纽曼几乎未涉及罪犯本身。相反，他将焦点放在城市设计如何能够促使居民行为发生改变，从而让他们更有效地行使监护权，阻止潜在犯罪行为的发生。他将居民视为潜在的受害者和监护人，为犯罪动态增添了新的维度，并强调预防犯罪不仅仅是针对罪犯的对策，更是预防犯罪发生的策略，这一点不应仅仅局限于刑事司法系统的范畴。

情境犯罪预防

在环境犯罪学的发展历程中，科恩·克拉克对情境犯罪预防（SCP）的贡献无疑是划时代的。客观而言，克拉克关于犯罪情境影响的研究在杰弗里和纽曼之前就已展开。通过对少年犯寄宿学校逃学行为的研究，克拉克揭示了一个关键发现：逃学的最重要预测因素是体制因素，而非逃学者的个人特质。他主张，防止逃学的有效途径不在于识别潜在的逃学者，而在于改变学校的管理和运作方式（克拉克，1967）。然而，SCP 的概念基础在克拉克及其同事十年后出版的《犯罪即机会》（梅休、克拉克、斯特曼和霍夫，1975）一书中才得到了全面阐述，而“情境”这一术语则是在克拉克 1980 年的论文《情境犯罪预防：理论与实践》中首次被正式使用。

SCP 旨在“通过改变犯罪的情境决定因素来降低犯罪发生的可能性”（克拉克，2017，第 286 页）。这种方法明显受到了杰弗里和纽曼的影响。SCP 的概念基础建立在对犯罪机会的减少和对犯罪成本与收益的操纵之上，这一点显然得益于杰弗里的早期贡献。与纽曼相似，克拉克也专注于提供具体的预防技术，其中一些灵感直接来源于《防御空间：通过城市设计预防犯罪》的相关研究。同时，克拉克在重要的理论层面上扩展了纽曼的工作。他将情境的概念扩展到建筑环境之外，打破了以往狭隘的建筑预防方法。他还强调了对已知犯罪问题的具体情境进行重新设计的必要性。他认为，任何干预决策都必须基于对所涉犯罪问题的彻底和系统的分析。抽象的预防犯罪议程过于宽泛，难以实施。相比之下，SCP 的关注点更为精细。克拉克提出，犯罪应当被细分为非常具体的类型，为了有效地应对每种犯罪，我们需要深入了解当前环境中促进这些行为的特定因素。例如，为了减少暴力行为，我们需要区分家庭内亲密伴侣间的暴力、酒吧和俱乐部中与酒精相关的暴力、青少年帮派间的暴力等。这种方法假设每种类型的暴力都由不同的情境触发因素引起，因此可能需要采取针对性的预防措施。

克拉克将他提出的犯罪干预措施精心编制成一份综合表格，并在多年的研究和实践中不断对其进行修订和扩展（克拉克，1992、1997；康沃尔语和克拉克，2003）。最新版本的表格，如表格 1.2 所示，概述了 5 种核心机制，通过这些情境措施可以有效减少犯罪：增加犯罪的努力成本（加大努力）、提升犯罪的风险（增加风险）、降低犯罪的预期奖励（减少奖励）、减少激发犯罪行为的挑衅（减少挑衅）以及消除犯罪的合理化借口（消除借口）。在每种机制下，克拉克列出了5种具体的策略，共计25种，并为每种策略提供了实际应用的示例。例如，为了增加偷车贼的作案难度，可以通过安装防盗装置来“武装”汽车，从而提高盗窃的难度。然而，克拉克提醒我们，这25种策略不应被视为解决犯罪问题的固定模式，每个犯罪问题都有其独特性，某一种技术在某一特定犯罪情境下可能有效，而在另一种情境下可能就不再适用。因此，有效应用SCP的关键在于，针对具体的犯罪问题进行细致分析后，制定出相应的解决策略。

表1.2　25种情境预防技术

加大努力	增加风险	减少奖励	减少挑衅	消除借口
1 强化目标 ·转向柱锁和点火防盗器 ·防盗屏幕 ·防篡改包装	6 延长监护权 ·晚上集体外出 ·留下入住迹象 ·携带手机	11 隐藏目标 ·街边停车位 ·不分性别的电话簿 ·没有标记的装甲车	16 减少挫折和压力 ·高效的生产线 ·礼貌的服务 ·扩大座位 ·舒缓的音乐/静音灯光	21 制定规则 ·租赁协议 ·骚扰代码 ·酒店登记
2 控制对设施的访问 ·入口电话 ·电子卡访问 ·行李检查	7 协助自然监测 ·改善街道照明 ·防御空间设计 ·支持举报人	12 移除目标 ·可拆卸车载收音机 ·妇女庇护所 ·公用电话预付卡	17 避免纠纷 ·为竞争对手的球迷提供单独的座位 ·减少酒吧拥挤 ·固定的出租车费用	22 张贴说明 ·“不能在这停车” ·“私人财产” ·“扑灭营火”
3 屏蔽犯罪工具 ·出境所需的票 ·导出文件 ·电子商品标签	8 减少匿名性 ·出租车司机身份证 ·“我的驾驶情况如何?”标记 ·校服	13 识别财产 ·属性标记 ·车辆许可和零件标记 ·品牌	18 减少诱惑和唤醒 ·控制暴力色情内容 ·在足球场上执行良好行为 ·禁止种族诽谤	23 设置警示 ·路边速度显示板 ·报关单签名 ·商店设置防盗标语

续表

加大努力	增加风险	减少奖励	减少挑衅	消除借口
4 转移罪犯 ·街道封闭 ·独立的女性浴室 ·分散酒吧	9 使用场所管理器 ·双层巴士的闭路电视 ·两名便利店店员 ·奖励警惕	14 扰乱市场 ·监控当铺 ·对分类广告的控制 ·许可街头小贩	19 消除同伴压力 ·不受酒友影响酒后驾车 ·“可以说不” ·在学校驱散麻烦制造者	24 协助合规 ·轻松的图书馆借阅 ·公共厕所 ·垃圾箱
5 控制工具/武器 ·“智能”枪 ·限制向青少年销售喷漆 ·钢化啤酒杯	10 加强正式监督 ·红灯摄像头 ·防盗警报 ·保安人员	15 设定产权标识 ·墨水商品标签 ·涂鸦清洁 ·禁用被盗手机	20 劝阻模仿 ·快速修复破坏行为 ·电视中的芯片 ·审查作案手法的细节	25 控制药物和酒精 ·酒吧里的呼气测醉器 ·服务器干预计划 ·无酒精活动

资料来源：克拉克（2017）。

SCP 在产品设计领域的应用成果丰硕。克拉克认识到，某些产品由于其吸引力和易于被盗的特性，天然具有引人犯罪的倾向。他将这类“热门”商品归纳为“CRAVED”，即它们具备可隐藏性、可移动性、可用性、价值性、可享受性和一次性使用的特点（克拉克，1999）。例如，手机因其完全符合“CRAVED”的所有特征，近年来已成为街头抢劫事件中的主要目标（法雷尔，2015）。然而，这些热门产品的许多“CRAVED”属性在设计阶段就可以被针对性消除。以手机为例，其易用性是一个显著的问题——它们通常可以轻松地被重置和转售。集成生物识别技术是一种减少手机被抢劫或盗窃风险的策略，因为它使得手机更难以被破解和重新激活（参见欧哈娜，菲利普斯和陈，2013；怀特海等人，2008，关于预防手机盗窃的全面讨论）。这些 SCP 的应用示例表明，犯罪学专家、产品设计师和工程师需要携手合作，共同设计出针对犯罪问题的创新解决方案（埃克布洛姆，2017）。

日常活动法

杰弗里、纽曼和克拉克专注于研究在犯罪行为即将发生时如何威慑罪犯的策略。而劳伦斯·科恩和马库斯·费尔森在 1979 年提出的日常活动理论

(Routine Activity Approach，RAA）则采取了更为宏观的视角，试图揭示罪犯与受害者是如何在日常生活中相遇，从而为犯罪创造了机会。RAA 认为，犯罪是日常生活的产物，潜在的受害者和犯罪者在他们的日常活动中穿梭，有时不期而遇。在这种情境下，如果缺乏有效的监护者提供保护，犯罪便可能发生。犯罪的目标可能是个人、物品或系统，这些都可能成为犯罪的对象。潜在的犯罪者指的是那些在特定时间和地点具有犯罪动机的人；而潜在的监护者不仅限于正式的安全人员或执法人员，任何在特定时间和地点能够阻止犯罪发生的人都可以扮演这一角色。根据所面临的机会，许多普通人可能会受到诱惑而犯罪，这也解释了为何某些社区或地区的犯罪率会相对较高。

科恩和费尔森（1979）通过对战后美国犯罪数据的分析，揭示了日常活动在犯罪现象中的关键作用。尽管战后的美国经济普遍好转，犯罪率却出人意料地急剧上升，这一现象似乎与传统犯罪学中“贫困导致犯罪”的观点相悖。科恩和费尔森提出，经济的繁荣及相伴的社会变迁，实际上促成了潜在受害者、犯罪者与缺乏监护的犯罪场所的聚集。例如，在入室盗窃案件中，随着女性就业率的提升，白天无人居住的住宅数量也随之增加。同时，家庭中出现了更多便携且价值高的物品，这些物品成为了盗窃的诱因。这些因素的相互作用，部分解释了入室盗窃从夜间作案转向日间作案，以及从商业场所盗窃转向家庭住宅盗窃的趋势变化。

RAA 最初旨在阐释宏观社会变化如何影响广泛的犯罪模式。然而，费尔森在 2002 年及 2017 年的研究进一步指出，RAA 同样适用于微观层面，能够分析单个犯罪事件的复杂动态。RAA 构建了著名的犯罪三角模型（如图 1.1 所示，参考克拉克和埃克，2005）。图 1.1 中的内三角揭示了犯罪发生的三个核心要素：罪犯、目标或受害者，以及犯罪发生的地点；而外三角则将“有能力的监护人”概念细分为三个类别：保护潜在受害者或目标的监护人（如父母、朋友、保安），对潜在罪犯拥有某种控制力的执行者（如假释官、教师、教练），以及负责照看可能成为犯罪场所的具体地点的管理者（如公园管理员、酒吧老板、房东）。在微观层面，RAA 为 SCP 提供了强有力的理论支撑。正如犯罪三角模型所明确表示的，犯罪的发生依赖于三个关键要素的汇聚，因此，预防犯罪也应针对这三个潜在目标。某些犯罪之所以发生，是因为罪犯能够轻易接近目标，因此我们需要采取措施使这些目标变得难以接触。同时，一些犯罪常在提供更多犯罪机会的环境中发生，这就要求我们针对这些环境特点设计干预策略。还有犯罪可能是因为潜在罪犯的在场，对此我们需要通过转移或管理这些人员来制定预防措施。与纽曼的观点一致，RAA 强调犯罪并非仅由罪犯这个单一因素所决定。换句话说，除了关注潜在罪犯外，我们还必须关注潜在受害者的脆弱性以及潜在监护人的行为，以综合手段减少犯罪的发生。

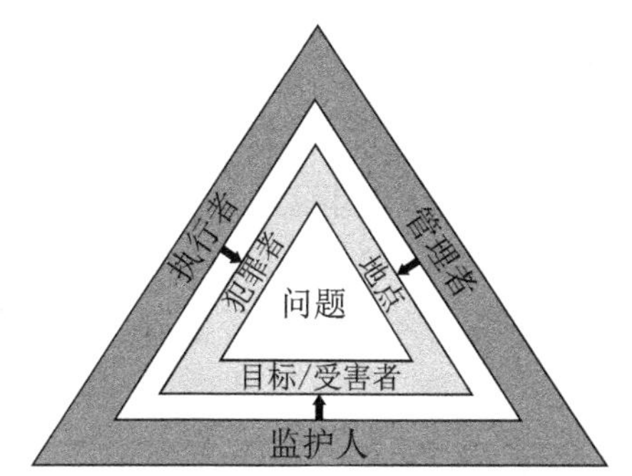

图 1.1　犯罪三角（改编自克拉克和埃克，2005）

犯罪几何学/犯罪模式理论

从 RAA 理论中，我们获得了一个关键洞见：犯罪并非随机发生，而是呈现出一种广泛可预测的模式。尽管 RAA 对日常活动与物理环境之间的联系，尤其是潜在罪犯和受害者可能聚集的地点，未作深入探讨。但布兰廷厄姆夫妇（1981、1993）和安德烈森等人（2017）对此进行了补充，他们阐述了城市形态特征如何塑造居民的运动模式，进而导致犯罪在特定时间和地点的集中。他们将这种运动模式称为“犯罪几何学”，并将其与其他环境犯罪学观点融合，共同构建了犯罪模式理论。

根据布兰廷厄姆夫妇的研究，个人的日常活动往往围绕着他们的需要，在不同的关键地点，或称“节点”，如住所、工作场所、学校、商店和娱乐场所之间定期移动。个体通常会沿着首选的路径或备选路线，从一个节点前往另一个节点。随着时间的积累，他们对这些节点和路径周围的环境会变得越来越熟悉，而对于那些他们很少或从未涉足的城市里的更广阔的区域，则相对较为陌生。这些已知的区域构成了个体的“意识空间”。在所有其他条件相同的情况下，犯罪者倾向于在自己的意识空间内实施犯罪，因为在这片区域内，他们感到最为自在，并对犯罪机会以及与之相关的侦查风险有着最为深刻的了解。

然而，有利于犯罪的条件并非均匀分布。犯罪往往会集中在犯罪者的意识空间内的那些犯罪机会相对较多的地方。布兰廷厄姆夫妇识别出了四种促进犯罪发生的地点类型。首先是“犯罪制造者”，这些地方因合法目的而吸引大量人群，同时也为犯罪提供了易于利用的机会，例如体育场馆、购物中心、公交车站和夜总会。其次是“犯罪吸引者”，这些地方因特定的犯罪目的而吸引潜在的犯罪者，如破旧的酒吧、毒品市场和红灯区。在这些地方，犯罪者可能会进行赃物交易、毒品买卖或从事卖淫活动。再次是“犯罪促成者”，指的是缺乏有效监管的场所，犯罪可以在不被注意的情况下发生，例如无人看管的停车场和游乐场。最后是“边缘区域”，这些区域位于不同邻里、土地使用区域（如公园与住宅区）之间，或由主要道路等物理屏障分隔的区域。边缘区域由于陌生人的不愿进入，为潜在犯罪者提供了一定程度的匿名性，且仍然处于他们的意识空间之内。这四种地点类型共同解释了犯罪热点的形成。

尽管布兰廷厄姆夫妇在理论上阐述了犯罪的时空分布，但计算机技术的进步和地理信息系统（GIS）的广泛应用极大地推动了犯罪事件的实证分析和可视化表达。地图绘制技术使得犯罪模式的建模变得简单，能够清晰标识出犯罪热点地区。这些热点地区显然应成为分配警务资源和开展犯罪预防工作的重点。犯罪的地理空间分析已经成为环境犯罪学的一个重要分支，并且已经成为该领域研究的核心内容。

理性选择视角

杰弗里的研究起点是对犯罪者心理的深入剖析，强调行为对情境的依赖性。对杰弗里而言，环境犯罪学的意义在于理解人类如何从根本上调整自己的行为以适应直接的环境条件。纽曼、费尔森和布兰廷厄姆夫妇在心理学层面对犯罪者的关注较少，他们认为人类行为具有可塑性。然而，克拉克与他的同事科尼什重新从心理学角度出发，探讨犯罪问题，并以此为基础阐述SCP 的理论根基（克拉克和科尼什，1985）。在回顾了心理学、社会学、犯罪学、经济学和人类生态学中关于犯罪病理学解释的多种理论后，他们选择将理性选择模型作为理解犯罪者决策的工具，这一模型能够将环境因素转化为情境依赖的行为。

理性选择视角（RCP）支持杰弗里的假设，即行为是后果的函数。犯罪者与其他人一样，他们的行为旨在追求利益并避免不愉快的结果。然而，克拉克和科尼什对杰弗里提出的过于决定论、无意识的行为主义持保留态度，他们担忧这种观点可能无法获得其他犯罪学家的支持。他们认为，从犯罪者的主观视角出发，才能更深入地研究犯罪。RCP 将犯罪者视为有目的、理性的行动者，认为犯罪行为总是涉及选择。犯罪者是积极的决策者，他们会利用掌握的环境信息来决定是否在特定时间和地点实施犯罪。当犯罪者感知到的利益超过成本时，犯罪便可能发生。犯罪的好处不仅限于物质收益，还包括心理满足、社会地位、刺激和报复等。同样，犯罪的成本也不仅限于遥远的法律制裁，还包括对犯罪难度和风险的直接考量。作为 SCP 的基础，RCP 建议可以通过在潜在的犯罪现场实施策略来预防犯罪，这些策略会从潜在犯罪者的角度降低犯罪的吸引力。

克拉克和科尼什从一开始就采用了深厚的术语来描述犯罪者的合理性。受到西蒙（1957）的启发，他们将犯罪者描述为使用“有限”理性来做出“令人满意”的决策——足够好且充分的决策。显然，在许多情况下，犯罪的决定可能并不理想——犯罪可能不会带来预期的回报，或者犯罪者可能会被捕。犯罪者做出最佳决策的能力可能受到一系列个人和环境因素的影响，包括智力、认知偏差、信息不足、情绪激动、时间压力以及药物或酒精的影响。克拉克和科尼什将 RCP 视为 SCP 的“足够好”的基础，并谨慎地使用了“视角”，而非“理论”一词。RCP 不是一个严格的心理学解释，而是试图揭示犯罪者实际决策的方式（参见沃特利，2013）。它更像是一个简化的启发式工具，主要目的是为 SCP 提供一个与从业者易于沟通的基本原则。它传达了一个基本观点：我们所有人都倾向于根据个人利益行事，如果成本过高，我们可以说服大多数人远离犯罪行为。RCP 类似于波普尔的“理性原则”：它的局限性是公认的，但它被认为足以解释大多数犯罪行为，并为设计预防犯罪的策略提供依据（蒂利，2004）。更广泛地说，它假设犯罪的可能性不是固定存在于某些人口群体中的属性，而是动态的，取决于周围环境的特性。因此，SCP 可以通过改变直接环境来有效预防犯罪。

总结

环境犯罪学最初只是一系列关于犯罪与周围环境关系的基本独立观点，但至今已发展成一套复杂且相互关联的观点与方法体系（沃特利和汤斯利，2017）。现在，我们可以明确地识别出环境犯罪学的先驱们试图探讨的三个核心问题。

首先，人们为何会犯罪？环境犯罪学的根本立场是，个人是否选择实施犯罪行为与其所处的环境特征紧密相关。杰弗里（1971）的 CPTED 和克拉克和科尼什（1985）的 RCP 都提出了对犯罪行为情境依赖性的深刻见解。

其次，犯罪如何在特定的时间和地点发生？由于犯罪行为受情境因素影响，犯罪在时间和空间上的分布并非随机，而是由犯罪环境的特定位置所决定。科恩和费尔森（1979）的 RAA 理论以及布兰廷厄姆（1981）的犯罪模式理论都提出了理解犯罪时空分布的基本框架。

最后，我们如何预防犯罪？要回答这个问题，我们需要了解犯罪者如何受环境因素影响，以及犯罪集中发生的地点和时间。这些信息构成了预防策略的基础。在这方面，纽曼（1972）的“防御空间”概念和克拉克（1980）的 SCP 理论对环境犯罪学的发展作出了开创性的贡献。

环境犯罪学现已成长为犯罪学的一个重要分支，并成为众多有效犯罪控制措施的理论源泉（例如，克拉克，1992、1997）。其独特优势在于采用系统化的分析方法，严格运用多样化的技术与方法来减少犯罪问题的规模并评估干预效果。这些特点对犯罪学的发展产生了深远影响，并成为我们当前讨论的重点。

犯罪科学的主要特征

犯罪科学这一术语相对较新，由英国广播公司的记者尼克·罗斯在 20 世纪 90 年代末提出。罗斯拥有心理学背景，并长期担任英国电视节目《犯罪观察》的主持人，对犯罪问题有着浓厚的兴趣（罗斯，2013）。他对当时盛行的犯罪预防政策及许多旨在为政策提供依据的犯罪学研究提出了尖锐的批评。罗斯主张，将犯罪归咎于罪犯的“坏”本质是一种误导，因为犯罪在很大程度上是机会的产物。他认为，犯罪研究应当采取多学科视角，以结果为导向，并推崇实证研究方法。罗斯意识到自己的观点与环境犯罪学的研究有着诸多共通之处，因此与包括罗恩·克拉克、肯·皮斯、马库斯·费尔森和格洛丽亚·莱科克在内的顶尖环境犯罪学者进行了深入交流，从而催生了犯罪科学的概念。不幸的是，1999 年罗斯的同事兼《犯罪观察》节目共同主持人吉尔·丹多遭遇谋杀。这一悲剧促使罗斯与一群朋友和同事一起筹集资金，并创立了以吉尔·丹多命名的犯罪研究所。2001 年，伦敦大学学院（University College London，UCL）成立了吉尔·丹多犯罪科学研究所（Jill Dando Institute of Crime Science，JDI），将犯罪科学的理念转化为实践（莱科克，2001、2005；罗斯，2013）。

尽管犯罪科学汲取了环境犯罪学的核心概念与理论，但它们并非完全等同。正如我们将在下文中详细探讨的，犯罪科学采用了一种更为宽广的定义，并拥有其特质与定位。在本节中，我们将对章节开始时所提供的定义进行深入剖析，进而揭示犯罪科学的三大核心要素：致力于减少犯罪发生率、秉持科学思维与行动方式，以及融合多学科视角来全面研究犯罪问题。[2]

减少犯罪

犯罪科学的根本宗旨在于降低犯罪行为及其带来的危害，然而，这一追求并非无限制的。伦理道德、成本考量、公众接受度、政治因素、美学标准以及潜在的意外后果，都是我们在探讨犯罪预防及其研究议程时必须重视的关键要素。情境犯罪预防方法作为犯罪科学策略库中的核心手段，其重要性得到了强有力的证据支持，这些措施在减少犯罪机会方面已被证明是有效的。尽管如此，我们也不应忽视其他同样具有潜力的犯罪减少策略。

定义犯罪

犯罪是一种由法律所界定的行为（不作为），其后果可能招致正式的惩罚。犯罪的构成并非一成不变，而是随着时间不断演进的。不同的社会对于具体罪行的定义各不相同，且这些定义随着时间的流逝在同一社会内部也会发生变迁。有些行为在过去可能被视为犯罪，如今却不再受到法律制裁（例如，同性恋行为曾经是违法的），同时，新的犯罪行为也不断出现，对我们的安全构成挑战（比如，对某些精神药物的刑事定罪）。以儿童性虐待为例，全球各地对于法定性同意年龄的规定差异显著（从 12 岁到 21 岁不等），在过去的约一个世纪中，多数国家的法定性同意年龄呈现上升趋势，例如在英国，1800 年的法定年龄为 10 岁，而截至目前已提高至 16 岁（沃特利和斯莫尔本，2012）。因此，一个人是否被定罪为儿童性虐待，在很大程度上取决于他或她所在的国家以及所处的时代背景。

犯罪行为涵盖了广泛的行为范畴，从轻微的违规行为，如乱扔垃圾和扰乱公共秩序，到严重的犯罪行为，如性侵犯和谋杀。犯罪科学的研究方法适用于探索所有犯罪现象领域。其研究重点不仅包括传统犯罪学文献中常见的犯罪类型，还扩展到了一些较少被探讨的领域，如恐怖主义行为、人口贩卖、知识产权盗窃、食品造假、假冒商品、海盗行为等。同时，随着社会的发展和技术的进步，犯罪的性质也在不断演变，这要求我们在应对犯罪策略上进行相应的创新和调整。犯罪科学在应对数字时代带来的犯罪预防挑战方面展现出其独特的优势，新技术不仅催生了互联网儿童剥削、网络欺凌、身份盗窃、网络钓鱼、勒索软件等新型犯罪威胁，还对物联网领域的犯罪利用提出了新的课题。

人与情境

大多数标榜为犯罪研究的学术著作——通常被归类为“犯罪心理学”“犯罪社会学”等——实际上并不专注于犯罪行为本身，而是探讨与犯罪倾向和犯罪行为相关的发散议题。这些研究致力于揭示导致犯罪的心理和社会因素，却往往忽略了针对犯罪行为本身的具体分析。它们的基本假设是犯罪行为是犯罪倾向的直接后果，一旦解释了这些倾向，对犯罪的解释就完成了。

这种以人为中心的犯罪观念反映了所谓的“基本归因错误”（罗斯，1977；罗斯和尼斯贝特，2011）的更广泛趋势，即人们倾向于根据行为者的个人特质来解释事件，同时忽视直接环境因素的影响。当我们观察到他人的不良行为时，我们可能会轻易地将他们贴上“坏人”的标签，而忽视可能需要改变的情境因素。然而，在评价自己的行为时，我们更容易认识到环境的作用，例如，我们会将自己的不佳表现归咎于疲劳。这种认知偏差同样影响了我们对犯罪控制的看法，导致了刑事司法系统的形成。该系统不仅声明了对可接受行为的限制，还提供了实施报复和正义的手段，并被认为是一种有效的犯罪控制工具。

在理论层面，社会科学界普遍认同所有行为，包括犯罪行为，都是个体与情境互动的产物，这意味着行为是个人特质和即时环境相互作用的结果（罗斯和尼斯贝特，2011）。尽管犯罪倾向与犯罪行为之间存在关联，但这种关系并非简单的一对一——许多看似“非犯罪”的行为可能实际上是犯罪，而一些看似“犯罪”的行为并不总是被认定为犯罪。基于倾向性测量的犯罪行为预测尝试很少能产生超过0.4的相关性（沃特利，2011）。

正如所述，犯罪科学的发展受到了环境犯罪学理论和方法的深刻影响。因此，许多犯罪科学研究将犯罪事件视为主要数据来源，并优先考虑情境策略作为干预手段。然而，犯罪科学的视野更为广阔。任何被认定为犯罪成因的因素，以及任何能减少犯罪的干预措施，对犯罪科学家来说都是值得探索的。犯罪科学的目标是编织一个更为公正和全面的理解网络，以应对复杂的犯罪现象。

罗斯（2013，第1页）将在情境层面上进行干预的工作偏好解释为一种将资源导向“低垂果实”的策略。这并非是基于原则的取舍，而是一种务实的抉择。实践证明，调整情境能够以较低的成本和简单的操作有效减少犯罪。我们经常发现，在相对较少的投入下，我们可以轻松地取得显著成效，但这并不意味着否认犯罪倾向在犯罪行为中的重要性。我们想要强调的是，单凭常识来预测犯罪是否会发生是不科学的。只有具备犯罪倾向的个体在特定情境下才比其他人更容易犯罪。然而，不可忽视的是，个人的性格改变是相当困难的。正如克拉克（2017，第289页）所指出的，“我们可能都会同意，缺乏父母的关爱是促成犯罪的一个重要因素。但问题是，没有人确切知道如何让父母变得更加充满爱心，以及这样做能在多大程度上减少犯罪。即便如此，致力于通过改变犯罪倾向来减少犯罪的研究努力，无疑属于犯罪科学的研究范畴。”

近端和远端原因

我们可以采用近端-远端连续体的视角来探讨人与情境的相互作用（埃克布洛姆，1994）。通过深入分析犯罪事件，我们能够追溯导致这一刻的一系列复杂过程。以酒吧内的袭击事件为例，在探讨这一犯罪行为时，我们首先会回顾在第一拳挥出之前发生了什么。可能是一位顾客在人群中挤过时不小心打翻了另一位顾客的饮料。如果我们倒回时间，会发现施暴者当时已经处于情绪激动的状态，原因可能是在入口处保安对他的态度粗鲁。继续追溯，我们发现施暴者已经失业数月，这让他陷入了抑郁，并开始依赖酒精。进一步回溯到他的童年，我们得知他在一个充满暴力的家庭中长大，酗酒的父亲经常对他和他的母亲施暴。而且，我们还发现他的母亲在怀孕期间吸烟和酗酒，导致他出生时就有神经损伤，这与较低的冲动控制水平有关。远端因素（如产前和成长经历）与犯罪倾向的形成密切相关，而近端因素（即犯罪事件的情境因素）则关乎于犯罪行为在特定时间和地点的具体表现。

我们可以将相同的分析过程应用于犯罪三角模型中的其他两个关键要素——受害者和地点。在酒吧袭击事件中，受害者是否做出了可能激怒施暴者的行为？他当晚是否饮酒过量？他是否具有与他遭受攻击相关的长期性格特征？酒吧的设计、布局和经营策略是否在一定程度上促成了攻击行为的发生？这家酒吧是否位于城镇的一个较为破败的区域？该社区是否存在普遍的暴力问题？这次袭击是否反映了国家层面的暴力问题？

远端原因常被称作“根本原因”，并在因果关系中享有特权地位。“根本”暗示了这些因素是导致结果的基础，没有解决这些根本原因的变化，通常只能带来暂时的缓解效力。根本原因是众多犯罪学理论和研究的关注焦点。然而，根本原因是否真的应该被优先考虑？根本原因的问题在于，它们作为行为决定因素的作用往往只有在回顾时才显得清晰——这是事后偏见的一个例证（卡尼曼，2011）。回顾过去，我们将这些因素串联起来似乎轻而易举，但预测性地确定行为输入的长期影响则要困难得多。因素距离事件越远，所谓的“泄漏”可能性就越大，因果关系也越容易受到质疑。例如，许多人在有虐待行为的家庭环境中成长，但他们并未在酒吧实施攻击行为（或参与任何犯罪活动）。与远端因素相比，近端环境更容易被精确识别，并且与特定行为有更直接的联系。此外，大量证据表明，行为可以在不触及根本原因的情况下得到改变。例如，随机路边呼气测试显著降低了酒后驾驶的发生率及相关道路死亡情况，但它并未深入探讨导致司机饮酒驾车的远端原因（荷马，1988）。通常情况下，犯罪科学家会寻找“低垂果实”，即研究那些尽可能接近犯罪事件的原因。然而，近端和远端因素之间并不存在一条明确的分界线。

减少犯罪的范围

当我们拓宽视野，不仅仅将犯罪事件本身作为预防策略的核心，而是作为一个重要的而非唯一的焦点时（正如环境犯罪学所提倡的），我们便获得了更为广阔的干预空间。以下是我们致力于降低犯罪率的多方面策略：

前瞻性犯罪预防。这包括采用环境犯罪学的传统方法，如 SCP 和防御空间策略，并进一步鼓励在上游层面采取行动，以及实施以犯罪者为中心的策略，如预先防范、实时干预和社会层面的预防措施。

中断犯罪进程。这一策略特别针对有组织犯罪和恐怖主义活动。实施的策略涉及扰乱犯罪活动的供应链、阻断非法资金流动、没收犯罪所得资产、封禁非法商品市场以及破坏犯罪网络的基础结构。

快速响应犯罪事件。这依赖于先进的警方侦查技术，如基于数据的犯罪分析、情报驱动的警务策略、犯罪侦查技术（包括监控系统和高科技“间谍软件”）、法庭科学手段（例如数字取证、DNA 鉴定、枪支和弹药残留物分析），以便迅速识别并逮捕罪犯。

管理已知罪犯。这涉及到对犯罪的刑事司法反应，旨在通过特定威慑、暂时剥夺罪犯行为能力、提供矫正和重返社会的途径，以及采取各种措施减少再犯的可能性，同时实施监管策略以引导罪犯远离犯罪。

在采取更为宽广的视角来审视减少犯罪的策略时，我们能够提出一种更为全面和灵活的方法。然而，这种方法同样伴随着一定的风险。环境犯罪学的显著优势在于其对研究领域的明确界定，即专注于犯罪事件，从而为预防工作提供了明确而集中的方向。犯罪科学在发展过程中必须避免陷入“泛泛而谈”的误区。为了维护其独树一帜的分析能力，犯罪科学必须持续关注犯罪控制的核心要点，否则其成效可能会大打折扣。

道德与减少犯罪

犯罪科学领域的研究者们深知，与犯罪的生成和防范相关的物质环境与社会条件，在道德上并不具备中立性。桥梁的建造在字面和象征意义上都能够连接人群，正如墙壁的建造在字面和隐喻层面上都能够分隔人群。柏林墙、哈德良墙，以及为阻止墨西哥移民进入美国而设计的墙体，都承载着明确的政治和道德意图。在历史的长河中，城堡的高墙同样扮演了相似的角色。封闭式社区因其可能加剧社会排斥而受到广泛争议。闭路电视监控（CCTV）作为一种可能侵犯隐私的技术手段，亦遭受了批评者的严厉指责。同样，警报系统虽然在犯罪预防中发挥了作用，但其可能导致的社会干扰也不容忽视。错误的警报甚至可能成为一种公共危害，但这并非意味着所有的墙壁和监控设备在道德上都令人质疑。相反，我们强调的是，犯罪科学家认识到，在安全领域的工程决策，其道德和伦理考量远比单纯的有效性和效率更为重要。

蒂利、法雷尔和克拉克（2015），以及法雷尔与蒂利（2017）总结了他们认为在预防犯罪设计中可取的“整洁”方式，具体如下：

违约——默认条件是安全的，而不是不安全的。

美学——它在美学上是中性的或令人愉悦的。

强大的——它有一个强大的预防机制，不容易规避。

有原则的——它是有原则的，为所有人所接受，经常增加自由和公平。

不费力的——它不费吹灰之力，几乎不需要或根本不需要时间和精力。

奖励——它带来的预防性回报大于成本。

这六个特点不仅包括功效和便捷，还涉及美学和原则。蒂利等人（2015）给出的主要示例涉及安装在汽车上的安全装置。随着时间的推进，这些安全装置的设计越来越符合“整洁”原则。例如，自动激活的安全功能使得汽车在默认状态下就能启动安全措施，如离开车辆时自动锁上车门。这种设计巧妙地提升了汽车的安全性，同时又不损害车辆的外观和审美品质，再比如只有从车内才能打开的汽油盖。通过对汽车犯罪模式的深入分析，以及与车辆安全措施（如电子防盗系统）的关联研究，我们可以清晰地看到强大预防机制的有效运作。这些措施在不侵犯公民自由的前提下，几乎不需要或仅需极少的主动干预即可发挥作用，例如，中央控制锁与防盗系统联动，并在必要时触发警报。此外，这些安全功能在汽车制造过程中的集成成本相对较低，这不仅大幅减少了汽车犯罪的发生，还降低了由此带来的社会危害。

犯罪科学认识到，尽管应对犯罪的工程改进很重要，但还任重道远。当我们将某些形式的技术应用于犯罪时，可能会遇到一些人在道德层面上提出的反对意见，这可能意味着在最有效的开发和对道德原则威胁最小的开发之间存在埃克布洛姆（2017）所说的“麻烦的权衡”。例如，安全性和隐私性之间的平衡往往是随着收集和询问电子邮件以识别对公共安全威胁的技术可能性的不断增加而产生的。这些技术的应用取决于关于可能发生的恐怖袭击的风险和威胁的决定，以及那些危及公民在没有国家干预的情况下进行通信的人身自由的决定。

科学地思考和行动

犯罪科学涵盖了科学地理解和应对犯罪行为的多个维度。我们必须明确，这不仅仅涉及定量测量的处理，也不仅仅是接受实证主义，即仅仅在“法律”框架内收集和总结观察结果。这更不是否认存在任何价值判断的问题。此外，犯罪科学并不主张一切行为都是由不可改变的物理定律所决定的，只要我们掌握了这些定律，就能预测一切。

科学方法

犯罪科学坚定地采用科学研究方法，致力于探索更优质的犯罪应对策略，无论是在预防、干预、侦查还是罪犯管理领域，皆追求显著的效果。在犯罪科学的研究实践中，主要遵循波普尔主义（波普尔，1957、1959、1972）的哲学立场，具体体现在以下方面：

1. 犯罪科学构建的是可被实证检验的假设。

2. 在假设的检验过程中，犯罪科学采取多种与之相关的研究方法。

3. 犯罪科学的追求是通过摒弃错误理论，用那些尚未被证伪但可被证伪的理论来更新，以此推动科学的不断发展。

4. 犯罪科学的理论既不可被证实，也不可被彻底驳倒。尽管判断始终必要，但最终的评价权属于追求真理的科学界。波普尔所强调的理论的易错性与其倡导的开放性、多样性和激烈辩论的精神紧密相连。

5. 人类行为，包括犯罪行为，是出于目的性的，但这些行为并非在个体选择的社会或生理条件下自由进行，而是遵循着“他们的情境逻辑”——根据他们的环境条件和对自身利益的理解来行动。

6. 人类生活在一个由他们（或前人）创造的思想世界之中，如规范、法律、科学理论等。这些思想不仅催生了物质产品（如刀、枪、保险箱、火车、电视、电脑、手机、洗碗机等），也与人类行为密切相关（既可能被盗窃或用作犯罪工具，也可能用于犯罪预防）。这是一个互动论的，而非还原论的视角。波普尔指出，存在一个由物质组成的世界和一个由思想组成的世界，两者相互作用，常常产生不可预测的结果。理解犯罪模式就需要洞察这种相互作用。

7. 未来，包括犯罪及其控制，都是不确定和开放的。我们无法预知未来的思想，但这些未来的思想将通过第 6 点所述的互动过程塑造未来的事件和发展。

8. 问题解决是普遍存在的，并遵循一种进化的路径。假设的“突变”通过生存或其他形式的检验得以保留。那些在特定问题情境（生态位）中得以生存的假设，与人类解决问题的能力相似。理论也遵循类似的进化路径：它们被测试是否能有效解决科学中的问题情境。日常问题解决，包括犯罪侦查和预防，同样遵循这一路径：为问题设计临时的解决方案，进行测试，淘汰失败的方案，并转向新的尝试或新的问题情境。与其他生物群体不同，人类在制定假设时无需将个体生存置于危险之中，我们允许假设“代替我们承受风险”。

如前所述，尽管人们认识到在实践中，愿望思维、情感、意识形态和偏见往往在政策和实践的制定中扮演了一定角色，但对科学方法的坚定承诺要求我们拒绝将这些因素视为决定如何应对犯罪的充分依据。犯罪科学坚持将“真相”作为我们言辞的基石，特别是在有能力研究、揭示事实的情况下，坚决抵制对数据的不当篡改。犯罪科学不容忍关于犯罪的“后真相”和“后事实”的论述，也不会迎合那些支持这种论述的观点。犯罪科学专注于犯罪事件本身的实况和系统研究的实际成果，而非仅仅是表面的修辞手法。

识别“机制”

在波普尔主义的基础上，我们对犯罪科学的理解还融入了“现实主义”的视角。我们关注的核心是理解观察到的犯罪模式及其变化的“机制”（塞尔，2000；哈雷，1972；巴斯卡尔，1975；科斯洛夫斯基，1996）。当我们探讨“如何发生”或“这与何种因素相关”等因果问题时，便涉及到了这些机制。现实主义者不满足于仅仅观察到变量之间的恒定联系，他们更渴望揭示产生这些联系背后的解释。例如，我们观察到太阳的升起和落下，或者物体被抛出后总是落回地面，现实主义者想要了解的是这些现象背后的根本原因，以及实现这些结果所需的条件。那些潜在的因果力量是什么？它们如何运作？又有什么因素可能会阻碍它们的运作？以住宅重复被盗的模式为例，我们的兴趣在于探究是什么因素导致了这种重复性，这通常会引导我们研究受害者和犯罪者的日常行为模式，以及窃贼如何能够以最小的努力获得最大犯罪回报的模式（约翰逊，2014）。

在评估预防犯罪干预措施的有效性时，现实主义犯罪科学家关注的是，这些干预措施是否以及如何破坏了产生犯罪模式的机制，或者是否用能够产生不同模式的替代机制取代了它们。此外，干预的最佳框架是一个理论模型，它明确指出哪些特定的犯罪产生机制将被破坏或替代，从而不仅预测犯罪率会下降，还能详细说明这种下降将如何具体体现。按照波普尔的观点，预期结果模式的细节越丰富，理论的检验就越严格，因为这样更容易被证伪。法雷尔等人（2011、2016）对安全假设的检验就是一个例证。他们对汽车安装安全装置所触发的因果机制进行了推测，并对汽车盗窃模式的具体预期变化进行了预测，同时寻找可能推翻这一假设的数据（法雷尔、特塞洛尼、蒂利，2016；蒂利等人，2019）。

行动研究

我们可以将研究分为两类：一类是为了增进知识的纯学术研究，另一类则是在实地进行、旨在支持干预措施实施的研究。后者通常被称为行动研究，这是由库尔特·勒温提出的概念，被他描述为“对各种社会行动及其产生条件的比较研究，以及对这些行动效果的研究”（卢因，1946，第 35 页）。行动研究是一个互动的、反复迭代的过程，包括“一系列步骤，每个步骤都包含计划、行动以及对行动结果的实证调查的循环”（第 38 页）。在这一过程中，研究人员兼实践者会边学习边调整干预措施，通过每个阶段的反馈进行改进，直至达成预期成效。

在犯罪控制领域，一个著名的行动研究模型是 SARA，即扫描（Scanning）、分析（Analysis）、反馈（Response）和评估（Assessment）的缩写（埃克与斯佩尔曼，1987）。SARA 模型最初是为了实施问题导向警务（Problem-Oriented Policing，POP）而开发的（戈尔茨坦，1979），它本质上是对该领域科学方法的适应。SARA 为警方及更广泛的从业者提供了一个分步实施犯罪控制策略的框架。在这一过程中，研究人员和实践者首先识别出需要关注的犯罪问题，并选择最紧迫和频繁出现的问题进行重点处理（扫描阶段）。随后，对选定的问题进行深入分析，以识别模式和成因（分析阶段）。在此基础上，提出可能的响应策略，并挑选出最实用和成本效益最高的方案（反馈阶段）。最终，对所采取响应的有效性进行评估（评估阶段）。在整个 SARA 过程中，存在着反馈机制，任何阶段的不足都可能导致返回之前的步骤进行重新审视。

行动研究的目标在于制定成功的干预措施，而非仅仅测试某一干预措施的有效性。SARA 模型可以在日常实践中非正式地应用，无需涉及复杂的研究项目。同时，从成功的案例研究中吸取的经验教训，也成为了证据基础的重要组成部分。例如，在美国，每年都会颁发戈尔茨坦奖，以表彰那些在国际范围内运用 SARA 模型在犯罪减少方面作出杰出贡献的个人。所有提交的案例内容均可在 POP 网站上的数据库中查阅。[3]

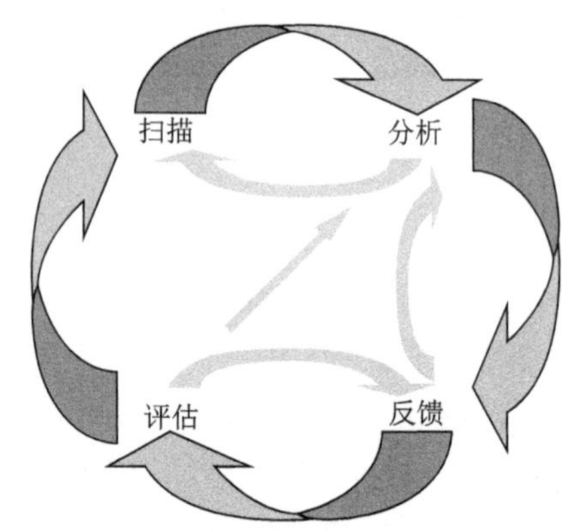

图 1.2　SARA（来源：克拉克和埃克，2005）

减少犯罪是一个工程问题

犯罪科学在研究挑战上与工程学领域有着相似的取向和方法论（参见蒂利与莱科克，2016）。工程学本质上是一种实用主义的解题努力，它实务地运用现有知识来解决问题，识别出提升效率所迫切需要的知识缺口，并从系统性的错误中学习，致力于填补这些知识空缺，并通过明确的研究计划来纠正已发现的问题。犯罪科学采用了类似的基本策略来解决犯罪问题（参考佩特罗斯基，1992、1996、2008；赛义德，2016）。

犯罪科学家从具体的问题出发，旨在设计切实可行的解决方案，并检验其有效性，以确定是否需要采取与已尝试方法不同的其他措施，或是探索与已尝试方法相似的犯罪解决途径。犯罪科学家认识到，不同问题之间往往不存在简单雷同的情况。相反，他们强调考虑每个特定情境的独特性，并根据具体情境下的实际情况，评估经过验证的理论和先前措施的相关性。在这方面，犯罪科学家的做法与桥梁建造者颇为相似。无论是所需跨度、预期的交通流量、风压，还是桥梁上部结构的地面条件，每种情况都有其独特性。然而，我们可以看到，每一位桥梁工程师都会借鉴历史成就和遇到的问题。此外，桥梁设计工程师会进行复杂的计算，以预测新结构将承受的压力及其对这些压力的响应，他们为可能的错误预留了空间。通常，他们会建立虚拟或物理模型，模拟预期结构在各种设想条件下的表现。工程师们试图预测新结构在未来可能面临的所有压力，以确保其能够承受这些压力。当然，有时桥梁确实会倒塌，这时，人们会付出巨大努力，分析哪里出了问题，以便吸取教训，建造更安全、更可靠的桥梁（参见佩特罗斯基的案例研究，1992）。

这与我们通常解决犯罪相关问题的方法形成了鲜明对比！如本章前面所述，犯罪往往被视为道德选择、个人缺陷或病态社会条件的问题，分别要求道德改进、治疗或社会改革作为预防策略。物理条件可能为犯罪行为提供了舞台，但它们不能概括全部。此外，决定应该做什么（就像定义什么是犯罪一样）涉及道德话语和道德选择。尽管犯罪科学家确实认为，物理条件在塑造犯罪模式方面具有因果关系，并且通过改变这些条件可以影响犯罪模式，但他们也认识到，社会层面的因素在因果关系上同样重要。例如，20 世纪 70 年代，瑞典部分地区实行的 300 克朗支票欺诈阈值政策，因为低于此金额银行不要求交易员独立验证支票持有人的身份，从而为支票欺诈提供了便利（克努特森和库尔霍恩，1992）。

将学科整合在一起

要深入理解犯罪并制定更有效的应对策略，我们需要汲取众多学科的知识。至今，法律和社会科学领域占据了主导地位，这反映了犯罪学在传统上将犯罪视为主要驱动因素的视角。在这种界定下，预防犯罪的工作自然以人为核心。然而，如果我们拓宽视野，探究可能促进或抑制犯罪的物理条件，那么更多学科便有了用武之地。犯罪科学家意识到，技术和工程学在理解犯罪模式及制定有效的犯罪对策方面扮演着关键角色。在后续内容中，我们将展示一系列实例，以阐明这些跨学科知识的融合与应用。

与医学的类比

犯罪科学的理念部分受到了医学的启发（罗斯，2013）。它借鉴了医学对改善健康的根本关注，这种关注既体现在对个体特定需求的补救措施上，也体现在利用各种有助于预防疾病和事故的学科上。与健康领域相互交织的学科涵盖了物理、化学、生物学、心理学、社会学和数学等多个领域。正如本章先前所提及，犯罪科学领域的专家们专注于提升对特定犯罪的侦查能力以及对特定受害者的支持，旨在预防未来犯罪的发生，并利用所有可能有助于打击犯罪的学科和知识（莱科克，2001；皮斯，2005）。

医学科学是由实践者和研究人员共同推进的。许多医学研究人员同时也是临床医生，这有助于确保他们的研究贴近临床实际。此外，实践者通过参与研究项目、阅读医学期刊、报告研究成果，以及参加各种持续专业发展课程，不断了解最新的科研成果，从而深入进行研究。他们经过长期的专业培训，确保了对医学科学原理的理解。实际上，认证机构要求医生必须掌握跨学科的基础知识。

因此，犯罪科学旨在通过坚实的科学发现，以及对新研究的日常关注和参与，强化犯罪预防和侦查的实践。与医学相似，犯罪科学也致力于设计跨学科的科学基础。

在研究成果、基础理论、经过验证的实践、专业培训以及通过积累新知识不断改进的从业者导向等方面，犯罪科学相较于医学科学还有很长的路要走。除了警察和刑事司法系统内少数工作人员外，其他相关专业人士往往缺乏多学科背景。

其中一些人可能并不主要关注犯罪问题，但他们的工作和制定的政策对犯罪和安全产生了重大影响。这些人员包括建筑师、规划师、互联网服务提供商、零售商、保险公司、产品制造商、政府官员和安全资质持有人。然而，同样的情况也适用于健康领域，那里有着同样多样化的学科背景人群，对一些人来说，健康可能并非他们首要关心的问题，但他们的行为和政策对健康领域同样至关重要。这些群体包括清洁工、环境卫生工作者、餐馆老板、规划师、建筑师以及各种产品的制造商，如果他们不够专业，产品的设计和操作可能会导致意外的健康风险。在这种情况下，教育、培训和监管的结合使得对意外健康危害的预防变得常态化，这是研究成果的直接体现。

犯罪科学的未来发展应着眼于为那些主要关注犯罪的从业者建立知识库，教育他们，并激励他们成为新兴研究成果的创造者和应用者。此外，犯罪科学的进步还在于理解无意中产生的犯罪后果以及如何避免这些后果。这些避免策略可能包括对参与决策的人员进行教育和培训，以及制定法规，就像公共卫生领域一样，旨在防止产生有害的副作用。

哪些学科与犯罪科学相关?

在科学的广阔领域中，我们发现几乎每个学科都与犯罪及其控制有着千丝万缕的联系。我们常常鼓励读者翻阅任何科普期刊，思考其中的论文如何以某种方式与犯罪问题相关，或是对其产生影响。以 2016 年 11 月 12 日的《新科学家》杂志为例，其中明确提到了与犯罪、侦查和预防相关的材料，并强调了将这些内容与潜在应用相结合进行思考的重要性。即便我们尚未深入探讨这些内容之间的具体相关性，这样的做法无疑能够拓宽我们的视野，激发新的洞见。

明确相关的材料：

1. 在探讨与杀婴案件相关的法医证据时，头部受伤的模式常常指向了一个令人不安的结论：婴儿可能因被剧烈摇晃而死亡。具体来说，这种死亡方式与脑部肿胀、脑表面出血以及视网膜下出血的综合迹象密切相关。然而，通过对 1000 项研究进行的回顾，专家证人对其提供的证据提出了质疑，认为过去基于这些证据的定罪可能并不稳固。

2. 谈及创新的自行车安全措施，臭鼬锁的概念应运而生。这种独特的自行车锁设计能够在遭遇盗窃时释放出刺激性气味的溶液，引发窃贼的呕吐反应。此外，其独特的外观设计旨在比其他锁具更有效地威慑潜在的窃贼。

3. 在监听犯罪活动并即时触发警报的技术领域，一种已经学会识别特定声音的计算机模型正处于讨论之中。这项技术一旦识别到犯罪相关声音，便会立即激活警报系统。

4. 在人脸识别技术方面，虽然它已被广泛应用于各种安全场合，但研究表明，在眼镜架上打印特定的图案能够干扰人脸识别系统的正常工作。

5. 文化和暴力犯罪之间的关联也引起了研究者的关注。有研究指出，“荣誉文化”（重视声誉）与“尊严文化”（重视个人）在对待暴力的态度上存在显著差异。在荣誉文化中，当个人荣誉受到威胁时，暴力行为可能随之爆发；而在强调尊严的文化中，由于个人行为的侮辱性质可能导致其社会地位的丧失，暴力事件相对较少发生。

可能适用于犯罪的材料：

6. 随着强大但成本高昂的新型电池技术的普及，它们潜在的广泛应用性使得这些电池可能成为犯罪分子的主要目标。因此，我们或许需要采取预防措施，使这些措施对潜在的犯罪者而言显得过于危险、无利可图或难以实施。同时，更先进的电池技术可能会在无意中助长某些犯罪活动，例如，为用于恶意目的的无人机提供更长的续航能力。

7. 在吸烟与 DNA 突变的关系方面，吸烟已被证实与特定的基因突变模式有关，这种模式可能通过 DNA 染色得到证实，进而有助于在警方调查中排除或确认嫌疑人。

8. 旗鱼捕食沙丁鱼时展现的团队协作模式，它们通过围绕鱼群旋转造成混乱，这种策略在某种程度上类似于人类社会中的暴乱或集体攻击行为。

9. 数字公民身份的兴起，一些国家正在推行虚拟公民身份（电子居住权），这将使个体受到不同法律体系的约束，这些法律可能与他们实际居住地的法律不同，这可能会为执法带来新的挑战和犯罪机会。

10. 人工智能的发展也提出了新的问题，如果机器变得比人类更聪明并拥有自己的目标，这将对犯罪、执法和逃避逮捕产生深远的影响。

这 10 个例子虽然无法涵盖《新科学家》期刊中所有与犯罪科学相关的材料，但它们揭示了如何从犯罪科学的视角出发，对科学及其发展的广泛领域进行有效解读。这意味着犯罪科学领域对于科学可能带来的各种有效的、道德的犯罪应对策略持开放态度，并对此充满兴趣。

显然，不同学科可以从不同的角度和干预点对犯罪科学作出贡献。图 1.3 展示了与犯罪事件相关的 5 个广泛的干预点，按时间顺序排列，这些点包括生物性倾向、发展环境、犯罪事件、犯罪调查以及刑事司法系统的反应。每个干预点都揭示了可能的犯罪减少策略和促进社会纪律的途径。

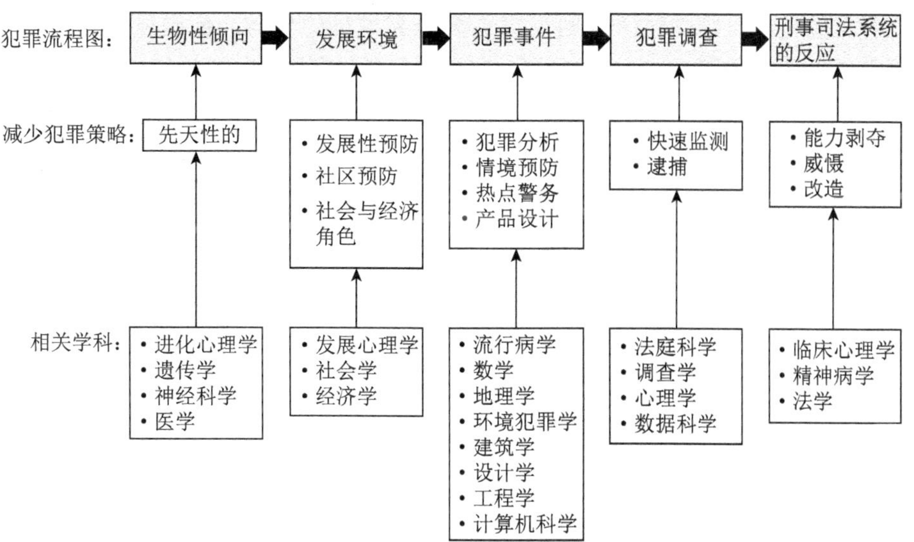

图 1.3　不同学科在不同干预点对减少犯罪的可能贡献。建议的减少犯罪策略和纪律是说明性的，这并不是一份详细的清单

将学科结合在一起的方法

在本章中，我们强调了不同学科在理解和应对犯罪方面的潜在价值。然而，我们不仅需要思考哪些学科能够为犯罪科学作出贡献，还要探索这些学科如何协同工作。目前，人们普遍认同，单一学科的孤立状态并不理想，大多数问题最好通过多元视角的综合来解决。在本章中，我们刻意避免为这种研究方法贴上任何特定的标签。选择的术语包括多学科和跨学科（奥斯汀、帕克和高布尔，2008；崔和帕克，2006；亨利，2012；克莱因，2008），这些术语各自带有不同的含义，代表着不同程度的整合。然而，在讨论将学科融合在一起时，人们往往未能确切说明如何实现这一目标，而用于描述综合学科方法的术语也常常被随意替换使用。

表 1.3 展示了学科类型的不同形式。犯罪科学并未规定学科整合的具体程度，采用的学科类型取决于问题的具体需求（博里昂和科赫，2017；休托尼米、克莱因、布鲁恩和胡基宁，2010）。至少，实现学科整合需要组建一个多学科团队，让来自不同专业领域的研究人员针对特定问题进行合作。在团队中，每位专家只需对自己擅长的领域有深入了解，便能在头脑风暴中贡献

有意义的见解。跨学科研究则需要更多研究人员的参与，他们虽然在主要学科方向上保持专长，但还需理解、吸收并运用其他学科的关键概念和方法。完全整合的跨学科领域通常以复合名称出现（例如，生物医学工程）。最终，最具挑战性的是跨学科性的目标，它要求我们超越学科的界限，实现真正的融合。这要求研究人员打破传统框架，创造新的视角和方法来解决现实世界的问题。

表 1.3　学科类型

类型	特征	集成度	示例
单学科	专注于一个研究领域。促进专业化和专业知识的发展，但限制了知识交流。	单一学科	遗传学家分离出与暴力风险增加相关的基因。
多学科	来自不同学科的专家齐聚一堂，各自贡献自己的学科专长。不同的知识在团队内分布。	多学科但无交集	一位心理学家和计算机科学家共同努力减少互联网上的儿童性虐待图像。心理学家提供有关罪犯行为的知识，计算机科学家提供有关在线实施策略的技术专长。
跨学科	专家齐聚一堂，扩展个别成员的学科知识。随着思想和技术的综合，学科界限开始打破。	多学科有交集	计算犯罪学领域结合了计算机科学和犯罪学的元素。计算犯罪学家对犯罪和其他复杂的犯罪学概念进行建模，并进行模拟实验以检验假设。
集成学科	学科以整体方式结合起来，创造出超越贡献学科的新视角。	多学科以整体为单位共事	数据科学这个新领域整合了数学、计算机科学和统计学等多个领域的理论和技术。数据科学可以应用于不同的问题领域。在犯罪的情况下，数据科学家可能会挖掘大数据集以揭示潜在的犯罪模式。

在现实实践中，实现各类学科整合面临重重困难。所谓“多学科”及其相关术语似乎仅仅是一句流行口号，其周围的热议往往与实际情况脱节。在个人层面，研究人员可能出于对学科舒适区的依赖而拒绝跨界合作。此外，他们还面临众多结构性障碍。在大学环境中，研究者依旧主要在自己学科的领域内从事研究和教学。研究委员会和资助机构也倾向于支持学科导向的研究，这类研究被视为风险较低的投资。学术社会同样以学科为基础构建。如果研究人员确实尝试进行多学科或跨学科的研究，他们可能会发现很难找到

愿意发表他们成果的期刊。尽管存在这些挑战，学科融合的追求依旧充满价值。如果没有跨学科研究人员的共同努力，我们当前面临的以及未来可能出现的犯罪问题将难以得到有效解决。因此，推动不同学科之间的合作仍然是犯罪科学领域中一项至关重要的事业。

小结

犯罪科学聚焦于那些被传统犯罪学边缘化的问题，在此基础上，它构建并扩展了环境犯罪学的研究范畴，后者本身便是对传统犯罪学研究空白的补充。在本节中，我们探讨了犯罪科学的定义及其独特性——它坚定不移地致力于犯罪控制，借助科学方法追求这一目标，并热情邀请来自各个学科的研究人员共同参与这一宏伟事业。

同时，我们认识到犯罪科学并非一个界限清晰的研究领域。正如本书所展示的，许多自称为犯罪学家的人并非源自犯罪学背景，他们中许多人甚至从事与犯罪科学看似毫不相关的领域。然而，这并不妨碍他们对犯罪科学领域作出贡献，并在犯罪学期刊上发表文章。此外，犯罪科学家的工作也常被非犯罪科学家群体广泛引用。犯罪科学家能够从犯罪学研究中汲取丰富的知识，即使这些内容并非犯罪科学的核心或框架，但仍有价值。例如，研究犯罪的途径、警察的作用、刑事司法系统的运作、不同社会群体参与各类犯罪的倾向性特征，以及犯罪动机等，这些都是犯罪科学家关注的重要背景议题。

尽管如此，我们认为将犯罪科学界定为一个独立的研究领域仍具有重要意义，这有助于推动一个议程，从根本上转变我们对犯罪及其控制的思维方式。自 2001 年 JDI 成立以来，这一方法已经显示出鼓舞人心的吸引力。JDI 本身已经成长为一个拥有约 25 名学术人员的多元化实体，这些人员来自心理学、社会学、地理学、政治学、经济学、数学、法庭科学、电子工程和计算机科学等多个学科。英国、美国、澳大利亚、新西兰和荷兰的众多大学也纷纷设立了犯罪科学系、研究中心，并授予相关学位。目前，已有约 16 卷犯罪科学杂志和犯罪科学丛书出版。在主要的犯罪学参考书中，犯罪科学也被列为一个重要的条目。当然，本书也是犯罪科学文献的重要组成部分。

总结

在本章中，我们深入探讨了犯罪科学的理念。我们追溯了环境犯罪学中犯罪科学的起源，并详细阐述了其核心特征。我们认为，犯罪科学为理解并应对犯罪问题提供了一种独到的方法论，该方法以结果为驱动，以证据为基石，并构建在多学科和跨学科研究的基础之上。犯罪科学的宗旨在于探索减少犯罪和提升公共安全的新途径。

《犯罪科学》一书为我们提供了一个展示该领域研究成果的平台。本书的宗旨是帮助读者更深入地理解犯罪科学的理念、愿景和方法，以及该领域涵盖的多样化主题。本书的内容分为两个部分。第一部分由各学科领域的专家撰写，介绍他们所在科学领域对犯罪科学的贡献或潜在贡献。这一部分的目的是向同行的专家和对犯罪科学感兴趣的读者展示其价值和实用性，同时确保内容对非专业人士同样友好。第二部分则通过一系列典型的案例研究，展示了犯罪科学家们的工作成果。各章节的编写旨在向专业学者和普通读者普及犯罪科学的知识。在最后一章，我们展望了犯罪科学未来可能的发展趋势，并对这些方向进行了探讨和论述。

注释

1. 在撰写本文时，杰弗里的书在谷歌学术（Google Scholar）上仅被引用 227 次，而纽曼的则为 3524 次。

2. 关于犯罪科学，有几个更早的、不太详细的定义；参见克拉克（2004）、科克本和莱科克（2017）、莱科克（2001、2005）。

3. www. popcenter. com.

参考文献

Armitage, R. (2017). "Crime prevention through environmental design". In R. Wortley & M. Townsley (eds). *Environmental Criminology and Crime Analysis* (2nd ed.). London: Routledge.

Austin, W., Park, C., & Goble, E. (2008). "From interdisciplinary to transdisciplinary research: a case study". *Qualitative Health Research*, 18 (4): 557~564.

Bhaskar, R. (1975). *A Realist Theory of Science*. Brighton: Harvester.

Borrion, H. & Koch, D. (2017). "Integrating architecture and crime science: A transdisciplinary challenge". In P. Gibbs (ed.). *Transdisciplinary Higher Education: A Theoretical Basis Revealed in Practice* (pp. 91~107). Cham, Switzerland: Springer.

Brantingham, P. J. & Brantingham, P. L. (1981). *Environmental Criminology. Prospect Heights*, IL: Waveland Press.

Brantingham, P. J. & Brantingham, P. L. (1993). "Nodes, paths and edges: considerations on the complexity of crime and the physical environment". *Journal of Environmental Psychology*, 13: 3~28.

Brantingham, P. J., Brantingham, P. L., & Andresen, M. A. (2017). "Geometry of crime and crime pattern theory". In R. Wortley & M. Townsley (eds). *Environmental Criminology and Crime Analysis* (2nd ed.). London: Routledge.

Choi, B. C. & Pak, A. W. (2006). "Multidisciplinarity, interdisciplinarity and transdisciplinarity in health research, services, education and policy. Definitions, objectives, and evidence of effectiveness". *Clinical and Investigative Medicine*, 29 (6): 351.

Clarke, R. V. (1967). "Seasonal and other environmental aspects of abscondings by approvedschoolboys". *British Journal of Criminology*, 7: 195~206.

Clarke, R. V. (1980). " 'Situational' crime prevention: theory and practice". *The British Journal of Criminology*, 20 (2): 136~147.

Clarke, R. V. (1983). "Situational crime prevention: its theoretical basis and practical scope". In M. Tonry & N. Morris (eds). *Crime and Justice: A Review of Research* (*Volume* 4). Chicago and London: The University of Chicago Press.

Clarke, R. V. (1992). "Introduction". In R. V. Clarke (ed.). *Situational Crime Prevention: Successful Case Studies. Albany*, NY: Harrow and Heston.

Clarke, R. V. (1997). "Introduction". In R. V. Clarke (ed.). *Situational Crime Prevention: Successful Case Studies* (2nd ed.). Albany, NY: Harrow and Heston.

Clarke, R. V. (1999). *Hot Products: Understanding*, Anticipating and Reducing Demand for Stolen Goods (*Volume* 112). Home Office, Policing and Reducing Crime Unit, Research, Development and Statistics Directorate.

Clarke, R. V. (2004). "Technology, criminology and crime science". *European Journal on Criminal Policy and Research*, 10 (1): 55~63.

Clarke, R. V. (2017). "Situational crime prevention". In R. Wortley & M. Townsley (eds). *Environmental Criminology and Crime Analysis* (2nd ed.). London: Routledge.

Clarke, R. V. & Cornish, D. B. (1985). "Modeling offenders' decisions: a framework for research and policy". In M. Tonry & N. Morris (eds). *Crime and Justice: A Review of Research*, (*Volume* 6). Chicago and London: The University of Chicago Press.

Clarke, R. V. & Eck, J. E. (2005). "*Crime analysis for problem solvers*". Washington, DC: Center for Problem Oriented Policing. www. popcenter. org/library/reading/PDFs/60Steps. pdf.

Cockbain, E. P. & Laycock, G. (2017). "Crime science". In H. Pontell and S. Lab, (eds). *The Oxford Research Encyclopedia of Criminology and Criminal Justice*. New York: Oxford University Press.

Cohen, L. & Felson, M. (1979). "Social change and crime rate trends: a routine activity approach". *American Sociological Review*, 44: 588~608.

Cornish, D. B. & Clarke, R. V. (2003). "Opportunities, precipitators and criminal decisions: a reply to Wortley's critique of situational crime prevention". In M. Smith and D. Cornish (eds). Theory for Practice in Situational Crime Prevention, *Crime Prevention Studies* (*Volume* 6). Monsey, NY: Criminal Justice Press.

Eck, J. E. & Spelman, W. (1987). *Problem-solving: Problem-oriented Policing in Newport News*. Washington, DC: Police Executive Research Forum.

Ekblom, P. (1994). "Proximal circumstances: a mechanism-based classification of crime prevention". In R. V. Clarke (ed.). *Crime Prevention Studies* (*Volume* 2). Albany, NY: Harrow & Heston.

Ekblom, P. (2017). "Designing products against crime". In R. Wortley & M. Townsley (eds). *Environmental Criminology and Crime Analysis* (2nd ed.). London: Routledge.

Farrell, G. (2015). "Preventing phone theft and robbery: the need for government action and international coordination". *Crime Science*, 4 (1): 4.

Farrell, G., Laycock, G., & Tilley, N. (2015). "Debuts and legacies: the crime drop and the role of adolescence-limited and persistent offending". *Crime Science*, 4 (1): 16.

Farrell, G. & Tilley, N. (2017). "Technology for crime and crime prevention: a supply side-analyses". *In Crime Prevention in the 21st Century* (*pp.* 377~388). Cham, Switzerland: Springer.

Farrell, G., Tseloni, A., & Tilley, N. (2016). "Signature dish: triangulation from data signatures to examine the role of security in falling crime". *Methodological Innovations*, 9: 1~11.

Farrell, G., Tseloni, A., Mailley, J., & Tilley, N. (2011). "The crime drops and the security hypotheses". *Journal of Research in Crime and Delinquency*, 48 (2): 147~175.

Felson, M. (2002). *Crime and Everyday Life*. Thousand Oaks, CA: Sage.

Felson, M. (2017). "Routine activity approach". In R. Wortley & M. Townsley (eds). *Environmental Criminology and Crime Analysis* (2nd ed.). London: Routledge.

Goldstein, H. (1979). "Improving policing: aproblem-oriented approach". *Crime and Delinquency* (April): 234~258.

Harré, R. (1972). *The Philosophies of Science*. Oxford: Oxford University Press.

Hayward, K. J. & Young, J. (2004). "Cultural criminology: some notes on the script". *Theoretical Criminology*, 8 (3): 259~273.

Henry, S. (2012). "Expanding our thinking on theorizing criminology and criminal justice? The place of evolutionary perspectives in integrative criminological theory". *Journal of Theoretical and Philosophical Criminology*, 4 (1): 62~89.

Homel, R. (1988). *Policing and Punishing the Drinking Driver: A Study of General and Specific Deterrence*. New York: Springer-Verlag.

Huutoniemi, K., Klein, J. T., Bruun, H., & Hukkinen, J. (2010). "Analyzing interdisciplinarity: typology and indicators". *Research Policy*, 39 (1): 79~88.

Jeffery, C. R. (1971). *Crime Prevention Through Environmental Design*. Beverly Hills, CA: Sage Publications.

Johnson, S. (2014). "How do offenders choose where to offend? Perspectives from animal foraging". *Legal and Criminological Psychology*, 19 (2): 193~210.

Kahneman, D. (2011). *Thinking, Fast and Slow*. New York: Farrar, Straus and Giroux.

Klein, J. T. (2008). "Evaluation of interdisciplinary and transdisciplinary research". *American Journal of Preventive Medicine*, 35 (2): S116~S123.

Knutsson, J. & Kuhlhorn, E. (1992). "Macro-measures against crime: the example of checkforgeries". In R. Clarke (ed.). *Situational Crime Prevention: Successful Case Studies*. New York: Harrow and Heston.

Koslowski, B. (1996). *Theory and Evidence: The Development of Scientific Reasoning*. Cambridge, MA: MIT Press.

Lewin, K. (1946). "Action research and minorityproblems". *Journal of Social Issues*, 2 (4): 34~46.

Laycock, G. (2001). "Scientists or politicians-who has the answer to crime?" *Inaugural Professorial Lecture*, UCL, 26 April. London: Jill Dando Institute.

Laycock, G. (2005). "Defining crime science". In M. Smith and N. Tilley (eds). *Crime Science*. Cullompton, Devon: Willan.

Martinson, R. (1974). "What works? Questions and answers about prison reform". *The Public Interest*, 35: 22~54.

Mayhew, P., Clarke, R. V. G., Sturman, A., & Hough, J. M. (1975). *Crime as Opportunity*. London: Home Office Research and Planning Unit.

Newman, O. (1972). *Crime Prevention Through Urban Design: Defensible Space*. New York: Macmillan.

Ohana, D. J., Phillips, L., & Chen, L. (2013). "Preventing cell phone intrusion and theft using biometrics". *In Security and Privacy Workshops* (2013) (pp. 173~180). IEEE.

Pease, K. (2005). "Science in the service of crime reduction". In N. Tilley (ed.). *Handbook of Crime Prevention and Community Safety*. London: Routledge.

Petroski, H. (1992). *The Evolution of Useful Things*. New York: Random House.

Petroski, H. (1996). *Invention by Design*. Cambridge, MA: Harvard University Press.

Petroski, H. (2008). *Success through Failure: The Paradox of Design*. Princeton: Princeton University Press.

Popper, K. (1957). *The Poverty of Historicism*. London: Routledge.

Popper, K. (1959). *The Logic of Scientific Discovery*. London: Hutchinson.

Popper, K. (1972). *Objective Knowledge*. Oxford: Oxford University Press.

Ross, L. (1977). "The intuitive psychologist and his shortcomings: distortions in the attribution process". In L. Berkowitz (ed.). *Advances in Experimental Psychology* (Volume 10). New York: Academic Press.

Ross, L. & Nisbett, R. E. (2011). *The Person and the Situation: Perspectives of Social Psychology*. London: Pinter & Martin.

Ross, N. (2013). *Crime: How to Solve it–And Why So Much of What We're Told Is Wrong*. London: Biteback Publishing.

Sayer, A. (2000). *Realism and Social Science*. London: Sage.

Simon, H. A. (1957). *Models of Man*. New York: Wiley.

Skinner, B. F. (1953). *Science and Human Behavior*. New York: Macmillan.

Syed, M. (2016). *Black Box Thinking*. London: John Murray.

Tilley, N. (2004). "Karl Popper: a philosopher for Ronald Clarke's situational crime prevention". In S. Shoham and P. Knepper (eds). *Israel Studies in Criminology* (pp. 39~56). Willowdale, ONT: de Sitter.

Tilley, N., Farrell, G., & Clarke, R. V. (2015). "Target suitability and the crime drop". In M. A. Andresen & G. Farrell (eds). *The Criminal Act*. London: Palgrave Macmillan.

Tilley, N., Farrell, G., & Tseloni, A. (2019). "Doing quantitative criminological research: the crime drop". In P. Davies and P. Francis (eds). *Doing Criminological Research* (3rd ed.). London: Sage.

Tilley, N. & Laycock, G. (2016). "Engineering a safer society". *Public Safety Leadership Research Focus*, 4 (2): 1~6.

Whitehead, S., Mailley, J., Storer, I., McCardle, J., Torrens, G., & Farrell, G. (2008). "In safe hands: a review of mobile phone anti-theft designs". *European Journal on Criminal Policy and Research*, 14 (1): 39~60.

Wortley, R. (2011). *Psychological Criminology: An Integrative Approach*. London: Routledge.

Wortley, R. (2013). "Rational choice and offender decisionmaking lessons from the cognitive sciences". In B. Leclerc & R. Wortley (eds). *Cognition and Crime: Offender Decision-making and Script Analyses*. London: Routledge.

Wortley, R. & Smallbone, S. (2012). *Internet Child Pornography: Causes, Investigation and Prevention*. Santa Barbara, CA: Praeger.

Wortley, R. & Townsley, M. (2017). "Environmental criminology and crime analysis: situating the theory, analytic approach and application". In R. Wortley & M. Townsley (eds). *Environmental Criminology and Crime Analysis* (2nd ed.). London: Routledge.

第一部分
对犯罪科学的学科贡献

纵览

犯罪科学的一个决定性特征是它所借鉴的学科的广度。在本书的这一部分，我们选择了 12 个学科，涵盖社会科学、自然科学、正规科学和应用科学，以展示这种广度。这 12 个学科是：

- 进化心理学
- 遗传学
- 社会学
- 心理学
- 经济学
- 流行病学
- 数学
- 地理学
- 建筑学
- 工程学
- 计算机科学
- 法庭科学

这并非是一份详尽无遗的学科目录，它更像是一幅描绘犯罪科学研究版图的概览图。值得注意的是，环境犯罪学并未在此单独列出，这是因为其在犯罪科学发展中的先锋作用已在开篇的引言章节中得到了详尽的阐述。环境犯罪学的多个方面也在其他章节中得到了探讨，例如在心理学、地理学和建筑学等领域。除了这一有意省略之外，我们主要关注的是广泛的研究领域，而没有深入到特定的子学科。例如，工程学包含了材料科学、纳米技术、土木工程、化学工程、电子工程、机械工程和系统工程等多个子领域，所有这些都能为犯罪科学作出贡献。

我们要求各章节作者特别强调其学科对犯罪科学的独特贡献。作者们面临的一项挑战是在保持学科学术性的同时，采用易于非专业人士理解的风格进行写作。我们力求编写出能够吸引见多识广且感兴趣的读者的章节，这些章节的水平应与综合性科学杂志相当。我们相信，作者们在实现这一目标方面取得了令人钦佩的成就。这种跨学科交流的挑战，无疑是所有多学科和跨学科领域，包括犯罪科学在内的核心问题。

本部分的章节安排可以根据多种标准进行排序。我们选择遵循图 1.3 所示的顺序，该图在介绍性章节中展示，它追踪了罪犯从出生到与刑事司法系统接触的全过程，并指出了可能的干预点。这个框架为我们提供了一个模板，以建议哪些学科在哪些环节可能最具相关性（尽管不是唯一的相关性）。因此，我们首先从进化心理学（谢利）和遗传学（加霍斯，博西欧和海莉）两章开始，探讨了犯罪行为的生物学基础，从物种和个体层面进行分析。接下来的章节涉及社会学（蒂利）、心理学（沃特利）和经济学（曼宁），它们从不同角度探讨了犯罪的社会心理和经济因素。随后是三个有关方法论的重点章节，分别是流行病学（范思和爱德华兹）、数学（戴维斯）和地理学（安德·莱森），它们是从分析和建模层面去探索犯罪问题。紧接着的三章分别关注建筑学（博里翁和科赫）、工程学（博里翁）和计算机科学（哈特尔与荣格），它们与设计消除物理及虚拟环境中的犯罪预防相关。最后的章节，关于法庭科学（摩根），则探讨了犯罪调查和罪犯识别的技术和程序。

第二章
进化心理学

生命在地球上的起源可追溯至一个以复制未知物质实体为开端的进化过程。在这一过程中，复制偶尔会出现错误，即发生突变，而这些突变能够被传递给后代。当这些条件成熟时，便形成了一个正向的反馈循环。那些能够提高复制率的突变得以传播，而那些不能适应的则被“自然选择”所淘汰。由此，这些“生物体”逐渐累积了增强繁殖能力的特征（参见达尔文，1872；道金斯，1976；威廉姆斯，1966）。从字面意义上看，生物本质上是“基因的机器”（道金斯，1976）：由非活性物质（主要是碳和水）构成，却能执行其他物质无法实现的功能，如在家中穿梭、寻找并利用能量源、击败竞争对手、存储和计算信息、发展感官能力、操纵环境，以及在全球范围内传播其基因。尽管我们可能将自己视为没有灵魂的自然选择产物，虽然这种观念常常令人不悦，但当我们研究其他生命形式时，无论是灵长类动物、蟑螂、植物、真菌、细菌还是病毒，我们采用的都是相同的科学视角。进化生物学领域采用统一的模型和理论，既解释黑猩猩的母性行为，也解释植物的动态生长模式。这种对生命现象的解读，是源于达尔文主义的观点，为我们提供了一个统一的框架来理解生物界的多样性。

进化心理学家将这一理论视角进一步拓展至人脑的运作，从而形成了一门将人性视为自然选择结果的科学（巴斯，2015 ；托比和科斯米德斯，1990）。本章旨在概述进化心理学领域，并探讨如何借助进化心理学的框架来理解犯罪行为。接下来，我将重点探讨两个在进化视角下尤为突出的犯罪学案例：杀婴和家庭暴力。

人性

进化心理学家提出，人类的思维与大脑结构由众多信息处理模块组成，这些模块被称为“适应”，它们专门用于调节行为和生理系统，以应对我们人类祖先所面临的特定生存挑战（参见托比和科斯米德斯，1992）。例如，恐惧作为一种适应，经历了进化过程，以便在遭遇危险时迅速作出反应（托比和科斯米德斯，1990）。这些适应远比简单的基本本能复杂，它们由众多子程序、触发器、行为模式、动机状态、专门化的学习与记忆机制，以及生理调节器等组成。这些复杂的系统共同铸就了所谓的“人性”，涵盖了诸如亲属关系识别、性嫉妒、愤怒、对儿童的关爱、悲伤、领土意识、结盟思维、选择配偶的质量评估、栖息地选择、视觉及其他感知系统，以及在社交互动、语音产生、语法学习等众多领域中检测欺骗的机制（巴考、科兹米德斯和托比，1992；平克，1997；巴斯，2015）。

尽管人类对其进化天性已有一定认识（布鲁内和布鲁内·科尔斯，2006），但若缺乏进化生物学的系统培训，这种理解往往流于表面，缺乏科学深度（正如我们对视觉的理解不能仅凭直觉而取代光学科学）。遗憾的是，在犯罪学领域，真正理解进化心理学或生物学原理的人寥寥无几。全面阐述这一科学领域超出了本章的讨论范围，但接下来的内容将提供一个简要的概览。我们推荐对这一主题感兴趣的读者查阅该领域的经典著作（如戴维斯、克雷布斯和韦斯特，2012；戴利和威尔逊，1983；托比和科斯米德斯，1992），并深入阅读那些详细探讨了犯罪学生物进化方法的文献（例如戴利和威尔逊，1988；达兰特，2012；邓特利和沙克福，2008）。

适应主义者计划：利用进化生物学来理解生物

在过去的30年里，进化生物学家开创了一种识别适应功能的方法，即过去它是如何增加基因复制的。这种方法被称为适应性程序，它涉及将生物体的设计（如婴儿的吸吮反射）与我们进化历史中解决的问题（如哺乳动物从母亲那里获得营养）相匹配。为了证明某一特征是一种适应（即它是通过自然选择为特定的生殖功能而设计的），我们就必须证明该特征具有复杂的功能设计，以解决祖先的生殖问题。适应主义方案基于一种零假设检验逻辑，零假设所研究的特征是副产品（例如意外发展），而替代假设则认为特征增强了祖先的繁殖。为了排除无效假设，我们必须展示复杂的功能设计，例如，多个功能的设计似乎不太可能很好地完成一项功能，而该功能必须在过去改善了繁殖。例如，如果儿童表现出的寻乳反射是面部肌肉发育的副产品，那么以下特征的功能必须是巧合：（1）反射是由脸颊或嘴巴上的摩擦而不是身体的任何其他部位触发的；（2）反射将婴儿的脸移向乳头，而不是移开；（3）反射为吮吸反射；（4）反射恰好发生在婴儿哺乳的发育阶段；（5）反射延伸舌头以接收乳头。所有这些特征都能使哺乳成功，如果寻乳反射是一种副产品的话，那么这些特征本应该是发育的巧合。考虑到可能性极低，空值被拒绝，那么另一种假设就被保留了下来：寻乳反射通过自然选择进化，因为具有这些特征的婴儿喂养更有效，存活的可能性更大，并将每个特征背后的基因传递给下一代。

进化心理学家运用适应性程序来探究人类大脑各部分功能的起源，其中包括那些可能导致犯罪行为的脑区。根据这些心理学家的观点，我们的大脑在进化过程中，其不同部分是为了解决各种生存和繁殖问题而形成的，正如我们身体的其他部分也是为了应对特定的挑战而设计。例如，我们的心脏负责循环血液，头骨则保护我们的大脑。通过揭示人类大脑某一区域进化的原因，我们能够洞察其工作原理以及其运作方式的背后动机。以性嫉妒为例，理解它是大脑为了防止伴侣背叛而进化出来的部分，就能解释为什么有人在嫉妒的驱使下会诽谤竞争对手、惩罚伴侣，甚至在极端情况下诉诸暴力（巴斯，2011）。或许更为关键的是，通过探索大脑某部分的进化原因，我们可以揭示大脑是如何为了适应特定环境压力而演化的。这种方法不仅解释了人类普遍的行为和生理特征，还解答了环境如何塑造这些特征的问题。例如，为什么没有父亲的女孩成熟得更快（埃利斯等人，2003），或者为什么我们的皮肤在阳光下会变黑？

犯罪行为可能来自人性的不同方面。每种类型的犯罪都需要以不同的方式进行研究和理解，理解所研究的大脑部分的进化功能。我们根据适应主义计划提出了以下指南，作为使用进化论来理解特定类型犯罪的一种方式。

第一步：确定导致犯罪的人性部分

让我们记住，法律体系并不总是像人类的思维那样细腻地区分不同的行为。疏忽导致的婴儿死亡与出于报复而杀害情敌，这两者源自截然不同的进化逻辑，它们在本质上可能也不同于战时对敌人的杀戮行为（如戴利和威尔逊，1988）。在理想的情况下，我们应当细致地剖析这些行为的本质，并努力将那些主要驱使人们走向犯罪的人性因素独立出来。最终，行为的演变往往是为了引发一连串逐步升级的事件。因此，犯罪行为的心理演变很少仅仅是为了执行那些令人反感的单一行为。例如，虽然愤怒可能催化杀人行为，但在大多数情况下，愤怒甚至不会导致明确的侵略威胁，更不用说致命的暴力行为了（谢利，2011）。

第二步：规划出人性这一方面的适应

适应是自然选择在生物体中精心塑造的要素，它们需要与副产品明确区分。副产品是生物体特征的产物，虽然与适应相关，但并非因其功能优势而被自然选择所青睐。以人类为例，脂肪和脂肪储存是为了对抗饥饿而进化出的适应机制，而人类的高能量消耗则是这一适应过程的副产品。脂肪储存是一种适应，而人体的能量燃烧特性则是一种副产品。为了判断一个特征是否代表着一种适应，即是否具备特定的功能，我们可以依据以下线索：

- 该功能是否展现出跨文化的普遍性？适应性的进化是一个漫长的过程，因此，它们应当在各种文化中广泛存在，在几乎所有的人类社会中都能观察到。例如，对儿童的母性关怀在所有已知的人类社会中都是普遍现象（布朗，1991）。这并不意味着在极端情况下，如专制独裁统治下，不能出现所有新生儿被集体抚养的情况，只是母亲与子女建立深厚的联系是人性进化的一部分。
- 该功能是否在特定年龄或性别群体中普遍适用？适应通常是普遍存在的，但可能会在某一性别或某些特定的发育阶段表现得更为明显。例如，婴儿的寻乳反射通常在大约 4 个月后消失。那些罕见或在少数群体中出现的特征，往往不太可能是适应性特征，尽管频率依赖性选择也可能出现例外（菲格雷多等人，2005）。
- 该功能是否在无需外部指导的情况下自然发展？这并不意味着适应不需要从环境中学习，许多生物体会通过学习来优化其适应性（例如，鸭子的印记学习，人类的食物偏好）。这里的关键是适应并非由环境直接塑造，而是进化出来以特定的方式与环境互动。
- 是否存在明确的选择压力（即适应性问题）需要被解决？适应性

的产生是为了应对选择压力，即那些可以提高动物繁殖成功率的环境因素。例如，寻乳反射通过提高婴儿喂养的频率和降低饥饿风险来增强繁殖成功率。这一严格的标准区分了进化理论与社会科学理论，后者有时会提出缺乏已知机制来创造这种设计的功能，如认为愤怒的作用是保护自尊。

· 该功能是否展现了复杂适应性设计的证据？这是一个决定性的标准（威廉姆斯，1966）。适应性应当展现出为了增强繁殖成功而精心设计的复杂性（科斯米德斯和托比，1994；托比和科斯米德斯，1992；威廉姆斯，1966）。例如，愤怒系统似乎主要设计来应对当前和未来的利益冲突。它被他人的不重视行为激活（例如，愿意为微小的利益给你带来损失），引发接近行为，并通过声音和普遍的愤怒表情来吸引目标的注意力，同时展示自己的议价能力，试图重新调整对方的行为（谢利、托比和科斯米德斯，2009；谢利，2011；谢利，托比和科斯米德斯，2014；托比等人，2008）。愤怒的每一个功能特征都应当通过在利益冲突中为个体赢得优势来增加其繁殖成功率。

同样地，进化生物学的文献在此处发挥着至关重要的作用（参见表2.1）。虽然人类拥有一些独特的适应性特征，正如许多其他物种一样，但一旦我们揭示了它们的进化功能，这些特征就变得可以理解了（例如，平克，1995）。无论是否能在其他动物中找到先例，适应性特征都可以通过“逆向工程”来探索它们的功能（威廉姆斯，1966）。这种方法涉及仔细研究这些特征的结构和功能，以揭示它们的用途。以眉毛为例，它们的多种特征暗示了其防止汗液或雨水进入眼睛的功能。眉毛成对出现，每只眼睛上方各有一个，形成了屋顶状的构造，能够引导水分流向眼睛边缘并远离眼睛。它们的毛发水平排列，有助于将水向两侧分散。此外，眉毛位于前额的底部，这意味着前额上的汗液不会直接流入眼睛，等等。

表 2.1　犯罪、生物学先例及其演变适应

犯罪	生物学概念	人类适应	进一步阅读
虐待儿童、忽视、杀婴	父母投资、杀婴	亲子投资、婴儿品质评估	戴利和威尔逊，1984、1988、1998

续表

犯罪	生物学概念	人类适应	进一步阅读
殴打、男男凶杀	支配地位、动物冲突、性内选择	愤怒、配偶竞争、地位竞争	戴利和威尔逊，1988 年；谢利，2011 ；弗兰厄姆和彼得森，1996
集团侵略、战争、帮派暴力	联合杀戮	联盟心理、可能的战争适应	弗兰厄姆和彼得森，1996；范·瓦格，2011
亲密伴侣暴力	雄性-雌性攻击、伴侣保护、两性选择	性嫉妒	巴斯，2011；格茨等人，2008；威尔逊和戴利，1995
强奸、性胁迫	强迫性行为、强迫性交、两性选择	男性择偶机制、可能的强奸适应	麦基宾等人，2008；桑希尔和普拉曼，2001
盗窃	盗窃寄生、寄生、容忍盗窃、动物冲突理论	资源获取机制、嫉妒、权利	金泽，2008
用药	不适用	皮质边缘多巴胺奖励回路的副产品、可能的“物质寻求”适应	杜兰特等人，2009；沙利文和哈根，2002

在探索适应性功能的领域中，初学者常犯的一个错误是假设某个功能与其祖先的繁殖成功毫无关联。例如，基于愤怒的攻击几乎不可能仅仅是为了恢复个人的自尊。这种观点似乎与人类的繁殖无直接关系，如果真是这样，那么人类就不可能进化出因为别人的贬低而感到自尊受损的特质。关键在于，如果愤怒的进化功能真的是为了重新评估个人的价值，那么就不需要愤怒的面孔、声音的变化、接近的行为，或是这种复杂适应性的其他任何特征。这些特征明确指出，愤怒的主要目的是为了对愤怒的源头进行重新校准，而不仅仅是一种个人情绪的表达（谢利，2011）。

在过去的 30 多年里，进化心理学家一直致力于发现并勾勒出构成人性的适应性特征（巴斯，2015）。虽然研究者在探索犯罪行为的适应性基础上已经取得了一些进展（参见表 2.1），但在这个领域内，仍有许多工作尚待深入探索和完善。

第三步：利用这些改编来理解现代语境中的现象

一旦研究人员洞察到适应性的功能，他们就能通过理解这些适应如何有效地解决物种在历史环境中的生存挑战，来推断适应性的特征。例如，探究是什么因素触发了这些适应功能，它们如何调节行为或认知变量，以及是什么因素影响了适应性的强度增减。此外，还需考虑适应性的性别差异（例如，男性和女性之间）以及年龄差异（例如，儿童与成人之间）。

以愤怒为例，如果它在我们的祖先群体中被设计用来权衡利益与代价，那么那些在权衡中表现出更高能力的个体可能会更有效地利用愤怒。进化可能塑造了愤怒，使其能够校准个体的权利感和议价能力。因此，权势较大的人可能会期待更多，并对更多的不公正行为感到愤怒。这一推理引出了一个预测：在现代社会中，身体强壮且好斗的男性可能更容易表达愤怒，这一预测已在多个研究中得到证实（谢利、托比与科斯米德斯，2009；塞尔、艾斯纳和里博，2016）。

重要的是要认识到，尽管适应性通常是普遍存在的，但它们并不总是以普遍或一致的方式表达。许多适应性是特定情境的产物，而这些情境可能永远不会发生（例如，某些与怀孕相关的适应性），或者随着生物体对当地环境的适应而变化（例如，食物选择机制可能会根据个体的饮食习惯将某些昆虫分类为可食用或不可食用）。为了准确预测这些机制在特定个体中的作用方式，我们需要了解适应性设计（包括它如何响应发展线索）以及生物体所经历的学习历史。

犯罪学中适应主义方案的例子：杀婴案

在探讨人类杀婴行为的案例中，研究者发现犯罪者几乎总是婴儿的照料者，其动机通常是为了逃避抚养孩子的责任（戴利和威尔逊，1984、1988、1998）。这一发现指出，涉及杀婴的行为可能与父母关系中识别和照顾亲属的系统有关（鲍尔比，2008）。简而言之，这些悲剧发生的原因在于某些父母与子女之间的关系并不牢固，从而导致他们采取了极端的行为。

关于杀婴行为是否具有适应性，戴利和威尔逊参考了进化生物学的证据，表明在多个物种中，杀婴现象并不罕见。例如，在动物界，新任社群领袖的雄性动物经常会杀害前任领袖的幼崽，以终止哺乳期雌性的排卵抑制。这种行为在狮子（普西和帕克，1990）和叶猴（博瑞斯等人，1999）中均有记录。在某些物种中，雌性动物甚至会在感知到新雄性动物的气味时自发流产，以避免浪费资源孕育注定无法存活的幼崽（罗伯茨等人，2012）。

杀婴行为不仅限于非亲属，也存在于父母杀害自己子女的情况。在哺乳动物中，这通常与雌性动物面对饥饿压力或幼崽存活可能性较低的情况有关（例如，家猫可能会吃掉自己的幼崽）。在这种情况下，母亲通过食用后代来补偿怀孕期间消耗的能量，从而提高其一生中的生殖潜力。

戴利和威尔逊（1984）研究了这些适应性，并排除了它们在人类中存在的可能性。尽管继父杀害婴儿的案例并不罕见，但其发生率远低于狮子和叶猴中的常规行为。同时，人类母亲通常不会食用死胎或病弱的婴儿。相反，他们认为人类的杀婴行为是父母投资适应性的副产品，这种适应性将父母与子女联系起来，并促使他们为子女作出牺牲。这种适应在进化生物学中被称为“父母投资”（特里弗斯，1972）。

“父母投资”理论认为，父母的资源是有限的，对某一子女的投资可能会限制他们对其他子女（包括现有和未来的）的投资。因此，许多哺乳动物的父辈进化出了适应能力，以优化对单个后代的长期生殖投资。这些适应通常会阻止对生存或繁殖机会较低的后代进行投资，或者在投资可能危及父母生存的情况下进行调整。简而言之，这种适应可以识别后代、调节对后代的关注和利他行为，并对婴儿的健康和福祉等变量作出反应。

基于这一理论框架，戴利和威尔逊提出了一些关于人类杀婴行为的预测因素。如果人类被设计为在特定的进化情境下拒绝投资某些婴儿，而杀婴是这种投资退出和照顾牺牲的副产品，那么我们可以通过分析导致婴儿成为不良生殖投资的环境因素来预测杀婴行为。

在对进化生物学文献进行深入研究后，戴利和威尔逊发现了一些导致杀婴行为的共同因素：一是健康状况不佳的婴儿存活和繁殖的可能性较小，投资这些婴儿通常会降低净繁殖率；二是当父母面临资源紧张或需要投资的后代过多时，他们可能会从某些后代中撤回投资，以保护自己未来的繁殖能力或少数后代的健康；三是当后代与成年人没有血缘关系时，照顾婴儿的选择压力会显著降低。戴利和威尔逊（1988）回顾了人类关系区域档案中记录的觅食社会的人种学研究，发现所有记录在案的杀婴案例中有 89%可以归因于这三个预测类别之一。这些研究结果即使在现代生活方式与祖先生活方式大相径庭的情况下，也揭示了杀婴行为与繁殖成本之间的联系。

对西方社会的研究进一步证实了这一理论预测，即杀婴是父母投资适应性的副产品，限制了后代投资的范围。与理论预测一致，身体畸形的婴儿在西方社会也更容易遭受虐待、忽视和谋杀（范霍恩，2014）。资源限制因素同样预测了儿童虐待和杀婴的发生（例如，单亲家庭、年轻父母、贫困状况，参见戴利和威尔逊，1988）。最后，与第三项预测一致，与婴儿同住且基因无关成年人是迄今为止发现的预测杀婴最具统计学意义的因素（戴利和威尔逊，1998）。这种分析使进化理论家能够预测父母投资的更精细特征，例如，在子女生病时撤回投资与增加投资以促进恢复的情况（曼恩，1992）。

男性对女性配偶虐待和殴打案件

进化生物学家对家庭暴力现象并不陌生，因为人类并非唯一为了防止配偶与竞争对手发生性关系而采取攻击和威胁行为的物种（戴维斯、克雷布斯和韦斯特，2012；弗兰厄姆和彼得森，1996）。这种行为被视为“配偶保护”策略的一部分，这些策略的进化目的是降低配偶与其他个体孕育后代的风险。鉴于人类男性对后代的投资，他们在发现潜在入侵者时采取威胁、遗弃或实际攻击的行为，以保护配偶并确保家庭稳定和繁衍能力，这一点都不足为奇。

进化心理学家认为，人类的性嫉妒情绪是为了这一功能而进化出来的（巴斯，2011）。性嫉妒几乎无疑是一种适应性特征，它普遍存在于育龄成年人的恋爱关系中（布朗，1991），并且显示出复杂的设计迹象。例如，它被不忠的迹象所触发，导致对嫉妒对象的密切监控，并可能激发对配偶或入侵者的攻击（巴斯，2011）。并没有证据表明性嫉妒是后天教导给孩子的，实际上，嫉妒常被视为应受惩罚的行为，并被教导应该避免。它的进化功能与其他动物保护配偶的行为相同，即防止入侵者破坏有利的交配关系。

从进化论的角度来看，性嫉妒不仅与现有数据相符，而且从原理上解释了其存在的原因。性嫉妒的每一个假定特征都可能增加了过去拥有这种情绪的个体的繁殖成功率。这种情绪——包括某些犯罪行为的倾向，但不仅限于此——可以被理解为一种机制，用于监测和应对伴侣的不忠或遗弃行为，从而提高祖先的繁殖成效。例如，嫉妒的个体会密切监控伴侣的行为，尤其是与异性成员的互动，还有那些有吸引力且可能对伴侣感兴趣的人。面对威胁时，嫉妒的个体会采取策略来诋毁对手，提升自己的地位，有时甚至会威胁或诋毁伴侣，以试图留住他们或减少他们对其他潜在伴侣的吸引力（巴斯，2011；戈兹等人，2008）。除了这些直观的嫉妒特征外，这种理解还可以用来推导出嫉妒的其他预测特征。例如，性嫉妒和由此引发的行为更容易在个体打算建立长期关系而非短期关系时被触发。这种嫉妒行为可能会在伴侣有实际抛弃可能性、表现出考虑离开的迹象，或者当嫉妒的个体认为伴侣很可能会离开时出现（例如，男性在失业后可能会因为对女性的吸引力降低而加剧嫉妒）（巴斯，2011；戈兹等人，2008），这时暴力行为的发生可能性会增加。

此外，性别间的嫉妒基本功能差异可以从其假定的进化功能中推断出来。男性在被戴"绿帽子"时付出的代价最大，因为他们不仅失去了与配偶繁殖的机会，还可能在对非亲生子女的投资上"浪费"资源。而女性几乎不会为此付出代价，因为她们能够更容易地识别出自己的子女。相反，雌性在失去与特定雄性交配的投资时会付出更高的代价。因此，实验研究显示出了嫉妒的性别差异，男性在考虑伴侣的性不忠时比女性表现出更强的嫉妒心，而女性在考虑伴侣的情感不忠时则比男性更嫉妒（巴斯，2011；戈兹等人，2008）。

结论：更好的科学前景

自然选择的进化理论是准确无误的。它不仅能完美地契合数据，提供了有价值的视角和新颖的见解，而且在理论发展上也具有里程碑意义。它是关于地球上生命起源的真实叙述，也为人类本质提供了切实的解释。这一理论阐明了为什么存在有性繁殖（托比，1982）、性别差异（查尔斯沃斯和查尔斯沃斯，2010）、人类老化现象（威廉姆斯，2001）以及为何所有人类社会都基于家庭结构组织起来（布朗，1991；汉密尔顿，1964）。在探索任何生命形态时，忽略这一理论就如同回到了 18 世纪的科学认知水平。若要提升我们对犯罪及其行为的科学理解，就必须与生物学知识相结合。采用适应主义的方法来研究人性，无疑是一个强有力的起点。

参考文献

Barkow, J. H. , Cosmides, L. & Tooby, J. (Eds). (1992). *The Adapted Mind: Evolutionary Psychology and the Generation of Culture*. Oxford: Oxford University Press.

Borries, C. , Launhardt, K. , Epplen, C. , Epplen, J. T. & Winkler, P. (1999). "DNA analyses support the hypothesis that infanticide is adaptive in langur monkeys". *Proceedings of the Royal Society of London B: Biological Sciences*, 266 (1422), 901~904.

Bowlby, J. (2008). *Attachment*. New York: Basic Books.

Brown, D. E. (1991). *Human Universals*. New York: McGraw-Hill.

Brüne, M. & Brüne-Cohrs, U. (2006). "Theory of mind – evolution, ontogeny, brain mechanisms and psychopathology". *Neuroscience & Biobehavioral Reviews*, 30 (4), 437~455.

Buss, D. M. (2011). *The Dangerous Passion: Why Jealousy is as Necessary as Love and Sex*. New York: The Free Press.

Buss, D. (2015). *Evolutionary Psychology: The New Science of the Mind*. Needham Heights, MA: Allyn & Bacon.

Charlesworth, D. & Charlesworth, B. (2010). "Evolutionary biology: the origins of two sexes". *Current Biology*, 20 (12), R519~R521.

Cosmides, L. & Tooby, J. (1994). *Beyond intuition and instinct blindness: toward an evolutionarily rigorous cognitive science*. Cognition, 50 (1), 41~77.

Daly, M. & Wilson, M. (1983). *Sex, Evolution & Behaviour*. Boston, MA: Willard Grant Press.

Daly, M. & Wilson, M. (1984). "A sociobiological analysis of human infanticide". In Daly, M. & Wilson, M. (Eds). *Infanticide: Comparative and Evolutionary Perspectives* (pp. 487~502). London and New Brunswick: Aldine Transaction.

Daly, M. & Wilson, M. (1988). *Homicide*. Transaction Publishers.

Daly, M. & Wilson, M. (1998). *The Truth about Cinderella: A Darwinian View of Parental Love*. Yale University Press.

Darwin, C. (1872). *The Origin of Species*. New York: Books.

Davies, N. B. , Krebs, J. R. & West, S. A. (2012). *An Introduction to Behavioural Ecology*. Oxford: John Wiley & Sons.

Dawkins, R. (1976). *The Selfish Gene*. Oxford: Oxford University Press.

Duntley, J. & Shackelford, T. K. (Eds). (2008). *Evolutionary Forensic Psychology*. Oxford:

Oxford University Press.

Durrant, R., Adamson, S., Todd, F. & Sellman, D. (2009). "Drug use and addiction: evolutionary perspective". *Australian and New Zealand Journal of Psychiatry*, 43 (11), 1049~1056.

Durrant, R. (2012). "The role of evolutionary explanations in criminology". *Journal of Theoretical and Philosophical Criminology*, 4 (1), 1~37.

Ellis, B. J., Bates, J. E., Dodge, K. A., Fergusson, D. M., John Horwood, L., Pettit, G. S. & Woodward, L. (2003). "Does father absence place daughters at special risk for early sexual activity and teenage pregnancy?" *Child Development*, 74 (3), 801~821.

Figueredo, A. J., Sefcek, J. A., Vasquez, G., Brumbach, B. H., King, J. E. & Jacobs, W. J. (2005). "Evolutionary personality psychology". In Buss (Ed.). *The Handbook of Evolutionary Psychology* (pp. 851~877). Hoboken, NJ: John Wiley & Sons Inc.

Goetz, A. T., Shackelford, T. K., Starratt, V. G. & McKibbin, W. F. (2008). "Intimate partner violence". In Duntley & Shackelford (Eds). *Evolutionary Forensic Psychology* (pp. 65~78). Oxford University Press.

Hamilton, W. D. (1964). "The genetical evolution of social behaviour". *Journal of Theoretical Biology*, 7 (1), 17~52.

Kanazawa, S. (2008). "Theft". In Duntley & Shackelford (Eds). *Evolutionary Forensic Psychology* (pp. 160–175). Oxford: Oxford University Press.

Mann, J. (1992). Nurturance or negligence: "Maternal psychology and behavioral preference among preterm twins". In Barkow, Cosmides & Tooby (Eds). *The Adapted Mind: Evolutionary Psychology and the Generation of Culture*. Oxford: Oxford University Press.

McKibbin, W. F., Shackelford, T. K., Goetz, A. T. & Starratt, V. G. (2008). "Why do men rape? An evolutionary psychological perspective". *Review of General Psychology*, 12 (1), 86~97.

Muller, M. N., Kahlenberg, S. M., Thompson, M. E. & Wrangham, R. W. (2007). "Male coercion and the costs of promiscuous mating for female chimpanzees". *Proceedings of the Royal Society of London B: Biological Sciences*, 274 (1612), 1009~1014.

Pusey, A. E. & Packer, C. (1994). "Infanticide in lions: consequences and counterstrategies". In Parmigiani (Ed.). *Infanticide & Parental Care*. Chur, Switzerland: Harwood Academic Publishers.

Pinker, S. (1995). *The Language Instinct: The New Science of Language and Mind*. London: Penguin UK.

Pinker, S. (1997). *How the Mind Works*. New York: W. W. Norton & Co.

Roberts, E. K., Lu, A., Bergman, T. J. & Beehner, J. C. (2012). "A Bruce effect in wild geladas". *Science*, 335 (6073), 1222~1225.

Sell, A. N. (2011). "The recalibrational theory and violent anger". *Aggression and Violent Behavior*, 16 (5), 381~389.

Sell, A., Cosmides, L. & Tooby, J. (2014). "The human anger face evolved to enhance cues of strength". *Evolution and Human Behavior*, 35 (5), 425~429.

Sell, A., Eisner, M. & Ribeaud, D. (2016). "Bargaining power and adolescent aggression: the role of fighting ability, coalitional strength, and mate value". *Evolution and Human Behavior*, 37 (2), 105~116.

Sell, A., Tooby, J. & Cosmides, L. (2009). "Formidability and the logic of human anger". *Proceedings of the National Academy of Science*, 106 (35), 15073~15078.

Sullivan, R. J. & Hagen, E. H. (2002). "Psychotropic substance-seeking: evolutionary pathology or adaptation?" *Addiction*, 97 (4), 389~400.

Thornhill, R. & Palmer, C. T. (2001). *A Natural History of Rape: Biological Bases of Sexual Coercion*. Cambridge, MA: MIT Press.

Tooby, J. (1982). "Pathogens, polymorphism, and the evolution of sex". *Journal of Theoretical Biology*, 97 (4), 557~576.

Tooby, J. & Cosmides, L. (1990). "The past explains the present: Emotional adaptations and the structure of ancestral environments". *Ethology and Sociobiology*, 11 (4-5), 375~424.

Tooby, J. & Cosmides, L. (1992). "The psychological foundations of culture". In Barkow, Cosmides & Tooby (Eds). *The Adapted Mind: Evolutionary Psychology and the Generation of Culture* (pp. 19~136). Oxford: Oxford University Press.

Tooby, J., Cosmides, L., Sell, A., Lieberman, D. & Sznycer, D. (2008). "Internal regulatory variables and the design of human motivation: a computational and evolutionary approach". In Elliot, A. J. (Ed.). *Handbook of Approach and Avoidance Motivation* (pp. 251~271). New York: Psychology Press.

Trivers, R. L. (1972). "Parental investment and sexual selection". In B. Campbell (Ed.). *Sexual Selection and the Descent of Man*, 1871~1971 (pp. 136~179). Chicago, IL: Aldine.

Van Horne, B. (2014). *Child maltreatment among children with specific birth defects: a population-based study*, Texas 2002~2011. (Doctoral dissertation, The University of Texas School of Public Health).

Van Vugt, M. (2011). "The male warrior hypothesis". In Forgas & Kruglanski (Eds). *The Psychology of Social Conflict and Aggression* (pp. 233~248). New York and Hove: Taylor & Francis.

Williams, G. C. (1966). *Adaptation and Natural Selection: A Critique of Some Current Evolutionary Thought*. Princeton, NJ: Princeton University Press.

Williams, G. C. (2001). "Pleiotropy, natural selection, and the evolution of senescence". *Science's SAGE KE*, (1) 13.

Wilson, M. & Daly, M. (1995). "The man who mistook his wife for a chattel". In Barkow, Cosmides & Tooby (Eds). *The Adapted Mind* (pp. 289~322). Oxford: Oxford University Press.

Wrangham, R. W. & Peterson, D. (1996). *Demonic Males: Apes and the Origins of Human Violence*. New York: Houghton Mifflin Harcourt.

第三章
遗传学

在过去的几十年中，随着监禁率及其相关成本的急剧上升，社会对减少犯罪的策略的兴趣显著增加。造成这种社会经济负担的原因可能包括执法实践、法律费用、惩教设施和受害者服务的成本开销（法斯和皮，2002；洛弗尔和杰梅尔卡，1996；米勒、科赫和罗斯曼，1993；彼得西利亚，1992）。尽管政府资金的大部分仍用于支持犯罪控制和实施惩罚性措施，但关于罪犯矫正和预防犯罪的讨论已在刑事司法系统领域重新引起关注（阿内斯蒂斯和卡波内尔，2014；戴维斯、石岛和麦卡特，2015；特里波蒂，2014）。鉴于预防犯罪努力的失败和罪犯的消极后果通常与20世纪后半叶的惩罚模式有关，刑事司法实践的这种适时转变因此受到了欢迎。

在减少犯罪及其对社会造成的代价的运动中，一系列研究致力于确定犯罪的风险因素，但这些研究通常没有取得更多进展。这些研究结果表明，生物和遗传因素参与了反社会行为和犯罪行为的发展和稳定（巴恩斯和布特韦尔，2012；莫菲特，2005；雷恩，1993）。此外，遗传因素已被证明会影响各种不良的结果，包括精神病、帮派成员、武器使用和非法药物使用（比弗、巴恩斯和布特韦尔，2014；比弗、德利西、沃恩和巴恩斯，2010；邓等人，2015；弗洛尔等人，2009）。

尽管大量的研究揭示了生物和遗传因素与犯罪之间的密切联系，但人们对于基因研究对预防或减少犯罪的贡献却关注有限。关于在刑事审判中可能使用基因数据的讨论一直面临争议、恐惧和怀疑，这其中的部分原因是有些人担心这些信息会被用来压迫罪犯。此外，学者和公众对遗传因素作为研究反社会行为病因的方法存在根本性误解。例如，来自候选基因关联研究的发现可能鼓励人们相信基因以确定性的方式工作，即拥有一个基因必然会导致反社会行为发生。尽管存在这些误解，但越来越多的证据表明，人类的行为是复杂的，我们无法将其仅仅归因于单一的基因原因，因为反社会行为的病因与先天和后天因素都有关，遗传因素与特定环境会相互作用产生犯罪行为（凯里，2003；卡斯皮等人，2002；平克，2002；普洛明、德弗里斯、克诺皮克和内德希瑟，2013）。

本章概述了行为遗传学和分子遗传学研究的一些关键发现，以及如何将这些发现纳入预防和减少犯罪的战略之中。为此，本章分为三个主要部分。首先，我们将简要概述遗传学与犯罪关联的实证现状。本节将首先强调行为遗传学方法如何帮助评估基因和环境对反社会行为的影响。此外，我们将回顾一些来自分子遗传学研究的发现，这些研究已经确定了许多与反社会行为相关的遗传多态性。其次，我们将说明环境因素可能受到基因型制约的方式，这种现象被称为基因-环境相互作用。关于基因与环境相互作用的讨论将阐明基因多态性如何与特定环境相互作用，从而产生反社会行为。最后，我们将介绍基因与环境相互作用的两种不同解释，即素质应激模型和差异易感性模型，并在本节最后讨论如何将这些理论模型整合到犯罪预防和矫正的实践当中去。

基因对反社会行为的影响

在行为遗传学的研究设计中，反社会行为的方差被分解为三个关键组成部分：遗传力、共享环境以及非共享环境的估计。遗传力的估计揭示了遗传因素在驱动反社会行为变化中的比例。那些不受遗传因素影响的方差则被归因于环境因素。行为遗传学家进一步将环境因素划分为两种类型：共享环境与非共享环境。共享环境的影响使得兄弟姐妹在行为上表现出相似性。例如，他们在儿童时期可能接受了相似的育儿方法。共享环境的作用在于，如果某些环境因素对行为发展具有显著影响，并且兄弟姐妹们有着相似的经历，那么这些因素应当对所有兄弟姐妹的行为产生类似的影响。与此相对照的是，非共享环境的影响则导致了兄弟姐妹之间的行为差异。一个孩子可能更多地与展现反社会行为的同龄人互动，并在青少年时期陷入犯罪活动，而另一个孩子则可能结交了促进亲社会行为的朋友，并未涉及任何犯罪行为。

在探索基因与环境对反社会行为影响的研究中，行为遗传学家偏好采用基于双胞胎的研究设计来精确评估这些因素。双胞胎研究，特别是对比单卵（MZ）与双卵（DZ）双胞胎的方法，为揭示遗传因素的作用提供了有力的工具。这种方法的优势在于，由于 MZ 双胞胎共享 100%的遗传物质，而 DZ 双胞胎大约共享 50%，通过比较两组双胞胎在反社会行为上的相似度，行为遗传学家能够更准确地量化遗传影响的程度。相对于 DZ 双胞胎，观察到的 MZ 双胞胎在行为特征上的更高相似性，暗示了这些特征差异的遗传成分。

综合多项行为遗传学研究，尤其是基于双胞胎的研究结果，我们发现大约 50%的反社会行为变异可以归因于遗传因素。这一结论是基于包括罗伯特（2009a、2009b）、弗格森（2010）、梅森和弗里克（1994）、迈尔斯和凯里（1997）以及莱伊和瓦尔德曼（2002）在内的 6 项权威分析得出的。此外，一项涵盖了超过 2700 项双胞胎研究的最新分析（涉及约 1450 万对双胞胎）进一步支持了这一发现，指出遗传因素占人类表型变异的约 49%，包括反社会行为（波德曼等人，2015）。反社会行为剩余的变异则归因于环境因素，其中共享环境和非共享环境分别约占反社会行为方差的 15%～20%和 30%～35%（莫菲特，2005）。这些研究强调了遗传风险因素与环境暴露在促进反社会行为发展中的关键作用。

分子遗传学

行为遗传学研究设计虽然为评估反社会行为的遗传影响提供了重要视角，但并未能揭示具体参与塑造这些行为的基因信息。为了深入理解这一层面，分子遗传学研究设计成为了必要的手段。分子遗传学领域的研究已经识别出多个与犯罪、攻击和暴力行为发展相关的候选基因（德利西等人，2009；郭等人，2007；廖等人，2004）。值得注意的是，许多涉及反社会和犯罪行为发展的基因都与神经递质的调控有关。

简而言之，神经递质是大脑中的化学信使，负责在神经元之间传递信息。这些信号通过神经递质传递突触间隙，而神经递质在被传递后需要通过再摄取或酶分解的方式从突触中清除。若与神经递质运输和分解相关的基因发生结构性变异，可能导致神经递质水平失衡，影响神经传递效率。

研究表明，与神经递质如多巴胺和血清素相关的基因变异，与冲动、攻击性和犯罪行为有显著关联（参见比弗等人，2008；雷茨等人，2004；法罗内等人，2001；雷恩，1993）。这些基因可能具有不同的等位基因，即基因的不同版本，它们在人群中以多态性的形式存在。某些等位基因影响神经递质的清除效率，从而导致神经递质水平的变化，这可能增加了反社会行为的潜在风险。

例如，多巴胺系统的基因多态性与反社会和犯罪行为有关。多巴胺转运体基因 DAT1 的 10 个重复等位基因与攻击性和犯罪行为相关（郭等人，2007；比弗等人，2008）。多巴胺受体基因 DRD2 的 A1 等位基因也与暴力犯罪和暴力受害风险增加有关（郭等人，2007；比弗等人，2007）。此外，5-羟色胺系统的基因变异，如 5-羟色胺转运体启动子基因（5-HTTLPR）的短等位基因，也与某些形式的反社会行为有关（雷兹等人，2004；廖等人，2004）。

同时，编码分解神经递质的酶的基因也与暴力和犯罪行为有关（沃拉夫卡等人，2004；卡斯皮等人，2002）。例如，单胺氧化酶 A（MAOA）基因编码的酶参与多巴胺和血清素的分解，其多态性导致不同活性的 MAOA 产生，低活性 MAOA 等位基因与多种反社会结果相关（比弗等人，2013；郭等人，2008）。综上所述，分子遗传学研究为我们理解可能参与反社会行为病因的基因系统提供了宝贵的洞见。

基因与环境的相互作用

尽管有充分的证据表明基因多态性与反社会行为之间存在关联，但研究同样指出，这些基因的影响可能会在与特定环境条件的相互作用下加剧。这一现象被广泛认知为基因与环境的相互作用（拉特，2006）。基因与环境相互作用的核心概念在于，环境的影响依赖于个体的基因型，而基因型的影响又受环境因素的制约。例如，拥有反社会行为遗传倾向的个体在接触犯罪环境时，可能更容易展现出犯罪行为。相比之下，没有这种遗传倾向的个体在相同环境中的犯罪行为可能性则大为减少。基因与环境的相互作用揭示了基因易感性与环境因素之间复杂的互动关系，这有助于解释为何不同个体对相同环境的反应各不相同。

早期关于基因与环境相互作用的研究发现，低功能 MAOA 基因型与儿童期遭受虐待的交互作用能够预测男性反社会表型的形成（卡斯皮等人，2002）。根据这些研究，尽管只有少数样本同时面临两种风险因素——功能低下的 MAOA 基因型和童年遭受虐待——但这一群体却占到了样本中暴力定罪的较大比例。此外，这一群体中有 85%的个体表现出反社会行为。这种基因与环境的相互作用在其他研究中也得到了证实（弗格森等人，2012；金·科恩等人，2006；福里等人，2004），并且近期研究也再次强调了这种交互作用，指出功能低下的 MAOA 基因型与儿童期遭受虐待的交互作用增加了反社会行为的风险（伯德和马努克，2014）。

近期研究还揭示了多巴胺能多态性与影响反社会表型发展的环境因素之间的基因-环境相互作用。例如，DRD2 基因被发现与有犯罪行为的父亲交互作用，预测严重犯罪、暴力犯罪和与警察的接触（德利西等人，2009）。其他研究也表明，DRD2 和其他多巴胺能多态性（如 DAT1、DRD4）与环境因素相互作用，预测包括暴力行为在内的一系列行为结果（巴恩斯和雅各布斯，2013；比弗等人，2012；沃恩等人，2009），以及早发性犯罪、外化行为和与警察的接触频率。

尽管基因与环境的相互作用为理解反社会行为的成因提供了重要视角，但解释这种相互作用的潜在机制仍需进一步探索。目前，科学界已经提出了两种模型来阐释基因与环境的相互作用：素质应激模型和差异易感性模型。

素质应激模型一直是解释基因与环境相互作用的主要框架，该模型假设在不利环境中，遗传风险因素能够预测反社会行为。在这个模型中，基因多态性部分决定了个体在负面环境中的脆弱性。例如，具有反社会行为遗传倾向的个体在犯罪环境中更容易表现出犯罪行为，而不良环境则可能成为这些遗传易感性的触发因素。

然而，贝尔斯基提出的差异易感性模型（1997、2005）提供了另一种视角。该模型认为，遗传倾向不仅应被视为负面环境脆弱性的指标，还应被视为对正面和负面环境可塑性的指标。在差异易感性模型下，基因-环境相互作用不再仅被视为负面环境与遗传风险交互作用的结果，而是将遗传风险重塑为遗传可塑性，强调基因多态性能够以“好坏兼具”的方式与环境相互作用。具有遗传可塑性标记的个体在积极环境中可能表现出最佳反应，就像在逆境中可能表现出最差反应一样。

素质应激模型和差异易感性模型均可指导预防和减少犯罪的实践。这两个框架均假定特定环境暴露能够缓和某些遗传多态性的影响。在后续讨论中，我们将探讨如何利用差异易感性模型为预防计划提供信息，这些计划旨在阻断个体早年反社会行为的出现。在讨论犯罪预防工作后，我们将说明如何应用素质应激模型和差异易感性模型来指导对罪犯群体的改造工作。根据这些建议，结合有效的干预原则（PEI），这些框架可能有助于降低再犯罪率。

将基因信息纳入预防和减少犯罪实践

尽管减少和/或预防反社会行为和其他问题行为的干预尝试在多数情况下仅显示出适度效果，且长期干预对青少年反社会行为的减少效果并不理想（索耶、博尔杜因和多普，2015），但越来越多的实验性干预研究表明，项目效果的不一致可能是由于忽视了参与者对环境影响的遗传易感性的变异性（贝尔斯基和范伊真多恩，2015）。因此，未能考虑到个体特征重要性的预防工作将不能成功地识别出预防计划中最需要被关注的个体。

遗传信息干预研究已经开始探讨遗传多态性是否能降低参与者的计划有效性。重要的是，在随机干预试验中，许多发现与反社会行为相关的基因多态性也被确定为可塑性基因。例如，贝克曼斯·克拉嫩贝格及其同事（2008）的研究发现，有外部行为问题史的儿童如果同时拥有多巴胺 D4 受体基因（DRD4）的风险等位基因，则从基于家庭的干预中获益最大。DRD4 风险等位基因的调节作用也在药物使用预防干预措施中被揭示。被分配到以家庭为导向的干预计划的青少年显示出药物使用减少，尤其当他们是 DRD4 的 7 个重复等位基因携带者时（布罗迪等人，2014）。

从基因预防科学中收集的证据表明，基因型的调节作用对方案效能具有重要的影响。如果预防干预将参与者特征的重点扩大到包括基因型，那么预防科学家将能够更准确地预测谁将从干预中受益最多。事实上，项目参与者通常是基于一系列风险因素的干预对象，包括性别、年龄、种族和反社会行为史。随着差异易感性框架的实施，参与者将不再被单独认定为属于需要干预的高危人群。相反，参与者将基于自身对变化的敏感性或可塑性而成为目标。这种“改变”包括向更好的方向改变。许多旨在预防或减少反社会行为的现有预防性干预措施很容易开始在其研究设计中纳入基因数据。同样，纳入参与者基因型数据可以解释方案有效性的更多差异，并提高方案实施的精度。

虽然差异易感性模型对提高预防计划的有效性有明显的影响，但差异易感性和素质应激模型都有可能提高矫正/治疗计划的有效性。这些模型应用于这些项目的关键方式是将其与 PEI 相结合。PEIs 的发展是为了提高罪犯群体的矫正成功率（安德鲁斯、邦塔和霍格，1990；邦塔和安德鲁斯，2007）。有效干预有三个原则，但只有两个原则可以直接应用于基因图谱：风险原则和响应性原则。风险原则表明，高风险罪犯最容易改变，反过来从治疗方案中获益最多。第二个与遗传信息密切相关的 PEI 被称为响应性原则，旨在为犯罪人群确定最有效的治疗模式。响应性原则进一步细分为一般响应性原则和特定响应性原则。一般响应性假设罪犯对某些治疗模式的响应最好。相比之下，特定响应性强调了一个现实，即罪犯具有个人需求和特征（例如学习风格、个性、动机和能力），这些需求和特征会影响治疗的成功。因此，具体反应表明，罪犯将从个性化治疗方案中获益最多。

素质应激模型和差异易感性模型分别与风险原则和特定响应性原则有相似之处。首先，素质应激模型表明，具有遗传风险和暴露于环境风险因素的个人最有可能发展反社会行为。由于明确关注参与者风险，风险原则与素质应激模型的理论框架保持一致。事实上，这两种理论模型都强调了个体层面的风险因素对反社会结果的重要性。将基因数据纳入风险评估将使风险最高的罪犯能够在改造方案中得到识别和治疗。默认情况下，遗传风险最低的罪犯将被从此类计划中转移。利用基因数据可以让从业者为最需要治疗的罪犯提供服务。

其次，特定响应性原则与差异易感性模型一致，因为这两种理论模型都关注个体水平的特征如何影响项目的有效性。举例来说，我们可以根据罪犯的基因可塑性水平、个性特征和学习风格，将他们分配到各种治疗方案中。一旦这些理论模型被结合起来，从业者可能会开始认识到遗传因素与其他个体层面的特征协同作用，以帮助调节矫正治疗计划的有效性，进而增加罪犯成功改正的机会。

总结

纳入基因数据的预防和改造方案有望为罪犯带来积极改变。我们呼吁从业者和公众不应将基因数据的运用视为对罪犯的压迫，而应认识到基因因素在提升犯罪预防效能及降低再犯罪率方面的潜力。将基因与环境相互作用的理念融入现行预防实践和 PEI 中，有望推动更优质的犯罪预防项目的实施，实现更精确的风险评估，并提升项目的整体成功率。

参考文献

Andrews, D. A. , Bonta, J. , & Hoge, R. D. (1990). "Classification for effective rehabilitation: Rediscovering psychology". *Criminal Justice and Behavior*, 17, 19~52.

Anestis, J. C. & Carbonell, J. L. (2014). "Stopping the revolving door: Effectiveness of mental health court in reducing recidivism by mentally ill offenders". *Psychiatric Services*, 65, 1105~1112.

Bakermans-Kranenburg, M. J. & van IJzendoorn, M. H. (2006). "Gene-environment interaction of the dopamine D4 receptor (DRD4) and observed maternal insensitivity predicting externalizing behavior in preschoolers". *Developmental Psychobiology*, 48, 406~409.

Bakermans-Kranenburg, M. J. , van IJzendoorn, M. H. , Pijlman, F. T. , Mesman, J. , & Juffer, F. (2008). "Experimental evidence for differential susceptibility: Dopamine D4 receptor polymorphism (DRD4 VNTR) moderates intervention effects on toddlers' externalizing behavior in a randomized controlled trial". *Developmental Psychology*, 44, 293~300.

Barnes, J. C. & Boutwell, B. B. (2012). "On the relationship of past to future involvement in crime and delinquency: A behavior genetic analysis". *Journal of Criminal Justice*, 40, 94~102.

Barnes, J. C. & Jacobs, B. A. (2013). "Genetic risk for violent behavior and environmental exposure to disadvantage and violent crime: The case for gene-environment interaction". *Journal of Interpersonal Violence*, 18, 92~120.

Beaver, K. M. , Barnes, J. C. , & Boutwell, B. B. (2014). "The 2-repeat allele of the MAOA gene confers an increased risk for shooting and stabbing behaviors". *Psychiatric Quarterly*, 85, 257~265.

Beaver, K. M. , DeLisi, M. , Vaughn, M. G. , & Barnes, J. C. (2010). "Monoamine oxidase A genotype is associated with gang membership and weapon use". *Comprehensive Psychiatry*, 51, 130~134.

Beaver, K. M. , Gibson, C. L. , DeLisi, M. , Vaughn, M. G. , & Wright, J. P. (2012). "The interaction between neighborhood disadvantage and genetic factors in the prediction of antisocial outcomes". *Youth Violence and Juvenile Justice*, 10, 25~40.

Beaver, K. M. , Wright, J. P. , Boutwell, B. B. , Barnes, J. C. , DeLisi, M. , & Vaughn, M. G. (2013). "Exploring the association between the 2-repeat allele of the MAOA gene promoter polymorphism and psychopathic personality traits, arrests, incarceration, and lifetime antisocial behavior". *Personality and Individual Differences*, 54, 164~168.

Beaver, K. M. , Wright, J. P. , DeLisi, M. , Daigle, L. E. , Swatt, M. L. , & Gibson, C. L. (2007). "Evidence of a gene X environment interaction in the creation of victimization: Results from a longitudinal sample of adolescents" . *International Journal of Offender Therapy and Comparative Criminology*, 51, 620~645.

Beaver, K. M. , Wright, J. P. , & Walsh, A. (2008). "A gene-based evolutionary explanation for the association between criminal involvement and number of sex partners". *Biodemography and Social Biology*, 54, 47~55.

Belsky, J. (1997). "Variation in susceptibility to rearing influence: An evolutionary argument" . *Psychological Inquiry*, 8, 182~186.

Belsky, J. (2005). "Differential susceptibility to rearing influence: An evolutionary hypothesis and some evidence" . In B. Ellis & D. Bjorklund (Eds). *Origins of the Social Mind: Evolutionary Psychology and Child Development* (pp. 139~163). New York: Guilford.

Belsky, J. & van IJzendoorn, M. H. (2015). "What works for whom? Genetic moderation of intervention efficacy" . *Development and Psychopathology*, 27, 1~6.

Bonta, J. & Andrews, D. A. (2007). "Risk-need-responsivity model for offender assessment and rehabilitation" . *Rehabilitation*, 6, 1~22.

Brody, G. H. , Chen, Y. F. , Beach, S. R. , Kogan, S. M. , Yu, T. , DiClemente, R. J. , . . . & Philibert, R. A. (2014). "Differential sensitivity to prevention programming: A dopaminergic polymorphism-enhanced prevention effect on protective parenting and adolescent substance use". *Health Psychology*, 33, 182~191.

Burt, A. S. (2009a). "Are there meaningful etiological differences within antisocial behavior? Results from a meta-analysis" . *Clinical Psychology Review*, 29, 163~178.

Burt, A. S. (2009b). "Rethinking environmental contributions to child and adolescent psychopathology: A meta-analysis of shared environmental influences" . *Psychological Bulletin*, 135, 608~637.

Byrd, A. L. & Manuck, S. B. (2014). "MAOA, childhood maltreatment, and antisocial behavior: A meta-analysis of gene-environment interaction" . *Biological Psychiatry*, 75, 9~17.

Carey, G. (2003). *Human Genetics for the Social Sciences.* Thousand Oaks, CA: Sage.

Caspi, A. , McClay, J. , Moffitt, T. E. , Mill, J. , Martin, J. , Craig, I. W. , . . . Poulton, R. (2002). "Role of genotype in the cycle of violence in maltreated children" . *Science*, 297, 851~854.

Davis, M. , Sheidow, A. J. , & McCart, M. R. (2015). "Reducing recidivism and symptoms in emerging adults with serious mental health conditions and justice system involvement" . *The Journal of Behavioral Health Services & Research*, 42, 172~190.

DeLisi, M., Beaver, K. M., Wright, J. P., & Vaughn, M. G. (2008). "The etiology of criminal onset: The enduring salience of nature and nurture". *Journal of Criminal Justice*, 36, 217~223.

DeLisi, M., Beaver, K. M., Vaughn, M. G., & Wright, J. P. (2009). "All in the family: Gene x environment interaction between DRD2 and criminal father is associated with five antisocial phenotypes". *Criminal Justice and Behavior*, 36, 1187~1197.

Deng, X. D., Jiang, H., Ma, Y., Gao, Q., Zhang, B., Mu, B., ... & Liu, Y. (2015). "Association between DRD2/ANKK1 TaqIA polymorphism and common illicit drug dependence: Evidence from a meta-analysis". *Human Immunology*, 76, 42~51.

Faraone, S. V., Doyle, A. E., Mick, E., & Biederman, J. (2001). "Meta-analysis of the association between the 7-repeat allele of the dopamine D_4 receptor gene and attention deficit hyperactivity disorder". *American Journal of Psychiatry*, 158, 1052~1057.

Fass, S. M. & Pi, C. R. (2002). "Getting tough on juvenile crime: An analysis of costs and benefits". *Journal of Research in Crime and Delinquency*, 39, 363~399.

Ferguson, C. J. (2010). "Genetic contributions to antisocial personality and behavior: A meta-analytic review from an evolutionary perspective". *Journal of Social Psychology*, 150, 160~180.

Fergusson, D. M., Boden, J. M., Hornwood, L. J., Miller, A., & Kennedy, M. A. (2012). "Moderating role of the MAOA genotype in antisocial behavior". *The British Journal of Psychiatry*, 200, 116~123.

Foley, D. L., Eaves, L. J., Wormley, B., Silberg, J. L., Maes, H. H., Kuhn, J., & Riley, B. (2004). "Childhood adversity, monoamine oxidase A genotype, and risk for conduct disorder". *Archives of General Psychiatry*, 61, 738~744.

Fowler, T., Langley, K., Rice, F., van den Bree, M. B., Ross, K., Wilkinson, L. S., ... & Thapar, A. (2009). "Psychopathy trait scores in adolescents with childhood ADHD: The contribution of genotypes affecting MAOA, 5HTT and COMT activity". *Psychiatric Genetics*, 19, 312~319.

Guo, G., Ou, X.-M., Roettger, M., & Shih, J. C. (2008). "The VNTR 2 repeat in MAOA and delinquent behavior in adolescence and young adulthood: Association and MAOA promoter activity". *European Journal of Human Genetics*, 16, 626~634.

Guo, G., Roettger, M. E., & Shih, J. C. (2007). "Contributions of the DAT1 and DRD2 genes to serious and violent delinquency among adolescents and young adults". *Human Genetics*, 121, 125~136.

Kim-Cohen, J., Caspi, A., Taylor, A., Williams, B., Newcombe, R., Craig, I. W., & Moffitt, T. E. (2006). "MAOA, maltreatment, and gene-environment interaction predicting children's mental health: new evidence and a meta-analysis". *Molecular Psychiatry*, 11, 903~913.

Liao, D. L. , Hong, C. G. , Shih, H. L. , & Tsai, S. J. (2004). "Possible association between serotonin transporter promoter region polymorphism and extremely violent crime in Chinese males". *Neuropsychobiology*, 50, 284~287.

Lovell, D. & Jemelka, R. (1996). "When inmates misbehave: The costs of discipline". *The Prison Journal*, 76, 165~179.

Mason, D. A. & Frick, P. J. (1994). "The heritability of antisocial behavior: A meta-analysis of twin and adoption studies". *Journal of Psychopathology and Behavioral Assessment*, 16, 301~323.

Miles, D. R. & Carey, G. (1997). "Genetic and environmental architecture of human aggression". *Journal of Personality and Social Psychology*, 72, 207~217.

Miller, T. R. , Cohen, M. A. , & Rossman, S. B. (1993). "Victim costs of violent crime and resulting injuries". *Health Affairs*, 12, 186~197.

Moffitt, T. E. (2005). "The new look of behavioral genetics in developmental psychopathology: Gene-environment interplay in antisocial behaviors". *Psychological Bulletin*, 131, 533~554.

Petersilia, J. (1992). "California's prison policy: Causes, costs, and consequences". *The Prison Journal*, 72, 8~36.

Pinker, S. (2002). *The Blank Slate: The Modern Denial of Human Nature*. New York: Penguin Books.

Plomin, R. , DeFries, J. C. , Knopik, V. S. , & Neiderhiser, J. M. (2013). *Behavioral Genetics* (6th ed.). New York: Worth Publishers.

Polderman, T. J. C. , Benyamin, B. , de Leeuw, C. A. , Sullivan, P. F. , van Bochoven, A. , Visscher, P. M. , & Posthuma, D. (2015). "Meta-analysis of the heritability of human traits based on fifty years of twin studies". *Nature Genetics*, 47, 702~709.

Raine, A. (1993). *The Psychopathology of Crime: Criminal Behavior as a Clinical Disorder*. San Diego, CA: Academic Press.

Retz, W. , Retz-Junginger, P. , Supprian, T. , Thome, J. , & Rösler, M. (2004). "Association of serotonin transporter promoter gene polymorphism with violence: Relation with personality disorders, impulsivity, and childhood ADHD psychopathology". *Behavioral Sciences & the Law*, 22, 415~425.

Rhee, S. H. & Waldman, I. D. (2002). "Genetic and environmental influences on antisocial behavior: A meta-analysis of twin and adoption studies". *Psychological Bulletin*, 128, 490~529.

Rutter, M. (2006). *Genes and Behavior: Nature-Nurture Interplay Explained*. Malden, MA: Blackwell.

Sawyer, A. M., Borduin, C. M., & Dopp, A. R. (2015). "Long-term effects of prevention and treatment on youth antisocial behavior: A meta-analysis". *Clinical Psychology Review*, 42, 130~144.

Tripodi, S. J. (2014). "Emphasis on rehabilitation: From inmates to employees". *International Journal of Offender Therapy and Comparative Criminology*, 58, 891-893.

Vaughn, M. G., DeLisi, M., Beaver, K. M., & Wright, J. P. (2009). "DAT1 and 5HTT are associated with pathological criminal behavior in a nationally representative sample of youth". *Criminal Justice and Behavior*, 36, 1113~1124.

Volavka, J., Bilder, R., & Nolan, K. (2004). "Catecholamines and aggression: The role of COMT and MAO polymorphisms". *Annals of the New York Academy of Sciences*, 1036, 393~398.

第四章
社会学

摘要

许多传统的犯罪学家主要受到社会学视角的启发。社会学领域在研究方法和理论构建上展现出丰富的多样性。尽管不少社会学和犯罪学的学者对犯罪科学关注不足，但社会学领域的一般性关注点以及某些特定的研究线索对于犯罪科学的研究却具有不可忽视的重要性。

社会学

此处所述的社会学是对社会关系、制度与结构的深入探究，它与犯罪科学共享了跨学科的知识基础，同时保持着自身独特的视角。社会学综合了心理学、生物学、经济学、地理学、历史学、哲学、政治学及人类学等多个领域的见解，这些学科共同为我们揭示了影响社会行为及结构的多重条件。

社会学的核心论点在于，“社会”构成一个独特的实在，拥有自身不可简化的因果力量，这些力量超越了构成社会的个体的个人特质。例如，家庭等社会机构和社会阶层等社会分类，拥有独立于其个别成员的特有属性，并能产生独立的影响。社会学的重要创始人之一，埃米尔·涂尔干，曾简洁地建议社会学家应将“社会事实”当作客观存在来对待（涂尔干，1950）。他进一步阐述，“社会事实是能够对个人施加外部约束的任何行为模式”。涂尔干强调了科学在洞察社会现象中的关键作用，并且专注于统计分析。他最知名的研究之一是关于自杀的探讨，其中他记录并分析了自杀率的变化，并将其与社会条件引发的“自杀潮流”相联系（涂尔干，1951）。因此，无论是社会规范促使个人采取自杀行为（利他主义自杀），抑或是个人因感到在社会条件下无路可走而选择自杀（宿命论自杀），又或是由于缺乏阻止自杀的社会责任感（利己主义自杀），还是因为缺乏规范自杀行为的法规（失范自杀），尽管结果可能相同，但是为了深入理解，我们必须识别并区分这些不同类型的自杀。这些差异并不仅仅源于个体的心理或遗传因素，而且可能在不同自杀率的群体中普遍存在。

尽管涂尔干关于自杀的研究在数据、类型和解释模式上受到了批评（道格拉斯，1967；阿特金森，1971；泰勒，1982），但它突显了社会学在关注社会原因方面的独特性，这些原因在看似个人化的行为中同样起着作用。

当代社会学认识到个人与社会之间存在一种相互构成的关系，这是涂尔干所忽视或否认的个人方面。目前，人们普遍接受个人与社会是相互影响的，这一认识对理论（如瓦斯，2010；吉登斯，1984）和统计方法（如戈德索普，2016）都具有重要意义。

戈德索普在其著作《作为人口科学的社会学》（2016）中提出了“方法论个人主义”，与涂尔干的“整体主义”形成对比。戈德索普强调社会学应当关注涌现模式的识别和理解。在这种观点下，社会现象的存在和产生需要回归到与人类选择相关的机制，即人类不是社会安排的被动产物，而是运用有限理性（或吉格伦泽所说的“凡人的理性”）的有意图的代理人。戈德索普的描述虽然并未直接涉及犯罪，但其观点与犯罪科学的研究焦点相契合，即通过探索涉及人类选择的潜在因果机制来识别和解释犯罪模式。

尽管有些社会学家对犯罪学的研究持怀疑甚至敌视态度，但本章的目的并非与他们进行辩论（有关此方面的讨论，请参阅蒂利和塞尔比，1976）。相反，本章旨在突显社会学对犯罪科学的贡献，并强调其持续的重要性。

犯罪的社会性质

犯罪在多个层面上展现其社会性质，且其定义往往由社会机构所界定。刑事司法体系本身是一种社会构造，它通过一系列社会程序来运作。大多数犯罪行为都涉及社会互动，即一方对另一方的侵害，而这两方通常都是更广泛社会群体的一部分。犯罪模式的形成和抑制，在很大程度上，是通过受害者、犯罪者和相关第三方之间的社会关系来实现的。这些角色本身深植于复杂的社交网络之中。犯罪预防依赖于诸如警察、家庭、政府、企业和社区等社会机构的协同作用。从根本上讲，犯罪的定义、犯罪行为的发生以及对犯罪事件的反应——包括侦查、预防和保护措施的实施，以及对犯罪现象的关注——都在一定程度上受到社会因素的影响。

然而，这并不意味着犯罪研究是社会学的专利。正如社会学在理解犯罪的社会层面时借鉴了其他学科的知识，犯罪科学也与多个学科在犯罪研究上有广泛的交集。遗传学家从生物学的差异角度审视犯罪行为，心理学家从个人和互动的角度出发，经济学家从效用最大化的选择角度分析，地理学家关注空间结构，材料科学家研究犯罪行为中涉及的物质实体，而律师则从法律和刑事司法系统的视角来看待犯罪。犯罪科学是一个多学科交叉的研究领域，社会学作为其中的一员，也为这一领域贡献了独特的视角和知识。

本章从社会学广泛的领域中提炼出一些对犯罪科学尤为重要的元素。第一部分探讨了社会因素在犯罪产生和应对中的实际因果作用的重要性；第二部分具体分析了犯罪事件模式的成因；第三部分则关注与犯罪经历相关的问题。

社会责任的真正因果重要性

以下是贝克提出的十几个社会学命题，它们涉及犯罪的原因和应对措施，这些命题体现了社会学在理解犯罪模式和控制犯罪方法中的核心作用。

1. 社会条件对个人行为有实际影响（涂尔干，1950、1951）。

个人所在的社会群体通过提供的资源创造并限制了他们的机会。物质、文化和人际资源是导致不同群体选择差异的真实条件之一。预防犯罪的一种方法是确定所需的资源，并控制其供应和分配。

2. 情境定义对行为后果有实际影响（托马斯夫妇，1928；伯杰和卢克曼，1967）。

个人根据自己对情境的定义行事。情境定义可以来自多种出处，但主要来自个人所属或认同的社会群体。犯罪者的行为方式与他们定义自己的情境方式有关。改变有利于犯罪的情境定义是 SCP 的一部分。

3. 参照群体成员资格激活和抑制行为倾向（默顿，1968）。

个人通过参照重要的他人来定义自己和自己的愿望。“重要的他人”是被个人认定为成员群体（如家人或朋友）或比较群体（如名人）的人。犯罪行为往往是在一个人最亲密的参考群体成员表现出犯罪行为或表达支持犯罪的情绪的情境下产生的。

4. 正式标签塑造个人身份和机会（莱默尔特，1951）。

个人倾向于适应被赋予的公共标签。这些标签影响了他们可以选择的选项，部分是因为个人开始以他人对待他们的方式来定义自己。个人如果被贴上犯罪标签，那么采取合法行动和非犯罪同龄人交往会变得困难，从而增加了进一步犯罪的可能性。

5. 社会中存在着显著的社会分化，这导致其成员可获取的资源和参照群体存在显著差异（达伦多夫，1959）。

所有社会都不可避免地面临重大的社会分歧。优势群体通常掌握着维持和延续其优势地位的资源，这不仅体现在物质资源上，也包括使现有社会秩序合法化的主流思想。在资源分配方面，部分资源被专门用于降低犯罪风险。由于拥有更丰富的社会资本，优势群体成员往往能更有效地利用公共利益。以在最需要的地方分配有效预防资源为目标的道德犯罪学家，需警惕其努力可能无意中偏向于保护已处于安全状态的人群，而忽视那些更为脆弱的群体。社会分化还导致了不同的参照群体和犯罪机会的出现。因此，公司犯罪更可能发生在具备犯罪机会且内部默许其发生的公司中。在那些存在机会的职业领域，以及默许此类行为的团体内部，经费往往会被挪用——正如许多英国议员的情况所示，他们能够提出各种未经质疑、不诚实的报销要求，甚至包括如“护城河、鸭屋和浴室塞”等荒谬支出（阿灵顿和皮尔，2010年）！

6. 个人和团体属于塑造可用于追求目标的资源的网络（西美尔，1955）。

所有人都被锁定在社会关系网络中。人们所处的社会关系网络塑造了他们可以采取犯罪行动的资源，并影响他们是否作出犯罪的决定。刑事司法政策可能会无意中为促成犯罪的网络提供便利。

7. 推理贯穿于所有社会行为之中，且深受参与推理者社会状况的制约（波普尔，1967）。

所有行动所依赖的推理过程均受到社会背景的深刻影响。涉及的公共利益及其个人价值评估，取决于个体所属的社会群体。金钱、尊重、钦佩、权力、食物、声誉以及性吸引等因素，在不同社会群体和不同情境下，均可能成为被强调的效用要素。这些公共利益既可能通过合法途径获取，也可能借助非法手段实现。

8. 道德恐慌与犯罪和应对措施严重性有关（威尔金斯，1964）。

公众对犯罪的担忧可以通过具体案件和媒体对案件的报道而加剧。这些担忧增加了政策对这些行为的关注，从而导致更多案件被发现。这反过来会导致对这些行为采取更严厉的刑事司法对策。

9. 许多行为是通过习惯形成和复制的（韦伯，1978）。

大量社会行为往往是习惯性的、未经深思熟虑的，这涵盖了受害者、罪犯以及第三方的行为。每个人的日常行为都会对犯罪机会的产生造成影响，进而影响犯罪行为的发生。例如，武装劫匪可能会利用定期发放的现金支付工人，并利用常规路线将现金从银行运送到工作场所，从而锁定合适的目标。取消这类惯例是预防此类犯罪的有效措施之一。将安全相关活动纳入潜在受害者的日常行为，是提升其安全性的重要方法。例如，汽车设计中的一项安全措施是，当驾驶员离开车辆时，只需按下钥匙上的按钮，即可自动激活所有安全装置。推广这种安全程序，是使预防犯罪成为默认行为的关键途径。

10. 行动往往伴随着未被充分认识的条件和意料之外的后果（吉登斯，1984；布顿，1982）。

社会行为以一种参与者仅能部分理解的方式生成和复制。实践知识揭示了个人对他们所采取行为的认知，但这种认知总是存在局限性。此外，个人行动的后果很少能被他们完全预见。旨在改变行为（包括犯罪行为）的干预措施，可能会聚焦于那些未被充分认识的条件，从而在潜在罪犯“不知不觉”中发挥作用。同样，干预也可能提升人们对犯罪行为后果的认知。在某些情况下，揭示那些表面上守法者的行为无意间导致的犯罪后果，可能成为促使他们改变自身行为以减少犯罪衍生后果的先决条件。例如，某些产品制造商（如汽车和手机制造商）、创造更多犯罪机会的零售商（如自助商店），以及娱乐服务提供商（如俱乐部和酒吧），他们的管理实践可能无意中助长和鼓励了犯罪行为。

11. 印象是通过相关个体在追求目标时巧妙或无意间发出和解读的信号来管理的（戈夫曼，1959）。

在社交互动中，个体基于对他人属性的信念与他人进行互动。然而，这些信念有时可能存在误导。个人通常会致力于塑造和传达特定的印象，以实现自身目标。例如，在犯罪领域，罪犯必须精心管理自己向不同群体的自我展示，包括犯罪对手、潜在的犯罪同伙、可能的地下警察、潜在的线人以及潜在的赃物买家。对他人的误判以及故意自我展示的失误，对罪犯而言都蕴含风险，但这同时也为预防犯罪和控制犯罪提供了可利用的契机。

12. 产生行为模式的机制多种多样（埃尔斯特，2007）。

分析社会学已经识别出一系列通常被称为机制的“基础构件”，它们共同塑造行为模式。这些机制包括理性选择、情绪反应和社会规范，它们在犯罪行为中均扮演着重要角色。在某些情境下，不同机制所指示的行为方向可能相互冲突，导致不确定的结果。谋杀后自杀的案例便鲜明地体现了这一点：强烈的杀人冲动与强烈的道德禁令（即不杀人）并存。屈服于杀戮的冲动，伴随着因采取道德上极为可耻的行为而产生的难以承受的羞愧感。

13. 社会组织的特点是互惠和自治的关系（古尔德纳，1959；1960）。

这种关系普遍存在于各种组织内部及其相互之间，其中“中心”力量往往试图对“外围”部分施加控制，而外围则追求最大化的自主权。中心依赖外围以发挥其功能，外围同样需要中心的支撑与维护。这种相互作用产生了一种典型的紧张状态，不仅在致力于犯罪控制的机构与伙伴关系中显现，也在不同程度的有组织犯罪集团中得以体现。

这 13 个社会学命题中的每一个都深刻揭示了社会学核心理论在理解犯罪模式及探索犯罪控制策略中的重要作用。此外，社会学的其他研究领域，如城市结构、城市生活方式、社区内部及社区间的关系，以及家庭环境等，也都探讨了可能促进或抑制犯罪行为的各种条件。

接下来，我们将讨论社会学是如何将其核心思想融入到当前的犯罪科学领域中去的。

犯罪事件模式的产生与抑制

RAA 是犯罪科学的核心支柱之一（科恩和费尔森，1979；费尔森和埃克特，2015），其深刻的社会学内涵不容忽视。该理论关注的是犯罪事件发生的必要和充分条件，包括可能的犯罪者、合适的目标，以及将他们隔离开来的中间人类型。中间人分为两类：有能力的监护人和亲密的处理者。有能力的监护人是指那些有倾向或有可信度来保护合适目标免受潜在犯罪者侵害的人（或功能相当于人的设备，如闭路电视摄像头）。亲密的处理者则是指那些通过其观点、感知到的观点或行为足以阻止潜在犯罪者对合适目标实施犯罪的人（或功能等同者）。

在任何特定时刻，潜在的犯罪者、合适的目标、有能力的监护人和亲密的处理者的分布共同决定了犯罪条件的存在，进而塑造了犯罪模式。每日、每周和每月的调查揭示了犯罪的季节性和地理模式。随着时间的推移，这些条件的供应、分布和流动的变化塑造了犯罪趋势。这些概念具有巨大的解释潜力，提示我们需要理解导致这些关键犯罪条件的时空供应、分布和流动的社会长期变化，如技术、零售方式、教育设施、交通安排、就业模式以及体育和娱乐供应等。

RAA 的应用在犯罪预防方面具有显著意义。它为我们提供了多种策略来应对特定的犯罪问题。例如，我们应如何将可能的犯罪者与合适的目标分开？如何降低犯罪发生的可能性？哪些措施可以降低目标的吸引力？我们应如何增加潜在监护人和亲密处理者的供应和分配，指导他们的行动，或提升他们的能力？在犯罪发生前，我们应如何预测和阻止犯罪条件，以及如何改进措施以遏制犯罪？这些问题的探讨有助于我们更有效地预防和控制犯罪。

SCP 作为犯罪科学的另一基石，其深刻的社会学内涵同样值得关注。该领域的重点并非在于犯罪的个人倾向，而是关注那些促成犯罪、助长犯罪或抑制犯罪的具体情境因素（梅休等人，1976；克拉克，1980：162）。这些研究明确借鉴了犯罪社会学理论，如克拉克所承认的，SCP 的理念在一定程度上得益于“新犯罪学家”提出的模型。科尼什和史密斯也强调了社会学的影响，认为这有助于将犯罪行为视为正常的社会现象，而非病态，同时提供了微观和宏观层面的合理解释（科尼什和史密斯，2010：33~34）。

梅休关于自杀率的研究是支持 SCP 的具有影响力的例证之一。克拉克和梅休（1988）的研究聚焦于自杀率，而非单个事件。他们并不关注导致个人产生自杀念头的心理状态或特定环境，而是关注自杀行为发生的背景。与先前研究不同，他们注意到的是总体自杀率与使用家用燃气自杀率之间的平行趋势。

在英国，天然气的普及取代了煤气，这一转变减少了无痛自杀手段的可用性，因为天然气的毒性较低。虽然存在许多其他自杀方式，但这一改变不仅降低了通过煤气自杀的比例，也减少了英国整体的自杀率。这项措施之所以意义重大，是因为这种情境的变化导致了许多原本可能考虑自杀的人选择放弃这一念头。尽管这看似是一个小变化，却产生了显著的影响。当然，这并不意味着个人的悲剧、环境和心理特质与自杀行为毫无关联——它们在某种程度上确实有所关联。我们想强调的是，在自杀率和总体自杀率的变化（涂尔干所说的“社会事实”）中，情境的作用极其重要，这对于旨在解决问题行为的政策和实践产生了深远的影响。此外，虽然我们无法准确知道是哪些人因为缺少便利的自杀手段而未能采取行动，但我们可以相信，一些可能仅是短暂的不幸并未转化为悲剧。这并不是说决心自杀的人找不到其他方法，因为有些人显然会这么做。实际上，对于那些可能仅仅是一时冲动的自杀倾向者，通过移除便利的自杀手段，我们或许能够阻止他们走上绝路（莱斯特，2012）。

在斯德哥尔摩举行的犯罪学大会上，SCP 的先驱、犯罪科学领域的灵感源泉罗纳德·克拉克在其获奖演讲中，强调了自杀与家庭燃气供应研究的重要性，并探讨了这些研究对于理解“基本归因错误”的意义（克拉克，2016）。基本归因错误是指我们倾向于根据行为本身的特点或内在驱动力来解释他人的行为，却忽略了直接情境因素的关键作用（罗斯和尼斯贝特，2011）。这种认知偏差在日常生活中普遍存在：我们倾向于用他人的心理特质、道德品质或社会背景来解释他们的不当行为，而对自己的错误行为则归咎于当下的情境（皮斯和莱科克，2012）。例如，我们可能会认为她打他是因为她有精神疾病、性格恶劣或缺乏教育，而我打他则是因为他的情感不忠、行为恶劣或先攻击了我。讽刺的是，社会学家、心理学家，以及包括决策者和实践者在内的大量公众，都容易陷入基本归因错误的陷阱，过分强调个人性格及其成因，而忽视了直接条件在形成行为模式中的核心作用。

社会学对犯罪科学的重要贡献之一在于，它强调了（可改变的）外部条件在塑造犯罪行为模式中的作用——这些条件通常不是单个行为的充分原因，而是犯罪行为模式形成的根源。

社会学家越来越意识到，行为模式并非由外部条件机械决定，而是通过个体对环境的理解来影响其行为。例如，第 2 条、第 3 条、第 4 条、第 7 条、第 8 条、第 11 条和第 12 条等研究均承认了这一点。在 SCP 的研究文献中，这一点也得到了认同，其中涉及的可感知风险、可感知回报、可感知努力、规则/借口和挑衅等概念，都突显了潜在罪犯对其行为的情境理解的重要性。这并不意味着他们的情境理解一定是错误的（尽管可能是），而是说这种理解——无论其准确性如何——对个人采取的行动具有决定性影响。

可改变的犯罪经历

在犯罪政策的讨论中，犯罪所造成的伤害不仅涉及受害者及其周围人群的直接损失，还包括对安全感和幸福感的损害或降低。尽管对“恐惧”这一概念及其衡量方式存在争议，但在犯罪政策中，它是一个常用的术语，用以描述犯罪对公民安全感产生的负面影响。

马丁·因斯（2004）提出了“信号犯罪”的社会学理论，阐述了情境如何在特定人群中引发恐惧（而非在所有人中），并探讨了如何通过干预措施减少这种恐惧。因斯的理论深受欧文·戈夫曼（1972）的工作启发，戈夫曼指出：

> 当一个人观察到他人行为不当或显得不合适时，这可能被视为一种迹象，尽管这种特殊性本身可能并不构成威胁。但是，那些在某些方面特别的人在其他方面也可能与众不同，其中一些人可能具有潜在的威胁性。因此，对个人而言，他人的不当行为可能是一个警示信号。
>
> （戈夫曼，1972：285）

因斯通过广泛的访谈，对30名受试者进行了实地调查，发现情境在戈夫曼所描述的情况下被视为令人恐惧的。物理环境和事件常常被视为犯罪风险的迹象。那些认为自己处于风险中的人可能会对自己或周围的人感到恐惧，并据此调整自己的行为。然而，相同的物理环境特征或行为并非在所有情况下都会引发恐惧，这取决于更广泛的背景。在不同地方，对于什么是正常、什么是异常、什么是可怕的认知各不相同。此外，对犯罪的恐惧并不总是由犯罪行为直接引起，其他迹象，如有人在户外饮酒，有时也会激发对犯罪的恐惧。在犯罪行为普遍的情境下，情绪反应可能是愤怒而非恐惧，导致的行为推断也截然不同。因斯指出，信号往往是累积的，并在特定情境下引发恐惧。而且，将情境构建为令人担忧的行为，往往不是由孤立个体完成的，而是由社交网络成员共同完成的，他们将潜在的信号解读为恐惧或其他情绪。

在实践中，这意味着针对犯罪恐惧的政策和措施应当更加明智地关注那些内在且普遍引发恐惧的具体行为或身体指标。这些政策和实践需要考虑当地对犯罪风险的理解方式、情绪反应以及行为适应，以便制定出与受影响群体紧密相关的干预策略。

戈夫曼的研究聚焦于一系列的警报信号及其激发行为的能力，这些行为旨在提升个人和他人的安全。在因斯所引用的达尔文理论的一段话中，戈夫曼指出，错误的印象最终会得到自我修正：

> 显然，从实际需要的关注角度来看，我们常常在认为一切平静无恙时，实际上可能已经发生了某些事情。反之，某些事情确实可能发生，并迅速对个人的福祉产生重大影响。尽管这一点看似明显，我们却时常未能立即注意到它。当然……从长远来看，如果一个人在监测环境时频繁出错，他不太可能存活下来，也不太可能将有缺陷的监测能力传给众多后代；即便在保护性环境中，他仍需对明显的危险和机遇作出正确反应。
>
> （戈夫曼，1972：286）

然而，因斯正确地强调了可理解的误解所导致的重要且可避免的危害。同时，戈夫曼明确指出，决策应当关注那些可避免的真实风险（以及与之相关的机遇），这也是正确的。目前尚不明确的是，如果确实存在自我修正的过程，它是否能够足够迅速地响应问题，尤其是在没有干预来纠正无根据的恐惧的情况下。

信号和犯罪行为

犯罪者，与社会中的其他成员一样，同样参与着复杂的社交网络。然而，他们面对的是一系列特殊的挑战：他们如何进行合作？他们是如何选择犯下特定罪行的？他们又如何在犯罪活动中树立信誉？在与普通民众以及其他犯罪分子的互动中，他们如何隐藏自己的犯罪行迹？

卡尔·克洛卡尔斯（1974）在研究职业围栏时，曾深入探讨了这些问题。他将焦点放在了“文森特·斯瓦格”身上，将其作为人类学研究的核心。克洛卡尔斯指出，斯瓦格面临的挑战在于如何使自己的生意看起来同时具有以下特点：（1）如何经营他的生意，使之既能成为小偷安全携带和销售赃物的避风港；（2）同时又能保持足够的正规性，以至于普通市民在购买这些物品时不会产生怀疑。

迪耶戈·甘贝塔（2009）探讨了犯罪分子与黑帮组织及其他犯罪个体之间的沟通方式。在这些团伙中，永恒的背叛风险使得传统的互动规范失效，缺乏外部第三方的执行力度。甘贝塔揭示了这些看似异常的交流行为背后的合理性。他并未采纳将监狱视为“犯罪培训场所”的传统观点，而是关注潜在犯罪合作伙伴的犯罪记录的可信度，这些记录可以通过现有的罪犯网络进行验证。通过行为生态学的视角，他解读了“高成本信号”的用途，如暴力行为、自我伤害甚至杀人（伴随着报复或刑事司法的严重风险），这些都是为了在罪犯之间建立信誉和善意的手段。

在监狱这一环境中，为了防止被剥削，囚犯必须展现出坚决的态度。鉴于（1）资源的稀缺性；（2）资源的竞争性；以及（3）无法选择同住者的现实，囚犯被剥削的可能性极大。此外，展现强硬的背景条件是不断变化的。理论指出，在战斗力相对稳定且广为人知的监狱环境中，暴力事件的发生频率要低于那些尚未建立明确支配秩序的不稳定环境（即高流动性的环境）。在不确定性较低的环境中，暴力的风险相对较小。甘贝塔描述了监狱中囚犯们为了树立自己的坚韧形象所采用的多种沟通策略，包括故意自残、有选择性的文身、公然参与暴力团体、装疯卖傻、言语攻击和挑衅行为。经验不足的囚犯可能不擅长解读或展示强硬或具有战斗力的信号，因此更容易陷入实际的暴力冲突。在女性监狱中，暴力行为的普遍性超过了男性监狱，这可能是因为在没有频繁使用实际暴力的情况下，表达暴力倾向的途径更为有限。

社会学在犯罪科学中的应用

犯罪科学领域可以将社会学视为其深厚的基础和发展的蓝图。作为背景，社会学为理解犯罪行为及其应对策略提供了社会层面的条件，这些条件在我们探索和针对导致犯罪模式的复杂因果链中的关键环节采取行动时至关重要。在这一过程中，我们必须深刻把握这些社会因素。作为前景，社会学对犯罪行为的直接外部条件的关注，为识别犯罪、犯罪事件及其危害的可变原因奠定了基础，这为预防犯罪和改善干预措施提供了可能的方向。

尽管可能存在一些社会学家对犯罪科学持有保留态度，甚至有些学派刻意回避犯罪科学的核心实际问题（如蒂利和塞尔比，1976），但正如本章所强调的，社会学对犯罪科学的发展作出了不可忽视的贡献。同时，我们应该鼓励学生们拥抱“社会学的影响”，因为社会学家对犯罪现象的兴趣以及对犯罪机会的关注，极有可能推动犯罪科学在未来不断进步和向前发展。

参考文献

Allington, N. and Peele, G. (2010) "Moats, duck houses and bath plugs: members of parliament, the expenses scandal and the use of websites". *Parliamentary Affairs* 63 (3): 385~406.

Atkinson, M. (1971) "Societal reactions to suicide: the role of coroners' decisions". In S. Cohen (ed.) *Images of Deviance* (pp. 83~92). Harmondsworth: Penguin.

Berger, P. and Luckmann, T. (1967) *The Social Construction of Reality*. Harmondsworth: Penguin.

Boudon, R. (1982) *The Unintended Consequences of Social Action*. London: Macmillan.

Clarke, R. (1980) "Situational crime prevention: theory and practice". *British Journal of Criminology* 20: 136~146.

Clarke, R. (2016) "Criminology and the fundamental attribution error". *The Criminologist* 41 (3): 2~7.

Clarke, R. and Mayhew, P. (1988) "The British gas suicide story and its criminological implications". In M. Tonry and N. Morris (eds) *Crime and Justice: A Review of Research* 10: 79~116.

Cornish, D. and Smith, M. (2010) "On being crime specific". In N. Tilley and G. Farrell (eds) *The Reasoning Criminologist: Essays in Honour of Ronald V. Clarke* (pp. 30~45). London: Routledge.

Cohen, L. and Felson, M. (1979) "Social change and crime rate trends: a routine activities approach". *American Sociological Review* 44: 588~608.

Dahrendorf, R. (1959) *Class and Class Conflict in Industrial Society*. Stanford, CA: Stanford University Press.

Douglas, J. (1967) *The Social Meanings of Suicide*. Princeton, NJ: Princeton University Press.

Durkheim, E. (1950) *The Rules of Sociological Method*. New York: Free Press.

Durkheim, E. (1951) *Suicide*. New York: Free Press.

Elder-Vass, D. (2010) *The Causal Power of Social Structures: Emergence, Structure, Agency*. Cambridge: Cambridge University Press.

Elster, J. (2007) *Explaining Social Behavior: More Nuts and Bolts for the Social Sciences*. Cambridge: Cambridge University Press.

Felson, M. (1985) "Linking criminal choices, routine activities, informal control and criminal outcomes". In D. Cornish and R. Clarke (eds) *The Reasoning Criminal* (pp. 119~128). New York: Springer.

Felson, M. and Eckert, M. (2015) *Crime and Everyday Life*. London: Sage.

Gambetta, D. (2009) *Codes of the Underworld*. Princeton, NJ: Princeton University Press.

Giddens, A. (1984) *The Constitution of Society*. Cambridge: Polity Press.

Gigerenzer, G. (2008) *Rationality for Mortals*. Oxford: Oxford University Press.

Goffman, E. (1959) *The Presentation of Self in Everyday Life*. Harmondsworth: Penguin.

Goffman, E. (1972) *Relations in Public*. Harmondsworth: Penguin.

Goldthorpe, J. (2016) *Sociology as a Population Science*. Cambridge: Cambridge University Press.

Gouldner, A. (1959) "Reciprocity and autonomy in functional theory". In L. Gross (ed.) *Symposium on Sociological Theory*. Evanston, IL: Row, Peterson and Company.

Gouldner, A. (1960) "The norm of reciprocity: a preliminary statement". *American Sociological Review* 25: 161~178.

Innes. M. (2004) "Signal crimes and signal disorders: notes on deviance as communicative action". *British Journal of Sociology* 55 (3): 335~355.

Klockars, C. (1974) *The Professional Fence*. London: Tavistock.

Lemert, E. (1951) *Social Pathology*. New York: McGraw Hill.

Lester, D. (2012) "Suicide and opportunity: implications for the rationality of suicide". In N. Tilley and G. Farrell (eds) *The Reasoning Criminologist: Essays in Honour of Ronald V. Clarke* (pp. 160~171). London: Routledge.

Mayhew, P., Clarke, R., Sturman, A. and Hough, M. (1976) *Crime as Opportunity*. Home Office Research Study No. 34. London: HMSO.

Merton, R. (1968) *Social Theory and Social Structure*. New York: Free Press.

Pease, K. and Laycock, G. (2012) "Ron and the Schipol fly". In N. Tilley and G. Farrell (eds) *The Reasoning Criminologist: Essays in Honour of Ronald V. Clarke* (pp. 172~183). London: Routledge.

Popper, K. (1967) "La rationalité et le statut du principle de rationalité". In E. Claassen (ed) *Les Fondements philosophiques des systemes economiques* (pp. 142~150). Paris: Payot.

Ross, L. and Nisbett, R. (2011) *The Person and the Situation*. London: Pinter & Martin.

Simmel, G. (1955) *Conflict and the Web of Group Affiliations*. New York: Free Press.

Taylor, S. (1982) *Suicide*. London: Macmillan.

Thomas, W. I. and Thomas, D. S. (1928) *The Child in America: Behavior Problems and Programs*. New York: Knopf.

Tilley, N. and Selby, J. (1976) "An apt sociology for polytechnics". *Higher Education Review* 8 (2): 38~56.

Weber, M. (1978) *Selections in Translation* (pp. 7~32). Cambridge: Cambridge University Press.

Wilkins, L. (1964) *Social Deviance*. London: Tavistock.

第五章
心理学

心理学被定义为“对人类思维及其功能的科学研究，尤其关注在特定背景下行为的影响因素”（根据牛津英语词典的描述）。在这个广泛的定义下，心理学家的假设、研究领域和实践活动展现出极大的多样性。一些精神病学专家专注于个体间的差异，而其他学者则探究人类心理的普遍特征。有的将越轨行为视为精神病理学的体现，而另一些则强调这些行为在正常范畴内的广泛性。有的研究侧重于行为的生物学根源，有的则强调社会和环境因素的作用，还有的探讨这两者之间的相互作用。一些研究者着重于内在心理结构，如态度、信仰和性格对行为的影响，而其他人则关注即时环境对行为的触发和塑造力量。尽管方法各异，但所有心理学研究的终极目标都是理解行为的预测和改变机制（菲什宾和阿吉赞，2010；沃特利，2011）。

本章旨在概述心理学在预防犯罪行为方面的贡献。心理学在预防工作中扮演着核心角色，因为所有犯罪行为都是行为表现的终极结果，而预防犯罪的根本目标在于改变这些行为。不论采取何种预防策略，理解人类行为，特别是犯罪者行为背后的机制，都是一个基本的前提。本章探讨了三种不同的犯罪预防方法：发展性犯罪预防、情境犯罪预防和犯罪者治疗。这三种方法基于对犯罪行为心理基础的各种假设，并针对犯罪行为的不同阶段——犯罪前、犯罪中和犯罪后。它们分别应对以下问题：我们如何防止个体发展出犯罪倾向？当个体即将犯罪时，我们如何阻止其实施犯罪？以及，如果个体已经犯罪，我们如何防止其再次犯罪？

发展性犯罪预防

发育心理学

研究人类发展的心理学家专注于探索，个体的生理、认知和心理社会功能如何随时间演变及其持续性的问题。他们考察了成长过程中各种经验对孩子的影响，包括养育和纪律策略、忽视与虐待儿童、家庭动态、同伴关系以及教育经历等方面。例如，他们探究儿童与父母或主要照顾者之间关系的建立，儿童如何学会作为一个独立个体，以及他们如何掌握社会规则和期望。

大多数发展心理学家将人类发展视为生物社会过程，这是个体遗传禀赋与生活经历的复合结果（科尔、贝尔纳和勒纳，2014；马努克和麦卡弗里，2014；普洛明、德弗里斯、克诺皮克和奈德海泽，2013；莫菲特，2005）。生物社会视角不仅关注基因和环境对人类发展的独立贡献（G+E），更确切地说是强调基因与环境之间复杂的相互作用（GXE）。正如统计学中所描述的，交互作用意味着一个变量的影响依赖于另一个变量的存在，当两个变量共同作用时，其整体效应可能超过各自效应的总和（沃特利，2012）。因此，当相同的环境对不同遗传背景的个体产生不同影响时，就体现了基因与环境的相互作用。例如，遗传上倾向于神经过敏（如焦虑、抑郁）的儿童可能比那些低神经质的孩子更容易受到父母离婚的创伤。通过这种方式，即使两个人的成长经历相似，他们的基因构成也可能导致截然不同的结果。

尽管发展心理学在儿童早期阶段受到了广泛关注，但人们普遍认同个人的未来并不仅仅由其童年经历所决定（巴尔特斯、施陶丁格和林登伯格，1999；勒纳，2002；尚科夫和菲利普斯，2000）。从子宫到坟墓的整个生命周期都伴随着发展，并具有终身可塑性。根据个体独特的生物结构和不断变化的环境体验，每个生命阶段都存在一些关键的转折点，这些转折点有可能引导个体走向不同的生活轨迹。

发展和犯罪行为

发展心理学家致力于探索哪些因素可能提升或降低个体走向犯罪的风险。

以下是某些被发现可能增加犯罪概率的要素：

· 单亲家庭背景（布莱兹、伊卡农和麦格，2008；基尔库斯和休伊特，2009）。然而，当考虑到父母参与和监督的程度时，单亲家庭的不利影响似乎会减少（德穆斯和布朗姆，2004），这强调了有效育儿实践的重要性超越家庭结构本身。

· 经历身体、情感、心理或性虐待（梅尔斯基和托皮茨，2009；莱恩和特斯塔，2005；斯图尔特、利文斯顿和丹尼森，2008；维多姆，2003）。这些负面影响可以通过强大的社会支持网络、紧密的兄弟姐妹关系、参与体育活动（克努特、沃德和谢布尔，1987）以及学校成就（辛格拉夫等人，1994）得到缓解。

· 父母的管教风格过于专制或放任（法林顿、科伊德和格鲁根·凯勒，2009；格鲁根·凯勒，2005；格鲁根·凯勒和萨克斯·埃里克索，2005；贝克和肖，2005；弗里克，2006；沙弗、克拉克和杰格利克，2009；沃尔，2005）。特别是，父母使用体罚与儿童犯罪、反社会行为和攻击性行为的增加密切相关（格绍夫，2002）。

· 学校表现不佳（罗伯、法林顿、斯托瑟默罗伯和范卡门，1998）。有趣的是，犯罪行为与在校时间成反比（哈洛，2003；洛赫纳和莫雷蒂，2004），暗示教育失败可能导致就业机会减少、损害个人形象，以及在生活中其他领域产生失败的预期，进而可能削弱对社会机构的信任和依赖。

· 与违法同龄人的交往（阿克斯、克罗恩、兰扎·卡杜斯和拉多舍维奇，1979；阿拉里德、伯顿和库伦，2000；海尼，2002）。纵向研究指出，犯罪行为在同龄人群体中具有传染性，犯罪倾向可能会在个体之间相互强化（松田和安德森，1998）。

在探讨哪些因素可能导致个体涉足犯罪活动的同时，我们也关注哪些因素能够促使犯罪者在犯罪后改过自新。犯罪学中一个强有力的发现是犯罪年龄曲线。研究表明，个人的犯罪活动往往在 17 岁左右达到顶峰，随后迅速下降（希尔斯基和戈尔德弗雷德森，1983）。大多数青少年犯罪者在 20 岁出头时开始减少犯罪行为。这一模式暗示，大量的犯罪行为与青春期特有的生理发展和社会经历相关。这些所谓的青少年限制性犯罪者（莫菲特，1993）并不具有持久的犯罪倾向，随着年龄的增长和生活环境的改变，他们逐渐停止犯罪。有观点认为，青少年时期大脑的神经行为调节功能可能受损，表现为冲动和冒险行为，但这种特征在成年期会逐渐得到修正（比弗等人，2008；布洛尼根，2010）。然而，这并不意味着犯罪率的下降完全是由生理变化所驱动，社会和环境的转变同样可以加速这一过程。例如，研究表明，犯罪者的坚持性与他们建立稳定关系的能力有关（桑普森、兰布和维默，2006）。尽管如此，许多研究者认为，有一部分职业罪犯不会受到年龄的限制，他们的犯罪行为不会随着时间而减少。这些被称为终身持续犯罪者（莫菲特，1993）的个体，其犯罪率长期保持高位，且具有根深蒂固的反社会倾向。正如本章后续内容所讨论的，这些罪犯可能需要成为改造计划的重点关注对象。

发展性犯罪预防策略

发展性犯罪预防策略利用科学研究来指导为个人、家庭、学校和社区提供的资源，旨在在反社会行为和犯罪倾向形成之前或深化之前解决这些问题（荷马和汤姆森，2017，第 57 页）。虽然发展被视为一个终身过程，但大多数预防措施都集中在早期干预上。这些干预措施包括为高危家庭提供支持、加强儿童教育方案，以及对儿童、家长和教师进行技能培训。以下是一些早期干预方案的显著案例：

· 埃尔米拉护士家庭伙伴计划：在纽约州的一个半农村地区实施，该计划通过家访为高风险孕妇提供家庭支持。研究招募了 400 名初次怀孕的青年女性，她们要么单身，要么社会经济地位较低。参与者被分为两个治疗组和一个对照组。在一组（n = 100）中，母亲在怀孕期间接受定期护士探访；另一组（n = 116）的探访持续到孩子两岁；剩余的女性（n = 184）被分配到对照组，未接受任何探访。护士提供关于儿童保育、营养和健康行为的建议。为期 15 年的随访发现，产前和产后探访治疗组的儿童停学率低于对照组（奥尔斯等人，1998）。然而，在 19 年后的最近随访中，较低的逮捕率主要是由女孩驱动的（埃肯罗德等人，2010）。

· 佩里学前教育项目：除了家庭支持外，该项目还为处于不利境地的儿童提供了高质量的早期教育。在密歇根州开展的项目涉及 123 名来自贫困背景的 3 岁至 4 岁儿童，他们被随机分配到实验组和对照组。实验组（n=58）参加了为期两年的每日学前教育课程，并接受每周家访；对照组（n=65）未接受干预。参与者接受了多次随访，最近一次是在40岁时（施魏因哈特，2013）。在所有随访点上，实验组的被逮捕人数较少，更有可能完成高中学业，拥有更好的就业记录、更高的收入，以及更有可能拥有自己的住房。

· 西雅图社会发展项目：该项目为教师、家长和儿童提供以学校为基础的培训。与上述两个项目不同，该项目的干预是广泛的，而非仅针对高危群体。大约500名来自8所学校的6岁一年级儿童被分配到实验组和对照组。实验组的儿童接受了问题解决技能培训，而他们的家长和教师则接受了有效行为管理的培训。18岁的随访显示，与对照组相比，实验组报告的犯罪、饮酒和危险性行为较少（霍金斯等人，1999），这些益处在21岁时仍然保持（霍金斯等人，2005）。然而，27岁的随访发现，尽管在教育成就、经济状况、心理和性健康方面仍存在显著的积极影响，但两组在犯罪率和药物滥用方面的差异已经消失（霍金斯、科斯特曼、卡塔拉诺、希尔和阿博特，2008）。

多项元分析研究了发展性预防犯罪方案的效果。法林顿和威尔士（2003）对40个以家庭为中心的干预措施（包括家访、日托和学前教育方案、家长培训、学校项目、家庭和社区方案以及多系统治疗）进行了评估，发现对照组和治疗组的总体犯罪率分别为0.5和0.34（效应大小d=0.32）。其中，家长行为培训被认定最为有效，而学校课程的成效则相对较低。曼宁、荷马和史密斯（2010）对17项针对高危人群的早期干预研究（包括学前教育计划、家庭探访、家庭支持和父母教育）进行了分析。结果显示，对于降低刑事司法参与的效应大小为d=0.24，同时在教育成功（d=0.53）、减少社会偏差（d=0.48）、增加社会参与（d=0.37）和改善认知发展（d=0.34）方面也带来了积极效益。近期，皮奎罗等人（2016）对78项研究进行了综合分析，以评估父母培训计划的有效性。他们发现，总体上这些计划产生了正向效应，为减少犯罪提供了0.37的效应大小，为提升自制力提供了0.32的效应大小。总体来看，这3项元分析揭示了中等程度的积极影响，表明发展性预防犯罪措施在预防犯罪行为及促进其他有益成果方面作出了适度但重要的贡献。

情境犯罪预防

情境视角

发展心理学探讨了个体内在倾向的获得，这些倾向并非一成不变，但对于它们何时何地发挥作用，却鲜有深入的解释。从情境视角观察行为，可以揭示个体即将采取的行动。那些对情境视角感兴趣的心理学研究者往往会从生态学的角度出发，因为行为与社会环境是紧密相连的。

这一观点可追溯至20世纪初的行为主义，让人想起巴甫洛夫的狗在钟声响起时分泌唾液的经典实验。米歇尔在1968年的开创性著作中向世界介绍了情境视角，并激起了关于跨情境一致性的辩论，挑战了心理倾向性的概念。米歇尔提出，内在特征如攻击性、自信、责任心等，并不能准确预测行为。相反，同一个人在不同情境下的行为可能会有显著差异。他认为，行为是在特定情境中产生的，是直接环境的产物。我们可能会在不同情境中表现出不同的性格特征，例如在酒吧与朋友畅谈时表现得外向，而在遇见名人时表现得内向。鉴于这种变异性，米歇尔认为将行为归因于普遍内在特征的观点是不成立的。他强调，理解并改变行为的关键在于关注行为发生的具体情境。

在辩论中，常常出现一种折中立场，即处理和情境各自的作用（卡勒，1984；米歇尔，2004；米歇尔和正田，1995；罗斯和尼斯贝特，2011）。心理测量学研究表明，个性特征与行为表达之间存在约0.4的相关性（例如，尼斯贝特，1980）。这种显著的相关性水平表明特质在行为中确实扮演了重要角色，而未能解释的差异则支持情境因素的影响。尽管个体确实拥有某些特征，但这些特征仅在特定条件下才会显现。同时，情境如何影响行为也取决于个人的特质，即不同个体对相同情境的反应可能截然不同。简言之，行为是人与环境相互作用的结果（沃特利，2012）。这一过程与之前提到的基因-环境交互作用相似，但发生在行为过程的后期。基因与环境的相互作用决定了个体内在倾向的本质，而人与环境的交互作用则决定了这些倾向能否得以表达。当个体对某一行为有强烈的倾向时，在具有强烈激活特征的环境下，该特定行为发生的可能性会达到最高。

犯罪与直接环境

从上述讨论中，我们可以明显看出，发展视角与情境视角关注的是心理学中的不同现象。事实上，大多数传统的犯罪心理学描述（以及犯罪学理论）都集中在犯罪理论上，它们解释了个人特征的形成原因，并认为这些特征能够区分犯罪者与非犯罪者。相对而言，情境理论关注的是犯罪行为本身。尽管我们不否认性格倾向可能影响犯罪行为，但那些对情境作用感兴趣的心理学研究者更多地关注的是促进犯罪发生的条件。情境因素是每一宗犯罪不可或缺的组成部分，它决定了犯罪的原因、时间和地点。

情境视角的一个含义是，人口不能简单划分为犯罪者与非犯罪者。尽管那些具有根深蒂固犯罪倾向的人实施犯罪的可能性比其他人要高，但大多数人在适当的情境下都有可能犯罪。众多经典实验支持了这一观点：环境可以促使好人做出恶行——津巴多提出的“路西法效应”便是例证。在著名的斯坦福监狱实验（哈尼、班克斯和津巴多，1973；津巴多，2007）中，随机分配扮演监狱看守角色的大学生很快变得残酷和专横。在同样知名的服从权威研究（米尔格拉姆，1974）中，实验者展现的权威导致近 2/3 的受试者愿意将可能致命的电击传递给一个被认为犯错的同伴。

同时，即使是所谓的“职业罪犯”，他们也不会随意犯罪，而是根据情境信息选择最有可能实施犯罪的目标。例如，本尼特和赖特（1984）对 316 名惯犯小偷进行了访谈，并向他们展示了视频和照片。小偷将这些目标分为三类：机会主义目标（7%），通常是冲动行为的结果；有计划的目标（10%），这是高技能窃贼的犯罪手段，他们会提前规划并选择目标房屋；搜寻目标（76%），这是中等技能盗贼的常见做法，他们会逐个搜寻房屋，直到找到合适的犯罪目标。所有小组，尤其是“搜寻目标”组，在选择目标时会寻找视觉线索，评估房屋内是否有贵重物品、是否有人居住、是否容易不被发现地实施盗窃、是否容易接近以及是否有安全措施。

在犯罪学中，通常用 RCP（克拉克和科尼什，1985）来描述情境影响犯罪行为的机制，这一视角结合了经济学和认知心理学的理论（贝克尔，1957；卡尼曼和特沃斯基，1973；西蒙，1983）。根据 RCP，潜在的犯罪者是积极的决策者，他们在实施犯罪前会权衡犯罪的预期成本和收益。如果潜在的犯罪者认为风险过高，意味着需要付出更多努力来犯罪，他们可能会选择放弃犯罪。

然而，RCP 只是理解个人行为与直接环境关系众多途径中的一种。尽管存在心理倾向性的偏见，情境主义仍有着悠久的历史。RCP 被一些研究者批评为过于狭隘和简略（埃克布洛姆，2007；莱科克和皮斯，2012；尼和沃德，2014；西德布托姆和蒂利，2017；范·盖尔德、埃尔弗斯、雷纳德和纳金，2014；沃特利，1997、2001、2012、2013、2017；沃特利和蒂利，2018）。从更广泛的心理学角度来看，个人与环境的互动不仅仅是意识的认知过程，环境同样影响个人的欲望、信仰、情感和道德判断。此外，这种影响可能是微妙的，低于意识水平，是自动的，且不受个人控制。个人进入情境时并不一定带有预先形成的犯罪意图，情境可能会通过创造、触发或强化犯罪动机来促使犯罪行为发生（沃特利，1997、2001、2017）。

实施情境犯罪预防

SCP 的目标在于改变那些促成犯罪发生的情境因素，以此降低犯罪发生的概率（克拉克，2017，第 286 页）。人类历史上一直在不知不觉中实践 SCP，例如建造城墙、安装可上锁的门、隐藏贵重物品等（克拉克，1992、1997；科尼什和克拉克，2003）。这些保护自身、家人、朋友和财产的本能行为可以归纳为 25 种 SCP 综合策略。在《情境犯罪预防分类法》的最新版本中（科尼什和克拉克，2003），提出了五大预防策略：增加犯罪努力、增加犯罪风险、减少犯罪奖励、减少犯罪挑衅和消除犯罪借口。

有许多成功的干预措施证明了 SCP 的实际应用效果。或许从心理学角度来看，英国的克拉克和梅休（1988）关于犯罪预防的研究提供了最有力的证据。他们对英国 20 年来的自杀率进行了研究。1958 年，自杀人数为 5298 人，其中使用家用煤气自杀的人数占总数的 40%。到了 1977 年，自杀人数下降至 3944 人，而因煤气自杀的仅有 2 人。在此期间，英国的家庭能源供应从含有致命一氧化碳的煤气转变为无毒的天然气。自杀率的下降与国内天然气中一氧化碳含量的下降趋势惊人的一致。煤气自杀相对简单，对技巧和计划的要求不高。可以想象，绝望可能驱使一些人考虑自杀。然而，似乎有很多潜在的选择煤气作为自杀方式的自杀者，当这一选择不再可行时，他们也放弃了自杀的念头，并未转而寻求其他更为不便的方法。

SCP 在犯罪预防的多个领域得到了广泛应用，包括有组织犯罪（布洛克、克拉克、蒂利，2010）、网络犯罪（霍尔特和博斯勒，2015；麦克纳利和纽曼，2007；纽曼和克拉克，2003）、儿童性虐待（沃特利和斯莫伯恩，2006、2012）、野生动物偷猎（莱米厄，2014；克拉克，2013）、恐怖主义与叛乱（布雷斯韦特和约翰逊，2012；弗莱利希和纽曼，2009；纽曼和克拉克，2006；汤斯利、约翰逊和拉特克利夫，2008）。克拉克（1992、1997）出版了两本关于 SCP 成功案例研究的书籍。此外，元数据分析和对 SCP 技术的系统评估均证明了这种方法的有效性。警察学院主办的《我的工作》网站提供了一个关于技术性评论的综合目录——并非所有评论都与 SCP 直接相关。例如，威尔斯和法林顿（2009）研究了闭路电视监控在减少犯罪方面的效果，发现它在停车场减少机动车盗窃率 51%，在公共交通系统减少犯罪率 23%，在市中心和公共住房减少犯罪率 7%，使整体犯罪率下降 16%。最后，盖雷特和鲍尔斯（2009）研究了情境干预导致犯罪转移的程度，即犯罪是否只是被推向不同的时间或地点，或者是否促使犯罪者采取不同的策略或行为。他们发现 26% 的案例报告了犯罪的离散现象，但 27% 的案例被未研究区域内犯罪扩散的收益所抵消。克拉克（2017，第 301 页）将 SCP 的有效性誉为“全球犯罪控制最迅速的方法”。

罪犯治疗与矫正

心理治疗

情境和发展方法代表了预防犯罪的一级和二级策略，这些策略既适用于一般人群，也针对高风险群体，旨在避免犯罪问题的出现。另一方面，心理治疗作为一种三级预防手段，在犯罪行为已经明显显现时介入，以修复和改善个体。心理治疗的方法和理论多种多样，美国心理协会列出了五大主要的心理治疗方法：心理动力学疗法、行为疗法、认知疗法、人本主义疗法以及综合或整体疗法，这些方法各有特色，差异显著。尽管它们在实践和基本假设上存在巨大差异，但它们都在根本层面上影响着个体（如发展预防和情境预防）。

目前，认知行为疗法（CBT）是最广泛实践且得到实证支持的心理治疗方法。CBT 结合了认知和行为治疗手段，其理论认为问题行为源于错误的思维模式。换言之，并非事件本身导致痛苦或适应不良行为，而是个体对事件的认知、解释和反应出现了偏差。治疗师的工作是识别和挑战这些认知扭曲，并帮助患者用更现实、更适应的思维过程来替代它们。例如，抑郁症患者可能存在一种“灾难化”的思维模式，过分夸大生活中挫折的负面影响。在治疗师的帮助下，患者学会了在产生这些想法时进行自我质疑，并培养更有效的思考习惯。

CBT 相较于其他疗法，更注重直接的行为环境，特别是与心理动力学方法相比，它较少关注客户问题历史成因的研究。CBT 治疗师通常认为，了解问题的“根本原因”对于治疗反应的制定并非必要，客户的“洞察力”本身也不具有特别价值。CBT 的焦点在于当前问题的应对。除了认知重建之外，治疗还包括行为导向的干预，如模仿和练习适当的反应。刺激控制是一种策略，它帮助客户识别并避免可能引发不良行为的情况，例如，想要减肥的客户可能需要确保食物存放在不容易引起诱惑的地方。刺激控制实际上是一种个性化的、自我监控的情境预防策略。

对罪犯进行心理治疗的原因在于，犯罪行为被视为个人缺陷的结果，这些缺陷可以通过治疗得到纠正，从而使罪犯改过自新。罪犯改造的历史经历了曲折发展（凯伦，2012；菲尔普斯，2011）。可以说，矫正制度的黄金时期是在 20 世纪 60 年代和 70 年代早期。1974 年，罗伯特·马丁森回顾了 1945 年至 1967 年间 231 项监狱改造项目，得出“没有任何改造项目是有效的”的结论。这一研究结果对刑事政策制定产生了深远影响，为随后到来的“强硬”犯罪控制时代奠定了基础。然而，这也促使研究者采取更为关键的矫正方法。有观点认为，马丁森未能发现显著的治疗效果，是因为他检查的大部分方案在概念化和执行上存在不足（例如，詹德罗和罗斯，1979、1987）。他的评论推动了更严格、更有理论依据和以证据为基础的矫正方法的采用。

自马丁森的评论发表以来，罪犯治疗方案从心理学理论和治疗技术的全面发展中受益匪浅。例如，CBT 就是在马丁森言论之后出现的。同样重要的是，无论理论方向如何，我们都必须重视发展总体原则，这些原则指导着我们在惩教环境下实施治疗方案。最著名的罪犯服务提供框架是 RNR 模型（安德鲁斯和邦塔，2000；安德鲁斯、邦塔和霍格，1990；德雷和豪威尔斯，2002；奥格洛夫和戴维斯，2004），该模型强调干预的强度应与风险水平相匹配，并针对那些动态风险因素（而非静态）进行干预，因为这些因素在经验上会增加（再次）犯罪行为的风险。根据风险原则，风险最高的人最需要加强干预；根据需求原则，干预必须集中在与犯罪行为明显相关且易于改变的缺陷上；根据应答原则，干预措施必须与罪犯的学习风格、动机以及其他可能增强或阻碍治疗成功的个人情况相匹配。

罪犯改造评估

尽管对改造的热情尚未恢复到马丁森言论之前的水平，但是大多数西方的犯罪矫正制度都在不同程度上提供了治疗方案，特别是针对高危性和暴力罪犯方面（库伦，2012；詹德罗和罗斯，1979；赫塞尔廷、德雷和萨雷，2009；菲尔普斯，2011）。目前已有大量关于治疗效果的研究、许多系统综述和元数据分析都能很便捷地对这些研究进行总结。虽然关于罪犯治疗效果的证据参差不齐，但接受治疗的累犯率几乎为 0（施瓦尔贝等人，2012），并且犯罪率降至约 25%（兰登伯格和利普西，2005）。总体而言，结果显示，参与犯罪的人的累犯率会有所下降。如下文所述，治疗效果可能因干预类型、犯罪类型和罪犯特征不同而不同。

在干预类型方面，CBT 已成为罪犯的主要（但不是唯一）治疗模式。元数据分析显示 CBT 在减少再次犯罪方面相当成功（兰登伯格和利普西，2005；童恩和法林顿，2006；威尔逊、布夫哈德和麦肯齐，2005）。例如，兰登伯格和利普西（2005）研究了 58 项涉及青少年和成年罪犯的 CBT。他们报告说，总体上再次犯罪比对照组减少了 25%（0.3 对 0.4）。通过直接比较 CBT 和其他治疗模式，他们发现 CBT 优于其他治疗模式（斯沃特等人，2012；克勒、索尔、阿科恩西和汉弗莱斯，2013）。例如，克勒等人（2013）研究了 25 个年轻的罪犯接受的 CBT、强化监管或培训项目（例如教育和职业技能），他们仅在实施 CBT 的地区发现再次犯罪率得到了显著下降（13%）。但这并不意味着在其他类型的干预中，再次犯罪的报告没有减少。家庭治疗（鲍德温、克罗斯坦和伯克尔洪，2012；施瓦尔贝等人，2012），多系统治疗（金、贝内科斯和梅洛，2016；范德斯图威等人，2014），善后护理（詹姆斯等人，2013），冒险疗法（博文和尼尔，2013），都使再次犯罪率略有下降。

当研究明确犯罪类型时，对性犯罪的研究最为普遍（汉森、布尔贡和赫尔姆斯，2009；霍奇森、贝内科斯和梅洛，2016；L. 恩斯特伦等人，2013）。在最近的一项研究中，金等人（2016）将最近 5 项元数据分析的结果结合起来，并得出结论：通过治疗性犯罪的罪犯再次性犯罪的概率减少 22%。在研究其他具体的犯罪时，该报告称，这种做法对吸毒者会有轻微的积极作用（鲍德温、克罗斯坦、伯克尔洪、荣格和沙迪什，2012），但尚未发现有积极的治疗作用（阿里亚斯、阿尔塞、比利亚里尼奥，2013）。

最后，关于罪犯特征调节效应的研究结果往往是不一致的。范德斯图威等人（2014）发现，在 15 岁以下的年轻人中，治疗效果更好。詹姆斯等人（2013）发现，这种做法对老年人影响更大。但斯沃特等人（2012）发现，年龄对治疗效果并无影响。一些研究发现对高风险罪犯的治疗效果更好（詹姆斯等人，2013；范德斯图威等人，2014），而另一些研究则认为低风险罪犯的治疗效果更好（童恩和法林顿，2016）。可是斯沃特等人（2012）却未发现治疗效果在性别方面存在差异。

总结

心理学在预防犯罪方面的贡献在于提供行为和行为变化的代理层次模型。心理学并不只是一门有用的预防犯罪的学科，除此之外，我们也很有必要去了解它。无论采取何种预防犯罪的方法，我们都必须建立在一个健全的、以经验为基础的理论理解之上。归根结底，构成预防犯罪的武器库的干预措施和战略只有在消除个人犯罪的驱动因素的情境下才有效。

本章是专门针对罪犯来写的，但是本章的范围可能会更广，因为参与犯罪的不仅仅只有罪犯。大多数犯罪通常只会涉及到一个人，但在很多情况下，可能也会有一名潜在的监护人介入阻止罪犯（科恩和费尔森，1979）。因此，我们可能也会研究预防措施，以改变潜在受害者的行为（例如，沃尔什、兹维、沃尔芬登、斯隆斯基，2015），并鼓励旁观者、房主和设施管理者采取措施制止犯罪行为（雷恩奥尔斯，2011）。此外，如果认为公正和有效的刑事司法制度是预防犯罪必不可少的一部分，那么，大量的心理学文献包括警察、犯罪证人、法医科学家、法官、陪审团、司法人员，以及监狱官员和社区矫正官员（例如，霍伊特，2015）都可以加以利用。最后，为了便于管理，我们决定只把重点放在罪犯和潜在的罪犯身上。

我们对三种犯罪预防模式进行了研究：发展型、情境型和治疗型。这三种模式的共同主题是影响人类行为的各种力量之间的相互影响。关于行为是与生俱来的还是后天培养出来的——是人还是环境——的争论早已过时。显然，人类和环境之间存在着复杂的互动关系。我们看到三种预防模式正在发挥作用。发展经验模式对于内化倾向的影响取决于个体的遗传特性；情境模式强调直接环境如何影响行为表现，并表明这取决于个人在情境中的特性；治疗型模型干预的效果取决于罪犯个体的特殊需求和反应能力。简言之，针对某些人有效的犯罪预防措施，也许对其他人无效。

有证据显示这些模型在减少冒犯行为方面都取得了成功。其中，情境预防无疑是犯罪科学的主要手段。犯罪科学的发展受到了环境犯罪学的影响（沃特利、西德布托姆、蒂利和莱科克，2015）。环境犯罪学分析的核心单位是犯罪事件，分析和改变犯罪行为的情境决定因素是预防犯罪的关键。因此，犯罪科学更倾向于强调近端原因而非远端原因，并以 SCP 为主要影响因素。但是在犯罪科学的定义中，并不必然排除其他的犯罪预防方法。从犯罪科学的观点来看，干预能明显减少犯罪。此时，情境预防优先考虑的是经验与逻辑，而非理论问题，因为它提供最佳利益。在这三种模式中，情境预防提供了最直接、最高效、最切实可行的策略，而不依赖于罪犯和潜在罪犯的身份（随着网络犯罪的增多，这个问题越来越严重）。此外，情境预防在一定程度上是可扩展的，而开发与治疗干预则不然。例如，20 世纪 90 年代，改进汽车安全措施，导致了全球汽车盗窃案大幅减少（法雷尔、蒂利、特塞拉尼和梅利，2011）。SCP 的目标是“低垂果实”，并且我们有许多“低垂果实”唾手可得。诚然，所有成功的减少犯罪的方法都应该受到欢迎。

参考文献

Akers, R. L., Krohn, M. D., Lanza-Kaduce, L. & Radosevich, M. (1979) “Social learning and deviant behavior: a specific test of a general theory”. *American Sociological Review*, 44: 636~655.

Alarid, L. F., Burton, V. S., Jr. & Cullen, F. T. (2000) “Gender and crime among felony offenders: assessing the generality of social control and differential association theories". *Journal of Research in Crime and Delinquency*, 37: 171~199.

American Psychological Association (n. d.) "Different approaches to psychotherapy". www. apa. org/topics/therapy/psychotherapy-approaches. aspx.

Andrews, D. A. , Bonta, J. & Hoge, R. D. (1990) "Classification for effective rehabilitation: rediscovering psychology". *Criminal Justice and Behavior*, 17 (1): 19~52.

Andrews, D. A. , Bonta, J. & Wormith, S. J. (2000) *Level of Service/Case Management Inventory: LS/CMI*. Toronto, ONT: Multi-Health Systems.

Arias, E. , Arce, R. & Vilariño, M. (2013) "Batterer intervention programmes: a meta-analytic review of effectiveness", *Psychosocial Intervention*, 22 (2): 153~160.

Baldwin, S. A. , Christian, S. , Berkeljon, A. & Shadish, W. R. (2012) "The effects of family therapies for adolescent delinquency and substance abuse: a meta-analysis". *Journal of Marital and Family Therapy*, 38 (1): 281~304.

Baltes, P. B. , Staudinger, U. M. & Lindenberger, U. (1999) "Lifespan psychology: theory and application to intellectual functioning". *Annual Review Psychology*, 50: 471~507.

Beaver, K. M. , Wright, J. P. , DeLisi, M. & Vaughan, M. G. (2008) "Genetic influences on the stability of low self-control: results from a longitudinal sample of twins". *Journal of Criminal Justice*, 36: 478~485.

Beck, J. E. & Shaw, D. S. (2005) "The influence of perinatal complications and environmental adversity on boys' antisocial behavior". *Journal of Child Psychology and Psychiatry*, 46: 35~46.

Becker, G. (1957) *The Economics of Discrimination*. Chicago, IL: University of Chicago Press.

Bennett, T. & Wright, R. (1984) *Burglars on Burglary: Prevention and the Offender*. Hampshire, UK: Gower.

Blazei, R. W. , Iacono, W. G. & McGue, M. (2008) "Father-child transmission of antisocial behavior: the moderating role of father's presence in the home". *American Academy of Child and Adolescent Psychiatry*, 47: 406~415.

Blonigen, D. M. (2010) "Explaining the relationship between age and crime: contributions from the developmental literature on personality". *Clinical Psychology Review*, 30: 89~100.

Bowen, D. J. & Neill, J. T. (2013) "A meta-analysis of adventure therapy outcomes and moderators". *The Open Psychology Journal*, 6 (1): 28~53.

Braithwaite, A. & Johnson, S. D. (2012) "Space-time modeling of insurgency and counterinsurgency in Iraq". *Journal of Quantitative Criminology*, 28 (1): 31~48.

Bullock, K. , Clarke, R. V. & Tilley, N. (eds) (2010) *Situational Crime Prevention of Organised Crimes*. Cullompton, UK: Willan.

Butler, A. C. , Chapman, J. E. , Forman, E. M. & Beck, A. T. (2006) "The empirical status of cognitive-behavioral therapy: a review of meta-analyses". *Clinical Psychology Review*, 26 (1): 17~31.

Clarke, R. V. (1992) "Introduction". In R. V. Clarke (ed.) *Situational Crime Prevention: Successful Case Studies*. Albany, NY: Harrow and Heston.

Clarke, R. V. (1997) "Introduction". In R. V. Clarke (ed.) *Situational Crime Prevention: Successful Case Studies* (2nd ed.). Albany, NY: Harrow and Heston.

Clarke, R. V. (2017) "Situational crime prevention". In R. Wortley & M. Townsley (eds). *Environmental Criminology and Crime Analysis* (2nd ed.). London: Routledge.

Clarke, R. V. & Cornish, D. B. (1985) "Modeling offenders' decisions: a framework for research and policy". In M. Tonry & N. Morris (eds) *Crime and Justice: An Annual Review of Research*, *Volume* 6. Chicago IL: University of Chicago Press.

Clarke, R. V. & Mayhew, P. (1988) "The British gas suicide story and its criminological implications". in M. Tonry & N. Morris (eds) *Crime and Justice*, *Volume* 10. Chicago, IL: University of Chicago Press.

Cohen, L. E. & Felson, M. (1979) "Social change and crime rate trends: a routine activity approach". *American Sociological Review*, 44: 588~608.

Coll, C. G. , Bearer, E. L. & Lerner, R. M. (eds). (2014) *Nature and Nurture: The Complex Interplay of Genetic and Environmental Influences on Human Behavior and Development*. New York: Psychology Press.

College of Policing (n. d.) *What Works Crime Reduction: The Crime Reduction Toolkit*. http://whatworks. college. police. uk/toolkit/Pages/Toolkit. aspx.

Cornish, D. B. & Clarke, R. V. (2003) "Opportunities, precipitators and criminal decisions: a reply to Wortley's critique of situational crime prevention". In M. Smith & D. Cornish (eds) *Theory for Practice in Situational Crime Prevention*, *Crime Prevention Studies*, *Volume* 6. Monsey, NY: Criminal Justice Press.

Craske, M. G. (2010) *Cognitive-Behavioral Therapy*. Washington, DC: American Psychological Association.

Cullen, F. T. (2012) "Taking rehabilitation seriously: creativity, science, and the challenge of offender change". *Punishment & Society*, 14 (1): 94~114.

Day, A. & Howells, K. (2002) "Psychological treatments for rehabilitating offenders: evidence-based practice comes of age". *Australian Psychologist*, 37 (1): 39~47.

Demuth, S. & Brown, S. L. (2004) "Family structure, family processes, and adolescent delinquency: the significance of parental absence versus parental gender". *Journal of Research in Crime and Delinquency*, 41: 58~81.

De Swart, J. J. W., van den Broek, H., Stams, G. J. J. M., Asscher, J. J., Van der Laan, P. H., Holsbrink-Engels, G. A. & Van der Helm, G. H. P. (2012) "The effectiveness of institutional youth care over the past three decades: a meta-analysis". *Children and Youth Services Review*, 34 (9): 1818~1824.

Eckenrode, J., Campa, M., Luckey, D. W., Henderson, C. R., Cole, R., Kitzman, H. & Olds, D. (2010) "Long-term effects of prenatal and infancy nurse home visitation on the life course of youths: 19-year follow-up of a randomized trial". *Archives of Pediatrics & Adolescent Medicine*, 164 (1): 9~15.

Ekblom, P. (2007) "Making offenders richer", in G. Farrell, K. Bowers, S. Johnson & M. Townsley (ed.) *Imagination for Crime Prevention: Essays in Honour of Ken Pease. Crime Prevention Studies* 21. Monsey, NY: Criminal Justice Press/ Devon, UK: Willan Publishing.

Farrell, G., Tseloni, A., Mailley, J. & Tilley, N. (2011) "The crime drop and the security hypothesis". *Journal of Research in Crime and Delinquency*, 48 (2): 147~175.

Farrington, D. P., Coid, J. W. & Murray, J. (2009) "Family factors in the intergenerational transmission of offending". *Criminal Behaviour and Mental Health*, 19: 109~124.

Farrington, D. P. & Welsh, B. C. (2003) "Family-based prevention of offending: a meta-analysis". *Australian & New Zealand Journal of Criminology*, 36 (2): 127~151.

Fishbein, M. & Ajzen, I. (2010) *Predicting and Changing Behavior: The Reasoned Action Approach*. New York: Psychology Press.

Freilich, J. D. & Newman, G. R. (eds) (2009) *Reducing Terrorism through Situational Crime Prevention: Crime Prevention Studies, Volume* 25. Monsey, NY: Criminal Justice Press.

Frick, P. J. (2006) "Developmental pathways to conduct disorder". *Child and Adolescent Psychiatric Clinics of North America*, 15: 311~331.

Gendreau, P. & Ross, B. (1979) "Effective correctional treatment: bibliotherapy forcynics". *Crime & Delinquency*, 25 (4): 463~489.

Gendreau, P. & Ross, R. R. (1987) "Revivification of rehabilitation: evidence from the 1980s". *Justice Quarterly*, 4 (3): 349~407.

Gershoff, E. T. (2002) "Corporal punishment by parents and associated child behaviors and experiences: a meta-analytic and theoretical review". *Psychological Bulletin*, 128: 539~579.

Grogan-Kaylor, A. (2005) "Corporal punishment and the growth trajectory of children's anti-social behavior". *Child Maltreatment*, 10: 283~292.

Guerette, R. T. & Bowers, K. J. (2009) "Assessing the extent of crime displacement and diffusion of benefits: A review of situational crime prevention evaluations". *Criminology*, 47 (4): 1331~1368.

Haney, C., Banks, C. & Zimbardo, P. (1973) "Interpersonal dynamics in a simulated prison". *International Journal of Criminology and Penology*, 1: 69~97.

Hanson, R. K., Bourgon, G., Helmus, L. & Hodgson, S. (2009) "The principles of effective correctional treatment also apply to sexual offenders: a meta-analysis". *Criminal Justice and Behavior*, 36 (9): 865~891.

Harlow, C. W. (2003) *Education and Correctional Populations. Bureau of Justice Statistics Special Report, NCJ 195670.* Washington, DC: US Department of Justice.

Hawkins, D. J., Catalano, R., Kosterman, R., Abbot, R. & Hill, K. (1999) "Preventing adolescent health-risk behaviours by strengthening protection during childhood". *Archives of Pediatrics and Adolescent Medicine*, 153: 226~234.

Hawkins, J. D., Kosterman, R., Catalano, R. F., Hill, K. G. & Abbott, R. D. (2005) "Promoting positive adult functioning through social development intervention in childhood: long-term effects from the Seattle Social Development Project". *Archives of Pediatrics & Adolescent Medicine*, 159 (1): 25~31.

Hawkins, J. D., Kosterman, R., Catalano, R. F., Hill, K. G. & Abbott, R. D. (2008) "Effects of social development intervention in childhood 15 years later". *Archives of Pediatrics & Adolescent Medicine*, 162 (12): 1133~1141.

Haynie, D. L. (2002) "Friendship networks and delinquency: the relative nature of peer delinquency". *Journal of Quantitative Criminology*, 18: 99~134.

Heseltine, K., Sarre, R. & Day, A. (2009). 2011. *Prison-based Correctional Offender Rehabilitation Programs: The 2009 National Picture in Australia.* Canberra: AIC

Hirschi, T. & Gottfredson, M. R. (1983) "Age and the explanation of crime". *American Journal of Sociology*, 89: 552~584.

Holt, T. J. & Bossler, A. M. (2015) *Cybercrime in Progress: Theory and Prevention of Technology-Enabled Offenses.* Abingdon, UK: Routledge.

Homel, R. & Thomsen, L. (2017) "Developmental crime prevention". In N. Tilley & A. Sidebottom (eds) *Handbook of Crime Prevention and Community Safety.* London: Routledge.

Howitt, D. (2015) *Introduction to Forensic and Criminal Psychology* (5th ed.). Harlow, UK: Pearson.

James, C., Stams, G. J. J., Asscher, J. J., De Roo, A. K. & van der Laan, P. H. (2013) "Aftercare programs for reducing recidivism among juvenile and young adult offenders: a meta-analytic review". *Clinical Psychology Review*, 33 (2): 263-274.

Kahle, L. R. (1984) *Attitudes and Social Adaptation: A Person-Situation Interaction Approach*. New York: Pergamon Press.

Kahneman, D. & Tversky, A. (1973) "On the psychology of prediction". *Psychological Review*, 80: 237-251.

Kierkus, C. A. & Hewitt, J. D. (2009) "The contextual nature of the family structure/delinquency relationship". *Journal of Criminal Justice*, 37: 123~132.

Kim, B., Benekos, P. J. & Merlo, A. V. (2016) "Sex offender recidivism revisited: review of recent meta-analyses on the effects of sex offender treatment". *Trauma, Violence, & Abuse*, 17 (1): 105~117.

Koehler, J. A., Lösel, F., Akoensi, T. D. & Humphreys, D. K. (2013) "A systematic review and meta-analysis on the effects of young offender treatment programs in Europe". *Journal of Experimental Criminology*, 9 (1): 19~43.

Kruttschnitt, C., Ward, D. & Sheble, M. A. (1987) "Abuse-resistant youth: some factors that may inhibit violent criminal behavior". *Social Forces*, 66: 501~519.

Landenberger, N. A. & Lipsey, M. W. (2005) "The positive effects of cognitive-behavioral programs for offenders: a meta-analysis of factors associated with effective treatment". *Journal of Experimental Criminology*, 1 (4): 451~476.

Långström, N., Enebrink, P., Laurén, E. M., Lindblom, J., Werkö, S. & Hanson, R. K. (2013) "Preventing sexual abusers of children from reoffending: systematic review of medical and psychological interventions". *BMJ*, 347, f4630.

Laycock, G. & Pease, K. (2012) "Ron and the Schiphol fly". In N. Tilley & G. Farrell (eds) *The Reasoning Criminologist: Essays in Honour of Ronald V.* Clarke, London: Routledge.

Lemieux, A. M. (ed.) (2014) *Situational Prevention of Poaching*. Abingdon, UK: Routledge.

Lerner, R. M. (2002) *Concepts and Theories of Human Development*. Mahwah, NJ: Lawrence Erlbaum Associates.

Lochner, L. & Moretti, E. (2004) "The effect of education on crime: evidence from prison inmates, arrests, and self-report". *The American Economic Review*, 94: 155~189.

Loeber, R., Farrington, D. P., Stouthamer-Loeber, M. & Van Kammen, W. B. (1998) *Antisocial Behavior and Mental Health Problems: Explanatory Factors in Childhood and Adolescence*. Mahwah, NJ: Lawrence Erlbaum Associates.

Manning, M., Homel, R. & Smith, C. (2010) "A meta-analysis of the effects of early developmental prevention programs in at-risk populations on non-health outcomes in adolescence".

Children and Youth Services Review, 32 (4): 506~519.

Manuck, S. B. & McCaffery, J. M. (2014) "Gene-environment interaction". *Annual Review of Psychology*, 65: 41~70.

Martinson, R. (1974) "What works? Questions and answers about prison reform". *The Public Interest*, 35: 22~54.

Matsueda, R. L. & Anderson, K. (1998) "The dynamics of delinquent peers and delinquent behavior". *Criminology*, 36: 269~308.

McNally, M. M. & Newman, G. R. (eds) (2007) *Perspectives on Identity Theft. Crime Prevention Studies*, *Volume* 23. Monsey, NY: Criminal Justice Press.

Meichenbaum, D., Carlson, J. & Kjos, D. (2001) *Cognitive-Behavioral Therapy*. Mill Valley, CA: Psychotherapy. net.

Mersky, J. P. & Topitzes, J. (2009) "Comparing early adult outcomes of maltreated and non-maltreated children: a prospective longitudinal investigation". *Children and Youth Services Review*, 32: 1086~1096.

Milgram, S. (1974) *Obedience to Authority*: *An Experimental View*. New York: Harper and Row.

Mischel, W. (1968) *Personality and Assessment*. New York: Wiley.

Mischel, W. (2004) "Toward an integrative science of the person". *Annual Review of Psychology*, 55: 1~22.

Mischel, W. & Shoda, Y. (1995) "A cognitive-affective system theory of personality: reconceptualizing situations, dispositions, dynamics, and invariance in personality structure". P*sychological Review*, 102: 246.

Moffitt, T. E. (2005) "The new look of behavioral genetics in developmental psychopathology: gene-environment interplay in antisocial behaviors". *Psychological Bulletin*, 131: 533~554.

Moreto, W. D. & Clarke, R. V. (2013) "Script analysis of the transnational illegal market in endangered species: dream and reality". In B. Leclerc & R. Wortley (eds) *Cognition and Crime*: *Offender Decision-Making and Script Analyses*. London: Routledge.

Nee, C. & Ward, T. (2014) "Review of expertise and its general implications for correctional psychology and criminology". *Aggression and Violent Behavior*, 20: 1~9.

Newman, G. R. & Clarke, R. V. (2003) *Superhighway Robbery*: *Preventing E-commerce Crime*. Cullompton, UK: Willan Publishing.

Nisbett, R. E. (1980) "The trait construct in lay and professional psychology". in L. Festinger (ed) *Retrospections on Social Psychology*. New York: Oxford University Press.

Ogloff, J. R. & Davis, M. R. (2004) "Advances in offender assessment and rehabilitation: contributions of the risk-needs-responsivity approach". *Psychology, Crime & Law*, 10 (3): 229~242.

Olds, D., Henderson Jr, C. R., Cole, R., Eckenrode, J., Kitzman, H., Luckey, D. and Powers, J. (1998) "Long-term effects of nurse home visitation on children's criminal and antisocial behavior: 15-year follow-up of a randomized controlled trial". *JAMA*, 280 (14): 1238~1244.

Oxford English Dictionary. Online version. https://en.oxforddictionaries.com/definition/psychology.

Phelps, M. S. (2011) "Rehabilitation in the punitive era: the gap between rhetoric and reality in US prison programs". *Law & Society Review*, 45 (1): 33~68.

Piquero, A. R., Jennings, W. G., Diamond, B., Farrington, D. P., Tremblay, R. E., Welsh, B. C. & Gonzalez, J. M. R. (2016) "A meta-analysis update on the effects of early family/parent training programs on antisocial behavior and delinquency". *Journal of Experimental Criminology*, 12 (2): 229~248.

Plomin, R., DeFries, J. C., Knopik, V. S. & Neiderheiser, J. (2013) *Behavioral Genetics* (6th ed). New York: Worth Publishers.

Reynald, D. M. (2011) *Guarding Against Crime: Measuring Guardianship within Routine Activity Theory*. Farnham, UK: Ashgate Publishing, Ltd.

Ross, L. & Nisbett, R. E. (2011) *The Person and the Situation: Perspectives of Social Psychology*. London: Pinter & Martin Publishers.

Ryan, J. P. & Testa, M. F. (2005) "Child maltreatment and juvenile delinquency: investigating the role of placement and placement instability". *Children and Youth Services Review*, 27: 227~249.

Sampson, R. J., Laub, J. H. & Wimer, C. (2006) "Does marriage reduce crime? A counterfactual approach to within individual causal effects", *Criminology*, 44: 465~508.

Schaffer, M., Clark, S. & Jeglic, E. L. (2009) "The role of empathy and parenting style in the development of antisocial behaviors", *Crime and Delinquency*, 55: 586~599.

Schwalbe, C. S., Gearing, R. E., MacKenzie, M. J., Brewer, K. B. & Ibrahim, R. (2012) "A meta-analysis of experimental studies of diversion programs for juvenile offenders". *Clinical Psychology Review*, 32 (1): 26~33.

Schweinhart, L. J. (2013) "Long-term follow-up of a preschool experiment". *Journal of Experimental Criminology*, 9 (4): 389~409.

Shonkoff, J. P. & Phillips, D. A. (eds). (2000) *From Neurons to Neighborhoods: The Science of Early Childhood Development*. Washington, DC: National Academy Press.

Sidebottom, A. & Tilley, N. (2017) "Situational prevention and offender decision making"

. In W. Bernasco, H. Elffers & J. -L. Van Gelder (eds) *Oxford Handbook of Offender Decision Making*. Oxford: Oxford University Press.

Simon, H. A. (1983) *Reasoning in Human Affairs*. Oxford: Blackwell.

Stewart, A., Livingston, M. & Dennison, S. (2008) "Transitions and turning points: examining the links between child maltreatment and juvenile offending". *Child Abuse and Neglect*, 32: 51~66.

Tong, L. S. J. & Farrington, D. P. (2006) "How effective is the 'Reasoning and Rehabilitation' programme in reducing reoffending? A meta-analysis of evaluations in four countries". Psychology, *Crime & Law*, 12 (1): 3~24.

Townsley, M., Johnson, S. D. and Ratcliffe, J. H. (2008) "Space-time dynamics of insurgent activity in Iraq". *Security Journal*, 21 (3): 139~146.

van der Stouwe, T., Asscher, J. J., Stams, G. J. J., Dekovi ć, M. & van der Laan, P. H. (2014) "The effectiveness of Multisystemic Therapy (MST): a meta-analysis". *Clinical Psychology Review*, 34 (6): 468~481.

Van Gelder, J. L., Elffers, H., Reynald, D. & Nagin, D. S. (2014) "Affect and cognition in criminal decision making: between rational choice and lapses of self-control". In J. L. Van Gelder, H. Elffers, D. Reynald, & D. S. Nagin (eds) *Affect and Cognition in Criminal Decision Making*. London: Routledge.

Verona, E. & Sachs-Ericsson, N. (2005) "The intergenerational transmission of externalizing behaviors in adult participants: the mediating role of childhood abuse". *Journal of Consulting and Clinical Psychology*, 73: 1135~1145.

Walsh, K., Zwi, K., Woolfenden, S. & Shlonsky, A. (2015) "School-based education programmes for the prevention of child sexual abuse. A Cochrane systematic review and meta-analysis". *Research on Social Work Practice*, 28 (1), 1~23.

Warr, M. (2005) "Making delinquent friends: adult supervision and children's affiliations". *Criminology*, 43: 77~105.

Welsh, B. C. & Farrington, D. P. (2009) "Public area CCTV and crime prevention: an updated systematic review and meta-analysis". *Justice Quarterly*, 26 (4): 716~745.

Widom, C. S. (2003) "Understanding child maltreatment and juvenile delinquency: the research". In J. Wiig, C. S. Widom & J. Tuell (eds) *Understanding Child Maltreatment and Juvenile Delinquency: From Research to Effective Program, Practice and Systematic Solutions*. Washington, DC: CWLA Press.

Wilson, D. B., Bouffard, L. A. & MacKenzie, D. L. (2005) "A quantitative review of structured, group-oriented, cognitive-behavioral programs for offenders". *Criminal Justice and*

Behavior, 32 (2): 172~204.

Wortley, R. (1997) "Reconsidering the role of opportunity in situational crime prevention". In G. Newman, R. Clarke & S. Shoham (eds). *Rational Choice and Situational Crime Prevention* (pp. 65~82). Aldershot, UK: Ashgate.

Wortley, R. (2001) "A classification of techniques for controlling situational precipitators of crime". *Security Journal*, 14 (4): 63~82.

Wortley, R. (2011) *Psychological Criminology: An Integrative Approach.* London: Routledge.

Wortley, R. (2012) "Exploring the person-situation interaction in situational crime prevention". In N. Tilley & G. Farrell (eds) *The Reasoning Criminologist: Essays in Honour of Ronald V. Clarke.* London: Routledge.

Wortley, R. (2013) "Rational choice and offender decision making: lessons from the cognitivesciences". In B. Leclerc & R. Wortley (eds), *Cognition and Crime: Offender Decision-Making and Script Analyses.* London: Routledge.

Wortley, R. (2017) "Situational precipitators of crime". In R. Wortley & M. Townsley (eds) *Environmental Criminology and Crime Analysis* (2nd ed.). London: Routledge.

Wortley, R. & Smallbone, S. (2006) *Child Pornography on the Internet. Problem-Oriented Guides for Police Series.* Washington, DC: U. S. Department of Justice.

Wortley, R. & Smallbone, S. (2012) *Internet Child Pornography: Causes, Investigation and Prevention.* Santa Barbara, CA: Praeger.

Wortley, R. & Tilley, N. (2018) "Does situational crime prevention require a rational offender?" In B. Leclerc & D. Reynald (eds) *The Future of Rational Choice for Crime Prevention: Criminology at the Edge.* London: Routledge.

Zimbardo, P. (2007) *The Lucifer Effect.* New York: Random House.

Zingraff, M., Leiter, J., Johnsen, M. & Myers K. (1994) "The mediating effect of good school performance on the maltreatmen-delinquency relationship". *Journal of Research in Crime and Delinquency*, 31: 62~91.

第六章
经济学

经济学自诞生之初便与资源稀缺性问题紧密相连。在资源有限的前提下，经济学致力于最大化现有资源的利用，以实现我们的目标。经济学提出了以下观点：(1) 社会财富源自合作与专业化。也就是说，如果每个人都专注于自己擅长的事务，那么在既定资源水平下，我们能够生产出更多的商品与服务。(2) 专业化的成功依赖于贸易。(3) 贸易的成功则需要法律和秩序作为支撑。

古罗马人深知贸易带来的巨大利益，他们将正义与经济利益视为不可分割的联系。查士丁尼皇帝（在位公元527~565年）试图通过扩展罗马公民身份到帝国之外，以增强公民的影响力并促进贸易，使“新公民”受到罗马民法的保护。他认识到社会繁荣可以通过贸易实现，但追求个人利益必须受到道德的制约。这一概念超越了经济学的范畴，因为它未定义道德规范。然而，一旦准则达成一致，经济原理便可应用于提高效率。除了详细记录经济思想的历史外，我们还可以肯定地说，经济学并非一个孤立学科，其发展从未独立于其他领域。在其历史（无论是古代还是现代）中，它与哲学、法学、社会学和国家财富紧密相连，至今依然如此。因此，经济学的范畴已从传统的“平衡账目”哲学扩展到更现代的概念，包括财富创造、社会福利、可持续性、法律与秩序。

遗憾的是，经济学在预防犯罪方面的作用，或其可能发挥的作用，并未被学科之外的人充分理解。经济学不仅限于成本效益分析（CBA），它还拥有一套工具，可以帮助我们制定现代犯罪预防政策。莱维特和杜布纳（2005）指出：

> 经济学本质上是一套工具而非特定主题，因此任何主题（包括犯罪和犯罪预防）都不应被视为超出了其研究范围。

大多数学者认为，应对犯罪需要多学科的合作。尽管这听起来简单，但学术学科的孤立性是众所周知的，这往往导致它们之间关系紧张，出现合作难题。要克服这些困难，我们需要透明度，了解每个学科的角色及其能提供的帮助，这将有助于我们建立一种有效的关系。

经济学家和犯罪科学家都在寻求切实可行的解决方案。经济学家称之为“市场扭曲”，这种扭曲可能导致市场失灵，进而影响个人和整个社会的福利。在犯罪学术语中，扭曲可被视为犯罪行为，市场失灵则是随之而来的负面外部性。为了解决市场失灵，减少相关负面外部性，经济学家运用他们的研究、政策和实践的“金三角”（见图 6.1）来寻求解决之道。

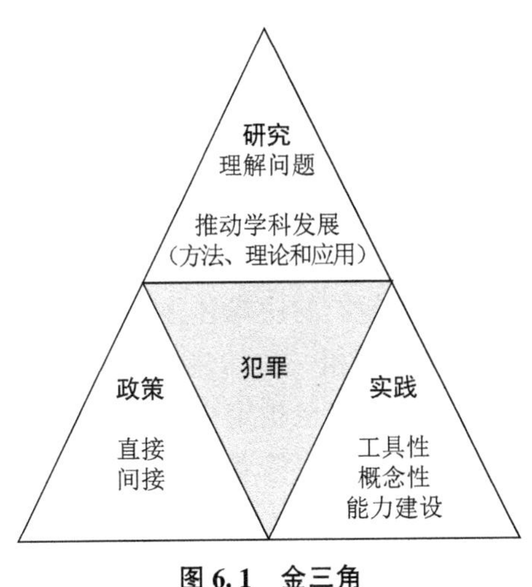

图 6.1　金三角

经济学研究始终具有经济属性，通过研究方法、理论和应用，有助于我们深入理解特定问题，包括学科间和学科内部的理解。莱维特和迈尔斯（2006）以及布什和鲁特（2008）对此进行了广泛讨论。在塑造实践方面，经济学发挥了工具性作用，提供了技术和个人技能（如影响实践或服务提供的进展，或改变个人和集体行为），概念作用（例如形成理解政策问题并重新组织辩论），以及能力建设作用。然而，其在影响和塑造政策方面的角色却鲜为人知。

经济学是少数几个社会科学领域之一，它们控制着政府政策的主要部门（例如美国联邦储备委员会，澳大利亚储备银行，英国英格兰银行），或者在政府内部设有专门的办公室（例如白宫经济顾问委员会）。随着越来越多的

"微观关注"政策部门和单位的建立，经济学也在不断扩展。例如，英国政府成立了行为洞察小组（BIT），或"推动单元"[1]（哈尔珀恩，2015）。他们的目标是在公共政策制定和相关服务中应用经济学理论（从行为经济学和心理学中获得）来创造社会价值。怀特海等人（2012）将这种经济形式描述为"推动民主"（第303页），这种经济形式已经渗透到欧洲大陆，并推动理论在法国、德国以及大西洋对面的美国越来越受到欢迎。美国前总统奥巴马也在美国发起了一个名为"推动小组"的BIT组织（福克斯新闻，2013）。

但是，经济学家会告诉你，这并不意味着政客们会听从他们的建议。如果政治家们没有必要采纳经济学家的建议，那他们在公共政策制定中究竟扮演了一个什么样的角色呢？为了回答这个问题，我们需要区分直接的和间接的作用。在考虑专家如何制定政策时，我们会考虑直接影响。这可以通过以下途径实现：（1）政治家向知名学者求助，协助制定新立法；（2）政党领导人（例如总理）询问经济顾问哪一项政策更可取；（3）政治家本身就是经济学家并就自身专业知识吸取"养分"。但这种情况极少发生，尽管政客们可能会征求经济学家的意见，但是他们的决策往往受到政治因素的影响。他们经常听取与他们已经想要做的事情相一致的建议——也因此，智囊团在政府中逐渐兴起和流行开来。当政策决策已被定义为技术性而非政治性的时候，或者当解决方案尚未确定时（例如，决策者就如何应对全球金融危机去寻求建议时），则直接影响更可能会发生。

经济学家倾向于通过间接手段影响政策。简言之，这促使决策者们从一种新的角度来看待世界。这可以通过一种新的衡量和决策工具来影响公众辩论。国内生产总值就是一个很好的例子。19世纪的政治家们很少谈论经济问题，但在现代社会，它是公开辩论的焦点。成本效益分析等经济手段也对政治辩论产生影响。这样的间接工具会引发关于重要政治议题的对话，因为它们能够量化问题。经济理念也会产生影响，诸如激励、效率和机会成本这样的基本概念改变了决策者的想法。虽然经济学家希望对这些概念有更好的理解和解释，特别是在刑事司法政策方面（例如，国会预算局等政府预算办公室现在正式负责量化政策的权衡），但是经济推理方式对政策影响的准确定位是困难的，因为新政策领域已经从经济角度重新定义了相关内容。通过早期教育和发展来投资人力资本是犯罪学的一个很好的例证。除了对社会正义的迫切需要作出反应，我们通过积极途径促进最高危人群的个人发展，从而可能减少犯罪和违法行为，并且它还能提高生产力，增加技术创新，从而实现长期经济增长和可持续发展。总之，经济学家们确实对公共政策产生了影响。

在下一章里，我会更深入地介绍一些经济学家拥有的技能。基于“金三角”矢量理论，本文揭示了经济学家是如何建立一种形式化的模型用以检验假说与证伪，并运用专门技术来衡量预防措施的效果。我们需要向那些懂得这些知识的人道歉。但是，我们仍希望通过这些讨论，可以让大家更好地了解犯罪预防。

经济犯罪模式

经济学家在构建模型时，通常是在简化现实世界的复杂性，以便形成可测试的行为假设。虽然其他学科也有模型开发，但经济学家以一种独特的方式进行这一过程，这值得我们深入探讨。首先，经济模型大致可分为两类：理论模型和实证模型。理论模型旨在构建关于行为的可验证的理论，假设个体在明确的约束条件（如预算限制）下尽可能提高其效用或成果。这类模型提供了对特定问题的定性回答，如处理信息不对称问题，或如本章前文所讨论的市场失灵的解决策略。与之相对的实证模型，则试图验证理论模型的定性预测，并将其量化为具体的数值结果。

经济模型可以通过数学推导或图形表示来构建，两者都旨在阐述一种行为理论。模型的设计目的是包含足够的信息（例如通过方程式），以揭示理性行为者的动机。模型可能极为简单，如在其他条件相同的情况下[2]，非法药物的需求与价格呈反比关系；也可能极为复杂，如使用大量复杂的公式（包括非线性、相互依赖的微分方程）来预测经济输出。尽管经济学中的模型形式多样，但它们共同的特点是能够通过输入（或外生变量）和输出（通常称为因变量）来解释外生变量何时以及如何开始发挥作用。然而，在推导实证模型的方程式时，经济学家之间存在分歧。一些学者坚持认为，这些方程式应基于最大化行为、有效市场假设和渐进行为；而另一些学者则倾向于采用一种更细致入微的方法，他们的方程式在一定程度上反映了个人的经验和见解。本质上，这些经济学家正在质疑传统衍生模型中行为假设的现实性。

基于市场的犯罪治理方案

经济学家在模型规范上持有不同的观点和立场，这一点与其他学科并无二致。然而，我们普遍认可贝克尔在“犯罪市场”理论上的开创性贡献（1968）。遗憾的是，贝克尔论文中使用的数学复杂性可能让非专业人士难以完全理解，但这并不意味着经济学家比其他社会科学家更聪明或受教育程度更高。相反，这些学科只是所使用的语言不同，我现在将尝试澄清这一点。此外，贝克尔的模型也体现了经济学家在提高侦查和惩罚效率方面的努力。为了展开讨论，我们需要介绍市场上的犯罪解决方案。

一般而言，经济学家认为市场本身不能提供完整的解决方案，尤其是在没有法律约束的情况下。阿尔伯森和福克斯（2012）指出，“随着犯罪行为的加剧，它将扼杀它赖以生存的市场”（第 33 页）；拉青格（1986）的研究表明，“道德行为的衰落实际上会导致市场法则的崩溃。同样，威尔伯（2004）提出：“如果有充分竞争，社会中的大多数人已经把一般的道德法则纳入其行为准则，那么私利就会导致公共利益”（第 27 页）。

我们必须指出，市场效率低下，例如寻租行为，可能对市场造成一定程度的不稳定。寻租是指“滥用市场或政治权力，从而使某些代理人从低效率的市场中获得利益”（阿尔伯森和福克斯，2012，第 23～24 页）。这方面的一个典型例子就是在寡头市场上对消费者进行剥削，从而使寡头因缺乏竞争而产生超额利润。[3] 尽管这样做并不违法（但如果存在某种共谋行为，通常是非法的），但寻租者的目的是创造一个能够积累他人创造财富的市场。因此，由于这种行为，社会变得更加糟糕，因为寻租者将资源投入到他们的计划中，结果却比他们原本可能得到的要少。这种不道德的做法限制了市场的自由，因为“参与市场的人得到的回报会减少”（阿尔伯森和福克斯，2012，第 24 页）。因此，经济学表明，社会会处于效率最高（或者至少是最高的）阶段，其自身利益受到伦理（或者说缺乏伦理）判断的支配。

那么，基于市场的解决方案是如何应对市场失灵的，或者我们如何应对不道德或有害行为的呢？让我们从教育与宗教这两种传统反应开始。首先，它们中没有一个是完全令人满意的。教育，举例来说，它超越了市场理性：（1）要说服人们相信他们应当考虑社会和自身的好处；（2）这种方法需要全民参与。让我们考虑一项教育计划，以提高社会礼仪水平。有些人可能变得更有礼貌了，但是很多人却不具备这个修养。很快，彬彬有礼的人就会问自己为什么自己认为身边的人没有礼貌。

另一方面，宗教并不需要覆盖所有人。这里，我们通过许诺某种奖赏或惩罚（通常是永久的，由精神力量强加）来要求个人私利。宗教和教育一样，都有其自身缺陷。在这种情况下，它是委托代理的问题。委托代理问题是指当个人可以代表他人作出决定的时候。如果我们重新关注宗教，委托代理问题表明，尽管很多人（特别是信仰者）并不认同，但宗教更有利于管理者，而非整个社会。马克思说：

> 宗教是被压迫者的叹息，是无情世界的心脏，是没有灵魂的灵魂。对人民来说，这就是鸦片。把宗教视为人们虚幻的幸福，才是真正的幸福。
>
> （马克思，1884）

很明显，马克思主要抱怨的是市场系统，而非宗教。根据这种观点，经济学家们一般都会同意，国家的作用应该局限于严格必需的领域。亚伯拉罕·林肯也会同意这一点的。他说，

> 政府合法的目标就是为人民做他们需要做的，但是个人努力却做不到，或者无法做得很好的事。
>
> （摘自《肖》，1950，第 136 页）

阿尔伯森和福克斯提出，

> 政府应该反映他们为社区服务的伦理立场和道德立场。它应该设法通过最有效的方式建立海关、法律和激励机制，从而使市场体系具有灵活性，建立道德和法律框架，并使它们能够努力创造最佳整体利益。
>
> （阿尔伯森和福克斯，2012，第 35 页）

但是，这并不一定是一个平衡的直接行为。正如萨伊斯（1945）说的，“人民需要一个良好的政府，一个有自由和秩序的政府。但是秩序束缚自由，自由反抗秩序。”此外，柏拉图提出，

> 如果一个城市完全由好人组成，那么避免担任公职就会像现在获得公职一样成为争论的焦点。真正的统治者不一定是这样。他们会为他个人利益着想，也为人民着想。
>
> （法拉利与格里菲斯引用柏拉图，2000）

因此，教育与宗教并非完全的答案。此外，政府还扮演着一个角色，但是这个角色会受到限制，而且应该在一定程度上受到约束。然而，还有另一种解决办法，即鼓励代理人无私的行为，阻止社会认为代价高昂的行为。加里·贝克尔以此为切入点，展示了经济学家能够对犯罪科学作出贡献的一个关键角色——建立在理论洞察基础上的正式效率模型。

贝克尔模型

贝克尔的贡献[4]在于将犯罪与犯罪控制纳入了一个标准的劳动经济模型中，该模型通过个人的时间分配决策来进行分析。简而言之，犯罪被视为某些群体在生活中可以选择的一种活动。在这个框架下，模型的选择具有明确的概念结构，因为代理人面临的是一系列与特定结果相关的选项（例如，不同的活动）。在一个简化的模型中，假设代理人知晓所有可选方案，即拥有完美信息。这些假设可能被严格设定，也可能被放宽。代理人通过目标函数来评估结果，正如布什威和鲁特（2008）所指出的，目标函数“根据各种结果帮助个人实现其目标的程度来进行评估”（第 9 页）。在简单的消费者选择模型中，代理人分配一定量的资源，目标函数描述了效用（即最大的快乐或满意度），这取决于他们所获得的收益。这里引入了机会成本的概念。在这里，选择 X 的成本不仅仅是该选择的货币价格，而是放弃最佳选择 Y 的代价。

基于这些概念，我们可以深入探讨贝克尔的模型。贝克尔提出了“犯罪市场”的概念，其中代理人选择从事可能对社会造成成本的活动。[5]社会希望限制这些选择或有害活动造成的伤害。某些代理人可能会从活动 O 中获得收益，否则这些活动可能不会发生。由于从事 O 型活动的人都是社会成员，社会可能愿意接受一定程度的 O 型活动（例如，矿物燃料使用导致的污染）。然而，有些活动极为有害，社会力求将其降至零（例如，谋杀）。图 6.2 展示了 O 型活动的水平与其对社会危害之间的关系。我们可以观察到，在 O 水平以下的危害对社会的影响相对较低。有人认为，社会可能从非常低水平的特定活动中获益。例如，适度饮酒可能带来积极效果（如增强社交网络、改善健康）(曼宁、史密斯，马泽罗尔，2013)。在犯罪方面，为了保持一定程度的自治和自由，社会可能认为容忍低水平的犯罪是合理的。但是，随着活动水平的提高(超过某个阈值)，危害程度也会因活动的性质而增加（阿尔伯森和福克斯，2012)。

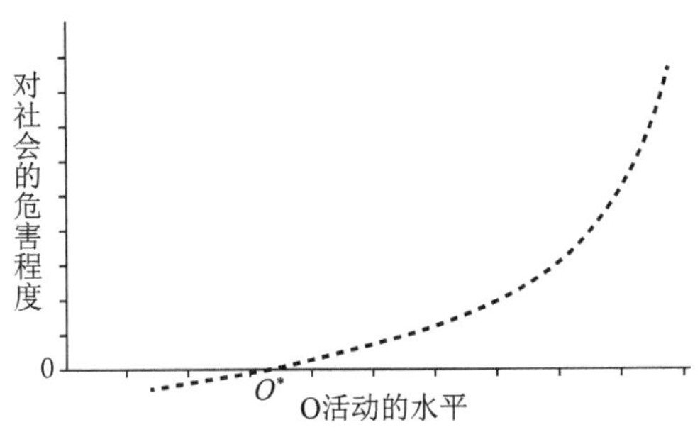

图 6.2　活动 O 造成的危害

改编自阿尔伯森和福克斯（2012）。

尽管社会希望阻止特定群体从事 O 型活动，但这样做也伴随着代价。如果没有投入必要的成本来建立抑制结构，社会可能会大幅减少这类活动，但可能无法完全根除。贝克尔考虑了两类成本：（1）侦查、逮捕和定罪的成本(CJ 成本)；（2）惩罚成本。CJ 成本的上升是因为那些从事 O 型活动的代理人“自愿入狱以偿还社会债务”。因此，社会必须承担活动 O 带来的危害和成本。随着 O 型活动的增加，CJ 成本和惩罚成本也会上升。这引发了一个关键问题：如果盗窃案件数量激增，而社会希望维持稳定的清除率[6]，该如何应对？贝克尔认为：（1）盗窃案件增加将导致对定罪和惩罚的需求增加；（2）随着盗窃案件的增多，司法成本也会上升；（3）为了维持稳定的定罪率，司法系统的成本也会增加，因为侦查成本高昂，需要建造更多监狱以应对定罪的增加；（4）随着惩罚水平的提高，惩罚成本也会增加。

特殊群体正义的反应

现在，让我们转向犯罪的供给问题。由于个体偏好和特性的差异，一些代理人可能相对容易被劝退，而另一些则可能需要更强的说服力。假设随着定罪和惩罚的可能性的增加，某些人的沮丧感会逐渐增强，这并不符合逻辑。贝克尔提出，当司法系统的效率越高（即定罪和惩罚的可能性越大）时，进一步提高司法效率的效果会逐渐减弱。正如图 6.3 所示，这种关系在定罪概率提升时趋于平缓。贝克尔还指出，在社会层面上，存在一个最优水平——平均来看，增加犯罪并没有实质性影响。换句话说，那些继续从事犯罪活动的人似乎是在追求风险，而非避免它。最终，贝克尔建议，如果定罪概率提高 1%，那么为了达到相同的威慑效果，惩罚的严重性可以相应地降低超过 1%（阿尔伯森和福克斯，2012）。

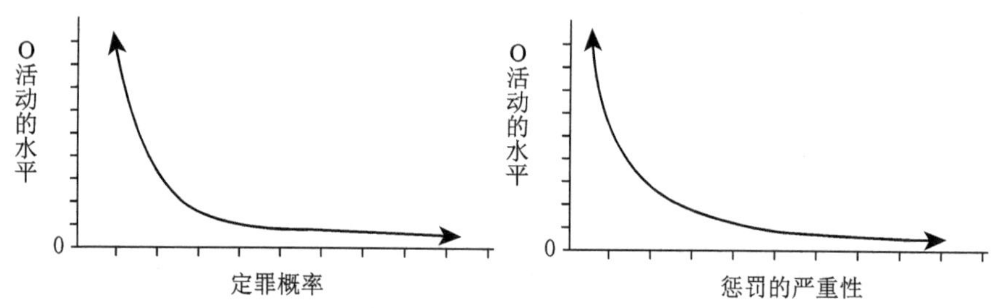

图 6.3　代理人对司法公正的反应——定罪概率和严厉惩罚

改编自阿尔伯森和福克斯（2012）。

司法效率最高

贝克尔坚信，社会确实可以通过调整定罪概率和惩罚的严厉程度来影响犯罪行为。然而，这两种手段的提高都将不可避免地增加司法成本。同时，有观点认为，随着定罪或惩罚强度的增加，其边际效力的递减趋势也会愈发明显。那么，哪些政策工具的组合最为有效？惩罚的严厉程度又会如何影响成本？贝克尔提出，刑期的延长能够有效减少活动 O 的供给。进一步地，当活动 O 的水平下降时，相应的损害也会减少。这意味着，从事活动 O 的罪犯越少，定罪的成本也就越低。图 6.4 的左图展示了随着惩罚的加重，活动危害和 CJ 成本相应降低的趋势；同时，右图表明，随着惩罚严厉程度的提升，惩罚的成本也会增加。

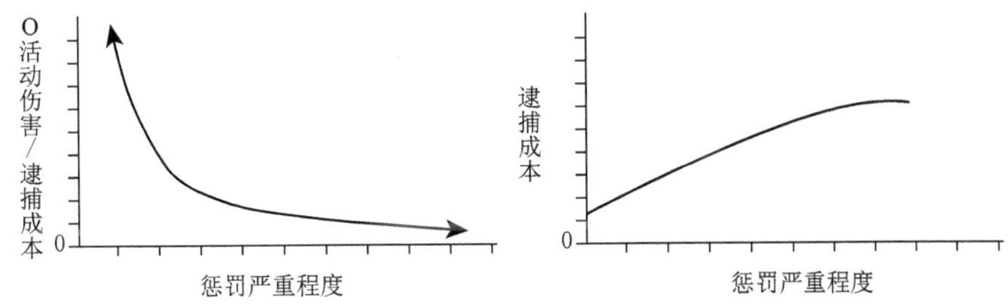

图 6.4　O 伤害/逮捕成本与惩罚严重程度之间的关系

改编自阿尔伯森和福克斯（2012）。

通过结合惩罚成本、O 的危害和 CJ 的成本，我们得出了图 6.5 中标记为 TCS 的活动 O 对社会的总成本。

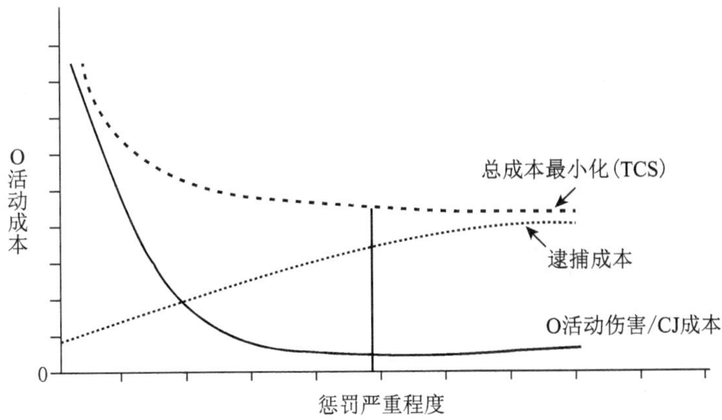

图 6.5　惩罚的严重程度对社会活动成本的影响

改编自阿尔伯森和福克斯（2012）。

请观察图 6.5，其中 TCS 达到了临界最低点，低于这一点，TCS 便无法进一步降低。这一现象的原因何在？尽管惩罚从零开始增加，但它显著降低了活动 O 的水平。随着惩罚的增强，其严重性对犯罪行为的威慑效果逐渐减弱，同时惩罚的成本也在持续上升。根据贝克尔的理论，图 6.5 中的垂直线揭示了最小化总成本的惩罚严重性的临界点。在这一点左侧，活动 O 的数量减少不足以抵消惩罚成本的增加；而在右侧，惩罚的成本则过高。

当我们关注图 6.6 中所示的最有效的稳定率时，贝克尔指出，随着稳定率的提升，定罪成本也会增加。这一现象在图 6.5 的底部中得到体现。尽管随着稳定率的提高，活动 O 的水平有所下降，但由于需要更多资源来侦查和定罪 O 类事件，实际的定罪成本也随之增加。稳定率的提高意味着惩罚成本也必须相应提高，因为定罪数量的增加会导致惩罚成本的增加。图中的垂直线代表了实现社会效率最佳水平的政策临界点。如果稳定率偏低，社会中 O 型活动的代理人未被充分定罪；而如果稳定率过高，社会在 CJ（刑事司法）系统上的资源分配则显得过于庞大。

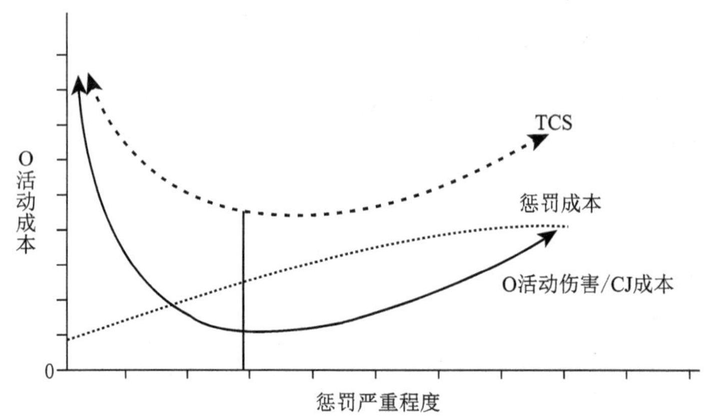

图 6.6　定罪概率对社会活动成本的影响

改编自阿尔伯森和福克斯（2012）。

其他值得注意的贝克尔模型因素

贝克尔的研究并未止步于此。他还深入探讨了不良行为（在本例中指 O 型活动）对社会危害程度的影响。他提出，随着行为造成的伤害加剧，或者当比较不同伤害程度的两种行为时，惩罚的严厉性和稳定率也应相应提高。以英国为例，议会为每种刑事罪行设定了最高刑期，以此来广泛反映犯罪的严重性。在美国，刑期则根据 O 型活动的严重程度以及个人先前的犯罪记录来确定（美国量刑委员会，2009）。

贝克尔模型还考虑了犯罪行为被侦破难易程度的变化。例如，容易侦破的犯罪往往数量较多。贝克尔建议，对于易于侦破的犯罪，最优的清除率应远高于那些难以侦破但风险相似的犯罪。然而，随着侦破难度的降低，最适宜的惩罚水平也会相应降低。考虑到特定群体对惩罚的敏感度，最优的 O 型活动水平呈现下降趋势（阿尔伯森和福克斯，2012）。在这种情况下，社会的策略是“以身作则”，使得对于那些难以破解的案件，司法人员能够对更容易侦破的罪行采取更为宽容的态度。

最终，贝克尔得出结论，罚款是最有效的惩罚形式。他将罚款定义为支付给受害者的任何赔偿金，以及为了威慑和报复而要求犯罪代理人支付的额外费用。如果罚款的部分由罪犯承担，那么社会的整体成本将会降低。贝克尔认为，随着惩罚降低社会成本，惩罚的严厉性可以适度提高，定罪的可能性可以降低，从而减少犯罪率。因此，最佳的活动水平 O 可以通过设定罚款水平来实现，包括造成的伤害（包括 CJ 和处罚成本）。

在解释这一模型时，我们必须谨慎，因为并非所有犯罪都适合罚款，但有些犯罪确实适用。值得注意的是，贝克尔在讨论中未提及的公平问题。与曾经服刑的囚犯相比，被罚款的人通常不会面临找工作的困难。当然，这种差异可能与罚款的类型有关。贝克尔的观点暗示，一旦个人偿还了债务（在本例中是罚款），社会就不再对他们施加额外制裁。因此，罚款在某些情况下可能比监禁更为合适。尽管如此，仍有一些警告需要考虑，例如某些行为是不适合罚款的（如谋杀、武装抢劫等），且有些罪犯可能因为无力支付罚金而被判入狱。阿尔伯森和福克斯（2012）指出，即使罪犯无力支付，这种处罚对于穷人来说也比监禁有利。

尽管这只是对贝克尔模型的一个简化和概括性讨论，但它是否真的具有争议性？让我们快速总结一下其主要贡献。首先，社会对自身利益的过度控制可能导致过度惩罚。其次，仅靠刑事司法系统无法完全降低不良活动水平，这一点许多犯罪学家和社会学家都认同。例如，艾米尔·迪尔凯姆认为犯罪是社会的正常现象，惩罚是加强道德规范的机制（参见加兰，1991）。又如默顿（1938）认为犯罪是一种创新形式，某些人利用非法手段追求社会认可的目标。随着时间的推移，这些创新可能导致新的“道德”实践被社会接受。

我们必须指出，贝克尔并未试图详尽模拟不同罪犯的偏好和倾向。相反，他的模型专注于分析社会在侦查和惩罚选择上的最佳策略。他提供的犯罪职能考虑了代理人的惩罚成本，而非非法活动的机会成本。这一概念后来由艾利希（1973）正式提出。这种模型并未明显偏离大多数犯罪学家和社会学家的预期。

经济学家继续开发形式化的犯罪模型，旨在帮助确定刑事司法干预的最佳社会水平。研究非法毒品市场的经济学家就是一个例证。他们通常运用需求与供给的基本原理以及产业组织理论中的元素来研究不同形式的药物预防对价格和可用性的影响。价格和可用性模型对刑事司法后果具有重要意义。例如，如果甲基安非他明的价格从每克 640 美元降至 20 美元，模型可以预测使用人数将增加，而犯罪率将降低（艾麦基翁和如特，2001）。较低的价格可能减少依赖性用户为购买该产品而犯罪的行为，并减少销售商为保护市场份额与竞争对手发生冲突的动机。除了尝试解释影响非法药品价格的因素外，模型还可以分析销售者的收入分配情况。例如，如果甲基苯丙胺销售商（经理级别）的收入较低，那么非法毒品市场可能不会出现问题。问题是，高级分销商无需高学历就能赚取与医学专家相当的收入。因此，关键在于如何减少他们的收入。

建立一个研究价格和利润分配决定因素的正式模型，有助于我们更深入地理解政策如何通过刑事司法机构解决问题。传统的市场模型面临需要跨领域合作才能克服的挑战，例如非法市场中的价格波动、实物胁迫的使用、特定类型的职业风险选择，以及与其他犯罪形式的联系（布什威和鲁特，2008）。所有这些问题都为犯罪学家提供了丰富的专业知识领域。

衡量效用的经济工具

正如先前所提及，经济学家掌握了一系列技巧，这些技巧在评估犯罪预防措施的有效性（以及更广泛地在犯罪科学和犯罪学领域）方面具有实际应用价值。[7] 首先，经济学家需要在理论基础上进行建模。接下来，他们采取以下两种方法：（1）实证检验理论；（2）模拟不同政策选择或预防策略的效率、边际收益和成本效益。第一种方法涉及评估干预措施或政策的效果；第二种方法则比较这些干预措施与政策相对于其他替代方案的成本和效益（莱维特和迈尔斯，2006）。结合犯罪科学中用于减少和控制犯罪的技术，经济学的这些方法能够帮助我们更高效地应对犯罪挑战。

因果效应评估

经济学家的一项关键技能是识别因果关系。在犯罪科学领域，确定警察规模对犯罪率的影响等问题尤为复杂，因为犯罪率本身可能影响旨在打击犯罪的公共政策。例如，因果推断难题——警察可能减少了犯罪，而犯罪又可能导致警察数量的增加。在这种情况下，我们可能会得出错误的估计。计量经济学家将这种现象称为同时性偏差。传统的相关统计方法，如普通最小二乘估计，无法准确捕捉到真正的因果效应（莱维特和迈尔斯，2006，第148页）。

为了准确评估政策或干预的因果效应，必须排除其他影响因素。经济学家通常借鉴健康研究中的实证研究方法，采用事前与事后的设计，比较不同司法辖区实施特定政策前后的结果。他们将接受干预的辖区称为实验组，并将之与未接受干预的对照组进行比较。这种设计旨在比较处理前后的差异，即所谓的差异法。

然而，差异法本身并不足以证明因果关系，因为实施特定政策的司法辖区并非随机选择。莱维特和迈尔斯（2006）提出了两个原因：首先，犯罪控制政策本身就是犯罪率的产物，刑事司法资源的使用与犯罪率密切相关；其次，社会和历史因素直接影响特定法律和执法政策的实施。例如，美国南部各州的社会规范影响了死刑政策的实施，而这些规范本身可能就直接影响了犯罪率。因此，确定政策与效果之间的因果关系是一个复杂的问题，这在衡量犯罪控制政策对犯罪率影响时尤为明显（莱维特和迈尔斯，2006，第150页）。

为了克服潜在的同时性偏差，经济学家主要使用格兰杰因果关系（格兰杰，1969）以及工具变量或自然实验。格兰杰因果关系指的是变量间的时间关系，而非真正的因果关系。例如，如果警察数量的变化通常先于犯罪率的变化发生，那么警察数量可能是犯罪率变化的格兰杰原因。然而，这并不意味着警察数量的增加直接导致了犯罪率的下降。例如，马维尔和穆迪（1996）的研究发现，警察数量的增加可能是犯罪减少的先兆，但这并不一定意味着增加警察数量就能直接降低犯罪率。使用年度观测数据可能会忽略短期异常现象，也可能错误估计警察和犯罪之间的真实关系。解决这一问题的一个方法是增加数据的使用频率，如科曼和莫坎（1996）所做的那样，他们发现政府对犯罪率上升的反应非常迅速。

经济学家还利用工具变量来打破政策与结果的同时性。有效的工具变量与刑事司法政策相关，但与犯罪率无关。由于难以将受试者随机分配到实验组和对照组，经济学家需要寻找与特定政策随机暴露密切相关的自然现象作为工具变量。例如，莱维特（1997）认为，选举时间安排是一个有效的工具变量，因为警察数量往往在选举年增加。选举时间的特殊性似乎是犯罪率的外部因素，因为一旦其他因素得到控制，选举本身并不会直接影响街头犯罪。

简而言之，选举实际上是一个自然实验，它可以改变警察规模，但从其他方面来看，它与犯罪率无关。莱维特（1997）利用这种方法预计，当警察人数增加 10%时，犯罪率可能会下降 3%到 10%。

经济效益估算

鉴于各国政府在逮捕、起诉和惩罚罪犯方面投入了大量资源，每一笔投资（如政府资金）都需要转化为高效的公共政策。[8] 这包括两个关键方面：（1）资源的如何及何时使用——是否可以更有效地分配资源来应对犯罪、特定的犯罪行为，或者二者的某种组合；（2）资源的经济效益分配。经济学家致力于解决这两个问题。例如，增加警察资源（如增加前线警员人数）是否具有成本效益？莱维特（1997）的研究表明，雇佣额外警察以减少犯罪的边际收益超过了其成本。马维尔和穆迪（1996）也得出了相似的结论，即额外警察的边际收益可能与他们的成本相抵。

为了得出这些结论，经济学家运用了经济分析（EA）。CBA 作为经济学规范框架的一部分，其核心在于最大化社会福利。布什威和鲁特（2008）指出，理性选择模型在宏观层面的应用使得决策者能够选择不同的犯罪控制策略。CBA 从评估特定计划或干预措施预防犯罪的效率开始，进而估计这些政策的相对成本和效益。

曼宁、约翰逊、蒂利、黄和瓦西纳（2016）提出：

> EA 旨在为公共资源的合理配置提供依据。它通过评估替代方案来确定最佳的投资回报率，从而促进经济效率和良好的财政管理。EA 还使政策制定者能够评估现行政策或计划对经济的潜在影响。

EA 的常见形式包括成本可行性分析（CFA）、成本效益分析（CBA）、成本有效性分析（CEA）、成本节约分析（CSA）以及成本效用分析（CUA）。对于这些 EA 技术及其概念基础的全面审视，可参考曼宁等人的研究（2016）。[9] 每种技术旨在解答特定的问题，并采用独特的方法来进行研究。在犯罪学领域，前沿分析已成为一种新兴的经济方法，提供了对问题的新视角（详细示例可在第 24 章中找到）。表 6.1 对 EA 技术中最常见的方法进行了概要性描述。

表 6.1　EA 技术常用方法概述

分析类型	成本/投入的衡量	结果的衡量	优势	弱点	分析问题	例子
成本可行性	资源的货币价值	不适用	允许在评估结果之前立即排除不可行的替代方案。	无法判断项目的整体价值，因为它不包含结果衡量标准。	是否可以在预算范围内实施单一替代方案？	曼宁、2004；曼宁、荷马和史密斯，2006
成本有效性	实施期间使用的资源的货币价值	有效性单位（例如预防的犯罪或提供的治疗）	易于纳入标准的有效性评估； 有助于比较干预措施中每单位治疗的交付成本适用于目标数量较少的替代方案。	如果有多种有效性衡量标准，则很难解释； 仅对比较两个或多个备选方案有用。	哪种替代方案以最低的成本（或以给定的成本产生最高的有效性）产生给定水平的有效性？	考威尔、布朗尼和杜邦，2004；麦考利斯特、弗伦卡、普伦德加斯特、霍尔和萨科，2004
成本效益	实施期间使用的资源的货币价值	福利的货币价值	可以判断一个项目的绝对价值； 可以比较各种项目的 CB 结果。	难以将货币价值放在显著的生活福利上。	哪种替代方案以最低成本产生给定水平的收益（或在给定成本下产生最高水平的收益）？ 净收益是否大于净成本？	宝沃斯、约翰逊和赫希菲尔德，2004
成本效用	实施期间使用的资源的货币价值	效用单位	包含个人对有效性单位的偏好； 将多个有效性度量合并到一个效用度量中； 促进利益相关者参与利益相关者的决策。	难以得出一致和准确的个人偏好衡量标准； 无法准确判断单一替代方案的整体价值； 仅对比较两个或多个备选方案有用。	哪种选择以最低的成本产生给定的效用水平（或以给定的成本产生最高水平的效用）？	戴克等人，2005；多兰和皮斯古德，2007

续表

分析类型	成本/投入的衡量	结果的衡量	优势	弱点	分析问题	例子
前沿分析（即数据包络分析DEA）	实施期间使用的资源的单位或货币价值	有效性单位（例如预防的犯罪或提供的治疗）和/或福利的货币价值	DEA 可以处理多输入多输出模型；DEA 不需要假设将输入与输出相关联的函数形式；决策单元（DMU）直接与同行的组合进行比较；输入和输出可以有不同的单位。例如，X1 可以以挽救的生命为单位，X2 可以以美元为单位，而无需在两者之间进行先验权衡。	由于 DEA 是一种极值点技术，因此测量误差等噪声（甚至是均值为零的对称噪声）可能会导致严重问题。DEA 非常缓慢地收敛到“绝对”效率。换句话说，它可以告诉您与同龄人相比您的表现如何，但不能与“理论最大值”相比。	哪个 DMU 被认为是技术和分配效率高的？如何将投入转化为更有效和高效的产出？	德雷克和皮姆普，2005；戈尔曼和鲁杰罗，2008

注：改编自莱文和麦克尤恩（2001）中提供的表格。

规范框架和促进犯罪政策

在 20 世纪 60 年代，美国面临不断攀升的犯罪率和药物滥用问题，这促使国会成立了几个著名的委员会，旨在评估这些问题的根本原因，并提出改革措施以扭转这一趋势。最初，国会求助于当时的犯罪学家，却发现他们在提供实证依据方面贡献有限。政治学家詹姆斯·Q·威尔逊对犯罪学提出了批评，指出由于其社会学导向，犯罪学在提供基于证据的政策建议方面存在局限性。犯罪作为文化和社会结构的产物的观点，几乎没有为政策制定者提供实际指导，因为他们改变社会结构的能力有限。此外，社会学对威慑效果的怀疑进一步加剧了这一问题。

然而，经济学在政策设计和效率方面提供了新的视角。这主要得益于经济学的基本假设，即“行为并非潜在社会条件的必然结果，而是个人基于感知后果作出的选择”（库克、马钦、玛丽和马斯特罗布尼，2013，第 3 页）。简而言之，通过调整行为的后果，可以引导行为发生变化。正如贝克尔模型所阐述的，经济学家的规范性框架有助于制定有效的政策。贝克尔提出，犯罪的社会成本包括直接成本（受害者成本）和间接成本（犯罪控制的努力）的总和。如果我们希望最小化总社会成本，那么最优的犯罪水平（O，即有害活动）很可能不是零，因为额外的预防措施的边际成本可能会超过减少额外犯罪行为的边际收益。正如库克等人（2013）所指出的：“犯罪率的下降并不意味着‘犯罪问题’整体减少——例如，犯罪控制成本，这在大多数国家表现为监狱人口的显著增加，这是必须考虑的因素”（第 3~4 页）。最终，规范性框架不仅回答了“什么有效”的问题，还探讨了“什么是值得的”这一问题，正如第 2 部分所讨论的那样。

总结

本章仅提供了经济学家在制定实用犯罪解决方案、评估政策替代方案或预防工作的效率，以及边际成本与效益方面所发挥作用的一瞥。鉴于篇幅限制，我刻意挑选了几个可能引起读者兴趣的领域进行探讨，同时省略了经济学家在发展及测试新旧理论（如理性选择理论和动机理论）中所作出的重要贡献。此外，我只涉及了经济学家在现代计量经济学和其他应用分析方法，以及对合法与非法市场（例如毒品市场）深入了解方面的部分贡献。

注释

1. 需要指出的是，英国政府目前与 BIT 保持着合作伙伴关系。
2. “Ceteris paribus”是一个拉丁短语，意指在其他条件保持不变的情况下。
3. 寡头垄断市场是指由少数几家企业主导大部分市场份额的市场结构。它与垄断相似，但区别在于市场由两家或多家公司共同主导（泰勒和韦拉帕纳，2012）。

4. 贝克尔在理性选择理论上的贡献，已被大多数犯罪学家所认可和理解。本处的目标是阐明那些因学科术语差异而可能未被充分理解或认识的贡献。

5. 然而，他的分析并未涉及“疏忽犯罪”（即代理人未选择对社会有利的行为）。尽管如此，基本的分析方法是具有推广性的。

6. 清除率是指被警方逮捕的犯罪分子占所有犯罪分子的百分比。

7. 需要说明的是，关于经济学家的所有技能和方法论的讨论已经超出了本章的讨论范围。因此，我仅选择了两种本质上最为突出且应用最广泛的方法。

8. 根据鲍尔和欧文斯（2004）的估计，每年涉及的金额大约为 200 亿美元。

9. 曼宁(2004；2008）对 EA 技术进行了讨论。

参考文献

Albertson, K. & Fox, C. (2012). *Crime and Economics: An Introduction*. Abingdon, UK: Routledge.

Bauer, L. & Owens, S. D. (2004). *Justice Expenditures and Employment in the United States*, 2001. Washington, DC: Bureau of Justice Statistics.

Becker, G. (1968). “Crime and punishment: An economic approach”. *Journal of Political Economy*, 76 (2), 169~217.

Bowers, K., Johnson, S., & Hirschfield, A. (2004). “Closing off opportunities for crime: An evaluation of alley-gating”. *European Journal on Criminal Policy and Research*, 10, 285~308.

Bushway, S. & Reuter, P. (2008). “Economists' contribution to the study of crime and the criminal justice system”. *Crime and Justice*, 37 (1), 389~451.

Cook, P., Machin, S., Marie, O., & Mastrobuoni, G. (2013). “Lessons from the economics of crime”. In P. Cook, S. Machin, O. Marie, & G. Mastrobuoni (Eds), *Lessons from the Economics of Crime: What Reduces Offending?* Cambridge, MA: MIT Press.

Corman, H. & Mocan, H. (1996). “A time-series analysis of crime and drug use in New York city”. *American Economic Review*, 90 (2), 584~604.

Cowell, A., Broner, N., & Dupont, R. (2004). “The cost-effectiveness of criminal justice diversion programs for people with serious mental illness co-occurring with substance abuse”. *Journal of Contemporary Criminal Justice*, 20, 292-314.

Dijkgraaf, M., van der Zanden, B., de Borgie, C., Blanken, P., van Ree, J., & van den Brink, W. (2005). “Cost utility analysis of co-prescribed heroin compared with methadone maintenance treatment in heroin addicts in two randomised trials". *British Medical Journal*, 303 (7503), 1297.

Dolan, P. & Peasgood, T. (2007). "Estimating the economic and social costs of fear of crime". *British Journal of Criminology*, 47 (1), 121~132.

Drake, L. M. & Simper, R. (2005). "Police efficiency in offences cleared: An analysis of English 'Basic Command Units' ". *International Review of Law and Economics*, 25 (2), 186~208.

Ehrlich, I. (1973). "Participation in illegitimate activities: A theorectical and empirical investigation". *Journal of Political Economy*, 81 (3), 521~565.

Ferrari, G. & Griffith, T. (2000). *Plato: "The Republic"*. Cambridge: Cambridge University Press.

Fox News. (2013). "Gov't Knows Best? White House creates 'nudge squad' to shape behavior". Retrieved from www. foxnews. com/politics/2013/07/30/govt-knows-best-white-house-creates-nudge-squad-to-shape-behavior. html.

Garland, D. (1991). "Sociological perspectives on punishment". *Crime and Justice*, 14 (1), 115~165.

Gorman, M. F. & Ruggiero, J. (2008). "Evaluating US state police performance using data envelopment analysis". *International Journal of Production Economics*, 113 (2), 1031~1037.

Granger, C. (1969). "Investigating causal relations by econometric models and cross-spectral methods". *Econometrica: Journal of the Econometric Society*, 37 (3), 424~438.

Halpern, D. (2015). *Inside the Nudge Unit: How Small Changes Can Make a Big Difference.* London: Random House.

Kennedy, P. (1988). *A Guide to Econometrics.* Cambridge, MA: MIT Press.

Levin, H. M. & McEwan, P. J. (2001). *Cost-effectiveness Analysis* (2nd ed.). London: Sage Publications.

Levitt, S. D., & Dubner, S. J. (2005). *Freaknomics.* New York: William Morrow.

Levitt, S. (1997). "Using electoral cycles in police hiring to estimate the effect of police on crime". *American Economic Review*, 87 (3), 280~290.

Levitt, S., & Miles, T. (2006). "Economic contributions to the understanding of crime". *Annual Review of Law and Social Science*, 2 (1), 147~164.

MacCoun, R. & Reuter, P. (2001). *Drug War Heresies: Learning from Other Vices, Times and Places.* Cambridge: Cambridge University Press.

Manning, M. (2004). *Measuring the costs of community-based developmental prevention programs in Australia.* Masters (Hons), Griffith University, Brisbane.

Manning, M. (2008). "Economic evaluation of the effects of early childhood intervention programs on adolescent outcomes". PhD, Griffith University, Brisbane.

Manning, M., Homel, R., & Smith, C. (2006). "Economic evaluation of a community-based early intervention program implemented in a disadvantaged urban area of Queensland". *Economic Analysis and Policy*, 36 (1 & 2), 99~120.

Manning, M., Johnson, S., Tilley, N., Wong, G., & Vorsina, M. (2016). *Economic Analysis and Efficiency in Policing, Criminal Justice and Crime Reduction: What Works?* London: Palgrave Macmillan.

Manning, M., Smith, C., & Mazerolle, P. (2013). "The Societal Costs of Alcohol Misuse in Australia". *Trends and Issues in Crime and Criminal Justice*, 454 (1), 1~6.

Marvell, T. & Moody, C. (1996). "Specification problems, police levels, and crime rates". *Criminology*, 34 (4), 609~646.

Marx, K. (1884). *Contribution to the critique of Hegel's Philosophy of Law.* Deutsch Franzosische Jahrbucher, February.

McCollister, K., Frenca, M., Prendergast, M., Hall, E., & Sacks, S. (2004). "Long-term cost effectiveness of addiction treatment for criminal offenders". *Justice Quarterly*, 21, 659~679.

Merton, R. (1938). "Social structure and anomie". *American Sociological Review*, 3 (5), 672~682.

Ratzinger, J. (1986). "Market economy and ethics". *Symposium in Rome: Church and Economy in Dialogue*, 13~16.

Sayers, D. (1945). *The Man Born to be King.* London: Victor Gollancz.

Sentencing Advisory Panel. (2010). *Overarching principles of sentencing.* Retrieved from www. sentencingcouncil. org. uk/about-sentencing/about-guidelines.

Shaw, A. (1950). *The Lincoln Encyclopedia.* New York: Macmillan.

Taylor, J. & Weerapana, A. (2012). *Principles of Economics* (7th ed.). Mason, OH: Cengage Learning.

United States Sentencing Commission. (2009). *2009 Federal sentencing guidelines manual.* Retrieved from www. ussc. gov/guidelines/archive/2009-federal-sentencing-guidelines-manual.

Whitehead, M., Jones, R., Pykett, J., & Welsh, M. (2012). "Geography, libertarian paternalism and neuro-politics in the UK". *The Geographical Journal*, 178 (4), 302~307.

Wilber, C. (2004). "Ethics, human behavior and the methodology of social economics". *Forum for Social Economics*, 33 (2), 19~50.

Yeh, S. (2010). "Cost-benefit analysis of reducing crime through electronic monitoring of parolees and probationers". *Journal of Criminal Justice*, 38, 1090~1096.

第七章
流行病学

摘要

流行病学是一门综合性方法学学科，它提供了一系列工具和框架，用于描述模式、探索人群中潜在特征与事件的因果机制。虽然“流行病学”这一术语在人类疾病研究领域得到了最广泛的运用，但它仅仅是该学科众多应用领域中的一员。流行病学的语言和实践在众多人口科学领域正日益被广泛采用和熟知，这些领域包括但不限于公共卫生、犯罪科学、社会学、经济学和教育，以及那些专注于非人类物种人口的研究。

本章不仅旨在介绍流行病学的语言和理念，还旨在提供一个对该学科的概览，正如众多教科书和课程所阐述的那样。我们鼓励将流行病学的研究技术广泛应用于犯罪科学和人口科学的各个领域（科根等人，2003；傅雷曼和齐格斯，2016；戈迪斯，2008；罗斯曼等人，2008；什克洛和涅托，2007；韦伯和贝恩，2011）。通过识别不同领域间的共性问题、共通语言和方法，各个学科能够更好地提升其研究特定问题的能力，例如在犯罪科学领域中的相关问题。

流行病学学科的发展

随着时间的推移，尽管大多数现代流行病学教科书依旧侧重于研究（典型的人类）人群疾病，但这一研究重点已逐渐发生转变。流行病学这一术语源自古希腊，特别是出自希波克拉底（约公元前 460~公元前 375 年）的作品，他使用“流行病”一词来描述人群中发生的事件（“epi”意为“在”，“demos”意为“人群”），例如公元前 430 年著名的雅典瘟疫。英文中的“流行病学”一词则起源于 1850 年伦敦流行病学协会的成立，该协会聚集了一批对人类、动植物健康感兴趣的杰出人士（范恩等人，2013）。在这一历史故事中，约翰·斯诺是一位关键人物，他是一位全科医生，对理解霍乱及其通过水传播的病原体作出了划时代的贡献。他通过将疾病模式与特定水源关联，并精心绘制了死于该疾病的人的住址图（利用政府登记处提供的数据），识别出疾病集群，最终在1854年确定了伦敦布罗德街一个特定水泵为疫情源头，并建议移除水泵把手以遏制疫情蔓延（见图7.1）。斯诺的方法和这一事件被广泛认为是解决人口问题的典范，在包括犯罪科学在内的众多学科中备受推崇（斯诺，1855；魏斯伯德和麦克尤恩，2015）。有趣且具有讽刺意味的是，犯罪科学领域后来发展出的某些地理特征分析和“热点”识别方法，现在反而被推荐用于传染病的控制（勒康伯等人，2011）。

流行病学，这一曾经专注于传染病流行的学科，已将其研究领域逐步拓展，不仅覆盖了人群中所有疾病的研究，还包括了对“健康”状态的探究，最近更是将“与健康相关的事件、状态和过程”纳入了研究范畴（帕塔，2014）。鉴于世界卫生组织将健康定义为身体、心理和社会完全健康的状态，这一宽广的定义实际上触及了社会和经济科学的众多领域（范恩，2015）。

随着这一演变，我们发现那些专注于健康的机构和出版物与那些主要关注犯罪的机构和刊物之间建立了越来越多的明确联系。许多犯罪行为及其导致的监禁都与身体和心理伤害密切相关，直接影响发病率和死亡率，因此成为卫生专业人员关注的显著问题（怀尔德曼和王，2017）。传统上，反社会行为常以疾病术语描述（如“社会病态”），而“流行病”一词则用于描述人群中任何行为或特征频率的增加（包括各种犯罪的“流行病”）（苏尔特金等人，2015）。医学流行病学专家常被喻为疾病的侦探。世界卫生组织和美国疾病控制与预防中心等公共卫生机构都设有专门处理暴力问题的部门。众多公共卫生和流行病学期刊也登载了关于犯罪调查的文章（阿克斯和拉尼尔，2009；安珀等人，2014；韦伯斯特等人，2002）。此外，在专门研究犯罪的法律和社会科学文献中，流行病学的提及也日益频繁（傅雷曼和齐格斯，2016；菲力普森和波斯纳，1996；沃恩等人，2014）。

鉴于学术流行病学的方法论既适用于研究犯罪的多个方面，也适用于研究精神分裂症、癌症或结核病的分布和成因，这些研究都是完全恰当的。

在此背景下，值得注意的是，犯罪科学界已经就关注犯罪者的特征（如“犯罪倾向”的个人风险因素）与犯罪发生环境（情境分析）的相对价值进行了广泛讨论，因为这两种方法对犯罪打击工作的影响各不相同。这与健康结果的研究有相似之处，因为大部分工作都关注疾病和健康个体的特征，包括遗传因素，同时也考虑到环境因素、卫生服务（如医院获得性感染）、致病因素（如毒素、感染性生物、基因）以及宿主（如非人类动物、供水）或媒介（如蚊子）的影响。在研究中，“人群”的定义因案例而异，可能包括犯罪者、疾病患者、社区、医院、住宅、银行账户，甚至蚊子与人。研究这些领域都涉及流行病学方法的应用。

流行病学策略

a)

b)

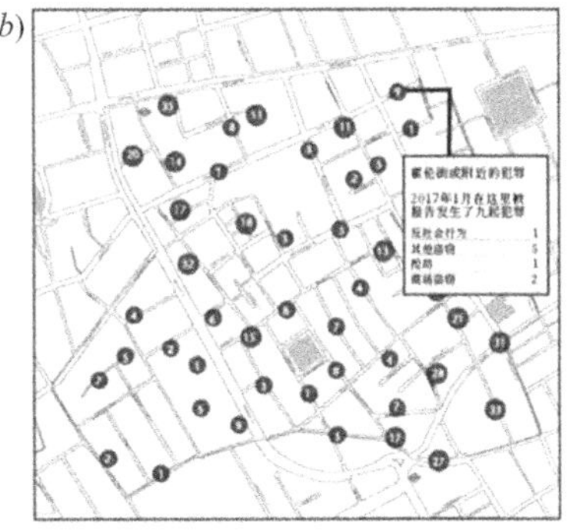

图 7.1 a 和 b　A：约翰·斯诺的经典地图显示了 1854 年 8 月至 9 月伦敦霍乱死亡地点（斯诺，1855），还显示了水泵的位置。斯诺指出，死亡人数聚集在布罗德街和列克星敦街拐角处的加油站周围。B：伦敦同一地区的当代犯罪地图示例：2017 年 1 月报告的犯罪，如交互式网站 www. police. uk/metropolitan/00BK16N/crime 所示。单击任何圆圈可按精确位置提供详细信息。请注意，布罗德街现在叫布罗德威克

科学的总体策略是一系列步骤，从旨在描述自然现象的观察性研究，到旨在理解潜在机制的分析性研究，再到（在许多情况下）旨在操纵环境的干预性研究——希望能改善社会。干预后，对结果进行监测和评估，从而产生新的描述、对机制的新理解和干预的新机会。图 7.2 对这些步骤进行了扩展，其中列出了对人群中任何特征或经历的各种调查方法，例如与犯罪、犯罪者或受害者有关的调查方法。这些方法中的大多数都是显而易见的，许多术语现在已经通用——这种熟悉反映了当今流行病学方法和语言的普遍性。许多正式方法可能首先应用于人类疾病问题，这一事实只反映了人类健康的重要性以及对这些问题的关注和资源，而不是对其适用性的任何限制。我们在这里简要地描述了它们，在它们首次出现时用斜体字表示重要术语，并指出在现实中，实际研究可能不完全属于任何一个类别，而是包括两个或多个方面。这些术语仍然有助于描述研究，并作为从不同类型的研究中得出的各种逻辑推理的指标。列举了健康和犯罪相关文献中的例子来说明各种应用。

第一个区别是*观察研究*和*干预研究*。观察性工作意味着观察自然的本质，而不需要努力操纵或改变它。干预研究意味着积极努力重新安排或操纵自然，并试图测量其结果。

对*常规收集*的数据的研究——无论是与汽车盗窃、肺结核病例还是其他任何相关的数据——都是基础观察性研究的一种常见而重要的形式。日常数据的持续收集和分析被称为*监测*，是许多学科的一个至关重要的方面，包括与公共卫生和犯罪科学有关的学科（洛根等人，2008）。从业者强调，良好的监测不仅意味着数据的收集和分析，还意味着对数据进行适当的解释，将数据分发给所有“需要了解的人”，并确保因此采取适当的行动（特茨和邱吉尔，2000）。

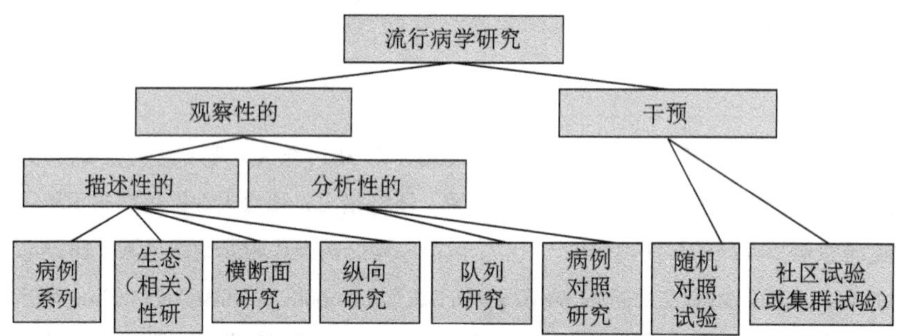

图 7.2　显示了研究人群中事物的各种方法之间关系的流程图。RCT=（单独）随机对照试验

在观察性研究中，有两个重要的类别：意图仅为*描述性的工作和分析性的工作*，因为意图不仅仅是表面描述，而是深入描述，寻找潜在的模式和关联，以推断潜在的机制。这两者之间的区别往往并不明确，因为详细的描述（例如抢劫的时间和地点）很可能包含一些潜在的因果过程（图 7.3）。这种重叠并没有减少这些术语的用处。

最简单的描述性数据形式仅包括对一个或多个事件的描述——在传统流

行病学术语中称为*病例系列*。根据这些数据的收集方式，它们可能代表也可能不代表社会中实际发生的事情，因此必须谨慎解读。也就是说，它们可能会给出一些情况的指示，并可能导致更精心设计的研究或调查。一个重要病例系列的例子是1981年洛杉矶5例罕见肺炎病例的报告，这最终成为第一例公认的艾滋病病例（美国疾病控制与预防中心，1981）。事实上，5名患者都是男性同性恋者，这是一个重要的早期指标，可以说明接下来要做的事情。同样，第一个报告的汽车被计算机黑客接管并驶入沟渠的案例可能预示着"物联网"犯罪浪潮的开始（汽车、安全系统、起搏器等可以通过互联网远程控制）（赖特，2011；古德曼，2015）。

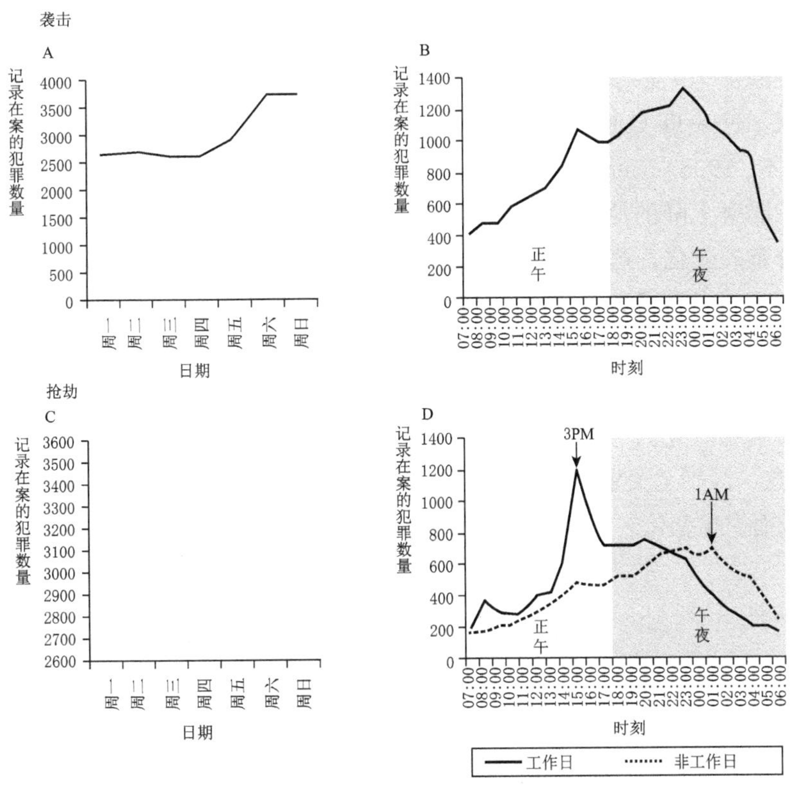

图7.3 纽约市发生抢劫事件的时间模式。攻击频率最高的是周末（A）和深夜（B）。谋杀和枪击的模式类似于袭击。周末（C）发生抢劫的频率较低，主要发生在晚上，但是在工作日，抢劫在下午中旬达到高峰（D）。午后高峰和学龄儿童抢劫事件有关，聚集在地铁站附近（赫尔曼，2015）

*存在*一种描述性研究方法，称为*相关性或生态学研究*，这类研究十分普遍，实施起来相对简单，但常常被误解。这些研究通过比较不同人群的粗略统计数据来进行，例如根据教育水平、家庭规模、饮食习惯或收入状况等社会经济指标，对比人群在疾病或犯罪相关统计数据上的差异，如中风死亡率、抢劫或谋杀的发生频率，或被判犯有某种罪行的人数或比例（见图 7.4）。关键是要认识到，这种描述可能——而且往往确实——具有误导性，因为它们可能仅显示出非因果关系的相关性，反映了研究中包含的社会内部社会经济变量之间的复杂联系网络（例如，贫困的生活条件、低收入、低教育成就、不良饮食习惯，以及各种行为和疾病常常“聚集”在一起，作为贫困的多重表现，有时被称作*贫困综合征*）。*相关性并不等同于因果关系的警示语*，是对这类研究的重要提醒。流行病学家将基于群体间相关性对个体病因的错误推断称为生态学谬误。许多社会经济特征可能与各种犯罪以多种方式相关联，这一事实使得这类犯罪相关数据的分析和解释特别具有挑战性（奥格本，1935）。近年来，在尝试解释自 20 世纪 90 年代以来，一些高收入社会犯罪率下降的原因时，如铅暴露、堕胎立法、治安措施、安全措施或年龄分布的变化，这一方法论问题受到了广泛讨论（斯蒂芬斯梅尔和哈勒尔，1999；多诺霍和莱维特，2001；斯特雷特斯基和林奇，2004；法雷尔等人，2010）。

数据的呈现方式，无论是针对单个“点”或狭窄的时间段（通常称为*横断面数据*或研究），还是针对较长时间段的变化（通常称为*纵向数据*或研究），这一区别至关重要。因为环境、社会环境和个人行为会随着时间和年龄的增长而发生变化。

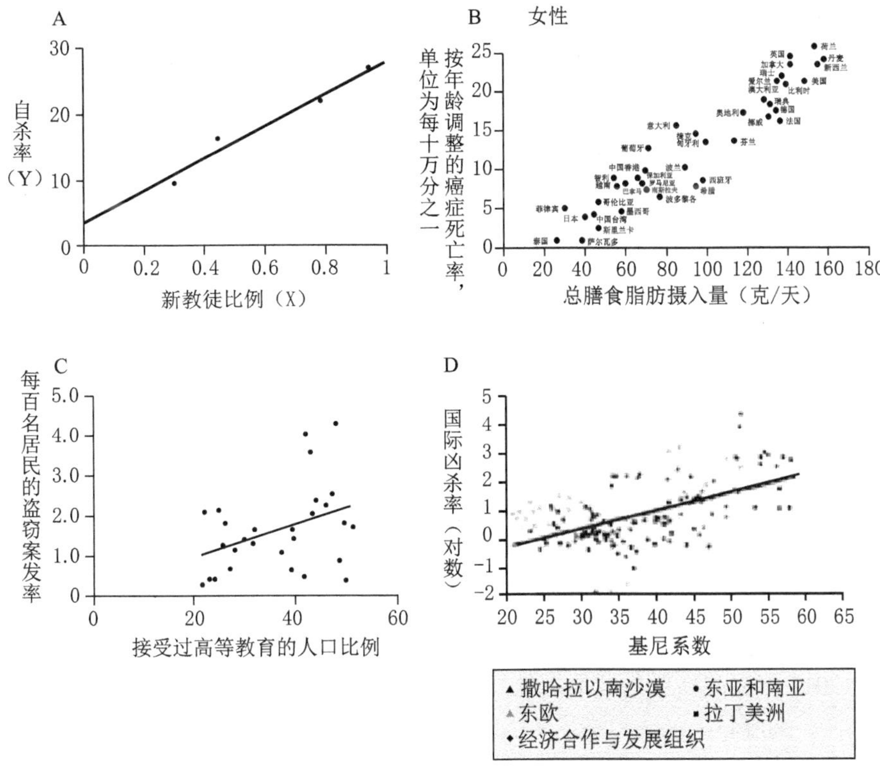

图 7.4　举例说明生态研究与生态谬论。A：普鲁士各省份 1883~1890 年自杀率与新教徒比率的经典数据。各省在很多方面都与宗教构成有关，更不用说这种关系无法解释了，因为我们不清楚自杀者是天主教徒还是新教徒。（涂尔干，1897）B：脂肪摄入量与乳腺癌死亡率之间的关系（卡罗尔，1975）。这种相关性很强，并非因为脂肪摄取导致乳腺癌死亡，而是因为高脂肪摄取是相对较低生育率的富裕人群的特征，而乳腺癌发病率受生殖史的影响（早年多次怀孕可降低患乳腺癌的风险）。C：欧洲国家 2012 年每 100 名居民偷窃事件与 30 岁至 34 岁受教育程度人口比例之间的关系。受许多国家之间差异的影响（欧盟统计局）。D：基尼系数和国家间收入差距之间的关系（法伊兹尔伯等人，2002）。作者探讨了国家内部与国家之间的这种关系，是由于测量误差，还是由于 GNP、失业、教育、城市化等原因，但是得出的结论是真实的。图 A，B 和 D 改编自引用源

简而言之，横断面数据只是告诉我们，哪些“个人”（如按年龄、性别或社会经济群体）具有特定特征（如特定疾病、就业状况、犯罪记录或虐待史）。在流行病学方面，我们把横断面数据称为*发生率或流行率*，以提供某一特定时间点上的疾病或状况。因为流行性统计数据指的是“点”或者狭窄的时间段，所以它们特别适合描述长期特征（短期疾病如流感）。患病率统计是指患病人数的分子，超过总患病*风险*的分母（即那些可能患病或可能患病的人）。分母非常重要，因为任何类型的个体、犯罪或疾病的发生频率都与潜在的人口规模有关，地理或时间事件可能仅仅反映出在特定时间内大量个体的偶然出现或出现。因此，在卵巢癌患病率的分母中，应该只有（成年）女性，进一步的分析可能会涉及年龄、性别、种族或其他社会群体。众所周知，犯罪行为在年轻人中更常见，特别是男性——因此，区分具有人口分母的*粗略流行率统计数据*对于*特定年龄或特定性别*的统计数据非常重要，分母仅限于特定人群子集（如 15~19 岁，20~24 岁，25~29 岁）（见图 7.5）。

此外，还有一个概念称为*期间流行率*，它涉及在一定时间段内出现某种疾病个体的数量和比例。这是一个较为复杂的统计指标，因为它既包括了时间段开始时的流行率，又叠加了在这段时间内新出现的所有病例。例如，2015 年未成年人缓刑的“期间流行率”涉及 2015 年 1 月 1 日被缓刑的人数，加上 2015 年期间新增的缓刑人数（这一总数再除以相应时间点，如 2015 年 7 月 1 日，未成年人的人口数）。

虽然流行率在衡量某些特征或问题的程度和负担方面非常有用，但我们通常追求的是理解和解释我们所观察到的模式背后的原因。这意味着要探究机制，并考虑一个时间序列（按照定义，*原因发生在结果之前*），以及这些机制可能作用的背景环境。因此，如果在一次人口普查中发现某个社区中携带刀具的年轻人比例异常高，这一现象可以从多个角度进行解读：可能是社区环境因素（如已经盛行的聚会文化或帮派活动）的影响；可能是近期某些事件（如新闻报道或流行歌曲）激发了该地区年轻人的携带刀具行为；可能是其他地方有犯罪倾向的年轻人倾向于迁入这个特定的社区；或者是时间、地点和行为之间存在着更为复杂的关系。为了揭示这一过程，我们需要在一段时间内对一个群体进行跟踪研究，以确定哪个因素是先导因素，例如是社区居住、媒体事件还是犯罪行为（赛阿里亚斯兰等人，2013）。

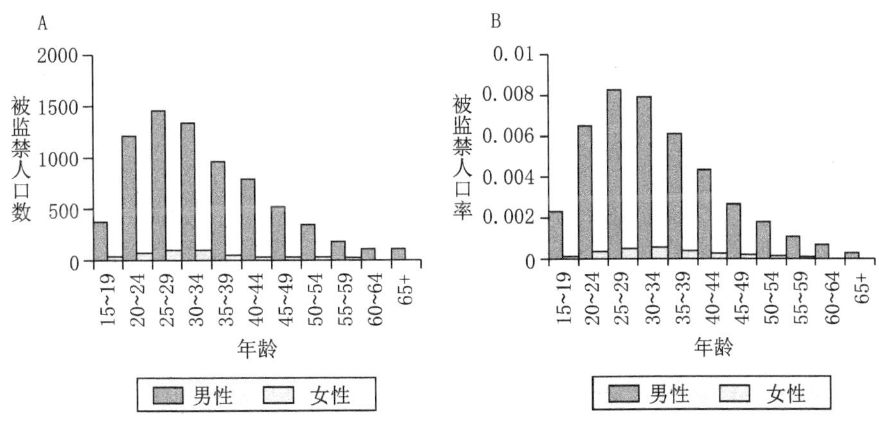

图 7.5　2013 年按年龄和性别分列的苏格兰监狱人口。共有 7883 名囚犯，占总人口 530 万的 1.5%。其中男性 7446 名（男性为 2.9/1000），女性为 437 名（女性为 0.1%）。将人口限制在 15 岁以上，这一比例是每千人中 3.5 人，女性每千人中有 0.2 人。以下是按 5 岁年龄组分列的数字和比率，结果显示，25 岁至 29 岁的男性中有近 1%（8.4/1000）——苏格兰政府监狱统计数据和 2013/14 年人口预测数据

随着时间的推进，对群体或种群中事件进行的调查研究被称为长期研究。在最为基本的形式中，这可能涉及在两个或多个时间点收集数据，比如连续几年的描述性数据，这样的数据可以揭示出某种趋势。更为有价值的是那些*追踪或监测个体群体*数月乃至数年的研究。这些研究为我们提供了疾病或犯罪随时间推移出现的新情况的洞见，并提供了发生率（特定时间段内新事件/结果的数量）或发生率比值[1]（特定时间内每个“风险人群”的新事件/结果的数量）的衡量指标。需要注意的是，分子中可能包括至少出现一次结果的个体数量，或负责这些结果的个人数量，抑或是结果本身的数量（例如犯罪事件）。如果少数个体对大部分结果负责，这些统计数据可能会有显著的差异（见图 7.6）。

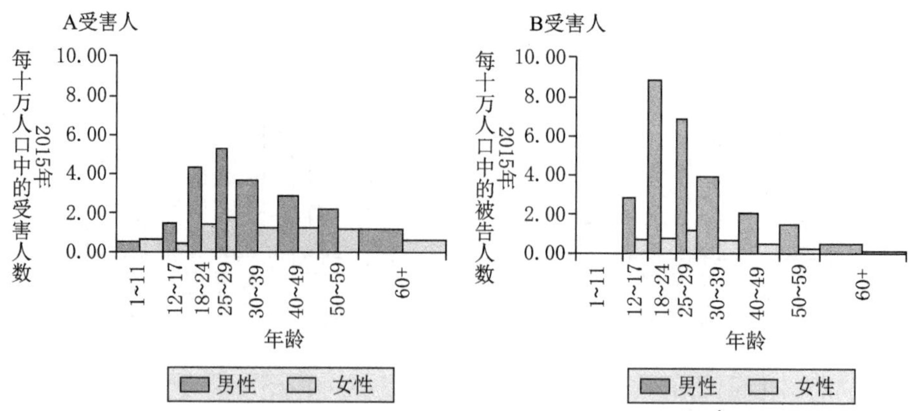

图 7.6　加拿大凶杀案发生率资料。A：2015 年按年龄和性别分列的加拿大凶杀案受害者发生率（危险）。B：2015 年加拿大，按年龄和性别被控杀人事件发生率（风险）。该年龄段和性别群体中每 100 000 人的所有风险。请注意年龄类别，它显示了青少年发生率的峰值，特别是男性，但是并未显示儿童和青少年具体的年龄模式。数据显示，一些被指控的个人可能要承担多项罪行的责任，或者可能会有超过一个人因个人杀人罪而被起诉。加拿大统计局的数据

由于发生率比值通常较低（许多关注的情况相对较少见），因此发生率比值通常以每年每千人、每万人或每百万人的比例来表示。此外，根据具体情况，发生率可以用其他类型的分母来表述，例如每月每千户住宅发生的入室盗窃，或每行驶 1000 英里发生的事故。在这类研究中，考虑年龄的影响尤为关键，因为许多行为，如疾病，与特定年龄段密切相关（因此可以对不同年龄组的发生率比值进行*分层*）。通过使用一种称为*年龄标准化的统计技术*，可以检查总体（总人口）比率随时间的变化是否由于特定年龄比率的变化或总体年龄结构的变化所致。例如，这些技术已被用于表明，20 世纪末美国犯罪率的下降部分是由于年龄结构的变化（特别是年轻人在人口中的比例下降）（见图 7.7）（斯蒂芬斯梅尔和哈勒尔，1999 年）。

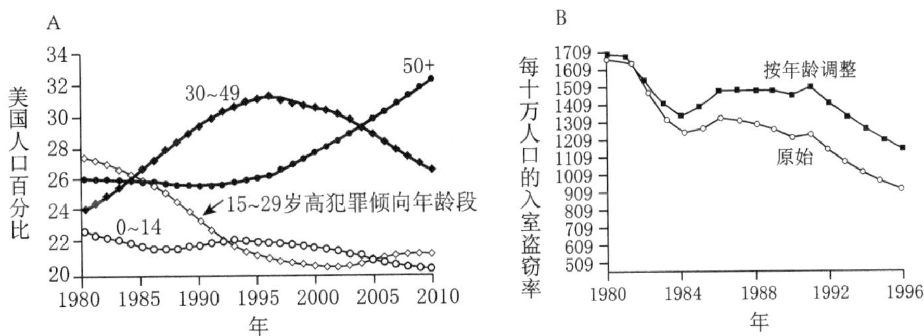

图 7.7 美国统一犯罪报告统计数据中年龄分布变化的影响。A：1980 年至 2010 年间的年龄分布变化（注意 15~29 岁人口中犯罪倾向较高的年龄组）。B：从 1980 年到 1996 年间，美国粗略盗窃率和年龄调整后的盗窃率显示，犯罪高峰年龄段（15~29 岁）个人数量的下降并不能完全解释整体犯罪率的下降。改编自史蒂芬斯梅尔和哈勒，1999 年

如果收集了个人（或住宅或车辆里程）的数据，并对其随时间的变化进行跟踪，这为分析决定因素或风险因素提供了机会。基于某种特征或结果的发展。这种研究的经典形式，称为队列研究，涉及跟踪两组（或多组）个人(或队列，定义为具有某些共同特征的个人或事物的群体，如年龄、教育水平、地点或社会经济背景等)，以比较两组之间某些结果的风险或概率。因此，对吸烟者和非吸烟者的随访可能会表明，吸烟者患肺病和死亡的风险高于非吸烟者（多尔等人，2004)。同样，可以通过比较道路交通事故或入室盗窃的记录，来评估照明改善是否对事故或盗窃发生率产生影响，这些道路的街道照明已经减少或未减少（以节省资金和减少温室气体排放)。在一项此类研究中，被比较的群体是那些街道照明减少或未减少的道路，而结果则是事故或入室盗窃的发生率比值（斯坦巴赫等人，2015)。这类研究的核心结果是队列间发生风险（或比率）的比较，可以是比率或*相对风险*(一组经历结果的可能性是另一组的 X 倍)，也可以是*风险差异*(一组体验结果的可能性比另一组高出 Y%)。如下表 7.1 所示。

队列研究虽然在概念上直接，但由于需要对众多个体进行长期随访，往往是耗时且成本高昂的。这些研究可能延续数年，目的是确保捕获足够多的结果事件。当已有关于人群中特定风险因素的历史数据时，可以采用*回顾性队列研究方法*，避免进行*前瞻性随访*。这种方法涉及估计过去某个时期的发生风险。例如，一项研究对 1985 至 2010 年间在澳大利亚新南威尔士州注册接受阿片类药物替代治疗的 48 069 名个体进行了回顾性分析，考察了他们在 1993 至 2011 年间与刑事司法系统的接触情况。这一分析揭示了随时间变化的详细模式，并指出 20%的个体负责了该群体 2/3 的犯罪活动（德根哈特等人，2013）。

由于队列研究的实施难度，研究者可能会考虑采用病例对照研究方法。该方法首先根据个体是否经历过研究关注的结果来选择研究对象，随后收集有关先前潜在风险因素的历史信息。在这种设计中，研究人员会识别出“病例”（如疾病发作、犯罪行为或成为犯罪受害者的人），并与一组特征相似但没有经历过研究关注的“控制”个体进行比较。这些信息通常通过访谈或其他方式收集，包括家庭环境、教育背景等潜在相关因素。研究的结果是对有或无结果个体、有或无风险因素经历个体的比例进行比较，这通常用*比值比*（odds ratio）来表示，这一统计指标与队列研究中得到的相对风险相似，但有所区别。如表 7. 1 所示，在瑞典的一项研究中，研究者比较了 1978 年至 1994 年间 1739 名成年凶杀案受害者的特征与从一般人群中选取的样本，发现创伤性脑损伤史、身体虐待、酒精依赖和刑事累犯都与成为凶杀案受害者的风险显著增加，风险高出十倍以上（阿尔古兰德和尼尔森，2000）。

表 7. 1　队列和病例对照研究的逻辑。将风险（如潜在因果关系）因素和结果之间的关系视为一个二乘二的表格是有帮助的，如下所示。在队列研究中，人们比较了行数：有和没有风险因素的个体之间的结果发生率，即 a/（a+b）与 c/（c+d）。这些比例的比率是相对风险或风险比率。如果风险因素与结果无关，则它将是单位值；如果风险因素和风险增加有关，则它大于单位值。在一项病例对照研究中，人们比较了列数：有和没有结果的列与风险因素的比例，即 a/（a+c）与 b/（b+d）。出于统计原因，人们通常会比较有和没有结果的人患上风险因素的概率，即 a/c 与 b/d，或（a×d）/（b×d），这被称为比值比。如果风险因素无关紧要，因此与结果无关，则比值比将接近 1；而如果风险因素与结果呈正相关，则比值比将大于 1

	结果　是	结果　否	
风险因素 是	a	b	a+b
风险因素 否	c	d	c+d
	a+c	b+d	总和 a+b+c+d

风险因素患者的结果（风险）= R+= a+ b

无风险因素的结果（风险）= R= c/c+ d

相对风险（RR）= R+/R−=［a/（a+b）］/［c/（c+d）］

有结果者有危险因素的可能性= a/c

无结果者有危险因素的可能性= b/d

比值比=（a× d）/（b× d）

研究的主要目的是在描述性和分析性研究的基础上，最终将知识转化为社会福祉的改善。这种理念为支持几乎所有科学探索和学术机构提供了合理的依据，即便是那些看似遥远的“蓝天”研究，也往往能在未来证明其价值。改善措施可能包括引入新疫苗以预防疾病、开发新教育课程以提升就业机会、实施小额信贷计划以帮助贫困家庭脱贫，或是制定量刑政策以降低累犯率。评估这些*干预措施*的效果是当前多领域研究的核心任务，尤其是在那些方法具有相似属性、借鉴了卫生、农业以及基础科学领域经典研究的领域（菲舍尔，1935）。尽管实验室科学领域普遍使用“实验”一词，但人群研究者通常用“试验”来描述他们的干预研究，以避免涉及伦理上的争议。

迄今为止，社会科学领域对这种方法的采用不如卫生领域广泛，但如今在经济学（兰森等人，2007）、教育学（托格森，2011；班纳吉等人，2007）以及犯罪科学（博得等人，2011；法林顿和乔利夫，2002；加尔文等人，2013；海斯等人，2012；奥尔斯等人，1998）中的应用正逐渐增多。

关于这类工作所产生的问题已有大量文献，但是最初的关键区别之一是干预是针对个人（疫苗或药物、咨询方案、监禁判决）还是针对社区（改善供水、学校课程或立法）（史密斯等人，2015）。所谓随机对照试验（或 RCT）的经典个体化方法，可以通过比较接受干预的随机组和未接受干预的随机组（或者接受某种替代方案，可能是以前的标准）来评估*干预效果*。随机化提供了一种方法来确保比较组具有相似度和可比性。这种方法已经得到了广泛的应用，至少在健康科学领域，人们普遍认为，*随机*、*双盲*、*安慰剂对照试验*是最有力的“黄金标准”。结果通常基于接受干预（R_i）和不接受干预（R_n）。如果干预有益，则应小于 1，作为相对风险度量（R/R_n）。干预效果（E）可描述为接受干预者相对未干预者风险降低（不良结果）的百分比，或

$$E = (R_n — R_i) / R_n$$

$$= 1 - R_i / R_n$$

例如，1960 年代进行的麻疹疫苗试验表明，麻疹疫苗在预防临床麻疹方面有 85%的效果，从而使其广泛应用于儿童接种计划（MRC 1966）。

社区干预通常涉及将干预措施随机应用于选定的一组社区（或*集群*），并在这些社区中观察和记录结果，同时与那些未接受干预或接受了不同类型干预的对照社区进行比较。这种集群的随机化方法带来了伦理、逻辑和统计上的挑战，例如必须考虑社区间的差异性，以及干预措施可能对控制组社区产生的非预期影响或“渗透”效应。在某些情况下，对社区、村庄或学校进行随机分配以实施预防犯罪、经济或教育干预，或将其纳入对照组是可行的，并且已有实证案例支持这一点（参见加尔文等人，2013；兰森等人，2007；班纳吉等人，2007）。在所有社区最终都将接受干预的情况下，可以采用一种称为“*阶梯式楔形设计*”的特殊集群随机试验方法。这种方法逻辑上要求首先在随机选择的社区实施干预，而其他社区则作为对照组。随后，逐步在新的社区实施干预，直至所有社区都参与其中。这种阶梯式的过程形成了比较接受与未接受干预社区效果的基础（史密斯等人，2015）。

尽管随机对照试验在评估简单干预措施方面得到了广泛认可，但对于复杂社会干预措施，如预防犯罪，其评估方法的适用性引发了广泛讨论。现实主义评估的支持者挑战了对照试验的普适性，强调了解干预措施在何种情境下对哪些人群有效的必要性（帕森和蒂利，1997）。关于个人或社区的随机分配、对照组的选择以及次要结果的考量等经典方法能否提供这些信息，存在不少争议（博内尔等人，2013）。尽管在评估社会干预措施时存在伦理和逻辑上的重大挑战，人口研究总体上仍然倾向于采用各种形式的对照试验设计，这在教育、经济学和犯罪科学等领域尤为明显。

数据收集与质量

开展任何调查研究都会面临众多实际问题，这些问题涉及选定合适的研究群体和收集必要数据的过程。由于信息的敏感性，成本问题不可避免，同时对于数据的获取、地理分布和保密性的保障也存在担忧。如果研究的是人群的样本而非整体，那么样本必须能够代表所关注的人群，并且规模要足够大，以确保结果的稳健性和说服力。几乎所有涉及人类参与者的研究都需要通过机构研究伦理委员会的审批。问卷设计、面试官的培训和监督等环节往往比人们想象的更为复杂和难以执行。在这些问题上已经积累了丰富的经验（史密斯等人，2015）。特别是收集与犯罪和犯罪行为相关的信息，可能因为涉及非法和应受惩处的行为而变得尤为困难，数据可能被隐藏或遭到拒绝。这对于犯罪科学领域是一大挑战，但在健康领域，特别是在艾滋病或麻风病等带有污名性质的疾病研究中，也存在类似的问题。

与此相关的是，在所有人群研究中，避免偏见——非偶然性的*系统性错误*，可能由于研究对象未能代表总体、故意提供错误答案，或调查者的偏见导致选择性或错误地收集和记录信息——是一个关键问题。在犯罪研究中，这种偏见可能尤为突出。必须认识到潜在偏差的可能性，并仔细考虑研究人群的代表性和可比性，同时对参与数据收集的工具和人员进行严格的质量控制。

数据质量通常以*有效性*来衡量，即衡量指标正确反映特定特征的能力。这通常分解为指标或信息片段正确表示具有或不具有特定特征的程度。*敏感性*和*特异性*这两个术语分别用于描述这些特性，如表格 7.2 所示。为了评估这些参数，常常需要开展独立的研究。研究人员若要得出准确的结论，就必须对其数据的有效性进行严格的评估。

表 7.2　确认。经验数据的正确性是指它们是否正确或错误，即它们是否衡量了它们应该衡量什么。如下文所述，他们是否能正确地识别那些有或无特征。测试的敏感度是指那些实际具有正确识别特征的人，即 A/（A+C）；测试特异性指的是那些实际上没有被正确识别的特征的人，即 D/（B+D）。具有此特征但未通过测试（C）识别的个体是假阴性的。那些无特征但被错误识别（B）的个体是假阳性

	实际上　是	实际上　否	
测试结果 是	A	B	A+B
测试结果 否	C	D	C+D
	A+C	B+D	总和 A+B+C+D

术语可靠性也可以用于描述数据质量。这一定义不如有效性一词精确，但通常意味着重复性的衡量标准（定义为不同观察者或不同测量条件之间测量或描述的一致性）。

分析解读

广泛的统计方法已被开发用于分析和展示各类流行病学研究数据（参见基克伍德和斯特恩，2003；罗斯曼等人，2008）。在此，我们着重关注三个核心议题。

众多研究致力于探索现象背后的因果机制，即探寻导致某些事件发生的因素。*识别*和*确认因果决定因素*通常首先需要证实某些背景因素与结果之间*存在关联*，无论是吸烟与癌症的关系，还是儿童性虐待与卖淫史的联系。为了使观察到的关联具有可信度，它必须首先显示出其不太可能是偶然发生的，这意味着它要显著超越*统计显著性标准*(常用的标准是“p<0. 05”，即在没有真实关系的情况下，偶然发生的概率不到5%)。例如，观察到4种犯罪中有3种具有某种特征，其信息量远不如在100种犯罪中有75种具有该特征的情况。标准的统计方法能够计算样本中观察比例的*置信区间*，从而在概率上确信总体中的真实比例位于特定范围内。

当关联看似真实且无法用偶然性来解释时，接下来的问题便涉及关联的本质，尤其是风险因素是否可以被视为因果关系。流行病学家已经建立了一套标准，以帮助论证风险因素是否具备因果属性，这些标准包括时间序列(原因必须先于结果)、关联强度（通过相对风险或比值比的大小来评估)、合理性、一致性、特异性、剂量反应关系以及缺乏替代性解释等因素（参见希尔，1965，见表7. 3)。

表 7. 3　布拉德福德·希尔（1965）确定关联（例如，统计学上显著的相关性）是否可能表明因果关系的指南，包括来自健康相关科学和犯罪科学的示例

		健康相关	与犯罪有关
强度（效果大小)	相对风险越大，关联越有可能是因果关系	烟囱清扫者中阴囊癌的死亡率是未接触烟灰、焦油或矿物油的人的200倍	凶杀与毒品贸易密切相关
一致性（再现性)	在不同情况下重复观察一个关联增加了它是因果关系的可能性	在许多人群中进行的许多研究表明，吸烟与肺癌之间存在关联	在全国不同地区的富裕和贫困地区，胡同大门可有效减少入室盗窃

续表

		健康相关	与犯罪有关
特异性	风险因素与特定影响或状况之间的关联可能暗示因果关系*	HIV 病毒感染会导致一种特殊的免疫抑制（CD4 淋巴细胞减少）	家庭暴力的肇事者特别有可能再次犯罪
时间性	原因必须总是在其结果之前发生	在临床破伤风发作之前有脏伤口	饮酒先于危险驾驶
（生物）梯度	风险因素和效应之间的剂量反应关联增加了它是因果关系的可能性	肺癌的风险随着吸烟量的增加而增加（例如，以每天的香烟数量计算）；卡路里摄入量越大，肥胖的风险就越大	随着社区剥削的增加，社区的反社会行为率增加
合理性	假定的因果关系之间的合理机制增加了关联是因果关系的可能性	肥胖和心脏病都涉及脂质代谢这一事实，支持了它们之间存在因果关系的证据	吸毒者犯罪以支付毒品费用；因此，从成瘾中恢复的治疗可以预防犯罪
连贯性	如果流行病学调查结果与实验室或其他调查结果一致，则更有可能是因果关系	麻疹疫苗会诱导麻疹抗体，类似于在自然感染后免疫的个体中发现的抗体	一方面犯罪与父母管教不善与犯罪者自我控制措施低下有关
实验	关联的对照实验（试验）证据表明因果关系	随机对照试验表明链霉素对治疗肺结核有效	随机对照试验表明，热点警务可减少该地点的犯罪
比喻	如果相似的影响与新的但相似的风险因素相关联，则因果关系的知识可用于论证因果关系	已知妊娠早期沙利度胺会导致先天性畸形这一事实增加了对一种新药与先天性畸形相关的因果关系的怀疑	加强汽车安全性显著减少汽车盗窃的事实表明，手机盗窃可能是由于手机安全性差造成的

注：* 布拉德福德·希尔认为特异性是因果关系论证中相对较弱的标准，因为某些影响可能由多种原因引起（很多事情可能导致呼吸系统疾病、宗教信仰改变、失业、酒吧争吵）以及其他一些原因（不良饮食可导致多种疾病，大量遗产可能导致明智投资、提高教育或财富，或导致挥霍、懒惰和被骗子滥用）。

在这些论证中，一个关键的问题在于区分反映因果机制的关联与反映*混*

*淆*的关联。换言之，两个因素可能表现出相关性，并非因为一个因素导致了另一个因素，而是因为它们都与第三个或更多的因素直接或间接相关（如图7.8所示）。阐明这些机制可能是一项复杂的任务，特别是在多个变量相互交织的情况下，例如与贫困综合征相关的众多因素。正如上文和图7.4 A-C中所述的虚假相关性，这些是由于混淆而形成关联的例子，存在多种方法可以用来检测关联是否受到了混杂因素的影响，并且可以对这种影响进行适当的校正。例如，可以通过确保在对潜在混杂因素进行分层或匹配的数据进行比较时，来检测这种关联。以图7.4B为例，如果将脂肪摄入量与癌症之间的比较限制在具有相似生育史的女性群体中，那么原本观察到的相关性就会消失。

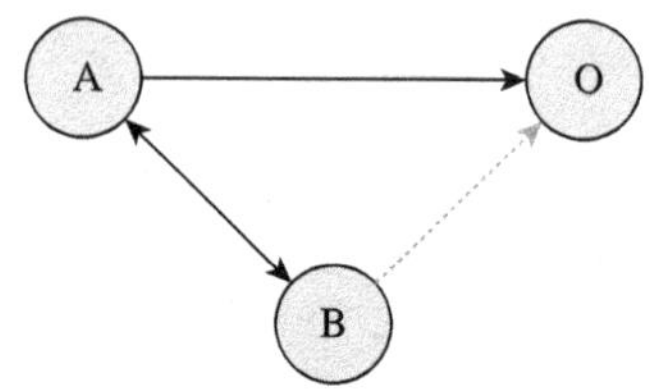

图7.8　混淆。假设A是结果O的因果关系。有些因素B和A有联系，但是和O无关。如果是这样的话，那么B似乎和O（间接）相关（用虚线表示）相关，并且可能会被误认为是因果因素。举例来说，吸烟（A）是导致肺癌的原因之一。我们还知道吸烟者比非吸烟者更容易饮酒（B）。因此，似乎酒精（B）和肺癌（O）有联系。另一方面，我们知道在某些暴力犯罪（O）中，饮酒（现在称为A）也存在因果关系。考虑到吸烟（现在是B）和饮酒有关，我们会发现吸烟和暴力犯罪有联系——这种联系反映出混乱状态。

因果关系的概念在理解机制方面至关重要，它既微妙又长久地吸引了哲学家的广泛关注。以一个微妙的例子来说，根据前述所有标准，有强有力的证据表明吸烟确实在癌症的病因中扮演着因果角色。然而，值得注意的是，并非所有癌症患者都是吸烟者（也就是说，吸烟并非导致癌症的*必要条件*，因为有些人可能因为其他原因，如因职业接触化学物质而患上癌症），同样，并非所有吸烟者都会患上癌症（即吸烟也不是导致癌症的*充分条件*，有些人可能没有遗传倾向，或者在患上癌症之前就去世，或者仅仅是“幸运”）。与各种犯罪相关的许多因素很可能展现出类似的复杂因果关系。

我们可以通过特定风险因素与结果的相对风险（RR）以及该风险因素在

人群中的流行率（P）来衡量这些因果因素的贡献。一个基本的度量指标，称为*人群归因分数*(PAF)，它估计了在特定人群中，可归因于某一风险因素（例如吸烟）的所有结果（如肺癌）的比例。根据基克伍德和斯特恩（2003）的定义，PAF 的计算公式如下：

PAF=（总体风险–无风险因素风险）/总体风险

PAF = P（RR–1）/［1+ P（RR–1）］

为了扩展吸烟和肺癌癌症的例子，已知在某些人群中，吸烟会使个体吸烟者患癌症的风险增加五倍（RR=5）（迪奥等人，2004）。如果在这样的人群中有 60%的人吸烟，这意味着（0.6）（5–1）/［1+（0.6）［5–1）］=0.71，因此 71%的癌症将*归因于*吸烟。这是政策讨论的一项重要措施，因为任何干预措施对任何结果的总体频率的影响都是与特定风险因素相关的 PAF 的函数，以及针对该因素的干预措施的有效性（例如，反吸烟立法在减少吸烟方面的有效性）。

再举个例子：据估计，在美国，家中持枪者死于家中凶杀的风险比家中未持有枪支者高出一倍（性别、年龄、种族、受教育、婚姻状况、居住状况和死亡前 4 小时内饮酒）（达尔贝格等人，2004）。考虑到这个结果，再加上美国成年人中 40%的家庭拥有枪支，人们可以估计家庭凶杀和拥有枪支之间的关系的人口归因得分是：PAF=（0.4）（2–1）/［（1+（0.4）（2–1）］=0.29。也就是说，29%的家庭凶杀案死亡与家中持枪有关。但是请注意，把死亡直接归咎于拥有枪支的家庭是需要谨慎的，因为这一推论假定这种关系是因果关系。这项研究调整了许多潜在的混杂因素，这使得这个推论更加可信，但是原始论文讨论了这种关系的复杂性。

评估干预的效果、结果和影响

我们现在可以将各种流行病学的线索综合起来，以评估干预措施对社会改善的影响。干预试验衡量的是干预对个体接受者的*影响*，即在理想的受控条件下，预防措施实际上能够防止某些结果的发生。然而，我们必须现实地认识到，在常规实践中的干预效果可能并不会像试验条件下那样显著。因此，我们可以说在*受控条件*下进行的干预是有效的，但其最终的*影响*将取决于干预措施本身的有效性，以及干预目标所导致的结果比例（正如前面提到的吸烟和家庭枪支所有权的例子）。

虽然大量研究专注于衡量干预措施的直接影响，但我们同样必须意识到，政策的最终社会影响可能还包括其他*间接效应*，经济学家有时将其称为*外部性*。这些间接效应的背后存在多种机制。疫苗就是一个简单的例子，通过群体免疫的概念，即仅为部分人群接种疫苗，就能保护整个群体免受疾病侵害（包括那些易受感染但未接种疫苗的个体，范恩和穆赫兰，2012）。教育干预则是一个更为复杂的例子，它对个人和社会产生广泛的影响。这些间接影响可能难以预测，有时甚至可能产生不利后果——例如，教育投资可能惠及某些社会群体，但资源转移可能导致其他群体面临挑战。这种认识强调了在研究人口特征时，无论是在卫生、教育还是生活水平方面，都需要谨慎并合理地运用流行病学方法。

总结

所有上述描述性和分析性的概念与方法均适用于探究人口的多种特征，无论这些特征涉及犯罪、疾病，还是教育水平、生育率、经济状况，或其他个人及社会环境与行为。干预策略也同样适用于任何旨在改变人群中身体或社会属性频率或模式的努力。借鉴其他学科（即便它们看似相去甚远）的经验，以提升研究效能、促进知识进步及社会最终福祉的提升，对所有人口科学领域都具有积极意义。犯罪科学文献中提供了这些方法的众多实例，并引领了将传统社会科学建立在更为坚实和严格基础之上的趋势。

感谢

作者感谢马克·弗莱彻绘制了本章的图表，并感谢编辑们对本章后续草稿提出有建设性的建议。

注释

1. 流行病学家用“风险”和“比率”来衡量发病率。从形式上说，根据当前的一些用法，风险是在一定时间内发生的（疾病或体验，例如成为罪犯或罪犯）的可能性。这是一个在特定时间周期内被跟进的人所经历的“结果”比例，因此这个数字介于 0 到 1 之间。这个比率是根据人们的时间分母（例如每 100 个人年发生的事件）计算的，理论上任何数值都可以取自 0 至无穷大。对于“不常见”的结果，例如一段时间内发生在不到 10%的人身上，风险和比率测量值在数值上会非常相似，但是它们具有特定的属性，并适合于不同的统计分析（基克伍德和斯特恩，2003）。

参考文献

Akers, T. A., Lanier, "M. M. Epidemiological criminology: coming full circle". *American Journal of Public Health* 2009; 99 (3): 397~402.

Allgulander, C., Nilssen, B. "Victims of criminal homicide in Sweden: a matched case-control study of health and social risk factors among all 1, 739 cases during 1978-1994". *American Journal of Psychiatry* 2000; 157: 244~247.

Amber, L. Beckley, A. L., Kuja-Halkola, R., Lundholm, L., Långström, N., Frisell, T. "Association of height and violent criminality: results from a Swedish total population study". *International Journal of Epidemiology* 2014; 43 (3): 835~842.

Banerjee, A., Cole, S., Duflo, E., Linden, L. "Remedying Education: Evidence from Two Randomized Experiments in India". *Quarterly Journal of Economics* 2007; 122: 1235~1264.

Bird, S. M., Goldacre, B., Strang, J. "Give judges evidence on which to base sentencing". *BMJ* 2011; 342: 335.

Bonell, C., Fletcher, A., Morton, M., Lorenc, T., Moore, L. "Realist randomised trials: a new approach to evaluating complex public health interventions". *Social Science & Medicine* 2013; 75: 2299~2306.

Carroll, K. K. "Experimental evidence of dietary factors and hormone-dependent cancers". *Cancer Research* 1975; 35: 3374~3383.

CDC Pneumocystis Pneumonia-Los Angeles. *MMWR*, 1981, 30 (21); 250~252. www. cdc.

gov/violenceprevention.

Coggon, D. , Barker, D. , Rose, G. *Epidemiology for the Uninitiated. 5th edition.* London: Wiley-Blackwell, 2003.

Dahlberg, L. , Ikeda, R. M. , Kresnow, M. -J. "Guns in the home and risk of a violent death in the home: findings from a National Study". *American Journal of Epidemiology* 2004; 160: 929~936.

Degenhardt, L. , Gisev, N. , Travena, J. , Larney, S. , Kimber, J. , Burns, L. , Shanahan, M. , Weatherburn, D. *Engagement with the criminal justice system among opioid-dependent people: a retrospective cohort study.* Addiction 2013; 108: 2152~2165.

Doll, R. , Peto, R. , Boreham, J. , "Sutherland, I. Mortality in relation to smoking: 50 years observation on male British doctors". *BMJ* 2004; 328: 1519 ~ 1533. doi: 10.1136/bmj.38142.554479.AE.

Donohue, J. J. , Levitt, S. D. "The impact of legalised abortion on crime". *Quarterly Journal of Economics* 2001; 116: 379~420.

Durkheim, E. *Le Suicide: Etude de Sociologie (1897) translated as Suicide: A Study in Sociology by J. A. Spaulding and G. Simpson.* London: Routledge and Kegan Paul, 1952.

Fajnzylber, P. , Lederman, D. , Loayza, N. "Inequality and violent crime". *Journal of Law and Economics* 2002; 45: 1~40.

Farrell, G. , Tseloni, A. , Mailley, J. , Tilley, N. "The crime drop and the security hypothesis". *Journal of Research in Crime and Delinquency* 2010; 1: 29.

Farringdon, D. P. , Jolliffe, D. "A feasibility study into using a randomised controlled trial to evaluate treatment pilots at HMP Whitemoor". Home Office Online Report 14/02, 2002.

Fine, P. E. M. *Another defining moment for epidemiology.* Lancet 2015; 385: 319~320.

Fine, P. E. M. , Goldacre, B. M. , Haines, A. *Epidemiology - a science for the people.* Lancet 2013; 381: 1249~1252.

Fine, P. E. M. , Mulholland, K. *Community immunity.* Chapter 71 in *Vaccines*, 6th edition, edited by S. A. Plotkin, W. A. Orenstein and P. A. Offit. Philadelphia, PA: Elsevier Inc. , pp. 1395~1412: 2012.

Fisher, R. A. *The Design of Experiments*, *5th edition.* New York: Hafner Publishing Company, 1949.

Freeman, M. , Zeegers, M. *Forensic Epidemiology: Principles and Practice.* Cambridge, MA: Academic Press, 2016.

Garvin, E. C. , Cannuscio, C. C. , Branas, C. C. "Greening vacant lots to reduce violent crime: a randomised controlled trial". *Injury Prevention* 2013; 19: 198~203.

Goodman, M. *Future Crimes: A Warning about the Internet of Things*. New York: Doubleday, 2015.

Gordis, L. *Epidemiology*, 4th edition. Philadelphia, PA: Elsevier Saunders, 2008.

Hayes, R., Downs, D. M., Blackwood, R. "Anti-theft procedures and fixtures: a randomized controlled trial of two situational crime prevention measures". *Journal of Experimental Criminology* 2012; 8: 1~15.

Herrmann, C. R. "The dynamics of robbery and violence hot spots". *Crime Science* 2015; 4: 33. doi10.1186/s40163-015-1142-5.

Hill, A. B. "The environment and disease: association or causation?" *Proceedings of the Royal Society of Medicine* 1965; 58: 295~300.

Kirkwood, B. R., Sterne, J. A. C. *Essential Medical Statistics*, 2nd edition. Oxford: Blackwell Science, 2003.

Le Comber, S. C., Rossmo, D. K., Hassan, A. N., Fuller, D. O., Beier, J. C. "Geographic profiling as a novel spatial tool for targeting infectious disease control". *International Journal of Health Geographics* 2011; 10. Available at http://ij-healthgeographics.biomedcentral.com/articles/10.1186/1476-072X-10-3.

Logan, J., Hill, H. A., Black, M. L., Crosby, A. E., Karch, D. L., Barnes, J. D., Lubell, K. M. "Characteristics of perpetrators in homicide-followed-by-suicide incidents: national violent death reporting system-17 US States, 2003-2005". *American Journal of Epidemiology* 2008; 168: 1056~1064.

MRC Measles Vaccine Committee. "Vaccination against measles: a clinical trial of live measles vaccine given alone and live vaccine preceded by killed vaccine". *BMJ* 1966; I: 441~446.

Olds, D., Henderson, C. R., Cole, R., Eckenrode, J., Kitzman, H., Luckey, D., Pettitt, L., Sidora, K., Morris, P., Powers, J. "Long term effects of nurse home visitation on children's criminal and antisocial behaviour: 15-year follow-up of a randomised controlled trial". *JAMA* 1998; 280: 1238~1244.

Ogburn, W. F. "Factors in variation of crime among cities". *Journal of the American Statistical Association* 1935; 30: 12~34.

Pawson, R., Tilley, N. *Realistic Evaluation*. London: Sage, 1997.

Philipson, T. J., Posner, R. A. "The economic epidemiology of crime". *Journal of Law Economics* 1996; 39: 405~433.

Porta, M. (ed) *A Dictionary of Epidemiology*, 6th edition. Oxford: Oxford University Press, 2014.

Ranson, M. K., Sinha, T., Chatterjee, M., Gandhi, F., Jayswal, R., Patel, F., Morris,

S. S. , Mills, A. J. "Equitable utilisation of Indian community-based health insurance scheme among its rural membership: cluster randomised controlled trial". *BMJ* 2007; 334: 1309.

Rothman, K. J. , Greenland, S. , Lash, T. L. *Modern Epidemiology*, 3rd edition. Philadelphia, PA: Lippincott Williams & Wilkins, 2008.

Sariaslan, A. , Långström, N. , D' Onofrio, B. , Hallqvist, J. , Franck, J. , Lichtenstein, P. "The impact of neighbourhood deprivation on adolescent violent criminality and substance misuse: A longitudinal, quasi-experimental study of the total Swedish population". *International Journal of Epidemiology* 2013; 42 (4): 1057~1066.

Slutkin, G. , Ransford, C. , Brent Decker, R. "Cure violence: treating violence as a contagious disease". *Envisioning Criminology*. Dordrecht, Heidelberg, London, New York: Springer International Publishing, 2015; pp. 43~56.

Smith, P. G. , Morrow, R. H. , Ross, D. A. *Field Trials of Health Interventions: A Toolbox*, 3rd edition. Oxford: Oxford University Press, 2015.

Snow, J. *On the Mode of Communication of Cholera*, 2nd Edition. London: Churchill, 1855. *Reproduced in Snow on Cholera*, *Commonwealth Fund*, New York 1936. Reprinted by New York: Hafner, 1965.

Steffensmeier, D. , Harer, M. D. "Making sense of recent US crime trends, 1980 to 1996/1998: age composition effects and other explanations". *Journal of Research in Crime and Delinquency* 1999; 36: 235~274.

Steinbach, R. , Perkins, C. , Thompson, L. , Johnson, S. , Armstrong, B. , Green, J. , Grundy, C. , Wilkinson, P. , Edwards, P. "The effect of reduced street lighting on road casualties and crime in England and Wales: a controlled interrupted time series analysis". *Journal of Epidemiology and Community Health* 2015; 69: 1118~1124. doi: 10.1136/jech-2015-206012.

Stretesky, P. B. , Lynch, M. J. "The relationship between lead and crime". *Journal of Health and Social Behavior* 2004; 45: 214~229.

Szklo, M. , Nieto, F. J. *Epidemiology: Beyond the Basics*, 2nd edition. Burlington, MA: Jones and Bartlett Publishers, 2007.

Teutsch, S. M. , Churchill, R. E. *Principles and Practice of Public Health Surveillance*, 2nd edition. Oxford: Oxford University Press, 2000.

Torgerson, C. "Education research, call for controls". *Science* 2011, 333: 1220.

Vaughn, M. G. , Salas-Wright, C. P. , Maynard, B. R. , Qian, Z. , Terzis, L. , Kusow, A. M. , DeLisi, M. "Criminal epidemiology and the immigrant paradox: intergenerational discontinuity in violence and antisocial behaviour". *Journal of Criminal Justice* 2014; 42: 483~490.

Webb, P. , Bain, C. *Essential Epidemiology: An Introduction for Students and Health Profes-*

sionals, 2nd edition. Cambridge: Cambridge University Press, 2011.

Webster, D. W., Vernick, J. S., Hepburn, L. M. "Effects of Maryland's law banning 'Saturday night special' handguns on homicides". *American Journal of Epidemiology* 2002; 155 (5): 406~412.

Weisburd, D. L., McEwen, T. *Introduction: Crime mapping and Crime Prevention* 2015. Available at SSRN: http://ssrn.com/abstract = 2629850 or http://dx.doi.org/10.2139/ssrn.2629850.

WHO: www.who.int/violence_injury_prevention/violence/en?

Wilderman, C., Wang, E. A. "Mass incarceration, public health and widening inequality in the USA". *Lancet* 2017; 389: 1464~1574.

Wright, A. "Hacking cars". *Communications of the ACM* 2011; 54: 18~19.

第八章
数学

摘要

在 1940 年，职业生涯即将落幕之际，剑桥的数学家 G. H. 哈代撰写了《数学家的道歉》，这本书被认为是关于数学研究最引人入胜的描述之一。书中一个核心主题是对纯数学的尊崇——一种不受现实世界问题驱使的探索——它被解读为对数学的一种辩护，称其为“艺术之艺术”。哈代虽然否认了数学在现实世界中缺乏价值，但他从未宣称自己的工作“在实际上毫无意义”，这种说法与犯罪科学的一些基本原则相左。如果这真的反映了数学家的立场和贡献，那么在本书中包含关于这一主题的章节或许会令人感到意外。

然而，哈代的观点属于另一个时代，如今数学在现代科学中的应用已经变得普遍。实际上，纯数学与应用数学之间的界限已被证明是模糊的，这一点在哈代自己的数论领域尤为明显，该领域专注于数字的本质属性及其相互关系。这个曾经被认为最不具应用性的领域，现在成为了加密技术的基础，保护着所有在线交易的安全：在许多方面，这是现代世界最关键的安全措施之一。

尽管数学在技术进步和物理系统研究中的作用似乎是显而易见的，但其与犯罪等社会现象的联系却不太直观。社会系统在传统上被认为过于复杂，不适合用数学方法处理。这些现象涉及到人类行为及其相互作用，这两者都比物理系统的定律复杂得多。然而，近年来，为了应对这些复杂性，已经开发出了许多技术和方法。这些进展为数学的应用提供了新的立足点，激发了将数学应用于先前难以解决的问题的兴趣，其中就包括犯罪问题，近年来数学界对其建模和分析产生了浓厚的兴趣。

数学在犯罪科学的多个领域中扮演着重要角色。它本质上是一个强调形式化和严格性的领域，提供了一种以具体术语表达概念和关系的工具。在最基础的层面上，这可以促进其他工作，如提供社交网络分析框架，但这种方法真正的力量在于建模，即用简化的数学语言对行为机制进行编码。通过研究这些模型的特征和行为，我们可以深入理解它们所代表的情况，例如可能的结果范围和行动的后果。由于犯罪科学的许多关键概念——如干预、评估和预测——都可以用这种方式界定，数学处理的相关性变得更加突出。至关重要的是，这种方法还带来了一种独特的逻辑和严谨性，补充了其他学科的优势。

本章旨在概述在犯罪科学方法中具有巨大潜在价值的数学方面。首先，它将概述可能具有相关性的方法和技术，特别关注复杂性科学方法；接着，它将通过一些已经进行研究的主题实例，简要回顾过去的研究成果，并讨论它们与犯罪科学的关联；最后，本章将探讨将数学进一步融入犯罪科学议程的前景。

数学是什么?

在本章至今的讨论中，“数学”一词已经在宽泛的意义上被使用。为了明确起见，首先理应澄清我们将在何种意义上使用这一术语。数学是一个包含了众多方法和技术的领域，其定义之复杂以至于难以用简洁的方式表述，任何尝试如“定量研究”或“模式研究”都显得过于泛泛，缺乏具体性。数学既是一种思考方式，也是一系列技巧的集合，这些技巧之间联系松散。我们所面临的挑战是识别出哪些技巧能够为犯罪科学作出实质性贡献。

在犯罪研究领域，某些数学类型已经司空见惯，无需过多介绍。例如，几乎所有包含定量元素的研究都会涉及统计分析。然而，在这类研究中，统计方法通常扮演的是功能性角色，只是提供了支撑其他分析手段的工具。统计技术虽然在犯罪学研究中广泛应用，但很少成为研究的核心焦点，其在犯罪数据中的应用与在其他领域并无二致。尽管这些技术颇为复杂，但它们本身并不代表一种独特的数学视角。

数学的独特贡献潜力源于其编码函数关系的能力。这里的关键概念是“函数”：这种方法的宗旨不仅仅在于表达数量间的数字关联，更在于描述数量背后的潜在机制。例如，这种方法可能会阐述个别罪犯 CBA 的影响，并将这一结果在总人口水平上进行表达，而不是简单断言更严厉的判决与更低的犯罪率之间存在关联。现实世界的过程及其数学表示之间的这种双重性意味着分析可以用来探究系统的实际运作，同时考虑到所有相关的关系。这一过程可以归纳为数学建模。

数学建模的核心在于创建一个系统的量化简化表示。这个过程可以分解为一系列步骤：

1. 观察某事或现象。
2. 提出一种假设的产生机制。
3. 用数学术语来表达这种机制。
4. 验证模型行为与经验观察结果一致。
5. 对模型属性进行调查，以获得更全面的洞察力。

在犯罪科学中，应用这一框架相对直接。无疑，存在许多有趣的现象(其中许多已经通过统计方法进行了量化)，以及众多试图解释这些现象行为假设的理论。因此，主要的挑战在于步骤 3、4 和 5，这些步骤涉及现实世界中的概念与其数学表示之间的转换。然而，这些步骤中的每一个都有可能为理解犯罪现象提供宝贵的洞见。

步骤 3 架起了社会学与数学术语之间的关键桥梁。数学语言的形式性质要求研究人员用精确的术语来表达概念，其中一些可能是定性性质的。这种要求具有澄清作用，因为它迫使研究者具体地定义概念，并详尽地列举出它们之间的关系，从而消除了理论的任何模糊性或不一致性。这显然与犯罪科学对透明度和精确性的追求高度一致。值得注意的是，这一过程是建模工作的一个自然产物：即使不需要进行数学分析，规范化本身也是一种有益的练习。

步骤 3 中构建的模型是对假设的一种编码方式，使研究者能够定量地探索其潜在后果。从这个角度看，模型代表了一种严格的（有时可能是复杂的）思维实验。步骤 4 的目标是检验这些结果与实际观测的契合程度，以此来评估模型的效力。这构成了对潜在假设的测试：如果模型无法复现现实世界的行为，那么所提出的机制可能不足以解释现象。反之，如果模型与经验观察相符，那么假设的机制则被视为可行的解释。在这里，“必要”和“充分”的概念尤为重要：一个模型（或其特征）产生正确行为的能力被认为是“充分”的，但这并不排除其他（可能更简单）解释的可能性；而“必要”则意味着某些特征是产生特定行为的必备条件。在犯罪科学领域，区分理论的哪些方面是必要的，哪些是附加的，显然具有重大价值。

步骤 3 和 4 并非数学建模所独有，类似的原则也适用于其他方法，如基于代理的建模。但数学方法真正独特之处在于，它允许对模型进行深入的分析。与其他可能运作机制不透明且难以解析的模型不同，采用通用的数学方法意味着可以运用复杂的分析技术。这使我们能够深入理解模型的行为：对参数变化的敏感性、随时间的发展趋势、可能输出的范围，以及它们所处的环境。尽管涉及数学语言，但在许多情况下，这些问题直接对应于现实世界的问题。例如：

- 在不同的环境（如不同国家），行为又有何不同？
- 是否存在尚未观察到的不良现象（例如犯罪爆发）？
- 活动将随时间而改变吗？
- 干预（如设计变更或预防策略）有何影响？

在所有情形中，重要的是这些发现是量化的，并且建立在对基础系统的精确表示之上。

当然，数学建模并非没有缺陷。这种方法基于简化的原则，虽然其强大的分析能力在很大程度上得益于这种简化，但这也是它的一个潜在弱点。按照定义，这类模型不可避免地会忽略某些效应，无法捕捉到其他效应的所有细微差别，这常常使它们成为批评的焦点。对于建模者来说，“为什么没有包括效应 X”这样的问题并不陌生，它们常常被用来质疑特定模型的可靠性。

然而，这些批评往往未能触及核心问题，模型的宗旨并非提供详尽的描述。关键在于，通过放弃与现实的一一对应，我们可以获得其他方面的优势，这些优势与建模的理论和实践目标息息相关。那句格言“模型不是在没有什么可添加的时候完成的，而是在没有什么可以拿走的时候完成”恰到好处地概括了这一理论层面。在犯罪科学领域，将复杂现象提炼为基本构成要素的能力是问题解决策略的一部分，而数学在这方面具有不可估量的价值。在实践中，一个模型的价值完全取决于其实用性，正如那句老话所说，“证据就在布丁里”。如果一个模型在预防犯罪方面发挥了作用，那么任何遗漏或简化都是次要的。

数学犯罪方法

正如先前所提及的，犯罪问题传统上并不被认为适合于数学建模。这种看法在很大程度上源于犯罪行为的数量和复杂性：犯罪现象的错综复杂似乎难以通过几个简单的方程式来捕捉。然而，近年来，对这类现实世界复杂系统的研究已经迅速发展。尽管这些系统可能永远不会像经典学科那样易于分析，但定制化技术的运用确实为我们提供了前进的道路。

“复杂系统”这一概念缺乏一个普遍接受的定义，主要是因为该领域涵盖了极其广泛的内容。通常，我们通过举例或描述其特征的一般性质来定义它。具体强调哪些特征取决于具体情境，但所有的工作定义都共享三个核心属性（纽曼，2011）：

1. 系统由众多组成部分构成。
2. 这些组成部分的行为及其相互作用是复杂的。
3. 系统的整体行为不是其微观层面机制的直接结果。

正是这第三个属性——所谓的“涌现”行为——真正将复杂系统区分开来。这类现象通常是非线性的，涵盖从模式形成到混沌行为的广泛范围。它们的共同特点是“不可约性”，即这些行为仅在宏观层面上显现。

以这种方式审视犯罪现象是有道理的。属性 1 和 2 在犯罪学中几乎是显而易见的，因为犯罪发生在庞大的社会结构中，涉及人类行为的方方面面。至于属性 3，我们可以观察到某些犯罪学现象确实表现出涌现性。一个典型的例子是“破窗”假说（威尔逊和凯灵，1982）：它描述了个人层面的影响（即罪犯因环境线索而改变感知），如何最终演变成地区层面的问题（即地方性的、可能更为严重的犯罪行为的出现）。对于更普遍的犯罪现象，意外影响的存在和控制难度与复杂社会系统中的非线性和反馈循环特征密切相关（卡斯特利亚诺等人，2009）。

复杂系统的研究广泛应用于多个领域，仅举几例，例如生态学（莱文，1998）、金融学（曼特尼亚和斯坦利，2000）和城市研究（巴蒂，2007）。然而，本文的焦点在于犯罪学，因此概述适用于犯罪研究的一些技术方法显得尤为重要。这一领域本质上是跨学科的，虽然其基础是数学，但也融合了物理学、经济学和计算机科学的方法。接下来，我将介绍一些在犯罪学中应用较为广泛的技术方法。

动力系统

动力系统理论专注于运用数学工具来描述数量或实体随时间的变化。它与复杂性科学和经典应用数学有着紧密的联系，许多模型与流体动力学等领域的模型有着相似之处。其核心目标在于刻画特定变量（如 f 和 g）随时间的变化，这些变量代表了系统的关键特性。

当研究的变量是连续的（即可取无限种平滑的值）时，其描述通常采用微分方程的形式。这类方程定义了变量（如 df/dt）随时间的变化率，作为自身或其他变量的函数，其形式揭示了假定的作用机制。这些变化率决定了系统随时间的行为，通常我们会为每个关注的变量定义一个方程，这些方程共同构成了一个方程组，从而编码了整个模型。

当某个变量的变化率依赖于另一个变量的值时（例如，df/dt 依赖于 g），这表示变量之间存在相互作用，此时的微分方程被称为“耦合”。正是这些耦合关系催生了有趣的行为，而复杂的内部耦合模式则赋予了复杂系统许多独特的特征。基于方程的模型在数学上相对容易处理，这一领域已经发展得相当成熟，并拥有一系列强大的技术工具（参见史密斯和帕丽斯，1992；斯特罗加茨，1994）。

动力学系统的数学分析能够揭示系统随时间的演变，并探讨模式形成和稳定性等问题。稳定性指的是系统对小扰动的响应：稳定的解能够抵御扰动，而不稳定的解则可能导致系统发生剧烈的变化。这些概念在现实世界中具有重要的解释力：不稳定因素，无论其表现形式如何，往往是系统不可忽视的一部分，并可能预示着重大后果。

在犯罪学中，许多问题都包含动态成分——例如总体犯罪率、执法力度、空间分布模式——在这些情况下，采用这种类型的建模方法是顺理成章的选择。动态变量可以是宏观层面的（如国家的犯罪率），也可以是微观层面的（如特定地区的犯罪者数量），甚至可能包括非犯罪相关的因素：例如，金属盗窃模型可能需要考虑商品价格，挑战在于从假设的行为中提炼出方程，而一旦完成，这些方程就能用于深入分析行为（或进行预测）。

网络

网络研究是复杂性科学中最为紧密相关的领域之一。所谓“网络”，指的是由离散的实体（称为节点或顶点）及其相互之间的连接（称为边或链接）组成的集合体。这一概念源自数学领域的“图论”，网络可以被视作现实世界中的图例。

社交网络是最为人所熟知的网络类型之一，它提供了一个极佳的研究示例。在这些网络中，节点代表个体行动者，而链接则代表他们之间的社会联系，如友谊、交流或身体接触。此外，研究者还探讨了多种其他类型的网络，包括电信通信（如互联网）、交通运输（如航空旅行）以及生态学（如食物网）。网络的表示方法是通用的，能够描述各种不同类型的关系：有向网络允许链接具有方向性，而加权网络则允许将某些值（如接触频率）与链接相关联。

网络研究涵盖了现实世界网络的分析及其在理论模型中的应用。第一类研究关注网络结构的表征，特别是通过节点的“中心性”测量。中心性的概念多种多样——一个简单的例子是节点的链接数量——它们突出了结构的不同维度。研究表明，许多真实网络展现出共有的统计特性（参见阿尔伯特和巴拉巴西，2002），并已在众多实例中得到了探索（科斯塔等人，2011）。这种分析有助于评估节点的重要性或它们在网络中的作用。与之相关的一个主题是社区检测，其目的是识别有意义的节点群组。

网络在犯罪学的多个背景下均有出现。社会关系是犯罪学多个主题的核心要素：虽然有组织犯罪是最常见的例子，但基于网络的方法同样适用于探究受害者之间的关系。除了为数据提供一个方便的结构外，这种分析还能深入了解不同参与者（如指挥者或中间人）的角色，并揭示组织的结构特征。其他犯罪问题同样涉及网络。交通运输网络是建筑环境的关键因素，可能对空间现象产生重大影响。在更广泛的安全领域，网络问题对于评估基础设施（如电力网络）的弹性至关重要，这在风险分析中是需要被重点考虑的。

博弈论

博弈论是在经济学中发展起来的一个分支，专注于研究决策制定。所谓“游戏”，这个术语可能会引起一些误解：它实际上指的是两个或更多参与者（玩家）在一组可能的行动中选择策略，并据此获得相应的回报。核心在于，一个玩家的回报往往依赖于其他玩家的行为：例如，玩家 A 选择行动 X 后的结果会受到玩家 B 行动的影响。因此，博弈论探讨的是决策和策略，同时考虑了他人的行为。分析的目的通常是为了寻找一种平衡状态，即每个参与者的策略都是最优的，代表了理性的选择。

游戏的形式各异——参与者的数量、决策阶段的多少、行动是否同时进行——有的可能非常复杂。然而，许多简单的游戏（如两个玩家，每人有两个行动选择）却是广为人知的，例如囚徒困境。尽管这些游戏看似抽象且不切实际，但它们实际上捕捉了合作与背叛等普遍概念，并能应用于现实生活中的多种场景。

博弈论是研究适应和进化的有力工具。在一种情况下，一群人反复进行同一游戏，参与者可以根据每次游戏的后果来调整自己的策略。经过一段时间，参与者可能会倾向于某种特定的策略，从而在某种程度上显示出这种策略的主导地位。这一理论同样适用于社会规范的研究，一个著名的例子就是在反复进行的囚徒困境中出现的合作现象（阿克塞尔罗德，1984）。

鉴于理性行为是许多犯罪理论的核心要素，博弈论自然被应用于犯罪现象的研究。实际上，最基本的决策——是否从事犯罪活动——可以如此定义：犯罪可能带来潜在收益，但其他人的行为（如执法者的行动）决定了犯罪是否会导致被捕和惩罚。还有其他问题，比如是否干预犯罪行为，是否采取严厉的惩罚措施。执法资源的分配也可以被视为一种策略游戏，以探索预防和防御战略。

应用领域

本章所阐述的原则和方法具有广泛的适用性，覆盖了众多研究领域。实际上，任何可量化的现象原则上都可以通过建模来进行研究。犯罪科学中的许多议题尤其适合采用数学方法来探讨，这些研究可以归纳为几个关键领域。在本节中，我们将回顾几个重要主题，探讨数学方法的驱动力、重要性以及具体的研究案例。

时空模式

对犯罪时空模式的数学研究，是地理犯罪学实证发现直接催生的一个领域。特别是，对犯罪数据中动态模式的观察，如犯罪热点的出现和频繁的重复受害事件，提供了一个理想的模型研究对象：一种类似于其他物理过程的时空现象。在这一背景下，犯罪的明显扩散促使研究者将其与经典的物理扩散过程和模式形成理论进行比较。

在城市犯罪的研究中，众多行为假设（包括环境理论）为这些模式提供了可能的解释。因此，建模的任务变得清晰：将这些假设数学化，并检验它们是否能够生成与实证观察相似的模式。如果能够构建一个可行的模型，它将在多个方面具有潜在价值。从基本层面来说，它意味着这些行为假设确实能够为现实世界中的犯罪模式提供合理的解释。此外，对这类模型的分析有助于我们理解模式形成的条件和演化机制。后者尤其有意义，因为如果能够理解模式的动态变化，就有可能将其预测扩展到未来，这相当于进行空间预测，对于预防犯罪具有明显的价值。

索特等人（2008）提出的盗窃模型是这种方法的一个典型例子。该模型的基础是模拟个体行为者的活动：窃贼在网格化的城市中移动，被某些更具吸引力的目标（房屋）所吸引。当吸引力达到一定阈值时，他们会实施犯罪，每次犯罪都会暂时增加受害者财产的吸引力（即“提升效应”，参见皮斯，1998）。该模型的关键在于，作者能够利用微分方程（本质上是一种基于代理的模型）来表述这一过程。通过数学分析，可以确定犯罪热点形成的条件，并清晰地描述这些条件。这超越了基于代理的模拟，后者仅能定性地观察这些现象。

索特的模型通过多种方式进行调整和扩展，其中最特别的是将警察活动纳入模型（皮特尔，2010；琼斯等人，2010）。基于街道网络的犯罪模式（参见戴维斯和约翰逊，2014）也促使类似的网络模型被提出（戴维斯和毕晓普，2013）。其他方法同样被采用，但它们的理论侧重点不同。例如，纳达尔等人

(2010）的模型包含了“社会紧张”因素，而莫勒等人（2011）则采用统计方法，通过模拟地震的方式来模拟犯罪。这些模型的实际价值体现在这样一个事实上：后者的研究成果构成了“预见性警务”系统的基础，该系统已被积极应用（莫勒等人，2015）。

尽管大多数已发表的模型主要关注城市犯罪，但其他现象也受到了关注。最近的一系列骚乱事件激起了人们对这些地区模型研究的兴趣。伦敦（戴维斯等人，2013）和巴黎（贝里切茨基等人，2015）的案例中都提出了相应的模型。在这些案例中，模型试图将行为原则（如目标选择、传染行为）与人口因素的空间变化影响相结合。类似的目标选择原则同样适用于海上海盗行为的研究（马尔乔内等人，2014），所有这些研究都旨在提供有效的防御战略信息。

帮派地盘与互动

一个引人入胜的模型挑战来自于对犯罪起源于两个犯罪主体间互动的研究，其中帮派间的竞争和暴力是最为典型的例子。在这种情境下，地区性的重要角色赋予了研究一种类似于空间生态学的特征：帮派如同物种一般，为了争夺资源和领地而展开激烈的斗争。这种情形可以被视为一种“捕食者-猎物”系统，其中“捕食者”可能是执法部门，他们致力于缩减帮派规模。理解这些群体的动态对于预测领地变化、暴力事件的爆发以及采取措施减少敌对行为至关重要。

克蕾妮等人（2000）的研究是早期尝试运用生态学方法探讨帮派动态的先驱，将帮派的增长视为现有帮派与社会控制力量之间的竞争过程。该模型展示了一系列与实际观察相符的行为，包括帮派规模的急剧波动，并揭示了最有效的社会控制条件。后续的研究采用了类似的框架，同时考虑了帮派间的敌对关系。布兰廷厄姆等人（2012）研究了成对帮派之间领地边界的形成，并探讨了其中心“聚集空间”的位置。

然而，生态学方法并非研究帮派行为的唯一途径。例如，巴巴罗等人（2013）运用统计物理方法，通过涂鸦作为领地标记来建立不同的划分条件。由于这些界标区域可能成为暴力事件的发源地，这类研究具有明显的实际应用价值。在相关研究中，点过程模型也得到了应用，特别是在报复性犯罪模型中（埃格斯达尔等人，2010；索特等人，2014）。这种方法具有预测缺失数据的潜力，特别是在识别暴力犯罪中未知参与者方面（奥斯特欣等人，2011）。

犯罪网络

犯罪现象中涉及行为者间的互动是常见的，而网络分析提供了一种有效的工具来展现和研究这些现象。所探讨的互动形式各异，既包括敌对关系，如帮派间的对抗（吉尼普等人，2013），也涵盖了合作关系，比如组织犯罪或恐怖主义活动。在这些情况下，网络分析的数据来源多种多样，可能是通信记录或共同犯罪活动，进而分析其结构特征。社交网络分析（卡林顿，2011）能够应对多种研究问题：包括层级结构的识别、角色划分以及影响力的评估。已有众多研究采用这种方法，涉及组织犯罪（费拉拉等人，2014）、恐怖主义（克雷布斯，2002；麦地那，2014；吉尔等人，2014）以及人口贩卖（曼库索，2014）等议题。

分析组织犯罪网络尤为复杂，因为这类网络往往具有高度的隐秘性，其成员刻意隐藏彼此间的联系。在如此保密的环境下，如何对网络结构进行概率推断，研究人员提出了众多方法（吉尔和傅雷曼，2013；古埃德斯，2014）。卡利（2003）提出了一种动态网络分析方法，旨在结合大量数据和预测网络分析技术，并已在恐怖主义研究中得到了应用（卡利，2006）。

研究犯罪网络的一个直接动力在于探寻如何最有效地破坏这些网络。网络对攻击的容忍度已受到广泛研究（阿尔伯特等人，2000），并发展出多种通用策略，许多策略都集中于移除（例如通过逮捕）那些高度集中或具有影响力的节点。然而，杜恩等人的最新研究（2014）表明，由于犯罪网络展现出较强的恢复力和攻击后的重组能力，这些策略往往对犯罪网络效果有限。

弹性和审视

尽管犯罪网络的弹性可能令人担忧，但在许多其他安全领域，弹性却是非常宝贵的特质。例如，对于潜在的犯罪目标，尤其是那些大型互联系统，其抵御攻击的能力是犯罪科学方法所追求的。由于这些系统（如基础设施）往往可以被视为网络，数学方法可以通过分析它们对不同类型攻击的响应来提供支持。这种方法有助于识别薄弱环节，并理解关键临界点，即攻击可能导致系统灾难性故障的阈值。

网络对攻击的弹性研究已有一定历史（拉托拉和马尔乔里，2005），尤其是对能源网络等关键基础设施的研究。近期的研究开始考虑网络间的相互依赖性，例如互联网和能源分配网络之间的依赖，这些网络间的相互影响曾导致过大规模的停电（布尔迪列夫等人，2010）。这种系统发生灾难性故障的可能性令人震惊（高等人，2011），这强调了在评估这些设施风险时，应充分考虑这种相互依赖性。遗憾的是，考虑这种脆弱性对安全影响的研究并不多见，卡瓦略等人（2014）的研究是一个值得注意的例外，他们考虑了能源网络对现实世界安全风险（如冲突）的响应。

在深入探讨脆弱性和保护措施时，一个重要的方面是向易受攻击的位置分配安全资源。这种情况可以被模拟为攻击者（如恐怖分子）与防御者（如安全部队）之间的对抗性博弈。在这些博弈中，攻击者可以选择不同的目标，每个目标都有不同的回报和风险，而防御者的任务是以最小化威胁的方式部署资源（坦贝，2012）。关键的是，双方在决定行动方案时都会考虑到对方的策略（例如，恐怖分子会观察每个目标的防御状况），这使得博弈论模型尤为适用。通过解决这些模型，可以计算出防御资源的最佳分配策略，这通常涉及空间分配的混合策略。这种策略已在现实世界中得到应用，包括机场安检（皮塔等人，2008）和交通系统安检（张等人，2013）。

经济模式

在宽泛的视角下，检验犯罪经济模型是犯罪学研究的一个重点，通常将犯罪水平视为一种社会现象进行研究。尽管这一主题与本书讨论的其他内容可能不完全契合犯罪科学的特定方法，但因其研究工作的广泛性，忽略它将是一种失误。对于更全面的回顾，可以参考戈登的著作。

贝克尔（1968）的开创性工作为此领域奠定了基础，曼宁的相关研究将在本书的其他章节中得到深入的探讨。在这一模型中，犯罪被视为一种理性选择，其经济后果被包含在一个“社会损失函数”中。这个函数考虑了犯罪的频次、造成的损失，以及惩罚的可能性、严重性和成本。最小化这一函数意味着要确定在侦查和惩罚方面投入多少资源才能达到经济效益的最大化。本质上，这涉及社会应“容忍”多少犯罪的问题。这种模型反映了宏观层面的视角，即考虑犯罪对社会的影响。在此基础上，研究者探讨了各种影响因素：犯罪倾向（纳达尔等人，2010）、惩罚的影响（德穆金和施瓦格，2003；戈登等人，2009）以及不平等的作用（艾利希，1973；达迟等人，1992；勃良第等人，2003）。

后续的模型尝试解释社会互动如何影响犯罪。例如，格莱泽等人（1996）认为，这可以解释美国城市间犯罪率的差异。经济模型也被用来研究惩罚对犯罪组织的影响（加鲁帕，2007）。自然地，这种互动导致了类似流行病学的现象，尤其是犯罪被视为一种传染现象（克蕾妮，1991）。在分割模型中，人口被划分为几种状态（如“易受影响”“犯罪”），个体在这些状态之间的转换是常见的，并建议用于犯罪研究（坎贝尔和奥默罗德，1997）。

近期，分区模型在博弈论的视角下受到了关注。例如，索特等人（2010）提出的模型将人群分为四类：“告密者”“恶棍”“圣骑士”和“冷漠者”，每一类人都有不同的犯罪倾向，并在刑事调查中扮演不同的角色。游戏是迭代的，个体之间的互动（潜在的犯罪行为）为参与者带来不同的回报。每轮过后，个体可以在不同状态之间转换，模仿对手的策略，最终追踪每个状态下个体的数量。这项研究的主要结论是，线人在构建无犯罪社会中扮演着关键角色。该模型具有多维度，通过调整回报结构，可以探究多种策略和干预措施（索特等人，2013）。实际上，这展示了经济模型的价值：它们帮助我们分析宏观政策变动带来的广泛影响。

总结与展望

犯罪科学的核心目标之一是借鉴传统物理学的严谨性和形式主义，为犯罪研究提供坚实的理论基础。因此，数学为这一领域贡献了丰富的语言和工具，理应在犯罪科学中占据重要地位。在本章中，我们尝试概述数学方法在犯罪科学中的应用，识别可能有益的技术，并回顾那些前景好的实际应用。

贯穿本章的内容清晰地表明，犯罪科学所涉及的技术范畴远超传统数学的界限。随着数学领域的扩展，对犯罪建模的兴趣日益浓厚，这并非偶然。一些技术，如网络科学，是近年来随着计算机能力和数据可用性的提升而发展起来的。这些领域以及计算社会科学的进一步发展预示着犯罪科学数学方法的应用范围和复杂性可能会不断扩大。

迄今为止，研究已经涵盖了从犯罪时空分布到犯罪团伙规模与结构等多个方面的犯罪问题。在每一个案例中，数学都提供了独特的视角。例如，没有定量模型的辅助，准确预测警务工作的效果是难以想象的。在其他大多数情况下，尽管没有数学工具基础原理仍然有效，但数学的应用使得这些原理的形式化和测试变得更加可行。

当然，形式化本身并非最终目的。回到本章的核心议题：这些方法在推进犯罪科学议程方面发挥了多大作用？尽管本章引用的例子展示了该领域的巨大潜力，但毫无疑问，为了使这些方法更加符合犯罪科学的目标，我们还有很长的路要走。

数学模型提供了一个理想的框架，将科学方法应用于犯罪现象：它是一种自然的语言，用于编码、分析和测试假说。然而，模型与真实数据的契合程度——特别是模型在实际应用中的表现——仍然是争论的焦点。建模在复制犯罪学中的常见现象，如犯罪热点的形成，显示出巨大潜力，这往往被认为是加强其基本假设的证据。然而，许多方法是在极端简化的环境中形成的，如在理想的二维空间中，这限制了它们对现实世界的代表性。

更令人担忧的是，区分众多候选模型变得愈发困难。在某些情况下，多种不同的方法已成功复制了所需的行为——犯罪热点的形成再次成为例证，但也引发了问题。从许多角度来看，这种评价可能是不可行的：如果目标行为像“高犯罪风险区”这样普遍，那么任何能产生这种区域的模型都不能算是成功的。因此，在尝试复制这种普遍行为时，标准可能会被设定得过低，从而使模型变得可行。

对于犯罪科学而言，这一问题与数学建模一样具有挑战性。为了维持这一类比，只有在存在更高标准的情况下，数学模型才能被赋予更高的价值。然而，在许多情况下，现象的描述仍然不够精确，以至于无法用明确的定义来区分模型输出。这些领域的技术只有在其定义概念（如“热点”）的精确度达到物理系统研究所要求的水平时，才能发挥其应有的作用。规范化在设定建模目标方面有其局限性，而经验方法的成熟将有助于解决这一问题。

当然，关注数学方法的实用性是犯罪科学的另一个基本支柱。在学术研究之外，成功复制感兴趣的现象才有实际意义，前提是这些成果能转化为现实世界的干预措施。预测性警务是模型指导现实世界活动和预防犯罪的一个鼓舞人心的例子。然而，在现实世界中实施此类研究仍处于初级阶段，在许多现行的警务模式下，这些活动的可行性仍然存在疑问。对于本章中讨论的其他方法，我们还有大量工作要做，以探索它们在现实世界的适用性。

我们相信，在不久的将来，现实世界的适用性应成为犯罪科学应用数学的首要任务。本章中详细介绍的方法非常适合这一领域，并且已经展现出清晰的潜力，但只有当这些方法能够缩小与实际应用之间的差距时，它们才具有真正的价值。尽管这可能需要将重点从数学分析转向更深入的层次，但这将确保数学与犯罪研究之间的相关性持续增长。

参考文献

Albert, R. & Barabási, A. -L. (2002). "Statistical mechanics of complex networks". *Reviews of Modern Physics*, 74 (1), 47~97.

Albert, R., Jeong, H., & Barabási, A. -L. (2000). "Error and attack tolerance of complex networks". *Nature*, 406 (6794), 378~382.

Arrowsmith, D. & Place, C. (1992). *Dynamical Systems: Differential Equations, Maps, and Chaotic Behaviour.* Boca Raton, FL: Chapman & Hall/CRC.

Axelrod, R. M. (1984). *The Evolution of Cooperation.* New York: Basic Books.

Barbaro, A. B. T., Chayes, L., & D'Orsogna, M. R. (2013). "Territorial developments based on graffiti: A statistical mechanics approach". *Physica A: Statistical Mechanics and its Applications*, 392 (1), 252~270.

Batty, M. (2007). *Cities and Complexity: Understanding Cities with Cellular Automata, Agent-Based Models, and Fractals.* Cambridge, MA: MIT Press.

Becker, G. S. (1968). "Crime and punishment: An economic approach". *Journal of Political Economy*, 76 (2), 169~217.

Berestycki, H., Nadal, J. P., & Rodríguez, N. (2015). "A model of riots dynamics: Shocks, diffusion and thresholds". *Networks and Heterogeneous Media*, 10 (3), 443~475.

Bourguignon, F., Nuñez, J., & Sanchez, F. (2003). "A structural model of crime and inequality in Colombia". *Journal of the European Economic Association*, 1 (2/3), 440~449.

Brantingham, P. J., Tita, G. E., Short, M. B., & Reid, S. E. (2012). "The ecology of gang territorial boundaries". *Criminology*, 50 (3), 851~885.

Buldyrev, S. V., Parshani, R., Paul, G., Stanley, H. E., & Havlin, S. (2010). "Catastrophic cascade of failures in interdependent networks". *Nature*, 464 (7291), 1025~1028.

Campbell, M. & Ormerod, P. (1997). *Social interactions and the dynamics of crime.* Technical report, available at www. paulormerod. com/wp - content/uploads/2012/06/social - interaction - crime. pdf.

Carley, K. M. (2003). "Dynamic network analysis". In R. Breiger, K. Carley, & P. Pattison (eds). *Dynamic Social Network Modeling and Analysis: Workshop Summary and Papers*, pp. 133~145. Washington, DC: National Academies Press.

Carley, K. M. (2006). "A dynamic network approach to the assessment of terrorist groups and the impact of alternative courses of action". *In Meeting Proceedings of Visualising Network Information*-RTO-MP-IST-063, pp. KN1-1-KN1-10. Neuilly-sur-Seine, France.

Carrington, P. J. (2011). "Crime and Social Network Analysis". In J. Scott & P. J. Carrington (eds). *Sage Handbook of Social Network Analysis*, pp. 236~255. London, UK: Sage.

Carvalho, R., Buzna, L., Bono, F., Masera, M., Arrowsmith, D. K., & Helbing, D. (2014). "Resilience of natural gas networks during conflicts, crises and disruptions". *PLoS ONE*, 9 (3), e90265.

Castellano, C., Fortunato, S., & Loreto, V. (2009). "Statistical physics of social dynamics". *Reviews of Modern Physics*, 81 (2), 591~646.

Costa, L. d. F., Oliveira, O. N., Travieso, G., Rodrigues, F. A., Villas Boas, P. R., Antiqueira, L., Viana, M. P., & Correa Rocha, L. E. (2011). "Analyzing and modeling real-world phenomena with complex networks: a survey of applications". *Advances in Physics*, 60 (3), 329~412.

Crane, J. (1991). "The epidemic theory of ghettos and neighborhood effects on dropping out and teenage childbearing". *American Journal of Sociology*, 96 (5), 1226~1259.

Crane, J., Boccara, N., & Higdon, K. (2000). "The dynamics of street gang growth and policy response". *Journal of Policy Modeling*, 22 (1), 1~25.

Davies, T. P. & Bishop, S. R. (2013). "Modelling patterns of burglary on street networks". *Crime Science*, 2 (1), 10.

Davies, T. P., Fry, H. M., Wilson, A. G., & Bishop, S. R. (2013). "A mathematical model of the London riots and their policing". *Scientific Reports*, 3, 1303.

Davies, T. & Johnson, S. D. "Examining the relationship between road structure and burglary risk via quantitative network analysis". *Journal of Quantitative Criminology*, 31 (3), 481~507.

Demougin, D. & Schwager, R. (2003). "Law enforcement and criminality: Europe vs. USA". *International Review of Law and Economics*, 23 (2), 217~225.

Deutsch, J., Spiegel, U., & Templeman, J. (1992). "Crime and income inequality: An economic approach". *Atlantic Economic Journal*, 20 (4), 46~54.

Duijn, P. A. C., Kashirin, V., & Sloot, P. M. A. (2014). "The relative ineffectiveness of criminal network disruption". *Scientific Reports*, 4, 4238.

Egesdal, M., Fathauer, C., Louie, K., Neuman, J., Mohler, G., & Lewis, E. (2010). "Statistical and stochastic modeling of gang rivalries in Los Angeles". *SIAM Undergraduate Research Online*, 3, 72~94.

Ehrlich, I. (1973). "Participation in illegitimate activities: A theoretical and empirical investigation". *Journal of Political Economy*, 81 (3), 521~565.

Ferrara, E., De Meo, P., Catanese, S., & Fiumara, G. (2014). "Detecting criminal organizations in mobile phone networks". *Expert Systems with Applications*. ArXiv: 1404.1295 [physics].

Gao, J., Buldyrev, S. V., Havlin, S., & Stanley, H. E. (2011). "Robustness of a network of networks". *Physical Review Letters*, 107 (19), 195701.

Garoupa, N. (2007). "Optimal law enforcement and criminal organization". *Journal of Economic Behavior & Organization*, 63 (3), 461~474.

Gerdes, L. M. (2014). "MAPPing dark networks: A data transformation method to study clandestine organizations". *Network Science*, 2 (2), 213~253.

Gill, J. & Freeman, J. R. (2013). "Dynamic elicited priors for updating covert networks". *Network Science*, 1 (1), 68~94.

Gill, P., Lee, J., Rethemeyer, K. R., Horgan, J., & Asal, V. (2014). "Lethal connections: The Determinants of network connections in the Provisional Irish Republican Army, 1970–1998". *International Interactions*, 40 (1), 52~78.

Glaeser, E. L., Sacerdote, B., & Scheinkman, J. A. (1996). "Crime and social interactions". *The Quarterly Journal of Economics*, 111 (2), 507~548.

Gordon, M. B. (2010). "A random walk in the literature on criminality: A partial and critical view on some statistical analyses and modelling approaches". *European Journal of Applied Mathematics*, 21 (4–5), 283~306.

Gordon, M. B., Iglesias, J. R., Semeshenko, V., & Nadal, J. –P. (2009a). "Crime and punishment: The economic burden of impunity". *The European Physical Journal B*, 68 (1), 133~144.

Gordon, M. B., Nadal, J. –P., Phan, D., & Semeshenko, V. (2009b). "Discrete choices under social influence: Generic properties". *Mathematical Models and Methods in Applied Sciences*, 19 (Supp. 01), 1441~1481.

Jones, P. A., Brantingham, P. J., & Chayes, L. R. (2010). "Statistical models of criminal behavior: The effects of law enforcement actions". *Mathematical Models and Methods in Applied Sciences*, 20 (Supplement), 1397~1423.

Krebs, V. E. "Mapping networks of terrorist cells". *Connections*, 24 (3), 43~52.

Latora, V. & Marchiori, M. (2005). "Vulnerability and protection of infrastructure networks". *Physical Review E*, 71 (1), 015103.

Levin, S. A. (1998). "Ecosystems and the Biosphere as Complex Adaptive Systems". *Ecosystems*, 1 (5), 431~436.

Mancuso, M. (2014). "Not all madams have a central role: Analysis of a Nigerian sex trafficking network". *Trends in Organized Crime*, 17 (1-2), 66~88.

Mantegna, R. N. & Stanley, H. E. (2000). *An Introduction to Econophysics: Correlations and Complexity in Finance*. Cambridge, UK: Cambridge University Press.

Marchione, E., Johnson, S. D., & Wilson, A. (2014). "Modelling maritime piracy: A spatial approach". *Journal of Artificial Societies and Social Simulation*, 17 (2), 9.

Medina, R. M. (2014). "Social Network Analysis: A case study of the Islamist terrorist network". *Security Journal*, 27 (1), 97~121.

Mohler, G. O., Short, M. B., Brantingham, P. J., Schoenberg, F. P., & Tita, G. E. (2011). "Self-exciting point process modeling of crime". *Journal of the American Statistical Association*, 106 (493), 100~108.

Mohler, G. O., Short, M. B., Malinowski, S., Johnson, M., Tita, G. E., Bertozzi, A. L., & Brantingham, P. J. (2015). "Randomized controlled field trials of predictive policing". *Journal of the American Statistical Association*, 110 (512), 1399~1411.

Nadal, J. -P., Gordon, M. B., Iglesias, J. R., & Semeshenko, V. (2010). "Modelling the individual and collective dynamics of the propensity to offend". *European Journal of Applied Mathematics*, 21 (4~5), 421~440.

Newman, M. E. J. (2011). "Complex Systems: A Survey". *American Journal of Physics*, 79 (8), 800~810.

Pease, K. (1998). *Repeat victimisation: Taking stock*. London: Home Office Police Research Group.

Pita, J., Jain, M., Marecki, J., Ordóñez, F., Portway, C., Tambe, M., Western, C., Paruchuri, P., & Kraus, S. (2008). "Deployed ARMOR Protection: The Application of a Game Theoretic Model for Security at the Los Angeles International Airport". *In Proceedings of the 7th International Joint Conference on Autonomous Agents and Multiagent Systems: Industrial Track*, AAMAS' 08, pp. 125~132. Richland, SC: International Foundation for Autonomous Agents and Multiagent Systems.

Pitcher, A. B. (2010). "Adding Police to a Mathematical Model of Burglary". *European Journal of Applied Mathematics*, 21 (4~5), 401~419.

Short, M. B., Brantingham, P. J., & D'Orsogna, M. R. (2010). "Cooperation and punishment in an adversarial game: How defectors pave the way to a peaceful society". *Physical Review E*, 82 (6), 066114.

Short, M. B., D'Orsogna, M. R., Pasour, V. B., Tita, G. E., Brantingham, P. J., Bertozzi, A. L., & Chayes, L. B. (2008). "A statistical model of criminal behavior". *Mathematical Models and Methods in Applied Sciences*, 18 (S1), 1249~1267.

Short, M. B., Mohler, G. O., Brantingham, P. J., & Tita, G. E. (2014). "Gang rivalry dynamics via coupled point process networks". *Discrete & Continuous Dynamical Systems-Series B*, 19 (5).

Short, M. B., Pitcher, A. B., & D'Orsogna, M. R. (2013). "External conversions of player strategy in an evolutionary game: A cost—benefit analysis through optimal control". *European Journal of Applied Mathematics*, 24 (1), 131~159.

Smith, L. M., Bertozzi, A. L., Brantingham, P. J., Tita, G. E., & Valasik, M. (2012). "Adaptation of an ecological territorial model to street gang spatial patterns in Los Angeles". *Discrete and Continuous Dynamical Systems*, 32 (9), 3223~3244.

Stomakhin, A., Short, M. B., & Bertozzi, A. L. (2011). "Reconstruction of missing data in social networks based on temporal patterns of interactions". *Inverse Problems*, 27 (11), 115013.

Strogatz, S. H. (1994). *Nonlinear Dynamics and Chaos: With Applications to Physics, Biology, Chemistry, and Engineering*. Reading, MA: Perseus Books.

Tambe, M. (2012). *Security and Game Theory*. Cambridge, UK: Cambridge University Press.

Van Gennip, Y., Hunter, B., Ahn, R., Elliott, P., Luh, K., Halvorson, M., Reid, S., Valasik, M., Wo, J., Tita, G., Bertozzi, A., & Brantingham, P. (2013). "Community detection using spectral clustering on sparse geosocial data". *SIAM Journal on Applied Mathematics*, 73 (1), 67~83.

Wilson, J. Q. & Kelling, G. L. (1982). "Broken windows". *Atlantic Monthly*, 249 (3), 29~38.

Zhang, C., Jiang, A. X., Short, M. B., Brantingham, P. J., & Tambe, M. (2013). "Modeling Crime diffusion and crime suppression on transportation networks: An initial report". AAAI Symposium on Social Networks and Social Contagion, 2013.

第九章
地理学

摘要

犯罪科学是一门致力于研究犯罪现象及其成因，以减少和预防犯罪活动的学科。它不拘泥于单一理论，而是以科学方法论为基础，展现出鲜明的多学科特色。犯罪科学的宗旨不在于理论的自证，而在于通过创新知识的积累来有效降低犯罪率。这一领域通过识别和整合经验支持的预防策略，以及推动这些证据的进一步发展，为犯罪防控提供了科学依据。

在犯罪科学的众多学科中，地理学占据了举足轻重的地位。地理学，特别是人文地理学，专注于探讨人类及其社区与环境的相互作用。空间和地点的概念对于这门学科至关重要，它们融合了空间关系和地域研究，助力我们洞察特定区域内的人类行为，其中包括犯罪活动。

地理学的知识，尤其是关于空间变异性的理解，在过去两个世纪中已成为犯罪学研究的重要组成部分。因此，地理学作为犯罪科学的核心学科之一并不令人意外。简而言之，犯罪机会随空间变化而变化，犯罪者的动机也因人而异，导致犯罪呈现出一定的空间规律性。在本章中，我们将探讨地理学对犯罪科学的贡献，包括空间分析、规模与地点的重要性以及政策的流动性。[1]

虽然我们会讨论犯罪科学家如何利用 GIS 等计算机软件进行研究，但我们更加强调地理思维和数字分析在理解空间犯罪模式中的重要性。这种理解将反过来指导政策和实践的制定，以有效减少和预防犯罪活动。

空间分析

地理学对犯罪科学最显著的贡献之一是空间分析的发展和应用。实际上，使用地图来展示地理犯罪模式的做法至少可以追溯到18世纪早期法国的盖里（1832、1833）和凯特勒（1831、1842）的工作。简单地说，空间分析是对空间参考数据的检验，它考虑了分析单元之间的地理关系。考虑这些关系的重要性是至关重要的，因为此类数据的解析过程存在忽视地理关系的潜在风险。例如，研究者可能拥有犯罪事件和人口普查数据，所有数据都在人口普查区域的层面上。研究者可以使用空间分析方法，因为人口普查区域有可用的空间信息，但研究者也可以简单地采用传统的统计分析，将人口普查区域作为观察对象。这样的方法过去很常见，至少直到最近几十年，空间分析方法变得更加可用。然而，忽视空间关系可能导致统计问题，并可能阻止发现对犯罪活动研究具有重要理论和实践意义的洞察。

空间分析的三个基本单元是点、线和面。在犯罪科学中，点（例如犯罪事件）和面（例如邻里）是最常见的，但有些研究确实考虑了线段（例如街道网络）。尽管没有进行空间线性分析，但一些使用线段作为分析单元的犯罪与地点文献清楚地显示了犯罪事件的“线性聚集”证据（库尔曼等人，2012；韦斯伯德等人，2012）。当我们考虑到个人的活动模式往往沿着主要的干道（布兰廷厄姆夫妇，1981、1993）时，犯罪活动倾向于沿着这些道路聚集就不足为奇了。由于点和面在犯罪学研究中的主导地位，我们将在这里重点关注这两个空间分析单元。

犯罪科学中最频繁使用的地理元素是热点图。热点图是使用（犯罪事件）点数据在整个研究区域上创建代表这些点密度的表面而生成的。广义上讲，可以用来创建这些热点的方法是表面生成技术或空间插值，其中最常见的称为核密度估计。

核密度估计在图9.1中有所说明，参考的是加拿大温哥华的车辆盗窃。图9.1a是一个点图，显示了一年中所有车辆盗窃的位置。由于这种犯罪事件的相对较低的发生量，大约有10 000起事件，城市上出现了一个空间模式——更常见的犯罪类型可能会用点覆盖整个城市，以至于无法辨别犯罪事件的集中区域。车辆盗窃的最大密度发生在城市的北部半岛（温哥华的中央商务区）和城市的东侧，这些区域分别代表了高密度的目标和相对较低的社会经济地位。尽管有这些密度，但很明显车辆盗窃发生在全城各处。

图9.1b是使用图9.1a中相同数据通过核密度估计创建的热点图。图9.1b明确显示了中央商务区区域车辆盗窃的高密度，但其他地方相对密度较

低。尽管这样的表示确实显示了整体模式——几乎整个中央商务区都被点覆盖——它给人的印象是车辆盗窃对大部分城市并不是问题。但实际上，这只是意味着城市的其余部分与中央商务区相比，车辆盗窃的密度相对较低，但可能仍然有大量的车辆盗窃。这种推断上的潜在问题是，核密度估计只提供了一幅基于比较浓度水平的犯罪图像。

图 9.2 阐明了这种泛化为何发生。在制作核密度图时，整个研究区域被覆盖在一个网格上；网格单元的大小可以由用户定义，但往往相当小。这些网格单元中的每一个都由一个位置（点）s 表示，这是该单元的中心。在研究区域的每一个这样的位置，都会绘制一个半径或带宽的圆，这也是由用户定义的——大多数 GIS 软件程序都有由研究区域大小决定的默认设置。计算圆内的事件数量，然后用来计算位置的“高度”，称为核。这些值也可以用来创建 3D 地图。这种估计的两个方面应该被强调。首先，随着带宽的增加，将在圆内捕获更多事件来计算核。这为热点图创建了一个平滑效果。因此，热点通常会看起来比它们实际上要大。其次，很可能（甚至是常见的）在位置（点）s 附近没有事件发生，但由于大的默认带宽设置，该位置被赋予了一个正值。因此，一个无犯罪的位置会因为附近发生了犯罪事件而有一个正值。有人可能会争辩说，这仍然代表了邻里犯罪的现实。然而，我们最近创建了一个默认带宽为 600 米的核密度图。尽管这可以被分类为“接近”，但它可能足够远，以至于具有非常不同的特征——这将在下面的空间规模和地点犯罪部分进一步讨论。核密度估计的这两个特点强调了在 GIS 软件程序中仔细考虑默认设置和这种制图技术的泛化结果的重要性。

另一个经常被忽视的问题与用于计算热点图的数据有关。图 9.3a 是另一个仅使用犯罪事件数据创建的核密度热点图。这是最常见的热点图类型。然而，一个普遍接受的观点是，存在更多目标的地方就会有更多犯罪事件，而人是这些目标的绝佳代表。更多的人意味着暴力犯罪的直接目标和财产犯罪的间接目标更多，因为人们无论走到哪里都会带着财产。

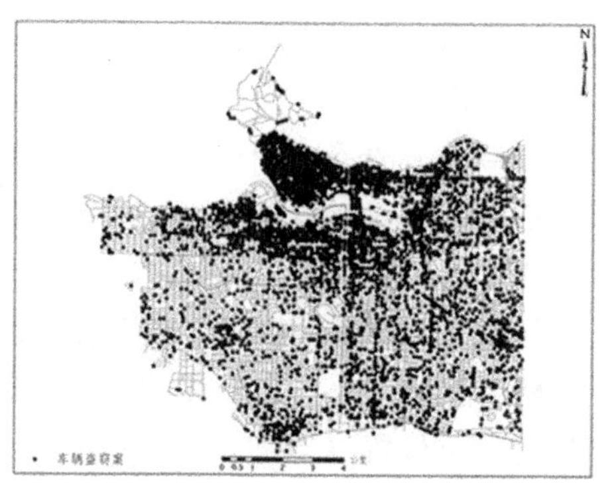

图 9.1a　点地图上的车辆盗窃案（温哥华，2001）

图 9.1b　热点地图上的车辆盗窃案（温哥华，2001）

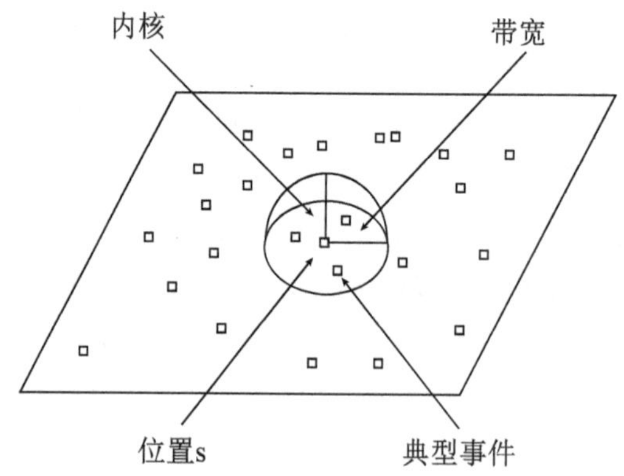

图 9.2　核密度估计

资料来源：安德森（2014）。

图 9. 3a 所示的热点地图仅基于单一变量进行计算，因此被称为“单核”热点图。相对而言，图 9. 3b 则采用了“双核”热点图的概念，因为它综合了两个关键变量：犯罪事件数据与人口普查中的居住人口统计数据。后者代表了潜在犯罪受害者的分布，因此应当纳入计算的范畴。这一做法的理由在于，我们深知目标数量的增加往往伴随着犯罪事件的增多，尤其是在中央商业区等人口密集区域，正如图 9. 3a 中的深色区域所反映的情况（安德森和杰尼翁，2010；博格斯，1965；施密德，1960a、1960b）。图 9. 3b 可以被视为从原始犯罪事件核密度图中减去风险人群核密度图后的产物。通过引入考虑风险人群的双核分析，图 9. 3b 揭示了热点区域实际上并不像图 9. 3a 所展示的那样严峻。因此，图 9. 3a 更适合被视为犯罪事件数量的直观表现，而图 9. 3b 则更贴切地反映了成为犯罪事件受害者的风险程度，这类似于将犯罪事件计数与犯罪率进行比较的分析。这一讨论突出了地理学对犯罪科学的贡献，不仅体现在将地理学方法应用于犯罪事件数据上，而且体现在对犯罪科学中所使用的空间表述本质的深刻理解上。通过这种多维度的空间分析，地理学为犯罪科学提供了更为深入和全面的视角。

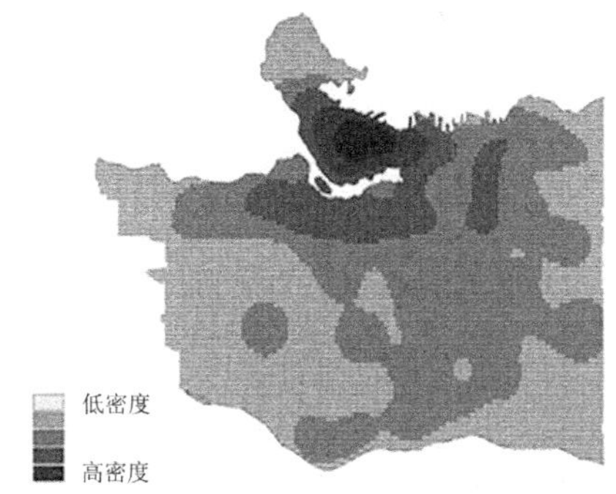

图 9. 3a　单核与双核密度估计的自动盗窃（温哥华，2001）

资料来源：安德森（2014）。

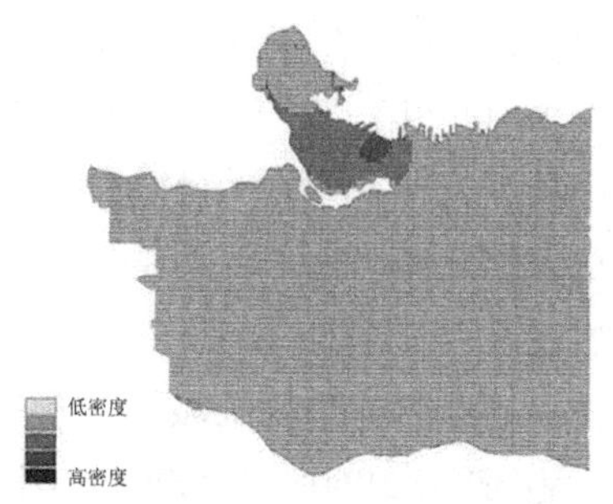

图 9.3b　单核与双核密度估计的自动盗窃（温哥华，2001）

资料来源：安德森（2014）。

在图 9.1 与图 9.3 中，可以观察到相邻位置之间具有相互关联的数值，这种现象被称作空间自相关。如图 9.4 所示，这种自相关性的数值表现为正值。具体来说，图 9.1、9.3 和 9.4 均展现了正空间自相关的特征，即某一区域被具有类似数值的其他区域所环绕。相对地，也存在负空间自相关的情况，此时一个区域被具有不同数值的其他区域所包围。

4	6	5	4	6
6	8	8	9	5
5	7	10	7	6
4	9	7	8	6
5	6	4	6	5

图 9.4　正空间自相关示例

资料来源：安德森（2014）。

尽管在社会科学领域，包括犯罪科学中，负空间自相关确实存在，但正空间自相关却是一种更为普遍的现象。有趣的是，正空间自相关对统计分析构成了挑战。许多统计方法都基于观测值的独立性假设，而当一个空间分析单元的相邻的值能够预测该单元的值时，这种独立性假设便被违背了。

在回归分析中，这种问题尤为突出。正空间自相关的存在会导致普通最小二乘法（Ordinary Least Squares，OLS）回归低估系数的标准误差，从而可能使得某些解释变量显得比实际更为重要。在纯学术研究中，理论上合理的变量被纳入回归模型可能不会产生严重的后果，因为理论家可能会认为某些因素的重要性被夸大了。然而，在犯罪科学领域，这可能导致对不存在关系的误判，并可能导致不当的犯罪预防策略，这不仅损害了犯罪科学的信誉，也浪费了宝贵的预防犯罪资源。

为了解决这一问题，空间统计方法提供了宝贵的工具，它们能够识别并过滤掉有问题的空间自相关，从而为犯罪科学提供更可靠的统计结果。空间滞后模型和空间误差模型便是其中的两种方法。

虽然空间滞后和空间误差回归等技术对于空间数据分析极具价值和适用性，但它们属于“全局”统计方法，代表的是整个研究区域的情况。地理学的基础在于认识到关系具有地方特定性，并在不同空间中发生变化。这并不意味着地理学家否认全球性过程，而是强调对这些过程的解读应当谨慎。因此，近年来，局部在地理学中变得尤为重要（福瑟林厄姆，1997），这在犯罪科学中也不例外。犯罪地理学研究中常用的局部统计分析形式包括空间聚类分析（识别研究区域内正负空间自相关的聚集）和地理加权回归系数的变化（在不同地方可能呈现正向或负向关系）。

在局部空间聚类分析中，最常用的空间统计量是由安塞林（1995）开发的局部 Moran's I。作为局部空间关联指标（LISA）的一部分，局部 Moran's I 与全局统计量 Moran's I 相关联，后者衡量整个研究区域的空间自相关（无论正、负或不存在）。虽然全局模式在空间数据的回归分析中具有指导意义，且对残差的考量也很重要，但它往往掩盖了局部模式。局部空间统计为每个空间单元生成一个统计量，例如局部 Moran's I，它衡量每个单元与分析中其他单元的空间自相关程度。通过这些局部统计量的映射，我们可以识别出局部模式，如聚类。

图 9.5 展示了局部 Moran's I 的地图，揭示了温哥华中央商业区的犯罪聚集情况：高-高表示犯罪率高的地区被其他高犯罪率地区所包围，低-高则指低犯罪率地区被高犯罪率地区包围，以此类推。与之前的图 9.1 和 9.3 相比，我们可以看到这个高犯罪率区域内存在一些低犯罪率区域，这些在使用传统的空间分析技术，特别是核密度估计热点地图时是不会显现的。其中一个最大的低犯罪率区域位于地图中心附近，是一个相对较新的高档开发项目，它成功地抵御了内部犯罪，尽管被历史上犯罪率较高的旧区域所包围。研究表明，表现出正空间自相关的区域（高-高和低-低）可以通过社会失序理论（桑普森和罗夫，1989）和 RAA（科恩和费尔森，1979）进行预测，而那些表

现出负空间自相关（低-高和高-低）的区域往往不符合这些理论预期（安德森，2011）。

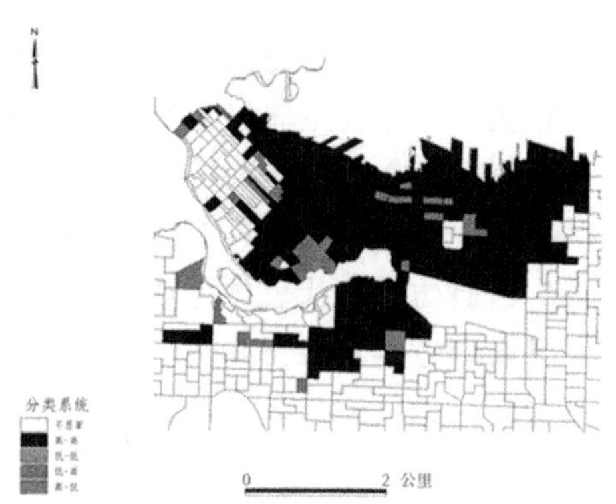

图 9.5　当地莫兰汽车盗窃案（温哥华中央商务区，2001）

资料来源：安德森（2011；2014）。

在本节中，我们将探讨的最后一种空间分析方法，众多方法中的一种，是一种局部回归技术，称为地理加权回归（Geographically Weighted Regression，GWR）。与局部 Moran's I 相似，地理加权回归认识到回归参数的估计可能随空间位置而变化。通过应用地理加权回归，我们可以生成参数估计的地图，其中每个空间分析单元都拥有独特的估计值（布鲁克斯顿等人，1996；福瑟林厄姆等人，2002）。这种局部空间分析技术对于犯罪科学领域尤为有趣，因为回归分析在该领域中是一种广泛使用的统计方法。然而，地理学告诉我们，尽管可能存在全局趋势，局部差异几乎总是存在，并且这些差异可能提供重要的见解。

在对俄勒冈州波特兰市的暴力犯罪进行分析时，卡希尔和穆里根（2007）对比了普通最小二乘法与地理加权回归的结果，并揭示了一些引人入胜的发现。简而言之，这些研究者发现回归参数确实在空间上存在差异，有时甚至差异显著。此外，地理加权回归的使用有助于解释普通最小二乘法结果中的一个非直观现象：富裕地区的暴力犯罪水平反而更高。当考虑地理加权回归的结果时，研究者们发现，如预期的那样，该市大部分区域的统计关系要么不显著，要么为负相关，但有一小部分（约 10%）的富裕地区其暴力犯罪水平超出了预期。这些区域在普通最小二乘回归中占据了主导地位，导致全局估计参数呈现正值。因此，地理加权回归的应用不仅揭示了在相同研究区域内，局部参数估计可能在统计上是不显著的、负相关的或正相关的，还能解释为何在全球统计技术中会出现与直觉相悖的结果。这一发现强调了在犯罪科学中，为了深入理解空间模式和制定有效的犯罪预防策略，这种地理（局部）视角的重要性不容忽视。

规模的重要性、复杂性和对场所的理解

地理学对犯罪科学的一个显著贡献在于其对规模重要性的强调，这一观点几乎是共识。数据的规模，无论是点、线还是区域，对空间分析方法和后续解释都有着深远的影响。尽管关于哪种空间数据形式最为理想存在争议，但微观层面的数据通常被认为更为优越，因为它们可以根据研究需求进行聚合。然而，我们常常受限于机构提供的数据。因此，我们必须认识到空间数据带来的挑战，以及任何解释中的相应限制，主要包括生态/原子论谬误和可修改面积单位问题（MAUP），这两个问题都与空间异质性有关。

使用社区、市、州/省或国家等汇总数据进行研究时，可能会出现生态谬误。这种谬误发生在研究人员（或解释研究的人）根据汇总区域的统计特征对单个单元（例如，生活在一个区域内的人）进行假设时。生态谬误的本质在于假设整体的真实性也适用于其部分，而原子论谬误则相反，即假设部分的真实性也适用于整体。生态谬误是一种谬论，因为这种关系是不可假设的。罗宾逊（1950）首次在人口普查背景下正式讨论了生态谬误，而奥本肖（1984a）则研究了个体水平相关性和地区水平相关性之间的关系。安德森和马勒森（2013）的研究表明，对整体正确的东西不一定对其所有部分都正确。

尽管生态谬误在理论上很容易避免，但在解释数据时，这是一个非常容易犯下的错误。这突出了在进行空间分析时理解规模的重要性。MAUP 由奥本肖（1984b）正式定义和讨论，由盖尔克和比埃尔（1934）首次确定。MAUP 是空间数据分析中出现的一个问题，因为微观层面的数据通常被聚合到具有任意性的区域中。MAUP 有两种常见形式：规模问题和分区问题。当在两个不同的规模上进行相同的分析时，规模问题就会显现出来：例如，人口普查区和街区。当分析的空间单元的大小和形状相同，但它们在研究区域的位置不同时，分区问题就会显现出来。

尽管在空间分析中改变规模或分区本身并无不妥，研究却一致指出，当空间分析单位发生变化时，被分析变量之间的统计关系也会随之改变。通常，正如盖尔克和比埃尔（1934）所揭示的，随着分析单位地理规模的增大，变量之间的相关性也会增强。然而，福瑟林厄姆和王（1991）的研究揭示了更为令人不安的现象：在回归分析中，几乎任何结果都可以通过使用不同的数据集来生成。这对于大多数研究来说是一个重大问题，因为它们通常只考虑一个空间分析单元。因此，一个研究是否偶然使用了“正确”的地理聚合，或者使用了众多其他研究中的一项，从而产生了误导性的结果，这是一个令人担忧的问题。

然而，在地理犯罪学领域，乌尔克（2002）的研究发现，分析的空间单元的地理大小并不影响结果，只要考虑多个分析规模，就能得出非常相似的结果。不过，乌尔克（2002）的研究局限性在于，它仅比较了同一地点的几个不同数据集。所有基于人口普查和社区的统计结果可能相似，但也可能都是不准确的。在研究犯罪模式时，地理学在分析单位的选择上为犯罪科学提供了重要的补充。

对规模在理解空间犯罪模式中的重要性有深刻认识，对适当的空间分析单位的关注可以追溯到近 200 年前阿道夫奎特莱和安德烈·米歇尔格里的工作。这种关注源于对空间异质性的发现：一个省或州的犯罪率可能高于全国其他地区，但其内部市镇之间的差异可能很大。这一现象已通过一系列研究得到间接证实，并在布兰廷厄姆及其同事（1976）的研究中得到直接展示。他们的研究分析了从国家到街区组不同层面的犯罪模式，每次都发现在地理位置较小的分析单位内犯罪率存在显著差异。因此，过去 200 年左右的研究趋势是朝着越来越小的空间分析单位发展（魏斯伯德等人，2009a）。

最近的犯罪和场所文献强调了空间规模和对场所理解的重要性。犯罪和地点研究考虑了微观空间分析单元，如街道段、十字路口和特定地址。魏斯伯德及其同事（2012）认为，街道段是理解地理犯罪模式的最优选择，因为它足够小以避免空间异质性的重大担忧，同时又足够大以收集数据进行后续分析。舍尔曼及其同事（1989）的全市范围犯罪和地点研究发现，大约 5%的街道路段约占犯罪的 50%，这一统计数据已在世界不同国家的许多其他研究中得到复制（安德森和林宁，2012；安德森和马勒森，2011；库尔曼等人，2015；格罗夫等人，2010；梅罗等人，2015；魏斯伯德，2015；魏斯伯德等人，2004、2009b、2012）。

对于这一统计数据的批评指出，当研究城市街道层面的犯罪模式时，几乎不可避免地会发现犯罪的集中现象。这是因为城市的街道数量可能达到数千甚至数万条，而犯罪事件的数量相对较少。假设没有明显的犯罪聚集，如果研究人员分析10 000个街道上的1000起犯罪事件，那么至少有90%的街道将是无犯罪发生的。在解释这类统计数据时，这一事实是必须被牢记的。但统计数据仍然具有启示意义，因为它表明实际上只有少数地方真正存在犯罪活动。即便如此，那些专注于经历过犯罪的街道段的研究仍然揭示了一个子集的高度集中现象（安德森和林宁，2012；安德森和马勒森，2011；梅罗等人，2015）。

更有趣的是，这些研究中的某些发现指向了“位置”对犯罪模式形成的重要性。例如，格罗夫及其同事（2010）指出，街道段的犯罪轨迹[2]因街道特征而异。从地方的角度来看，街道段可能被认为太大，无法真正揭示潜在的犯罪模式。一个长期存在的犯罪地理学事实是，犯罪在空间上呈现聚集的情况，那么为什么相邻的街道段会有截然不同的犯罪轨迹呢？答案其实很简单：这取决于每条街道的具体环境。一个仅有住宅的街道与另一个拥有便利店或酒吧的街道将展现出非常不同的犯罪模式，即使它们在地理位置上非常接近。实际上，包含便利店或酒吧的街道可能在大多数情况下是“无犯罪”的，除非存在某种溢出效应，它们才会与邻近街道相似。因此，理解犯罪的地理位置对于把握地点和当地环境的重要性至关重要。

政策调动与犯罪预防

降低和/或预防犯罪是犯罪科学的核心目标，而我们目前对预防犯罪的理解在很大程度上源自SCP的概念（克拉克，1980、1983、2012）。SCP强调在设计特定的预防措施时，必须考虑到具体情境的重要性。在地理学领域，这相当于对“局部性”的理解，即强调进行局部空间分析的重要性，如前所述。

SCP涉及针对特定犯罪类型、犯罪发生的地点以及发生时间的预防措施。尽管这一理念受到了一些批评（沃特利，2010），但由于其对预防的重视（克拉克，1997、2012）以及对地点在实施策略时作用的认知，它仍然是犯罪科学不可或缺的一部分。在一个地点有效的策略在另一地点可能无效，在一个时间有效的策略在另一时间也可能不适用。简而言之，不同的犯罪类型、地点和时间提供了不同的机会，也吸引了不同类型的罪犯。因此，如果不考虑当地情境因素，预防犯罪措施的成功可能性将大大降低。然而，这种对地点的关注是否仅限于预防措施本身？我们认为不是。

在过去 10 年中，人文地理学领域发展了一个新的研究方向，即认识到地方在制定政策过程中的重要性。所谓的“城市政策流动性”文献表明，城市政策的成功实施受多种因素影响：空间规模、社区和机构（麦肯，2008、2011；佩克，2011；特梅诺斯和麦肯，2012、2013）。换句话说，城市政策是高度情境化的。这意味着，任何旨在减少犯罪的政策的实施都是一个地理过程，因为不同地方的社会、政治和犯罪文化存在差异（麦肯，2013；麦肯和特梅诺斯，2015；罗宾逊，2011；沃德，2006）。因此，政策本身受到地方特性的影响。从地理学的角度来看，理解城市–地方政策的流动性对于判断任何全球性的预防犯罪政策是否以及何时能在地方层面成功实施至关重要。

城市政策流动性文献指出，SCP 的情境考量不仅适用于设计预防犯罪措施，同样适用于制定预防犯罪政策的层面。我们需要研究当地情况，不仅要设计出成功的预防犯罪措施，还要制定出考虑到当地情况的预防犯罪政策，以确保在特定地区能够成功实施。尽管这一观点可能看似陈词滥调，但当考虑到预防犯罪政策通常在国家、州/省和市各级制定时，其重要性和相关性便不言而喻。然而，从前文关于犯罪规模和地点的讨论中可以看出，不同街区的犯罪情况可能大相径庭。当以国家层面的绩效标准来衡量成功与否，以及下一阶段犯罪模式的变化时，即使犯罪科学提供了实证支持，对犯罪预防活动的持续支持也可能变得不那么吸引人。因此，如果不考虑到当地情况以及政策向特定地方流动的能力，预防犯罪政策可能会显得空洞无物。

总结

近两个世纪以来，地理学一直为犯罪学研究提供宝贵的视角，强调在探索犯罪现象时空间因素的重要性。这种空间视角在犯罪科学中尤为关键。地理学为该领域贡献了众多概念和方法，在本章中，我们聚焦于探讨其中三个主要贡献。

犯罪科学领域运用了多种空间分析技术来表征和理解犯罪事件。从热点地图的绘制到空间统计分析，地理学强调了在研究人类行为时对空间和地点的特殊关注的重要性。分析时必须细心选择空间单元（如点、线和区域）及其规模，以避免可能导致误导性结论的错误分析。在考虑政策影响时，这种精细的关注尤为关键，因为政策的成效最终会转化为实际行动中犯罪减少的方法。在这种情况下，城市政策流动性文献指导我们，在减少犯罪政策实施的全过程中，从空间犯罪分析到政策执行，再到预防犯罪措施的设计，都必须重新强调地方焦点的重要性。这一文献强调了在各个调查阶段采纳地方导向的必要性，以确保犯罪减少政策的成功实施和有效性的最大化。

注释

1. 政策流动性是指其他地方制定政策的流动性，以及这些政策在不同情况下如何修改和适用。

2. 轨迹通常是指随着时间增长、减少或稳定，犯罪率高、中、低。

参考文献

Andresen, M. A. (2011). "Estimating the probability of local crime clusters: The impact of immediate spatial neighbors". *Journal of Criminal Justice*, 39 (5), 394~404.

Andresen, M. A. (2014). *Environmental Criminology: Evolution, Theory, and Practice*. New York: Routledge.

Andresen, M. A. & Jenion, G. W. (2010). "Ambient populations and the calculation of crime rates and risk". *Security Journal*, 23 (2), 114~133.

Andresen, M. A. & Linning, S. J. (2012). "The (in) appropriateness of aggregating across crime types". *Applied Geography*, 35 (1~2), 275~282.

Andresen, M. A. & Malleson, N. (2011). "Testing the stability of crime patterns: Implications for theory and policy". *Journal of Research in Crime and Delinquency*, 48 (1), 58~82.

Andresen, M. A. & Malleson, N. (2013). "Spatial heterogeneity in crime analysis". In M. Leitner (ed.), *Crime Modeling and Mapping Using Geospatial Technologies* (pp. 3~23). New York: Springer.

Anselin, L. (1995). "Local indicators of spatial association-LISA". *Geographical Analysis*, 27 (2), 93~115.

Boggs, S. L. (1965). "Urban crime patterns". *American Sociological Review*, 30 (6), 899~908.

Brantingham, P. L. & Brantingham, P. J. (1981). "Notes on the geometry of crime". In P. J. Brantingham & P. L. Brantingham (eds), *Environmental Criminology* (pp. 27 ~ 54). Prospect Heights IL, Waveland Press.

Brantingham, P. L. & Brantingham, P. J. (1993). "Nodes, paths and edges: Considerations on the complexity of crime and the physical environment". *Journal of Environmental Psychology*, 13 (1), 3~28.

Brantingham, P. J., Dyreson, D. A., & Brantingham, P. L. (1976). "Crime scene through a cone of resolution". *American Behavioral Scientist*, 20 (2), 261~273.

Brunsdon, C. F., Fotheringham, A. S., & Charlton, M. E. (1996). "Geographically weighted regression: A method for exploring spatial non-stationarity". *Geographical Analysis*, 28 (4), 281~298.

Cahill, M. & Mulligan, G. (2007). "Using geographically weighted regression to explore local crime patterns". *Social Science Computer Review*, 25 (2), 174~193.

Clarke, R. V. G. (1980). "Situational crime prevention: Theory and practice". *British Journal of Criminology*, 20 (2), 136~147.

Clarke, R. V. (1983). "Situational crime prevention: Its theoretical basis and practical scope". *Crime and Justice: An Annual Review of Research*, 4, 225~256.

Clarke, R. V. (1997). *Situational Crime Prevention: Successful Case Studies* (2nd ed.). Monsey, NY: Criminal Justice Press.

Clarke, R. V. (2012). "Opportunity makes the thief. Really? And so what?" *Crime Science*, 1, Article 3.

Cohen, L. E. & Felson, M. (1979). "Social change and crime rate trends: A routine activity approach". *American Sociological Review*, 44, 588~608.

Curman, A. S. N., Andresen, M. A., & Brantingham, P. J. (2015). "Crime and place: A longitudinal examination of street segment patterns in Vancouver, BC". *Journal of Quantitative Criminology*, 31 (1), 127~147.

Fotheringham, A. S. (1997). "Trends in quantitative methods I: Stressing the local". *Progress in Human Geography*, 21 (1), 88~96.

Fotheringham, A. S., Brundson, C., & Charlton, M. (2002). "Geographically Weighted Regression: The Analysis of Spatially Varying Relationships". Chichester, UK: John Wiley & Sons.

Fotheringham, A. S. & Wong, D. W. S. (1991). "The modifiable areal unit problem in multivariate statistical analysis". Environment and Planning A, 23 (7), 1025~1044.

Gehlke, C. E. & Biehl, H. (1934). "Certain effects of grouping upon the size of the correlation coefficient in census tract material". *Journal of the American Statistical Association*, Supplement, 29 (185), 169~170.

Groff, E. R., Weisburd, D., & Yang, S-M. (2010). "Is it important to examine crime trends at a local 'micro' level? A longitudinal analysis of street-to-street variability in crime trajectories". *Journal of Quantitative Criminology*, 26 (1), 7~32.

Guerry, A. -M. (1832). "La statistique compare de l'état de l'instruction et du nombre des crimes". *Revue Encyclopédique*, 55, 414~424.

Guerry, A. -M. (1833). *Essai sur la statistique morale de la France*. Paris: Crochard.

McCann, E. (2008). "Expertise, truth, and urban policy mobilities: Global circuits of knowledge in the development of Vancouver, Canada's 'four pillar' drug strategy". *Environment and Planning A*, 40 (4), 885~904.

McCann, E. (2011). "Urban policy mobilities and global circuits of knowledge: Toward a research agenda". *Annals of the Association of American Geographers*, 101 (1), 107~130.

McCann, E. (2013). "Policy boosterism, policy mobilities, and the extrospective city". *Urban Geography*, 34 (1), 5~29.

McCann, E. & Temenos, C. (2015). "Mobilizing drug consumption rooms: Inter-place connections and the politics of harm reduction drug policy". *Health & Place*, 31 (1), 216~223.

Melo, S. N., Matias, L. F., & Andresen, M. A. (2015). "Crime concentrations and similarities in spatial crime patterns in a Brazilian context". *Applied Geography*, 62, 314~324.

Openshaw, S. (1984a). "Ecological fallacies and the analysis of areal census data". *Environment and Planning A*, 16 (1), 17~31.

Openshaw, S. (1984b). *The Modifiable Areal Unit Problem. CATMOG (Concepts and Techniques in Modern Geography) 38*. Norwich, UK: Geo Books.

Peck, J. (2011). "Geographies of policy: From transfer-diffusion to mobility-mutation". *Progress in Human Geography*, 35 (6), 773~797.

Quetelet, L. A. J. ([1831] 1984). *Research on the Propensity for Crime at Different Ages (translated by S. F. Sylvester)*. Cincinnati, OH: Anderson Publishing.

Quetelet, L. A. J. (1842). *A Treatise on Man and the Development of his Faculties*. Edinburgh: W. and R. Chambers.

Robinson, J. (2011). "2010 Urban Geography Plenary Lecture - The travels of urban neoliberalism: Taking stock of the internationalization of urban theory". *Urban Geography*, 32 (8), 1087~1109.

Robinson, W. S. (1950). "Ecological correlations and the behavior of individuals". *American Sociological Review*, 15 (3), 351～357.

Sampson, R. J. & Groves, W. B. (1989). "Community structure and crime: Testing social-disorganization theory". *American Journal of Sociology*, 94 (4), 774～802.

Schmid, C. F. (1960a). "Urban crime areas: Part I". *American Sociological Review*, 25 (4), 527～542.

Schmid, C. F. (1960b). "Urban crime areas: Part II". *American Sociological Review*, 25 (5), 655～678.

Sherman, L. W., Gartin, P., & Buerger, M. E. (1989). "Hot spots of predatory crime: Routine activities and the criminology of place". *Criminology*, 27 (1), 27～55.

Temenos, C. & McCann, E. (2012). "The local politics of policy mobility: The education of attention in developing a municipal sustainability fix". *Environment and Planning* A, 44 (6), 1389～1406.

Temenos, C. & McCann, E. (2013). "Geographies of policy mobilities". *Geography Compass*, 7 (5), 344～357.

Ward, K. (2006). "Policies in motion, urban management and state restructuring: The trans-local expansion of business improvement districts". *International Journal of Urban and Regional Research*, 30 (1), 54～75.

Weisburd, D. (2015). "The law of crime concentration and the criminology of place". *Criminology*, 53 (2), 133～157.

Weisburd, D., Bushway, S., Lum, C., & Yang, S-M. (2004). "Trajectories of crime at places: A longitudinal study of street segments in the City of Seattle". *Criminology*, 42 (2), 283～321.

Weisburd, D., Bruinsma, G. J. N., & Bernasco, W. (2009a). "Units of analysis in geographic criminology: Historical development, critical issues, and open questions". In D. Weisburd, W. Bernasco and G. J. N. Bruinsma (eds), *Putting Crime in its Place: Units of Analysis in Geographic Criminology* (pp. 3～31). New York: Springer.

Weisburd, D., Morris, N. A., & Groff, E. R. (2009b). "Hot spots of juvenile crime: A longitudinal study of arrest incidents at street segments in Seattle, Washington". *Journal of Quantitative Criminology*, 25 (4), 443～467.

Weisburd, D., Groff, E. R., & Yang, S-M. (2012). *The Criminology of Place: Street Segments and our Understanding of the Crime Problem*. New York: Oxford University Press.

Wooldredge, J. (2002). "Examining the (ir) relevance of aggregation bias for multilevel studies of neighborhoods and crime with an example of comparing census tracts to official neighborhoods in Cincinnati". *Criminology*, 40 (3), 681~709.

Wortley, R. (2010). "Critiques of situational crime prevention". In B. Fisher & S. Lab (eds), *Encyclopedia of Victimology and Crime Prevention* (pp. 885~888). Thousand Oaks, CA: Sage Publications.

第十章
建筑学

摘要

环境犯罪学及犯罪科学的一个重要分支关注于建筑环境的影响。具体来说，研究人员探讨建筑环境如何可能成为犯罪制造者、诱惑者、促进者或煽动者的温床；换句话说，城市设计如何塑造了一个可能促成、加速、限制或阻止各种犯罪行为的环境。

在此，我们认为建筑——在更广义的层面上，这包括与建筑形态、文化及其形成相关的概念——主要聚焦于建筑环境的设计与营造。“广义”这一表述至关重要，因为它突出了建筑（作为物理形态和学科）在社会中传递和嵌入文化价值观的作用，包括它如何构建社会关系、划定界限、建立或创造联系，以及它如何通过赋予某些个体和事物（视觉、物理和象征性）存在、表达和定位来代表社会，反之，也决定了哪些个体和事物被排除在外。因此，作为一门理论学科，建筑涵盖了建筑物、城市以及其他建筑环境的设计（即赋予它们形状和形式）。此外，它还探讨了关于建筑和城市的话语领域，建筑学科及其边界，广义的建筑环境，社会对学科和建筑形态的影响，以及这些学科和形态对社会的影响。因此，坚持使用“建筑”一词而非看似中性的“建筑环境”可能更为重要，因为历史、社会、美学和文化价值观的考量至少在一定程度上需要被纳入犯罪预防的讨论之中。

基于这一理解，当我们接下来提到“建筑”时，我们主要指的是建筑形态，或是设计这类形态的实践。

本章首先概述了 CPTED 领域的主要原则和理论进展。随后的一节展示了建筑师如何将犯罪学原理具体化，并对其作出了重要贡献。在最后一节中，我们介绍了为支持建筑师设计更安全、更具弹性的建筑环境而开发的计算工具。

犯罪与建筑环境

早期防御架构

环境对于人们的安全感以及免受外部威胁的保护，始终扮演着至关重要的角色。自古以来，防护墙的建造就已成为历史的一部分；中国在数个世纪前建造了最大、最著名的长城，而后世为相似目的所建造的建筑——如马其诺防线、西岸屏障以及特朗普提议的美墨边境隔离墙——仍在社区中激发出安全感、恐惧感、魅力与紧张情绪的复杂交织。除了这些物理屏障，我们还能在世界各地发现设防的家园、堡垒和掩体的遗迹，它们见证了当地居民在历史上的抗争与防御。

15 世纪至 17 世纪期间，防御建筑领域取得了显著的进步。那个时代的军事工程师和城市规划师在欧洲各国享有盛誉，如意大利的弗朗西斯科・迪・乔治・马蒂尼、葡萄牙的路易斯・塞朗・皮门特尔以及法国的塞巴斯蒂安・沃班等名字家喻户晓。这些专家提倡运用数学方法来设计和抵御围困，他们不仅重塑了城市景观，而且是将科学思维首次引入安全实践核心的先驱（康德和埃斯特韦通，2018；达菲，2015；乔治・马蒂尼和萨鲁佐，1841）。自那以后，众多研究深入探讨了人造结构的脆弱性，以及如何增强这些结构的防御力、减少伤害和提升弹性（埃克等人，2007；雷门特・麦克休，2015）。这些研究为我们理解如何通过环境设计来保护人类安全提供了宝贵的洞见。

伍德，雅各布斯，纽曼和杰弗里

尽管建筑和规划长久以来被视为军事战略的重要组成部分，但它们在减少犯罪及对犯罪恐惧方面的贡献并未得到同等程度的研究关注。现代防犯罪建筑的实例（如福斯等人，2016）并不容易为人所熟知。尽管利用建筑和工程手段来预防犯罪并不新颖——古埃及金字塔的防盗设计便是一例——但直到 20 世纪，人们才开始系统地考虑这些措施对降低犯罪率及犯罪恐惧的潜在影响。

伊丽莎白・伍德，作为芝加哥住房管理局的首任执行董事，因其构思的城市更新项目而受到赞誉，这些项目旨在支持社会福利和解决城市问题。作为住宅多样性的倡导者，她推动在城市各处建立公共住房项目，提供充足的室内外娱乐社交空间，并推行选择性政策以实现住宅内的种族平衡（瓦雷，2004：699）。与当时的普遍观念相悖，她经常鼓励规划者摒弃封闭的格栅式街道，转而发展混合用途、综合性的可行街区。她的理念是发展低层建筑，以便“在操场上呼唤孩子时，孩子可以听到窗户内母亲的声音”（安珀，1993；伍德，1961、1964）。她被视为思考建筑环境如何减少犯罪的先驱，并提出具体建议加强公共住房开发中的自然监控。尽管这些想法未能全部实施，但它们被认为对后来 CPTED 的思考产生了重要影响。

另一位城市多样性的支持者是美籍加拿大作家兼记者简·雅各布斯，她为 CPTED 理论提供了大部分理论基础。在雅各布斯具有争议性的著作《美国大城市的死亡与生活》（The Death and Life of Great American Cities）中，她将公共安全视为城市规划成功的标志，并用整章篇幅探讨了土地使用多样性与减少犯罪之间的假设联系。[1] 她的主要观点集中在对规划者的三个建议上：

> 公共空间与私人空间之间必须有明确的界限。街道应该是那些我们可以称之为“街道自然所有者”的人的视野所及之处……人行道上必须有足够连续的使用者，这不仅增加了对街道的有效观察人数，还能鼓励沿街建筑中的人们关注更多的人行道活动。
>
> （雅各布斯，1961：35）。

受到简·雅各布斯作品的启发，美国建筑师奥斯卡·纽曼在 1973 年提出了“防御空间”的概念，将其描述为“一种居住环境，其物理特征——包括建筑布局和场地规划——使得居民本身成为维护安全的核心要素”。作为一种对抗社会失序和犯罪加剧的手段，防御空间理论强调了环境因素对犯罪的影响，这些因素包括对领土的感知、潜在监护者（居民和访客）的监督机会、对地区管理和维护的看法，以及与相邻安全区域的地理关系（反之亦然，参见图 10.1）。纽曼的理论框架为城市规划带来了新的视角，但它也与雅各布斯关于提高城市空间渗透性的建议存在根本性的分歧。纽曼的理念迅速在政府行政机构中得到推广，尤其是在《国家环境政策法》（美国国会，1970）颁布后，该法案对政府的规划实践产生了深远的影响。美国住房和城市发展部以及执法援助管理局（LEAA）提供了资金支持，用于在各种住宅、交通、商业和教育环境中实施和验证防御空间的原则。LEAA 项目的名称是 CPTED，这是一个由犯罪学家 C. 雷·杰弗里创造的术语，它标志着环境设计在犯罪预防领域的一个重要里程碑。

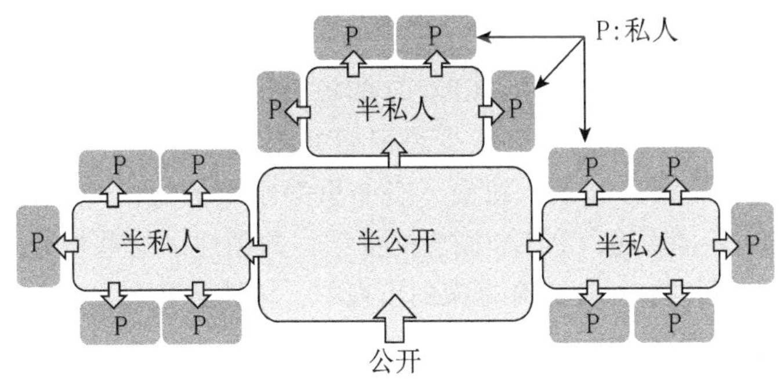

图 10.1 用白色箭头表示不同区域之间连接的防御空间层次结构（纽曼，1973：9）

如同本章中提及的其他学者，杰弗里（1971）的研究深入探讨了环境对人类行为所产生的影响。他提出，在社会和物质环境中存在着推动犯罪行为的力量。与传统犯罪学观点不同，杰弗里强调环境，尤其是犯罪机会，是犯罪行为的主要促成因素，他甚至指出："在适当的环境结构下，任何人都可能成为罪犯"（杰弗里，1977：177）。因此，他认为，通过改变环境，可以有效地破坏这些促进因素，减少历史条件对人的影响，改变行为实施的机会结构，增加犯罪行为过程中的监视风险，从而降低犯罪率。与纽曼的工作并行展开[2]，杰弗里的研究基于一个更为广泛的理论框架，该框架不仅包含物理环境，还涉及环境中的生物有机体。例如，他曾写道："环境从不直接作用于行为，而是通过大脑发挥作用。"他强调，"任何预防犯罪的模式都必须同时考虑大脑和物理环境"（杰弗里和扎姆，1993：330）。尽管杰弗里为 SCP 奠定了许多核心原则，但他的知名度并未达到雅各布斯或纽曼的程度；许多遵循他的犯罪预防原则的建筑师和规划师在提及 CPTED 的发展时，往往忽略了他在其中的贡献（参见第一章沃特利等人阐述的内容）。

第一代 CPTED

框架与原则

克劳（2000：46）曾阐述，CPTED 的核心理念在于："通过正确的设计和有效的建筑环境利用，可以减少恐惧感并降低犯罪率，从而提升生活质量。"基于伍德、雅各布斯、纽曼、杰弗里等学者的研究（例如，安吉尔，1968），形成了一套组织 CPTED 概念的框架，并阐述了这些概念如何在城市项目中得到应用。在对 CPTED 框架的审视中，科赞斯等人（2005）以及科赞斯和勒夫（2015）采用了莫法特（1983）最初开发的图表，对不同的策略进行了分类。他们识别出 7 个关键领域：领土强化、监控、访问控制、目标硬化、形象管理、活动支持以及地理并置，这些构成了我们所知的第一代 CPTED 的核心。根据克劳（2000）的看法，领土强化是 CPTED 的基石策略。这一概念并不简单，它涉及培养合法用户对空间的所有感，并将这种所有感传达给潜在的违法者，以此阻止非法行为。如图 10.1 所示，纽曼对私人、半私人以及公共区域的划分是这一设计原则的经典例证。领土权策略也可以通过其他措施得到加强，如通过明显的访问控制和社会监视机会的增加，来提升特定区域的社会控制水平。其他策略的加入进一步丰富了 CPTED 的概念，包括形象管理、合法活动支持以及目标硬化。形象管理与著名的破窗理论紧密相关，该理论认为，通过环境维护来营造社会凝聚力和非正式社会控制感，可以有效减少犯罪（威尔逊和凯灵，1982）。活动支持关注的是吸引不良行为者和活动的环境特征，例如将易被盗的财物和高价值物品转移到更安全的地点，并鼓励人们在某些区域从事合法活动，因为他们的存在本身就可能降低犯罪发生的风险。克拉克（1997：17）将目标硬化定义为"通过使用锁、保险箱、屏障或加固材料等物理手段来阻止犯罪行为"，这是另一种可以通过环境设计实现的犯罪预防方法。第一代 CPTED 的最后一个策略，地理并置，源自纽曼（1973）的防御空间理论，它探讨的是"安全区"与邻近区域安全的相互影响。

批评

对于 CPTED 框架的描述，并非没有遇到争议。首先，存在多个竞争性的框架，它们都宣称揭示了现代 CPTED 的结构。在科赞斯和勒夫（2015）提出的 7 种策略中，塞弗林等人（2013：88）只认可了其中 5 种，排除了目标硬化与地理并置。特别是将目标硬化纳入 CPTED 的工具箱，引发了广泛的争议。

第一，关于目标硬化的含义常常存在误解。目标硬化有时被等同于 SCP，并与与之相关的任何明显安全措施（例如闭路电视摄像头）混为一谈。尽管 SCP 文献明确将目标硬化视为消除犯罪机会的 25 种技术之一（史密斯和克拉克，2012）。值得注意的是，访问控制也是 SCP 技术列表中的一个元素，这意味着目标硬化并非费内利和佩里（2018）以及吉布森（2016：190）所提出的访问控制的子原则。我们的理解是，目标硬化不仅是对访问/进入的控制，更准确地说，它旨在赋予环境特定的物理属性，以抵御特定的犯罪行为或事件。这里我们借鉴了埃克布洛姆（2011）的抵抗概念："硬化是指（通常）预防性的准备工作，旨在赋予目标和围栏等抵抗犯罪分子操纵的特性，以针对一系列犯罪手段和目的。"根据犯罪分子可用的身体、情感、认知和经济资源，目标硬化确实有助于控制出入，但它也适用于其他犯罪活动的控制。滥用是一个明显的问题。目标硬化的例子包括车辆锁的固定、阻挡手机信号的金属板，以及空调（HVAC）系统中防止有害物质在建筑物内传播的过滤器。

第二，关于目标硬化对犯罪影响的争论也颇为常见（特塞洛尼等人，2017）。人们普遍认为，这种方法通过消除（潜在的）犯罪机会来起作用，即降低犯罪分子发现自己处于犯罪有利环境的可能性。如果只关注目标硬化在犯罪时对人们情境影响的减少（即减少犯罪的诱惑和成功的可能性），那么这种印象可能会产生：这种方法只会将犯罪转移到其他地方，而不会真正减少犯罪总数。毕竟，一个有动机的小偷如果在某处难以得手，可能会轻易转向附近的另一个目标。然而，这种观点过于简单，因为它假设犯罪分子都是高度专业化的，他们的犯罪动机不会随时间而变化，且他们随时可以获得所需的资源。这三个假设与现实行为相去甚远。以另一个例子来说，人们在雨天很少锻炼，尽管他们理论上可以将所有训练课程重新安排在晴天或室内进行。同样地，期待所有未遂、受阻或失败的犯罪都会被系统地转移到更合适的时间和/或地点是不合理的。此外，这些假设忽略了环境对人们意图的影响。我们可能会问，为什么孩子们看到冰淇淋车就会突然想吃冰淇淋。而且，认为目标硬化只会转移犯罪的观点假设了这种策略没有积极的累积和长期效应，比如犯罪者可能会逐渐远离犯罪，因为他们可能发现这是一项效率低下、压力巨大的“业务”。尽管有证据表明，SCP 措施，特别是目标硬化措施，可以在不导致犯罪转移的情况下减少犯罪（盖雷特和鲍尔斯，2009），但犯罪转移的谬误仍然在公众、从业者以及犯罪学专家中广泛流传。

第三，目标硬化常常在社会文化和道德层面上遭受负面评价（赫希等人，2000）。这种方法通常涉及在环境中添加纯粹以保护性为目的的元素，而不是在设计的常规（即非安全导向）元素中融入安全性考量。许多建筑师在建筑传统中接受教育，在这种传统中，“优良设计”通常与美学、功能性、宜人的环境、包容性、开放性，以及与特定项目及其意图（或预期居民的特性）直接相关的标准相联系。因此，他们觉得目标硬化的措施与他们在项目中希望体现的价值观存在根本性的冲突。如果这些安全措施在设计的后期阶段添加，或者其设计与项目的美学或整体氛围相冲突，那么这可能会带来更为严峻的挑战。例如，费内利和佩里（2018）提出，目标硬化应当被视为“最后的手段”。对目标硬化的负面看法并不仅限于建筑师群体，在“日常”城市景观中实施的安全措施所带来的视觉、情感和道德影响，也是公众广泛关注的议题（博里翁等人，2012；福斯，2008）。科尔菲等人（2009）在回顾“九一一”事件后市政当局对保护性安全措施的投资时，探讨了反恐措施所传递的象征性信息，并指出：“尽管安全制度可能试图通过建筑环境来‘传递’安全感和保障感，以安抚公众，但这些信息的‘接收’可能在‘翻译’过程中丢失”。矛盾的是，旨在提升安全性的功能可能会在公民中引发恐惧和焦虑感（博迪，2007：279）。

CPTED 的研制

第二代 CPTED

正如前文所提及，自 20 世纪 70 年代起，CPTED 在理论与实践中不断受到批评，而这些批评反过来也推动了该框架及其原始原则的发展与演变。萨维尔和克利夫兰（1997；2013）在对 CPTED 最为知名的批评中指出，雅各布斯和纽曼所提倡的整体方法在许多情况下未能有效服务于目标硬化的目的。他们特别提出，第一代 CPTED 忽视了社会因素，应当更多地考虑社区的需求，以塑造一个安全的环境。萨维尔和克利夫兰（1997）解释称，居民形成领土感情的先决条件是“共同归属感”和“邻里友好”。这一观点构成了第二代 CPTED 的基石，后者基于传统的犯罪学理论，尤其是应变理论，该理论认为通过提升社会凝聚力和集体效能可以减少犯罪（桑普森、劳登布什和厄尔士，1997）。在制定干预措施时，对社会因素的深入考虑不仅有助于长期的目标硬化，而且减少了措施与社区成员利益或价值观冲突的可能性，从而提高了措施的持续性（尼特，2014）。

萨维尔和克利夫兰（1997）提出的第二代 CPTED 原则体现在四个新的方面——社会凝聚力、连通性、社区文化和阈值能力：

> 社会凝聚力被视为第二代 CPTED 的核心要素，它包括将社区成员紧密联系在一起的社会黏合剂，增强积极的自我认同，并被视为个体必须具备的一种凝聚力。通过加强居民间的联系，社会凝聚力的干预措施能够促进有效的公民参与网络，这些公民不仅能够在社区中提供监管，还能解决内部冲突。连通性涉及社区与外部机构（如媒体、地方议会等）之间的关系和影响力，这些机构能够授权社区处理小问题。建立和维护这些关系需要人际交往技能、网络连接（如电子邮件）和物理连接（如道路、路径）。社区文化通过将居民聚集在一起的活动、计划、政策和环境特征来实现，给予居民一种地方感，并激发他们更强烈地实施领土控制的意愿（亚当斯和金巴德，2001）。最后一个组成部分，阈值能力（或生态阈值），较为抽象。它与“任何活动或空间支持其预期用途的能力”有关（萨维尔和克利夫兰，1997）。这包括平衡或多样化的土地利用和社会活动，引入社会稳定元素（如社区花园、街头娱乐），以及维持低犯罪率。

在第二代 CPTED 中，建筑师对减少犯罪的贡献更多是通过在社区内培养归属感，让居民能够找到解决冲突的方法，来减少冲突和犯罪的临界点。这遵循了雅各布斯关于街道吸引人们以增强监管的原则。在第二代 CPTED 中，“环境设计”的维度并不那么明显，至少在物质层面上如此，建筑师的角色也因此变得不那么清晰。吉布森（2016）认为，第二代 CPTED 的原则“只是加拿大和美国现代社区安全努力的反映，与第一代 CPTED 甚至环境设计的联系甚微”。有人甚至质疑这些原则是否应该被纳入 CPTED 的范畴。例如，埃克布洛姆等人（2013：94）认为，这种方法削弱了 CPTED 独特的“环境设计”方面。为了应对 CPTED 日益模糊的问题，他们呼吁进一步完善 CPTED 框架和术语的使用（参见克劳，2000；埃克布洛姆，2011、2013；吉布森和约翰逊，2016）。

第三代 CPTED

在对 CPTED 的本质和术语进行深入探讨的背景下，埃克布洛姆提出了更为详尽的定义，他指出：

> “CPTED 旨在降低犯罪及其相关事件的发生概率和潜在危害，并通过社区安全、环境规划和设计的过程提升生活质量。它在不同的规模和场所中，致力于创造既符合目的又适应情境的设计，同时在预防犯罪的有效性与通过后续管理和维护解决犯罪问题的适应性之间寻求平衡。”
>
> （埃克布洛姆，2013：13）

第三代 CPTED 的探索仍在进行中，虽然现在预测其最终形态还为时尚早，但该领域的最新进展仍然值得关注。

在题为《第三代 CPTED？重新思考预防犯罪战略的基础》的博士论文中，吉布森（2016）对 CPTED 的知识体系进行了深入审查。与埃克布洛姆相似，她发现 CPTED 的定义存在显著的不一致性：领土地位在 CPTED 框架内的融合不充分，以及每个 CPTED 概念中缺乏正式整合的社会组成部分。她认为第二代 CPTED 缺乏明确的理论基础，对于不同策略的信息不足，且缺乏在减少犯罪方面的有效性证据。因此，她提议重组和重新定义 CPTED 框架，以增强其清晰度和一致性，并在战略执行中消除运营和预备阶段的分歧（参见吉布森和约翰逊，2016）。她的框架包括三个核心概念，每个概念又细分为两个子概念：监视（包括正式监视和非正式监视）、积极加强（包括形象管理/维护和活动支持）以及访问控制（包括目标硬化和边界定义）。

另一方面，人们正试图将新技术的发展和全球性问题，特别是可持续性问题，融入 CPTED 的范畴。萨维尔（2013）指出了一份由联合国区域间犯罪和司法研究所与麻省理工学院敏感城市实验室合作发布的报告，题为“城市安全的新能源：通过绿色环境设计改善城市安全”。报告中提出了一个“第三代 CPTED 框架”，该框架侧重于可持续的绿色环境设计策略，并坚持物理或控制论强化的实践措施，以塑造人们对城市空间安全的看法，而不仅仅是关注犯罪。该框架融合了第一代和第二代 CPTED 的原则，并在此基础上增加了如何绿色地实施某些措施的提议（例如，利用收集的能源为街道照明供电）。它还大大拓展了 CPTED 的范围，提出了包括减贫在内的非特定情境战略。

在下一节中，我们将从上述概念的探讨转向 CPTED 所面临的实际挑战。尽管 CPTED 的理论原则并非高深莫测，但在实践中应用这些原则却远非易事。主要原因在于，为了使干预措施有效，它们必须针对具体的犯罪和情境进行定制；从业者必须确保安全措施之间不发生冲突，且不与人们和组织可能持有的其他（商业或道德）优先事项相抵触。因此，那些在构建环境中融入安全性的人可能会面临一系列复杂问题，这些问题受到物理和操作约束的影响。多年来，许多此类问题已通过实证研究得到揭示，经验丰富的从业者已经开发并学习了一系列启发式规则来解决这些问题。然而，对于那些针对日益增长的恐怖袭击浪潮进行设计的人来说，挑战更为严峻，可以说是巨大的。这在一定程度上是因为他们无法借鉴日常环境中类似的丰富设计经验，同时也因为失误的后果可能是灾难性的。作为回应，创新的分析方法已被采纳，正如本章后续部分所讨论的那样。

CPTED 计算工具

设计时预防恐怖活动

建筑与工程的结合常常是应对公共安全重大威胁的关键策略（博里翁，2018；博里翁和库克，2017）。自 2001 年 9 月美国遭受恐怖袭击以来，布什政府发起了一项宏伟的安全计划，旨在保护大城市免受爆炸性攻击的侵害（威利斯，2007）。政府大楼周边部署了防护柱和障碍物；闭路电视监控和自动车牌识别（ANPR）系统要么被新引入，要么在城镇中得到了更广泛的覆盖；火车站和机场等新的公共交通枢纽在设计时，也将安全性作为了更高的优先级（博里翁等人，2014；科菲，2004；埃诺玛等人，2009）。随着欧洲针对软目标的恐怖袭击事件频发，反恐措施正在被扩展到更多城市及城市内的更多区域。

第一代 CPTED 的几个核心概念在预防攻击或减轻其后果方面发挥了至关重要的作用。在 2007 年格拉斯哥机场恐怖袭击中，一辆载有丙烷罐的汽车被航站楼入口处的安全防护柱成功阻拦（布罗克赫斯特，2017）。在 2017 年威斯敏斯特和伦敦桥袭击事件中，恐怖分子的行动同样因他们汽车撞击的物理结构而受阻。两年前，一名负责控制人员进入巴黎法兰西体育场的安保人员成功阻止了一名恐怖分子在体育场内引爆炸弹（罗宾逊和兰道罗，2015）。自然监视在许多情况下也被证明是有效的，如公众在汽车和火车车厢中发现隐藏武器的情况（MPS，2017）。为了鼓励这种行为，许多建筑和公共交通系统现在安装了装置和构件，使得隐藏的武器难以被忽视（博里翁等人，2014），如图 10.2 所示。

对于建筑师而言，反恐挑战不仅在于在公共场所成功地体现安全原则，还包括适应其他领域的干预措施。例如，在安全管理方面，机场更为彻底的检查程序（如手工搜查和使用 X 射线扫描仪）可以提升武器探测的效率，但同时也会增加排队等候的长度，从而对空间提出了更高的要求。为了应对这些挑战，正在研发更先进的技术（如传感器和追踪系统）和计算工具（如算法和软件包），以帮助建筑师更深入地理解设计选择与安全风险之间的复杂关系。

案例分析：弹性基础设施与建筑安全（RIBS）

为了说明计算工具是如何支持 CPTED 原理的，本研究利用欧盟 FP7 RIBS 项目开发的案例研究。本研究旨在通过建立一套设计流程来支持设计有效可行的安全措施。这项研究是由一个多学科的团队共同完成的，研究了包括入侵者、爆炸物、化学物质和生物制剂在内的多种安全威胁。建筑，特别是空间分析，已经渗透到所有研究领域，因为我们必须了解恐怖袭击的空间特征和干预措施对这些特征的影响。

图 10.2　首尔站的储物柜。顶部面板经过改装，以防止植入爆炸装置

这项研究始于构建一个基础设施模型，该模型代表了当时作为零售银行分行使用的建筑（作为一个包含公共、半公共和私人功能区域的商业建筑的例子），及其服务、占用者和资产。然后，该方法涉及从组织内不同部门的成员等一系列个人那里引出利益相关者的需求（即目标和约束）。接着，利用计算机建模工具开发并模拟了一些场景，这些场景代表了普通和特殊情况。将攻击场景视为目标生态系统的误用案例，然后由生物、化学和爆炸物保护方面的专家团队推导出关于整个生态系统的高层次要求。选择了不同的策略、安全原则和干预机制，这些后来用于指定未来保护措施的确切功能及其某些品质。最后，对功能需求（即干预对生态系统应产生的效果）和非功能需求（即必须满足的任何附加目标和约束）进行了优先级排序和验证。

空间分析团队的贡献在研究的许多领域都有所体现。在接下来的部分中，我们将介绍一些为这个项目开发和实施的技术，说明杰弗里等人提出的 CPT-ED 原则如何适用于这个问题。

具有常规的时间和空间行为特征

在“常态”条件下，观察、预测乃至控制空间使用方式的能力，为减少犯罪行为提供了极为实质性的帮助（科恩和费尔森，1979）。掌握特定建筑内日常微观行为的细节（例如，人们在房间内的移动轨迹）通常是评估假定袭击潜在后果的基础。在 RIBS 项目中，我们开发了一项技术，用于自动记录研究建筑内的日常微观活动，如图 10.3 所示。

随后，这些收集到的数据被用于估算不同袭击场景可能导致的伤亡人数。通过对工作人员和访客的占用模式进行分析，我们可以预测在建筑物不同区域发生爆炸装置引爆的可能影响。此外，通过对正常日子里居住者移动模式的建模，考虑不同时间、位置和密度因素，我们能够预判如果在建筑物内释放生物或化学制剂将会发生的情况（见图 10.4）。

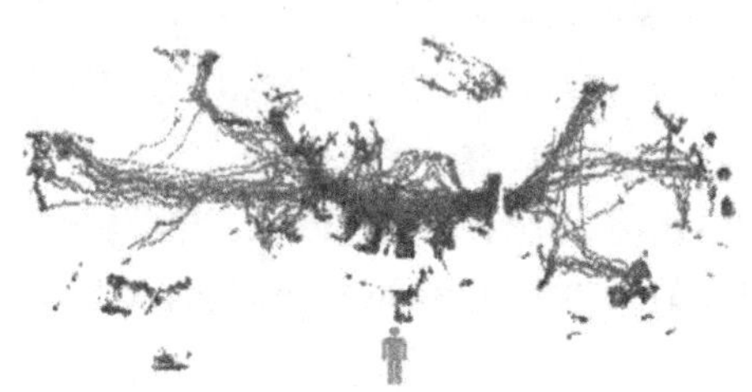

图 10.3　通过 RIBS 技术捕捉的一楼访客轨迹（来源：英瓦尔和贾森）

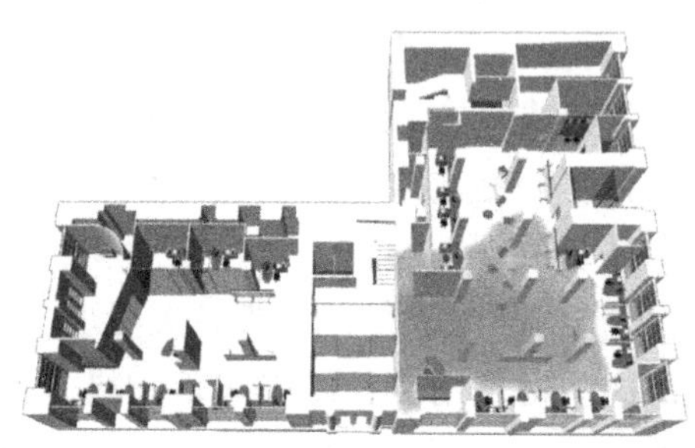

图 10.4　银行分行模拟的有害物质扩散（来源：以色列理工学院）

研究表明，描绘正常行为对于揭示建筑使用中固有的安全缺陷极为有益。研究发现，大量访客在系统上接触到了银行大厅内的同一物体，如果恐怖分子能够获取适当的材料，这一物体可能成为极其有效的污染点。另一个关于进入控制和空间使用的有益洞见来自于对人们移动模式的观察。借鉴纽曼的空间层次理论，通过对时空轨迹的分析，我们能够识别出那些并不严格遵循空间预期功能的日常微观活动。这包括大多数访客，即便他们最终是为了使用银行的一个特定功能，也会展现出类似多功能区域的行动模式。例如，一楼被划分为一个主大厅和一个等候室（位于入口右侧），主大厅内有工作人员的柜台以及额外的个人银行咨询空间，而另一个大厅则设有个人顾问和自动取款机（ATM，位于入口左侧）。尽管二楼提供其他服务，但观察到有相当数量的访客在完成实际任务之前，至少进入了两个入口大厅。此外，还有一部分访客仅仅是穿过一个或两个大厅，随后便离开。当员工意识到这一观察结果时，他们最初对这种现象的普遍性感到惊讶。然而，在深思熟虑之后，他们认为这对于客户服务和维护至关重要——这些访客可能是潜在的或现有的客户，他们来查看排队时间、确认特定联系人是否空闲等情况。作为一种建立关系和吸引客户的机会，这种非预期的活动随后被纳入到预期活动的范畴中。因此，RIBS 项目确认并强调了在提升安全性项目中纳入居住者日常活动阶段的重要性，以确保安全措施不仅支持计划中的日常活动，同时也适应实际发生的日常活动。

异常行为特征

在一定程度上，对日常活动的识别同样使分析师能够界定并辨识出异常行为。通过对空间分析团队收集的移动轨迹数据（见图 10.3 和 10.5）的分析，我们可以清晰地看到，进入银行的客户遵循着多种不同的行为模式。尚克和阿贝尔森（1977：41）将脚本理论方法描述为“在特定情境中，为已知情况预先设定的、可重新组织的行动序列”，这种方法在标记、分类和分析客户行为方面尤为有效。在 RIBS 项目中，我们在银行分行中识别出了超过 45 种不同的脚本，这些脚本被归纳为 11 种类型，包括使用 ATM 的顾客、前来参加预约的客户等。

那些不符合任何已确定的日常脚本的行为可以被归类为异常脚本（从功能角度考虑），或者从统计角度被视为异常值。在银行的环境中，某些行为（例如，人们在不使用任何银行服务的情况下频繁进出）显然与场所的预期功能不符。然而，这些行为并不被视为异常值，因为它们在分支机构中是普遍存在的。相反，其他一些看似与银行的预期职能更为一致的活动模式，实际上可能会被熟悉该环境的人认为是异常的。

从时间和空间两方面模拟罪犯行为

脚本概念在犯罪科学领域尤为宝贵，因为它允许我们模拟犯罪过程中涉及的连续情境、决策和行动（参见博里翁，2013；博里翁等人，2017；科尼什，1994）。为了构建这些脚本的模型，我们创建了一个空间图，用以表示犯罪分子在银行分支机构内可能采取的离散位置。实际上，犯罪分子在每一步都拥有多个选择，而完整地呈现所有可能的动作序列构成的场景是复杂的。为了简化建模问题，我们必须采用一种方法，让分析师能够专注于那些风险程度较高的情景（图巴林等人，2012）。一种常见的做法是排除那些极不可能发生且不会导致严重后果的场景。利用基于主体的建模方法，我们可以根据主体能够感知的环境要素的情境信息来模拟价值判断。为此，开发了一款计算工具，能够自动识别犯罪分子在空间移动时所看到的视野内容。这一功能不仅可用于模拟犯罪分子的部分决策过程，还可以用于构建敌对侦察脚本。此外，它还可以逆向用于识别那些具有最高和最低可见性级别的房间区域，如图10.5所示。借鉴雅各布斯“眼睛盯着街道”的理念，通过进一步考虑占用率和注意力模式，我们可以评估整个大空间的监控水平。

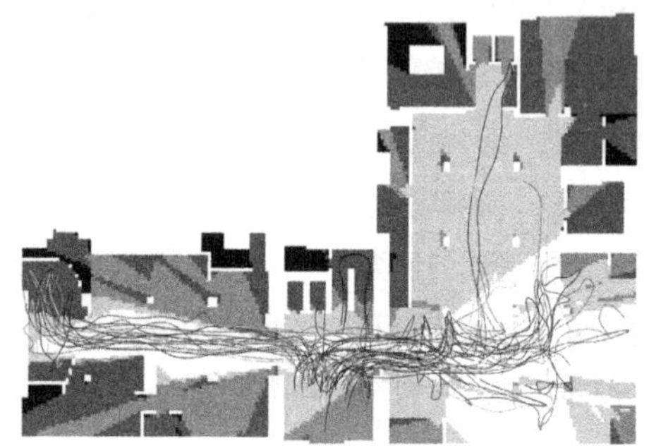

图10.5　游客轨迹和模型建筑中的能见度水平（来源：库克和米兰达）

资产分布与建筑界面结构

从使用者的视角来看，建筑可以被视为一个空间生态系统，它不仅承载着居民与游客的日常生活，也映射着他们之间的相互关系（例如，希利尔和汉森，1984）。因此，建筑可以被解读为由众多接口构成的复合体，这些接口既促进又传达了建筑的预期用途和潜在功能（库克，2013；马克，1993；佩波尼斯，2012）。总体而言，建筑不仅是居民与访客之间的交互界面，也是不同居民群体之间——如管理层与员工之间，或者不同工作团队之间——以及不同功能区域——如会议室与办公区——的交互界面。社会组织，如银行机构，根据其多样的职能、员工配置和设施布局来安排活动，以满足各种技术性、社会性、组织性或其他类型的需求和惯例。在此背景下，我们可以区分三种主要的界面类型：首先是建筑作为组织内部的界面，其次是建筑作为组织与访客之间的界面，最后是建筑作为通用界面，即建筑空间结构的可供性，以及它如何影响或决定特定交互界面和例行程序的可能性和合理性范围。

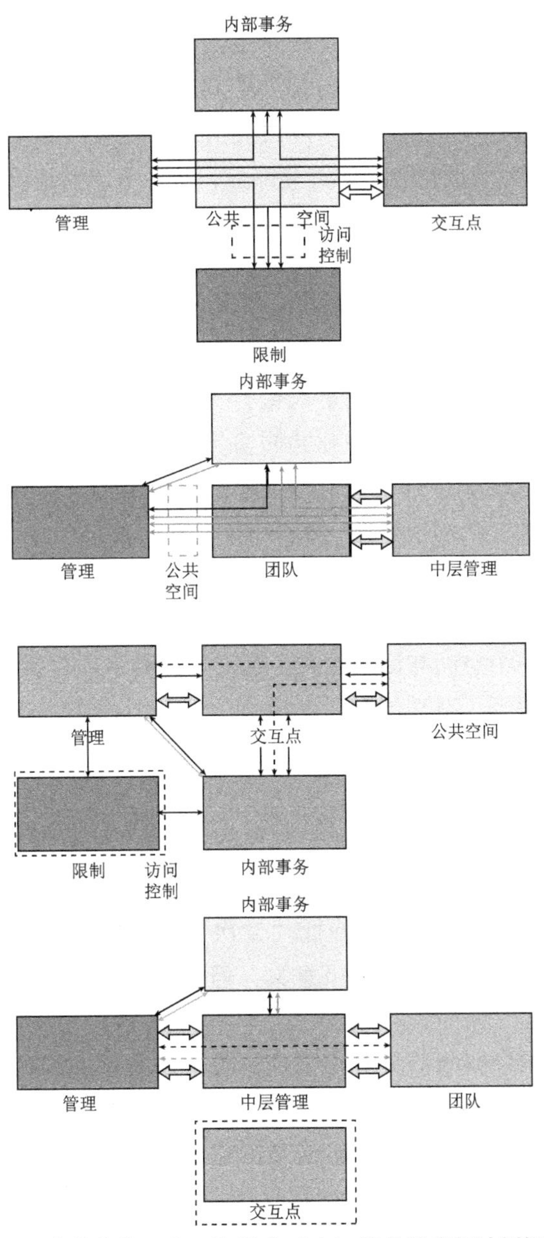

图 10.6　建筑公共（左）和私人（右）部分的空间计划概念图。上层组织是当时的组织，而下层组织则表现出潜在的变化情况

在 RIBS 中，如图 10.6 所示，这些接口可以被抽象地表示出来，一方面展现“整体”银行的概貌，另一方面则关注与主要员工区域相关的细分部分。从组织和安全的角度出发，这些逻辑可以被重新组织，正如图中底部两张图所展示的，一方面是将内部通信与公共空间区分开，另一方面是按照组织层次结构来安排人员空间。这样的布局可能有助于更便捷地实施访问控制，同时集中展现交互和/或例行程序的重叠部分，从而更清晰地反映功能意图。

然而，除了我们讨论的组织逻辑和功能意图之外，组织本身也是承载着常规、身份和社会意图的社会实体（阿明和科亨德特，2004；佩波尼斯，1985；赛勒和麦卡洛，2011；赛勒和佩恩，2010）。例如，高层管理层和中层管理层需要穿越普通员工区域，这种做法不仅被视为减轻层级隔阂、促进员工与管理层接触的有效方式，也是对银行身份的重要体现。在这里，银行被视为一个工作场所，不同部门在此共同协作，形成了一个统一的社区。类似地，对于通过公共区域进行的交流，也提出了类似的观点，强调共融和谐的工作环境对于组织文化的重要性。

我们的观点并非在于评判这些做法的优劣，而是强调安全措施应当对此给予充分考虑，并在必要时提出质疑与重新规划。当人们超越特定的空间安排，将建筑视为一个空间与活动的共生系统（正如本项目所做的那样），便能在确保安全的前提下，对功能和活动进行（重新）分配。这涉及到不同价值资产的相互配置及其向公众的开放程度，以及如何根据实际或必要的接近性来设置。

以一个简化的例子来说明，将“高风险资产”（如高级管理层、银行金库和关键数据存储）分离，不仅可以降低抵押品的风险，减少高风险目标的集中（从而减少威胁吸引），还能降低“二次”风险的发生。尽管可以为管理层访问公共空间提供象征性的积极意义，但这与将其作为大规模管理活动的必要或最便捷途径是两回事。

同样地，建筑中哪些部分允许公众浏览，以及通过哪些路径成为生态系统的一部分，这些都是可以精心设计的，以促进和简化期望的活动，同时限制和禁止不希望发生的行为。这包括整体建筑空间结构对公共区域的开放性如何显著影响浏览行为（访问者根据目的明确与否在空间中移动；希利尔，1996；库克，2013），而特定功能的分布则更直接地影响那些具有特定目的的访问者，如前所述，大多数访问者目的介于这两者之间。

在城市尺度上，也可以提出类似的论点，尽管特定与一般之间的关系及其特征可能会有所不同。在RIBS研究中，已经证实建筑配置的可见性和可访问性（通过可见性图分析测量；特纳，2001；特纳和潘恩，1999）与整合性（一种特定的中心性形式；参见希利尔和汉森，1984）密切相关，这影响了移动流量、移动模式的集体形态，以及公共银行中访客的整体分布。此外，上述关于接口、资产与可访问性（即从入口或相互之间的到达方式）和接近性（它们物理上的远近）相关的共同定位、集群和分离的推理，已被进一步开发为数字工具，以便在建筑物中更精确地测量这些因素（赫尔姆等人，2014），以及空间分析工具的最新进展，如位置语法工具（PST；斯托拉等人，2005；马库斯等人，2017）或GIS软件的特殊应用，这些工具允许在城市层面上进行类似的分析。

空间与形态弹性

在探讨建筑的应对策略及其空间组织受到的特定干扰时，另一个值得深入研究的维度是建筑如何承受和适应这些中断。原则上，这涉及到建筑内部连接的中断如何影响整体组织结构。在图10.7中，我们展示了拥有相同房间数量的建筑物（顶部图）在不同连接方式下，受到相同破坏（中间和底部图）的影响有何不同。结果显示，不仅影响的程度存在差异，而且差异的性质也不尽相同——也就是说，对于某一种破坏类型，两个假设建筑所受的影响显著不同（图中第二行所示），而对于另一种破坏类型，这种差异可能几乎可以忽略不计（第三行所示）。通过对更复杂案例的研究，包括在RIBS中建模的建筑，这些主要观察结果得到了验证并揭示了更细微的差别（库克和米兰达，2013）。研究表明，就连接数量或物理影响而言，较大的中断可能产生较小的影响，而较小的事件却可能彻底改变系统。此外，还可以区分全局性的建筑影响和局部性的影响。

该项目开发了一系列工具，旨在以更精确的方式解决配置弹性问题。其中一项关键技术是自动生成所谓的“凸空间图”（米兰达和库克，2013），该图揭示了空间的结构属性类型，进而能够评估与连通性相关的弹性。阿布希里尼和库克（2017）以及埃斯波西托和迪平托（2014）进一步阐述了如何将这些研究成果应用于城市规模，以理解城市作为社会界面在空间弹性方面的表现。结合现有的工具（或并行开发的工具），这些进展为从特定角度深入理解给定的空间组织如何应对不同类型的威胁提供了丰富而精确的方法。

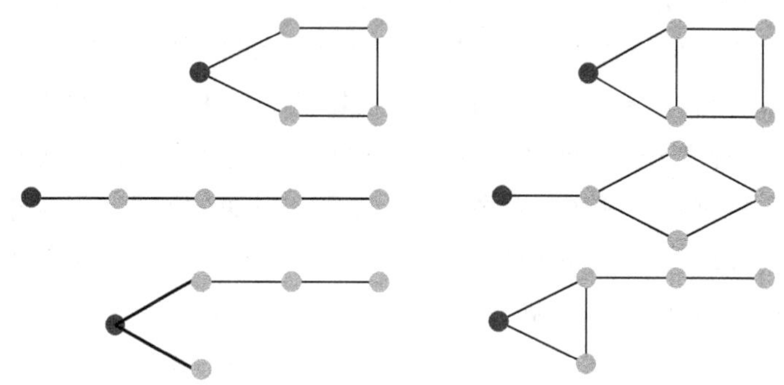

图 10.7 分别从中间和下部系列的入口（暗节点）切割第一或第二个连接，对配置深度的影响。添加第二条垂直线（右）会使与左侧相同的切割效果在句法深度和循环方面有很大不同

合成

为了推动 CPTED 学术研究的发展，上述工作不仅扩展了其哲学范畴，考虑了脚本的作用以及犯罪行为在破坏、损失和伤害方面的影响。在一定程度上，界面研究的深入拓展了公共、半公共和私人空间的划分，使得能够更加精确和深思熟虑地处理与安全和使用相关的建筑变量，如建筑设计元素和功能分配。配置弹性的概念进一步提升了访问限制结构的精细化，并通过考虑空间破坏的系统影响，改善了风险的情境化缓解策略。

脚本方法提供了一种分析场景道德、经济和规划维度的工具，支持 CPTED 的实施。正如我们所强调的，建筑师必须在安全考虑与其他价值观和期望之间找到平衡点。脚本的开发使得我们可以细致地分析预期和希望的小型程序。在空间分析中，脚本理论方法能够评估 CPTED 措施如何改变环境，以及它们是否可能以预期之外或不必要的方式产生影响。此外，它还有助于理解表面上的重大变化对预期活动影响是大、小还是微不足道。同时，这种方法论有助于了解如何以及在何处应用 CPTED 措施来应对一系列恶意威胁（包括最严重的威胁），从而使建筑设计能够考虑更广泛、更多样化的可能性。在 RIBS 项目中，这种综合方法促使对多种保护措施进行重新评估，以提供更全面的保护，同时对银行的日常使用造成最小的影响。

界面和资产分配的讨论同样宝贵，因为它使得安全问题能够在空间结构和程序安排中得到更自然的融入，这两个要素是建筑项目设计的关键。具体来说，它有助于识别应实施其他 CPTED 措施的位置，并提供了降低成本同时提升安全性的机会，例如，通过重新安排方案来作为更合适的解决方案。由于它将访问和无障碍的概念扩展到包括空间配置在内的系统问题，它还允许评估和实施那些可以通过多个步骤或“远程”操作的安全需求和措施。例如，为了保护特定资产，CPTED 措施可以部署在非常具体的位置（如一扇特定的门），也可以分布在多个位置，每个位置都具有不同的经济、象征和社会含义。此外，尽管 CPTED 已经认识到私人空间和公共空间之间多样化的必要性以及区域之间的潜力，但通用 CPTED 分区的适用性会随着时间、空间和文化背景的变化而变化。因此，从 CPTED 的角度来看，界面概念为“私人”与“公共”空间之间的多样化转换提供了更精确和适应性强的理解，使建筑师能够更敏感、更精确地工作。在这里，脚本和界面紧密相连，从建筑形式和人们活动的不同角度进行研究。

在本章中，句法弹性涉及将安全和破坏的概念扩展到空间系统的视角。对被视为可访问性系统的环境脆弱性的理解，为决定 CPTED 措施的应用位置提供了有用信息。RIBS 项目中开发的方法通过考虑可能影响认知和社交习惯的空间特性，进一步扩展了这一概念。它还允许根据建筑物及其更广泛环境中的破坏数量和性质来评估威胁。我们还注意到，破坏可能源自非法行为，也可能源自激活的安全系统，这突显了建筑师需要理解 CPTED 措施与实施这些措施的环境之间可能存在的系统依赖性。

总结

在过去的数十年中，研究不断表明，通过精心的建筑环境设计，可以促进合法行为，同时有效预防非法和犯罪行为。文献一方面关注城市和社区的规划，以提升安全性、敏感性，另一方面则聚焦于建筑元素——如窗户、门和入口——的材料和设计选择。在全球各大城市，为了满足对安全性（往往是可见的安全性）日益增长的需求，整个区域经历了重塑和改造。面对恐怖主义的威胁，火车站、街道和桥梁增设了铁轨、围栏和防护柱，以防止车辆的冲撞袭击。埃菲尔铁塔和伦敦下议院等标志性建筑也采用了透明防护面板。体育场和其他拥挤的公共空间周边安置了长凳、公共艺术装置和树木。公共建筑中的传统窗户被更安全的层压玻璃窗所替代。

犯罪预防环境设计的核心挑战在于，如何在微观环境层面，通过建筑、走廊和房间的设计来减少犯罪，同时兼顾人们和组织的其他合理需求。这要求将建筑学、城市规划和行为科学的知识融合在一起，以深入理解建筑形式与微观行为之间的复杂关系。为了实现这一目标，必须开发依赖于人工智能等先进技术的工具，用于搜集和分析高质、高分辨率的数据，从而辅助建筑师设计出既安全又能够抵御犯罪和恐怖主义威胁的环境。

借助这些工具，新一代建筑师将能够更轻松地识别设计中的犯罪诱发因素，并通过模拟建筑改造对公共安全的潜在影响来优化这些设计。随着建筑业的数字化转型和城市环境改造需求的日益增长——以适应包括新能源系统、智能基础设施和自动驾驶汽车在内的一系列技术创新——建筑师与犯罪科学界的结合，全面应对城市挑战，并在打击犯罪方面发挥实质性作用，这或许是一个前所未有的机遇。

致谢

本章中描述的研究是作为 RIBS 项目的一部分进行的。RIBS 财团由欧盟委员会根据欧洲框架计划 7（ID：242497）资助，包括 AEDAS、DTU、KTH、以色列理工学院、UCL 和 2E。空间分析团队按字母顺序包括 H. 博里翁、C. 德瑞克斯、L. 赫尔姆、P. M. 英瓦尔、Å、伊崎、P. 贾根纳特、C. 延森、D. 库克和 P. 米兰达。

注释

1. 土地利用多样性在第二代 CPTED 中也有体现。
2. 杰弗里的开创性出版物比纽曼早一年出版。

参考文献

Abshirini, A. and Koch, D. 2017. "Resilience, space syntax and spatial interfaces: the case of river cities". *A | Z ITU Journal of the Faculty of Architecture*, 14 (1), 25~41.

Adams, D. and Goldbard, A. 2001. *Creative Community: The Art of Community Development*. New York: Rockefeller Foundation.

Amin, A. and Cohendet, P. 2004. *Architectures of Knowledge: Firms, Capabilities, and Communities*. Oxford: Oxford University Press.

Angel, S. 1968. *Discouraging Crime through City Planning*. University of California Institute of Urban & Regional Development.

Boddy, T. 2007. "Architecture emblematic: hardened sites and softened symbols". In M. Sorkin (ed.) *Indefensible Space* (pp. 277~304). London: Routledge.

Borrion, H. 2013. "Quality assurance in crime scripting". *Crime Science*, 2 (1), 6.

Borrion, H., Bordeanu, O. and Toubaline S. "Forthcoming. Simulation of dependencies between armed response vehicles and CPTED measures in counter-terrorism resource allocation". In R. Armitage and P. Ekblom (eds) *Re-Building Crime Prevention through Environmental Design: Strengthening the Links with Crime Science*. Abingdon, UK: Routledge.

Borrion, H., Dehghanniri, H. and Li, Y. 2017. "Comparative analysis of crime scripts: one cctv footage-twenty-one scripts". *In Intelligence and Security Informatics Conference (EISIC)*, 2017 *European* (pp. 115~122). Piscataway, NJ: IEEE.

Borrion, H. and Koch, D. 2017. "Integrating architecture and crime science: a transdisciplinary challenge". In P. Gibbs (ed.) *Transdisciplinary Higher Education* (pp. 91~107). Cham, Switzerland: Springer.

Borrion, H., Mitchener-Nissen, T., Taylor, J. and Lai, K. M. 2012. "Countering bioterrorism: why smart buildings should have a code of ethics". *In Intelligence and Security Informatics Conference (EISIC)*, 2012 *European* (pp. 68~75). Piscataway, NJ: IEEE.

Borrion, H., Tripathi, K., Chen, P. and Moon, S. 2014. "Threat detection: a framework for security architects and designers of metropolitan rail systems". *Urban, Planning and Transport Research*, 2 (1), 173~194.

Brocklehurst, S. 2017. "The day terror came to Glasgow Airport". *BBC Scotland News website*. Available at: www.bbc.co.uk/news/uk-scotland-40416026# [Accessed 30 Jun. 2018].

Clarke, R. V. G. (ed.) 1997. *Situational Crime Prevention* (pp. 53~70). Monsey, NY:

Criminal Justice Press.

Coaffee, J. 2004. "Rings of steel, rings of concrete and rings of confidence: designing out terrorism in central London pre- and post-September 11th". *International Journal of Urban and Regional Research*, 28 (1), 201~211.

Coaffee, J., O'Hare, P. and Hawkesworth, M. 2009. "The visibility of (in) security: the aesthetics of planning urban defences against terrorism". *Security Dialogue*, 40 (4~5), 489~511.

Cohen, L. E. and Felson, M. 1979. "Social change and crime rate trends: a routine activity approach (1979)". In M. A. Andresen, P. J. Brantingham and J. B. Kineey (eds) *Classics in Environmental Criminology* (pp. 203~232). Boca Raton, FL: CRC Press.

Conde, A. F. and Massa-Esteve, M. R. 2018. "Teaching Engineers in the Seventeenth Century: European Influences in Portugal". *Engineering Studies*, pp. 1~18.

Cornish, D. B. 1994. "The procedural analysis of offending and its relevance for situational prevention". *Crime Prevention Studies*, 3, 151~196.

Cozens, P. and Love, T. 2015. "A review and current status of crime prevention through environmental design (CPTED)". *Journal of Planning Literature*, 30 (4), 393~412.

Cozens, P. M., Saville, G. and Hillier, D. 2005. "Crime prevention through environmental design (CPTED): a review and modern bibliography". *Property Management*, 23 (5), 328~356.

Crowe, T. D. 2000. *Crime Prevention through Environmental Design: Applications of Architectural Design and Space Management Concepts*. Oxford: Butterworth-Heinemann.

di Giorgio Martini, F. and Saluzzo, C. 1841. *Trattato di architettura civile e militare* (Vol. 3). Turin: Tipographia Chirioe Mina.

Duffy, C. 2015. *The Fortress in the Age of Vauban and Frederick the Great 1660~1789* (*Vol.* 8). Abingdon, UK: Routledge.

Eck, J. E., Clarke, R. V. and Guerette, R. T. 2007. "Risky facilities: Crime concentration in homogeneous sets of establishments and facilities". *Crime Prevention Studies*, 21, 225.

Ekblom, P. 2011. "Deconstructing CPTED ... and reconstructing it for practice, knowledge management and research". *European Journal on Criminal Policy and Research*, 17 (1), 7~28.

Ekblom, P. 2013. "Redesigning the language and concepts of crime prevention through environmental design. Reconstructing CPTED". *Paper presented at the 6th Ajman International Urban Planning Conference: City and Security*, March, Ajman, United Arab Emirates.

Ekblom, P., Armitage, R., Monchuk, L. and Castell, B. 2013. "Crime prevention through environmental design in the United Arab Emirates: a suitable case for reorientation?" *Built Environment*, 39 (1), 92~113.

Enoma, A., Allen, S. and Enoma, A. 2009. "Airport redesign for safety and security: case studies of three Scottish airports". *International Journal of Strategic Property Management*, 13 (2), 103~116.

Esposito, A. and di Pinto, V. 2014. "Urban resilience and risk assessment: how urban layout affects flood risk in the city". 14*th International Conference on Computational Science and Its Applications*, *Guimaraes*, 2014 (pp. 204~207).

Fennelly, L. J. and Perry, M. A. 2018. *Target Hardening. In CPTED and Traditional Security Countermeasures* (*pp*. 10~11) . Boca Raton, FL: CRC Press.

Fussey, P. 2008. "Beyond liberty, beyond security: the politics of public surveillance". *British Politics*, 3 (1), 120~135.

Fussey, P., Coaffee, J. and Hobbs, D. 2016. *Securing and Sustaining the Olympic City: Reconfiguring London for* 2012 *and beyond*. Abingdon, UK: Routledge.

Gibson, V. 2016. "Third generation CPTED? Rethinking the basis for crime prevention strategies". Doctoral dissertation, *Northumbria University*.

Gibson, V. and Johnson, D. 2016. "CPTED, but not as we know it: investigating the conflict of frameworks and terminology in crime prevention through environmental design". *Security Journal*, 29 (2), 256~275.

Giuliani, M. V. 1987. "Naming the rooms: implications of a change in the home model". *Environment and Behavior*, 19 (2), 180~203.

Guerette, R. T. and Bowers, K. J. 2009. "Assessing the extent of crime displacement and diffusion of benefits: A review of situational crime prevention evaluations". *Criminology*, 47 (4), 1331~1368.

Helme, L., Derix, C. and Izaki, Å. 2014. "Spatial configuration: semi-automatic methods for layout generation in practice". *The Journal of Space Syntax*, 5 (1), 35~49.

Hillier, B. 1996. *Space is the Machine*. Cambridge, MA: Cambridge University Press.

Hillier, B. and Hanson, J. 1984. *The Social Logic of Space*. Cambridge, UK: Cambridge University Press.

Hillier, B. and Iida, S. 2005. "Network and psychological effects in urban movement". In A. G. Cohn, D. M. Mark (eds), *Spatial Information Theory* (pp. 475~490). Berlin: Springer.

Jacobs, J. 1961. *The Death and Life of Great American Cities*. New York: Vintage.

Jeffery, C. R. 1971. *Crime Prevention through Environmental Design*. Beverly Hills, CA: Sage Publications.

Jeffery, C. R. 1977. *Crime Prevention through Environmental Design*. Beverly Hills, CA: Sage.

Jeffery, C. R. and Zahm, D. L. 1993. "Crime prevention through environmental design, opportunity theory, and rational choice models". *Routine Activity and Rational Choice*, 5, 323~350.

Koch, D. 2013. "The architectural interface inside-out: interior-exterior relations, spatial models, and configurational mirroring". In Y. O. Kim, H. T. Park, and K. W. Seo (eds), *Proceedings of the Ninth International Space Syntax Symposium* (pp. 67: 1~16). Seoul: Sejong University Press.

Koch, D. 2014. "Changing building typologies: the typological question and the formal basis of architecture". *The Journal of Space Syntax*, 5 (2), 168~189.

Koch, D. and Miranda, P. 2013. "Syntactic resilience". In Y. O. Kim, H. T. Park, K. W. Seo (eds), *Proceedings of Ninth International Space Syntax Symposium* (pp. 54: 1~54: 16). Seoul: Sejong University Press.

Lambert, B. 1993. Elizabeth Wood, 93, innovator in early days of public housing. *The New York Times*. Available at: www. nytimes. com/1993/01/17/us/elizabeth-wood-93-innovator-in-early-days-of-public-housing. html [Accessed 17 Jun. 2018].

Legeby, A. 2018. "Everyday Urban Life at Neighbourhood Centres: Urban Design and Co-Presence". In A. E. Toft and M. Rönn (eds), *The Production ofKnowledge in Architecture by PhD Research in the Nordic Countries* (pp. 73~100). Hisings Backa: Nordic Academic Press of Architectural Research.

Madge, J. 2007. "Type at the origin of architectural form". *The Journal of Architecture*, 12 (1), 1~34.

Marcus, L. 2018. "Overcoming the subject-object dichotomy in urban modeling: axial maps as geometric representations of affordances in the built environment". *Frontiers in Psychology*, 9 (449), 1~10.

Marcus, L., Berghauser Pont, M. and Bobkova, E. 2017. "Cities as accessible densities: adding attraction variables to configurational analysis". In T. Heitor, M. Serra , J. P. Silva , M. Bacharel , and L. C. Da Silva (eds), *Proceedings of the 11th International Space Syntax Symposium* (pp. 167. 1~167. 12). Lisbon: Instituto Superior Técnico.

Markus, T. A. 1993. *Buildings & Power: Freedom & Control in the Origin of Modern Building Types*. London: Routledge.

Miranda, P. and Koch. D. 2013. "A computational method for generating convex maps using the medial axis transform". In Y. O. Kim, H. T. Park, and K. W. Seo (eds), *Proceedings of Ninth International Space Syntax Symposium* (pp. 64: 1~64: 11). Seoul: Sejong University Press.

Moffat, R. 1983. "Crime prevention through environmental design-a management perspective". *Canadian Journal of Criminology*, 25 (4), 19~31.

MPS. 26 May 2017. "Student jailed for 15 years for leaving homemade bomb on tube train".

Available at: http://news. met. police. uk/news/student-jailed-for-15-years-for-leaving-home-made-bomb-on-tube-train-243652 [Accessed 30 Jun. 2018].

Newman, O. and National Institute of Law Enforcement and Criminal Justice. 1973. *Architectural Design for Crime Prevention* (pp. 2700~00161). Washington, DC: National Institute of Law Enforcement and Criminal Justice.

Nissen, T. G. 2014. "Designing for socially acceptable security technologies". Doctoral dissertation, *University College London.*

Peponis, J. 1985. "The spatial culture of factories". *Human Relations*, 38 (4), 357~390.

Peponis, J. 1989. *Space, culture and urban design in late modernism and after*. Ekistics, 56 (334/335), 93~108.

Peponis, J. 2012. "Building layouts as cognitive data: purview and purview interface". *Cognitive Critique*, 6, 11~50.

Rayment-McHugh, S., Adams, D., Wortley, R. and Tilley, N. 2015. " 'Think Global Act Local': a place-based approach to sexual abuse prevention". *Crime Science*, 4 (1), 22.

Robinson, J. and Landauro, I. 15 November 2015. "Paris attacks: suicide bomber was blocked from entering Stade de France". *The Wall Street Journal*. Available at: www. wsj. com/articles/attacker-tried-to-enter-paris-stadium-but-was-turned-away-1447520571 [Accessed 28 Jun. 2018].

Sailer, K. and Penn, A. 2010. "Towards an architectural theory of space and organisations: cognitive, affective and conative relations in workplaces". 2nd *Workshop on Architecture and Social Architecture* (pp. 1~16). EIASM, Brussels, May 2010.

Sailer, K. and McCulloh, I. 2011. "Social networks and spatial configuration-how office layouts drive social interaction". *Social Networks*, 34 (1), 47~58.

Sampson, R. J., Raudenbush, S. W. and Earls, F. 1997. "Neighborhoods and violent crime: a multilevel study of collective efficacy". *Science*, 277 (5328), 918~924.

Saville, G. 2013. "3rd generation CPTED and the eco-friendly city". [Blog] SafeGrowth Blog. Available at: http://safe-growth. blogspot. com/2013/06/3rd-generation-cptd-and-eco-friendly. html [Accessed 28 Jun. 2018].

Saville, G. and Cleveland, G. 1997. December. "2nd generation CPTED: an antidote to the social Y2K virus of urban design". In *2nd Annual International CPTED Conference, Orlando, FL* (Vol. 3, No. 5).

Schank, R. C. and Abelson, R. P. 1977. *Scripts, Plans, Goals, and Understanding: An Inquiry into Human Knowledge Structures*. Hillsdale, NJ: Erlbaum.

Schank, R. C. and Abelson, R. P. 2013. *Scripts, Plans, Goals, and Understanding: An In-*

quiry into Human Knowledge Structures. Hove, UK: Psychology Press.

Severin, L., Sorensen, S., Hayes, J. and Atlas, R. 2013. "Understanding CPTED and situational crime prevention". In R. I. Atlas (ed.), *21st Century Security and CPTED: Designing for Critical Infrastructure Protection and Crime Prevention* (pp. 50 ~ 90). Boca Raton, FL: CRC Press.

Smith, M. J. and Clarke, R. V. 2012. "Situational crime prevention: classifying techniques using 'good enough' theory". In B. C. Welsh (ed.) *The Oxford Handbook of Crime Prevention* (pp. 291 ~ 315). Oxford: Oxford University Press.

Ståhle, A., Marcus, L. and Karlström, A. 2005. "Place syntax: geographic accessibility with axial lines in GIS". In A. van Nes (ed.), *Proceedings, Fifth International Space Syntax Symposium* (pp. 131 ~ 144). Delft: Techne Press.

Steadman, P. 2014. *Building Types and Built Forms*. Leicestershire: Matador.

Turner, A. 2001. "Depthmap: a program to perform visibility graph analysis". In J. Peponis, J. Wineman, and S. Bafna (eds), *Proceedings, Space Syntax 3rd International Symposium* (pp. 31.1 ~ 31.9). Michigan: A. Alfred Taubman College of Architecture and Urban Planning.

Turner, A. and Penn, A. 1999. "Making isovists syntactic: isovist integration analysis". *2nd International Symposium on Space Syntax*. Universidad de Brasilia, Brazil, April.

Toubaline, S., Borrion, H. and Le Sage, T. 2012. "Dynamic generation of event trees for risk modelling of terrorist attacks". In Homeland Security (HST), 2012 *IEEE Conference on Technologies for Homeland Security* (pp. 111 ~ 116). Piscataway, NJ: IEEE.

Tseloni, A., Thompson, R., Grove, L., Tilley, N. and Farrell, G. 2017. "The effectiveness of burglary security devices". *Security Journal*, 30 (2), 646 ~ 664.

UNICRI. 2011. "New Energy for Urban Security: Improving Urban Security Through Green Environmental Design". Available at: www.unicri.it/news/files/2011-04-01_110414_CRA_Urban_Security_sm.pdf [Accessed 24 Jun. 2018].

US Congress. 1970. *National Environmental Policy Act*, pp. P. L. 91 ~ 190, S. 1075.

von Hirsch, A., Garland, D. and Wakefield, A. (eds). 2000. *Ethical and Social Perspectives on Situational Crime Prevention* (Vol. 1). Portland, OR: Hart Publishing.

Ware, S. 2004. *Notable American Women: A Biographical Dictionary Completing the Twentieth Century* (Vol. 5). Cambridge, MA: Harvard University Press.

Willis, H. H. 2007. "Guiding resource allocations based on terrorism risk". *Risk Analysis*, 27 (3), 597 ~ 606.

Wilson, J. Q. and Kelling, G. L. 1982. "Broken windows". *Atlantic Monthly*, 249 (3), 29 ~ 38.

Wood, E. 1961. "Housing design: A social theory". *Ekistics*, 12 (74), 383~392.

Wood, E. 1964. "Social-welfare planning". *The ANNALS of the American Academy of Political and Social Science*, 352 (1), 119~128.

第十一章
工程学

摘要

技术对于安全性的提升是一个既非创新也鲜有争议的观点。例如，军事技术的发展往往在国与国的冲突中扮演着决定性的角色。然而，犯罪分析与工程学之间的联系似乎较为薄弱，犯罪学家与工程师之间的协作相对较少。不过，这并不意味着工程学在预防犯罪和对抗恐怖主义方面作用有限，也不表明它与社会科学领域的交流几近空白。本章将倡导一个截然相反的观点，即两个领域之间缺乏明确的学术合作议程，这是有些令人费解的。

犯罪科学与工程学之间的联系虽偶被提及，但通常仅限于安全技术发展的讨论（戴维斯和皮斯，2001；坎普等人，2003；梅特克和埃克尔，2010；卡尔达斯和阿西夫，2009；萨沃纳，2004）。然而，工程学对犯罪的影响实际上更为深远（荣格、莱科克、哈特尔和拉特克利夫，2012），反之亦然，犯罪科学可能也对工程学产生了影响。本章基于这一点，探讨和研究了工程界对社会中与犯罪相关伤害的影响。

为了我们的研究目的，重要的是要认识到这些影响至少源自两个不同的方面：一是研究型工程师在知识贡献上的作用，二是实践型工程师在社会中的实际工作。此外，人类犯错是天性使然，因此与犯罪相关的伤害不仅包括犯罪活动直接造成的损害，还包括因减少犯罪活动不力而导致的意外伤害（博里翁等人，2012；格拉博斯基，1996；诺里，2002）。基于这一认识，我们可以将研究范围聚焦于以下问题：工程领域发展的知识以及执业工程师的工作如何影响刑事犯罪行为及其对减少犯罪干预措施所产生的影响？

21 世纪工程

在深入探讨问题的本质之前，本节首先触及了工程学的一个基本问题：何为工程？我们的目的是表明，那些手上沾满油污的机械师和维多利亚时代的工业先驱，正如侦探小说中的马普尔小姐在预见警务工作一样，也成为了21 世纪工程学的典型代表。

工程学领域涵盖了众多子领域，包括航空航天、化学、土木、电气、环境、医疗、机械和系统工程等，这使得对其下一个确切的定义变得颇具挑战性。《韦氏词典》为学生版提供的定义是将科学知识应用于创造有用的机器（如汽车）或结构（如道路和水坝）的过程；而在常规版本中，定义得到了扩展，不仅包括物理系统的创建，还包括任何有用系统的管理："科学和数学的应用，以使自然界中的物质性质和能量来源对人类有益"。这个更为广泛的定义颇为引人入胜，因为它甚至涵盖了那些不专注于机器或结构的科学领域，如生物工程——利用生物技术（如基因重组）来创造改良的生物体。更具有包容性的定义则专注于预期结果，对所涉及系统的类型或开发过程中所用的技术来源的学科限制几乎为零："对某物（如行为）的控制或指导"。

在缺乏官方统一定义的情况下，工程一词依然在各社区中得以不同的解读，甚至包括工程学领域自身。为了我们的讨论利益，我们将避免陷入教条主义的辩论，而是聚焦于工程学最鲜明和最一致的特征：

满足特定需求的系统生命周期管理

工程学不仅仅是，或者说已经不再局限于，仅仅建造物理实体。它的核心在于对系统的全生命周期进行管理，以实现特定的需求（国际系统工程委员会，2015）。在此背景下，这些术语描述了人工产品从诞生到终结的各个阶段，涵盖了从转基因细菌到国际空间站，甚至是互联网的广阔范畴。

工程学的核心理念是，产品生命周期的每一个决策都应当严格遵循一个核心原则：满足代表所有相关方需求的特定规格。这种与问题解决的本质联系——被定义为"任何目标导向的认知操作序列"（安德森，1980，第 257 页）——是区分工程设计与艺术设计的关键所在。

在较大限度内提高能力

在公众的普遍认知中，技术创新往往与提升服务人类（或潜在伤害）的能力密切相关。媒体上，科技新闻的头条常被新型智能手机或打破世界纪录的惊艳特性所占据，如最快的通信链路、最高的摩天大楼、最长的跨海大桥、最大的航空器等。然而，满足日益严苛标准的能力，尽管不如这些头条那般吸引眼球，却更能体现工程学的日常实践精神。例如，商业环境和监管压力的不断变化，要求工程师们在不妥协性能和舒适度的前提下，设计出更加经济实惠且更低碳的汽车。这一过程充分展现了工程师们在创新与实用之间的精妙平衡。

工程研究和实践

与其它应用领域一样，工程学通过研究活动产生新的工程知识，并将其应用于社会，从而达到特定的效果。由于种种原因，工程学界并不整齐地分为研究工程师与实践工程师，而是分散在各个领域，许多在职工程师也会从事研发活动，而大学研究人员则致力于接近市场的创新。

奖学金

工程学术的一个重要方面在于探究如何准确地识别需求，并利用我们身边可用的资源来确保人造系统能够达到这些要求。为了达成这一宏伟目标，工程实践常常依赖于基础科学研究成果，以创造出专注于应用的知识：

-在理论光谱的一端，科学研究致力于表征现有现象，并深入理解其工作原理。在这一领域，研究通常围绕对因果关系假设的概念化进行，例如，通过对电磁场研究的不断深入，以便更好地建模和分析其在无线通信技术中的应用。

- 在应用性较强的另一端，实际的工程项目将不同学科的知识综合起来，以满足特定利益相关方的需求。例如，开发一个室内无线检测系统不仅需要物理和电子学的知识，还需要考虑其他学科，以确保最终产品符合操作、法律、伦理、环境和商业的现实限制。

– 工程研究往往介于这两者之间，旨在探索如何将科学知识应用于广泛的应用场景。在一个典型项目中，研究人员可能会提出一项技术创新（如通过分析周围 Wi-Fi 信号来检测和定位移动目标的方法），并证明其具有行业所需的一些特性。这些特性的赋予基于研究假设，尽管工程师们并不常以此方式表述。

研究和实践之间的这种区别或许可以解释为何大学里的犯罪学家和工程师之间合作较少。与其他学者一样，研究工程师专注于在其领域内产生原创知识。开发一个能够直接或间接帮助减少犯罪的完整和可操作的系统（如检测非法伐木的系统）往往需要投入大量的时间和资源。相比之下，通信协议或原型子系统的开发与评估通常足以证明技术进步。在制造出可用于现场的操作系统之前，虽然可以概述整个系统及其环境，但研究工程师通常会尽可能减少这方面的努力，因为这不是其主要工作焦点。

然而，在犯罪科学领域，评估干预措施通常需要在其实际实施的背景下研究整个系统，因为人们的行为对情境条件极为敏感（列文，1936）。正如鲍尔斯、约翰逊和赫希菲尔德（2004）对小巷门进行的犯罪学评估所示，需要获取真实环境（有门和无门的小巷）中入室盗窃的实际数据，因为许多生态因素无法在实验室环境中精确复制。

即便如此，任何认同犯罪科学中强调结果导向方法的人，都应当对工程学术产生浓厚的兴趣，理由如下：

1. 系统工程——正如国际系统工程委员会在 2015 年所定义的，"实现成功系统的跨学科方法和手段"——能够提供一系列宝贵的流程、技术和原则，用于管理减少犯罪措施的生命周期，这包括制定新的政策和程序。

2. 当人工系统与这些措施的各个阶段紧密相关时，分析师和设计师可能需要借助工程知识。特别是，他们可能需要：

–分析工程师所创造的产品和服务，以评估其对犯罪行为的影响，以及如何降低犯罪的潜在特征。

–设计安全系统，旨在侦查犯罪活动、预防犯罪发生，或减少犯罪行为所造成的损害。

系统：跨学科概念

起源

“系统”和“系统思维”是工程科学的核心概念，理解它们对于把握工程学与犯罪科学之间的联系至关重要。因此，我们首先将从概述这些概念开始。为了获得更深入的理解，推荐读者参考国际系统工程委员会在2015年发布的系统工程手册：

> –系统是由多种元素组成的复合体，这些元素包括产品、流程、人员、技术、设施、服务以及其他支持性要素。
>
> –系统所处的开发、生产、使用和退役的背景环境被称为环境。
>
> –系统通常通过内部和外部视角来界定其边界、结构、行为和功能。

系统思维的概念可以追溯到亚里士多德时代，当时他描述了自然界的层次结构。在近代，这一概念与整体主义相连，由斯穆特在1926年提出，作为对还原论方法的反驳。整体主义强调，系统不能仅通过其组成部分的集合来完全理解。同样，格式塔心理学的先驱韦特海默在1938年阐述了系统理论的一个核心原则：“整体不仅仅是部分的总和”。

系统方法，作为系统理论的应用，主张应以综合的方式解决人类问题的所有方面。这种方法本质上提倡自上而下的视角，同时考虑干预措施对其他需求领域的影响。例如，第一代生物燃料曾被提出作为减少机动车辆对生态和健康影响的解决方案。然而，根据系统方法，这并非最佳方案，因为其生产可能导致土地利用的巨大变化，进而影响全球范围内的粮食安全（鲁利等人，2016）。

克莱顿和拉德克利夫（1996，第18页）指出，“系统方法包括将重点放在识别和描述对象与事件之间的联系上，这与识别和描述对象和事件本身同样重要”。这对于开放系统尤为重要——那些既影响环境又受环境影响的系统。在总结路德维格·冯·贝塔兰菲（1950）和约瑟夫·利特勒（1969）等学者的研究时，奎聂耳（2005，第53页）解释说，“关于哪些特性构成了开放系统的一般理论，几乎达成完全一致：对象及其属性的相互关系和相互依赖性、整体性、目标导向、转换过程、输入和输出、熵、调节、层次、微分、等价性和多最终性”。

基于这些理念，美国国家航空航天局（NASA）在20世纪60年代开发了首批系统工程方法，以帮助工程师应对太空项目的复杂性。40年后，这些方法及其术语继续在工程学的各个领域中发挥着统一的作用。

系统思考

在工程实践中，推崇采用系统思维方法来进行产品及基础设施的设计、改造或逆向工程。以风能系统为例，工程师的使命是探究系统设计参数如何作用于家庭电力供应。凭借对系统及其运作环境的深刻理解，工程师将对系统在各种环境条件下的表现进行建模，评估可能随时间出现的故障风险，并据此对系统进行验证或优化。

这一过程涉及识别、理解和控制系统支持过程中各要素间的相互作用，以确保实现预期的输出。这通常包括编制所有参与要素的清单；明确不同子系统的界限；并为这些子系统中的每个组件（如涡轮机的转子叶片、主轴、机舱、齿轮箱、发电机、电缆和变电站）及其相互作用（例如风对叶片施加的力导致主轴旋转等）开发物理、操作和逻辑模型。

由于系统的开发、部署和运营并非在孤立的环境中完成，因此必须将其与环境中其他系统进行比较分析。在风能系统的案例中，系统思维方法将引导工程师探究外部事件对系统组件及整体性能的影响。他们可能会运用基于代理的模型来模拟风能与传统电网的融合，并理解需求响应如何减轻风力发电的波动性影响（布罗尔等人，2014）。同样，原则上，他们还应评估风力涡轮机对其他人类活动可能产生的负面影响，例如对空中交通管制（尼克尔斯和雷西，2007）和野生动物（莱蒙，卡罗尔，桑德斯和特纳，2008）的影响。

系统思维在管理国防、能源和运输等工业部门的系统中广泛应用，旨在提升能力或解决复杂问题。例如，它被用于构建物理和网络安全系统（如埃文斯等人，2004；李，2008），并减少工业活动及社会行为对环境的影响（如，塞弗特和劳赤，2005）。尽管存在普遍适用的系统工程框架，但它们在犯罪背景分析方面的应用大多局限于信息安全和网络安全领域。

系统和犯罪

工程学与犯罪科学之间存在显著的学科差异（见表 11.1）。迄今为止，犯罪科学的研究焦点主要集中在减少犯罪发生率上（仅有少数研究关注干预措施的广泛影响），分析犯罪现象本身，而非制定预防犯罪的干预措施，以及探讨影响犯罪决策的因素，而忽略了罪犯行为对人、基础设施和电子系统的影响。尽管如此，工程师与犯罪科学家均致力于以高效且符合伦理的方式解决问题。表 11.1 所概括的这些差异，可能更多地反映了犯罪科学作为一个新兴领域的现状，其研究仍主要由接受犯罪学、心理学和地理学训练的研究人员主导。

从实用和理性的视角看，将犯罪科学比作医学领域的观点颇具吸引力（莱科克，2005）。为了支持这一跨学科愿景，犯罪科学界需认识到该领域已超越传统环境犯罪学的范畴。它还需要探索建筑学、生物学、化学、计算机科学、经济学、物理学等其他研究领域与犯罪学理论的联系，以及它们在减少犯罪的整体策略中的角色（博里翁和库克，2017）。鉴于其广泛的适用性，系统工程可以为这一任务提供一个整合的框架。

将犯罪科学与工程相结合在实践中颇具挑战性。如果这种结合在未来成为现实，它很可能将围绕系统的概念展开。主要原因是犯罪科学中许多原理和技术与问题解决和系统理论密切相关：

-POP 是一种目标导向的方法，其灵感源自运筹学，与工程中采用的方法相似（戈尔茨坦，1979；威尔金斯，1997）。

-解决问题的模型，如 SARA 模型，源自系统理论（埃克和斯贝尔曼，1987）。

-环境犯罪学基于个体与环境的根本区别，认识到两者作为开放系统会相互影响（克拉克和埃克，2005；沃特利和马泽罗尔，2013）。

-系统分析的元素同样可在 RAA 中找到，该理论认为犯罪事件的发生受到人们日常活动的影响（科恩和费尔森，1979），因此可以被视为生态系统的一个涌现特性。

-现实主义评估与系统思维理论紧密相关，因为它强调评估者应寻求理解导致结果模式（包括犯罪事件）发生的因果机制，以及阻止这些结果模式发生的机制（帕森和蒂利，1997）。

表 11.1　工程和犯罪科学的特点

	工程	犯罪科学*
·目标	·满足利益相关者的需求	·减少犯罪，提高安全性
·分析单位	·基于利益相关者要求的多个单位（包括高层单位）	·犯罪事件
·工作流程类型	·多准则系统工程框架	·以犯罪为中心的问题解决模式（例如 SARA）
·主要阶段	·征求利益相关者的要求 ·指定系统生命周期的各个方面并对其进行管理以满足利益相关者的需求	·识别犯罪模式 ·分析其原因 ·识别和实施干预措施以破坏原因 ·评估干预措施的有效性
·研究人员的偏见	·迈向系统开发	·进行问题分析

注：* 这些是文献中观察到的主要特征。

在工程学的紧要关头

事件因果链概念

在犯罪科学领域，系统思维在基于代理的模型中表现得尤为突出。这些模型揭示了罪犯的行为是如何受到他们实施特定行为的内在倾向以及环境对其动机的影响（马勒森等人，2013）。因此，开发基于代理的犯罪模型的研究人员必须刻意识别那些主要影响犯罪者意图、动机和能力的环境因素（参见希尔等人，2014；勒萨奇等人，2013；桑顿，2015）。

类似于风能领域的例子，要控制犯罪就需要理解人类行为是如何受到其他系统的影响以及与其他系统的相互作用。掌握了这些信息，我们就能推测特定的事件链可能改变引发犯罪的条件，并识别出系统应具备的属性，以便有效地激发或阻止这些条件的发生。这一理念在示例 1 中得到了阐释。

例 1：闭路电视安全流程

在众多国家，闭路电视系统被广泛部署于公共和私人场所，旨在应对犯罪问题。在许多人心中，安全措施几乎与摄像头画上了等号；然而，实际上，摄像头只是更广泛安全系统中的一环，其自身的影响力有限。蒂利（1993）指出闭路电视系统可能通过几种方式合理地影响犯罪行为，为了达到威慑犯罪分子的目的，闭路电视必须让罪犯“感受到被捕风险的增加”。这一假设基于罪犯能够注意到摄像头，并且已经形成了关于闭路电视与被捕风险之间关系的某种认知。摄像头是否能够阻止犯罪行为，很大程度上取决于其部署和实施的方式。同样，摄像头的威慑效果也可能受到罪犯过往与闭路电视摄像头互动经验的影响。

为了拦截犯罪分子，摄像头被纳入了安全程序中。如图 11.1 所示，个人的图像首先由摄像头捕捉，通过网络传输至屏幕，由操作员进行分析。基于操作员提供的信息，安全经理会通过无线电通信指派保安人员进行物理干预。整个流程的每个环节都用图中的首字母进行标识（例如，I 代表个人，C 代表闭路电视等）。为了理解闭路电视安全系统所需满足的要求，能够对这一流程的各个阶段进行建模，并识别可能影响这些阶段效率的因素，是至关重要的。

减少犯罪措施所产生的广泛影响

引入犯罪控制措施伴随着众多挑战。特别是在情境预防犯罪的策略中，环境的改变常常会引起人类行为和物理系统的一系列变化，这要求我们密切监控安全技术的影响。因此，设计师需要考虑众多潜在的事件链，以确保这些措施能够满足利益相关者的广泛需求，包括实施成本、道德考量以及环境影响。

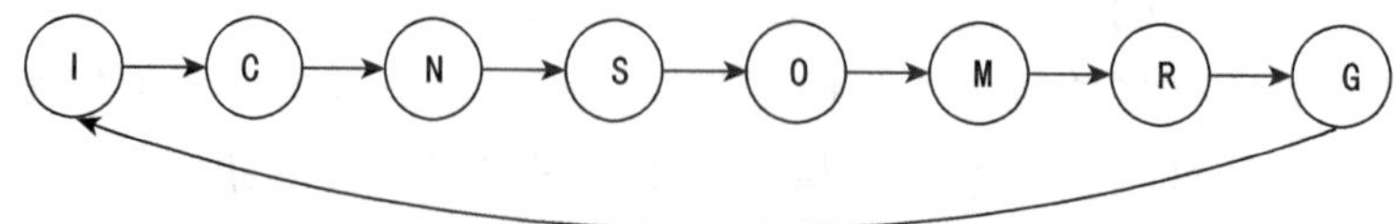

图 11.1　闭路电视安全流程各要素之间的相互作用

在社会技术系统中，许多推动这些事件的互动都与人密切相关。因此，现代工程实践不能仅限于物理科学领域，还必须借鉴认知科学和行为科学的专业知识，以支持系统的全生命周期管理（如，特里帕蒂和博里翁，2015）。这一点的证据可以在那些专注于人机界面、系统人体工程、人为错误和安全问题的学术研究中找到。通过实例 2 中机场安全扫描仪的讨论，我们可以进一步深入了解人为因素在安全工程中的关键作用。

例 2：机场安保

自 2001 年“九一一”事件以来，全球机场的安检程序经历了显著的变革（布洛克等人，2007）。在此例中，我们探讨了行李扫描仪及其周围实体间存在的相互依赖关系。例如，扫描仪的性能表现（如屏幕上展示的内容）依赖其他系统（如供电网络）的稳定性、扫描仪的操作方式以及接收到的输入（即待扫描的行李）。此外，其性能还可能受到外部事件（如高温环境）的影响，同时也不排除受到故意破坏的可能性。

在考虑扫描仪对环境的影响时，人为因素的重要性尤为突出。一旦设备投入使用，它便向乘客传递了一个明确的信息：安全是头等大事。它改变了安检区域的空间特性，影响了乘客的通行速度、行进轨迹、身体动作以及情绪状态，同时也影响了安检人员的视线和行动。根据不同情况，扫描仪可能导致安检人员采取不同的应对措施（例如询问乘客或对其行李进行搜查），有时甚至可能引发不道德的行为。威慑效果仅仅是扫描仪对人员产生的众多影响之一，如果仅关注这一点，将是一种严重的工程实践失误。

从行为需求到系统需求

在工程项目中，忽视特定利益相关者的需求是一个普遍存在的问题。这种情况往往发生在需求在项目初期未能被充分（或正确）表达，或者设计师过于专注于系统的功能性而忽略了其他方面。然而，这种过于狭隘的视角可能会导致设计出带有不可接受的副作用的干预策略。为了确保干预措施能够带来积极结果并激发预期的行为，犯罪预防措施的设计者必须认识到这些措施应遵循的必要限制。设计者还需要深入理解系统内部以及系统之间与这些需求相关的复杂相互作用（布朗查德和法布里基，1990）。然而，正如示例 3

所展示的，实践中的挑战在于，专家们往往难以将关于人类行为的需求转化为具体的技术要求。这一转化过程的复杂性要求设计者在综合考虑人类行为和技术系统时，采取更为细致和全面的视角。

例 3：闭路电视故障

许多控制措施的失效并非源自技术本身的缺陷，而是由于不当的规范和规划所致（范·兰塞维尔德，2009）。以一个关于私人住宅电动门频繁受损的轶事为例，一位居民提议，物业管理部门应安装监控大门的闭路电视摄像头以便识别破坏者。然而，他得到的回应却是这在逻辑上是不可能的，因为等到管理部门处理这一请求时，录像数据已超过 30 天的保留期限，相应的闭路电视画面早已被清除。

以下是可能导致闭路电视安全流程效率低下的类似问题的一览表（见表 11.2）。当技术人员忽视了行为需求，或者行为分析师未能将这些需求有效转化为技术要求时，此类问题便会层出不穷。这些问题突显了在安全措施设计过程中，深入理解和沟通用户需求的重要性。

表 11.2　闭路电视系统故障列表

问题类型	例子
执行	引入相机作为威慑，但没有使其足够可见
执行	将摄像机朝向墙壁或将其设置在经常被卡车挡住的位置
质量	图像分辨率太低以至于检索到的信息不可操作；执行不良或没有维护
容量/可用性	部署了比闭路电视运营商所能监控的更多的摄像机源
容量	缺乏可以检测威胁或采取行动的闭路电视人员
保全	缺乏合适的流程来管理取证使用的证据链
互操作性	以警方调查人员无法检索的格式录制视频数据
可接受性	滥用闭路电视设备导致公众失去信心或不信任（例如，使未经授权的各方可以访问闭路电视信息；将其用于非法目的）
安全	将闭路电视设备部署在罪犯可以轻易摧毁的地方

交互/工程系统内与工程系统交互

迄今为止，我们强调了设计师在考虑减少犯罪措施时，必须重视系统间的相互作用，这些作用可能不仅涉及人与人之间，还涉及人与人造系统之间，甚至是纯粹的人造系统之间的关系。由于犯罪事件发生在现实世界的复杂环境中，这种多样性成为了在犯罪科学中采取跨学科方法的主要驱动力。

认知和行为科学学者专注于理解影响人类动机和行为的因素，但这方面的专业知识本身并不足以应对犯罪科学领域所面临的所有研究挑战：

–并非因果利益链的每个环节都与人们的动机或自我控制直接相关。例如，确定儿童骨折是否为意外事件需要骨科学和机械工程的知识；制定和评估针对无人机爆炸装置的战术需要机械和电子工程的专业技能；评估特定类型恶意软件感染计算机的情况则需要计算机科学的知识。

–当互动涉及人类行为时，它们也可能受到那些最好通过工程学知识来理解的因素的影响。例如，人们实施某项行动的意图和动机取决于他们对机会的认识（即行动是一种可支持其目标的选择）以及他们对自己成功执行该行动的能力的感知。当这些行动直接涉及技术系统（如计算机或武器）时，对技术的深入了解是进行深入分析的前提。

犯罪科学家长期以来一直研究盗窃、身体暴力等犯罪行为，这些选择可以解释为社会中这些犯罪类型的普遍性以及他们想要产生社会影响的愿望。大多数社会科学家对这些犯罪发生的典型环境类型较为熟悉，也可能很快理解罪犯使用的相对简单的犯罪手法。

然而，将犯罪科学原理应用于涉及更复杂目标、先进武器、复杂犯罪手法、高科技控制措施或极端环境的情况则更为复杂。例如，并非每位犯罪科学家都具备研究 19 世纪亚洲艺术品和古董洗钱所需的领域知识。

同样，只要生态系统的新兴特性基于人类制造的系统，就可能需要工程学知识。在许多情况下，采用黑盒方法——仅根据输入、输出及其关系来描述系统，而不探究系统内部运作——是一种可行的选择。但这种方法的前提是在广泛的外部条件下，能够获得关于系统行为的足够信息。对于社会技术系统而言，这在实践中是不切实际的，因此必须采用更为跨学科的方法。

如果犯罪专家和工程师的知识领域没有一定的重叠，他们将很难开展有效合作。如果犯罪专家对某个系统一无所知，他们就无法提出关键问题；如果他们不了解行为和犯罪预防原则，也就无法推断出可能需要了解的信息。这正是为什么在这些领域之间需要进行更深层次整合的原因。

总结

大学研究人员往往有权选择自己感兴趣的研究课题。大多数犯罪学家和犯罪科学家可以自由地专注于那些无需深入了解技术就能分析的问题。他们可能会限制自己的创新思维，仅提出那些无需工程知识即可确定的干预策略。他们也有选择性地评估那些与工程系统无明显互动的犯罪减少措施。学术期刊上充斥着数百万篇由专家撰写的文章，他们在单学科研究的利基市场中找到了自己的位置。然而，随着技术（如自主系统、加密货币、互联网服务和智能城市）在社会中日益普及，社会迫切需要一批能够将犯罪防范与最小化干预措施负面后果相结合的新一代专家。如果你像一位勇敢的霍比特人一样，准备好迎接新的挑战和冒险，希望这篇文章可以帮助你发现犯罪科学领域中尚未被充分探索的领域。

参考文献

Alexander, I. F. & Maiden, N. (2005). *Scenarios, Stories, Use Cases: Through the Systems Development Life-Cycle*. Chichester, UK: John Wiley & Sons.

Anderson, J. R. (1980). *Cognitive Psychology and Its Implications*. San Francisco, CA: Freman, 119, 257.

Blalock, G., Kadiyali, V., & Simon, D. H. (2007). "The impact of post-9/11 airport security measures on the demand for air Travel". *Journal of Law and Economics*, 50 (4), 731~755.

Blanchard, B. S., & Fabrycky, W. J. (1990). *Systems Engineering and Analysis* (*Vol*. 4). Englewood Cliffs, NJ: Prentice Hall.

Borrion, H. & Koch, D. (2017). "Integrating architecture and crime science: a transdisciplinary challenge". In P. Gibbs (ed.) *Transdisciplinary Higher Education* (pp. 91~107). Cham, Switzerland: Springer.

Borrion, H., Mitchener-Nissen, T., Taylor, J., & Lai, K. M. (2012, August). "Countering bioterrorism: why smart buildings should have a code of ethics". *In Intelligence and Security Informatics Conference* (EISIC), 2012 European (pp. 68~75). Piscataway, NJ: IEEE.

Bowers, K. J., Johnson, S. D., & Hirschfield, A. F. (2004). "Closing off opportunities for crime: an evaluation of alley-gating". *European Journal on Criminal Policy and Research*, 10 (4), 285~308.

Broeer, T., Fuller, J., Tuffner, F., Chassin, D., & Djilali, N. (2014). "Modeling framework and validation of a smart grid and demand response system for wind power integration". *Applied Energy*, 113, 199~207.

Clarke, R. V. & Eck, J. E. (2005). *Crime Analysis for Problem Solvers*. Washington, DC: Center for Problem Oriented Policing.

Clayton, A. M. & Radcliffe, N. J. (1996). *Sustainability: A Systems Approach*. London: Earthscan.

Cohen, L. E. & Felson, M. (1979). "Social change and crime rate trends: A routine activity approach". *American Sociological Review*, 588~608.

Davis, R. & Pease, K. (2001). "Crime, technology and the future". *Security Journal*, 13 (2), 59~64.

Eck, J. E. & Spelman, W. (1987). *Problem-solving: Problem-oriented Policing in Newport News*. Washington DC: Police Executive Research Forum.

Ekblom, P. (2003). "Organised crime and the conjunction of criminal opportunity framework". Transnational organised crime: perspectives on global security In A. Edwards & P. Gill (eds) *Transnational Organised Crime: Perspectives on Global Security* (*pp.* 241~263). London: Routledge.

Evans, S., Heinbuch, D., Kyle, E., Piorkowski, J., & Wallner, J. (2004). "Risk-based systems security engineering: stopping attacks with intention". *Security & Privacy*, IEEE, 2 (6), 59~62.

Goldstein, H. (1979). "Improving policing: A problem-oriented approach". *Crime & Delinquency*, 25 (2), 236~258.

Grabosky, P. N. (1996). "Unintended consequences of crime prevention". *Crime Prevention Studies*, 5, 25~56.

Hill, J. F., Johnson, S. D., & Borrion, H. (2014). "Potential uses of computer agent-based simulation modelling in the evaluation of wildlife poaching". Situational Prevention of Poaching. In A. Lemieux (ed.) *Situational Prevention of Poaching* (*pp.* 144~177). New York: Routledge.

Lee, E. A. (2008). "Cyber physical systems: design challenges". In Object Oriented Real-Time Distributed Computing (ISORC), *May* 2008, 11*th IEEE International Symposium on* (*pp.* 363~369) . Piscataway, NJ: IEEE.

INCOSE (2015). *Systems Engineering Handbook: A Guide for System Life Cycle Processes and Activities.* Hoboken, NJ: John Wiley & Sons.

Jacobson, I. , Booch, G. & Rumbaugh, J. , 1999. *The Unified Software Development Process* (*Vol* 1) . Reading: Addison Wesley.

Junger, M. , Laycock, G. , Hartel, P. , & Ratcliffe, J. (2012). Crime science: editorial statement. *Crime Science*, 1 (1), 1~3.

Kemp, M. C. , Taday, P. , Cole, B. E. , Cluff, J. , Fitzgerald, A. J. , & Tribe, W. R. (2003). "Security applications of terahertz technology" . Paper presented at the AeroSense 2003.

Laycock, G. (2005). "Defining Crime Science" . In M. J. Smith & N. Tilley (eds) *Crime Science: New Approaches to Preventing and Detecting Crime* (*pp.* 3~24) . Collumpton, UK: Willan Publishing.

Le Sage, T. , Toubaline, S. , & Borrion, H. (2013). "An object-oriented approach for modelling security scenarios" . In Computer Modelling and Simulation (UKSim), 2013 UKSim 15th International Conference, May (pp. 396~400). Piscataway, NJ: IEEE.

Lemmon, J. J. , Carroll, J. E. , Sanders, F. H. , & Turner, D. (2008). *Assessment of the effects of wind turbines on air traffic control radars.* Washington, DC: National Telecommunications & Information Administration, US Department of Commerce.

Litterer, J. A. (ed.). (1969). *Organizations: Systems, Control and Adaptations. Chichester*, UK: John Wiley & Sons.

Kurt, L. (1936). *Principles of Topological Psychology.* New York, London: McGraw-Hill.

Malleson, N. , Heppenstall, A. , See, L. , & Evans, A. (2013). "Using an agent-based crime simulation to predict the effects of urban regeneration on individual household burglary risk". *Environment and Planning B: Planning and Design*, 40 (3), 405~426.

Metke, A. R. & Ekl, R. L. (2010). "Security technology for smart grid networks" . *IEEE Transactions on Smart Grid*, 1 (1), 99~107.

Nicholls, B. & Racey, P. A. (2007). "Bats avoid radar installations: could electromagnetic fields deter bats from colliding with wind turbines?" *PloS One*, 2 (3), e297.

Norrie, A. (2002). "Ethical and Social Perspectives in Situational Crime Prevention", edited by A. VonHirsch, D. Garland and A. Wakefield /The Judicial Role in Criminal Proceedings, edited by S. Doran and J. Jackson. *King's Law Journal*, 13 (1), 128~131.

Pawson, R. & Tilley, N. (1997). *Realistic Evaluation: Thousand Oaks*, CA: Sage.

Qadri, M. T. & Asif, M. (2009). "Automatic number plate recognition system for vehicle identification using optical character recognition" . Paper presented at the Education Technology and

Computer, 2009. ICETC 2009. *International Conference on Education Technology and Computer.*

Read, T. & Tilley, N. (2000). *Not Rocket Science. Problem-solving and Crime.* Crime Reduction Research Series. London: Home Office.

Rullli, M. C., Bellomi, D., Cazzoli, A., De Carolis, G., & D'Odorico, P. (2016). "The water-land-food nexus of firstgeneration biofuels". *Nature Scientific Reports*, 6. DOI: 10. 1038/srep22521.

Savona, E. U. (2004). *Crime and Technology: New Frontiers for Regulation, Law Enforcement and Research.* Dordrecht: Springer Science + Business Media.

Seiffert, M. E. B. & Loch, C. (2005). "Systemic thinking in environmental management: support for sustainable development". *Journal of Cleaner Production*, 13 (12), 1197~1202.

Smuts, J. C. (1926). *Holism and Evolution.* London: Macmillan.

Skyttner, L. (2005). *General Systems Theory: Problems, Perspectives, Practice.* Singapore: World Scientific Publishing.

Thornton, A. (2015). *Understanding Radicalisation.* London: University College London.

Tilley, N. (1993). *Understanding Car Parks, Crime, and CCTV: Evaluation Lessons from Safer Cities.* London: Home Office Police Department.

van Lamsweerde, A. (2009). *Requirements Engineering: From System Goals to Uml Models to Software Specifications.* Chichester, UK: John Wiley & Sons.

von Bertalanffy, L. (1950). "An outline of general system theory". *British Journal for the Philosophy of Science*, 2 (1), 134~165.

Wertheimer, M. (1938/1924). *Gestalt Theory.* In W. D. Ellis (ed.) *A Source Book of Gestalt Psychology* (*pp.* 1~11). London: Routledge & Kegan Paul.

Wilkins, L. T. (1997). *Wartime Operational Research in Britain and Situational Crime Prevention.* In G. Newman, R. V. Clarke, & S. Shoham (eds) *Rational Choice and Situational Crime Prevention.* Aldershot, UK: Avebury.

Wortley, R. & Mazerolle, L. (2013). *Environmental Criminology and Crime Analysis.* London: Willan Publishing.

第十二章
计算机科学

摘要

马库斯·费尔森和玛丽·埃克特在他们的著作《犯罪与日常生活》（费尔森和埃克特，2016）中探讨了技术如何塑造犯罪形态。在大多数人还生活在技术匮乏的“村庄”时代，远离故土的冒险者可能会遭受土匪的抢劫。随着马的驯化，人类的活动范围扩大，孕育了“小镇”，马车成为了新的犯罪工具和目标。随后，航海技术带来了“融合城市”，船只不仅提供了新的工具，也成为了犯罪的目标。现代交通技术的兴起又催生了“发散型大都市”，汽车既成为了犯罪的重要目标，也成为了一种强有力的犯罪工具。

如今，我们生活在一个“互联世界”中，计算机和网络既是犯罪的目标，也是实施犯罪的强大工具。根据英国国家犯罪局的一份最新报告，网络犯罪的记录数量首次超过了传统犯罪（NCA，2016）。因此，学习犯罪学的学生至少需要掌握计算机和网络在犯罪实施、预防以及研究中的作用。本章从犯罪科学的视角出发，通过3个例子来阐述这些主题。

– 网络钓鱼是犯罪调查中最常见的计算机和网络使用方式之一，其规模之大令人瞩目。发送一封钓鱼电子邮件与发送数百万封同样简单。即使成功率低至0.01%，网络钓鱼依然能够盈利（米莱塔里，2013）。

–安全摄像头在英国及其他许多国家广泛部署。在一个网络基础设施完善的现代城市中，安全摄像头成为了一种可扩展的技术。这使得我们可以密切监控众多关键区域，实际上，研究表明这种技术有助于预防犯罪（威尔士和法林顿，2008）。

–计算机社会科学领域利用计算机和网络的力量来研究社会科学问

题。例如，计算机程序可以模拟理论预测的行为。如果模拟结果不切实际，那么该理论很可能存在问题。这通常是一种比实验更经济的反驳理论的方式（冯·德·海德、米巴赫和克鲁格，2014；罗索夫、崔和约翰，2014）。

在本章中，我们将通过探讨以下问题来深入分析犯罪与计算机和网络之间的关系：

–计算机科学中有哪些技术可以用于预防犯罪？
–计算机科学中有哪些技术可以用于犯罪研究？

为了回答第一个问题，我们将系统地评估如何利用计算机和网络技术来预防犯罪，参考 SCP 的 25 种技术。对于第二个问题，我们将讨论在预防犯罪实验成本过高或不切实际的情况下，计算机模拟方法的应用。

犯罪预防

犯罪科学借鉴 SCP 的理念，提出了 5 项旨在预防犯罪或威慑罪犯的原则：

1. 提高犯罪所需的努力：例如，更复杂的锁需要更多的技巧来打开，而更强大的密码则需要更多的时间和精力去破解。
2. 增加犯罪的风险：例如，明亮的照明会增加入室盗窃被发现的风险，而活跃的网络监控会提高黑客被捕获的可能性。
3. 降低犯罪的收益：例如，为车辆标记易识别的部件使其更难以转卖，或者加密数据使得出售变得更加困难。
4. 减少激发犯罪行为的挑衅：例如，迅速清除涂鸦可以阻止进一步的涂鸦行为，快速恢复被破坏的网站可以防止再次攻击。
5. 消除犯罪行为的借口：例如，许多系统制定了明确的使用政策，告知用户哪些行为是被允许的。

针对这 5 项原则，分别发展出了 5 种通用的 SCP 技术，共计“25 种技术”。

在文献中，我们找到了 7 篇综述文章，它们提出了如何将计算机和网络技术作为这 25 种通用技术的具体应用实例（比伯和拉奥，2005；布鲁克森等人，2007；科尔斯·肯普和狄奥哈里杜，2010；莫里斯，2004b；纽曼和克拉克，2003；威利森和西波宁，2009；雷恩斯，2010）。

表 12.1 对比了这些综述文章中提出的如何利用计算机科学技术预防犯罪的建议。我们筛选出了在评论中被至少提及 3 次的 12 种技术，并在下文中进行详细阐述。对于其他技术，我们建议读者查阅所提供的参考资料。

表 12.1 用于构建流行信息安全技术的 25 种通用技术

加大努力	增加风险	减少奖励	减少挑衅	消除借口
1 强化目标 ·防火墙 ·漏洞补丁 ·加密 ·防病毒 ·ISP 作为第一道防线 ·身份识别系统	6 延长监护权 ·射频识别	11 隐藏目标 ·非军事区	16 减少挫折感	21 制定规则 ·教育最终用户 ·提供明确的行为准则
2 控制访问 ·使用密码、PIN 码进行身份验证 ·类似互联网的来电显示技术 ·逻辑：IDS ·逻辑：防火墙	7 自然监视 ·向 ISP 报告可疑的电子邮件和信息请求	12 移除目标	17 避免纠纷	22 张贴说明
3 检查出口 ·身份识别系统 ·防病毒 ·审计追踪 ·审计追踪 ·逻辑：防火墙	8 减少匿名性 ·射频识别 ·来电显示 ·审计跟踪	13 识别财产 ·射频识别	18 减少唤醒	23 设置警示 ·公众对犯罪后果的认识 ·教育："复制软件是在偷窃"
4 护送目标	9 场所管理人 ·身份识别系统	14 扰乱市场 ·ISP 应热心协助调查	19 消除同伴压力	24 协助合规 ·员工安全教育

续表

加大努力	增加风险	减少奖励	减少挑衅	消除借口
5 控制促进者 ·来电显示 ·让 ISP 对流量负责	10 正式监督 ·审计和跟踪审查 ·射频识别 ·病毒和黑客攻击的早期预警系统 ·身份识别系统	15 拒绝福利 ·加密有价值的数据	20 劝阻模仿 ·提示软件补丁	25 提高道德标准 ·网络伦理教育 ·反对黑客文化的运动

以下是 12 种技术的简要描述：

1. 密码或 PIN 码：用于验证用户身份，确保只有授权用户可以访问系统。

2. 数据加密：保护数据文件，确保一旦加密，只有掌握正确解密密钥的人才能访问。

3. 防火墙：用于阻止潜在的恶意连接，保护计算机和网络不受未经授权的访问。

4. 去军事化区域（DMZ）：这种安全措施旨在将组织的公共网络服务器与内部网络隔离开来，以减少潜在的攻击面，确保敏感数据的安全。

5. 入侵检测系统（IDS）：该系统用于监控并阻止任何潜在的恶意信息传输到计算机或网络，从而预防未授权的访问和攻击。

6. 病毒扫描器：这种工具用于检测发送到计算机或网络的信息中是否含有恶意软件或病毒，以保护系统免受感染。

7. 软件更新提示：系统会立即提醒用户安装软件补丁，以修复已知的漏洞，减少被攻击的风险。

8. 射频识别（RFID）标签：这些标签提供与附着产品相关的信息，增强追踪和监控能力，从而有助于预防盗窃和非法转移。

9. 电话系统中的来电显示功能：该功能向电话接收者显示正在进行的呼叫的来源，增加了电话通信的透明度，有助于防止诈骗和未授权的通话。

10. 审计日志：这些日志记录了相关的操作数据，一旦发生安全事件，这些数据可以用于分析，帮助确定问题的根源并采取相应的预防措施。

11. 互联网服务提供商（ISP）的责任使用指导：ISP 可以提供指导，帮助客户以负责任和高效的方式使用网络信息，促进网络安全的提升。

12. 用户教育：这一项强调的是人在预防犯罪中的关键作用。通过教育用户了解安全实践和风险意识，可以大大提高整个系统的安全性。

现在我们将更详细地讨论这 12 种技术。

密码和 PIN 码在所有评论中被频繁提及，因为它们是网络安全的基础工具。然而，不幸的是，强密码或 PIN 码往往难以记忆，导致用户倾向于选择较弱的密码（安德森，2008）。

在 2 篇综述中（布鲁克森等人，2007；莫里斯，2004b），加密被视作加强数据保护的一种手段，而其他综述（比伯和拉奥，2005；科尔斯·肯普和狄奥哈里杜，2010；威利森和西波宁，2009；纽曼和克拉克，2003）则将其作为一种剥夺犯罪利益的方法。以犯罪场景为例，比如全磁盘加密的笔记本电脑被窃，这种加密的双重效果就显而易见。磁盘加密增加了犯罪分子的工作难度，因为他们必须先破解加密才能访问数据。如果加密无法被破解，笔记本电脑的价值就会大打折扣，因此加密也降低了犯罪的回报。

空间碎片化是一种目标硬化技术，能够有效防止产品丢失或被盗。例如，由多个分布在汽车不同位置的组件组成的系统比单一组件的系统更难以被盗（埃克布洛姆，2008）。空间碎片化在计算机网络系统中也容易实施，如对等网络系统常利用空间碎片化来增强其弹性。同样，这种技术也可以用于防止非法下载。在某种意义上，（n，t）阈值密码学也是一种空间碎片化的体现。在这种密码学中，解密密钥被分成 n 个份额，只有当解密过程中收集到的份额数量达到或超过预设的阈值 t 时，才能完成解密。

防火墙在 4 篇综述中被强调（比伯和拉奥，2005；布鲁克森等人，2007；莫里斯，2004b；纽曼和克拉克，2003），作为一种特定的目标硬化技术。另一篇综述（科尔斯·肯普和狄奥哈里杜，2010）则提出防火墙作为访问控制和防止信息泄露的技术。筛选出口是一个值得关注的方面，因为它与防止内部人员泄露信息以及阻止潜在违规者进入组织同样重要。

DMZ 在 3 篇综述中被提及（布鲁克森等人，2007；比伯和拉奥，2005；科尔斯·肯普和狄奥哈里杜，2010），通常作为一种目标隐藏策略，用于隔离组织的内部网络，从而保护其不受外部威胁的侵害。

在 5 篇综述文章中，IDS 被频繁提及（莫里斯，2004b；布鲁克森等人，2007；威利森和西波宁，2009），它们在应用上呈现出两种不同的模式：一是作为官方监督的手段（科尔斯·肯普和狄奥哈里杜，2010；威利森和西波宁，2009），二是作为利用现场管理者例子的体现（布鲁克森等人，2007）。这两种技术在现实世界中的应用区别在于，官方监督是由特定指派的人员执行，而现场管理者则可能是同事间的相互监督。此外，IDS 还应用于访问控制（科尔斯·肯普和狄奥哈里杜，2010）、增强安全目标（莫里斯，2004b）以及出口筛选（比伯和拉奥，2005）。

病毒扫描器被提及作为加强目标安全（布鲁克森等人，2007）和官方监控（莫里斯，2004b）的手段。

软件更新提示在 4 篇评论中被强调。它们作为加强目标安全的标准做法（比伯和拉奥，2005；莫里斯，2004b），同时也能有效阻止模仿攻击（威利森和西波宁，2009；科尔斯·肯普和狄奥哈里杜，2010），因为及时修补漏洞可以防止黑客利用这些安全缺陷。

在 1 篇综述中，RFID 标签被讨论（布鲁克森等人，2007），它具有三重功能：（1）扩展监控范围，例如在商店遭遇盗窃时发出警报；（2）降低匿名性，通过追踪携带标签商品的个体；（3）实现正式监控，使标签商品更容易被识别，从而抓捕商店扒手。RFID 标签被视为一种财产识别技术，并可在 25 种通用技术中应用。

2 篇综述（布鲁克森等人，2007；莫里斯，2004b）指出，来电显示是一种有效的技术手段，用于控制访问、降低匿名性以及遏制犯罪促进因素。在现实世界中，来电显示技术已成功减少了电话网络中的骚扰电话数量（克拉克，1990）。这启示我们，寻找互联网上类似的有效技术将是一条富有成效的研究路径。我们发现了两项相关技术。第一项是 IPclip（维迪格等人，2008），它需要硬件支持并改变 ISP 的操作模式。第二项是 Clue（阿法纳谢夫等人，2011），在软件中添加识别信息。只要犯罪者使用个人电脑接近受害者，这两种技术均有潜力。然而，由于犯罪者更倾向于使用被控制的电脑，而非个人电脑，追踪往往在受控的电脑上终止，而非犯罪者的个人电脑，这限制了这两种技术的有效性。

若干的评论文章（比伯和拉奥，2005；布鲁克森等人，2007；科尔斯·肯普和狄奥哈里杜，2010；莫里斯，2004 b；纽曼和克拉克，2003）提到了审计日至，它是一种作为调查事件发生顺序的工具。审计日至本身无法防止犯罪，但是它可以记录所有行为的事实并可以起到威慑作用（纽曼和克拉克，2003）。

ISP应该在预防犯罪方面更加积极。所有的评论文章都同意这个结论。我们也找到了一些建议来授权ISP。举例来说，几年前只有5%的下载是付费下载（肯尼迪，2009）。肯尼迪介绍了2个ISP能够发挥关键作用的方法。例如，非法下载带宽会减少合法使用网络带宽。典型的ISP在为非法下载负责时，会阻止或限制比特流量。这就是控制促进者通用技术的范例。减少非法下载的可能性会自动增加可用带宽。由于比特币也有合法的用途，因此这个方案是否合适还有待商榷。还有一个基本的问题，就是ISP的封锁违反了网络中立原则（范施维克和法伯，2009）。ISP屏蔽甚至能帮助罪犯而非阻止犯罪：克莱顿（2005）描述了一个主要ISP如何实施屏蔽内容（儿童色情）的系统，该系统泄漏了被屏蔽的网站名单。犯罪分子就可以利用封锁系统作为“甲骨文”来发现黑名单中的网站并采取规避措施。克莱顿的论文的主要结论是：设计以网络为基础的犯罪预防的“适应和遗忘”方法注定会失败。相反，潜在的目标是与罪犯本质上是在进行一场持久的军备竞赛。

莫里斯的报告（莫里斯，2004 a、2004 b）包含了关于授权ISP的建议。莫里斯（2004 b）希望把ISP看作是帮助消费者保持电脑清洁和健康的第一道防线。ISP所提供的服务也可视为罪犯达到目的的工具。在这种情况下，让ISP更好地负责他们的网络，这可以被看作是控制促进者通用技术的范例。最后，ISP可以宣传他们在预防犯罪方面的努力，并且尽可能地与警方保持密切合作。这是一种普遍的警觉良知技巧。

所有的审查都认为，对罪犯、目标和监护人进行教育有助于消除犯罪借口。布鲁克森等人（2007）认为，如果我们提醒他们的良知，可能会阻止潜在的犯罪者参与到软件和内容盗版中来。威利森和西波宁（2009）对内部人员进行了研究，认为员工的教育有助于公司政策的执行。莫里斯报告称，电子银行对客户进行安全教育，例如使用电子银行的五条“黄金规则”，就是既定规则的具体案例。最后，利用教育去抑制犯罪因素是可行的。在20世纪90年代早期互联网商业化之前，有些用户遵循“黑客道德”，认为信息应该免费（富内尔等人，1999）。当因特网开始营业时，人们就会得到新的信息，而这些信息显然并非是免费的。然而，黑客的道德观念至今仍萦绕在我们的心头，而这正是良好行为的抑制因素之一（纽曼和克拉克，2003）。教育可用于解释免费信息与非免费信息之间的差异。

在确定系统犯罪科学方法在信息安全方面的有用性后，我们现在转而讨论计算机技术在犯罪研究方面的应用。

犯罪模拟

计算机科学在科学研究中扮演着关键角色，它不仅用于收集和分析实验及模拟数据，还通过网络促进协作。例如，高能物理领域是互联网最早的民用用户之一，得益于计算机和网络技术，电子科学得以蓬勃发展（克拉多克等人，2008）。计算社会科学的发展受到了自然科学的启发。例如，拉泽尔等人（2009）指出，我们的日常活动在互联网上留下了可挖掘和分析的数字足迹，尽管隐私问题限制了研究人员获取的数据量，但这些障碍有望被克服（肯纳利和克拉菲，2010）。

犯罪科学作为计算社会科学的一个分支，不仅关注犯罪数据的分析，还强调预防犯罪新想法的适当评估，最好是在精心设计的实验或准实验以及时间序列分析中进行。然而，现实生活中的实验受到诸多限制。

首先，某些实验的成本过高。例如，认为改变城市街道布局可以降低犯罪率，但很难说服当局仅仅为了科学实验而进行此类改变（布兰廷厄姆夫妇，1993）。

其次，犯罪数据存在系统性误差。有时，罪犯、目标或警察可能没有提供准确数据的动机（戈夫等人，1985；朗沃斯，1999；索恩伯里和克罗恩，2000）。例如，惯犯隐瞒罪行符合其利益，警方可能夸大犯罪率以确保获得更多资金（埃克和刘，2008a）。警方的记录政策和做法对官方登记的犯罪量，尤其是暴力犯罪，有重大影响（施菲尔和西瓦拉贾辛纳姆，2005；维特布罗德和荣格，2002）。

基于计算机的模拟实验可以帮助规避这些问题（格罗夫和马泽罗尔，2008）。例如，在计算机模拟中，我们可以改变街道布局的地图。模拟实验还可以填补现有犯罪数据的空白。然而，在基于计算机的实验中，我们无法接触到实际的参与者，如罪犯、目标或监护人，因此必须模拟这些行动者的行为。虽然模拟人类行为具有挑战性，但在犯罪研究中，我们主要关注的是行为，这些行为可以用理性选择、日常活动或犯罪模式理论等相对可控的观点来代表。这些观点可以在一定程度上被编码（博斯等人，2009b），从而使模拟中的参与者表现出与人类参与者相关的行为。有了参与者的模型和相关环境，我们可以使用计算机来模拟犯罪事件。

我们将基于计算机的犯罪建模和分析视为犯罪科学的一部分。然而，“计算犯罪学”一词也在使用，它似乎首先由帕特丽夏和保罗·布兰廷厄姆（2005）提出。接下来，我们将讨论主要研究小组在犯罪模拟方面的进展。

犯罪模拟的主要思想是计算导致犯罪事件的步骤，以便对真实犯罪及其预防进行预测。基于代理的模拟被普遍使用（埃克和刘，2008a），因为人类行为者的行为可以通过确定代理行为的规则来编码。模拟的目的是从犯罪分子的个人行为中推断出总体行为。爱泼斯坦（1999）认为，这一理论之所以有效，主要是因为“有限理性”原则（RCP 的一个方面）也是生成模拟的本质。引用爱泼斯坦（1999 年，第 42 页）：“在相关的空间环境中定位自主异质主体的初始群体；允许它们根据简单的局部规则进行交互，从而自下而上产生或增长宏观规则。”犯罪的代理人包括罪犯、目标和有能力的监护人。相关视角提供了简单的局部规则，例如有限理性将犯罪代理人的决策限制在局部知识范围内，并确保决策是考虑风险的理性决策。罪犯的规则引导后者走向犯罪发生的状态，而目标和监护人则试图避免犯罪。犯罪者和目标有相反的目的这一事实自然导致了博弈论可能是一个有用的元理论的建议。空间环境可以是由 GIS 建模的地理环境，也可以是社交网络。宏观规律可以是这样一种说法：“入室盗窃具有传染性”，这意味着入室盗窃的传播遵循与传染病相同的模式（鲍尔斯等人，2004）。

生成模拟的优势在于，它可以用来否定不合适的理论，因为没有生成所追求的宏观规律性的模拟可能是基于不适用的理论（柏克斯等人，2012）。生成模拟的局限性在于，可能有不止一个理论可以增强规律性，因此生成模拟不应被解释为证明该理论是对某种宏观规律的最佳或唯一解释。

我们的主要兴趣是生成犯罪模拟回答假设问题的能力。例如，“如果我们改变街道格局的布局，犯罪率会发生什么变化?”如果模拟表明这是无用的，那么可以避免昂贵的经验实验。为了回答假设问题，我们可以更改代理的初始配置或规则。例如，增加有能力的监护人的数量的效果可以简单地通过增加扮演有能力监护人角色的代理人的数量来研究。然而，在实践中，可以选择的配置数量往往很大，因此需要技能和直觉来驱动模拟。到目前为止，该领域的进展还不足以使模拟假设实验成为例行程序（格莱瑟和瓦吉霍拉希，2008）。

模拟研究的有效性最终需要通过真实数据的验证来确立（伯克，2008）。目前，我们尚未发现此类验证的广泛报告，这可能是由于成本、伦理和隐私问题的限制（拉泽尔等人，2009）。尽管如此，在犯罪生成模拟的相关文献中，我们仍能找到一些研究线索。

在探索和界定宏观规律方面，不同的研究工作采用了不同的方法：

–阿姆斯特丹自由大学的研究团队运用逻辑方法来识别宏观规律性，他们的模型专注于区分那些可能导致犯罪行为与那些不会导致犯罪行为的模拟行为模式（博斯等人，2007a、2007b；博斯和格里森，2008、2009；博斯等人，2009b、2009a）。

–温哥华西蒙·弗雷泽大学的研究者们采用交互式方法来揭示宏观规律，其中成功的模拟能够展示例如犯罪热点的形成（格莱瑟等人，2006；格莱瑟和瓦吉霍拉希，2008；格莱瑟等人，2008；布兰廷厄姆等人，2004、2005）。这些模拟基于犯罪模式理论（布兰廷厄姆和布兰廷厄姆，1993、1995），因此重点在于犯罪者及其目标的空间和时间行为分析（索特等人，2010）。

–辛辛那提大学的研究者们（埃克，1998；埃克和刘，2008b、2008a；刘等人，2005；王等人，2008）以及夏洛茨维尔的弗吉尼亚大学的研究者们（布朗，1998；布朗等人，2000；布朗和冈德森，2001；布朗和牛津，2001；冈德森和布朗，2000；冈德森，2002；林和布朗，2003、2006；波特和布朗，2007；薛和布朗，2003、2006）则运用统计方法来确定宏观规律，如聚类分析（布朗和冈德森，2001）和数据关联（布朗等人，2000）。

此外，我们还发现了一项关于基于代理的网络犯罪模拟的研究建议。弗吉尼亚大学的冈德森和布朗（2000）提出可以使用与传统犯罪预测相同的方法和工具，但他们并未详细阐述在网络环境中空间概念的运用。

尽管计算社会科学仍是一门相对年轻的学科，但它已经为社会科学领域，尤其是犯罪科学，作出了显著的贡献。

总结

综上所述，文献中展示了众多研究工作，这些工作不仅表明了计算机科学家如何运用犯罪科学方法，也展示了犯罪科学家如何利用计算机科学工具。我们提供了相关工作的参考文献，但由于篇幅限制，我们只能触及众多研究中的冰山一角。

我们感谢鲁尼·克拉克、汉斯·亨德里克斯、肯·佩斯、劳尔·维林加以及审稿人对本章草稿的意见。

参考文献

Afanasyev, M., Kohno, T., Ma, J., Murphy, N., Savage, S., Snoeren, A. C., and Voelker, G. M. (2011). "Privacy-preserving network forensics". *Communications of the ACM*, 54 (5): 78~87.

Anderson, R. J. (2008). *Security Engineering: A Guide to Building Dependable Distributed Systems*. New York: John Wiley & Sons.

Beebe, N. L. and Rao, V. S. (2005). "Using situational crime prevention theory to explain the effectiveness of information systems security". *In Conference on Protecting the Intangible Organizational Assets (SoftWars)*. Las Vegas, NV: The Information Institute.

Berk, R. (2008). "How you can tell if the simulations in computational criminology are any good". *Journal of Experimental Criminology*, 4 (3): 289~308.

Birks, D., Townsley, M., and Stewart, A. (2012). "Generative explanations of crime: using simulation to test criminological theory". *Criminology*, 50 (1): 221~254.

Bosse, T. and Gerritsen, C. (2008). "Agent-based simulation of the spatial dynamics of crime: on the interplay between criminal hot spots and reputation". In *7th International Joint Conference on Autonomous Agents and Multiagent Systems (AAMAS)*, pp. 1129~1136. Estoril, Portugal: International Foundation for Autonomous Agents and Multiagent Systems.

Bosse, T. and Gerritsen, C. (2009). "Comparing crime prevention strategies by agent-based simulation". In *IEEE/WIC/ACM International Joint Conference on Web Intelligence and Intelligent Agent Technologies (WI-IAT)*, volume 2, pp. 491~496. Milan, Italy: IEEE.

Bosse, T. , Gerritsen, C. , and Treur, J. (2007a). "Case analysis of criminal behaviour". In *20th International Conference on Industrial, Engineering and Other Applications of Applied Intelligent Systems (IEA/AIE) - New Trends in Applied Artificial Intelligence*, volume 4570 of LNCS, pp. 621~632. Kyoto, Japan: Springer.

Bosse, T. , Gerritsen, C. , and Treur, J. (2007b). "Cognitive and social simulation of criminal behaviour: the intermittent explosive disorder case". In *6th International Joint Conference on Autonomous Agents and Multiagent Systems (AAMAS)*, pp. 1~8. Honolulu, HI: ACM.

Bosse, T. , Gerritsen, C. , Klein, M. C. A. , and Weerman, F. M. (2009a). "Development and validation of an agent-based simulation model of juvenile delinquency". In *International Conference on Computational Science and Engineering (CSE)*, pp. 200~207. Vancouver, BC: IEEE.

Bosse, T. , Gerritsen, C. , and Treur, J. (2009b). "Towards integration of biological, psychological and social aspects in agent-based simulation of violent offenders". *Simulation*, 85 (10): 635~660.

Bowers, K. J. , Johnson, S. D. , and Pease, K. (2004). "Prospective hot-spotting-the future of crime mapping?" *British Journal of Criminology*, 44 (5): 641~658.

Brantingham, P. L. and Brantingham, P. J. (1993). "Environment, routine and situation: towards a pattern theory of crime". In Clarke, R. V. and Felson, M. (eds) *Routine Activity and Rational Choice, volume Advances in Criminological Theory* 5, pp. 259 ~ 294. Piscataway, NJ: Transaction Publishers.

Brantingham, P. L. and Brantingham, P. J. (1995). "Criminality of place: crime generators and crime attractors". *European Journal on Criminal Policy and Research*, 3 (3): 5~26.

Brantingham, P. L. , Brantingham, P. J. , and Glässer, U. (2004). "Computer simulation in criminal justice research". *Criminal Justice Matters*, 58 (1): 18~19.

Brantingham, P. L. , Glässer, U. , Kinney, B. , Singh, K. , and Vajihollahi, M. (2005). "A computational model for simulating spatial aspects of crime in urban environments". *In International Conference on Systems, Man and Cybernetics, volume* 4, pp. 3667 ~ 3674. Waikoloa, HI: IEEE.

Brookson, C. , Farrell, G. , Mailley, J. , Whitehead, S. , and Zumerle, D. (2007). "ICT product proofing against crime". *ETSI White Paper 5*. Sophia Antipolis, France: European Telecommunications Standards Institute

Brown, D. E. (1998). "The regional crime analysis program (ReCAP): a framework for mining data to catch criminals". In *3rd IEEE International Conference on Systems, Man, and Cybernetics (ICSMC)*, pp. 2848~2853. San Diego, CA: IEEE.

Brown, D. E. and Gunderson, L. F. (2001). "Using clustering to discover the preferences of computer criminals". *IEEE Transactions on Systems, Man and Cybernetics, Part A: Systems and Humans*, 31 (4): 311~318.

Brown, D. E. and Oxford, R. B. (2001). "Data mining time series with applications to crime analysis". In *International Conference on Systems, Man and Cybernetics*, volume 3, pp. 1453~1458. Tucson, AZ: IEEE.

Brown, D. E., Gunderson, L. F., and Evans, M. H. (2000). "Interactive analysis of computer crimes". *IEEE Computer*, 33 (8): 69~77.

Clarke, R. V. (1990). "Deterring obscene phone callers: preliminary results of the New Jersey experience". *Security Journal*, 1 (3): 143~148.

Clayton, R. (2005). "Failures in a hybrid content blocking system". In *5th International Workshop on Privacy Enhancing Technologies (PET)*, volume 3856 of LNCS, pp. 78-92. Cavtat, Croatia: Springer.

Coles-Kemp, L. and Theoharidou, M. (2010). "Insider threat and information security management". In Probst, C. W., Hunker, J., Gollmann, D., and Bishop, M. (eds) *Insider Threats in Cyber Security*, volume Advances in Information Security 49, pp. 45~71. New York, Dordrecht, Heidelberg, London: Springer.

Craddock, T., Harwood, C. R., Hallinan, J., and Wipat, A. (2008). "Opinion: e-science: relieving bottlenecks in large-scale genome analyses". *Nature Reviews Microbiology*, 6: 948~954.

Eck, J. E. (1998). "What do those dots mean? Mapping theories with data". In Weisburd, D. and McEwen, T. (eds) *Crime Mapping and Crime Prevention, volume Crime Prevention Studies* 8, pp. 379~406. Monsey, NY: Criminal Justice Press.

Eck, J. E. and Liu, L. (2008a). "Contrasting simulated and empirical experiments in crime prevention". *Journal of Experimental Criminology*, 4 (3): 195~213.

Eck, J. E. and Liu, L. (2008b). "Varieties of artificial crime analysis: purpose, structure, and evidence in crime simulations". In Liu, L. and Eck, J. E. (eds) *Artificial Crime Analysis Systems: Using Computer Simulations and Geographic Information Systems*, pp. 413~432. Hershey, PA: Information Science Reference.

Ekblom, P. (2008). "Designing products against crime". In Wortley, R. and Mazerolle, L. (eds) *Environmental Criminology and Crime Analysis*, pp. 195~220. Uffculme, UK: Willan Publishing.

Epstein, J. M. (1999). *Agent-based computational models and generative social science*. Complexity, 4 (5): 4160.

Felson, M. and Eckert, M. (2016). *Crime and Everyday Life, Fifth Edition*. London: Sage publishing.

Furnell, S. M., Dowland, P. S., and Sanders, P. W. (1999). "Dissecting the hacker manifesto information". *Management & Computer Security*, 7 (2): 69~75.

Glässer, U. and Vajihollahi, M. (2008). "Computational modeling of criminal activity". In *1st European Conference on Intelligence and Security Informatics (EuroISI)*, volume 5376 of LNCS, pp. 39~50. Esbjerg, Denmark: Springer.

Glässer, U., Rastkar, S., and Vajihollahi, M. (2006). "Computational modeling and experimental validation of aviation security procedures". In *International Conference on Intelligence and Security Informatics (ISI)*, volume 3975 of LNCS, pp. 420~431. San Diego, CA: IEEE.

Glässer, U., Rastkar, S., and Vajihollahi, M. (2008). "Modeling and validation of aviation security". In *Intelligence and Security Informatics*, volume 135 of Studies in Computational Intelligence, pp. 337~355. Berlin: Springer.

Gove, W. R., Hughes, M., and Geerken, M. (1985). "Are uniform crime reports a valid indicator of the index crimes-an affirmative answer with minor qualifications". *Criminology*, 23 (3): 451~502.

Groff, E. and Mazerolle, L. (2008). "Simulated experiments and their potential role in criminology and criminal justice". *Journal of Experimental Criminology*, 4 (3): 187~193.

Gunderson, L. F. (2002). "Using data mining and judgment analysis to construct a predictive model of crime". In *7th International Conference on Systems, Man and Cybernetics*, pp. 246~250. Yasmine Hammamet, Tunisia: IEEE.

Gunderson, L. F. and Brown, D. E. (2000). "Using a multi-agent model to predict both physical andcyber-criminal activity". In *International Conference on Systems, Man, and Cybernetics*, volume 4, pp. 2338~2343. Nashville, TN: IEEE.

Kenneally, E. E. and Claffy, K. (2010). "Dialing privacy and utility: a proposed data-sharing framework to advance internet research". *IEEE Security & Privacy*, 8 (4): 31~39.

Kennedy, J. (2009). Digital music report 2009: new business models for a changing environment. IFPI. www. ifpi. org/content/library/DMR2009. pdf.

Langworthy, R. H. (1999). *Measuring what matters: proceedings from the Policing Research Institute meetings*. Washington, DC: National Institute of Justice, Office of Community Oriented Policing Services (COPS).

Lazer, D., Pentland, A., Adamic, L., Aral, S., Barabási, A.-L., Brewer, D., Christakis, N., Contractor, N., Fowler, J., Gutmann, M., Jebara, T., King, G., Macy, M., Roy, D., and Alstyne, M. V. (2009). "Computational social science". *Science*, 323 (5915): 721~723.

Lin, S. and Brown, D. E. (2003). "Criminal incident data association using the OLAP technology". *In First NSF/NIJ Symposium on Intelligence and Security Informatics* (ISI), volume 2665 of LNCS, pp. 13~26. Tucson, AZ: Springer.

Lin, S. and Brown, D. E. (2006). "An outlier-based data association method for linking criminal incidents". *Decision Support Systems*, 41 (3): 604~615.

Liu, L., Wang, X., Eck, J. E., and Liang, J. (2005). "Simulating crime events and crime patterns in RA/CA model". In Wang, F. (ed.) *Geographic Information Systems and Crime Analysis*, pp. 197~231. London: Idea Group.

Milletary, J. (2013). Technical trends in phishing attacks. Technical publications, United States Computer Emergency Readiness Team (US-CERT). www. us-cert. gov/security-publications/technical-trends-phishing-attacks.

Morris, S. (2004a). "The future of netcrime now: Part 1 threats and challenges". Online report 62/04. UK Home Office.

Morris, S. (2004b). "The future of netcrime now: Part 2 responses". Online report 63/04. UK Home Office.

NCA (2016). "Cyber Crime Assessment 2016". UK National Crime Agency. www. nationalcrimeagency. gov. uk/publications/709-cyber-crime-assessment-2016.

Newman, G. R. and Clarke, R. V. (2003). *Superhighway Robbery: Preventing E-Commerce Crime* (*Crime Science*). Uffculme, UK: Willan Publishing.

Porter, M. D. and Brown, D. E. (2007). "Detecting local regions of change in high-dimensional criminal or terrorist point processes". *Computational Statistics and Data Analysis*, 51 (5): 2753~2768.

Reyns, B. W. (2010). "A situational crime prevention approach to cyberstalking victimization: Preventive tactics for internet users and online place managers". *Crime Prevention and Community Safety*, 12 (2): 99~118.

Rosoff, H., Cui, J., and John, R. (2014). "Behavioral experiments exploring victims' response to cyber-based financial fraud and identity theft scenario simulations". *In 10th Symposium on Usable Privacy and Security* (*SOUPS*), pp. 175~186. Menlo Park, CA: USENIX Association.

Shepherd, J. and Sivarajasingam, V. (2005). "Injury research explains conflicting violence trends". *Injury Prevention*, 11 (6): 324~325.

Short, M. B., Brantingham, P. J., Bertozzi, A. L., and Tita, G. E. (2010). "Dissipation and displacement of hotspots in reaction-diffusion models of crime". *Proceedings of the National Academy of Sciences* (*PNAS*), 107 (9): 3961~3965.

Thornberry, T. P. and Krohn, M. D. (2000). "The self-report method for measuring delinquency and crime". In Duffee, D. (ed.) *Measurement and Analysis of Crime and Justice*, volume 4, pp. 33~84. Washington, DC: National Institute of Justice.

Van Schewick, B. and Farber, D. (2009). "Point/counterpoint network neutrality nuances". *Communications of the ACM*, 52 (2): 31~37.

Von der Heyde, A., Miebach, J., and Kluge, A. (2014). "Counterproductive work behaviour in a simulated production context: an exploratory study with personality traits as predictors of safety-related rule violations". *Journal of Ergonomics*, 4 (2): 1000130.

Wang, X., Liu, L., and Eck, J. E. (2008). "Crime simulation using GIS and artificial intelligent agents". In Liu, L. and Eck, J. E. (eds) *Artificial Crime Analysis Systems: Using Computer Simulations and Geographic Information Systems*, pp. 209 ~ 225. Hershey, PA: Information Science Reference.

Welsh, B. and Farrington, D. (2008). "Effects of improved street lighting on crime". *Campbell Systematic Reviews 13*, The Campbell Collaboration. https://campbellcollaboration.org/library/effects-of-improved-street-lighting-on-crime.

Widiger, H., Kubisch, S., Danielis, P., Schulz, J., Timmermann, D., Bahls, T., and Duchow, D. (2008). "IPclip: an architecture to restore trust-by-wire in packet-switched networks". In *33rd IEEE Conference on Local Computer Networks (LCN)*, pp. 312 ~ 319. Montréal, QC: IEEE.

Willison, R. and Siponen, M. (2009). "Overcoming the insider: reducing employee computer crime through situational crime prevention". *Communications of the ACM*, 52 (9): 133~137.

Wittebrood, K. and Junger, M. (2002). "Trends in violent crime: a comparison between police statistics and victimization surveys". *Journal of Social Indicators Research*, 59 (2): 153~173.

Xue, Y. and Brown, D. E. (2003). "Decision based spatial analysis of crime". In *First NSF/NIJ Symposium on Intelligence and Security Informatics (ISI)*, volume 2665 of LNCS, pp. 153~167. Tucson, AZ: Springer.

Xue, Y. and Brown, D. E. (2006). "Spatial analysis with preference specification of latent decision makers for criminal event prediction". *Decision Support Systems*, 41 (3): 560~573.

第十三章

法庭科学

前言：法庭科学重建、检测和破坏的概念概述

犯罪科学领域，（科克本和莱科克，2017；沃特利等人，2019）在本书第一章所述，已经催生了许多成熟的学科。法庭科学作为一门传统上专注于通过回顾性方法重建犯罪事件的学科，如今也越来越多地涉足预测性分析（参见里博和塔尔博特·赖特，2014；里博等人，2010）。本章节对法庭科学的概念框架和基础进行了全面概述，并探讨了与犯罪司法系统中关键角色的合作，揭示和打击犯罪所面临的挑战。法庭科学与犯罪学之间的相互作用是围绕一个共同目标：通过基于证据的方法来解决犯罪问题的核心。

法庭科学是什么?

法庭科学扮演着法律、政策、科学、执法和实务等多领域之间的桥梁角色（弗雷泽和威廉姆斯，2009）。因此，它被广泛认为是一个极为复杂的领域，尤其是在它与这些领域在不同时间、不同地点相互作用时所涉及的文化、经济和政治因素（摩根，2017a）。

法庭科学可以被视作一个连续的过程，涵盖了从犯罪现场到法庭的每一个环节（英曼和鲁丁，2002；摩根和布尔，2007）。每一个阶段都紧密依赖前一个阶段的结果（参见图 13.1），这使我们认识到法庭科学作为一个整体过程的重要性。通过对微量物证的生成、犯罪现场的有效管理、样本的收集与分析，以及对分析结果的解释以生成调查情报或法庭证据，我们构建了坚实的证据基础，这是实践的核心。然而，我们的理解可能存在差距，这最终表明，所发展的法庭科学是案件重建的基础所在。

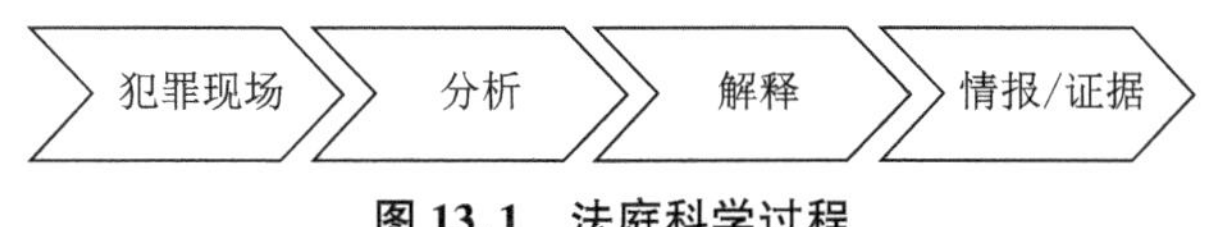

图 13.1　法庭科学过程

传统上，法庭科学的焦点主要集中在分析阶段（参见图 13.1），其特点是不断开发新技术和应用，以提高我们对犯罪现场或受害者身上发现的材料，以及可能转移到其他相关物品上的材料（如鞋子、衣物和交通工具）的检测和分类准确性（例如，范·奥尔肖特和琼斯，1997；杰米森和摩恩，2009；凯德等人，2016）。因此，法庭科学评估通常会关注技术的验证、标准制定和质量保证（美国国家科学院，2016）。然而，人们越来越意识到，为了实现强有力的案件重建目标（鲁克斯等人，2012；摩根，2017a），需要将关注点转向解释阶段（政府首席科学顾问，2015；法庭科学监管机构，2015、2016）。在这一过程中，各个阶段都突显了将物理和社会科学相结合的重要性，以及隐性知识和显性知识的应用价值（摩根，2017b）。同时，建立证据库以支持案件重建的每个阶段也变得尤为重要（摩根等人，2009；姆努金等人，2011）。

在这一框架下，我们必须认识到法庭科学的一个基本前提是采用排他性方法（沃尔，1968；摩根和布尔，2007），而非仅仅依赖实践经验和已发表的文献来试图建立“匹配”。分析方法和决策的完整性是基于样本比较的，这要求我们认识到法庭科学材料在重建过程中的概率性质。追求明确的“匹配”，或将材料来源指定为“排除所有其他可能性”，可能会导致问题（德洛尔，2015；萨克斯和克勒，2008）。显然，不同类型的法庭科学材料在解释比较分析时遵循不同的范式（布罗德斯，2006）。特别是 DNA 分析的解释和展示方式与其他法庭科学材料显著不同，因为可以利用群体数据库中的等位基因频率来解释基因图谱的比较（斯蒂尔和博丁，2014）。尽管如此，排他法仍然是法庭科学重建的一个基本原则，在所有形式的法庭科学证据中都应该保持其可靠性和透明度。特别是在法庭科学领域，科学、法律、政策和执法等交叉领域的不同要求有时会相互冲突，这是我们必须仔细考虑的问题。

法庭整体科学方法有何不同和必要?

法庭科学的发展广为人知，它是在吸收和借鉴其他学科成熟的理论和方法的基础上逐渐成长起来的。然而，人们越来越意识到，作为一门不断进步的学科，法庭科学已经演变成一个真正意义上的跨学科研究领域。它拥有自己独特的科研方法、概念体系、理论框架，并且其原始研究成果（而不仅仅是应用研究）也在不断增多（玛戈，2011a、2011b；鲁克斯等人，2015；摩根，2017b）。因此，法庭科学作为一门至关重要的学科，能够提供多元化的视角来应对犯罪侦查中的各种问题。

采取一种综合性的研究方法至关重要，这包括对多个领域和参与者的深入了解，以及对从犯罪现场到法庭全过程的全面认识（摩根，2017b）。这种方法不仅有助于维护科学的严谨性和坚持可推广的理论基础，而且在开发法庭科学重建方面具有极高的价值。例如，在解释犯罪嫌疑人身上微量颗粒物的意义时，我们不仅需要准确分类和确定其特性，还需要探究它们在特定案件情境中是如何转移到嫌疑人身上的。重建工作必须建立在可靠且可信的证据基础之上，尽管在考虑到每个案例的独特性时，这是一个相当高的追求目标。然而，从宏观视角来看，法庭科学无疑能够促进这一重建过程。

此外，随着对环境、社会以及犯罪情境等领域的深入了解，法庭科学的范畴正在不断扩大，它有助于预测、破坏并最终预防犯罪。例如，通过检测废水系统中的特定化学物质，并结合对水流量和管道特性的了解（拉普赖特等人，2017），我们可能能够监控特定住宅，从而干扰自制炸弹的制造活动。

法庭科学程序与概念方法

法庭科学程序：从犯罪现场到法庭

如图 13.1 所示，法庭科学过程涵盖了从犯罪现场至法庭的各个阶段，形成了一种相互关联的整体方法。我们意识到提出的问题以及犯罪现场发生的活动不仅会影响所搜集的材料，还会影响实验室对样本的分析方式、推断分析结果重要性所采用的方法，以及将这些发现转化为情报和证据的过程。然而，这一过程并非孤立进行，它需要考虑在整个过程中嵌入的不同类型的知识。这些知识类型涵盖了每个阶段不同参与者的经验和专业知识；现有法庭科学材料类型与案件相关痕迹材料的相互作用；以及这些材料是否能够用于推断与法庭科学重建相关的来源和/或活动。我们必须认识到，对这个过程整体性的认识将直接影响犯罪现场（通常是案件的核心）最相关问题表达的方式。这种认识的反作用力会进一步影响分析和解释阶段中法庭科学材料的类型，从而对样本的分析、分类和解释产生影响。同时，我们也需要考虑最终的分析和解释可能被用作情报还是证据。因此，从全局和相互关联的视角审视法庭科学过程中的每个阶段，有助于制定最有效的策略，并为实现稳健且精确的重建工作提供坚实的理论基础。

法庭科学概念法

FoRTE 模型（摩根，2017 a）试图捕捉这个过程，并把它放入法庭科学重建的背景中，如图 13.2 所示。

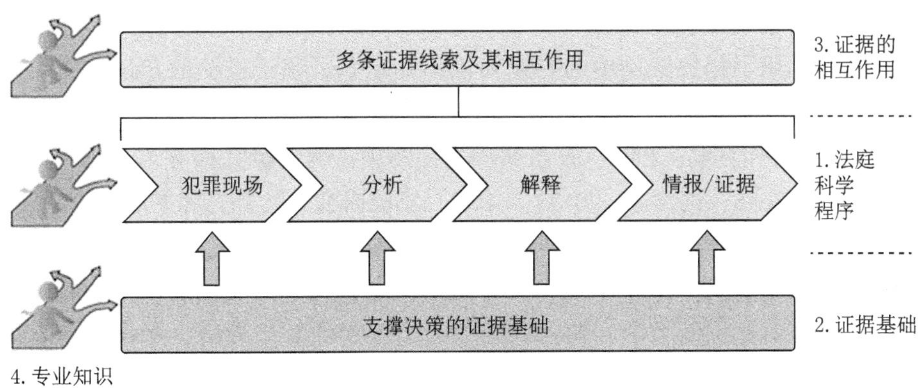

图 13.2　法庭科学重建的概念模型和痕迹证据的作用（FoRTE）（摩根，2017a）

法庭科学过程构成了模型核心（组件 1），其中涉及对 3 个关键组件的精确重建。为了支持法庭科学进程的每个阶段，建立了一个证据库（组件 2）。这个证据库采取多种形式，既包括来自成熟“母”学科的知识，如流体力学（用于血液模式分析）或遗传学（用于 DNA 分析），也包括针对特定法庭科学案例相关因素的方法（如概述方法，法莫等人，2015）。此外，证据库还纳入了一般性因素，如痕迹证据动力学（摩根等人，2018a）和人类决策行为（摩根等人，2018b）。在收集、分析和解释情报和/或证据之后，需要整合众多已识别的情报和/或证据线（组件 3）。理解这些不同情报和/或证据之间的相互作用，有助于更全面、基于证据地掌握犯罪事件前后发生的情况。

关键在于，3 个组件中都需要专业知识（知识和技能），以确保每个组件都基于经验证据和专业知识（摩根，2017a），并实现法庭科学重建的科学“努力”（鲁克斯等人，2012）。尽管存在争议（参见 R. V. 韦勒；德洛尔，2015；凯西等人，2016；米金和贾米森，2016），但有人认为，只有通过这种细致、基于经验和专业知识的方法，才能提供可靠且可重复的法庭科学重建（斯密特等人，2016；摩根，2017a）。

为了实现法庭科学的目标，人们认识到需要更多的文献发表。法庭科学文献主要分为 4 个研究方向。第一，新技术的研究，或现有分析技术在法庭科学领域的应用（如，贝利等人，2012；纽维尔等人，2012；尼代德等人，2011；费尔利等人，2012；卡德等人，2016；范丹等人，2016），这反映了“分析”阶段的传统关注。第二，记录在特定情况下使用特定形式的微量物质作为调查情报或证据的文献（如拉夫尔和墨菲，2011；莱波特等人，2017）。这些研究利用了相关案例中的专业知识，并建立了基于经验的知识体系。第三，自 2005 年以来，对微量材料的解释和证据权重评估的研究越来越多（如，萨克斯和克勒，2008；查尔顿等人，2010；纳哈伊扎德等人，2014；斯密特等人，2016；德洛尔，2017）。第四，实验研究开始补充和发展现有实践，并在学科内建立理论的知识体系（如，摩根等人，2009；弗拉赤和摩根，2015；帕尔默等人，2017）。这 4 个研究方向都旨在建立支持法庭科学的证据基础，确保对证据动力学和解释结果中人为因素的适当理解，并将这些因素纳入推论和结论中（如图 13.2 的组件 2、3 和 4）。

图 13.2 展示了法庭科学领域内研究的 3 个重要特征，它们构成了法庭科学整体方法的一部分：实证研究、案例研究和执行意识（摩根，2017a）。第一，案例研究提供了宝贵的洞察力，实证研究是“循证”处理坚实的基础，它管理分析实践并为解释和演示阶段提供方法（如图 13.1）。第二，通过个案研究了解研究的价值是确保法庭科学实践从一开始就面对挑战的关键。第三，研究设计必须围绕法庭科学实践背景进行，以便将调查结果应用于实际案例。在设定研究目标时，必须考虑法庭科学实践的主要挑战，例如分析和解释活动的成本和时间。例如，开发一种新方法以区分法庭科学样本是极其重要且有效的。如果这项研究还能缩短样品准备和分析时间，并利用法庭科学实验室现有设备，那么它在该领域将具有显著附加价值（参见麦库洛克等人，2017）。

法庭科学所面临的挑战

法庭科学显然面临挑战。这些挑战是该学科试图解决包括科学、法律、政策和警务在内的多个领域所提出的问题的结果。

法律和科学

《国家科学院报告》(2009) 揭示了关于法庭科学方法和技术的有效性的重大疑虑。此后，众多报告相继发表，如法律委员会 2011 年关于专家证人证词可采性的报告，这些报告许多都聚焦于确立法庭科学方法背后的科学基础和有效性（美国国家科学院，2009，第 8 页）。英国政府首席科学顾问(2015) 的年度报告、《法庭科学监管机构报告》(2015、2016) 以及美国总统科学顾问委员会的出版物 (2016) 均突出了经验证据缺失的重要性。这些报告的共同主题是如何解读法庭科学证据，以及在不同法庭科学领域被视为"有效"的标准。这一问题尤为复杂，因为它涉及到科学和法律之间不同的需求。

当科学步入法庭这一有着不同规则的世界时（杰森诺夫，2006），科学界和法律界的互动塑造了科学，并协助法院作出法律判断（杰森诺夫，1998；林奇，2004；劳尼斯，2016）。因此，在法庭科学领域，科学和法律的不同认识论基础相互融合，形成了法庭所需的法庭科学知识（埃德蒙，2001；劳尼斯，2016）。

当科学观察转变为法律证据时，这种转变体现了科学对于普遍有效性的追求与法律对具体案件事实的需求之间的差异。时间尺度的问题同样关键：法庭要求科学家迅速作出回应，而科学领域则有时间进行反复验证、复制和发展理论。法院要求的"确定性"必须与科学界的探索和测试能力相协调。实际上，科学在法庭上的价值和意义往往由非科学家组成的陪审团或司法机构成员来决定，这与科学界的同行评审过程形成鲜明对比（林奇和亚沙诺夫，1998；亚沙诺夫，2005）。

因此，法庭科学位于两个不同领域的交汇点，导致其知识的产生和应用面临不同的需求、动机和目标（柯尔，2013；摩根，2017b）。这无疑对科学家和法庭诉讼程序的参与者构成了挑战（埃德蒙等人，2016）。然而，认识到这一背景有助于我们揭示认识上的差距，开展旨在解决这些差距的研究，并为科学的发展和最终形成提供了巨大的机会，从而使研究成果能够更有效地辅助法院和司法系统。

知识与证据基础

法庭科学面临的关键挑战之一是确定刑事司法中“科学”的有效性。有观点认为，为了审判目的，我们无法将法庭科学专家的证词与所提供的科学证据分离开来（基利，2006）。这给法庭科学带来了两个主要挑战。首先，专家证词在法庭科学概念方法中的作用（如前所述）。其次，科学建立在广泛接受的知识基础之上（例如遗传学、地球科学或物理学），并提供实践基础，以指导特定法庭科学背景下的研究结果方法和解释（摩根等人，2009）。我们必须认识到，在贡献学科中经过验证和确立的一般理论与鉴定、收集、分析、解释和呈现方式之间的差异，为犯罪现场管理提供了支持。尽管我们对这些知识库的有效性几乎没有什么异议，但对于专业法庭科学证据库的重要性和必要性的讨论仍在继续（姆努金，2011；玛戈，2011b；鲁克斯等人，2012；摩根，2017a、b）。英国法庭科学监管机构（2015、2016）强调，建立在此类经验数据之上的问题为整个法庭科学过程提供了证据基础（图 13.2），以确保法庭科学重建的准确性、稳健性和透明度。摩根等人（2018a、2018b）指出，越来越多的文献试图通过提供支持法庭科学样本解释的数据来解决这些问题。然而，挑战不止于此，每一种情况都是独一无二的。在实验室环境中，变量受到控制，外部变量有限，这是一个明确且可测试的原则，但当它应用到“真实”世界的案例中时，可能会遇到复杂的问题。因此，进行有效的法庭科学重建需要对每个案件背景都有一定的敏感性。

摩根（2017b）指出，法庭科学重建所需的不同知识形式有助于这项工作。这需要我们有足够的普遍性（建立一般科学理论）的环境敏感知识（在特定情况下适用）。要做到这一点，我们需要有能作为推理基础的证据，并与不同的证据基础（提供已知的或明确的未知的）充实法庭程序的各个阶段，以及由专业知识建立的证据基础（包括技术知识、技能、经验和惯例）来组成。因此，必须将经验证据和专业知识视为法庭科学重建科学努力的整体属性（摩根，2017b）。在特定情况下，必须明确经验证据与专业知识之间的平衡。这将使调查人员（作为情报）或法庭（作为证据）能够谨慎、透明地进行推断。这种形式的明确性对于为特定的发现分配重要性和/或权重也是非常重要的。

另一个挑战是促进法庭科学交叉领域的挑战。这些不同领域的科学、法律/政策、警察/法庭科学服务由不同的机构组成。每个机构的基础结构、主导的知识库、专长类型以及如何产生、获取和保留的知识都有所不同。因此，了解这些不同的知识生产方法以及不同机构如何共同努力，为法庭科学重建提供了强有力的支持（摩根，2017b）。例如，在警察/法庭科学服务领域，需要制定标准的操作程序，以保管从犯罪现场收集的证物和任何用于分类法庭科学样本成分的分析测试。这可以通过编撰清晰的知识，通过正规的学习，不断地应用和学习这些知识。与此形成鲜明对比的是，在科学领域，根据案例背景以及科学家的经验和培训，从而获得我们想要的材料。例如，从鞋中收集微量样品或检查指纹（多克和阿西马科普洛斯，2007；伊尔沃克等人，2015）。这可能是因为这些技术需要使用专门的知识，以便对具体案例背景具有敏感性，从而能够对具体案例中各种因素的独特相互作用作出反应，来达到“解决问题”的效果（鲁克斯等人，2012）。

因此，在考虑法庭科学的有效性时，我们必须考虑到科学、法律/政策、警察/法庭科学服务等交叉领域的需求和基础设施，以及包含不同形式知识的证据库的需要。这些考虑可能会极大地帮助解决经验和经验证据基础之间的“错误二分法”（摩根，2017b）。这两种知识形式对于法庭科学来说都是必不可少的。但是，如何实现这一协作仍是一个具有挑战性的课题。

执行

法庭科学面临的另一项关键挑战是将经验数据和专业知识有效地整合到证据库中（见图 13.2）。这一过程依赖于不同的知识机构（如知识与证据基础部分所述）以及创造知识的互补方法。

首先，为了构建这些证据基础，前期研究必须基于案例研究，以便研究能够解决“现实世界”的问题。这就要求科学领域和实践领域的参与者进行合作，以充分探索这些“问题”的细微差别，从而形成“符合目的”的研究课题。这是最关键的一步。通常情况下，我们需要在充分考虑“问题”之前确定“解决方案”。例如，人们可能会建议使用移动分析技术从而更快地从犯罪现场生成“实时”信息。然而，进一步探索这个问题会开辟其他途径，发现特定案件或案件类型的问题更多地涉及到筛选和确定最具前景的样本，这些样本最终将提供最有力的信息，从而为建立可受理的案件奠定基础。

其次，要研究解决问题的框架和方法，以便解决已知问题。这需要考虑法庭在科学实践和执行过程中存在的限制。这主要是成本和时间的问题。例如，开发一种区分不同法庭科学样品的新技术，对于增加法庭科学家的工具包以及推断车辆回收痕迹的来源具有重要意义。然而，要做到这一点很重要，同时要记住大多数法庭科学实验室的分析技术以及准备和分析样本所需要的时间。显然，我们有可能开发出一种利用现有机械来减少当前准备和/或分析时间的方法（例如麦库洛克等人，2016）。我们需要新的（昂贵的）机器或者需要长时间准备和分析的方法尽可能不影响到“现实世界”。然而，要解决“现实世界”的问题，就必须承认研究是一个迭代的过程，而新能力的开发往往不会一蹴而就。因此，我们必须重视每一阶段的研究。也许在几个月后，我们将会有一些研究项目，而这些研究结果刚好可以用来解决“现实世界”的问题。也许还会有其他的基础来实现关键突破，但是它们的影响不可能在几年内实现。需要强调的是，这两类研究都是非常重要和值得关注的。

最后，研究的结果必须是“符合目的”和能够在“现实世界”中实现的。例如，开发一种识别爆炸物及其来源的方法对监测和可能导致犯罪行为的活动具有重要价值。然而，这一方法必须与隐私法相一致。例如，如拉普赖特等人（2017）所述，开发一种可以在公共财产上取样的方法。

背景

由于法庭科学所处的环境、文化、经济和政治因素不同（如“法庭科学是什么?”这一小节所述），正如劳尼斯（2010）和 路德维希（2016）所述，这些因素对英国法庭科学的实践产生了许多争议，特别是近年来英国出现的法庭科学“市场化”（劳尼斯，2010；路德维希，2016）。尽管这些辩论中存在着不同的观点（西尔弗曼，2011；马圭尔等人，2012；鲁克斯等人，2012），但是显然法庭科学和操作环境是密不可分的。虽然有人呼吁建立和开发适当的证据库以支持法庭科学实践（姆努金等人，2011；摩根，2009），但是这些研究长期缺乏资金。一个非商业化产业很难开展研究并将其研究成果公之于众，这是情有可原的，但显然这是一个需要解决的问题（斯密特等人，2017）。为了满足研究的需要，得到行业支持和开展学术合作确保这种需求得以实现则是另一个关键点。英国有很多优秀的举措，包括建立知识转移网络特别利益小组，以促进产业界与学术界的合作，但是如果没有足够的资金支持和培养合作，这些努力的影响和价值就会受到限制。虽然有些案例是为法庭科学研究提供资金的，但是这些呼吁主要集中于向市场提供技术解决方案，以支持法庭科学过程中犯罪现场和分析阶段。英国研究委员会内部法庭科学专用资金的实际流失，使研究人员进行全方位的法庭科学研究变得更加困难。市场力量也许强大，但是显然法庭科学研究需要优先考虑和实施。这就需要在国家一级提供资金，以确保研究持续、解决法庭科学任务、确保其具有创新能力和制定可行的办法，从而确保该学科能够继续为刑事司法系统提供帮助。

我们该如何应对?

本章强调了将法庭科学视为一个整体过程的价值，其中证据基础对于这一过程的每一部分都是至关重要的。它还强调了将经验数据和专业知识，包括显性和隐性知识，纳入法庭科学重建的证据基础和决策中。人们已经认识到，在科学、法律/政策领域不同的机构中，警察/法庭科学服务产生和积累知识方式的不同，这种多样性影响着这些领域内不同行为者的互动方式，并相应地影响到法庭科学（摩根，2017 b）。为了充分利用法庭科学在侦查和预防犯罪中的应用价值，建立一个透明、可复制和准确的渠道是必要的。这些渠道应该能够促进参与者与各领域之间的互动，以确保研究的实际效果和质量（摩根，2017b）。

交互作用

我们需要创造机会，建立共同语言，以便在法庭科学交付和发展过程中的不同参与者之间进行有效的互动（豪斯，2015）。这需要在健康的环境下进行讨论，甚至辩论分歧，以明确需要解决的问题和成功解决方案的特点（摩根，2017b）。通过与警察、政策、地方当局、行业和研究领域的合作（例如，拉科克，2004；沃特利和斯莫尔本，2006；布洛克等人，2010；克拉克，2012；约翰逊等人，2012；法雷尔等人，2014）。法庭科学在这一多学科背景下具有巨大潜力，特别是在集体努力解决建立效力、以整体方式解决证据基础和确保研究得以实施方面所面临的最紧迫问题时效果明显。

影响

为了使法庭科学创新产生有效的影响，我们必须就最突出的问题达成一致意见，并且在设计研究时考虑到机构和个人层面的实施。在制度层面上，需要建立激励创新的基础设施，促进显性知识标准和隐性知识专长的发展。就个人层面而言，研究者、专业人士（调查员、法学家、律师和司法部门）和政策制定者都需要有开放的交流渠道，并有机会以创新和持续的方式进行互动，以研究解决最密切的问题（摩根，2017b）。这需要在建立一种文化上进行投资，以了解不同参与者的需求和动机。犯罪科学的发展促进了犯罪预防领域中主要参与者之间的合作（沃特利和汤斯利，2016）。因此，法庭科学在这条道路上迈出的第一步，就有可能在侦查犯罪和破坏方面提供重大价值和创新。

通路

犯罪科学投资领域之一就是让所有利益相关者都能获得研究。研究结果的获取取决于成本和形式，研究结果应刊登在国际同行评议期刊上。事实上，这种严格的审查和学术上的严谨对于建立学科基础理论体系、构建和贡献知识总量至关重要。但是，这种格式可能会限制研究团体之外的利益相关者。只有订阅者（机构或个人）愿意支付财务费用才能访问。访问也受到学术读者使用格式和语言的限制，从而降低了研究结果在实际应用和未来决策中的相关性。创建保护知识产权和商业敏感度的平台，确保新知识以真正可访问的方式共享，将有助于促进多领域参与，为今后研究提供信息并最终提高法庭科学在刑事司法系统的影响力（摩根，2017b）。

品质

法庭科学必须首先关注质量问题，特别是考虑到法庭科学质量和效率的严格审查（美国国家科学院，2009；美国总统科学顾问委员会，2016）。因此，质量评估和确认方法是法庭科学交付程序和程序标准的关键。然而，承认不同形式的知识对于成功的法庭科学至关重要。建立实验室程序质量标准或特定分析方法的精确度必须不同于在法庭科学过程中建立部分解决问题的方法，其部分原因在于使用了不同类型的知识。例如，实验室环境中的标准程序（例如使用特定的分析技术分析物质的方法），与解决问题方法所需要的知识相比，需要对具体的、可变的案例背景保持敏感（例如，最好的回收方法）。在法庭科学需要进行高质量评估时，我们必须认识到显性知识和隐性知识对整个法庭科学重建的重要性和作用（摩根，2017 b）。法庭科学对鉴定结构的发展具有很大的推动作用，这一问题具有很大的争议性，而“容易解决”的问题又不那么明显。但是，考虑到本章所述的法庭科学重建的总体方法，寻找一种证明方法，以便认识到高质量法庭科学中隐性知识和显性知识的重要性和协同作用（摩根，2017 b）。

总结

把法庭科学的整体方法结合起来，把不同参与者之间协作的法庭科学过程的各个部分结合起来，就能使法庭科学提供很好的科学依据，回答最紧迫的问题，从而实现可实施的解决方案。法庭科学的证据解释是一个重要而完整的阶段，但却常常被忽略。重要的是，所有主要利益相关者都认可和支持稳健、透明和可复制的解释，这是法庭科学的核心部分。

本章主要阐述了法庭科学的核心概念，并探讨了法庭科学重建过程中所面临的挑战。法庭科学在犯罪科学方面的贡献在于共同致力于以证据为基础的实践，并以跨学科的方式处理犯罪，包括主要行为者和利益相关者，以确保确定并制定出可行的、有效的解决方案。

参考文献

Bailey, M. J. , Morgan, R. M. , Comini, P. , Calusi, S. , and Bull, P. A. (2012) "An evaluation of particle induced X-ray emission and particle induced gamma ray emission of quartz grains for forensic trace sediment analysis". *Analytical Chemistry*, 84: 2260~2267.

Broeders, A. P. A. (2006) "Of earprints, fingerprints, scent dogs, cot deaths and cognitive contamination-a brief look at the present state of play in the forensic arena". *Forensic Science International*, 159: 148~157.

Bullock, K. , Clarke, R. V. , and Tilley, N. (2010) *Situational Prevention of Organized Crimes*. Cullompton, UK: Willan Publishing.

Cadd, S. , Li, B. , Beveridge, P. , O'Hare, W. T. , Campbell, A. , and Islam, M. (2016) "A comparison of visible wavelength reflectance hyperspectral imaging and Acid Black 1 for the detection and identification of blood-stained fingerprints". *Science & Justice*; 55 (4): 247~255.

Casey, D. Clayson, N. Jones, S. Lewis, J. Boyce, M. Fraser, I. Kennedy, F. , and Alexander, K. (2016) "Response to Meakin and Jamieson DNA transfer: review and implications for casework". *Forensic Science International*, 21: 117~118.

Charlton, D. , Fraser-Mackenzie, P. , and Dror, I. E. (2010) "Emotional experiences and motivating factors associated with fingerprint analysis". *Journal of Forensic Sciences*, 55 (2): 385~393.

Clarke, R. V. (2012) "Opportunity makes the thief. Really? And so what?" *Crime Science*, 1 (1): 1~9.

Cockbain, E. and Laycock, G. (2017) *Crime Science. Oxford Research Encyclopedia of Criminology*. Retrieved 21 Aug. 2017, from http://criminology. oxfordre. com/view/10. 1093/acrefore/9780190264079. 001. 0001/acrefore-9780190264079-e-4.

Cole, S. A. (2013) "Forensic culture as epistemic culture: the sociology of forensic science". *Studies in the History and Philosophy of Science C: Biological and Biomedical Sciences*, 44 (1): 36~46.

Doak, S. W. and Assimakopoulos, D. (2007) "How do forensic scientists learn to become competent in casework reporting in practice: a theoretical and empirical approach". *Forensic Science International*, 167 (2~3): 201~206.

Dror, I. E. (2015) "Cognitive neuroscience in forensic science: understanding and utilizing the human element". *Philosophical Transactions of the Royal Society* B, 370: 20140255.

Dror, I. E. (2017) "Human expert performance in forensic decision making: seven different sources of bias" . *Australian Journal of Forensic Sciences*, 49 (5): 541~547.

Earwaker, E. , Morgan, R. M. , Harris, A. J. L. , and Hall, L. (2015) "Fingermark submission decision making within a UK fingerprint laboratory: do experts get the marks they need?" *Sci & Justice*, 55 (4): 239~247.

Edmond, G. (2001) "The law-set: the legal-scientific production of medical propriety". *Science, Technology and Human Values*, 26 (2): 191~226.

Edmond, G. , Found, B. , Martire, K. , Ballantyne, K. , Hamer, D. , Searston, R. , Thompson, M. , Cunliffe, E. , Kemp, R. , San Roque, M. , Tangen, J. , Dioso-Villa, R. , Ligertwood, A. , Hibbert, D. , White, D. , Ribeiro, G. , Porter, G. , Towler A. , and Roberts A. (2016) "Model forensic science" . *Australian Journal of Forensic Sciences*, 4 (5): 496~537.

Fairley, C. , Bleay, S. M. , Sears, V. G. , and NicDaeid, N. (2012) "A comparison of multi-metal deposition processes utilising gold nanoparticles and an evaluation of their application to 'low yield' surfaces for fingermark development" . *Forensic Science International*, 217 (1~3): 5~18.

Farmer, N. , Ruffell, A. , Meier-Augenstein, W. , Meneely, J. , and Kalin, R. M. (2015) "Forensic analysis of wooden safety matches-a case study" . *Science and Justice*, 47: 88~98.

Farrell, G. , Tilley, N. , and Tseloni, A. (2014) "Why the crime drop? Why crime rates fall and why they don't" . *Crime and Justice: A Review of Research 43*: 421~490.

Forensic Science Regulator (2015) "Annual report" . Available at www. gov. uk/government/ uploads/system/uploads/attachment_ data/file/482248/2015_ FSR_ Annual_ Report_ v1_ 0_ final. pdf.

Forensic Science Regulator (2016) "Annual report" . Available at www. gov. uk/government/ uploads/system/uploads/attachment_ data/file/581653/FSR_ Annual_ Report_ v1. 0. pdf.

Fraser, J. and Williams, R. (2009) *Handbook of Forensic Science*. Cullompton, UK: Willan Publishing.

French, J. and Morgan, R. M. (2015) "An experimental investigation of the indirect transfer and deposition of gunshot residue: further studies carried out with SEM-EDX analysis" . *Forensic Science International*, 247: 14~17.

Government Chief Scientific Advisor (2015) "Forensic science and beyond: authenticity, provenance and assurance, evidence and case studies" . Available at: www. gov. uk/government/ publications/forensic-science-and-beyond.

Howes, L. M. (2015) "The communication of forensic science in the criminal justice system: A review of theory and proposed directions for research" . *Science & Justice*, 55 (2): 145~154.

Inman, K. and Rudin, N. (2002) "The origin of evidence" . *Forensic Science International*,

126 (1): 11~16.

Jamieson, A. and Moenssens, A. A. (2009) (eds) *Encyclopedia of Forensic Science.* Hoboken, NJ: Wiley-Blackwell

Jasanoff, S. (1998) "The eye of everyman: witnessing DNA in the Simpson trial". *Social Studies of Science*, 28 (5-6): 713~740.

Jasanoff, S. (2005) "Law's knowledge: science for justice in legal settings". *American Journal of Public Health*, 95 (Supplement 1): S49~S58.

Jasanoff, S. (2006) "Just evidence: the limits of science in the legal process". *Journal of Law, Medicine and Ethics*, 34 (2): 328~341.

Johnson, S. D., Guerette, R. T., and Bowers, K. J. (2012) "Crime displacement and diffusion of benefits". *The Oxford Handbook of Crime Prevention* (p. 337). Oxford: Oxford University Press.

Kiely, T. F. (2006) *Forensic Evidence: Science and the Criminal Law* (Second Edition). Boca Raton, FL: CRC Press.

Law Commission (2011) *The forty-fifth annual report of the Law Commission.* London: Law Commission.

Lawless, C. (2010) *A Curious Reconstruction? The Shaping of "Marketized" Forensic Science.* London: Centre for Analysis of Risk and Regulation, London School of Economics and Political Science.

Lawless, C. (2016) *Forensic Science: A Sociological Introduction.* Abingdon, UK: Routledge.

Laycock, G. K. (2004) "The UK car theft index: an example of government leverage". In M. G. Maxfield, and R. V. G. Clarke (2004) *Understanding and Preventing Car Theft* (Vol. 17). Monsey, NJ: Criminal Justice Press.

Lepot, L., Vanden Driessche, T., Lunstroot, K., Barret, A., Gason, F., and De Wael K (2017) "Extraneous fibre traces brought by river water-a case study". *Science and Justice*, 57: 53~57.

Ludwig, A. (2016) "E 'value' ating Forensic Science". *Forensic Science Policy & Management: An International Journal*, 7 (3~4).

Lynch, M. (2004) "Circumscribing expertise: membership categories in courtroom testimony". In S. Jasanoff (ed.) *States of Knowledge: The Co-Production of Science and Social Order* (pp. 161~180). London and New York: Routledge.

Lynch, M. and Jasanoff, S. (1998) "Contested identities: science, law and forensic practice". *Social Studies of Science*, 28 (5/6): 675~686.

Maguire, C., Houck, M. M., Williams, R., and Speaker, P. J. (2012) "Efficiency and the cost-effective delivery of forensic science services: insourcing, outsourcing, and privatization". *Forensic Science Policy and Management: An International Journal*, 3 (2): 62~69.

Margot, P. (2011a) "Forensic science on trial – what is the law of the land?" *Australian Journal of Forensic Sciences*, 43 (2~3): 89~103.

Margot, P. (2011b) "Commentary on the need for a research culture in the forensic sciences". *UCLA Law Review*, 795.

McCulloch, G., Bull, P. A., and Morgan, R. M. (2016) "High performance liquid chromatography as a valuable tool for geoforensic soil analysis". *Australian Journal of Forensic Science*. DOI: 10.1080/00450618.2016.1194474.

Meakin, G. E. and Jamieson, A. (2016) "A response to a response to Meakin and Jamieson DNA transfer: review and implications for casework". *Forensic Science International Genetics*, 22: e5~e6.

Mnookin, J. L., Cole, S. A., Dror, I. E., Fisher, B., Houck, M. M., Inman, K., Kaye, D. H., Koehler, J. J., Langenburg, G., Risenger, D. M., Rudin, N., Siegel, J., and Stoney, D. A. (2011) "The need for a research culture in the forensic science". *UCLA Law Review*, 725: 725~779.

Morgan, R. M. (2017a) "Conceptualising forensic science and forensic reconstruction; Part I: a conceptual model". *Science and Justice*, 57 (6): 455~459.

Morgan, R. M. (2017b) "Conceptualising forensic science and forensic reconstruction; Part II: the critical interaction between research, policy/law and practice". *Science and Justice*, 57 (6): 460~467.

Morgan, R. M. and Bull, P. A. (2007) "The philosophy, nature and practice of forensic sediment analysis". *Progress in Physical Geography*, 31 (1): 43~58.

Morgan, R. M., French, J. C., and Meakin, G. E. (2019) "Understanding forensic trace evidence". In R. Wortley, A. Sidebottom, G. Laycock, and N. Tilley (eds), *Handbook of Crime Science*. Abingdon, UK: Routledge.

Morgan, R. M., Nakhaeizadeh, S., Earwaker, H., Rando, C., Harris, A. J. L., and Dror, I. (2019) "Interpretation of evidence (cognitive decision making under uncertainty at every step of the forensic science process) ". In R. Wortley, A. Sidebottom, G. Laycock, and N. Tilley (eds), *Handbook of Crime Science*. Abingdon, UK: Routledge.

Morgan, R. M., Cohen, J., McGookin, I., Murly-Gotto, J., O Connor, R., Muress, S., Freudiger-Bonzon, J., and Bull, P. A. (2009) "The relevance of the evolution of experimental studies for the interpretation and evaluation of some trace physical evidence". *Science and Justice*, 49: 277~285.

Nakhaeizadeh, S., Dror, I. E., and Morgan, R. M. (2014) "Cognitive bias in forensic anthropology: visual assessments of skeletal remains is susceptible to confirmation bias". *Science and Justice*, 54 (3): 208~214.

National Academy of Sciences (NAS) (2009) *Strengthening forensic science in the United States: a path forward.* Washington, DC: National Academy of Sciences.

Newell, A. J., Morgan, R. M., Bull, P. A., Griffin, L. D., and Graham, G. (2012) "Automated texture recognition of quartz sand grains for forensic analysis for forensic applications". *Journal of Forensic Sciences*, 57 (5): 1285~1289.

NicDaéid, N., Meier-Augenstein, W., and Kemp, H. F. (2011) "Investigating the provenance of un-dyed spun cotton fibre using multi-isotope profiles and chemometric analysis". *Rapid Communications in Mass Spectrometry*, 25 (13): 1812~1816.

Palmer, R., Sheridan, K., Puckett, J., Richardson, N., and Lo, W. (2017) "An investigation into secondary transfer – the transfer of textile fibres to seats". *Forensic Science International*, 278: 334~337.

President's Council of Advisors on Science and Technology (PCAST) (2016) Report to the President. Forensic science and the criminal courts: ensuring scientific validity of feature comparison methods. Available at: https://obamawhitehouse.archives.gov/sites/default/files/microsites/ostp/PCAST/pcast_forensic_science_report_final.pdf.

R. v. Weller. EWCA Crim (2010) 1085.

Rapp-Wright, H., McEneff, G., Murphy, B., Gamble, S., Morgan, R. M., Beardah, M., and Barron, L. (2017) "Suspect screening and quantification of trace organic explosives in wastewater using solid phase extraction and liquid chromatography-high resolution mass spectrometry". *Journal of Hazardous Materials*, 329: 11~21.

Ribaux, O., Baylon, A., Roux, C., Delemont, O., Lock, E., Zingg, C., and Margot, P. (2010) "Intelligence led crime scene processing". Part I: forensic intelligence. *Forensic Science International*, 195 (1-3): 10~16.

Ribaux, O. and Talbot-Wright, B. (2014) "Expanding forensic science through forensic intelligence". *Science and Justice*, 54 (6): 494~501.

Roux, C., Crispino, F., and Ribaux, O. (2012) "From forensics to forensic science". *Current Issues in Criminal Justice*, 24 (1): 7~24.

Roux, C., Talbot-Wright, B., Robertson, J., Crispino F., and Ribeaux, O. (2015) "The end of the (forensic science) world as we know it? The example of trace evidence". *Philosophical Transactions of the Royal Society B: Biological Sciences*, 370 (1674): 20140260.

Ruffell, A. and Murphy, E. (2011) "An apparently jawless cadaver: a case of post-mortem slippage". *Science and Justice*, 51 (4): 150~153.

Saks, M. J. and Koehler, J. J. (2008) "The individualization fallacy in forensic science evidence". *Vanderbilt Law Review*, 61 (1): 199~220.

Silverman, B. 2011 Research and development in forensic science: a review. Accessed September 2017. www. gov. uk/government/uploads/system/uploads/attachment _ data/file/118916/forensic-science-review-report. pdf.

Smit, N. M., Lagnado, D. A., Morgan, R. M., and Fenton, N. E. (2016) "Using Bayesian networks to guide the assessment of new evidence in an appeal: a real case study". *Crime Science*, 5: 9~21.

Smit, N. M., Morgan, R. M., and Lagnado, D. A. (2017) "A systematic analysis of the misleading evidence in unsafe rulings in England and Wales". *Science & Justice*, 58 (2): 128~137.

Steele, C. D. and Balding, D. J. (2014) "Choice of population database for forensic DNA profile analysis". *Science and Justice*, 54 (6): 487~493.

Tilley, N. and Laycock, G. (2002) "Working out what to do: evidence-based crime reduction". *Crime Reduction Research Series Paper* 11. London: Home Office.

Van Dam, A., Aalders, M. C. G., Todorovski, T., van Leeuwen, T. G., and Lambrechts, S. A. G. (2016) On the autofluorescence of aged fingermarks. *Forensic Science International*, 258, 19~25.

Van Oorschot, R. A. H. and Jones, M. (1997) *DNA fingerprints from fingerprints Nature*, 387: 767.

Walls, H. J. (1968) *Forensic Science*. London: Sweet and Maxwell.

Wortley, R. K. and Smallbone, S. (2006) "Applying Situational Principles to Sexual Offending Against Children". *Crime Prevention Studies* (*Volume* 19). Monsey, NY: Criminal Justice Press.

Wortley, R. and Townsley, M. (2016) *Environmental Criminology and Crime Analysis* (*Second Edition*). Abingdon, UK: Routledge.

Wortley, R., Sidebottom, A., Tilley, N., and Laycock, G. (eds) (2019) *Handbook of Crime Science*. Abingdon, UK: Routledge.

第二部分

犯罪科学在行动

在本部分中，我们精心挑选了一系列篇章，旨在展现犯罪科学应用的广泛性与多样性。鉴于犯罪科学涵盖的领域极为广泛，选择具体内容进行呈现无疑是一项挑战。我们的目的是展示其丰富多样的面貌，而非追求面面俱到。这十七章内容涵盖了从经验到概念的多方面贡献，基于社会科学与物理科学的不同学科视角，展示了多样的分析技术，并从多个角度探讨了犯罪分析、预防和侦查的相关议题。

与前一部分一样，我们本可以采用多种方式来组织这些篇章。我们抵制了按照学科分类的诱惑，例如将社会科学与物理科学分开，因为这种做法似乎与我们所倡导的多学科、跨学科及跨专业精神相悖。相反，尽管本节并未正式划分为子节，但各章节可以根据其所服务的宏观目的进行大致归类。

前八章（第十四章至二十一章）主要聚焦于分析和预防特定类型的犯罪，包括社交网络与帮派暴力（比奇勒和马尔姆）、有组织犯罪（拉沃纳）、恐怖主义（马尔孔和吉尔；埃克布洛姆和吉尔）、网络辅助犯罪（斯特林基尼；梅克约翰；图普图克和海尔；普里查德、科隆、斯皮拉诺维奇和沃特斯）。

接下来的七章（第二十二章至二十八章）深入探讨了侦查和调查的多个方面，涉及警务资源的分配（柏克斯和汤斯利；曼宁和王）、安全技术（切蒂；佩维尔和帕金），以及法庭科学证据的应用（摩根、弗拉赤和米金；摩根、伊尔沃克、纳哈伊扎德、哈里斯、兰多和德洛尔）。

最后三章（第二十九章至三十一章）则展望了未来趋势与方向——地平线扫描在犯罪风险评估中的作用（莱西）、21世纪犯罪性质的变化（约翰逊、埃克布洛姆、莱科克、弗里斯、桑巴特鲁昂和瓦尔迪兹），以及犯罪科学的未来走向（沃特利、西德巴顿、蒂利和莱科克）。这些篇章不仅为读者提供了对犯罪科学当前研究的全面了解，也激发了对于未来挑战与机遇的深入思考。

第十四章
社交网络分析

摘要

加入社会意味着你至少拥有一个社会关系。尽管关系可以由短暂的联系（例如与邮递员的互动）转变为相对永久的社会关系（例如亲子关系），但是关系会把个人卷入到社交网络中。网络是个人生活的背景和框架，你的社交网络为你提供了机会和信息。它也提供社会支持，帮助人们重新树立价值观和态度，从而约束人们的行为、谴责思想和限制机会。网络是塑造行为的联网。

从网络角度思考犯罪在很多方面对于犯罪学家来说都是有用的。具体而言，我们发现网络视角有助于以下几方面：（1）追踪犯罪风险蔓延（适用于帮派暴力传染模式）；（2）确定合适的共犯（帮派同伙）；（3）分析犯罪集团结构（对恐怖主义和贩毒活动适用的效率和安全指标）。

本章将首先介绍社交网络分析，使读者熟悉主要概念和基本术语。然后，我们总结了目前网络上关于帮派暴力、共犯和犯罪集团结构的研究成果。在每一部分，我们都会强调新兴的研究领域和分析发展可能有助于预防破坏和犯罪活动。

社交网络分析

社交网络本质上是参与者及其相互间关系的集合。这里的“参与者”可以是个人、团体、组织、网站、民族国家或任何形式的社会单元。同样，所谓的“关系”涵盖了这些单元间可能存在的任何形式的互动，例如帮派成员之间的联系、公司间的资金流动、共同犯罪行为、毒品分销网络中的商品流通，或是同谋者之间的友谊与信任。数学图论为社交网络分析提供了理论基础，因此我们常常将社会单元视作图中的顶点，并用边或弧来表示它们之间的关系。在图中，顶点通常以圆形节点符号表示，而边则是连接这些节点的线条。

社交网络分析（SNA）是一门研究社会关系模式及其对行为、认知、信仰和决策影响的科学（参见克诺克和杨，2008；瓦瑟曼和福斯特，1994）。该领域的研究基于以下几个假设：

1. 为了深入理解行为，参与者之间的相互依赖性通常比参与者的个人属性（如年龄和性别）更为关键。虽然研究可能将参与者属性作为协变量考虑，但核心关注点在于社交网络的结构。

2. 参与者之间的关系对行为、认知和信仰产生因果影响，这些影响可能通过直接或间接的复杂路径传递，如直接接触（x 对 y）或通过中介的间接接触。由于关系具有方向性，参与者间可能不存在双向关系，例如汤姆向克里斯出售甲基苯丙胺，但克里斯并不向汤姆出售。参与者之间的间接关系可能极为复杂，例如邻居的影响可能通过 3 个步骤的朋友网络传递。

3. 社交网络是动态的，随着参与者的互动而不断演变。参与者可能会有意识地或无意识地调整关系结构，包括建立或终止关系、分享信息与物资，以及改变观念、信仰或情感。

4. 社会结构和宏观变化源自个体行为者在社会世界中的行为和偏好，但个体对社交网络的了解是有限的。因此，本研究将从多个尺度考察网络的影响，从个体在其本地社会环境中的位置（以自我为中心的网络），到关注特定参与者及其直接联系，再到网络中的凝聚性子群体，甚至是整个网络的结构与动态。

理论一致性

在理论层面，SNA 的原则与环境犯罪学及犯罪分析的基本原理和实践是相吻合的。例如，从理性选择理论（科尼什和克拉克，2017）和犯罪情境理论（沃特利，2017）的角度来看，决策往往基于有限的信息。我们的决策过程受到日常与他人互动的影响，以及犯罪者所处行为环境的作用，这包括同伴群体的联系和生活环境的变化，如婚姻状况等。此外，一些关键的情境因素，如顺从、服从、社会需求的遵守、不当行为、拥挤或领土侵犯等，都是社会过程发展的产物。社交网络在犯罪模式理论中占据着核心地位："大多数人不是作为个体行动，而是作为家人、朋友和熟人的网络中的一部分"，布兰廷厄姆夫妇（2008，第81页）强调社交网络在塑造行为模式、为犯罪提供机会以及增加潜在受害者风险方面的重要性。传统的犯罪分析方法同样强调社会关系在犯罪产生和预防中的作用。例如，亲密的伙伴能够约束潜在犯罪者的行为，并维持犯罪合作关系（费尔森，2006）。

网络视角对于预防各类犯罪问题具有积极作用（比奇勒和马尔姆，2015），这在一定程度上是因为网络概念和社会过程常常被嵌入到正式的预防策略中。例如，环境设计预防犯罪策略旨在通过改善环境来提升集体效能，加强监督，并促进亲社会互动（阿米蒂奇，2017）。某些个体反复成为犯罪受害者的现象可以从其社会背景中得到解释，因为这些背景使犯罪者更容易接触到特定目标，进而可能导致犯罪预防策略减少社会互动。此外，韦杰斯、索萨和凯灵（2008）提醒我们，要扭转社会混乱，必须加强信息的社会控制，并促进社区成员与地方执法机构之间的亲社会互动。因此，社交网络在环境犯罪学和犯罪分析中不仅起到了解释犯罪的作用，还有助于减少犯罪的发生。

分析

在SNA中，大多数指标和分析方法通常以二元（涉及两个参与者及其相互联系）或三元（涉及三个参与者之间的联系）的互动单元为基础来研究社会互动。例如，图14.1展示了一个包含有限参与者的甲基苯丙胺药物生产和销售网络。该网络通过84种关系将33个人连接起来。每个圆圈代表一个参与药品供应链的人员，包括一位高级厨师（仅有一名）和数位中级零售经销商（两名或三名）。这个设想的网络基于对甲基苯丙胺市场的人种学研究，反映了实际发现的结构（参见《甲基苯丙胺：爱情故事》，2016）。

在小组A中，符号的大小差异代表了每个人在网络中的得分。度中心度是一种二元指标，用于计算个体在网络中直接联系的数量。这通常被解释为一个人的影响力或受欢迎程度，得分高的人被称为"枢纽"（瓦瑟曼和福斯特，1994）。教育程度较高的人由于能够从更多渠道获取信息，因此拥有更广泛的资讯来源。犯罪学者往往对这类人特别感兴趣，因为他们的高连通性能有效缩短网络中其他成员之间的社交距离，特别是在连接不同枢纽方面。我们将在本章后续内容中进一步探讨这一观点。

另一种衡量个人网络位置的二元指标是“中介中心”，它衡量的是参与者控制或调解两个不直接联系的二元关系的程度。在小组 B 的例子中，由于药品必须通过厨师才能到达 3 号分销商，因此 4 号参与者在药品分销网络中占据了关键位置。这个角色可能是一个经纪人或看门人，他们通过维护与多人的关系来保护自己的地位，例如与 6 号和 7 号人物的联系，他们能够接触到药品供应。冗余关系，如第 4 人与第 5 人之间的联系，确保了在第 4 人与第 3 人关系断裂时，仍能维持药品的供应。这种模式对毒品贸易的破坏性影响是显而易见的。然而，如本章后续将要讨论的，分析支持恐怖主义的资源流动、追踪武器贩运、绘制新兴犯罪团伙的组织结构图等任务同样至关重要。

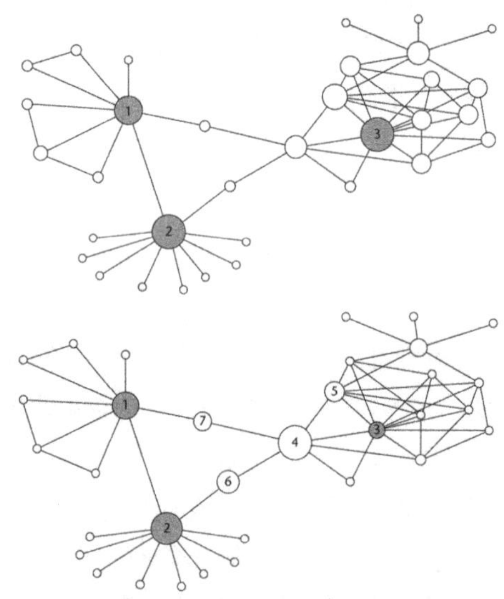

图 14.1　a 和 b 假设的甲基苯丙胺药物供应网络示意图：

a. 度中心（枢纽）b. 中介中心（经纪人）

在分析网络子区域时，识别参与者之间的凝聚力同样至关重要。凝聚力测量通常通过分析三元结构来揭示 3 个参与者之间的互动模式。图 14.1 展示了不同群体的划分。比较 2 号零售经销商（位于底部）与 3 号分销商（位于网络右上角），我们可以看到 3 号分销商与其他成员之间的关系更为错综复杂。3 号分销商处于一个高度互联的子集团之中，这意味着针对性的执法行动可能不会对该集团内部的互动或资源流动产生显著影响。毒品供应的高效性在于甲基苯丙胺只需通过少数关键人物就能传递给子集团中的每个人。相比之下，如果 2 号经销商退出网络，将直接停止向 9 名成员供应药品，进而间接影响网络其他区域的药品流通。

稀疏网络是指参与者之间联系较少的网络，这在犯罪分子眼中可能被视为更安全的网络环境。在这种网络中，每个人的接触点是有限的。至此，我们已经回顾了一些基础概念，接下来，我们将探讨 SNA 在研究帮派暴力传染性方面的最新进展和应用。[1]

犯罪风险蔓延

> 帮派成员，无论是作为集体还是个人，在社会层面以及犯罪活动中都不可能与社区完全隔绝。他们的生活与社区、社交网络、家庭和朋友紧密相连。
>
> （帕帕克斯托斯、布拉加、皮扎和格罗斯曼，2015，第 627 页）

帕帕克斯托斯及其研究团队运用逻辑回归模型探讨了暴力的传染性（帕帕克斯托斯，2013；帕帕克斯托斯、胡乐和布拉加，2013），他们提供的强有力的证据表明，持枪暴力的风险与个人在涉及危险行为的社交网络中的位置密切相关。此外，尽管成为帮派成员会显著增加遭受枪击的风险，但这一风险也会延伸至与枪击受害者关系密切的人（见表 14. 1）。帕帕克斯托斯及其同事开展的 5 项研究的结果显示，参与危险行为的程度与警方数据相关，如现场审讯报告所确认的共同逮捕或一同外出的记录。在美国，帮派活动根深蒂固的社区并非随机分布在整个社交网络中。相反，暴力事件集中在特定的较小区域内，并通过网络传播。例如，帕帕克斯托斯和怀尔德曼（2014）在芝加哥市的研究发现，在 5 年内，41%的谋杀案发生在占总人口不足 4%的网络中。

表 14.1　记录传染效应的选定帮派暴力研究

学习	范围	地点	重点	生成器：源	网络规模	发现
帕帕克斯托斯等人，2015	城市	新泽西州、纽瓦克	1 年：致命和非致命枪伤	共同犯罪：1 年的逮捕、现场审讯报告和生活质量传票	10 731 个人，12 736 条关系	–33% 的枪击事件发生在纽瓦克（城市）总人口不到 4% 的网络组件中 –两个因素，作为帮派成员和与帮派成员的社交距离更近，显著增加了成为受害者的概率
帕帕克斯托斯和怀德曼，2014	高犯罪率社区	伊利诺伊州、芝加哥	5 年枪杀案	共同犯罪：5 年的逮捕记录	8222 个人，未报告关系	–41% 的凶杀案发生在社区人口少于 4% 的网络中 –远离凶杀案受害者的每增加一个社会纽带，成为受害者的概率就会降低 57%
帕帕克斯托斯、布拉加和胡乐，2012	高犯罪率社区	马萨诸塞州、波士顿	致命和非致命枪伤	共同活动：来自 238 名帮派成员的雪球样本，包括在 1 年的现场审讯情报卡中命名的同伙	763 人	–85% 的枪击受害者都在一个包含不到 2% 社区人口的网络中 –这个网络中大约 1/3 是帮派成员 –每删除一个关联（距离受害者一步），受害概率降低 25%

续表

学习	范围	地点	重点	生成器：源	网络规模	发现
帕帕克斯托斯、威尔曼和罗伯托，2015	城市	伊利诺伊州、芝加哥	>6 年非致命枪伤	共同犯罪：>6 年的逮捕数据	169 725 人	–70% 的非致命枪击事件发生在城市人口不到 6% 的网络中 –网络中的所有受害者都在枪击后 5 年内被捕（至少一次） –如果个人是帮派成员，被枪杀的概率至少会增加 3 倍 –被枪杀的概率随着受害者的百分比增加而显著增加 –被定位在 3 的社交距离(与受害者握手) 会增加受害的概率
格林、霍雷尔和帕帕克斯托斯，2017	城市	伊利诺伊州、芝加哥	8 年致命和非致命枪伤	共同犯罪：> 8 年的逮捕数据	最大的组成部分包括 138 163 个人	–在网络中观察到的 11 123 起枪击暴力事件中，社交传染（距离受害者 3 步的社交距离内）占 63.1% –平均而言，受害发生在暴露后 125 天(同事被枪杀)

社会传染

暴力作为一种社会现象，与信息、疾病和资源的传播类似，它在社交网络中同样可以像传染病一样蔓延。这意味着网络中的因果关系不仅限于犯罪者与枪击受害者之间的直接联系，还涉及到同伙以及那些在犯罪事件之外但没有直接参与的人。克里斯塔斯基和福勒（2009）将这种现象称为超二元性传染，强调理解当地社会社区结构是追踪社会系统中病原体传播的关键。社会团体的结构影响着信息的传播方式，还决定着人们的反应如何影响他人。研究表明，社交影响力可以通过4个递减的步骤来衡量——朋友的影响力大于朋友的朋友，以此类推（参见克里斯塔基斯和福勒，2009）。在枪支暴力的问题上，格林、霍雷尔和帕帕克斯托斯（2017）发现，在枪击受害者的社会影响中，距受害者3步社交距离的影响最大，平均在事件发生后的125天左右达到顶峰。值得注意的是，尽管帮派成员增加了受害的风险，但社会接触的频繁度是一个重要的预测因子。暴力之所以会在邻近的社会群体中扩散，是因为社交网络将个人置于一个容易受到暴力影响的地位。帕帕克斯托斯指出：

> 帮派成员并非因为贫穷、种族、年轻或居住在弱势社区而实施杀人。他们之所以诉诸暴力，是因为他们身处一系列有组织的社会关系中，暴力是通过这些相互联系的人发挥作用的。
>
> （帕帕克斯托斯，2009，第75页）

从宏观角度来看，网络暴力的模式是由个人层面的争端、历史竞争、对感知伤害的报复，以及维护或提升社会地位的努力所聚集形成的（帕帕克斯托斯，2009）。个人和团体为了争夺社会地位，对或真实或假想的伤害/威胁作出反应，可能会与交易方结盟的个人或团体发生冲突（德科米尔和莫尔塞利，2011；德埃克尔和库里，2002）。由于暴力网络集群通常出现在犯罪率高的地区，且空间样本的一致性较高，因此，考虑社会连通性的模型往往能更深入地理解冲突模式，而不仅仅是关注空间上的接近性或连续性（如，帕帕克斯托斯和怀尔德曼，2014；蒂塔和拉迪尔，2011）。

这项研究对预防暴力，尤其是涉及帮派活动的暴力，产生了双重影响。首先，威慑策略需要考虑到个人所处的社会结构、群体凝聚力和与其他群体的联系（帕帕克斯托斯，2013）。其次，鉴于网络的动态性，定期更新有关社会格局的信息变得至关重要，包括当前的联盟与冲突（谢拉·阿雷瓦洛和帕帕克斯托斯，2015）、非帮派成员、朋友、家庭成员，以及其他与行为和网络相关的犯罪或其他关系（帕帕克斯托斯等人，2017；马尔姆、比奇勒和范德瓦耳斯，2010）。相关的案例研究进一步证实了这些观点。

说明性个案研究

兰德尔和比奇勒（2017）对洛杉矶市在 2002 年 1 月 1 日至 2010 年 12 月 31 日期间发生的 158 起帮派暴力事件进行了地理映射。他们发现，涉及血帮（Bloods）和瘸帮（Crips）两大帮派的暴力事件，大多数受害者都是非帮派成员（在 625 名受害者中占 67.4%）。在对 205 起暴力事件的深入调查中，他们揭示了一个有趣的现象：大多数攻击发生在帮派联盟内部（例如，血帮攻击血帮），52%的攻击是在联盟内部发生的，10%是在同一派系内。只有 38%的受害者涉及血帮和瘸帮之间的冲突。尽管这项分析并未捕捉到动态变化，但冲突的可视化揭示了两种主要结构：一种是“星形”结构，即一个群体受到多个其他群体的攻击或一个群体攻击多个不同群体；另一种是“链式”结构，即两个群体发生冲突，随后其中一个群体像多米诺骨牌效应一样攻击第三个帮派。考虑到这些模式的影响，研究者指出，许多被研究的帮派受到了民事帮派禁令的限制。民事帮派禁令是一种法庭命令，禁止帮派成员在指定安全区域内的公共场合相互接触，通常由他们声称的领土边界来确定。这些措施的目的是通过禁止公共集会来减少冲突。然而，在执法机构的严密监控下，帮派成员可能会绕过安全区，在其他地方继续活动。当无家可归的帮派成员以新的行为模式进入敌对领地时，他们可能更容易卷入冲突。

在随后的一项研究中，比奇勒及其同事探讨了当帮派受到禁令限制时（比奇勒、诺里斯、德梅洛和兰德尔，2017），暴力行为的变化。他们以 23 个血帮和瘸帮帮派集团作为禁令的起点，将 1997 年至 2015 年大洛杉矶地区起诉的 272 起案件的被告和受害者联系起来，构建了一个帮派暴力网络。这些案件至少涉及一起暴力犯罪被判有罪，且至少有一个成年被告受到审判。以下是 3 项显著发现：

第一，最暴力的群体（根据非程度中心性）与最大程度的攻击并无直接关联。[2] 相反，三元人口普查显示存在地方层级结构，这些结构具有高度的动态性，星形和链式结构特征明显。[3]

第二，研究者使用雅卡德相似系数比较了 9 个帮派（3 个属于血帮和 6 个属于瘸帮）在禁令前后的暴力行为。[4] 结果表明，至少 70%的冲突模式与大多数帮派不同。图 14.2 显示了攻击方向的箭头，虚线表示两个网络中的冲突模式，颜色代表帮派联盟（深色代表瘸帮，浅色代表血帮），并注明了非帮派成员和共同受害者。值得注意的是，只有 5 条虚线在禁令实施后仍然存在，而 B 组中所有其他冲突都是新的。

第三，禁令实施后，帮派之间的冲突网络变得更加紧密，呈现出更为复杂的三元结构，嵌套在链式和星形结构中，这暗示了帮派间地方层级结构的改变。回到图 14.2，图 B 显示了禁令后其他团体攻击或黑石帮（Black P. Stones）攻击之间的冲突程度增加。禁令之后，黑石帮的“光环”标志着内部暴力冲突的开始。这项研究的一个启示是，打击帮派暴力必须基于对帮派内部和帮派间敌意的深入评估。

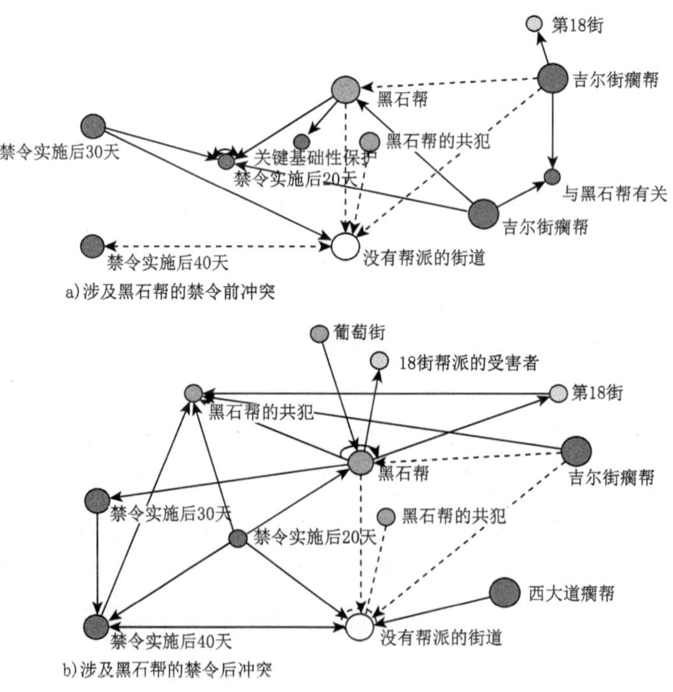

图 14.2　禁令前后涉及黑石帮的暴力案例研究

共同犯罪

众所周知，很多犯罪行为，特别是青少年犯罪，都有他人在场。通过对共同犯罪过程的进一步阐述，SNA 对共同犯罪理论作出了贡献（阮和麦克格伦，2013）。这一领域开始于研究网络与共同犯罪之间关系的理论研究（萨恩埃克，1990、2001；瓦林和魏斯伯德，2002），同时也研究了网络和共同犯罪（瓦林和魏斯伯德，2015；阮和麦克格伦，2013；麦克格伦和皮奎罗，2011；马尔姆、纳什、维科维奇，2011；帕帕克斯托斯，2011；沃尔，1996）。在这一部分，我们将探讨两种犯罪科学家感兴趣的网络概念：中心和嗜同性。

犯罪教唆者

网络分析方法能加深我们对共犯现象的理解，特别是通过辨识那些教唆犯罪的关键人物。在这方面，国民账户体系的研究通过识别网络中的核心人物——那些与其他成员具有更多直接联系的关键节点——为我们的探究提供了支持。理论上，这些核心人物因其能够与更多成员直接交流信息，对整个网络的影响力尤为显著。在这些教唆者中，导师的作用或许是最为关键的。

导师在共同犯罪中扮演着提供指导和支持的关键角色。克利曼斯和普（2008）的研究对大约 1000 名参与有组织犯罪的犯人的犯罪生涯进行了深入调查。他们的研究揭示，导师不仅是整个共犯网络的核心，而且是网络形成和发展的关键驱动力。莫尔塞利等人（2006）的研究表明，导师的核心地位还能通过增加财务收入来提升犯罪活动的成效。他们利用来自加拿大魁北克省监狱中成年男性的调查数据得出结论，导师制不仅能够提升犯罪成就，还能降低犯罪的风险成本。布沙尔、阿兰和阮（2009）扩展了这一研究，发现在大麻种植领域，与导师有共犯关系的个人被捕的可能性较小。此外，布沙尔和阮（2011）的另一项研究指出，导师还助力于大麻种植者的犯罪活动升级，帮助他们从新手发展成为经验丰富的专业种植者。

识别共同犯罪网络中的中枢还能帮助控制犯罪行为。马尔姆和比奇勒（2011）阐明了这一过程，通过中心识别和展示贩毒网络是如何被破坏的；通过选择市场中间的市场（销售和供应），有效地瓦解了毒品市场。杜恩、卡希林和施劳德（2014）进一步推动了这项努力，他们使用了荷兰警方情报数据进行了模拟模型校准。他们显示，在网络重组和恢复之前，及早发现并摧毁中心是打击大麻种植最好的执法策略。

嗜同性和共犯的选择

网络分析方法不仅加深了我们对共同犯罪的理解，还揭示了犯罪者选择伙伴的关键阶段。SNA 的研究表明，所谓的“嗜同性”原则在共同犯罪者的选择和关系的持续中起着关键作用。简而言之，人们倾向于与那些和自己有共同兴趣的人建立联系。特伦布莱（1993）运用 RAA 来解释寻找合适的共犯者的过程，并明确地将这一选择过程与 SNA 联系起来。他指出，如果确实存在对共犯者的“搜索”，那么这种搜索行为自然会排除某些潜在的共犯者。因此，共同犯罪的决定在很大程度上是由网络结构所决定的。

为了证明这一点，马尔姆、贝彻和纳什（2011）研究了有组织犯罪集团的共同犯罪网络，他们发现犯罪者根据犯罪活动的目的，既从集团内部也从外部招募共犯者。SNA 的使用揭示了警察常用的种族分类策略的局限性，这可能对调查造成破坏。绘制犯罪集团的共犯网络图揭示了成员与非成员之间的共犯关系，这种关系的重要性不容忽视。

尽管从集团内部挑选共犯者可以提高犯罪效率和增强信任（布沙尔和斯平德勒，2010），但集团的封闭性可能限制了新机会的产生。莫尔塞利（2009）通过分析蒙特利尔的街头帮派电话联系，发现非集团成员往往扮演中间人的角色。这与格兰诺维特（1973）的求职网络理论相呼应，即与集团外的共犯建立联系虽然风险较大，但也可能带来更有利可图的机会。沙雷特和帕帕克斯托斯（2017）的研究进一步扩展了这一观点，他们发现年龄、种族、性别、人口接近度和群体成员的相似性在多次犯罪中持续影响着共犯关系。换句话说，臭味相投的罪犯更容易成为重复犯罪者。

此外，网络研究还探讨了犯罪者的专业化问题。麦克格伦和皮奎罗（2010）对青少年共同犯罪网络的研究表明，随着犯罪者专业化的提高，他们更倾向于重复使用熟悉的共犯者。尽管大多数青少年犯罪是孤立的单一犯罪（萨恩埃克，2001；赖斯和法林顿，1991；沃尔，1996），但专业犯罪者可能会选择他们熟悉的共犯者（莫尔塞利和特伦布莱，2006）。马尔姆、纳什和维基维奇（2011）发现，专门从事大麻种植的罪犯经常重复使用共犯，这是由于犯罪活动的利润导向性质以及在毒品市场中的信任需求。马尔姆等人（2017）的研究进一步发现，在相互认识的大麻种植犯罪中，犯罪者更容易被警方逮捕。这些结果与柯尔曼（1988）和格兰诺维特（1985）关于重新使用共享网络的共犯增加信任的观点相吻合。

犯罪集团结构

描绘犯罪集团的结构图谱不仅涉及审视集团内部成员间的联系，还包括那些将集团与更广泛的犯罪活动社交网络相连接的外部联系。揭示不同层面（从集团间到整个犯罪系统）的连通性，对于针对性地解决地方犯罪问题以及破坏更大规模的犯罪基础设施至关重要。在本章中，我们将探讨两种研究犯罪集团结构的方法，特别关注恐怖组织和毒品走私活动。如下所述，尽管研究的目标各不相同，但研究者们普遍关注的是犯罪集团的凝聚力及其是否拥有高效且安全的组织架构。这些研究还旨在挖掘比已有认知更为深远的内容，以期对犯罪集团的本质和运作方式有更深刻的理解。

恐怖分子

网络视角下的恐怖组织结构研究通常遵循两种主要方法：一是通过分析法庭记录补充开源信息，如奥埃莱和布沙尔（2016）所做，探究策划或执行攻击的个人之间的联系；二是利用通信数据（如，布什和比奇勒，2015），或结合公共及情报来源进行研究（例如贝利、弗莱利希、切尔迈克和博伊德，2015；卡利、李和克拉克哈特，2002；萨格曼，2004）。这些研究主要关注两种结构特征：网络的整体凝聚力以及特定个体的中心性。研究目的通常是为了探索理论概念，例如，特定参与者的联系是否有助于提高行动成功率、积累犯罪社会资本（比奇勒和布什，2016），或评估破坏策略的有效性（埃弗顿和坎宁安，2014；徐、胡和陈，2009）。

网络凝聚力和安全性。研究表明，恐怖主义网络通常具有较低的密度和链状结构（克雷布斯，2002）。与其他犯罪网络相比，恐怖组织的密集度较低（莫尔塞利等人，2007）。这种稀疏性可能有助于更好地控制信息流动，降低在执法机构中的可见性和暴露风险，从而提高安全性。然而，稀疏网络也可能因信息传递人数增多而延长从发起者到接收者的时间，以及完成任务的时间（例如克雷布斯，2002；琼斯等人，2003；莫尔塞利等人，2007；范德胡尔斯特，2011）。在这些全球性稀疏网络中，由信任关系维系的核心参与者形成了紧密的社会单元（例如，萨格曼，2004；徐和陈，2005）。这些个体在更大的网络中获取资源或与领导层建立联系的能力，使得他们在网络中占据优势。

中心人物的重要性。网络中心的人物通常承担领导角色（例如，布拉姆等人，2006；布什和比奇勒，2015；奥埃莱和布沙尔，2016），尽管他们的真实联系可能直到攻击发生时才显现（例如科斯德，2006）。例如，布拉姆及其同事（2006）发现了多个“相互影响集”，其中非核心人物之间的联系更为紧密，而“重要人物”的影响力相对较小。中心性指标有助于识别不同组织层面的领导者，针对这些领导者的行动可能切断通信渠道。在其他研究中，中心人物在攻击开始时才显现出来（马古尔克等人，2008），他们在成功的行动中扮演关键角色或提供关键技能。

中心人物与其他个体的连接缩短了整个网络的距离，减少了信息传递所需的中介，提高了网络效率。在激活前，隐藏的联系减少了路径长度，使通信更加直接（克雷布斯，2002；科斯德，2006；莫尔塞利等人，2007）。

研究还发现，如果不考虑他们在信息流中的角色（法利，2003）或他们获取资源的方式，职能领导可能并非网络中最核心的角色（克罗斯利等人，2012）。因此，我们应该关注那些被定位为紧急领导角色的支持人员（卡利、李、克拉克哈特，2002；吴、卡尔顿和戴维斯，2014）。移除关键枢纽可能导致网络崩溃（埃弗顿和坎宁安，2014），但关键在于同时移除所有突出枢纽，否则其他枢纽将取而代之（赫夫斯坦和赖特，2011；萨格曼，2004）。

绘制恐怖组织地图的复杂性源于 3 个相关问题：信息的缺乏、组织边界的模糊性，以及潜在或隐藏的联系。许多关系建立在共同经历或血缘基础上，可能不为人所知，直到被激活以支持即将到来的攻击。群体界限难以划定，与已知恐怖分子的联系可能通过家庭、合法组织、职业关系等，这些联系可能与反叛活动有关，也可能无关。此外，这些联系通常是通过监视行为、通信或其他可见交流建立的。如果观察期较短，潜在或休眠的关系可能不会被察觉。因此，只有随着时间的推移和多种信息源的整合，网络的真实形态才会逐渐清晰（埃弗顿和坎宁安，2014；萨格曼，2004）。

毒品贩运

几十年来，有组织犯罪研究者一直难以描述非法市场“组织”的结构，同时他们认为这些组织过于灵活、充满活力，并且根本无法被看作是一个组织。通过使用 SNA 来解决这个问题可以发现，这些组织灵活而动态，而这些特征正是非法市场背后的驱动力（布鲁因斯马和贝尔纳斯科，2004）。有 4 项研究表明，在应对毒品贩运中使用 SNA 有多么有用。

2001 年，卡洛·莫尔塞利分析了霍华德·马克斯的贩毒生涯。30 年来，霍华德·马克斯一直在逃避追查，这是 SNA 在毒品贩运中应用的重要里程碑。莫尔塞利有很多来源，包括他的自传《尼斯先生》，系统地描绘了他如何调查贩卖网络，他得出结论：马克斯之所以成功，主要是因为他能够充当别人所依赖的经纪人。马克斯能够填补国际大麻贸易的空白，从而可以提供持久的恢复能力。

马尔姆和比奇勒（2011）利用犯罪情报记录收集到的信息，并绘制了一个涉及不列颠哥伦比亚的贩毒网络。马尔姆和比奇勒复制了整个药品分销链，包括生产、运输、金融、快递、中间人、供应和零售。一些个人会扮演多个角色，提高市场效率。这些人被证明是关键的参与者，如果去掉他们，商品链就会被分割开来。

网络数据和方法也使我们能够衡量犯罪网络中执法干预的影响。莫尔塞利和佩蒂特（2007）对毒品贩子的反应和重组进行了研究，警方也因此推迟了对犯罪者的逮捕长达两年。这改变了网络结构。警方发现，通过更为安全的渠道，毒贩们正在使用新的联系方式。这为网络适应提供了一种独特的个案研究，并且只有通过网络视角才能看到。

最近一项关于毒品贩运网络学术研究的系统回顾表明，网络犯罪学已经取得了很大的进步，但是，我们仍有很长的路要走。比奇勒、马尔姆和库珀（2017）分析了 34 项研究，其中描述了 54 个非法毒品供应网络，他们发现毒品贩运网络往往比较稀疏，中心人物把群体与不同群体联系在一起，并显示出安全偏好。他们建议把预防犯罪的努力集中在可能破坏网络的核心人员身上，同时警告警方，加强执法会使该组织适应并可能带来更加灵活和高效的运作方式。

结论

本章旨在为那些专注于犯罪预防的读者提供深入见解。理解受害者和犯罪者如何在网络中互动是预防犯罪的核心，而网络分析方法则是探究网络犯罪的理想工具。我们鼓励犯罪预防学者思考犯罪是如何嵌入社会结构的，因为犯罪往往是受害者与犯罪者互动的产物。我们建议研究者和实践者熟悉本章回顾的研究，以及一些杰出的著作（参见比奇勒和马尔姆，2015；莫尔塞利，2009）。

在过去 20 年中，网络分析在犯罪预防方面取得了显著进展，我们期待在以下领域继续取得突破：（1）犯罪网络的演变；（2）空间和社交网络的融合；（3）网络模拟研究；（4）网络分析在政策评估中的应用。有志于网络研究的学者应特别注意数据收集和报告技术的系统记录。我们还鼓励有兴趣的个人参加一年一度的关于非法网络的学术研讨会，并支持该领域的持续成长（马尔姆和比奇勒，2015）。

注释

1. 对社交网络研究感兴趣的读者可以考虑使用相对便宜的软件，比如 SNA 软件（UCInet）和它的合作伙伴 SNA 辅助分析软件（NetDraw）来进行学习。这些软件可以有 60 天的免费试用期。

2. 正如前面提到的，度中心统计了参与者与网络中直接联系的数量。当网络被引导时，就意味着连结的形成从一处延伸到另一处，也就是药物从一处传递到另一处，我们可以计算出两种不同程度的量度。输出度数测量参与者所扩展的联系数量，而度中心性则计算收到的联系数量。

3. 三元人口普查是统计三组参与者不同的连接方式。当对无向网络进行检查时，三个参与者集为非传递集（空集合，或者只有一组边），潜在传递集（有 2/3 的关联），或者传递集（三个参与者都互相连接）。在对定向网络进行研究时，会统计出 16 种结构。比奇勒等人（2017）研究了 7 种表示复杂结构模式的及物结构类型：（1）i→ j← h，i→ h；（2）i← j← h，i→ h；（3）i← j→ h，i↔h；（4）i→ j← h，i↔ h；（5）i→ j→ h，i↔ h；（6）i→ j↔ h，i↔ h；

（7） i↔j↔h，i↔h。

4. 雅卡德相似系数衡量了两个网络在多大程度上表现出相同的联系模式。一般而言，当分数小于 0.2 时，两个网络之间的差别可能不大，因为只有20%的网络是相同的。大于 0.6 或 60%的网络表示高度相似（或者稳定），介于这个区间之间的分数表示网络相同，但是显示了本质上的演变（斯奈德，范德邦特和斯泰格里奇，2010）。

参考文献

Armitage, R. (2017). "Crime Prevention through Environmental Design". *In Environmental Criminology and Crime Analysis*. R. Wortley & M. Townsley (Eds). London: Routledge, pp. 259~285.

Bichler, G. & Bush, S. (2016). "Staying Alive in the Business of Terror". *In Disaster Forensics: Understanding Root Cause and Complex Causality*. A. J. Masys (Ed.). Cham, Switzerland: Springer, pp. 271~294.

Bichler, G. & Malm, A. (2015). *Disrupting Criminal Networks: Network Analysis in Crime Prevention*. Boulder, CO: FirstForum Press.

Bichler, G., Malm, A., & Cooper, T. (2017). "Drug Supply Networks: A Systematic Review of the Organizational Structure of Illicit Drug Trade". *Crime Science*, 6 (1), 2.

Bichler, G., Norris, A., Dmello, J. & Randle, J. (2017). "The Impact of Civil Gang Injunctions on Networked Violence between Bloods and Crips". *Crime & Delinquency*. DOI: 10.1177/0011128717739607.

Bouchard, M., Alain, M., & Nguyen, H. (2009). "Convenient Labour: The Prevalence and Nature of Youth Involvement in the Cannabis Cultivation Industry". *International Journal of Drug Policy*, 20 (6), 467~474.

Bouchard, M. & Nguyen, H. (2011). "Professionals or Amateurs? Revisiting the Notion of Professional Crime in the Context of Cannabis Cultivation. *In Worldwide Weed: Global Trends in Cannabis Cultivation and its Control*". T. Decorte, G. Potter, & M. Bouchard (Eds). Farnham, UK: Ashgate, pp. 109~126.

Bouchard, M. & Spindler, A. (2010). "Groups, Gangs, and Delinquency: Does Organization Matter?" *Journal of Criminal Justice*, 38 (5), 921~933.

Brams, S. J., Mutlu, H., & Ramirez, S. L. (2006). "Influence in Terrorist Networks: From Undirected to Directed Graphs". *Studies in Conflict & Terrorism*, 29 (7), 703~718.

Brantingham, P. & Brantingham, P. (2008). "Crime Pattern Theory". *In Environmental*

Criminology and Crime Analysis. R. Wortley & L. Mazerolle (Eds). Milton, UK: Willan, pp. 78~93.

Bruinsma, G. & Bernasco, W. (2004). "Criminal Groups and Transnational Illegal Markets". *Crime, Law and Social Change*, 41 (1), 79~94.

Burt, R. S. (2000). "The Network Structure of Social Capital". *Research in Organizational Behavior*, 22, 345~423.

Bush, S. & Bichler, G. (2015). "Measuring Disruption in Terrorist Communications". In *Disrupting Criminal Networks: Network Analysis in Crime Prevention. Crime Prevention Studies*, Vol. 28. G. Bichler & A. Malm (Eds). Boulder, CO: First Forum Press, pp. 177~208.

Carley, K. M., Lee, J. S., & Krackhardt, D. (2002). "Destabilizing Networks". *Connections*, 24 (3), 79~92.

Charette, Y. & Papachristos, A. V. (2017). "The network dynamics of co-offending careers". *Social Networks* 51, 3~13.

Christakis, N. A. & Fowler, J. H. (2009). *Connected: The Surprising Power of Our Social Networks and how they Shape Our Lives*. Boston, MA: Little, Brown.

Coleman, J. S. (1988). "Social Capital in the Creation of Human Capital". *American Journal of Sociology*, 94, 95~120.

Cornish, D. B., & Clarke, R. V. (2017). "The Rational Choice Perspective". *In Environmental Criminology and Crime Analysis*. R. Wortley & M. Townsley (Eds). London: Routledge, pp. 29~61.

Crossley, N., Edwards, G., Harries, E., & Stevenson, R. (2012). "Covert Social Movement Networks and the Secrecy-Efficiency Trade Off: The Case of the UK Suffragettes (1906-1914)". *Social Networks*, 34 (4), 634~644.

Decker, S. H. & Curry, D. G. (2002). "Gangs, Gang Homicides, and Gang Loyalty: Organized Crimes or Disorganized Criminals". *Journal of Criminal Justice*, 30, 343~352.

Descormiers, K. & Morselli, C. (2011). "Alliances, Conflicts, and Contradictions in Montreal's Street Gang Landscape". *International Criminal Justice Review*, 21 (3), 297~314.

Duijn, P. A., Kashirin, V., & Sloot, P. M. (2014). "The Relative Ineffectiveness of Criminal Network Disruption". *Scientific Reports*, 4, 4238.

Everton, S. F. & Cunningham, D. (2014). "Terrorist Network Adaptation to a Changing Environment". *In Crime and Networks*. C. Morselli (Ed.). New York: Routledge, pp. 287~308.

Farley, J. D. (2003). "Breaking Al Qaeda Cells: A Mathematical Analysis of Counterterrorism Operations (A Guide for Risk Assessment and Decision Making)". *Studies in Conflict & Terrorism*, 26 (6), 399~411.

Felson, M. (2006). *Crime and Nature*. Thousand Oaks, CA: Sage.

Granovetter, M. S. (1973). "The Strength of Weak Ties". *American Journal of Sociology*, 78 (6), 1360~1380.

Granovetter, M. (1985). "Economic Action and Social Structure: The Problem of Embeddedness". *American Journal of Sociology*, 91 (3), 481~510.

Green, B., Horel, T., & Papachristos, A. V. (2017). "Modeling Contagion through Social Networks to Explain and Predict Gunshot Violence in Chicago, 2006 to 2014". *JAMA Internal Medicine*, *177* (3): 326-333. DOI: 10. 1001/jamainternmed. 2016. 8245.

Grund, T. U. & Densley, J. A. (2015). "Ethnic Homophily and Triad Closure: Mapping Internal Gang Structure Using Exponential Random Graph Models". *Journal of Contemporary Criminal Justice*, 31 (3), 354~370.

Helfstein, S. & Wright, D. (2011). "Covert or Convenient? Evolution of Terror Attack Networks". *Journal of Conflict Resolution*, 55 (5), 785~813.

Kleemans, E. R. & de Poot, C. J. (2008). "Criminal Careers in Organized CrimeAnd Social Opportunity Structure". *European Journal of Criminology*, 5 (1), 69~98.

Knoke, D. & Yang, S. (2008). *Social Network Analysis* (*2nd edition*). Thousand Oaks, CA: SAGE.

Koschade, S. (2006). "A Social Network Analysis of Jemaah Islamiyah: The Applications to Counterterrorism and Intelligence". *Studies in Conflict & Terrorism*, 29 (6), 559~575.

Krebs, V. E. (2002). "Mapping Networks of Terrorist Cells". *Connections*, 24, 43~52.

McGloin, J. M. & Piquero, A. R. (2010). "On the Relationship between Co-offending Network Redundancy and Offending Versatility". *Journal of Research in Crime and Delinquency*, 47 (1), 63~90.

Magouirk, J., Atran, S., & Sageman, M. (2008). "Connecting Terrorist Networks". *Studies in Conflict & Terrorism*, 31 (1), 1~16.

Malm, A. & Bichler, G. (2011). "Networks of Collaborating Criminals: Assessing the Structural Vulnerability of Drug Markets". *Journal of Research in Crime and Delinquency*, 48 (2), 271~297.

Malm, A., Bichler, G., & Nash, R. (2011). "Co-offending Between Criminal Enterprise Groups". *Global Crime*, 12 (2), 112~128.

Malm, A., Bichler, G. & van de Walle, S. (2010). "Comparing Ties that Bind Criminal Networks: Is Blood Thicker than Water?" *Security Journal*, 23, 52~74.

Malm, A., Bouchard, M., Decorte, T., Vlaemynck, M., & Wouters, M. (2017). "More Structural Holes, More Risk? Network Structure and Risk Perception among Marijuana Growers".

Social Networks, 51, 127~134.

Malm, A., Nash, R., & Vickovic, S. (2011). "Co-offending Networks in Cannabis Cultivation". *Worldwide Weed: Global Trends in Cannabis Cultivation And Its Control.* T. Decorte, G. Potter, & M. Bouchard (Eds). Farnham, UK: Ashgate Publishing, pp. 127~132.

Morselli, C. (2009). *Inside Criminal Networks.* New York: Springer.

Morselli, C. & Petit, K. (2007). "Law-enforcement Disruption of a Drug Importation Network". *Global Crime*, 8 (2), 109~130.

Morselli, C., Giguère, C., & Petit, K. (2007). "The Efficiency/Security Trade-off in Criminal Networks". *Social Networks*, 29 (1), 143~153.

Morselli, C., Tremblay, P., & McCarthy, B. (2006). "Mentors and Criminal Achievement". *Criminology*, 44 (1), 17~43.

Nguyen, H. & McGloin, J. M. (2013). "Does Economic Adversity Breed Criminal Cooperation? Considering the Motivation Behind Group Crime". *Criminology*, 51 (4), 833~870.

Ouellet, M. and Bouchard, M. (2016). "Terror on Repeat: Criminal Social Capital and Participation in Multiple Attacks". *International Criminal Justice Review*, 26 (4), 316~336.

Papachristos, A. V. (2009). "Murder by Structure: Dominance Relations and the Social Structure of Gang Homicide". *American Journal of Sociology*, 115 (1), 74~128.

Papachristos, A. V. (2011). "The Coming of a Networked Criminology". *Advances in Criminological Theory*, 17, 101~140.

Papachristos, A. V. (2013). "The Importance of Cohesion for Gang Research, Policy, and Practice". *Criminology & Public Policy*, 12 (1), 49~58.

Papachristos, A. V., Braga, A. A., & Hureau, D. (2012). "Social Networks and the Risk of Gunshot Injury". *Journal of Urban Health*, 89, 922~1003. DOI: 10.1007/s11524-012-9703-9.

Papachristos, A. V., Braga, A. A., Piza, E., & Grossman, L. S. (2015). "The Company You Keep? The Spillover Effects of Gang Membership on Individual Gunshot Victimization in a Co-Offending Network". *Criminology*, 53 (4), 624~649.

Papachristos, A. V. & Wildeman, C. (2014). "Network Exposure and Homicide Victimization in an African American Community". *American Journal of Public Health*, 104 (1), 143~150.

Papachristos, A. V., Wildeman, C., & Roberto, E. (2015). "Tragic, but not Random: The Social Contagion of Nonfatal Gunshot Injuries". *Social Science & Medicine*, 125, 139~150.

Randle, J. & Bichler, G. (2017). "Uncovering the Social Pecking Order in Gang Violence". In *Crime Prevention in the 21st Century: Insightful Approaches for Crime Prevention Initiatives.* B. Leclerc & E. U. Savona (Eds). Cham, Switzerland: Springer, pp. 165~186.

Reiss, A. J. & Farrington, D. P. (1991). "Advancing Knowledge about Co-offending: Results from a Prospective Longitudinal Survey of London Males". *The Journal of Criminal Law and Criminology*, 82 (2), 360~395.

Sageman, M. (2004). *Understanding Terror Networks.* Philadelphia, PA: University of Pennsylvania Press.

Sarnecki, J. (1990). "Delinquent networks in Sweden". *Journal of Quantitative Criminology*, 6 (1), 31~50.

Sarnecki, J. (2001). "Delinquent Networks: Youth Co-offending in Stockholm". London: Cambridge University Press.

Shukla, R. (2016). *Methamphetamine: A Love Story*, Oakland, CA: University of California Press.

Sierra-Arevalo, M. & Papachristos, A. V. (2015). "Applying Group Audits to Problem-Oriented Policing". *In Disrupting Criminal Networks: Network Analysis in Crime Prevention, Crime Prevention Studies, Vol.* 28. G. Bichler and A. Malm (Eds). Boulder, CO: First Forum Press, pp. 27~46.

Snijders, T., van de Bunt, G., & Steglich, G. (2010). "Introduction to Stochastic Actor-Based Models for Network Dynamics". *Social Networks*, 32, 44~60.

Tita, G. & Radil, S. (2011). "Spatializing the Social Networks of Gangs to Explore Patterns of Violence". *Journal of Quantitative Criminology*, 27 (4), 521~545.

Tremblay, P. (1993). "Searching for Suitable Co-offenders". *Routine Activity and Rational Choice*, 5, 17~36.

Van der Hulst, R. C. (2011). "Terrorist Networks: The Threat of Connectivity". *In The SAGE Handbook of Social Network Analysis.* J. Scott & P. Carrington (Eds). Thousand Oaks, CA: SAGE Publications.

Wagers, M., Sousa, W., & Kelling, G. (2008). "Broken Windows". *In Environmental Criminology and Crime Analysis.* R. Wortley and L. Mazerolle (Eds). Uffculme, UK: Willan, pp. 247~262.

Waring, E. J. & Weisburd, D. (Eds). (2002). *Crime and Social Organization*, *Vol.* 10. Piscataway, NJ: Transaction Publishers.

Warr, M. (1996). "Organization and Instigation in Delinquent Groups". *Criminology*, 34 (1), 11~37.

Wasserman, S. and Faust, K. (1994). *Social Network Analysis: Methods and Applications.* Cambridge, UK: Cambridge University Press.

Wortley, R. (2017). "Situational Precipitators of Crime". *In Environmental Criminology and Crime Analysis*, *2nd edition.* R. Wortley & M. Townsley (Eds). London: Routledge, pp. 62~86.

Wu, E., Carleton, R., & Davies, G. (2014). "Discovering bin-Laden's Replacement in al-Qaeda, using Social Network Analysis: A Methodological Investigation". *Perspectives on Terrorism*, 8 (1), 57~73.

Xu, J. & Chen, H. (2005). "Criminal Network Analysis and Visualization". *Communications of the ACM*, 48 (6), 100~107.

Xu, J., Hu, D., & Chen, H. (2009). "The Dynamics of Terrorist Networks: Understanding the Survival Mechanisms of Global Salafi Jihad". *Journal of Homeland Security and Emergency Management*, 6 (1), 27. DOI: 10.2202/1547-7355.1477.

第十五章
有组织犯罪的分析与预防

有组织犯罪、犯罪科学和环境犯罪预防

在追溯有组织犯罪研究的历史长河中，犯罪科学作为一种新兴的研究方法逐渐崭露头角。传统上，有组织犯罪（OC）被理解为：一是民主社会外部阴谋的产物（即“阴谋模式”）；二是具有特定组织结构的实体（即“专制模式”），或是合法企业的非法对应（即“非法企业模式”）（克利曼斯，2014）。在这些观点中，焦点通常集中在犯罪群体，即犯罪世界的参与者。实际操作中，对抗 OC 的策略往往侧重于犯罪分子的侦查和定罪，而非情境预防措施。尽管这些策略在政治上颇具吸引力，但 OC 依然持续繁荣，展现出在面对新兴犯罪机遇时的“惊人适应能力”（阿尔巴尼等人，2003：438）。因此，令人意外的是，SCP 这一基于机会是犯罪主要驱动力的控制方法，直到近年来才开始在 OC 领域得到应用。SCP 旨在通过改变犯罪分子对风险与收益的看法，有助于预防和破坏犯罪活动，而非单纯依赖刑事司法系统的打压。

SCP 通常通过修改犯罪前的决策来干预犯罪的直接或“近期”原因（克拉克，2008）。它依赖于 25 种技术，这些技术可以通过 5 种机制来分类：加大努力、增加风险、减少奖励、减少挑衅和消除借口（克拉克，1992/1997；科尼什和克拉克，2003）。[1] 在实践中，尽管 SCP 的一些技术已被用于对抗 OC，但它们并未得到充分认可。例如，布卢科斯等人（2003：188）提到护照作为增加非法越境风险的手段，以及意大利的反黑手党证书，它证明个人或公司不受黑手党相关 OC 的安全措施限制。自 20 世纪 90 年代中期以来，这种方法的进展要求不同类型的认证（根据合同对象和价值，自动认证、通信认证或信息认证）以便进行商业活动或向政府部门提供货物，从而增加了犯罪分子对努力和风险的认识。

从分析的角度来看，SCP 传统上适用于犯罪量较高的传统犯罪。然而，随着时间的推移，这种方法不断进化，应用范围也逐步扩大（纽曼和弗莱利希，2012）。SCP 已被用于指导儿童性虐待（沃特利和斯莫尔本，2006）、腐败（哥塔，1998）、网络安全（辛杜贾和库伊，2013）甚至恐怖主义（克拉克和纽曼，2006）等问题的研究。尽管传统上 OC 研究者对原位方法持谨慎态度，但近 10 年来，学术界已经越来越认识到将 OC 研究与 SCP 相结合的潜在价值。为了减少这种犯罪现象，研究者强调需要发展更具分析性、系统性和针对性的方法来应对 OC 问题（列维和马圭尔，2004）。在此领域，已有两本编辑书籍（布洛克等人，2010；范德邦特和范德舒特，2003）和《有组织犯罪趋势》的专题特刊（费尔森和克拉克，2012；克利曼斯等人，2012）专门探讨这一主题。

本章旨在概述 SCP 启发的 OC 知识。在深入探讨本章核心内容之前，考虑到 OC 对不同的人来说意味着不同的东西，我们将首先对 OC 的概念进行明确定义。

何谓“有组织犯罪”？

定义问题

“OC”这一术语已被社会科学家、政策制定者和执法官员广泛采用，用以描述多种多样的犯罪现象，并持续吸引着媒体的目光。然而，OC 的概念涵盖了从地方性的黑手党式组织到参与国际非法贸易的犯罪集团等一系列不同的犯罪形态。例如，在美国，OC 既可能指代地方性的黑手党组织，也可能指涉跨国犯罪集团。澳大利亚和日本等国强调“政治联盟”的存在，而西北欧则侧重于跨境犯罪活动（列克利曼斯等人，2010；列维，1998；范杜恩，1995）。在某些意大利学术界人士的观点中，OC 几乎等同于黑手党，即 OC 的一种特定类型（拉沃纳和塞尔吉乌斯，2014）。欧盟的关注点则主要在于 OC 的跨境特性，以及因此需要在欧洲层面采取一致行动的需求。正如泽哥和范德邦特（2012：vii）所指出的，“有组织犯罪无疑具有多面性，它也反映了每一个社会中能够显现出来的种种镜像。”

尽管人们可能会认为，对 OC 的共同理解比精确的定义更为重要，但在

OC 的情况下，这种看法并不适用。OC 的描述常常以模糊和不一致的方式被使用，这种不明确不仅可能妨碍我们对 OC 的理解，还可能如爱德华兹和列维（2008）等人所指出的，削弱政治上对获取更多资源、国内力量和国际合作的热情。实际上，对 OC 的不同看法并未对相关机构的实际工作产生实质性影响，因为将某些非法活动归类为 OC 暗示着存在特定的机制或一套应对措施（阿什比，2016；拉沃纳，2016、2018）。在许多国家，被认定为 OC 的行为可能会导致更广泛的调查权限和更严厉的法律制裁（列维，1998）。总的来说，OC 经常被用作一个流行语，表达对非法市场扩张和对合法经济以及政治制度日益颠覆的广泛忧虑（保利，2002：51）。

为了更准确地捕捉这一概念的复杂性，已有一些尝试对术语进行修订，例如引入“过境犯罪”或“为获取利益而组织严重犯罪”等新术语（参见克利曼斯，2007；列维，2014）。除了 OC 的叙述，术语“严重犯罪”和“严重和有组织犯罪”也开始被采用，这标志着焦点从犯罪集团的结构转向了犯罪活动本身及其造成的损害。然而，这种新的叙述尚未得到广泛认可，它与仍然占据主导地位的 OC 术语相混淆，在没有解决 OC 词汇定义问题的情况下，进一步造成了概念上的混乱（费尔森和埃克特，2016；拉沃纳和塞尔吉乌斯，2015）。

揭露有组织犯罪

正如范兰佩（2008）所概括的，OC 的概念可以从 3 个基本维度来理解：作为犯罪活动、作为关联结构和作为系统条件。

首先，OC 活动以其复杂性和连续性为特征（因此得名“有组织”）。从这个视角来看，OC 通常与非法商品和服务的供应相关联（保利，2002），然而，证据显示 OC 也涉足其他类型的犯罪，如欺诈和抢劫等具有掠夺性的犯罪，其触角往往扩展至合法商业领域。

其次，OC 涵盖了那些指示罪犯之间存在（相对稳定和结构化的）联系的关联结构。犯罪组织通常被视为“主要进行非法活动的大型集体，其成员具有明确的集体身份和角色分工”（保利，2002：52）。在这里，关键词是“组织”。OC 集团在功能上应与其他类型的犯罪集团区分开来，因为它们通过减少寻找合作者所需的时间、整合犯罪活动的功能要素以及提供声誉上的优势来创造规模经济（列维，2014）。

最后，OC，尤其是黑手党类型的 OC（拉沃纳和塞尔吉乌斯，2014），代表了一种系统性的条件，其关注点在于权力的集中，这种集中可能体现为黑社会政府或罪犯与政治、经济精英之间的联盟形式。因此，OC 引发了对个人和社会威胁的深刻认识。

在本章中，我们将保持对 OC 不同层面的这一区分，因为正如我们将会看到的，不同的犯罪预防方法针对的是 OC 的不同方面和目标。

分析和预防有组织犯罪

关注活动

鉴于 SCP 的性质，大多数分析会集中于（有组织）犯罪活动，它关注的重点是如何预防犯罪（这些犯罪行为及其利用的犯罪机会）。通常情况下，SCP 的倡导者会将焦点集中在具体犯罪上，从而避免 OC 概念的模糊性，并且一般不会深入讨论特定案件是否是 OC 集团实施的问题。一系列广泛的犯罪活动常常与毒品犯罪活动联系在一起：毒品贩运、人口贩运和走私、非法香烟贸易、偷盗汽车、偷盗艺术品和古董的贩运，以及许多其他活动（范兰佩，2012）。

在复杂犯罪现象（例如 OC）中应用 SCP 会存在一些困难。正如 莱科克（2010）强调的那样，试图找出一种常见的犯罪手法是很困难的。此外，这些活动中有些可能非常复杂，甚至连有形目标都可能不存在或难以识别，而且犯罪嫌疑人似乎都非常机智，并不依赖于任何特定犯罪机会（范兰佩，2010、2011）。此外，诸如流离失所问题，预防措施的效果可能非常难以衡量（尼伦，2010）。

尽管如此，我们已经讨论了 SCP 与 OC 相关的一些潜在或实际用途，包括性贩运（芬克瑙尔和陈，2010）、香烟黑市、木材盗窃（格雷卡和费尔森，2010）、毒品交易（克利曼斯等人，2010）。从这些研究中我们可以得出结论，大部分潜在介入点都是为了降低回报——尤其是通过扰乱市场、否认利益——以及通过加强正规监管、利用场所管理者、减少匿名等手段来增加风险。此外，在涉及复杂非法贸易的案件中，延长监护权和协助自然监视的想法也得到了重视（克利曼斯等人，2010；范兰佩，2010）。例如，打击贩卖化学器材以生产摇头丸，克利曼斯等人（2010：23）建议我们提高玻璃器材吹制者的意识从而间接打击毒品犯罪。

在 SCP 的观点中，OC 可以看作是一系列的犯罪事件，这取决于环境提供了盈利的机会（科比和潘纳，2010：209）。为了找出潜在的介入点，SCP 教导我们需要对犯罪的复杂性进行解构，从而了解犯罪行为是如何运作的，以及需要如何运作，并把它们分解成不同的实施阶段。从某种意义上说，SCP 可以看作是一种“行动研究模型”，即个体合作进行诊断和解决问题（克拉克，1995）。科尼什（1994）用“犯罪脚本”这一概念描述了犯罪活动的基本阶段，并明确了决策点。脚本分析被证明在逐步确定 OC 中的利用犯罪机会方面发挥着重要作用，因此它有被用于进行分析和预防犯罪的潜力。这种方法表明，人们对调查犯罪机会何时何地以及如何利用犯罪机会的兴趣与日俱增。

举例来说，范兰佩（2010）在分析香烟黑市时，把犯罪分解成非法活动的脚本。邱等人（2011）利用七阶段犯罪脚本作为工具，对秘密毒品实验室的犯罪过程进行了更好的了解，并且确定了预防措施的潜在点。萨沃纳（2010）分析了 OC 渗透公共建筑行业的一系列事件，包括犯罪活动协议，以及调查中的犯罪行为。同样，罗等人（2012）和扎内拉（2014）分别利用犯罪脚本对 OC 和公共部门腐败进行调查。希罗普洛斯等人（2013）以及萨沃纳等人（2014）利用 SCP 机制对美国真主党支持者实施的复杂香烟走私计划进行了分析。

汉考克和莱科克（2010：185~186）提出了针对毒品和人口贩运案件的“OC 综合脚本”，他们通过区分脚本场景中的功能、脚本类型和行为，强调干预的关键点，以更为彻底的经验专门化水平运作。他们认为，犯罪脚本也可以通过区分和解决它的构成部分，即贩运活动中的“主要犯罪行为”“犯罪生活方式”（与任何活跃的犯罪过程无关），从而使我们更好地理解犯罪脚本，并“参与/接触犯罪网络、组织或个人”，而非综合考虑这些因素。实际上，它们代表着三种不同但相互关联的预防/破坏性工作机会流（汉考克和莱科克，2010：188）。最近，利用汉考克和莱科克的脚本方法，拉沃纳确定了网络空间的特殊性所带来的犯罪机会，他调查了这些机会如何被用于各种因特网犯罪活动，包括毒品贩运、假药贸易和野生动物贩运（拉沃纳，2014a、2014b、2015）。

在所有这些案例中，SCP 方法可能会有轻微的修改，特别是分析的层次往往扩展到更广泛的背景中时。正如克利曼斯（2014）强调的那样，由于 SCP 是针对特定犯罪来实施的，所以它不能笼统地解决 OC 问题，但是它应该“集中于走私可卡因或其他具体活动或事件。例如，在国际航班上利用旅客偷运可卡因‘气球’”。事实上，特定犯罪能够识别出罪犯利用的特定机会结构。然而，上述的现有研究都集中在特定的犯罪活动上，而非像飞机乘客走私可卡因那样具体。即使对犯罪行为特定时空点的研究也会失去一定的解释力和预见性，但是它们表明了外部环境中的机会和制约因素是如何描述复杂犯罪活动的模式和趋势的。

专注于产品

第二个相对未被深入探索的研究领域聚焦于 OC 集团通常涉及的贩运产品。这项研究广泛采用了 CRAVED 模型，这是一个描述可能吸引盗窃行为的商品特征的缩写词，代表了“可隐藏、可移除、可用、有价值、令人愉快和一次性”（克拉克，1999）。CRAVED 模型最初是为了揭示小偷寻找的吸引物品的特点而设计的，但随着时间的推移，它经历了多次迭代和扩展。实际上，这一模型的方法已经应用于解释墨西哥鹦鹉的偷猎（查托和克拉克，2012）、非法商业捕鱼（彼得罗辛和克拉克，2014）以及各种贩运活动（纳塔拉扬，2012），在市场活动分析中展现出了新的应用价值。

纳塔拉扬（2012）运用 CRAVED 模型对一系列的贩运商品（如海洛因、小型武器、被盗汽车、象牙和濒危鹦鹉）进行了评估，并为每种商品根据 CRAVED 的各个维度进行了评分。然而，这一方法并不简单，因为商品在不同贩运阶段的吸引力可能会发生变化。为了应对这一挑战，纳塔拉扬建议关注“每个贩运阶段每种贩运形式的选择结构特征”（2012：200，重点强调）。[2] 这种方法与对贩运活动进行阶段性分析的理念相符。因此，贩运的每个阶段——从初始采购、走私到目的地国家，再到最终的分销——都应该单独评估，以便更精准地应用 CRAVED 模型。此外，纳塔拉扬指出，CRAVED 模型并未完全涵盖被贩运商品的所有属性，它未能捕捉到可能影响犯罪选择的诸多因素，例如犯罪活动的风险程度、贩运商品在道德上的可接受性、贸易的盈利潜力，或是可能面临的惩罚差异。尽管存在这些限制，纳塔拉扬的分析显示，CRAVED

模型仍对理解贩运活动具有重要价值，尤其是其系统应用有助于识别参与特定非法商品交易的犯罪组织类型。拉沃纳（2014c）在探索性分析中采用了这一框架，探讨了 CRAVED 模型在网络空间中对实体商品非法销售保持其解释力和预测能力的程度，并强调其在指导互联网媒介的贩运活动研究方面的潜力。通过这种方式，CRAVED 模型不仅为分析犯罪趋势和模式提供了新的视角，而且还为设计有效的预防措施和策略提供了理论基础。

综上所述，CRAVED 模型有效地引导我们关注某些犯罪活动的特定目标。它提醒我们，从潜在犯罪者的视角出发，某些产品具有更高的吸引力，因此在预防犯罪的策略中应当受到更多的重视。虽然该模型最初在解释掠夺性犯罪，尤其是在理解盗窃行为的选择上展现了其价值，但不断发展的研究显示，CRAVED 模型也可能为分析基于特定标记的 OC 提供洞见。作为一种分析工具，它特别有助于识别被贩运商品的特征，进而解释贩运者的选择和消费者的需求模式，并揭示犯罪活动在各个阶段中的组织结构。例如，如果某一犯罪活动依赖于低价值商品的持续流通，这可能暗示存在一个专门从事大规模犯罪交易的专业犯罪网络。CRAVED 模型的这种应用不仅加深了我们对犯罪行为动机和模式的理解，而且为制定针对性的干预措施和策略提供了科学依据。

关联结构与系统条件的分析及防范

传统 SCP 框架并未充分考虑到 OC 的关联结构和系统条件。然而，SCP 的一些核心原则却能够助力我们洞察 OC 群体的态度及其权力集中的特点。从 SCP 的视角审视 OC 群体，有助于分析他们的决策过程，理解其决策间的相互作用，并制定有效的干预策略。这些策略不仅针对犯罪活动本身，还针对其网络结构及其对特定地区的影响，特别是在涉及类似黑手党类型的 OC 时。

正如费尔森（2006）在讨论“犯罪合作和组织”时所指出的，关注犯罪活动的机会结构固然重要，但同样关键的是要理解罪犯网络的基本动态。特别是，所谓的“罪犯融合环境”成为了犯罪分子聚集的场所，这些地方对于理解犯罪合作及其干预策略至关重要（第 9 页）。虽然这些聚集地的具体形式可能各异，但它们通常是相对稳定的，从而更容易成为干预的目标。此外，社会可以通过保护公共场所来减少对自由的侵害，这种方式相比监控嫌疑人要安全得多（第 10 页）。范兰佩（2011）进一步指出，除了费尔森描述的促进短期合作的典型罪犯融合环境（如街道或酒吧），OC 还依赖更复杂的环境来进行长期规划（如监狱）。这些场所越来越多地成为情报驱动的干预措施的目标，旨在阻止 OC 的扩散，例如，通过设立单独的监禁单元来隔离 OC 成员。这种方法扩展了 SCP 的传统分析层面，将其应用于更广泛的背景。此外，尽管 SCP 暗示有动机的罪犯会在他人，或科恩和费尔森（1979）所说的“监护人”，在场时避免犯罪，但我们不应忽视 OC 通常依赖的社会联系、腐败、恐吓或普遍的报复性恐惧氛围（爱德华兹和列维，2008）。因此，他人的存在并不总是能够阻止犯罪行为（豪氏威马和扬森，2012；范兰佩，2011）。尽管如此，SCP 的指导原则对于在风险区域高效且有效地分配资源和精力至关重要。

最后，SCP 启发的策略在制定预防犯罪立法方面也显示出其价值（摩根和克拉克，2006；范德贝肯，2005）。其核心理念在于，立法可能会在无意中创造犯罪机会，这些机会可以通过事先或事后的分析被识别并减少或消除。这样做可以最大限度地降低法律漏洞可能带来的风险，从而破坏那些可能有利于 OC 的系统性的犯罪机会。

总结

本章对 SCP 方法在应对 OC 方面的应用进行了全面概述。我们见证了 SCP 在提供信息以指导预防和减少 OC 活动的政策与实践制定方面的巨大潜力，同时也强调了在分析犯罪趋势和模式时，OC 研究者应注重精确性和针对具体情况的必要性。此外，SCP 方法还能够辅助设计和完善监管框架、政策及社会环境，旨在规避那些非特定犯罪行为实施之外的意外犯罪机会。可以预见，这些干预措施可能带来预防行动的扩散效应——SCP 措施在无意中减少了未直接针对的犯罪行为（克拉克和魏斯伯德，1994）——这种效应可能波及到更广泛的社会。

同时，本章也指出了 SCP 在应用于 OC 时的一些局限性和挑战。特别是，许多学者在应用 SCP 方法分析 OC 时，已经扩展了分析的范围，不仅包括了为犯罪创造机会的特定情况，还涵盖了 OC 复杂的发展背景。在未来的研究方向中，我们期待看到 SCP 方法被更具体地应用于 OC 产生的背景和情境，以充分发挥其潜力。进一步开发基于机会的方法也具有重要意义，以便更全面地理解 OC 的社团结构和系统条件，从而超越对其作为严重或复杂犯罪活动的有限视角。

社区预防犯罪的方法也有望与 SCP 在这一领域形成有效互补（霍普，1995）。通过针对影响高危地区居民社区犯罪的社会机会、条件和机构（在这些地区，OC 团体的存在及其权力集中尤为突出），可以更有效地解决 OC 建立和加强犯罪网络的能力，以及其对特定地区的影响。实际上，扩展减少机会的方法（及其对应的 SCP）并非新概念。科恩和费尔森在其开创性工作的结论中（1979：605）便预见到，RAA 不仅适用于犯罪活动，还可以扩展到犯罪者及其倾向，他们建议将这一理论与关注可能影响犯罪可能性的不同犯罪因素的方法相结合，例如社会控制。事实上，正如默顿及其同事所强调的，“机会”的概念早已融入犯罪学话语中，通过他的失范理论，他认为有限的社会经济机会促使工薪阶层犯罪以改善其地位（1976：3 ff.）。因此，这一概念与多种犯罪学方法有着千丝万缕的联系。将机会方法的概念拓宽（通过扩展对“机会”的定义）在处理 OC 时可能特别有用，因为 OC 往往不仅限于特定的犯罪活动和组织特征，而是通过其在特定社会结构中根深蒂固的网络和关系操作能力来表现——正是这种特性使得 OC 难以根除。

注释

1. 最近弗莱利希和纽曼（2014）对 SCP 框架进行了扩展，并提出了诸如协助遵守、提供替代方案和合法化等操纵行为机会的机制。

2. 科尼什和克拉克（1987）提出的“选择结构特征”概念是指特定类型犯罪的机会、成本和收益的组合。

参考文献

Albanese, J. S., Das, D. K. and Verma, A. (eds) (2003) *Organized Crime: World Perspectives*. Upper Saddle River, NJ: Pearson Education.

Ashby, M. P. J. (2016) "Is metal theft committed by organized crime groups, and why does it matter?" *Criminology & Criminal Justice* 16 (2): 141~157.

Bouloukos, A., Farrell, G. and Laycock, G. (2003) *Transnational organized crime in Europe and North America: towards a framework of prevention*. HEUNI Report N. 40. Helsinki: Heuni.

Bullock, K. , Clarke, R. V. and Tilley, N. (eds) (2010) *Situational Prevention of Organised Crimes*. Cullompton, UK: Willan Publishing.

Chiu, Y. N. , Leclerc, B. and Townsley, M. (2011) "Crime script analysis of drug manufacturing in clandestine laboratories". *British Journal of Criminology* 51 (2): 355~374.

Clarke, R. V. (ed.) (1992/1997) *Situational Crime Prevention: Successful Case Studies*. New York: Harrow and Heston.

Clarke, R. V. (1995) "Situational Crime Prevention" . *Crime & Justice* 19: 91~150.

Clarke, R. V. (1999) "Hot products: understanding, anticipating and reducing demand for stolen goods". Paper 112. *Police Research Series*. London: Home Office.

Clarke, R. V. (2008) "Situational Crime Prevention". In Wortley R. and Mazerolle L. (eds) *Environmental Criminology and Crime Analysis*. Cullompton, UK: Willan Publishing.

Clarke, R. V. and Newman, G. R. (2006) *Outsmarting the Terrorists*. Westport, CT: Praeger Security International.

Clarke, R. V. and Weisburd, D. (1994) "Diffusion of crime control benefits: observation on the reverse of displacement". In Clarke, R. V. (ed.) *Crime Prevention Studies* 2. Monsey, NY: Criminal Justice Press.

Cohen, L. E. and Felson, M. (1979) "Social change and crime rate trends: a routine activity approach". *American Sociological Review* 44: 588~608.

Cornish, D. B. (1994) "The Procedural Analysis of Offending and Its Relevance for Situational Prevention". In Clarke, R. V. (ed.) *Crime Prevention Studies* 3. Monsey, NY: Criminal Justice Press.

Cornish, D. B. and Clarke, R. V. (1987) "Understanding crime displacement: an application of rational choice theory". *Criminology* 25: 901~916.

Edwards, A. and Levi, M (2008) "Researching the organization of serious crimes". *Criminology and Criminal Justice* 8 (4): 363~388.

Felson, M. (2006) *The ecosystem for organized crime*. HEUNI Paper no. 26. Helsinki: Heuni.

Felson, M. and Clarke, R. V. (2012) "Comments on the special issue". *Trends in Organized Crime* 15 (2~3): 215~222.

Felson, M. and Eckert, M. (2016) *Crime and Everyday Life* (5th ed). London: Sage.

Finckenauer, J. O. and Chin, K. L. (2010) "Sex trafficking: a target for situational crime prevention?" In Bullock, K. , Clarke, R. V. and Tilley, N. (eds) *Situational Prevention of Organised Crimes*. Cullompton, UK: Willan Publishing.

Freilich, J. D. and Newman, G. R. (2014) "Providing opportunities: a sixth column for the techniques of situational crime prevention". In Caneppele, S. and Calderoni, F. (eds) *Organised*

Crime, Corruption and Crime Prevention. London: Springer.

Gorta, A. (1998) "Minimizing corruption: Applying lessons from the crime prevention literature". *Crime, Law and Social Change* 30 (1): 65~87.

Graycar, A. and Felson, M. (2010) "Situational prevention of organised timber theft and related corruption". In Bullock, K., Clarke, R. V. and Tilley, N. (eds) *Situational Prevention of Organised Crimes*. Cullompton, UK: Willan Publishing.

Hancock, G. and Laycock, G. (2010) "Organised crime and crime scripts: prospects for disruption". In Bullock, K., Clarke, R. V. and Tilley, N. (eds) *Situational Prevention of Organised Crimes*. Cullompton, UK: Willan Publishing.

Hinduja, S. and Kooi, B. (2013) "Curtailing cyber and information security vulnerabilities through situational crime prevention". *Security Journal* 26: 383~402.

Hiropoulos, A., Freilich, J. D., Chermak, S. and Newman, G. R. (2013) "Cigarette smuggling and terrorism financing". In Leclerc, B. and Wortley, R. (eds) *Cognition and Crime: Offender Decision Making and Script Analyses*. London: Routledge, pp. 186~208.

Hope, T. (1995) "Community Crime Prevention". In Tonry, M. and Farrington, D. P. (eds) *Building a Safe Society: Strategic Approaches to Crime Prevention*. Chicago, IL: University of Chicago Press.

Huisman, S. and Jansen, F. (2012) "Willing offenders outwitting capable guardians". *Trends in Organised Crime* 15 (2): 93~110.

Kirby, S. and Penna, S. (2010) "Policing mobile criminality: towards a situational crime prevention approach to organised crime". In Bullock, K., Clarke, R. V. and Tilley, N. (eds) *Situational Prevention of Organised Crimes*. Cullompton, UK: Willan Publishing.

Kleemans, E. R. (2007) "Organized crime, transit crime, and racketeering". *Crime & Justice* 35: 163~215.

Kleemans, E. R. (2014). "Theoretical perspectives on organized crime". In Paoli, L. (ed.) *Oxford Handbook of Organized Crime*. Oxford: Oxford University Press.

Kleemans, E. R., Soudjin, M. R. J. and Weenink, A. W. (2010) "Situational crime prevention and cross-border crime". In Bullock, K., Clarke, R. V. and Tilley, N. (eds) *Situational Prevention of Organised Crimes*. Cullompton, UK: Willan Publishing.

Kleemans, E. R., Soudijn, M. R. J. and Weenink, A. W. (2012) "Organized crime, situational crime prevention and routine activity theory". *Trends in Organized Crime* 15 (2~3): 87~92.

Lavorgna, A. (2014a) "Internet-mediated drug trafficking: towards a better understanding of new criminal dynamics". *Trends in Organized Crime* 17 (4): 250~270.

Lavorgna, A. (2014b) "Wildlife trafficking in the Internet age: the changing structure of criminal opportunities". *Crime Science* 3 (5): 1~12.

Lavorgna, A. (2014c) "Hot products in Internet-mediated trafficking activities and the limits of CRAVED". *The International Symposium on Environmental Criminology and Crime Analysis* (ECCA), NSCR, Kerkrade (Netherlands), 16~19 June 2014.

Lavorgna, A. (2015) "The online trade in counterfeit pharmaceuticals: new criminal opportunities, trends, and challenges". *The European Journal of Criminology* 12 (2): 226~241.

Lavorgna, A. (2016) "Exploring the cyber-organised crime narrative: The hunt for a new bogeyman?" In van Duyne, P. C., Scheinost, M., Antonopoulos, G. A., Harvey, J. and von Lampe, K. (eds), *Narratives on Organised Crime in Europe: Criminals, Corrupters and Policy*. Den Haag: Wolf Legal Publishers.

Lavorgna, A. (2018) "Cyber-organised crime. A case of moral panic?" *Trends in Organized Crime* (online first).

Lavorgna, A. and Sergi, A. (2014) "Types of organized crime in Italy. The multifaceted spectrum of Italian criminal associations and their different attitudes in the financial crisis an in the use of Internet technologies". *International Journal of Law, Crime and Justice* 42 (1): 16~32.

Lavorgna, A. and Sergi, A. (2015) "Serious, therefore organised? A critique of the 'serious and organised crime' and 'cyber-organised crime' rhetoric in the United Kingdom". *International Journal of Cyber Criminology* 10 (2): 170~187.

Laycock, G. (2010) "Foreword". In Bullock, K., Clarke, R. V. and Tilley, N. (eds) *Situational Prevention of Organised Crimes*. Cullompton, UK: Willan Publishing.

Levi, M. (1998) "Perspectives on 'organized crime': an overview". *Howard Journal of Criminal Justice* 37: 335~345.

Levi, M. (2014) "Thinking about Organised Crime". Structure and Threat. *The RUSI Journal* 159 (1): 6~14.

Levi, M. and Maguire, M. (2004) "Reducing and preventing organised crime: An evidence-based critique". *Crime, Law and Social Change* 41 (5): 397~469.

Morgan, R. and Clarke, R. V. (2006) "Legislation and Unintended Consequences for Crime". *European Journal on Criminal Policy and Research* 12 (3~4): 189~211.

Natarajan, M. (2012) "A rational choice analysis of organized crime and trafficked goods". In Tilley, N. and Farrell, G. (eds) *The Reasoning Criminologist: Essays in Honour of Ronald V. Clarke*. Abingdon, UK: Routledge.

Nelen, H. (2010) "Situational organised crime prevention in Amsterdam. The administrative approach". In Bullock, K., Clarke, R. V. and Tilley, N. (eds) *Situational Prevention of Organ-*

ised Crimes. Cullompton, UK: Willan Publishing.

Newman, G. R. and Freilich, J. D. (2012) "Extending the reach of situational crime prevention". In Tilley, N. and Farrell, G. (eds) *The Reasoning Criminologist: Essays in Honour of Ronald V. Clarke*. Abingdon, UK: Routledge, pp. 212~225.

Paoli, L. (2002) "The Paradoxes of Organized Crime". *Crime, Law and Social Change* 37 (1): 51~97.

Petrossian, G. A. and Clarke, R. V. (2014) "Explaining and controlling illegal commercial fishing. An application of the CRAVED theft model". *British Journal of Criminology* 54: 73~90.

Pires, S. and Clarke, R. V. (2012) "Are parrots CRAVED? An analysis of parrot poaching in Mexico". *Journal of Research in Crime and Delinquency* 49 (1): 129~146.

Rowe, E., Akman, T., Smith, R. G., and Tomison, A. M. (2012) "Organised crime and public sector corruption: A crime scripts analysis of tactical displacement risks". *Trends and Issues in Crime and Criminal Justice*, issue 444.

Savona, E. U. (2010) "Infiltration of the public construction industry by Italian organised crime". In Bullock, K., Clarke, R. V. and Tilley, N. (eds) *Situational Prevention of Organised Crimes*. Cullompton, UK: Willan Publishing.

Savona, E. U., Giommoni, L. and Mancuso, M. (2014) "Human trafficking for sexual exploitation in Italy". In Leclerc, B. and Wortley, R. (eds) *Cognition and Crime: Offender Decision Making and Script Analyses*. London: Routledge, pp. 140~163.

Siegel, D. and van de Bunt, H. (eds) (2012) *Traditional Organized Crime in the Modern World: Responses to Socioeconomic Change*. New York: Springer.

Van De Bunt, H. G. and van der Schoot, C. (eds) (2003) *Prevention of Organised Crime*. A Situational Approach. Den Haag: Wetenschappelijk Onderzoek-en Documentatiecentrum (WODC).

Van Duyne, P. C. (1995) "The phantom and threat of organized crime". *Crime, Law and Social Change* 24 (4): 341~377.

Vander Beken, T. (ed.) (2005) *Organised Crime and Vulnerability of Economics Sectors: The European Transport and Music Sector*. Antwerp: Maklu Publishers.

Von Lampe, K. (2008) "Organized crime in europe: conceptions and realities". *Policing* 1 (2): 7~17.

Von Lampe, K. (2010) "Preventing organized crime: the case of contraband cigarettes". In Bullock, K., Clarke, R. V. and Tilley, N. (eds) *Situational Prevention of Organised Crimes*. Cullompton, UK: Willan Publishing.

Von Lampe, K. (2011) "The application of the framework of situational crime prevention to 'organized crime'". *Criminology and Criminal Justice* 11 (2): 145~163.

Von Lampe, K. (2012) "Transnational organized crime and challenges for future research". *Crime Law and Social Change* 58 (2): 179~194.

Wortley, R. and Smallbone, S. (eds) (2006) "Situational Crime Prevention for child sexual abuse". *Crime Prevention Studies* 19. Monsey, NY: Criminal Justice Press.

Zanella, M. (2014) "Script analysis of corruption in public procurement". In Leclerc, B. and Wortley, R. (eds) *Cognition and Crime: Offender Decision Making and Script Analyses*. London: Routledge, pp. 164~185.

第十六章

恐怖分子只是另一种类型的罪犯

摘要

在 20 世纪 70 年代初，恐怖主义研究开始在历史、政治学和社会学等学科中逐步形成一个小众但重要的研究领域。这些研究方法致力于揭示政治暴力运动在社会政治背景下的形成机制及其动因。起初，恐怖主义研究并未过分关注恐怖事件本身，而是主要聚焦于两种几乎对立的研究途径，它们各自拥有不同的科学性和严谨度，有时也引发了不少质疑。首先，一种方法是分析恐怖组织成员的性格特征（库珀，1978）。这种方法起初通过突出精神病态和其他独特的人格特质，提供了一种近乎传奇的视角，将犯罪者标签化为“非理性”个体。另一种方法则是分析恐怖分子所声称的不满的“根本原因”（亚历山大，1976），对恐怖组织转向暴力的“合理性”进行了实证性的描述。这一途径强调个人和团体在战略决策过程中的“能动性”。例如，诸多研究探讨的是将打击恐怖主义作为一项有效的政治策略，而非依赖于其他军事手段，及其如何产生实质性的效益，以及如何增强民众对国家机制和权威的信任。

历史学与政治学在恐怖主义研究领域中占据了核心地位，这一学科优势在很大程度上塑造了研究的视角与方向。在学术文献中，恐怖袭击并非被视为孤立的犯罪行为，而是依据不同群体的意识形态定位（德雷克，1988）或战略取向（阿布拉姆斯，2008）进行深入分析。这些分析视角强调恐怖主义不应仅被视为犯罪，而更应被视为一种政治现象。因此，尽管这些研究在传统上关注于恐怖主义作为战略和战术的合理性使用，但它们往往忽略了探究支持恐怖行为实际执行的“合理性”问题——这一方面是犯罪学研究中不可或缺的组成部分。

近年来，恐怖主义研究领域经历了显著的变革。越来越多的学科开始将自身的方法论知识融入到这一领域的研究中。人文学科已不再局限于历史学，而是拓展到了语言学、视觉艺术和神学（马赫，2016）。社会科学引入了更多问题导向的研究方法，并且融合了地理学（巴赫加特和麦地那，2013）和心理学（霍根，2015）等多学科的研究成果。自然科学也在理解恐怖主义行为时运用了其方法论工具和模型（约翰逊等人，2013；曼里克等人，2016）。互联网在激进主义和恐怖分子中的参与作用日益突显（吉尔等人，2017），从而促使计算机科学领域的研究投入不断增加（布赖尼尔森等人，2013）。在经历了多年对可疑数据的批判和科学研究的发展之后，恐怖主义研究总体上变得更加注重实证和量化分析（舒尔曼，2018）。

或许在所有研究活动中，犯罪学领域，尤其是环境犯罪学，的发展最为迅速，这些新兴观点对犯罪科学的发展产生了深远的影响。尽管过去“恐怖主义犯罪学研究在某些方面落后于其他犯罪学分支”（拉弗雷，2009：434），但在近期多个领域都取得了显著进展。在恐怖主义的目标选择、武器选用、犯罪空间的分布、恐怖袭击的地理距离、受害者与事件的迁移等方面，研究成果丰硕，展现出了广阔的研究前景。这些发现进一步强化了一种观点：在预防恐怖主义行为时，我们应更加关注行为本身，而不是仅仅聚焦于恐怖分子的身份和成为恐怖分子的原因。

本章受到沃特利教授等学者（收录于本书）的启发，旨在探讨“环境犯罪学先驱们努力探索的三个核心问题”。在恐怖主义的特定语境下，我们提出了三个关键性问题：“人们为何会选择实施恐怖主义行为？”“恐怖主义行为在何处、何时以及如何被实施？”“我们又该如何有效预防恐怖主义的发生？”为了深入探讨这些议题，我们不仅借鉴了环境犯罪学的文献，还扩展到了犯罪科学领域更广泛的研究方法，以期获得更为全面和深入的见解。

为什么人们要实施恐怖主义行为？

迄今为止，犯罪科学在理解人们参与恐怖活动的原因方面存在诸多局限性，原因多样。首先，在解释恐怖主义时，学界往往更侧重于对“恐怖分子”个体的探讨，而非“恐怖行为”本身。其次，现有研究往往倾向于采用与分析传统犯罪不同的研究单位。例如，德斯马莱等研究者（2017）对涉及恐怖分子风险因素的科学文献进行了系统性回顾。该综述指出，现有文献往往从社会人口统计学特征、犯罪史、宗教信仰、态度和信念、就业状况、教育水平、经济贫困、人际关系以及心理健康等角度提供“远端”解释；而研究个人经历（即“近端”因素）与恐怖分子参与之间关系的工作则相对较少，被描述为“罕见”或“未被充分探讨”（第 190 页）。此外，对于激进主义以及参与恐怖主义背后的因果机制，缺乏严谨的研究关注。戈兹切·阿斯特鲁普（2018）评估了几种常用的理解这些机制的方法，这些方法基于社会认同理论、意识形态和价值观，以及各种动机理论框架。研究表明，这些研究设计往往只能揭示恐怖主义犯罪的简单相关性，而未能充分证明其因果关系。

最终，当前领域面临的一个关键挑战可能在于对因变量的考量不足。迄今为止，学术界对于“恐怖分子”的理解普遍较为泛泛，缺乏深入区分。无论是心理病理学、心理分析、理论模型，还是基于大量数据集的描述性分析，研究者们往往倾向于将恐怖组织的成员一视同仁。这种做法无论是组织内部还是外部，未能有效区分不同类型的成员。在分析恐怖分子时，研究人员往往将他们视为一个同质群体，仅将他们之间的差异归因于性格上的不同。然而，恐怖组织无论采用等级制还是线性结构，通常都具有一定的指挥和功能架构。在这样的结构中，每个成员和子单位扮演着不同的角色，承担着特定的职责和行为。这些职责可能涉及武器储存、参与射击攻击、购买用于炸弹袭击的车辆、制造炸弹、从策划者转变为执行自杀式爆炸的自杀炸弹手，或是从战斗人员转变为行政领导。不同成员在恐怖组织中的参与性质和深度因其重点任务的不同而有所区别。随着时间的推移，他们可能会在“恐怖事业”中转换不同的角色，这些角色根据社会、心理和组织的不同需求而有所变化。这些差异可能包括个人直接参与暴力的程度、专业水平、个人面临的风险程度，以及他们在整体战略中的责任（泰勒和霍根，2006 ：595）等方面的多样性。

进一步地，传闻证据揭示了关于个人加入恐怖组织的一些有趣细节。据称，新成员的角色和任务分配可能基于以下两种情况：（a）招募人员根据组织的具体需求和个人的能力来评估并分配其角色，或者（b）新招募的人员对自己希望担任或倾向于扮演的角色有所选择。以 2007 年 10 月美国军队在伊拉克辛贾尔镇对基地组织藏身地的突袭为例，他们发现了大量与恐怖主义相关的个人档案。这些档案显示，绝大多数参与者表达了成为战士、勇士或烈士的愿望。然而，也有一些人表达了成为医生、记者以及其他媒体相关角色的愿望。此外，一位前爱尔兰共和军（PIRA）成员在接受霍根采访时透露：

> PIRA 的招募策略向来以精明著称。在某种程度上，人员的选拔和分配角色经过了深思熟虑。这让人联想到大型企业面临的挑战——如何巧妙地将员工安置在最适合他们的职位上，以便他们能够完全融入并致力于自己的工作领域。

这揭示了一个有趣的现象——至少在临时 PIRA 的情况下，个人的初始角色分配往往是有目的性和策略性的。此外，似乎还存在着一种自然的逻辑，即个人的实际参与和后续发展如何逐渐展开并呈现出多样性。泰勒和霍根（2006；595）提出，某些角色和活动可能比其他角色和活动更加符合个人的天然倾向，例如融资、政治和社区工作。然而，截至目前，尚无确凿的证据来证实这一假设。

出于多种考虑，我们有必要深入探究恐怖分子角色的本质及其影响。从防范和破坏的角度出发，政策制定必须针对不同角色采取特定的干预措施。鉴于恐怖分子在行为模式、运作常规以及策划暴力的手段上存在显著差异，针对炸弹制造者的策略并不一定适用于所有恐怖组织的成员。客观而言，对角色更为深入的理解将有助于制订更为精准的治疗方案和风险评估（特雷西和肯普夫·伦纳德，1996）。从学术研究的角度来看，这种理解最终将帮助我们揭示哪些人倾向于加入恐怖组织、这些组织的具体性质，以及个人如何随时间变迁在不同角色间转换，乃至最终如何退出或脱离恐怖活动（霍根，2009；泰勒和霍根，2006）。进一步调查特定变量与恐怖分子角色的相关性，以及如何在理论层面分析恐怖分子参与的深层动因，同时考量“激进化”和“途径”进入恐怖主义的一般模式是否适当，或者是否应根据不同恐怖主义行为的特点进行相应调整，这些都是我们工作中不可或缺的一环。

莫纳汉（2012）提出，将所有形式的恐怖主义统一视为结果变量，这与犯罪学领域的研究方法存在分歧，因为后者通常采用分割结果变量的方式进行研究。专注于分割结果变量的研究方法倾向于对特定类型的暴力行为进行风险评估，而非进行一般性的风险评估。例如，这类研究可能包括家庭暴力、性暴力和职场暴力等。除了对自杀性炸弹袭击者的研究之外，现有文献对个人恐怖分子角色的探讨相对较少（一个典型的例子是梅拉利 2010 年的研究）。因此，现行的分析方法可能会忽视那些能够解释为何某些人更易参与恐怖活动的微妙心理、行为、社会人口学以及组织因素。大量研究表明，对恐怖分子的认识进行细分化具有显著的价值。研究已经对不同类型的恐怖分子进行了比较分析，包括男性和女性恐怖分子、单独行动者和群体行动者、国际和国内激进分子、暴力与非暴力组织的成员，以及精神疾病患者和非患者的独狼行为者（参见科尔纳和吉尔，2014；吉尔、霍根和德埃克尔特，2014；格鲁瓦尔德、切尔迈克和弗莱利希，2013；雅克和泰勒，2016；皮里尔、克勒·德里克和佩达胡尔，2016）。这种细致的分析有助于揭示不同背景和动机下的恐怖分子行为模式，为预防和干预措施提供更为精准的依据。

在什么地方、什么时间和方式实施恐怖主义行为?

恐怖分子与一般罪犯同样在决策过程中会考虑成本与效益的权衡。犯罪预防领域的实践已经证明了情境犯罪预防方法的有效性和巨大潜力。情境犯罪预防策略关注的是犯罪发生的环境背景，而非仅仅是个体的犯罪动机或倾向。因此，通过环境设计来减少恐怖主义行为的发生机会，是一个既实用又值得追求的目标。不论是汽车袭击还是爆炸事件，每一种恐怖袭击类型都依赖于特定的环境和机会。每种攻击方式为恐怖分子提供了一组特定的环境机会，这些机会会影响他们对成本效益的计算。为了实现这一目标，我们可以采取一系列措施，包括加强目标防护、控制设施使用、转移犯罪分子的注意力、限制获取必要武器的途径等。这些措施不仅增加了犯罪的风险和延长了监管时间，还有助于自然监控和提升监控效果。此外，通过隐藏或移除潜在目标，这些方法还能降低攻击的预期回报。这些策略侧重于恐怖行为的情境特征（即恐怖分子实施的行为及其所处的环境），并且主要受到环境犯罪学和情境犯罪预防领域的理论发展影响。通过这些综合措施，我们能够更有效地预防和减少恐怖主义行为的发生。

就像“普通”罪犯一样，恐怖分子为了判断某一行为是否值得，会采取一系列的 CBA（吉尔等人，2018）。他们会最终做出精细的决策，并使其效用最大化（阿萨尔等人，2009），因为这样可能会提高成功的可能性（克拉克和纽曼，2006；霍夫曼，2006）。恐怖分子的理性会受到许多个人因素的制约。

例如，风险敏感性、团体指导、过去的经验和自身个性。在这个意义上，理性受到时间、精力、经验和知识的制约，这些因素又反过来会影响到回报、成本和替代行动计划的权重。合理的计算可能涉及到在恐怖主义和选择战略上最有利的策略之间作出选择。巴布（2005）所做的自杀式恐怖主义的研究可能是恐怖主义犯罪中最常见的例子。理性计算还会受到该组织意识形态内容的限制，因此不同意识形态的做法可能会有所不同。例如，德雷克（1998）指出，恐怖组织的意识形态与有针对性的做法，以及对易受攻击的目标分层程度的认识有关，因为“它规定了其运作的道德框架”，恐怖分子在行动时往往会考虑自身安全和逃避侦察，以确保能够顺利逃脱。本节将特别关注（1）空间、时间和空间模式，（2）距离衰减，（3）地形风险建模和（4）攻击规划。

空间、时间和空间模式的恐怖袭击

在考虑恐怖分子选择攻击目标的行为时，袭击的空间分布显示出明显的非随机性特征。与传统犯罪模式相似，恐怖主义袭击在时间和地点的选择上也呈现出非偶然性。先前事件发生的地点以及自上次事件以来经过的时间等因素，已被研究证明是预测恐怖分子未来可能瞄准的攻击地点的有效指标(贝伦多夫等人，2012；贝雷比和拉克达瓦拉，2007；约翰逊和布雷斯韦特，2009；拉弗雷等人，2012；麦地那等人，2011；泽奔埃克等人，2009；坦奇等人，2016；汤斯利等人，2008)。汤斯利等人（2008）对伊拉克发生的简易爆炸装置袭击进行研究，揭示了这些袭击在空间和时间上的聚集性特征。约翰逊和布雷斯韦特（2009）对反叛分子的袭击活动进行分析，发现初次袭击后的4至5周内，发生后续袭击的可能性会增加。贝雷比和拉克达瓦拉（2007）探讨了以色列的群体袭击事件，并指出在影响风险变化的4个关键因素中，最显著的变量是恐怖分子活动基地的接近程度。他们发现，靠近国际边界的地区遭受攻击的概率几乎是其他地区的2倍。此外，罗斯莫和哈里斯（2011）对土耳其的恐怖主义组织进行研究，发现恐怖分子倾向于在特定区域集中活动，而犯罪风险随着距离的增加而逐渐减弱，这一现象被称为“距离衰减效应”。这些研究结果为理解恐怖分子的攻击模式和预测未来的袭击行为提供了宝贵的洞察。

此外，其他研究也揭示了空间模式随时间变化的动态性，这些变化可能与组织的战略调整、事件的发生及攻击强度的变化有关，或受到象征性日期和特殊事件的影响。泽奔埃克等人（2009）分析了 2004 年至 2006 年间在伊拉克发生的攻击事件的频率和强度（以受害人数衡量），发现随着每月攻击次数的增加，单个攻击事件的强度有所下降。他们还注意到，在伊斯兰节日前后，恐怖主义活动的频率和强度明显减少，而在美国节日前后则呈现上升趋势。麦地那等人（2011）进一步扩大了研究范围，考察了 2004 年至 2009 年间恐怖主义事件的时空格局。他们发现，攻击模式随时间而演变，攻击频率与人口统计变量相关联，但与攻击强度无显著关系。贝伦多夫等人（2012）对巴斯克家园与自由组织（ETA）和萨尔瓦多法拉本多·马蒂民族解放阵线（FMLN）发动的袭击进行了深入调查。通过对包含 4000 次攻击的数据集的分析，研究人员识别出了时空上的聚集现象，并发现两者之间存在显著的相似性。他们将这些聚集现象称为“暴力微循环”（2012：50），指出爆炸和非致命性攻击更易成为这些微循环的组成部分，与其他类型的攻击相比，这些攻击模式在时空分布上表现出更为紧密的集群特征。

在城市犯罪研究中，风险上升的现象并不仅限于初始犯罪发生的地点（法雷尔等人，1995；皮斯，1998）。汤斯利等人（2003）与约翰逊和鲍尔斯（2004）的研究表明，在住宅首次遭受盗窃后，短期内再次成为目标的概率会上升。这可能是因为犯罪者在初次作案时识别到了可以利用的犯罪机会。这种模式不仅在单一国家内部存在，在不同国家之间也存在（约翰逊等人，2007）。此外，这种模式在不同类型的犯罪中也有所体现，例如袭击和抢劫（格鲁贝希奇和麦克，2008）、枪击（拉特克利夫和伦格特，2008）、汽车盗窃（洛克伍德，2012）以及海盗行为（马尔乔内和约翰逊，2013）。在暴力活动的研究中，研究人员确定了暴力热点的存在，并发现恐怖主义犯罪在时间和空间上的分布趋势与传统犯罪相似。例如，贝雷比和拉克达瓦拉（2007）发现，在恐怖分子首次攻击以色列之后，相关恐怖主义事件的发生风险会在大约 8 周内持续上升，之后才会恢复到正常水平。拉弗雷等人（2012）利用历史恐怖主义事件数据，通过逻辑回归分析预测了 ETA 的未来袭击地点，并发现不同组织策略下存在着不同的犯罪空间模式。先前事件的地点和发生后的时间被认为是预测后续袭击的关键因素。汤斯利等人（2008）运用诺克斯试验（1964）对伊拉克反叛分子实施的简易爆炸装置（IED）攻击进行了分析，揭示了攻击在时间和空间上的聚集性。他们发现，首次攻击发生后，短期内（1 公里范围内，2 天时间内）发生更多攻击的可能性增加。布雷斯韦特和约翰逊（2012）也得出了类似结论，并进一步分析了反叛分子的攻击行为与反叛行动。他们指出，当反叛分子进行集群式袭击时，邻近地区立即面临更高的袭击风险，但随着时间的推移，这种风险会迅速降低。他们认为，风险异质性是理解 IED 攻击时空模式的关键因素。

距离衰减

空间相互作用与距离是环境犯罪学领域中的一个核心概念。正如先前所述，恐怖分子与普通犯罪者一样，受到地理环境的制约，许多传统犯罪中观察到的空间聚集模式在恐怖主义活动中同样得到了体现（克拉克和纽曼，2006）。总体而言，从 RCP、RAA 以及犯罪模式理论出发，我们可以看到犯罪者在选择犯罪区域和目标时，往往力求最小化所需付出的努力和承担的风险，同时最大化预期收益（约翰逊和鲍尔斯，2004；费尔森，2006）。

最小努力原则（齐普夫，1965）提出，在面临众多相似的行动方案时，犯罪者倾向于选择距离最近的那一个，以此来最小化所需的努力。城市犯罪者的犯罪行为通常遵循距离衰减规律，即犯罪机会和发生频率随着与居住地距离的增加而减少（贝尔纳斯科和布洛克，2009；怀尔斯和科斯特洛，2000）。同样地，为了提升攻击的效率，恐怖分子也会力求缩短移动距离，因为目标的可接近性是他们在选择攻击目标时考虑的一个重要因素（克拉克和纽曼，2006）。除了努力程度的考量，恐怖分子在选择目标时还会评估攻击前被拦截的风险（汤斯利等人，2008）。此外，种族和民族的界限也可能限制个人的行动意愿和能力。贝尔纳斯科和布洛克（2009 ：99）进一步探讨了进入不熟悉区域如何增加了犯罪风险：

> 对于策划非法活动的个人而言，进入不熟悉的环境充满了风险。因为在陌生的环境中，陌生人更容易“显眼”。换句话说，如果他们对当地的习俗和常规缺乏了解，他们的外表和行为可能会格外吸引当地居民的注意。在种族隔离较为明显的城市中，那些难以跨越种族和民族界限的人很可能被视作外来者，并因此承受来自当地居民的额外关注和怀疑目光。

显然，在巴勒斯坦冲突的背景下，这种担忧在组织决策中占据了重要位置。布鲁姆（2005）指出，由于具备语言能力和外观上的融合性，使得某些团体更倾向于派遣受过较好教育的人员或女性在以色列境内执行自杀式恐怖袭击任务，这些因素有助于他们在以色列社会中进行隐蔽和行动。

接近恐怖分子活动频繁的区域已被证明具有预测潜在袭击地点的潜力，这一信息对于预防工作极具价值。在城市犯罪研究中常见的距离衰减效应，在恐怖主义活动中同样表现得十分显著。对美国、西欧、巴勒斯坦以及 PIRA 成员发动的自杀式炸弹袭击的研究，均揭示了相似的模式（科特伦等人，2008；吉尔，2012；吉尔和霍根，2012；吉尔等人，2017；马尔孔等人，2018）。罗斯莫和哈里斯（2011）的研究指出，恐怖分子周围存在一个“缓冲区”，他们的活动范围在这个区域内受到限制，随着距离的增加，他们的活动频率会降低。在更宏观的层面上，从所在国到目标国的距离增加，相应的恐怖主义事件数量也会减少（诺伊迈尔和普吕姆珀，2010）。这些发现为理解恐怖分子的空间行为模式提供了宝贵的经验。

拉弗雷、杨和克伦肖（2009）的研究表明，在 1970 年至 2004 年间的反美恐怖主义袭击中，高达 96%的目标位于恐怖分子居住地的本地。科特伦等人（2008）的研究发现，将近一半（46%）的群体性攻击发生在恐怖分子居住地 30 英里范围内。艾比（2012）对 53 名袭击美国的“独狼”恐怖分子进行分析，结果显示这些个体的家庭与袭击目标之间存在显著的距离差异。尽管有 6 个案例显示恐怖分子行进了较长距离，但这可能是由于数据结果的偏差所致。贝克尔（2014）在研究 1940 年至 2012 年间美国的 84 名“独狼”恐怖分子时，发现大多数恐怖分子选择了与其有逻辑联系的目标。尽管研究中引入了“意识空间”的概念，但主要采用的是定性研究方法，并未对空间模式进行实证分析。在该样本中，60%的恐怖分子与目标之间存在明显的地理联系。（克莱恩等人，2017）的研究发现，极右翼恐怖分子倾向于选择靠近居住地且安全性较低的目标进行袭击。这些研究共同揭示了恐怖分子在选择袭击目标时的地理偏好和空间行为模式。

研究表明，在探讨 PIRA 活动时，距离衰减效应亦获得了实证支持（吉尔等人，2016）。观察发现，约 2/3 的恐怖分子进行的袭击活动范围在 4 英里以内，其中 40%的恐怖事件甚至发生在犯罪分子居住地 1 英里半径范围内（吉尔等人，2017）。相对复杂的攻击行动往往涉及更远的袭击距离，而对于年龄在 20 岁以下的年轻罪犯来说，他们的移动距离明显较短。这一现象暗示，在恐怖分子这一特定犯罪群体中，其行为模式或许具有一定的可预测性。

地理限制对于资源有限和支持不足的个体来说，其影响可能更为显著。从 RCP 分析，犯罪分子原则上应当尽量减少行动距离，以降低时间和精力的消耗。对于那些被称为“独狼”的犯罪者而言，由于他们缺乏充足的资源和支持网络，他们倾向于保持极短的移动距离，以此提升攻击行动的实效性。此外，资源的不足不仅限制了恐怖分子的行动能力（博因斯和巴拉德，2004），也可能限制了攻击行动的复杂性。然而，这种限制受到个人特定专长、技能和知识水平的制约（吉尔和科尔纳，2016）。

“独狼”式犯罪者倾向于选择“软”目标进行攻击，例如平民密集区域，而且大多数攻击事件都发生在公共场所以及人群聚集的地方（吉尔等人，2014）。相比之下，对具有高度安全防护的标志性目标发起的复杂攻击，可能超出了大多数个体的能力所及。这些目标的高保护级别和难以接近性大大提升了攻击的复杂性，对于缺乏足够人力资本的个体来说，执行此类攻击更是难上加难。根据贝克尔（2014）的研究，其样本中有 60%的攻击事件是针对民用目标的。相对而言，政府设施和军事基地等“硬”目标很少成为恐怖分子选择的对象（斯帕伊，2012；博拉姆，2013；贝克尔，2014；吉尔和科尔纳，2016）。

近期的研究在西欧和美国成功复制了距离衰减效应（马尔孔等人，2018）。数据显示，恐怖主义袭击事件平均发生距离为 90 英里（约 144 公里），但超过半数（56.5%）的袭击实际上发生在袭击者家庭住址周边 10 英里（约 16 公里）的范围内，其中 36%的袭击甚至发生在 2 英里（约 3 公里）以内。在西欧，恐怖袭击事件尤其集中在恐怖分子的居住地附近，超过一半（56%）的事件发生在距离其住所 2 英里以内的区域。相比之下，在美国，袭击发生在袭击者家附近的案件占比仅为 18.5%。在欧洲，有 75.5%的攻击事件是在恐怖分子居住地 10 英里范围内发生的，而在美国，这一比例仅为 40%。这些数据揭示了袭击发生地点与恐怖分子居住地之间的地理关联性在不同地区存在显著差异。

研究表明，不同目标类型之间的距离差异与以往关于传统犯罪的文献观点相呼应（赫塞林，1992；弗里松，2001；桑蒂拉等人，2007）。具体来说，标记性目标的平均攻击行程长度显著大于象征性或任意目标。在 3 种目标类型中，攻击目标的距离最短。这一发现暗示，在目标选择过程中，恐怖分子可能会权衡成本与收益，并在目标的距离与其所代表的价值之间做出取舍。所谓的“独狼”恐怖分子可能更倾向于为了达到表达不满的目的而进行较远的移动。这一现象与传统犯罪研究的结果相吻合，即当预期的成果价值较高时，犯罪者愿意走更长的移动距离（派尔，1974；瑞颇托，1974；鲍德温和巴茨，1976；赫塞林，1992；罗兹和康利，2005；蒂塔和格里菲斯，2005）。

在人际沟通的语境中，身体上的接近往往意味着更长的移动距离。那些选择面对面交流的人，其移动超过 10 英里的可能性是其他人的 4 倍。然而，当涉及到与更广泛的恐怖主义网络成员进行虚拟互动时，我们观察到的差异并不显著。这表明，实体空间中的互动与网络空间中的沟通在影响行动者行动范围的因素上存在着本质的不同。

环境背景

正如先前所述，在探讨恐怖袭击风险的时空分布时，我们经常观察到一种显著的空间集聚现象（贝雷比和拉克达瓦拉，2007；汤斯利等人，2008；约翰逊和布雷斯韦特，2009；泽奔埃克等人，2009；麦地那等人，2011；贝伦多夫等人，2012；莫勒，2013；坦奇等人，2016）。尽管如此，目前的空间分析尚未能准确揭示这些热点区域的成因，它们的存在仍是一个有待深入探究的实证事实。

本地基础设施在恐怖分子评估变化所带来的机遇、风险与回报时扮演着关键角色。然而，关于城市环境背景（布兰廷厄姆夫妇，1993、2008）如何塑造恐怖分子行为的研究，在很大程度上被我们所忽视。朱可夫（2012）通过对北高加索地区反叛活动的分析，揭示了道路网络在其中的核心重要性，并指出道路网络是影响袭击选址的关键因素。同样，约翰逊和布雷斯韦特（2009）基于战术考量，提出反叛分子可能会选择在某些地区集中实施暴力行动，这种策略可能是为了耗竭对手的资源。这些研究提示我们，城市的环境特征和基础设施布局对于理解恐怖分子的行为模式至关重要。

基于广泛的犯罪学研究成果，研究人员发展了风险地形建模（Risk Terrain Modeling，RTM）方法，以定量评估城市地形特征对犯罪空间分布的影响，并以此识别可能发生犯罪活动的区域。RTM 技术已在多个城市犯罪类型的分析中得到了广泛应用，涵盖了诸如入室盗窃（盖伦和霍勒南，2013；莫里多等人，2014）、抢劫（肯尼迪和加齐阿里福格鲁，2011；杜加托，2013）、枪击事件（卡普兰等人，2011；德拉韦等人，2016；徐和格里菲斯，2017）、严重袭击（肯尼迪等人，2011；肯尼迪等人，2016；阿尼南，2015；库克尔和莱特纳，2015）以及针对警察的袭击（德拉韦和巴纳姆，2018）等多种犯罪类型。这些应用展现了 RTM 在犯罪预防和城市安全领域的强大工具价值。

由于 RTM 整合了社会和空间环境的背景信息，它成为评估恐怖主义风险的理想方法。与仅基于历史攻击地点来预测未来攻击可能性的回顾性热点地图（约翰逊等人，2007）不同，RTM 能够对各个区域未来风险的广泛估计提供支持。目前，将 RTM 应用于微观层面的研究案例相对较少。奥纳特（2016）的研究是一个显著的例子，他识别了伊斯坦布尔可能遭受恐怖组织袭击的区域。有趣的是，他发现城市环境中一个最危险的因素竟然是面包店。虽然这些建筑本身并不具有象征性意义，但作为土耳其文化的重要组成部分，面包店吸引了大量居民的日常光顾。由于它们在日常生活中的中心地位，吸引了众多人群，因此被视为潜在攻击目标的重要指示器。这一发现再次强调了在目标选择过程中考虑个人日常行为和意识空间的重要性。除此之外，宗教场所、酒吧、夜总会和杂货店等也被认为是相关的风险因素。这些研究揭示了日常生活中的常规活动地点如何在恐怖主义风险评估中发挥关键作用。

奥纳特和格鲁（2018）将恐怖袭击的目标区分为两种意识形态：分裂主义和左派。食品杂货店、面包店、酒吧/夜总会和教育设施都是危险因素。研究人员还发现了不同类型攻击风险因素之间的差异。宗教设施和办公大楼与分裂主义袭击有着密切的联系，但是与左派的袭击没有关系。政府大楼的发现仅仅是左派袭击事件的一个危险因素。基于奥纳特（2016）的研究，该研究对 RTM 预测精度进行了测试。他们发现，基于前 36 个月的模型能够准确地预测前 10%高风险单元中近一半的攻击地点，而在接下来的 20 个月里，前 20%的高风险单元中有 80%是被攻击的。

攻击方案

吉尔等人（2018）深入分析了超过 90 部恐怖分子的自传性作品，旨在揭示恐怖分子在目标选择和攻击计划过程中的决策模式。他们的研究得出 8 项主要发现。

第一，他们注意到恐怖分子的攻击策划过程展现出显著的多样性。在某些情况下，攻击行动几乎是即兴的，正如鲍曼（1979：31）所描述的“或多或少是自发性的”，或者如布拉德利（2009：82）所述的“缺乏周密计划，有时可能在几分钟内就决定”。而在另一个极端，也有证据表明，一些恐怖分子会花费长达 6 个月的时间来精心策划一次攻击，正如斯通（2008：84）的案例所展示的那样。

第二，研究转向了对恐怖分子进行 CBA 的探讨。1988 年 3 月，忠诚坚定的迈克尔·斯通在贝尔法斯特发起了一次针对爱尔兰共和党人葬礼的袭击，使用了手榴弹和枪支。斯通的目的是希望通过这次行动，“一次性清除”新芬党和 PIRA 的高层领导。面对成千上万的哀悼者，以及附近严阵以待的警察和军队，这次袭击无疑极具风险。据他估计，完成这次袭击可能只有六成甚至更低的胜算。尽管如此，斯通认为，如果这次袭击能够成功导致共和党运动失去领导核心，那么潜在的好处将远远超过风险。在斯通（2008：125）的观点中，这样的战略胜利使得冒险变得正当和值得。

第三，我们观察到恐怖分子在策划阶段通常会考虑多个潜在目标。目前，我们对基地组织确切的目标选择过程了解有限，也不确定我们所探讨的情况是否具有可行性。我们同意对其他潜在目标进行进一步的侦察工作。假设我们对每个可能的地点都派遣了一支侦察队进行详细考察，一旦这项假设性的任务完成，我们的讨论将主要集中在哪些经过侦察的目标实际上是可行的。随后，我们还将深入探讨每个行动所需的后勤支持细节问题。

第四，我们注意到在恐怖主义的 CBA 中，主观情感因素扮演着至关重要的角色。众多自传性质的作品在描述策划阶段时，常常会提及诸如紧张、压力、精神疲劳、疑虑、沮丧、偏执、恐惧、与生俱来的危险预感、灾难预兆感、极度敏感、焦虑以及一种普遍的“不安”。这些情感在恐怖分子的经历中并不罕见，并且在筹备恐怖袭击的过程中尤为常见。此外，他们还会经历诸如握手时的颤抖、心跳加速如鼓以及失眠等生理反应（见吉尔等人，2018）。这些身心症状突显了恐怖分子在执行任务时所承受的巨大心理压力。

第五，我们强调了恐怖主义 CBA 中客观安全特征的重要性。以一个具体案例为例，当迈克尔·斯通首次策划暗杀新芬党政治家欧文·卡伦时，他的监视重点主要集中在以下方面：

据我了解，欧文·卡伦在家中养了两条狗，并且在住所的花园里安装了顶级的安全监控设备，包括摄像头和感应器。他甚至在房子后面的田野中用铁丝网固定锡罐，以此作为预警系统来提醒他防范安全部队的监视。我排除了直接攻击他住所的可能性，因为那里布满了安全措施，使我难以接近而不被察觉，或者那将等同于自杀式行动。因此，我决定将他所在选区的办公室作为目标，因为在他的日常生活中，那里是安保最为薄弱的环节。

（斯通，2003：64）。

第六，涉及恐怖分子对于安全漏洞的期待。他们会主动寻找安全措施中的疏忽和不足。在侦察亚特兰大奥林匹克公园期间，埃里克·鲁道夫曾指出：

我们探讨了恐怖分子如何洞察安全措施的漏洞。在考察亚特兰大奥林匹克公园时，埃里克·鲁道夫观察到：公园里有数百名保安和警察在巡逻，他们的目光跟随我穿过入口。然而，当时并未部署金属探测器，保安只是对携带的手提包进行随机的检查。随着夜幕降临，人群逐渐聚集，保安人员变得不堪重负，最终停止了对行人携带物品的检查。就在那一刻，我意识到自己有机会携带炸弹进入。

（鲁道夫，2013：10）。

第七，强调了安全措施的有效性不仅仅是简单的部署问题。以盖瑞·布拉德利对 PIRA 活动的描述为例，这一点尤为显著。特别是在使用直升机进行监视时，这种观点得到了突出的体现："直升机的使用破坏了我们的行动。"这是因为它不仅削弱了我们的灵活性，而且并未带来预期的效果。

最终，经验深刻地影响着人们对风险的理解和感知。犯罪学的研究表明，缺乏被捕的前科会减少犯罪者在特定情境下的直接风险感知。对于恐怖分子而言，这一研究同样适用。

我们怎样预防恐怖主义？

克拉克提出了 5 种基本的预防策略：加大努力、增加风险、减少奖励、减少挑衅以及消除借口。利用情境因素来增加犯罪的机会成本，对犯罪者的决策过程具有显著影响，具体而言：

加大努力

在探讨反恐策略时，在机场部署金属探测器无疑是一种显著的安全手段。这种做法被普遍认可为一种降低劫机和其他恐怖活动发生概率的有效措施（考利和艾米，1988；恩德斯、桑德勒和考利，1990）。根据恩德斯和桑德勒（1993）的研究，自 1970 年代金属探测器在机场投入使用以来，与恐怖主义相关的犯罪数据显著减少。此外，胡苏和阿佩尔（2015）的研究表明，机场配置金属探测器可以大幅降低遭受恐怖袭击的风险。然而，我们也应认识到，尽管金属探测器极大地提高了安全水平，但它们并不能完全消除恐怖袭击的可能性。

在 1970 年代，面对 PIRA 的威胁，贝尔法斯特采取了严厉的安全措施。城市中心的入口处竖立起了高大的钢铁门（科菲，2009；布朗，1985；贾曼，1993）。这些被称为“钢铁之环”的设施，成为了一种极为显著的反恐手段，而在应对巴勒斯坦恐怖组织的自杀式爆炸威胁时，西岸隔离墙的建立则是一种更为极端的措施。从 1999 年至 2011 年，这座隔离墙不断被巩固和强化。吉布斯（2010）的研究发现，2001 年期间，攻击事件平均每月发生 17 起，而到了 2004 年，这一数字降至每月 2 起。个人攻击的尝试也显著减少。佩里等人（2017）进一步研究了恐怖袭击和死亡事件与隔离墙位置之间的时间序列关系，他们发现隔离墙在减少自杀式爆炸和其他攻击方面发挥了显著的保护作用。在隔离墙的巴勒斯坦一侧，伤亡和攻击事件也有所下降。尽管如此，恐怖分子在一些地区为了适应策略变化，转而采取了更多机会主义式的攻击方式，如车辆袭击和随机暗杀等。然而，这些物理屏障的建立也引发了政策制定者和学术界对于其道德层面和相称性的讨论与质疑。虽然隔离墙和类似的防御措施在减少恐怖袭击方面可能取得了成效，但它们对社会、文化和心理的影响，以及可能加剧的社会紧张和人权问题，仍然是值得深入探讨的重要议题。

在 20 世纪 90 年代，伦敦遭受了多起恐怖主义袭击。作为初始应对措施，该市实施了人流管控、设立了车辆检查站并加强了闭路电视监控。1993 年，一种由塑料圆锥体构成的被称为“塑料环”的简易防护措施应运而生。管理者采取的行动包括关闭大部分进入城市的道路，仅保留出口，同时开放7条进入通道，每一条都设有警察对车辆进行检查。随着时间的推移，这些临时措施已经被更为永久的结构所取代。目前，通往市中心的通道变得更加狭窄，由塑料涂层的混凝土构成的狭窄车道迫使司机减速，这一变化也伴随着大量闭路电视摄像机的安装，以增强监控能力和安全防范措施。

尽管在西岸地区已经部署了栅栏和钢制的安全防护措施（SCP），但仍有一些措施可以采用更为精细化的方法来实施。在伦敦及其他主要城市的建筑设计中，抗撞击的景观元素已成为一种常见做法。管理者通常会在道路与关键建筑物之间布置钢筋混凝土制的花盆、柱子和长凳，形成了一种“对抗性”的缓冲区域。伦敦的白厅区——英国政府的核心地带——也采用了钢制防护柱来抵御潜在的恐怖主义威胁。此外，伦敦的阿森纳足球俱乐部在其主场酋长球场也采取了一系列SCP措施。体育场主入口处醒目地写着“阿森纳”三个大字，这同时是一种车辆阻挡设施。球场的前院还配备了水泥长凳，旨在防止车辆冲入，而那些巨大且装饰华丽的隔离带也有效地阻止了车辆接近体育场，增强了整体的安全防护。

增加风险

犯罪的发生机会往往依赖于找到合适的目标以及在某一特定时刻该目标的防御漏洞（科恩和费尔森，1979；特克斯伯里和穆斯丁，2000；罗赤等人，2005）。环境中的监护因素对增加犯罪恐惧感起着关键作用。霍利斯等人（2013：66）强调了监护的重要性，他们认为：“最关键的机制之一就是有人观察到不当行为，从而提高了犯罪的风险”。罪犯对环境的感知与他们决定采取攻击行为之间存在着紧密的联系。因此，从逻辑上讲，应当将诸如闭路电视监控（无论是否有人实时观察）这样的代理监护措施，或是提高监护人观察犯罪可能性的因素，纳入“监护”这一概念范畴。这些监护级别的提升不仅意味着更高的风险和被捕的可能性，同时也会增加犯罪者的恐惧感。

恐怖分子通常会对多个潜在目标进行记忆，并倾向于选择风险相对较低的目标来执行犯罪。吉尔等人（2018）通过研究恐怖分子的自传资料发现，在策划阶段，无论这一过程持续多久，恐怖分子都会仔细权衡风险与收益。

这种权衡既涉及主观感受也涉及客观因素，这与犯罪学中关于刑事成本–效益决策的研究发现相呼应。在策划和执行攻击的过程中，恐怖分子会经历高度的恐惧和紧张情绪，这些情绪可能会对决策过程产生负面影响。这种权衡似乎在袭击准备阶段尤为激烈，因为他们在评估安全特性时必须进行敌对侦察，这一行为本身就可能暴露他们的行踪。对这些客观安全因素的有意识认识往往会导致恐怖分子出现怀疑、焦虑甚至偏执的反应，他们往往会过分高估自己受到的监视和安全措施的强度。这种心理状态可能会影响他们的决策，并可能导致他们在行动中采取更为谨慎或更为冒险的策略。

减少奖励

虽然相关信息需要向特定群体传达以应对威胁，但我们务必谨慎，避免无意中对恐怖分子进行美化（巴克和德格拉夫，2011）。公开犯罪嫌疑人信息对打击恐怖主义而言，可能是一种有效的策略。以新纳粹分子大卫·科普兰为例，他因“伦敦钉子炸弹手”的称号而臭名昭著。当警方将其个人信息公之于众后，大量民众提供了有关此人的线索，这直接促成了他的被捕（斯帕伊，2012）。然而，弗雷曼（2005）提醒我们，任何在潜在袭击发生前向公众披露的信息都可能被恐怖分子利用，从而调整他们的计划和行动。正如科普兰的案例所显示，部分信息的提前泄露使他得以在警方察觉前成功实施了一次恐怖袭击（斯帕伊，2012）。同样，在 2008 年孟买恐怖袭击事件中，恐怖分子通过监控媒体报道和互联网信息来做出攻击决策（奥恩等人，2011）。

为了降低恐怖事件的发生风险，我们必须积极抵制犯罪分子散播的恐怖袭击相关叙述。这种做法能够阻止潜在犯罪者模仿他们的行为，避免产生类似的传染效应。同时，我们也应号召公众提高警惕，对这类犯罪分子保持警觉（贝克和德格拉夫，2011；吉尔，2015）。通过反叙事策略[1]，我们可以瓦解近期事件的影响力，缓解潜在的不满情绪，从而防止模仿者发起恐怖袭击（吉尔，2015）。研究表明，模仿因素是“独狼”恐怖分子获取“知识”的重要途径，在多达 33%的案例中发挥了作用（哈姆和斯帕伊，2015）。

---

〔1〕 译者注：从结局开始，然后逐步追溯至起因，让受众逐步拼凑出整个故事时间和因果。

减少挑衅

某些反恐组织在政策选择上往往倾向于采取一些潜意识层面的措施，这些措施非但没有减少挑衅行为，反而可能加剧了冲突的态势。例如，通过针对性的暗杀等惩罚性执法手段来打击恐怖主义已经是一种长期存在的做法。在“九一一”事件之后，将“战争”作为对抗恐怖组织手段的观点在公众讨论中日益突显。支持者认为，这些措施可以从多个角度削弱恐怖组织的实力，进而降低恐怖活动的发生率。第一，这些措施能够减少恐怖组织中的领导层和新鲜血液。第二，它们打击了为恐怖分子提供财务支持和其他形式援助的个人或团体。第三，它们有助于清除恐怖组织的首领和其他关键技术人员。第四，这些措施具备对潜在恐怖分子及其支持者的威慑效果。第五，恐怖分子为了避免被发现，不得不投入更多的时间和资源来改变藏身地点，这削弱了他们执行恐怖袭击的能力。第六，这些措施限制了恐怖组织内部的沟通与协调。最终，这些政策往往还能获得国内选民的支持。

但批评者却提出了相反的意见，并且提出了一些有说服力的论据。这些论据的累积表明，上述手段只能增加挑衅。第一，这是对基本民主与人权的侵犯。第二，其他措施可能会更有效，如逮捕恐怖分子。第三，它实际上可能激起恐怖组织的强烈反击。第四，它可能削弱国家反恐官员的公众支持。第五，它可以杀死非战斗人员。第六，它可以增强人们对恐怖分子的同情。最后，它有可能会宣传有针对性的恐怖运动（拜曼，2006）。

经验教训指向一个明确的结论：采取具有挑衅性的反恐措施实际上可能导致恐怖袭击的增加。正如卢姆等人在 2006 年的系统评价中指出的，针对恐怖组织的报复性攻击（例如 1986 年美国对利比亚的空袭或以色列对巴勒斯坦解放组织的打击）在短期内往往会显著提升恐怖袭击的频率。在过去 12 年的系统评价中，对这一问题的经验研究方法已经取得了显著进展。这些研究主要旨在探究惩罚性的反恐策略是否会减少或增加未来的恐怖袭击。通过广泛的主要数据收集，研究者们已经能够分析活跃在北爱尔兰、巴勒斯坦、车臣、阿富汗、伊拉克、西班牙、巴基斯坦等地的恐怖组织和个人行为（阿萨尔等人，2015；吉尔等人，2016）。在相对较短的时间内，关于恐怖主义的研究数量激增，并且在分析方法的精确度以及理论上的精细程度方面都有了显著的提升。美国政治学家约瑟夫·杨简洁地概括了大量研究所揭示的总体印象：

> 在社会科学领域，我们不像自然科学那样拥有不可变的原则，如重力定律。这里，规律往往是概率性的，存在一定的灵活性。我们预期在其他因素下降（或上升）的情况下，某一现象平均来看可能会上升。我们关注整体趋势，同时也注意到那些异常情况，期望人们能够选择正确的行动。根据我的观察，这似乎遵循着一个类似于自然法则的过程：暴力往往引发更多的暴力。虽然有时暴力可能是必要的，甚至是不可避免的，但从道德的角度来看，我坚信，不论出于何种原因，暴力几乎总是会导致更多的暴力行为。

当然，对抗恐怖主义有时也可能是对极端主义挑战的一种反应；而选择沉默、减少回应，或许会被解读为对某些极端组织要求的默认接受。例如，在北爱尔兰的耶稣受难节协议中，我们就看到了这种复杂的互动和权衡。

消除借口

恐怖组织会使用一系列的中和手段来淡化他们的罪责、内疚或羞愧。人们反复强调的一个重要原因是自杀式爆炸是对国家挑衅的回应。通过这种方式，恐怖组织寻求塑造一种被压迫的弱者形象，并且自杀式的袭击也是一种不情愿的转向策略，从而弱化其支持者死亡的事实。因此，通过反叙事运动来对抗这些中立的手段是我们的责任。

探索其他合作途径包括促进法定机构（如对激进主义行为进行强制报告的规定）以及公众（如英国铁路系统中实施的“见、报、分类”行动）的合规性合作。这些措施通过鼓励报告可疑或潜在威胁行为，增强了社会层面的非正式监管作用。英国在实施这类策略方面的经验，已引发众多法定机构的批评与讨论（赫洛等人，2016；奥唐奈，2016；泰勒和索尼，2017）。

总结

为了确保恐怖主义研究被视作一个严谨的学术领域，我们应当遵循几项关键的犯罪科学原则。在数据收集和整理方面，已取得显著进展，同时为先前被忽视的学科领域提供了支持。然而，与其他犯罪问题相比，恐怖主义研究在 3 个关键领域仍存在显著的差距。

第一，恐怖主义和反激进主义策略的评估在许多关键环节严重不足。以当前的“反暴力极端主义”领域为例，这是最为关键的议题之一，因为所谓的“易受影响”个体有机会脱离极端主义。评估缺失的另外 2 个原因是：（1）一些欧洲国家已将此问题紧急提上反恐议程，导致几乎没有时间进行充分的实验和测试；（2）这是一个相对较新的问题，人们几乎没有从类似犯罪问题（如家庭暴力）的处理中吸取经验，尽管针对罪犯的治疗方法已相当普遍。此外，现行的恐怖风险评估工具可能加剧问题，并导致社区声誉受损，其有效性的验证测试缺失也成为了一个突出问题。随着越来越多的工具被开发、商业化，并可能在没有适当设计的环境中被应用，这一问题变得更加紧迫。

第二，正如正文核心部分所阐述的，研究文献在术语应用上缺乏明确性。总体来看，恐怖主义研究往往采取了一种“一刀切”的方法，忽略了个体之间的差异。尽管不同的恐怖分子可能犯下不同的罪行，拥有各自的犯罪动机和特征，但研究方法却未能充分反映这些差异。这类似于 40 年前犯罪学的做法。犯罪科学告诉我们，要深入理解犯罪事件或罪犯，关注其独特性和特定性是至关重要的。

第三，我们应减少对罪犯个人身份、个人特征以及意识形态信仰的过度关注，因为这些因素不恰当地限制了社会科学在反恐实践中应用的方式。相反，我们需要更加关注个体所处的违规行为生态，以及这种环境与个体认知和犯罪需求的相互作用。同时，我们应当深入理解那些指导和支持暴力行为的结果的具体行为指令集和其执行序列的复杂性。

参考文献

Abrahms, M. (2008). “What terrorists really want: terrorist motives and counterterrorism strategy”. *International Security*, 32 (4), 78~105.

Alexander, Y. (Ed.). (1976). *International Terrorism: National, Regional, and Global Perspectives*. New York: Praeger.

Anyinam, C. (2015). “Using risk terrain modeling technique to identify places with the greatest risk for violent crimes in New Haven”. *Crime Mapping & Analysis News* (online journal).

Asal, V. H., Rethemeyer, K., Anderson, I., Stein, A. Rizzo, J., & Rozea, M. (2009). "The softest of targets: a study on terrorist target selection". *Journal of Applied Security Research*, 4 (3), 258~278.

Asal, V., Gill, P., Rethemeyer, R. K., & Horgan, J. (2015). "Killing range: explaining lethality variance within a terrorist organization". *Journal of Conflict Resolution*, 59 (3), 401~427.

Bahgat, K. & Medina, R. M. (2013). "An overview of geographical perspectives and approaches in terrorism research". *Perspectives on Terrorism*, 7 (1).

Bakker, E. & De Graaf, B. (2011). "Lone wolves: how to prevent this phenomenon?" *Expert Meeting Paper*, 1~8. The Hague: International Centre for Counterterrorism.

Baldwin, J. & Bottoms, A. E. (1976). *The Urban Criminal: A Study in Sheffield*. London, UK: Tavistock.

Baumann, M. (1979). *Terror or Love?* New York: Grove.

Becker, M. (2014). "Explaining lone wolf target selection in the United States". *Studies in Conflict and Terrorism*, 37 (11), 959~978.

Behlendorf, B., LaFree, G., & Legault, R. (2012). "Microcycles of violence: evidence from terrorist attacks by ETA and the FMLN". *Journal of Quantitative Criminology*, 28 (1), 49~75.

Bernasco, W. (2010). "A sentimental journey to crime: effects of residential history on crime location choice". *Criminology*, 48, 389~416.

Bernasco, W. & Block, R. (2009). "Where offenders choose to attack: a discrete choice model of robberies in Chicago". *Criminology*, 47 (1), 93~130.

Bernasco, W. & Kooistra, T. (2010). "Effects of residential history on commercial robbers' crime location choices". *European Journal of Criminology*, 7 (4), 251~265.

Berrebi, C. & Lakdawalla, D. (2007). "How does terrorism risk vary across space and time? An analysis based on the Israeli experience". *Defense and Peace Economics*, 18 (2), 113~131.

Bloom, M. (2005). *Dying to Kill: The Allure of Suicide Terror*. New York: Columbia University Press.

Borum, R. (2013). "Informing lone-offender investigations". *Criminology & Public Policy*, 12 (1), 103~112.

Boyns, D. & Ballard, J. D. (2004). "Developing a sociological theory for the empirical understanding of terrorism". *The American Sociologist*, 35 (2), 5~25.

Bradley, G. (2009). *Insider: Gerry Bradley's Life in the IRA*. Dublin: The O' Brien Press.

Braithwaite, A. & Johnson, S. D. (2012). "Space-time modeling of insurgency and counterinsurgency in Iraq". *Journal of Quantitative Criminology*, 28 (1), 31~48.

Braithwaite, A. & Johnson, S. D. (2015). "The battle for Baghdad: testing hypotheses about insurgency from risk heterogeneity, repeat victimization, and denial policing approaches". *Terrorism and Political Violence*, 27 (1), 112~132.

Brantingham, P. J. & Brantingham, P. L. (2008). "Crime pattern theory". In R. Wortley & L. Mazerolle (Eds), *Environmental Criminology and Crime Analysis* (pp. 78~93). Portland, OR: Willan Publishing.

Brown, S. (1985) "Central Belfast's security segment - an urban phenomenon". *Area*, 17 (1), 1~8.

Brynielsson, J., Horndahl, A., Johansson, F., Kaati, L., Mårtenson, C., & Svenson, P. (2013). "Harvesting and analysis of weak signals for detecting lone wolf terrorists". *Security Informatics*, 2 (1), 11.

Byman, D. (2006). "Do targeted killings work?" *Foreign Affairs*, 85, 95~111.

Canter, D. (2004). "Offender profiling and investigative psychology". *Journal of Investigative Psychology and Offender Profiling*, 1 (1), 1~15.

Canter, D. & Larkin, P. (1993). "The environmental range of serial rapists". *Journal of Environmental Psychology*, 13 (1), 63~69.

Caplan, J. M., Kennedy, L. W., & Miller, J. (2010) "Risk terrain modeling: Criminological theory and GIS methods for crime forecasting". *Justice Quarterly*, 28 (2), 360~381.

Caplan, J. M., Kennedy, L. W., & Miller, J. (2011). "Risk terrain modeling: brokering criminological theory and GIS methods for crime forecasting". *Justice Quarterly*, 28, 360~381.

Cauley, J. & Im, E. I. (1988). "Intervention policy analysis of skyjackings and other terrorist incidents". *The American Economic Review*, 78 (2), 27~31.

Clark, W. (2009). "Bioterrorism: A situational crime prevention approach. Reducing terrorism through situational crime prevention". *Crime Prevention Studies*, 2, 93~109.

Clarke, R. V. & Newman, G. R. (2006). *Outsmarting the Terrorists*. New York: Praeger.

Coaffee, J. (2009). *Terrorism, risk and the global vity: Towards urban resilience*. Abingdon, UK: Routledge.

Cohen, L. E. & Felson, M. (1979). "Social change and crime rate trends: a routine activity approach". *American Sociological Review*, 44, 588~608.

Cooper, H. H. A. (1977). "What is a terrorist: A psychologicalperspective". *Legal Medical Quarterly*, 1, 16.

Corner, E. & Gill, P. (2015). "A false dichotomy? Mental illness and lone-actor terrorism". *Law and Human Behavior*, 39 (1), 23.

Cothren, J., Smith, B. L., Roberts, P., & Damphousse, K. R. (2008). "Geospatial and temporal patterns of preparatory conduct among American terrorists". *International Journal of Comparative and Applied Criminal Justice*, 32 (1), 23~41.

Desmarais, S. L., Simons-Rudolph, J., Brugh, C. S., Schilling, E., & Hoggan, C. (2017). "The state of scientific knowledge regarding factors associated with terrorism". *Journal of Threat Assessment and Management*, 4 (4), 180.

Drake, C. J. (1998). "The role of ideology in terrorists' target selection". *Terrorism and Political Violence*, 10 (2), 53~85.

Drawve, G. & Barnum, J. D. (2018). "Place-based risk factors for aggravated assault across police divisions in Little Rock, Arkansas". *Journal of Crime and Justice*, 41 (2), 173~192.

Drawve, G., Moak, S. C., & Berthelot, E. R. (2016). "Predictability of gun crimes: a comparison of hot spot and risk terrain modelling techniques". *Policing and Society*, 26 (3), 312~331.

Dugato, M. (2013). "Assessing the validity of risk terrain modeling in a European city: Preventing robberies in the city of Milan". *Crime Mapping*, 5 (1), 63~89.

Eby, C. A. (2012). "The nation that cried lone wolf: a data-driven analysis of individual terrorists in the United States since 9/11". Monterey, CA: Naval Postgraduate School. *Department of National Security Affairs.*

Enders, W. & Sandler, T. (1993). "The effectiveness of antiterrorism policies: A vector-autoregression-intervention analysis". *American Political Science Review*, 87 (4), 829~844.

Enders, W., Sandler, T. & Cauley, J. (1990). "Assessing the impact of terrorist-thwarting policies: an intervention time series approach". *Defence Economics*, 2 (1), 1~18.

Farrell, G., Phillips, C & Pease. K. (1995) "Like taking candy: why does repeat victimization occur?" *British Journal of Criminology*, 35 (3), 384~399.

Felson, M. (2006). *Crime and Nature*. Thousand Oaks, CA: Sage.

Freedman, L. (2005). "The politics of warning: terrorism and risk communication". *Intelligence and National Security*, 20 (3), 379~418.

Fritzon, K. (2001). "An examination of the relationship between distance travelled and motivational aspects of firesetting behavior". *Journal of Environmental Psychology*, 21 (1), 45~60.

Gale, R. & Hollernan, D. (2013). "An application of risk terrain modeling to residential burglary". *TCNJ Journal of Student Scholarship*, 15, 1~9.

Gibbs, S. (2010). "Applying the theory and techniques of situational criminology to counterinsurgency operations: reducing insurgency through situational prevention". Doctoral dissertation. Monterey, CA: Naval Postgraduate School.

Gill, P. (2012). "Assessing contemporary trends and future prospects in the study of the suicide bomber". *Negotiation and Conflict Management Research*, 5 (3), 239~252.

Gill, P. (2015). *Lone-actor Terrorists: A Behavioural Analysis*. London: Routledge.

Gill, P. & Corner, E. (2016). "Lone-actor terrorist target choice". *Behavioral Sciences and the Law*, 34 (5), 693~705.

Gill, P., Corner, E., Conway, M., Thornton, A., Bloom, M., & Horgan, J. (2017). "Terrorist use of the internet by the numbers". *Criminology & Public Policy*, 16 (1), 99~117.

Gill, P., Horgan, J. & Corner, E. (2017). "The rational foraging terrorist: analysing the distances travelled to commit terrorist violence". *Terrorism and Political Violence*. DOI: 10.1080/09546553.2017.1297707.

Gill, P., Horgan, J., & Deckert, P. (2014). "Bombing alone: tracing the motivations and antecedent behaviors of lone-actor terrorists". *Journal of Forensic Sciences*, 59 (2), 425~435.

Gill, P., Marchment, Z., Corner, E., & Bouhana, N. (2018). "Terrorist Decision-Making in the Context of Risk, Attack Planning and Attack Commission". *Studies in Conflict & Terrorism*. DOI: 10.1080/1057610X.2018.1445501.

Gill, P., Piazza, J. A., & Horgan, J. (2016). "Counterterrorism killings and provisional IRA bombings, 1970-1998". *Terrorism and Political Violence*, 28 (3), 473~496.

Gøtzsche-Astrup, O. (2018). "The time for causal designs: review and evaluation of empirical support for mechanisms of political radicalisation". *Aggression and Violent Behavior*, 39, 90~99.

Grubesic, T. H. & Mack, E. A. (2008). "Spatio-temporal interaction of urban crime". *Journal of Quantitative Criminology*, 24 (3), 285~306.

Gruenewald, J., Allison-Gruenewald, K., & Klein, B. R. (2015). "Assessing the attractiveness and vulnerability of eco-terrorism targets: A situational crime prevention approach". *Studies in Conflict & Terrorism*, 38 (6), 433~455.

Gruenewald, J., Chermak, S., & Freilich, J. D. (2013). "Distinguishing 'loner' attacks from other domestic extremist violence". *Criminology & Public Policy*, 12 (1), 65~91.

Hamm, M. & Spaaij, R. (2015). *Lone wolf terrorism in America: using knowledge of radicalization pathways to forge prevention strategies*. Washington, DC: US Department of Justice Report.

Hegghammer, T. (2013). "Should I stay or should I go? Explaining variation in Western jihadists' choice between domestic and foreign fighting". *American Political Science Review*, 107 (1), 1~15.

Hesseling, R. B. (1992). "Using data on offender mobility in ecological research". *Journal of Quantitative Criminology*, 8 (1), 95~112.

Hoffman, B. (2006). *Inside Terrorism*. New York: Columbia University Press.

Hollis, M. E., Felson, M., & Welsh, B. C. (2013). "The capable guardian in routine activities theory: A theoretical and conceptual reappraisal". *Crime Prevention and Community Safety*, 15 (1), 65~79.

Horgan, J. G. (2009). *Walking Away from Terrorism: Accounts of Disengagement from Radical and Extremist Movements*. New York: Routledge.

Horgan, J. G. (2015). *The Psychology of Terrorism* (2nd edition). London: Routledge.

Hsu, H. Y. & Apel, R. (2015). "A situational model of displacement and diffusion following the introduction of airport metal detectors". *Terrorism and Political Violence*, 27 (1), 29~52.

Human Rights Watch (2002). *Erased in a Moment: Suicide Bombing Attacks Against Israeli Civilians*. New York: Human Rights Watch.

Hurlow, J., Wilson, S., & James, D. V. (2016). "Protesting loudly about Prevent is popular but is it informed and sensible?" *BJPsych Bulletin*, 40 (3), 162~163.

Jacques, K. & Taylor, P. J. (2008). "Male and female suicide bombers: different sexes, different reasons?" *Studies in Conflict & Terrorism*, 31 (4), 304~326.

Jarman, N. (1993). *Intersecting Belfast*. Oxford: Berg Publications.

Johnson, N. F., Medina, P., Zhao, G., Messinger, D. S., Horgan, J., Gill, P., ...& Manrique, P. (2013). "Simple mathematical law benchmarks human confrontations". *Scientific Reports*, 3, 3463.

Johnson, S. D. & Bowers, K. (2004). "The stability of space-time clusters of burglary". *British Journal of Criminology*, 44, 55~65.

Johnson, S. D. & Braithwaite, A. (2009). *Spatio-temporal Modelling of Insurgency in Iraq*. Criminal Justice Press (pp. 9~32). Monsey, NY: Criminal Justice Press.

Johnson, S. D., Bernasco, W., Bowers, K., Elffers, H., Ratcliffe, J., Rengert, G. & Townsley, M. (2007). "Space-time patterns of risk: A cross national assessment of residential burglary victimization". *Journal of Quantitative Criminology*, 23, 201~219.

Kennedy, L. W. & Gaziarifoglu, Y. (2011). "Applying RTM to street robberies". *In Risk Terrain Modeling Compendium* (pp. 73~78). Newark, NJ: Rutgers Centre on Public Security.

Kennedy, L. W., Caplan, J. M., & Piza, E. (2011). "Risk clusters, hotspots, and spatial intelligence: risk terrain modeling as an algorithm for police resource allocation strategies". *Journal of Quantitative Criminology*, 27 (3): 339~362.

Kennedy, L. W., Caplan, J. M., Piza, E. L., & Buccine-Schraeder, H. (2016). "Vulnerability and exposure to crime: Applying risk terrain modeling to the study of assault in Chicago". *Applied Spatial Analysis and Policy*, 9 (4): 529~548.

Klein, B. R., Gruenewald, J., & Smith, B. L. (2017). "Opportunity, group structure, temporal patterns, and successful outcomes of far-right terrorism incidents in the United States". *Crime & Delinquency*, 63 (10), 1224~1249.

Kocher, M. & Leitner, M. (2015). "Forecasting of crime events applying risk terrain modeling". *GI_ Forum*, 2015, 30~40.

LaFree, G. (2009). "Criminology's third war". *Criminology & Public Policy*, 8 (3), 431~444.

LaFree, G., Dugan, L., Xie, M. & Singh, P. (2012). "Spatial and Temporal Patterns of Terrorist Attacks by ETA 1970 to 1007". *Journal of Quantitative Criminology*, 28, 7~29.

LaFree, G., Yang, S. M., & Crenshaw, M. (2009). "Trajectories of terrorism". *Criminology & Public Policy*, 8 (3), 445~473.

Lum, C., Kennedy, L. W., & Sherley, A. (2006). "Are counter-terrorism strategies effective? The results of the Campbell systematic review on counter-terrorism evaluation research". *Journal of Experimental Criminology*, 2 (4), 489~516.

Lundrigan, S. & Czarnomski, S. (2006). "Spatial characteristics of serial sexual assault in New Zealand". *Australian & New Zealand Journal of Criminology*, 39 (2), 218~231.

Maher, S. (2016). *Salafi-Jihadism: The History of an Idea*. Oxford: Oxford University Press.

Manrique, P., Cao, Z., Gabriel, A., Horgan, J., Gill, P., Qi, H., ... & Johnson, N. (2016). "Women's connectivity in extreme networks". *Science Advances*, 2 (6), e1501742.

Marchione, E. & Johnson, S. D. (2013). "Spatial, temporal and spatio-temporal patterns of maritime piracy". *Journal of Research in Crime and Delinquency*, 50 (4), 504~524.

Marchment, Z., Bouhana, N. & Gill, P. (2018) "Lone-actor terrorists: a residence-to-crime approach". *Terrorism and Political Violence*. DOI: 10.1080/09546553.2018.1481050.

Medina, R. M., Siebeneck, L. K., & Hepner, G. F. (2011). "A geographic information systems (GIS) analysis of spatiotemporal patterns of terrorist incidents in Iraq 2004-2009". *Studies in Conflict & Terrorism*, 34 (11), 862~882.

Mohler, G. (2013). "Modeling and estimation of multi-source clustering in crime and security data". *The Annals of Applied Statistics*, 7 (3): 1525~1539.

Monahan, J. (2012). "The individual risk assessment of terrorism". *Psychology, Public Policy, and Law*, 18 (2), 167.

Moreto, W. D., Piza, E. L., & Caplan, J. M. (2014). " 'A plague on both your houses?': risks, repeats and reconsiderations of urban residential burglary". *Justice Quarterly*, 31 (6): 1102~1126.

Neumayer, E. & Plümper, T. (2010). "Galton's problem and contagion in international terrorism along civilizational lines". *Conflict Management and Peace Science*, 27 (4), 308~325.

O' Donnell, A. (2016). "Securitisation, counterterrorism and the silencing of dissent: The educational implications of prevent". *British Journal of Educational Studies*, 64 (1), 53~76.

Oh, O., Agrawal, M. & Rao, H. R. (2011). "Information control and terrorism: tracking the Mumbai terrorist attack through twitter". *Information Systems Frontiers*, 13 (1), 33~43.

Onat, I. (2016). "An analysis of spatial correlates of terrorism using risk terrain modeling". *Terrorism and Political Violence*. DOI: 10. 1080/09546553. 2016. 1215309.

Onat, I. & Gul, Z. (2018). "Terrorism Risk Forecasting by Ideology". *European Journal on Criminal Policy and Research*. DOI: 10. 1007/s10610-017-9368-8.

Pape, R. (2005). *Dying to Win: The Strategic Logic of Suicide Terrorism*. New York: Random House

Pease, K. (1998). *Repeat victimisation: taking stock* (Vol. 90). London: Home Office Police Research Group.

Perliger, A., Koehler-Derrick, G., & Pedahzur, A. (2016). "The gap between participation and violence: Why we need to disaggregate terrorist 'profiles' ". *International Studies Quarterly*, 60 (2), 220~229.

Perry, S., Apel, R., Newman, G. R., & Clarke, R. V. (2017). "The situational prevention of terrorism: an evaluation of the Israeli West Bank barrier". *Journal of Quantitative Criminology*, 33 (4), 727~751.

Pyle, (1974). *The Spatial Dynamics of Crime. Department of Geography Research Monograph No. 159*. Chicago, IL: The University of Chicago.

Ratcliffe, J. H. & Rengert, G. F. (2008). "Near-repeat patterns in Philadelphia shootings". *Security Journal*, 21 (1~2), 58~76.

Repetto, T. (1974). *Residential Crime*. Cambridge, MA: Ballinger.

Rhodes, W. M. & Conly, C. C. (1981). "Crime and mobility: an empirical study". In P. J. Brantingham & P. L. Brantingham (Eds.) *Environmental Criminology* (pp. 167 ~ 188). Prospect Heights, IL: Waveland Press.

Roach, J., Ekblom, P. & Flynn, R. (2005). "The conjunction of terrorist opportunity: A framework for diagnosing and preventing acts of terrorism". *Security Journal*, 18 (3), 7~25.

Rossmo, D. K. & Harries, K. (2011). "The geospatial structure of terrorist cells". *Justice Quarterly*, 28 (2), 221~248.

Santtila, P., Laukkanen, M., & Zappalà, A. (2007). "Crime behaviours and distance travelled in homicides and rapes". *Journal of Investigative Psychology and Offender Profiling*, 4 (1), 1~15.

Schuurman, B. (2018). "Research on terrorism, 2007-2016: a review of data, methods, and authorship". *Terrorism and Political Violence*. DOI: 10.1080/09546553.2018.1439023.

Siebeneck, L. K., Medina, R. M., Yamada, I., & Hepner, G. F. (2009). "Spatial and temporal analyses of terrorist incidents in Iraq, 2004–2006". *Studies in Conflict and Terrorism*, 32 (7), 591~610.

Spaaij, R. (2012). *Understanding Lone Wolf Terrorism*. Springer Briefs in Criminology. Berlin: Springer Science + Business Media.

Stone, M. (2003). *None Shall Divide Us*. London: John Blake Publishing.

Taylor, L. & Soni, A. (2017). "Preventing radicalisation: a systematic review of literature considering the lived experiences of the UK's Prevent strategy in educational settings". *Pastoral Care in Education*, 35 (4), 241~252.

Taylor, M. & Horgan, J. (2006). "A conceptual framework for addressing psychological process in the development of the terrorist". *Terrorism and Political Violence*, 18 (4), 585~601.

Tench, S., Fry, H., & Gill, P. (2016). "Spatio-temporal patterns of IED usage by the Provisional Irish Republican Army". *European Journal of Applied Mathematics*, 27 (03), 377~402.

Tita, G. & Griffiths, E. (2005). "Traveling to violence: the case for a mobility-based spatial typology of homicide". *Journal of Research in Crime and Delinquency*, 42 (3), 275~308.

Townsley, M., Homel, R., & Chaseling, J. (2003). "Infectious burglaries: a test of the near repeat hypothesis". *The British Journal of Criminology*, 37 (3), 615~633.

Townsley, M., Johnson, S. D., & Ratcliffe, J. H. (2008). "Space-time dynamics of insurgent activity in Iraq". *Security Journal*, 21 (3), 139~146.

Tracy, P. E. & Kempf-Leonard, K. (1996). *Continuity and Discontinuity in Criminal Careers*. Berlin: Springer Science + Business Media.

Von Lampe, K. (2011). "The application of the framework of situational crime prevention to 'organized crime' ". *Criminology & Criminal Justice*, 11 (2), 145~163.

Warren, J., Reboussin, R., Hazelwood, R. R., Cummings, A., Gibbs, N., & Trumbetta, S. (1998). "Crime scene and distance correlates of serial rape". *Journal of Quantitative Criminology*, 14, 35~59.

Weisburd, D. (2015). "The law of crime concentration and the criminology of place". *Criminology*, 53 (2), 133~157.

Wiles, P. & Costello, A. (2000). *The "Road To Nowhere": The Evidence for Travelling Criminals* (Vol. 207). London: Research, Development and Statistics Directorate, Home Office.

Wilkerson, C. (2011). *Flying Close to the Sun: My Life and Times as a Weatherman*. New York: Seven Stories Press.

Xu, J. & Griffiths, E. (2017). "Shooting on the street: measuring the spatial influence of physical features on gun violence in a bounded street network". *Journal of Quantitative Criminology*, 33 (2): 237~253.

Yun, M. (2009). "Application of situational crime prevention to terrorist hostage taking and kidnapping: a case study of 23 Korean hostages in Afghanistan". In Joshua D. Freilich & Graeme R. Newman (Eds), *Reducing Terrorism Through Situational Crime Prevention*. NCJ-229596.

Zhukov, Y. M. (2012). "Roads and the diffusion of insurgent violence: The logistics of conflict in Russia's North Caucasus". *Political Geography*, 31 (3), 144~156.

Zipf, G. K. (1965). *Human Behavior and the Principle of Least Effort: An Introduction to Human Ecology*. New York: Hafner.

第十七章

进化、犯罪科学与恐怖主义：爱尔兰共和军武器案例

摘要

犯罪与恐怖主义的表现形式是多样化的，其持续时长可以从数天跨度至数十年。这种多样性部分源于罪犯对外部社会进步和科技发展的适应，以及他们对同行的威胁所做的应对。然而，至关重要的是，这种变化也源自罪犯与安全人员之间不断进行的策略与反策略的较量。在安全问题的讨论中，尽管观点各异，但评论家们普遍认同“当代的犯罪控制政策几近绝望”（科恩等人，1995：216；迪特尔，2008）。埃克布洛姆（1997、2016 a）指出，在与罪犯和恐怖分子的斗争中，单凭个人之力是不足够的。我们必须不断超越那些适应力极强的罪犯，这场较量可能会轮流对双方产生优势。斯波弗（1996）在研究保险箱及其破解技术时发现，新技术的出现（例如组合锁、切割工具、新型合金外壳等）往往能赋予某一方在竞争中的优势。

本章阐述了长期变化与创新过程中常见的进化论视角。这些主题不仅涵盖了传统的生物进化，还扩展到了文化与科技的快速进步。进化过程涉及与犯罪预防和反恐战略紧密相连的关键环节：适应、创新和即兴应对。当我们从偶发的机会主义行为和短期的决策/行动周期，转向关注持久性、有目的性，且可能拥有充足资源的行为模式时，这些因素的重要性尤为突显。

近年来，犯罪科学领域开始逐渐融合进化论的视角，如科恩等人（1995）对盗窃的研究、埃克布洛姆（1997、1999）和布朗（2016）对军备竞赛的讨论、费尔森（2006）对犯罪与自然界关系的探讨。罗奇和皮斯（2013）为这一新兴领域提供了精彩的导论，阐述了将进化论与环境保护和社会科学相结合的合理性。本章旨在提供一份指南，借助进化理论来理解特定类型的犯罪

行为。在 2012 年，杜兰特和沃德作出了有益的尝试，他们将传统犯罪学的议题与进化论的思维模式相联系。不过，将进化论与犯罪学相结合的研究仍相对较少，将进化论、恐怖主义研究与犯罪学相结合的探索则更为罕见。埃克布洛姆等人（2016）运用进化心理学的清晰视角，阐明并强化了针对恐怖主义的 SCP 策略。此外，埃克布洛姆（2016）还探讨了恐怖主义与安全领域的军备竞赛、罪犯行为的理性演变（2017a）以及技术发展对犯罪行为的影响（2017b）。

本章融合了犯罪科学的预防方法、文化进化与生物进化的思想，探讨了进化过程中的实体及其对环境与生态系统的适应。我们向大家呈现了这些概念如何协同作用，提供了一个全新的视角和更为深入的理解，以支持那些旨在控制更具战略性和变革导向的恐怖袭击的努力。这种方法不仅拓宽了我们对犯罪行为和恐怖主义的认识，也为制定更有效的预防和应对策略提供了科学依据。

我们深入探讨了从 1970 年至 1998 年期间，PIRA 与英国保安部队——包括警察和军队——在技术和战术上的演变。这场冲突不仅见证了恐怖袭击技术的持续进步，也目睹了包括 IED 在内的武器技术的稳步提升，以及与安全力量并行的军备竞赛的展开。这一时期的技术和战术发展，为我们理解冲突动态和反恐策略的演变提供了宝贵的视角。

在 2010 年至 2012 年期间，来自宾夕法尼亚州立大学以及其他研究机构的研究团队致力于探究 PIRA 的 IEDs 制造与部署行为（吉尔、霍根和勒夫拉斯，2011）。这一研究催生了一系列关于创造力与创新的出版物（吉尔，2017；吉尔等人，2013；约翰逊等人，2013），涉及红队–蓝队的互动模拟（阿萨尔等人，2015；吉尔、皮拉萨、霍根，2016），以及 IED 制造的社会化网络分析（吉尔等人，2014；吉尔和霍根，2013）。这些论文基于当时较为前沿的研究理念，深入探讨了创造力、创新与恐怖行为之间的联系。它们融合了组织学、工业心理学和政治学的视角，旨在帮助识别那些共同构成了 PIRA 创新基础的个人、网络、组织与环境特征。这些研究不仅为理解恐怖组织的创新机制提供了新的洞见，也为反恐策略的制定提供了科学依据。

本章节的宗旨在于重新审视这些研究论文的发现，以期揭示其背后的进化动力机制。首要目标是阐释进化思维的内涵，其次展示如何将这些实际与理论相结合的经验知识进行系统组织，并识别其中的重大认识缺口。这样做将有助于我们针对此类军备竞赛制定更具战略性的应对策略。因此，我们的关注焦点在于文化/技术层面的进化，而非埃克布洛姆等人（2016）和索尔（本卷）所探讨的攻击性进化心理学。在此，我们特别关注的是个体或单位在武器设计和技术创新方面的独立作为。

在接下来的两个部分，我们将介绍进化的基本机制，并探讨进化实体是如何与环境和生态位相互作用以构建其特征的。继此之后，我们将专门用一章来讨论以进化促进剂为核心的高级变化过程；在文化/科技进化中，哪些“飞跃式”的进步是可行的；以及共同进化在军备竞赛中的角色。在最后一节中，我们将强调从政策和实践中汲取经验教训，这些教训涉及预测、军备竞赛和设计使用等方面，它们不仅能够帮助我们应对复杂的安全挑战，还能够重新审视和规划这些问题的解决策略。

在深入探讨之前，我们应认识到，某些将进化论与犯罪科学联系起来的方式是通过类比来拓展思维模式的，而另一些则建立了生物进化与科技/文化对应领域的正式对等关系。显然，后者的重要区别在于它们包含了目的性、预期过程，而非仅仅是盲目、无目的的，仅限于最大化生存或繁殖利益的进化。由于本章内容较长，读者可能会在两个概念之间跳跃，然而，为了适当的跨学科研究和应用，我们需要保持谨慎和精确。拉兰（2017）和梅苏迪（2017）为我们理解生物进化与文化进化之间的关系提供了有益的指导方针。

进化：基础机制

生物进化的基本过程包括：

1. 种群间生理、解剖学和行为特征的变异。

2. 生物体通过在生存和繁殖成功中的差异化选择，获得了最适合其特定栖息环境的特性变异。这些特性可能使个体在面对领土争夺、资源与配偶竞争、捕食者的威胁等生存挑战时具备优势。

3. 这些有利的性状需要通过多代的遗传复制在种群中传播，逐渐变得更为普遍。随着时间的推移，它们可能会取代那些不够适应的替代性状，推动不同物种针对各自栖息地进行适应性演化。

该模型已从基因层面的进化扩展到了行为和符号过程的进化（雅布隆卡和兰布，2014），这包括了语言和文化层面的进化。尽管这些过程遵循着变异、选择和传播这一共同的“进化算法”（丹尼特，1995），但它们是由不同的潜在机制所驱动（维尼修斯，2010）。文化进化，特别是技术进化和设计的有意识运用，可以被视作“模因”的变异、选择和复制过程（道金斯，1976；布莱克莫尔，1999；昂戈等人，2000），或者更广泛地说，是社会学习在文化进化中的作用（拉兰，2017，梅苏迪，2017）。在某种意义上，模因类似于 DNA 基因，但它们涵盖了设计、旋律、行为，以及宗教和道德等更为广泛的复杂概念。模因被认为是在争夺人类心智的空间，以及为了被人类和机器复制的机会而相互竞争。[1]

现在让我们依次来介绍这 3 个基本机制，同时确认它们之间的相互作用。

变异、创意与创新

变异构成了进化的基础原料。在生物进化的链条中，遗传变异主要源自 DNA 复制时的突变，以及父母基因在重组和混合过程中产生的变化。在多细胞生物的生命周期中，这种变异从受精卵发育至成熟个体的过程中逐渐显现。基因型，即遗传的复制子或蓝图，其信息通过表型表达出来，而表型则是现实世界中的实体，通过它我们得以窥见基因的作用。文化进化则通过多种多样的机制产生其多样性（戈弗雷·史密斯，2012），涵盖了从简单的局部模仿到新石器时代的农业革命等广泛过程。

仿制品无处不在——事实上，PIRA 在汽车炸弹上的创新使用已经被全球各地的团体所效仿。文化多样性可能源自所谓的“盲目”复制错误（这些错误不一定总是有益的，例如在炸药配方中），抑或来自创造性的思维过程。创意能够催生新颖的想法，当然，这些想法可能被视为有益或恶意的（克罗普利等人，2010）。PIRA 的行为既包含模仿，也展现了带有恶意的创造性（吉尔，2017 年；吉尔等人，2013）。然而，实际上模仿与创造力的交织程度远比我们想象的要深。根据雅布隆卡和兰布（2014）的研究，模仿行为涉及对重要内容的重建。因此，模仿者需要将观察到的目标行为转换为自己的动作控制指令，或者对工具或武器进行逆向工程。

在文化层面上，创新是一个将创造性想法转化为实用性的复杂过程（多尔尼克，2011；埃克布洛姆和皮斯，2014；英国财政部，2005）。这一过程不仅包括创新的选择（例如，通过反复的试验和开发来淘汰不切实际的设计），还涉及复制（甚至可能包括部署）。值得一提的是，这种深思熟虑的设计改进过程，在某种程度上类似于人工选择用于改良奶牛和小麦品种的方法。从更宏观的视角来看，复制与创新在预防犯罪的实践中形成了有趣的相互作用。埃克布洛姆（2002、2011）基于蒂利（1993）的研究指出，每一次复制行为都伴随着一定程度上的创新，这种创新使得行动能够适应不断变化的新环境。

考虑到恐怖分子所面临的情境（资源有限、持续遭受安全部门和其他对手的威胁），即兴创作成为了一种常态。吉尔（2016）对此进行了深入的探讨。我们可以将这种即兴创作视为一种受限的创新形式：它并非自下而上的原始创造，而是利用“现成”的产品或材料，进行新颖的组合或重新定义用途，而几乎不需要对这些材料进行修改。同样，试验和改进的空间也是有限的。实际上，这种现象在某种程度上类似于生物进化中新兴特征的出现。例如，鸟类的羽毛最初可能仅用于保温，随后却演变成了飞行器官。这种现象被称作“预适应”。像鸟类这样的高等生物，通过探索性行为，如尝试使用羽毛来“引导”更为有序的进化过程。如果羽毛能够减轻跌落时的冲击、延长滑翔距离或为逃避捕食者提供更多时间，那么自然选择就会逐渐将这些特性系统化，最终导致羽毛的生长和利用成为一种“适应性变异”（拉兰等人，2015）。

在进化过程中，不同的阶段呈现出不同的特点。在生物领域，从单细胞生物向多细胞生物的飞跃是相对罕见的，而在文化层面，这种跳跃性的变化则更为常见。亚瑟（2009）在分析技术演进时，区分了不同层次的“跃进”——进步可能源自微小的调整（例如从单一蒸汽机发展到复合蒸汽机），也可能源自根本性的变革（例如从蒸汽动力转向电力）。PIRA 在迫击炮开发上的进展，是渐进式创新的典型例子（吉尔，2017）。此外，他们还展示了激进式创新的成果，包括使用辅助装置（如诱杀装置）、炸弹填充物（如指甲碎片）以及运输、部署和引爆的新方法。一种简易反装甲手榴弹的接触引爆系统展现了极高的创意。该系统首次出现在 1987 年，是一种“腋下投掷式手榴弹，配备了小型降落伞，能够在所需角度下引爆并穿透坦克装甲”（奥本海默，2009：239）。另一个例子是 1981 年，PIRA 首次使用了一种具备远程控制引爆功能的炸弹，这使得他们能够提前计划并执行引爆。几年后，这种创新达到了一个高峰。1984 年 10 月，在布莱顿举行保守党会议时，在一家旅馆内发现一枚炸弹，预定爆炸时间在 24 天前就已经被安置，并且用家用录像机记录了整个过程，在这一事件中，英国行政长官，包括首相玛格丽特·撒切尔在内，都成为了目标（奥本海默，2009 ：239）。

一项革命性的进步往往基于对新物理现象的发现和利用，无论是利用光来进化捕食者与猎物之间的视觉系统，还是运用无线电波技术。虽然这些领域看似毫不相干，但 PIRA 却成功发明了一种无线电控制装置，从而改善了这种“无懈可击”的无线电信号“盲区”（奥本海默，2009 ：209）。与此相比，通过对现有现象和材料的重组所实现的创新，完全是技术进步的产物：1983 年设计的引爆系统就是一个例证，它“由两片铜制成，覆盖有防油纸，计划通过狙击手发射的子弹击中铜片来引爆”（莱德，2005 ：210）。

选择

在动物界中，无论是觅食、建立领地还是寻找配偶，动物们都面临着各种物理环境和其他生物施加的“选择压力”。这些压力共同作用于个体（通过学习和/或发育）以及物种（通过基因进化）的适应性上，决定了它们必须适应广阔的“生态环境”，否则将面临衰退或灭绝的命运。从人类文化的视角来看，生态环境不仅提供了丰富的直接机会，还构成了更为广泛的机会结构（克拉克和纽曼，2006），这要求我们识别并规避或应对各种潜在危险。与此相呼应的一个概念是行业定位，即与机遇相匹配的职业层次，它代表着在特定环境下的一种特定生活方式的适应（布兰廷厄姆夫妇，1991）。例如，在生物学领域，动物必须具备足够的听觉、保护性盔甲或机动性，以避免或抵御捕食者，从而延长生存时间以繁衍后代；或者它们必须能够捕捉并制服猎物。从文化层面来说，个人和组织也必须能够维持其生计和/或实现其战略目标。

在恐怖主义技术与文化领域，对于武器设计和攻击技术的选择是一个关键的过程，这是因为那些被证明足够有效的技术会被选中并重复使用，乃至广泛传播，而那些失败的技术则会被淘汰或被遗弃。

资源的极度稀缺可能成为选择过程中的主要驱动力。由于反恐行动的有效开展，IRA 的商用炸药库存逐渐减少，这一压力迫使恐怖分子转而尝试自制炸药。接下来，我们将探讨这一转变所带来的后果。

恐怖组织及其个体代理人纷纷争相采纳特定的产品和技术。在初期阶段，无论是确保膝关节的平稳运作，还是为了防止炸弹过早引爆，创新往往源于实现基本功能（即确保技术能够有效运作）的巨大压力。彼得罗斯基（1992）提出，现有技术的局限性往往成为设计进步的推动力，正如拉链的发明一样。在 PIRA 的早期攻击策略中，他们采用的是劫持汽车并在车内安置炸弹的方法，这一策略给同步引爆炸弹带来了挑战：采用无线电技术可以提供更精确的控制。

生物进化与文化进化必须满足多样的适应性需求，以产生具有完整功能的表型并提供竞争优势（埃克布洛姆，2012a、2014）。这一过程需要一种“学习性”的进化（沃森和萨特马里，2016），以解决设计上的冲突和妥协。例如，在投弹系统的设计中，它必须既易于控制，能够通过简单按下开关来摧毁预定目标，同时还要尽量减少对平民的伤亡和避免误伤“自身目标”。然而，有时这些权衡可能会因为技术过于复杂而变得难以解决，导致不得不放弃使用该技术。PIRA 曾引入一种基于红外传感器的遥控引爆系统，这种传感器通常用于遥控车库门（奥本海默，2009）。虽然这种装置允许从远处引爆炸弹，但也存在被无辜路人意外触发的风险。

除了竞争压力之外，安全服务在设备和技术的特性上也面临着冲突。在自然界中，捕食是一种重要的选择压力，捕食者时常追踪猎物。在这方面，上述红外传感器具有显著优势，因为它不会留下任何可供警方化学法医学分析的痕迹。这种技术特点使得使用者能够在避免留下证据的同时，保持行动的隐秘性和安全性。

然而，谁是捕食者，谁是猎物，这一角色可能并非一成不变。费尔森（2006）探讨了犯罪三角关系中的相互作用——受害者、犯罪者和警察——并指出警察作为顶级捕食者有时可能会将犯罪者转变为中级捕食者，从而在一定程度上防止其对猎物的过度剥削。目前，我们对于这种动态在多大程度上适用还不太清楚。技术如代理建模已经被应用于犯罪研究中（柏克斯，本卷），这一技术源自生物生态学，有助于探索这种相互作用可能发生的情境和条件。然而，我们确实了解到，英国安全部门在天主教社区采取的不分青红皂白的致命行动，曾导致 PIRA 活动的增加（吉尔、霍根、皮拉萨，2016；阿萨尔等人，2015）。这一事实表明，在复杂的犯罪与反犯罪动态中，捕食者与猎物的角色可能会随着环境和策略的变化而发生转变。

捕食者与猎物之间存在着一种根本的选择压力不对称性，正如道金斯和克雷布斯在 1979 年所指出的：捕食者一旦成功，意味着猎物的终结；而猎物若能逃脱，捕食者则仅是失去了一顿美餐。1984 年布莱顿爆炸事件发生后，PIRA 迅速宣称："我们只需一次幸运，而你们必须永远幸运……" 这一声明与 PIRA 此前的立场相呼应（吉尔等人，2013），突显了在这种不对称的生存游戏中，双方所面临的截然不同的压力和挑战。

适应性景观与探索

适应性景观是一个概念框架，它生动地描绘了生物体在其栖息地中生殖适应性的相对高低，其他维度则映射了遗传特征的多样性。[2] 在这一景观中，地形往往错落有致，峰峦与峡谷分别象征着适应性特征的有效与无效组合。例如，某一特定长度的肢体、特定的肌肉组织配置以及独特的视力可能使某个生物体在其栖息地中比其他形态更为适应。在文化的领域里，这种对应物可能体现为一种特定的武器或战术，当传统对手在如城市等特定栖息地环境中交战时，结合独特的攻击策略和通信手段可能会带来更大的成效。自然界的进化之旅是在盲目中探索这一复杂景观的过程，它不断尝试各种可能性，就如同盲人用手指在地面摸索一般，寻找着通往更高适应性的路径。

因此，选择压力往往驱使生物种群一代代地向着最近的局部适应峰顶进化。然而，即便在众多高峰林立的景观中，生物体往往仍被困在局部的最优解之中。它们受限于局部环境的变化，任何偏离都可能导致适应性的下降，这就意味着在恢复或超越当前的局限性之前，它们可能需要承受一段明显的相对劣势（与竞争对手相比）。然而，当更广泛的环境变迁使得这些局部峰值不复存在时，便可能出现提升性能的新机遇。[3]

在反恐行动中，安全部门通过限制恐怖分子获取炸药的渠道，体现了对恐怖主义打击的努力。然而，这种策略可能会产生意想不到的后果。实际上，这种限制可能会迫使恐怖分子转而采用其他手段，例如使用汽车炸弹作为替代策略，从而在某种程度上对安全形势造成新的挑战和威胁。

汽车炸弹具有多项显著优势，如莱德（2005）所指出的：它们能够装载更大量的炸药；汽车内部提供了充足的空间来安装引爆装置；同时，汽车及其装载的物品可以作为诱饵。实际上，将爆炸物隐藏在汽车中远比将其装入背包或袋子中更为简便，且在运输过程中更为省力。尽管从战术角度来看，这种转变显著提升了组织的行动能力和实际操作效能，但这种提高的物理能力及其潜在影响仍有待进一步探讨和研究。

事实上，决定采用这些设备进行创新的主要原因是先前提到的 PIRA 所持有的商业炸药库存因英国的反恐行动而大幅度减少。这迫使 PIRA 转而使用更重、更不灵活的燃料炸药进行试验，从而催生了对一种新型运载系统的需求。这一系统虽然是通过颠覆以往成功的技术模式形成的，但最终证明是具有优势的。它不仅取代了 PIRA 此前的技术高点，还推动他们探索更为有效的途径。此外，爆炸车辆中所使用的燃料进一步增强了这些优势。这些意外获得的益处有助于解释为何 1970 年代汽车炸弹的使用会如此广泛地扩散（莱德，2005）。

后续的安全措施引发了关于燃烧弹的广泛讨论。这种新型装置构造独特，由一根金属管装载商业炸药，并与汽油容器及定时引爆装置相连。一旦引爆，汽油的燃烧将大幅提升爆炸效果。情报分析人士认为，这些装置最初采用汽油作为燃料，主要是为了节约日益减少的商业炸药库存。然而，当 PIRA 意识到这种设备能带来更大的破坏力和影响力后，它们的使用频率便显著上升（莱德，2005：190）。

最初，肥料的改良和燃烧技术的改进仅仅是应对资源限制的权宜之计，但随后这些变化意外地带来了更为深远的好处，这不禁让人联想到光合作用及其产生的“副产品”——氧气。马格利斯和萨根（1986）提出，有氧呼吸可能最初是为了应对这种高活性的有毒氧气而进化出来的，然而它同时也意外地解锁了巨大的能量潜力。这一能量提升不仅为动物的活动提供了动力、为捕食行为打开了大门，而且也为智力的进化奠定了基础。

复制

自然界中的遗传复制依赖于三个核心要素：真实性，即遗传信息从一代传递到下一代时的保真度；繁殖力，指的是一个生物体能够产生多少后代；寿命，这关系到每一代生物体在保持繁殖能力的情况下的存活时间。本质上，遗传复制主要通过垂直传播的方式，即从父母到子女的直接遗传；而水平转移，如在细菌间的基因水平转移，或是高级动物中的行为模仿，相对而言是一种较为罕见的现象。

在人类文明的画卷中，复制的对象不再是基因，而是武器的设计或攻击技术的创新。这种复制的机制并非依赖于DNA的转录和蛋白质的合成，而是基于心理与社会过程，涉及感知、记忆、模仿、回忆和交流等方面；[4] 同时，它也可能依赖于通用的制造工具，如烙铁、车床、化学实验室以及复杂的控制软件，还包括这些工具的操作程序。我们的模仿能力和语言技能，不仅在于经验丰富的从业者向初学者知识的传递，而且随着时间不断进步。无论是通过传统的面对面交流还是现代的互联网平台，这种知识传播的趋势始终如一。与生物进化不同，人类能够将在一生中积累的知识和技能传授给他人，确保了智慧的传承与积累。

在PIRA攻击技术的辅助下，恐怖分子通过培训确保了炸药使用的精确性，这种精确性出于显而易见的安全考量。这类培训通常在小型团队内部进行，得益于团队领导者的能力，他们能够将必要的经验传授给新成员。然而，由于合格师资的数量有限，这种垂直的复制机制在繁殖力上存在一定的局限性。同时，横向的知识传播也受到制约，因为在面对面的交流中，为了确保安全，组织的细胞化结构限制了成员之间的深入认识和交流。

在文化的复制过程中，我们发现复制人工制品的制造方法或特定活动的指导手册往往比复制成品本身更具高保真度（布莱克莫尔，1999）。因此，诸如炸弹制造和部署的指南这样的文献，能够显著提升其使用周期、保真度以及繁殖能力。

除了电影中的《侏罗纪公园》情景，自然界中的任何物种一旦灭绝，都会给生态系统带来难题。然而，印刷文档却展现出了非凡的持久性，它们甚至能够帮助我们重建或复原曾经使用过或已被淘汰的产品。在文化复制的过程中，逆向工程的能力使过时的武器得以复苏，并能够被复制。在这种情况下，适应性的关键在于理解我们发现的产品是如何运作的，以及对它们构造的深入认识（这种认识通常建立在理论基础之上，哪怕仅仅是基础的齿轮和杠杆原理）。

当复制武器及其使用依赖于隐性知识时，书面说明的效用就会受到一定的制约，例如“搅拌混合物直至其达到黏稠的触感”。然而，在当今时代，像YouTube这样的视频指导平台极大地增强了学习者的忠诚度和参与度，它们就如同在线版的炸弹制作教程一样（参见吉尔，2015，1999年艾兰·科普兰爆炸案和2011年安德斯·布雷维克爆炸案)。这些视频平台能够通过直观的演示，弥补文字说明的不足，使得复杂技能的传播变得更加高效和易于理解。

互联网极大地增强了文本和视觉资料的优势：数字文件或视频片段易于复制且能永久存储，为经验丰富的专业人士提供了传递知识的途径。这种传播方式的成本极低，同时也显著提高了信息的衍生和传播速度。在这一过程中，我们似乎见证了文化层面上的由生物学家所说的“K 策略”向“r 策略”的转变——从专注于少数精心培育的后代，转向大量资源的投入，以支持广泛而迅速的传播。这种转变体现在文化传承上，就是从对少数宝贵知识资产的严密保护，转向了对知识的大规模复制和广泛分享。

除了我们先前探讨的复制手段，如设计蓝图或操作手册，真实性和繁殖能力同样取决于被复制对象本身的特性。PIRA 和其他恐怖组织采用的武器往往是就地取材、即兴创作的产物。

然而，在某些情境下，这种后勤上的便利性可能会因可靠性问题而受到影响。据奥多尔蒂（2008：59）所述，在20世纪70年代初，PIRA 经常利用简易且成本较低的啤酒瓶燃烧弹进行犯罪活动。但是，这些燃烧弹的实际使用却暴露出了风险，因为它们需要手动点火并配备有短的保险丝，这对操作者来说是一种潜在的危险。爆炸发生后，瓶内的钉子可能会四散飞溅，而由于操作者的紧张或强风的影响，点燃导火索的过程也变得困难。燃烧弹是否成功点燃并不总是立即明了的，这迫使使用者不得不冒着被炸的风险反复检查，甚至可能需要尝试再次点燃。因此，在某些情况下，犯罪分子可能会觉得有必要投资于更先进、更复杂的武器技术，正如我们之前提到的 K 策略那样，以提升犯罪行为的效率和安全性。

恐怖组织如 PIRA 之所以能够长期存在并保持活跃，在很大程度上得益于它们在多方面获得的持续支持。这些组织能够积累宝贵经验，并将这些知识传授给新一代成员。通过不断地迭代和改进武器及技术，它们能够克服各种挑战，提升作战效率和持久力。这些创新设计为其他组织提供了丰富的模仿素材。据阿萨尔等人（2015）的研究指出，PIRA 在 IED 制造方面的专业技能可能是全球恐怖主义活动中最为显著的影响因素之一。可以说，PIRA 在构建和部署 IED 方面的创新性和深入研究，在所有非国家武装团体中首屈一指。正因为这种技术专长，我们看到了哥伦比亚、西班牙、以色列、黎巴嫩、伊拉克和阿富汗等地冲突的再次爆发。PIRA 在这方面的专长，无疑对全球安全局势产生了深远的影响。

最终，复制并非总是能够成功。在某种程度上，这些高级技术的应用机会是相当有限的。以 1989 年一起利用轨道信号脉冲触发隐蔽 IED 的爆炸事件为例，这种情况可以被视为一种罕见的“幸运”组合。此外，即便是技术上完全可行的方案，也可能因为人为因素而遭遇失败（参见埃克布洛姆，2012b，对犯罪预防中的“参与失败”进行了深入探讨）。例如，基于避孕套的缓慢腐蚀定时器在技术上可能是有效的，但天主教恐怖分子不愿使用，因为这些物品可能会被他们在家的父母发现（奥多尔蒂，2008 ：59）。除了依赖有利的环境因素外，还需要考虑到组织的广泛能力和执行力的因素。无论某项攻击技术在创新性和成功度上如何，如果在组织结构和后勤支持方面缺乏有效的执行，它在实际操作中仍然可能失败。在 PIRA 的案例中，能够将不同层次的团队成员、领导者和组织者有效结合在一起，是它们取得高级别表现的关键因素之一。

无论复制失败发生在哪个环节，这种失败本身都具有其积极意义。深入探究某些武器和技术为何被尝试后又被放弃，可以为我们提供宝贵的洞察，从而实施预防性干预。将那些偶然的抑制因素转化为系统性的障碍，有助于我们更深入地理解和有效应对恐怖主义行为，进而降低其发生的风险，为社会的安全与稳定提供更坚实的保障。

实体和环境

适应

生活形态、产品设计、行为模式以及技术实践等诸多方面均在持续演变，这些变化渗透到基因、心理和文化等多个维度。这些演变使得后代实体能够更加契合当下的环境。同时，这些变化也孕育了新的风险、机遇以及与之相应的生态格局。因此，无论是恐怖组织还是人类作为创造者和运用者，都能够更好地适应、生存和复制，这也包括了对武器和技术的模仿与传播。这种适应性不仅体现了实体的生存能力，也映射出人类在社会技术发展中的复杂角色。

算法的三大要素对于创造性过程至关重要，无论是实现简单的新奇想法还是达到真正的创新。当创新过程持续不断时，实体将沿着一个明确的方向进化，从而更深刻地适应其生态环境。然而，由于需求之间的内在矛盾（如强度与重量之间的权衡），所形成的解决方案往往是最优化的而非极端化的。人类文化能够以更精细、更系统的方式探索未知领域，正如我们发明的内燃机，它使得坦克能够兼具装甲防护与机动性，这只是众多例子中的一个。但是，对于受到安全部门压力的秘密组织或恐怖分子而言，他们在时间和资源的限制下可能不得不采取紧急行动。因此，在没有安全的地域支持、国家支持或大型企业的援助下，恐怖分子的行为通常是临时起意的，而非经过深入的研究，开发、生产和部署那些非常复杂且先进的全新武器和战术。尽管如此，这些障碍并非总是能够有效地阻止他们。

构造和启示

进化并非故事的全部。根据最近的进化论研究（拉兰等人，2015），“生态位构建”过程的重要性日益突显。以哺乳动物为例，为了自身的利益而适应放牧环境的动物学会在缺乏灌木丛的环境中生存。在文化层面，我们也能观察到类似的适应现象，比如对武器库、观察哨所、伏击地点或射击盲点的改进。这些微小的建设行为不仅促进了武器和攻击技术的进化，而且它们自身也在不断地演变和优化。更广泛的社会生态位构建过程可能涉及到“气候设定”（埃克布洛姆，2011），即恐怖分子利用并积极塑造支持群体对特定武器和技术的接受行为。沃尔什最近提出了一个与传统的进化景观相对应的概念——可承受性景观。在这种观点下，进化的生物体被视为在环境中寻找有利和有用资源的活性剂。这种观点与恐怖分子即兴制作武器的行为产生了深刻的共鸣。沃尔什的概念还可以进一步扩展到泰勒和库里（2012）在探讨恐怖主义问题时所提及的（非进化）方面，为理解恐怖分子的行为提供了一个新的视角。

面对变化

相较于地质景观的恒定与缓慢变迁，适应性景观展现出更为显著的动态特性。它受到环境、经济、技术、政治和社会等多重因素的影响，在不同的时间和空间维度中不断演变，其过程犹如造山运动、山谷的形成，以及偶尔发生的滑坡。适应性实体所经历的变化往往是由外部力量所驱动，例如市场因地震而导致的铜价剧烈波动，或新兴宗教运动的兴起。在犯罪学领域，我们可以借鉴埃克布洛姆（2017b）的研究以及《技术变革的更广泛影响评论》（2015）中的观点。有些变化则是由第三方的行为所触发，比如敌对帮派的领土扩张或警方优先级的调整。此外，一些变化是由实体自身的行动引起的，例如过度利用资源，无论是实际的牧场还是比喻性的犯罪机会。在所有这些情况下，无论是临时队员还是对手，都会发现适应性在特定的时间尺度上总是处于波动和不稳定的状态。这种不稳定性要求各方不断地评估和调整自己的策略，以适应不断变化的环境。

面对这些不断变化的环境，临时性的生物或文化实体如何作出反应呢？在适应能力得以发挥之前，恢复力或韧性成为了关键因素。韧性的核心在于对变化的容忍度（例如，恐怖组织在安全部门的逮捕行动中仍能维持运作）。在更复杂的层面上，恢复力涉及采取替代策略，利用现有的技能和资源。以一个高级的例子来说，英国军队在北爱尔兰的情报能力不断增强，这使得 PIRA 难以继续制造大型汽车炸弹。由于道路检查和安全警戒线的加强限制了行动机会，PIRA 的战略制定者转而采用了更小、更易于隐藏的燃烧装置作为应对策略（莱德，2006）。这种灵活的转变展现了组织在面对压力时的恢复力和创新能力，从而确保了其行动的持续性和有效性。

真正的动态适应性往往源自解剖学、行为或技术层面的创新。相较于遗传进化的缓慢过程——它需经过数代人的更迭才能显现效果——学习则可以在个人或群体的生命周期内带来改变；而基于设计的深思熟虑地解决问题的方法，则能迅速地带来突破。在文化层面，变革的速度各不相同：例如，手机的普及速度极快，而性别平等的发展则相对缓慢。

在本节的后续内容中，我们首先探讨那些加速适应过程的因素，接着讨论共同进化的概念，它本身也是一种推动适应性发展的强力催化剂。

适应促进剂

高级生物体的一个显著特征是它们能够产生看似合理的形态多样性，这些新的身体结构拥有平等的先天潜力（至少是中性的，而非纯粹的随机猜测）

（基尔希纳和格哈特，2005）。例如，长腿骨的变异会伴随着肌肉、神经和血管的相应发展，而不是导致完全不同的步态（并不会让动物偶然间走得更远）。这种协同进化是由一个复杂的基因调控系统所引导的，它通过精细调节基因表达来控制解剖学特征的发展，从而产生了一系列令人惊叹的、合理的、可行的体型变异，这些变异都源自同一基因基础。这正是理查德·道金斯（2003）所提出的“广义进化”概念的例证，也是加速进化过程、提高其效率和应用范围的一种方式。在文化进化的背景下，埃克布洛姆（2014）提出，在设计犯罪预防措施时，从理论到实践的每一步都应该基于合理性。理论知识与实践知识，以及将这些知识用于创造、测试和改进新武器与技术的技能，共同构成了创新能力（埃克布洛姆和皮斯，2013）。这种能力与单纯的作战能力不同，后者仅依赖于现有的武器和技术，而前者则涉及对现有知识的深入挖掘和创造性应用。

同样，恐怖分子在设计基础方面需要掌握的知识涵盖了武器的物理和化学属性、伪装技巧以及如何对对手进行误导等多方面的内容（策略多样性）。他们还会致力于开发和测试多种程序（策略选择），并通过提供学徒制培训、操作手册和教学视频等手段（知识传播）来传授这些技能和知识。

PIRA 的生存与适应能力在很大程度上得益于其在 IED 开发和制造方面的卓越技术与创新能力。可以说，在构建和部署 IED 方面，PIRA 在全球非国家武装组织中积累了最为丰富的创新成果和专业知识。这一成就的背后，是因为 PIRA 的工程师们往往拥有深厚的专业背景，他们的技能得以直接转化为炸弹制造的先进工艺，而工程部门的协同作用则进一步推动了武器研发的进程。此外，PIRA 的工程部门中不乏经验丰富的技术员，他们作为高级成员，为组织提供了宝贵的技术支持（参见吉尔，2017）。

飞跃

正如先前所提及，生物体在进化过程中，尽管可能会在适应峰值处遭遇发展的瓶颈，但这并不代表它们必然走向衰退。相反，人类有时能够跨越这些峰值，直接跃迁至新的高度，而无需经历性能下降的低谷。这使得进化不再是仅仅局限于局部最优的过程，而是一个具有广泛全球影响力的筛选机制，它在全球范围内的可能性中寻找最佳、最极端的选项。人类科技的创新与选择过程可能涉及不断进化的工具和武器，这些进化往往脱离了现实世界的限制和严酷的选择压力，转而在想象的空间、车间和实验室环境中进行测试和探索。在这样的条件下，探索和发明能够显著降低失败的风险。例如，即使整个产品未能成功，其创新点仍然可以被保留，从而减轻了心理上的压力。正如波普（1972）所指出的，在自然界中，每一次探险都可能将动物的生存置于险境，而人类则能够利用思想来代替我们自身的生存风险。丹尼特（1995）进一步提出了“生成与测试之塔”的概念，通过记录一系列逐渐变得更加智能的适应和学习方法（如巴甫洛夫式的条件反射、斯金利式的操作条件反射、波普尔式的科学探索、格里高利式的认知学习），扩展了这一理念。这正是 PIRA 工程部门的实际情况。该部门中许多高级技术人员，都是技艺精湛的专业人士，他们在幕后进行了大量的武器研究和开发工作。这些研究和开发活动是他们战斗成功的关键因素之一（霍根和泰勒，1997）。通过这样的技术探索和创新，PIRA 工程部门不仅保持了其战斗能力的领先地位，而且在其武器发展的道路上实现了跳跃式的进步。

共同进化的军备竞赛

当不同的实体并行前进，共同追求竞争、冲突以及合作的目标时，这些目标便成为了彼此环境的关键组成部分。我们由此踏入复杂适应系统（Complex Adaptive Systems，CAS，可参考 www. cas-group. net）的研究领域。政策制定者在施加影响这一环节上面临极大的挑战（查普曼，2004；库尔茨和斯诺登，2003）。因为当某一实体对其外部环境变化或其他实体的行为变化进行适应时，任何试图引入的外部干预往往会引发一系列不可预测的复杂连锁反应，正如前述对商业爆炸物的禁令所产生的效果。当一个复杂的适应系统经历一系列变革并逐步朝着一个统一的方向演变时，我们就可以将其描述为军备竞赛中的共同进化过程。

军备竞赛不仅发生在基因层面，它在捕食者与猎物之间表现得尤为明显——例如，动物外壳的硬化、牙齿的强化；在病原体与宿主之间——如真菌感染与抗性基因的演化；同时也贯穿于人类与自然界之间——如杀虫剂与害虫的对抗；以及在不同人群之间——如军事领域中的雷达技术与隐身手段。埃克布洛姆探讨了这一现象在犯罪行为（1997、1999、1999）和恐怖主义领域的体现（埃克布洛姆，2016；萨加林和泰勒，2008）。在这一连串的进退交锋中，安全策略与破解技术的共同进化尤为显著。例如，在日常犯罪世界中，安全措施与规避技术的同步发展便是这一现象的生动例证（斯波弗，1996）。

在反恐案例中，安全部门对 PIRA 的无线电控制 IED 进行了干扰，这促使 PIRA 对其无线电控制技术进行了升级，将编码与解码技术融合在一起以增强安全性（奥本海默，2009）。为了限制爆炸物处理小组的视线和行动能力，PIRA 还将攻击手段从传统的汽车炸弹转变为更为隐蔽的货车炸弹，以此提高袭击的突然性和有效性（莱德，2005）。

在一系列复杂的战术演变中，PIRA 的 IED 逐渐发展出了伴随其标准的第二种抗拆解装置。名为“Castlerobin”的木制盒装置在 1971 年首次亮相，配备了防止移动和开启的微小开关。一旦被触动、倾斜或打开，这种装置即会引发爆炸。这一装置不仅夺去了首位尝试拆弹特工的生命，而且通过预设的第二次爆炸展示了其设计者对拆弹小组思维和作业流程的深刻洞察，以及他们如何利用这种洞察来创造出更加致命的创新。PIRA 甚至通过点燃 IED 上的保险丝来制造一种无法操作的假象。然而，这种抗拆解机制实际上引爆了 IED，而拆弹人员可能会因为移动电线而触发了爆炸。自然界中充满了欺骗、捕食者与猎物的策略（史蒂文斯，2016）。行为生态学家研究这些策略的运用时机、效果以及它们如何随时间演变，但他们在提出具体对策方面可能并不会产生太多想法（埃克布洛姆，1999）。尽管在两次世界大战期间，双方都有意识地采用了模仿动物的伪装技术（史蒂文斯，2016），但安全服务部门仅依靠抽象概念和应用优势，并不能完全克服劣势和适应环境的挑战。

在人类文化中独特的军备竞赛过程中，逆向工程再次成为关键的一环。无论是复制缴获的武器，还是深入理解其工作原理以克服其优势，任何一方都可能从中获益。在 5 名 PIRA 成员被逮捕后，拆弹专家迅速掌握了如何破解这些武器的技术，从而有效应对了这一威胁。

军方对于防止先进武器被俘获的担忧揭示了一种策略上的调整，即对进攻与防御策略的控制，这在生物进化中也有其对应的策略（韦梅，2008）。这些策略信息可以被用来对抗对手，正如艾滋病病毒通过“学会”如何应对人类宿主的免疫系统一样。类似地，PIRA 的侦察员注意到英国士兵正在搜集他们未引爆的钉子炸弹。作为回应，PIRA 成员开始在英国士兵可能搜索的区域故意留下未点燃的灯光作为诱饵。然而，这些被留下的“安全”钉子炸弹实际上是配备了水银开关的，一旦移动就会引发爆炸（格尔尼，1993）。这种策略体现了对敌人行为的深刻理解，以及对战术的巧妙运用。

人类的进化历程赋予了我们在自然界中作为策略多变的掠食者的角色。托比和德沃尔（1987）提出，人类智能的发展使我们能够实施一种“战略性进化突袭”，这种能力加剧了与猎物之间的军备竞赛，使得猎物难以通过自身的生物进化适应能力来抵抗，因为它们的适应范围更有限，进化速度也更缓慢。当然，这种以出其不意为核心的战术优势，在对抗人类敌人时仍然极具成效。然而，敌人可能已经有所准备，甚至可能预料到了这种策略，并可能采取他们自己的出其不意的行动来反击。在这种猫鼠游戏中，智谋和策略的创新成为了一种持续的较量。

创新的核心在于其出人意料之处，而 PIRA 即便在依赖即兴发挥的同时，也展现了其独特的创新能力。以 1984 年布莱顿爆炸案为例，我们看到录像机定时器被巧妙地用于预先设置爆炸，其新颖的用途可以做到提前几周部署。另一个典型案例发生在 1971 年，PIRA 在下水道中安置了一枚 IED，设计使其能够沿水流漂浮至陆军哨所的下游。尽管这一尝试最终未能成功（莱德，2005），但当今智能手机上的 GPS 技术已经能够精确克服导航误差，而各种自动爬行机器人则减少了对于水流和地下通道的依赖。实际上，如今无人机技术的发展已经成为一个潜在的危险因素，它们的运用带来了新的挑战和安全问题。这些技术的进步不仅体现了人类创新的步伐，也突显了在对抗策略中不断演化的威胁。

在军备竞赛的背景下，所谓的“银弹”策略显得尤为引人注目。这些策略虽然在快速部署的保护措施消除其可利用窗口之前，可能只有一次使用的机会。但正如“九一一”事件所展示的那样，一次成功的攻击就足以改变整个游戏规则。PIRA 在其历史中的一个显著例子发生在 1992 年，他们采用了一种独特的运输系统，涉及一台被盗的挖掘机和一辆看似普通的洗衣车。PIRA 的志愿者将货车轮胎卸下，使其能够沿着铁轨行驶。他们利用挖掘机将装有 1000 磅炸药的车辆推上轨道，并设置成无人驾驶状态。车辆的后门故意敞开，以便炸弹引线能够在铁轨上伸展，并在接近军事基地时引爆（吉尔，2017）。在这种情况下，恐怖分子和安全部门都面临着战略上的挑战。

我们仍在深入探讨生态环境如何影响攻击性与防御性，以及技术的暂时性探索和有限的冲突是否能够持续并朝着明确的方向演进。在某些案例中，

PIRA 确实已经步入了更为系统化的研发阶段（参见奥本海默，2009）。

该如何做？

在这一章节中，我们重点关注了 PIRA 在武器和攻击技术方面的创新。同时，我们从进化思维的视角提炼出的这一过程，同样适用于其他恐怖主义引发的冲突以及对抗 OC 的斗争（肯尼，2007）。

我们坚信，从进化论的视角审视恐怖主义与反恐行动，能够帮助我们更深入地理解并借鉴历史经验，对当前的风险评估产生积极影响，并为应对未来的挑战作好充分准备。协同进化视角突出了攻击与防御、策略的变动与反制之间的动态互动，以及在复杂适应性系统中对手之间的对称性与非对称性。更广泛地说，这一视角使我们得以超越单一战斗的局限，从更为宏观的战略层面审视整个冲突格局。

进化论思维不仅仅局限于基因或文化过程（尽管这些领域至关重要），它还推动了其他领域对进化算法的应用，如免疫系统的运作、学习与思维机制（普洛特金，1997；沃森和萨特马里，2016）。探索不同进化领域的差异性（如雅布隆卡和兰布，2014）有助于精炼概念、揭示潜在假设，并理解文化/技术演化的独有特点。这种理解反过来指导我们如何在不妨碍广泛社会价值观的前提下，有效阻止恐怖分子的适应性策略，同时促进安全领域的适应性进步。特别是在犯罪科学领域，进化论的观点有助于构建一个基于机会的方法论，这包括对长期适应过程和生态位概念（例如犯罪生态位）的理解（吉尔等人，2018）。这种方法论能够为我们提供更深入的洞察，以应对不断变化的威胁环境。

接下来，我们将聚焦于探讨反恐政策和实践中的 3 个核心方面，这些方面显然深受进化观点的启发——预见性策略的必要性、协同进化的应对之道，以及设计思维的重要性。

预测趋势

我们发现，在识别潜在威胁、做出决策以及现场执行方面存在显著的时滞，这一现象强调了谨慎的预见性措施相较于单纯反应策略的重要性。在这样的背景下，前瞻性的预测显得尤为关键。

要预测恐怖组织内部具体创新的确切开端几乎是不可能的（一般而言，技术创新也是如此）。但是可以预测各种科技领域的演化趋势。这一趋势可以参见 https://triz-journal. com/triz-what-triz 和埃克布洛姆（2012a）。例如，从零件间固定机械连杆到铰链连杆，再到像自行车链条这样的无限可变连杆，再到电磁场。了解这些趋势可以帮助我们预测下一步产品、工艺或系统可能来自哪里（无论是合法工程师还是恐怖分子）。我们也可以制定更加具体的技术路线图（确定新技术可行的创新顺序）。最后，我们能够理解恐怖分子可能滥用的未来创新（埃克布洛姆，2005），并提前采取行动使其难以实现。这就相当于疾病控制专家为了评估病毒获得人际传播能力需要经历多少病毒变异才会抓住变化趋势一样（例如 www. sciencedaily. com/releases/2016/04/160404090554. htm）。

然而，某些方面同样需要我们进行未来的检验和验证。例如，我们应当灵活地提升安全措施，而不是将它们局限于因技术或战术上的恶意更新或偶然演变而变得过时的系统。这就如同在面对新型高机动装甲时，传统的马其诺防线所能发挥的作用是有限的。我们必须确保安全措施能够适应不断变化的威胁环境。

采用适应性立场还要求我们构建和巩固反恐工作的基础原则、理论与实践知识库，这将使我们能够自主设计、开发、测试并部署一系列创新的进攻与防御策略。本章节所提及的概念框架旨在辅助我们应对这一挑战，正如自然界中复杂的调控基因网络孕育出了看似合理的生物多样性一样。通过这样的框架，我们能够确保反恐措施的有效性和前瞻性，以应对不断演变的威胁。

军备竞赛

从共同进化的视角审视恐怖主义，意味着我们应对问题的方式需有所转变。通过持续观察，我们可以从持续的攻防动态角度理解这场斗争，进而拓宽我们对策的思考范围。为了避免在持续的战斗中全面失利，我们必须不断超越那些具有适应性和创新性的犯罪分子。鉴于技术和其他环境因素往往有利于更具前瞻性的一方，我们必须加快适应的步伐。埃克布洛姆（1997、2016、2017b）提出了多种方法来“准备与犯罪行为作斗争”，其中包括战略层面的措施，如促进合理的多样性，以及抽象发明的通用原则。例如，TRIZ 方法的 40 条原则和 39 条对立原则（埃克布洛姆，2012a）可以具体应用于犯罪、恐怖主义或军事领域，这些原则为创新战略提供了理论基础和行动指南。通过这些方法，我们能够更有效地应对和防范不断变化的威胁。

在深入理解生物进化论的基础上，我们同样应当致力于阻断恐怖主义行为的适应与调整。因此，我们可能会提出策略，通过限制恐怖分子的探索行为和即兴创新能力，从而破坏其研发进程，削弱其攻击潜力。这样的措施旨在切断恐怖组织的技术进步和战术创新，为反恐斗争提供重要的战略优势。

掌握准确的信息，我们便能预判恐怖组织的创新潜力，并采取措施削弱其创新能力。例如，在组织层面，从严格的层级结构（特征为明确的指挥与控制体系）向更加扁平化结构的转变，可能会促进后续战术层面的创新（吉尔等人，2013）。如果我们了解到某些条件有助于维持或恢复等级制度，安全部门（和/或更广泛的民间社会）便可采取策略行动，以促进这一趋势的发展。这可能会包括有意识地（且在道德上可接受地）在恐怖组织网络中植入不信任因素，从而破坏其内部的协作和指挥效率。通过这样的策略，我们可以有效地削弱恐怖组织的行动能力和创新能力，为维护社会安全和稳定提供支持。

在更宏观的视角下，不断变化的生态环境往往有利于那些多功能、适应性强的生物，而可能对专精某一领域的生物构成障碍（例如，一般老鼠与那些对沙漠环境有着极高适应能力的啮齿动物）。这种环境变化不仅带来了进化到更高适应层次的机遇，同时也伴随着风险。据研究，人类祖先正是在非洲裂谷这样多变气候的挑战下，进化出了更为发达的智力（舒尔茨和马斯林，2013）。同样地，恐怖组织在面对不断涌现的新挑战时，可能会被挫败，也可能变得更加灵活和适应性强。在战术层面上，目前存在争议的是，面对一系列多样化的即兴应对策略，或者是稳步提升但已知的科技进展，究竟哪一种情况更有利于安全部门及其所服务的社会。这一问题涉及对恐怖组织行为模式和应对策略的深入理解，对于制定有效的反恐措施至关重要。

设计

在面临挑战、竞争或冲突时，我们不得不精心设计策略以克服之。在恐怖主义这一议题上，这种需求尤为显著：我们需要在确保安全、经济和效率之间找到平衡点（即在战略上打击恐怖主义的同时保持适应性）；同时，我们还需捍卫广泛的社会价值观（如民主原则、隐私权和包容性），促进企业和经济增长，并减少碳排放。政府在这些因素的限制下运作，而尽管恐怖分子也受限于自身的局限（包括资源、被捕或失败的风险、支持者的需求和超越竞争对手的渴望），但他们却能够相对自由地将大量人群置于危险之中。设计思维使我们能够应对这种不对称性——例如，探索在不削弱合法企业创新能力的前提下，降低恐怖分子创新能力的方法；或者在战略层面上，设计出能够在机场安检口扫描乘客身体的同时，尊重个人隐私的技术（如毫米波扫描仪，其设计初衷是展示人体轮廓而非泄露个人隐私细节）。这样的设计既保护了社会的安全，又维护了公民的尊严和权利。

设计并非总是关乎原创性，而更多的是对问题本身的重新构想。多斯特（2015）提供了诸多此类例证，其中不乏将悉尼国王十字区每年发生的酒后骚乱转变为有序文明的节日活动，以及将街道上的垃圾桶创新设计为具备反恐功能的垃圾箱（参见卢勒姆等人，2012）。从直接的军备竞赛和对抗中跳脱出来，代表了一次深刻的问题重构，或许是最大规模的重构之一。然而，在冲突各方之间寻求一些互利共赢的政治解决方案，往往是一项艰巨甚至不可能的任务。这种重构的过程，尽管充满挑战，却是在寻求和平与安全之路上的宝贵尝试。

总结

恐怖袭击恐怕永远不会彻底消失，任何应对措施都不可能做到无懈可击，预测未来也总是充满不确定性。“反恐战争”绝不可能有一个彻底的胜利——保护民众的行动和追捕犯罪分子的举措，只能在政治解决方案出现之前，暂时控制住局势。在这场持续的斗争中，我们必须不断前进，否则就会被淘汰。施奈耶（2012）对其安全影响进行了深入的探讨。这一观点既是一条普遍真理，也适用于我们在 PIRA 武器与技术案例中探讨的技术实例。无论是作为一种普遍原则，还是具体的技术应用，这个观点都是正确的。

然而，如果我们停止了军备竞赛的步伐，可能会将自己置于险境。研究进化的过程，尤其是共同进化的现象，能够让我们洞察那些历经时间考验而被尝试和验证的普遍解决方案。它揭示了自然界中各种生物所面临的“普遍”生态挑战，同时也反映了人类与“自然”之间的固有冲突。通过这样的洞察，我们能够更好地理解在安全领域中所面临的类似挑战，以及如何寻找更为持久和和谐的应对策略。

融合犯罪科学、工程学以及设计系统的知识积累，尤其是对有效性和过程知识的深入评估（即所谓的实践技巧），为我们提供了审视恐怖袭击的新视角和深层次的理解。这种综合支持的战略价值前所未有，它代表了一种以变革为导向的恐怖主义应对尝试。当我们进一步融入复杂的知识管理体系时，这种尝试变得尤为关键。通过这种方式，我们不仅能够维护我们珍视的价值观，还能在战略上超越恐怖分子，有效地服务于社会最广泛的重要议题。

注释

1. 雅布隆卡和兰布在 2014 年对最初的模因概念进行了有益的批判。这减少了对复制要素的重视，更多地考虑了社会和生态环境的复制。

2. 关于适应性景观的详细介绍和一些有趣的图片请参见 https://en. wikipedia. org/wiki/Fitness_ landscape. org/wiki/Fitness_ landscape. org.

3. 请参阅 https://en. wikipedia. org/wiki/Fitness_ landscape，并向下滚动到静态和动态适应性景观的 gif 图表。

4. 生物复制层对于文化层的支持仍是必不可少的。

参考文献

Arthur, W. B. (2009). *The Nature of Technology: What it is and How it Evolves*. London: Allen Lane.

Asal, V., Gill, P., Rethemeyer, K. and Horgan, J. (2015). "Killing range: explaining lethality variance within a terrorist organization". *Journal of Conflict Resolution*, 59 (3): 401~427.

Aunger, R. (ed.) (2000). *Darwinizing Culture: The Status of Memetics as a Science*. Oxford: Oxford University Press.

Blackmore, S. (1999). *The Meme Machine*. Oxford: Oxford University Press.

Brantingham, P. and Brantingham, J. (1991). "Niches and predators: theoretical departures in the ecology of crime". *Handout presented at Western Society of Criminology*, Berkeley, CA.

Brown, R. (2016). "Vehicle crime prevention and the co-evolutionary arms race: recent offender countermoves using immobiliser bypass technology". *Security Journal*, 30 (1): 60~73. DOI: 10.1057/s41284-016-0001-1.

Chapman, J. (2004). *System Failure: Why Governments Must Learn to Think Differently*. London: Demos.

Clarke, R. and Newman, G. (2006). *Outsmarting the Terrorists*. London: Praeger Security International.

Cohen, L., Vila, B. and Machalek, R. (1995). "Expropriative crime and crime policy: An evolutionary ecological analysis". *Studies on Crime and Crime Prevention*, 4: 197~219.

Cropley, D., Cropley, A., Kaufman, J. and Runco, M. (2010). *The Dark Side of Creativity*. Cambridge: Cambridge University Press.

Dawkins, R. (1976). *The Selfish Gene*. Oxford: Oxford University Press.

Dawkins, R. (2003). "The evolution of evolvability". In S. Kumar and P. Bentley (eds), *On Growth, Form and Computers*. London: Academic Press.

Dawkins, R. and Krebs, J. (1979). "Arms races between and within species. Proceedings of the Royal Society of London". Series B, Biological Sciences, 205 (1161): 489~511.

Dennett, D. (1995). *Darwin's Dangerous Idea*. London: Penguin.

Dietl, G. (2008). "Selection, security and evolutionary international relations". In R. Sagarin and T. Taylor (eds), *Natural Security: A Darwinian Approach to a Dangerous World*. Berkeley, CA: University of California Press.

Dolnik, A. (2011). *Understanding Terrorist Innovation*. London: Routledge.

Dorst, K. (2015). *Frame Innovation: Create New Thinking by Design*. Cambridge, MA: MIT Press.

Durrant, R. and Ward, T. (2012). "The role of evolutionary explanations in criminology". *Journal of Theoretical and Philosophical Criminology*, 4 (1): 1~37.

Ekblom, P. (1997). "Gearing up against crime: a dynamic framework to help designers keep up with the adaptive criminal in a changing world". *International Journal of Risk, Security and Crime Prevention*, 214: 249-265. www.veilig-ontwerp-beheer.nl/publicaties/gearing-up-against-crime/at_download/file.

Ekblom, P. (1999). "Can we make crime prevention adaptive by learning from other evolutionary struggles?" *Studies on Crime and Crime Prevention*, 8 (1): 27~51. www.veilig-ontwerp-beheer.nl/publicaties/can-we-make-crime-prevention-adaptive-by-learning-from-other-evolutionary-struggles/at_download/file.

Ekblom, P. (2002). "From the source to the mainstream is uphill: the challenge of transferring knowledge of crime prevention through replication, innovation and anticipation". In N. Tilley (ed.), *Analysis for Crime Prevention*, *Crime Prevention Studies* 13, pp. 131~203. Monsey, NY: Criminal Justice Press; Devon, UK: Willan Publishing.

Ekblom, P. (2005). "How to police the future: scanning for scientific and technological innovations which generate potential threats and opportunities in crime, policing and crime reduction". In M. Smith and N. Tilley (eds), *Crime Science: New Approaches to Preventing and Detecting Crime*. Cullompton, UK: Willan Publishing.

Ekblom, P. (2011). *Crime Prevention, Security and Community Safety Using the 5Is Framework*. Basingstoke: Palgrave Macmillan.

Ekblom, P. (2012a). "Happy returns: ideas brought back from situational crime prevention's exploration of design against crime". In G. Farrell and N. Tilley (eds), *The Reasoning Criminologist: Essays in Honour of Ronald V. Clarke*, pp. 163~198. Cullompton, UK: Willan Publishing.

Ekblom, P. (2012b) "Citizen participation in crime prevention-capturing practice knowledge through the 5Is framework". In M. Coester and E. Marks (eds), *International Perspectives of Crime Prevention 4. Contributions from the 4th and the 5th Annual International Forum 2010 and 2011 within the German Congress on Crime Prevention*. Mönchengladbach: Forum Verlag Godesberg GmbH. www.erich-marks.de/Biografie/InternationalPerspectivesofCrimePrevention42012.pdf.

Ekblom, P. (2014). "Design and security". In M. Gill (ed.), *The Handbook of Security (2nd edition)*, pp. 133~156. Basingstoke: Palgrave MacMillan.

Ekblom, P. (2016). "Terrorism-lessons from natural and human co-evolutionary arms races". In M. Taylor, J. Roach and K. Pease (eds), *Evolutionary Psychology and Terrorism*. London: Routledge.

Ekblom, P. (2017a). "Evolutionary approaches to rational choice". In W. Bernasco, H. Elffers and J-L. van Gelder, *The Oxford Handbook on Offender Decision-Making*. Oxford: Oxford University Press.

Ekblom, P. (2017b). "Technology, opportunity, crime and crime prevention-current and evolutionary perspectives". In B. Leclerc and E. Savona (eds), *Crime Prevention in the 21st Century*. New York: Springer.

Ekblom, P. and Pease, K. (2014). "Innovation and crime prevention". In G. Bruinsma, and D. Weisburd (eds), *Encyclopedia of Criminology and Criminal Justice*. New York: Springer Science + Business Media.

Ekblom, P., Sidebottom, A. and Wortley, R. (2016). "Evolutionary psychological influences on the contemporary causes of terrorist events". In M. Taylor, J. Roach and K. Pease (eds), *Evo-*

lutionary Psychology and Terrorism. London: Routledge.

Felson, M. (2006). *Crime and Nature.* Thousand Oaks, CA: Sage.

Felson, M. and Eckert, M. (2015). *Crime and Everyday Life* (5th edition). London: Sage.

Gill, P. (2015). *Lone-Actor Terrorists: A Behavioural Analysis.* London: Routledge.

Gill, P. (2017). "Tactical innovation and the Provisional Irish Republican Army". Studies in Conflict and Terrorism, 40 (7), 573~585.

Gill, P. and Horgan, J. (2013). "Who were the volunteers? The shifting sociological and operational profile of 1240 Provisional Irish Republican Army members". *Terrorism and Political Violence*, 25 (3): 435~456.

Gill, P., Horgan, J. and Lovelace, J. (2011). "Improvised explosive devices-the problem of definition". *Studies in Conflict and Terrorism*, 34 (9): 732~748.

Gill, P., Horgan, J., Hunter, S. and Cushenbery, L. (2013). "Malevolent creativity in terrorist organizations". *Journal of Creative Behavior*, 47 (2): 125~151.

Gill, P., Horgan, J. and Piazza, J. (2016). "Counterterrorism killings and Provisional IRA bombings, 1970-1998". *Terrorism and Political Violence*, 28 (3): 473~496.

Gill, P., Lee, J., Rethemeyer, K., Horgan, J. and Asal, V. (2014). "Lethal connections: the determinants of network connections in the Provisional Irish Republican Army, 1970-1998". *International Interactions*, 40 (1): 52~78.

Gill, P., Marchment, Z., Corner, E. and Bouhana, N. (2018). "Terrorist decision-making in the context of risk, attack planning and attack commission". Studies in Conflict and Terrorism. DOI: 10.1080/1057610X.2018.1445501.

Gurney, P. (1993). *Braver Men Walk Away.* London: HarperCollins.

HM Treasury (2005). *The Cox Review of Creativity in Business.* London: HM Treasury.

Horgan, J. and Taylor, M. (1997). "The provisional Irish Republican army: command and functional structure". *Terrorism and Political Violence*, 9 (3): 1~32.

Jablonka, E. and Lamb, M. (2014). *Evolution in Four Dimensions. Genetic, Epigenetic, Behavioral, and Symbolic Variation in the History of Life* (Revised edition). Cambridge, MA: MIT Press.

Johnson, N., Zhao, G., Qi, H. and Gill, P. et al. (2013). "Simple Mathematical Law Benchmarks Human Confrontations". *Nature Scientific Reports*, 3: 3463.

Kenney, M. (2007). *From Pablo to Osama: Trafficking and Terrorist Networks, Government Bureaucracies, and Competitive Adaptation.* Pennsylvania, PA: Penn State Press.

Kirschner, M. and Gerhart, J. (2005). *The Plausibility of Life: Resolving Darwin's Dilemma.* New Haven, CT: Yale University Press.

Kurtz, C. and Snowden, D. (2003). "The new dynamics of strategy: sense-making in a complex-complicated world". *IBM Systems Journal*, 42 (3): 462~483.

Laland, K. (2017). *Darwin's Unfinished Symphony: How Culture Made the Human Mind.* Princeton, NJ: Princeton University Press.

Laland, K., Uller, T., Feldman, M., Sterelny, K., Müller, G., Moczek, A., Jablonka, E. and Odling-Smee, J. (2015). "The extended evolutionary synthesis: its structure, assumptions and predictions". *Proceedings of the Royal Society B*, 282 (1813): 20151019. DOI: 10.1098/rspb.2015.1019.

Lulham, R., Camacho Duarte, O., Dorst, K. and Kaldor, L. (2012). "Designing a counter-terrorism trash bin". In P. Ekblom (ed.), *Design Against Crime: Crime Proofing Everyday Objects. Boulder*, CO: Lynne Rienner.

Margulies, L. and Sagan, D. (1986). *Microcosmos: Four Billion Years of Evolution from our Microbial Ancestors.* Berkeley, CA: University of California Press.

Mesoudi, A. (2017). "Pursuing Darwin's curious parallel: prospects for a science of cultural evolution". *Proceedings of the National Academy of Science*, 114: 7853~7860.

O'Doherty, S. (2008). *The Volunteer: A Former IRA Man's True Story.* Durham, CT: Strategic Book Publishing and Rights Agency.

Oppenheimer, A. R. (2009). *IRA, the Bombs AND The Bullets: A History of Deadly Ingenuity.* Dublin: Irish Academic Press.

Petroski, H. (1992). *The Evolution of Useful Things: How Everyday Artifacts-From Forks and Pins to Paper Clips and Zippers-Came to be as They are.* New York: Knopf.

Plotkin, H. (1997). *Darwin Machines and the Nature of Knowledge.* Cambridge, MA: Harvard University Press.

Popper, K. (1972). *Objective Knowledge: An Evolutionary Approach.* Oxford: Clarendon.

Roach, J. and Pease, K. (2013). *Evolution and Crime.* London: Routledge.

Ryder, C. (2005). *A Special Kind of Courage: Bomb Disposal and the Inside Story Of* 321 *EOD Squadron.* London: Methuen.

Sagarin, R. and Taylor, T. (eds) (2008). *Natural Security: A Darwinian Approach to a Dangerous World.* Berkeley, CA: University of California Press.

Schneier, B. (2012). *Liars and Outliers: Enabling the Trust that Society Needs to Thrive.* New York: Wiley.

Shultz, S. and Maslin, M. (2013). *Early Human Speciation, Brain Expansion and Dispersal Influenced by African Climate Pulses.* PLoS ONE, 8 (10): e76750. DOI: 10.1371/journal.pone.0076750.

Shover, N. (1996). *Great Pretenders: Pursuits and Careers of Persistent Thieves*. London: Westview Press/Routledge.

Stevens, M. (2016). *Cheats and Deceits. How Animals and Plants Exploit and Mislead.* Oxford: Oxford University Press.

Taylor, M. and Currie, P. (2012). *Terrorism and Affordance*. London: Continuum.

Tilley, N. (1993). *After Kirkholt: theory, methods and results of replication evaluations. crime prevention Unit Paper* 47. London: Home Office.

Tooby, J. and DeVore, I. (1987). "The reconstruction of hominid behavioral evolution through strategic modelling". In W. Kinzey (ed.), *The Evolution of Human Behavior: Primate Models*, p. 183~227. New York: SUNY Press.

Van Valen, L. (1973). "A new evolutionary law". *Evolutionary Theory*, 1: 1~30.

Vermeij, G. (2008). "Security, unpredictability and evolution: policy and the history of life". In R. Sagarin and T. Taylor (eds), *Natural Security: A Darwinian Approach to a Dangerous World. Berkeley*, CA: University of California Press.

Vinicius, L. (2010). *Modular Evolution. How Natural Selection Produces Biological Complexity.* Cambridge: Cambridge University Press.

Walsh, D. (2015). *Organisms, Agency, and Evolution*. Cambridge: Cambridge University Press.

Watson, R. and Szatmary, E. (2016). *Trends in Ecology and Evolution*, 31: 147~157. http://dx.doi.org/10.1016/j.tree.2015.11.009.

第十八章
一旦网络犯罪从网络世界转向现实世界，我们就要进行打击

摘要

网络犯罪与传统犯罪在本质上有显著差异：网络犯罪展现出地域上的离散性，犯罪行为发生时，受害者和犯罪者无须身处同一地点。互联网技术的发展为犯罪分子提供了新的机遇，使他们能够在不同国家构建复杂的基础设施，并能灵活适应执法部门为阻止他们而采取的措施。每当一个国家出台新的政策，限制了特定网络犯罪活动的进行，犯罪分子就可能转向其他国家继续其犯罪行为。同样，每当我们开发出新的技术对策来追踪和阻断网络犯罪活动时，犯罪分子便会进化出更为复杂的手法，这场与安全专家和执法人员的较量仿佛一场永无止境的猫鼠游戏。面对这种不断演变的新态势，研究者和实践者不禁思考：我们该如何最有效地应对网络犯罪？这一问题迫切需要我们找到创新的解决方案和策略。

在本章中，我们通过 3 个网络犯罪行为的案例，阐述了尽管犯罪分子能够自由地调整并增加其行动的复杂性，但他们的行为仍受到盈利需求的制约。网络犯罪的货币化过程往往迫使犯罪分子依赖于传统手段，如银行交易和包裹运输，这些手段通常受到物理限制的影响。例如，使用被盗信用卡购买的笔记本电脑需要通过物理运输和黑市销售渠道。这些物理限制对网络犯罪分子如何将非法活动转化为收益构成了制约，从而为有效缓解恶意网络操作提供了可能。本章详细分析了 3 个案例，证明了研究网络犯罪货币化是一种既有效又长期的对抗网络犯罪策略。案例包括：僵尸网络发送的垃圾邮件、假冒防病毒软件的欺诈行为，以及信用卡诈骗。通过向金融机构和信用卡处理器施加压力，迫使他们拒绝处理非法支付，已被证实是一种有效的对策。此

外，我们的研究还表明，追踪那些走私赃物的个人（即所谓的“再运输骡子”），以及监控使用被盗信用卡购买商品的包裹，都是打击信用卡诈骗行为的有效手段。这些措施不仅能够切断网络犯罪的经济命脉，还能为维护网络安全和消费者权益提供强有力的支持。

随后，我探讨了一些网络犯罪分子可能利用的金融手段。其中一种流行的选择是使用加密货币，例如比特币。我们认为，尽管这种做法在技术上可行，但它对犯罪分子来说具有双重影响。首先，由于普通用户通常不倾向于使用加密货币，这限制了犯罪分子通过受害者获利以及与其他犯罪分子进行交易的能力。其次，尽管加密货币提供了匿名性，但这种匿名性仅在将其兑换为法定货币时才真正发挥作用，而这一转换过程往往是实现货币化的关键步骤，也是其成功与否的必要条件。因此，加密货币的采用既为网络犯罪分子提供了便利，同时也带来了挑战。

案例一：垃圾邮件

自 20 世纪 70 年代起，垃圾邮件便成为了互联网用户的一大困扰。早期的垃圾邮件发送者洞察到电子邮件作为市场工具的潜力，并开始将其用作在线商品推广的手段。在那个互联网规模尚小的时代，这种策略往往由个人或小型团体执行，且颇具成效（麦克威廉姆斯，2014）。然而，随着不必要的电子邮件问题的日益严重，执法机构和 ISPs 采取了行动，制定了一系列法律法规（如，美国的《2003 年 CAN-SPAM 法案》）以及开发出自动检测和拦截垃圾邮件的技术应对措施（萨哈米，1998）。这些技术措施被广泛集成到电子邮件客户端和服务器中，极大地提高了垃圾邮件发送者触及潜在受害者的难度。

随着互联网的规模不断扩张，成功发送垃圾邮件的挑战日益加大，这为犯罪分子接触数十亿用户并推广非法产品提供了一个庞大的电子邮件行业生态系统（斯通・格罗斯，2011）。网络犯罪分子面临的关键挑战是获取足够的计算资源和网络带宽，以发送数以亿计的邮件。由于用户和 ISP 部署的防御措施拦截了绝大多数垃圾邮件，犯罪分子不得不发送海量信息以期望突破这些防线。为此，他们开始利用僵尸网络——通过感染大量计算机来传播恶意电子邮件（库克，2007）。这些受害者的计算机可能因为病毒感染、用户被诱骗点击欺诈性内容（如电子邮件附件），或者犯罪分子采用更为高级的无交互式感染技术而遭受攻击（马夫罗马蒂斯，2008）。建立和维护僵尸网络是一项复杂的任务，通常由专业的网络犯罪分子负责，他们将僵尸网络出租给其他犯罪分子使用，例如知名的 Cutwail 僵尸网络（斯通・格罗斯，2011）。这种行为不仅加剧了网络安全威胁，也为网络犯罪提供了一种新的商业模式。

此外，网络犯罪分子还必须应对收集潜在受害者名单（即电子邮件地址）、处理商品物流以及管理用户支付等复杂问题。为了获取用于发送垃圾邮件的电子邮件地址列表，网络犯罪分子参与了所谓的“Harvester”活动。根据斯特林基尼等人（2014）的研究，这些犯罪分子充当邮件收集者的角色，活跃于地下经济市场，将收集到的电子邮件地址列表转售给其他有意发送垃圾邮件的同伙（以下称为垃圾邮件发送者）。在商品物流、交付、支付处理以及退货方面，垃圾邮件发送者也面临着更为复杂的挑战。因此，他们依赖于特定的辅助计划来应对这些事务（克雷布斯，2014）。其中，联盟营销计划是一种常见做法，通常与知名在线商店合作，由垃圾邮件发送者加入。在这些计划中，垃圾邮件发送者负责向潜在客户发送广告产品的营销邮件，并从中获得一定比例的收益，而联盟网站则负责处理付款、客户支持以及商品配送等所有后端事务。

网络犯罪的有组织活动在很大程度上源自俄罗斯，得益于该国多年积累的专业知识，尤其是在立法不如欧洲和美国严格的背景下，网络犯罪在近年来迅速蔓延。一位希望开展业务的俄罗斯垃圾邮件发送者只需加入一个提供专业网络犯罪服务的在线论坛（斯通・格罗斯，2011），便可以从其他参与者那里购买僵尸网络和电子邮件地址列表。随后，他们可以加入一个项目，负责推广待售商品，这些商品通常是价格低廉的处方药（列夫琴科，2011）。这类药物在美国消费者中尤其受欢迎（克雷布斯，2014）。在俄语中，这些附属项目被称为“Partnerka”（萨莫塞科，2009），其中最成功的项目包括 GlavMed 和 Rx 的推广。在这个网络犯罪生态系统中，其他关键角色包括提供托管僵尸网络控制服务器的网络服务供应商。他们不顾法律约束以及支付处理者，他们密切关注合作业务的真实性质；此外还有制造工厂，负责生产非法产品并将其交付给客户。对于犯罪分子而言，支付和运输环节至关重要，因为它们是实现犯罪活动货币化的核心环节，且具有在现实世界中发生的独特特征（实际支付和实体包裹的交换），而不仅仅是数字通信（如其他类型的犯罪活动）。正因为如此，执法部门可以利用这些环节的弱点来采取行动，减轻并打击网络犯罪。如先前研究所指出，支付处理和送货流程在垃圾邮件相关的犯罪操作中是薄弱环节。在本章的后续内容中，我们将详细探讨这些案例。

在处理犯罪相关的财务事务时，支付处理者必须格外谨慎，以避免引起执法机构及其金融同行的注意，否则他们可能会被排除在全球支付网络之外，导致业务中断（列夫琴科，2011）。例如，银行业已经在数 10 年的时间里应对欺诈行为，并建立了完善的监管和检测机制来识别异常交易。这些技术可以调整和优化，以便有效地识别出银行内部可能愿意与犯罪分子合作的可疑交易。此外，银行也能够辨认出客户向不法银行进行的欺诈性转账。这类交易可能会被及时阻止，或者不法银行可能会被迫中断与犯罪分子的交易活动，从而切断了犯罪资金的流通路径。

在 2011 年的一项研究中，列夫琴科及其同事追踪了多个网络犯罪团伙的活动，这些团伙利用僵尸网络推广广告药品和假冒商品（列夫琴科，2011）。研究指出，这些犯罪集团通常会利用不同国家的网络服务供应商、被感染的计算机和域名来为非法商品做广告。对于这些服务的缓解措施效果有限，因为只有少数罪犯会使用这些特定服务，并且他们能够轻易地转换到其他服务提供商。列夫琴科和其他研究者提出，通过最大限度地撤销用于注册犯罪网站的域名，可以停止大约 35%的犯罪活动。然而，后续的研究表明，罪犯能够轻松地转移到其他注册商以继续其活动，从而使这种策略失去效力（刘，2011）。另一方面，研究表明，在与银行和支付处理机构进行业务往来时，网络犯罪集团的选择要有限得多。例如，在作者追踪的四大银行中，超过 95%的资金流动与犯罪活动无关。愿意与犯罪分子合作的银行数量极少，加之其他银行可以对这些行为不端的机构施加压力，迫使其停止合作，这表明银行是打击垃圾邮件业务的关键切入点。

除了依赖实物支付，垃圾邮件业务还依赖于提供实际的商品以实现盈利。有趣的是，研究表明，通过垃圾邮件广告购买的药品中，实际上往往包含了它们所声称的活性成分（列夫琴科，2011；克雷布斯，2014）。这一做法看似合理，因为垃圾邮件营销的成本高昂且效率低下，发送者必须确保客户满意度，以吸引回头客。先前的研究表明，对于垃圾邮件运营商而言，忠实客户至关重要（麦考伊，2012）。与合法商店无异，垃圾邮件市场也致力于满足顾客需求，提供退款服务以应对不满的购买者。关注顾客满意度不仅仅是为了维持客户忠诚度，还因为信用卡处理器会对用户投诉进行监控。如果投诉处理不当，他们可能会终止犯罪分子的交易权限。例如，如果退款数量超过了特定阈值，销售产品的公司可能会引起监管机构的注意（斯通・格罗斯，2013）。因此，网络犯罪分子会格外小心，以维护客户满意度，从而避免交易权限被剥夺。

非法货物包裹的追踪和拦截是执法机构和邮政部门的一项重要工作。以往的研究揭示了这些包裹存在一定的可预测模式。例如，它们往往由印度同一家工厂进行发货（列夫琴科，2011）。这些模式有助于识别可疑包裹，并增强边境检查的效率。当包裹未能成功送达客户时，将触发支付处理系统中的一系列退款流程，这最终可能导致支付处理机构冻结犯罪分子的账户，从而中断其非法活动。

案例二：防病毒骗局

为了实现货币化，网络犯罪活动不仅限于垃圾邮件操作需要从虚拟空间过渡到现实世界。虚假的防病毒骗局同样表现出对退款和客户服务的相似关注（斯通・格罗斯，2013）。在这些诈骗中，用户在访问网页时会被一个伪装成防病毒扫描的窗口所吸引。该窗口模拟了一次防病毒扫描，并告知用户他们的电脑被大量恶意软件感染。然后，用户被诱导购买所谓的防病毒软件以清除这些感染。一旦用户下载并支付了软件，它便声称已删除恶意文件，从而赢得用户的信任。然而，由于用户的电脑实际上并未遭受任何恶意软件的侵害，除了可能会因为信任该软件而导致的心理上的“电脑速度减慢”感觉，实际上并没有其他负面影响产生。

先前的研究表明，虚假的防病毒方案具有极高的盈利能力（斯通・格罗斯，2013）。从经济角度来看，这些操作的成本低廉，因为它们仅仅是将无用软件伪装成有用的防病毒工具，业内通常称之为“斯凯尔瓦雷”。因此，网络犯罪分子无须像传统恶意软件的制造者那样，担心如何绕过防病毒检测或构建昂贵的攻击基础设施。在这一网络犯罪模式中，支付网络成为其最为脆弱的一环。假冒杀毒软件的运营商必须与支付处理器保持良好关系，以避免被切断交易渠道。因此，当用户下载软件后意识到其无法正常运作时，退款流程便成了必然。由于这种行为在多数法律体系中都被视为欺诈，犯罪分子利用受害者的无知和信任，诱导他们基于虚假理由购买和安装软件。显而易见，在网络犯罪活动中，资金处理环节往往是其最大的软肋。

案例三：信用卡诈骗

一个显著的案例便是信用卡诈骗，其中现实世界中的货币化需求成为了网络犯罪活动的关键薄弱点。在众多网络犯罪活动中，盗取信用卡信息同样占据了重要地位，其动机显而易见——犯罪分子通过获取信用卡凭证，可以购买高价值商品从而提取资金。当前，网络犯罪分子主要通过两种手段来获取这些信用卡凭证：一是利用恶意软件秘密窃取用户信息，二是通过数据泄露事件中暴露的敏感数据。

大约 10 年前，信息窃取的僵尸网络作为一种创新的盈利手段在互联网上崭露头角。这些恶意软件的操作原理相对简单：它们潜伏在用户的电脑系统中，悄无声息地监视着用户在键盘上输入的各类敏感信息，包括用户名、密码、信用卡号码和银行账户细节等。这些被盗取的信息随后被发送到犯罪分子控制的命令与控制服务器上，由他们决定如何利用这些数据。对于被窃取的账户凭证，犯罪分子通常会尝试登录相关账户，以评估其潜在价值（布尔兹坦，2014）。这些凭证随后会在地下市场中按照既定的价格进行交易（斯通·格罗斯，2011）。信用卡号码也经历了类似的流转过程，但它们的价值评估较为复杂，因为使用这些信用卡号码进行消费很容易触发发卡银行的欺诈检测机制，导致信用卡被冻结或无法使用。

在过去 10 年中，由于它们的“成功”，信息窃取的僵尸网络经历了众多技术进步，使得网络犯罪分子能够逃避侦查并维持其运作。最具影响力的早期窃取信息僵尸网络之一是宙斯（Zeus）。当 Zeus 的源代码被泄露后，它迅速受到了广泛的欢迎，因为这一事件使得任何具备一定技术能力的犯罪分子都能够通过相对较小的努力建立起自己的僵尸网络，并着手窃取受害者的敏感数据。然而，原始的 Zeus 架构存在一个显著缺陷：它依赖于中央指挥与控制服务器，这使执法机构能够追踪并关闭这些服务器，有效中断犯罪活动。为了克服这一弱点，网络犯罪分子对 Zeus 的基础设施进行了改进，转而采用点对点控制策略，这使得控制服务器的位置更难以捉摸。这种进化版本的僵尸网络被称为 Gameover Zeus（安德里斯，2013）。同时，全球的网络犯罪分子开发了多种新型的窃取信息恶意软件。例如，托比格就因其频繁更换域名而闻名，这一策略大大增加了检测的难度（斯通·格罗斯，2009）。其他知名的窃取信息恶意软件还包括 Dridex 和 Citadel。

另一种常见的策略涉及通过数据泄露来获取受害者的信用卡信息。与传统的恶意软件攻击不同，犯罪分子无需侵入个人电脑即可直接搜集财务数据。攻击者可以利用网站的安全漏洞，针对性地获取客户的支付详情。由于他们专注于单个系统而非数百万潜在受害者，攻击者可能会采用更为精密和专注的攻击手段，将更多资源投入到单一攻击中。数据泄露的一个典型例子是 Targetone 事件（克雷布斯，2014），该事件导致超过 4000 万个信用卡号码被窃取，成为了一个备受关注的网络安全事件。

在近年来，我们见证了在恶意软件窃取信息和数据泄露这两种情况下，犯罪分子所采用技术的持续进化。这包括他们如何入侵受害者的个人电脑或组织网络，以及他们如何长时间潜伏而未被执法人员和网络安全实践者发现。尽管如此，正如垃圾邮件活动一样，网络犯罪分子迫切需要将这些窃取的信息转化为货币收益。如果他们无法从被盗的信用卡和银行账户中提取价值，那么他们将无法实现盈利，进而无法支撑其犯罪活动的运营成本。这种对盈利的依赖成为打击网络犯罪的一个重要切入点。

为了将盗取的信用卡信息转化为现实世界的货币，犯罪分子通常采取两种主要的货币化途径：一是直接提取现金（如通过直接支付方式），二是使用这些信用卡信息购买商品，随后在黑市上转售这些物品。显而易见，如果犯罪分子通过单一公司进行大宗商品采购或使用多张信用卡进行资金转移，这样的行为很容易引起银行反欺诈部门和执法机构的注意。因此，网络犯罪分子开发了多种技术手段来实施并掩盖其货币化过程。他们通常会借助第三方中间商来进行这些非法活动，这些中间商通常被称为“骡子”。在信用卡货币化的过程中，我们识别出两种类型的骡子：货币骡子，负责将非法所得转换为现金，以及再运输骡子，负责将购买的商品转移至黑市进行销售。

在犯罪分子需要将资金直接转移至手中的情况下，他们往往会依赖于所谓的货币骡子（弗洛伦西奥，2010）。这些骡子通常被网络上的虚假招聘广告所吸引，承诺他们可以享受在家工作的便利和获得奖励。一旦加入，货币骡子会从犯罪分子的银行账户中接收资金，并通过难以追踪的途径，将资金转移至国外的账户。作为佣金，骡子可以从中保留一定比例的转账金额。在这一过程中，货币骡子面临极大的风险，因为他们必须亲自前往转账地点进行操作，这使得他们容易被执法人员识别并被逮捕。同时，支付处理机构也能够识别并阻断流向“可疑”目的地的欺诈性支付。鉴于转账服务被广泛滥用，相关机构已经实施了更为严格的规定。例如，在使用汇款等服务时，收款人必须向收银员出示有效的身份证明。这一例证清晰地表明了网络犯罪活动是如何因为现实世界的监管措施而受到限制，这些措施有助于遏制其货币化操作的。

在信用卡信息货币化的常见手段中，犯罪分子倾向于购买高价值商品，并在黑市上进行转售。为了掩盖其真实身份，他们自然而然地需要依赖中间人的帮助。在这种情况下，网络犯罪分子通常会招募所谓的再运输骡子（郝，2015）。再运输骡子的任务是将购买的包裹先寄送至国内某一地点，随后进行重新包装，最终将其运往国外。通过这种方式，犯罪分子能够将盗取的商品在黑市上出售。在这些商品中，电子产品、摄影设备和高端设计师品牌服装因其高需求和易于转手而成为最受欢迎的类别。

类似于垃圾邮件行业，信用卡盗用的生态系统也呈现出参与者专业化的趋势，每个人都对自己的分工有深入了解。随着这一趋势的发展，专门负责管理再运输骡子的服务随之兴起。这些服务通过在线招聘广告来寻找合适的骡子和管理货物的人员，并向他们提供预先打印好的运输标签，上面标有包裹必须送达的最终目的地。这些服务还会根据骡子的“表现良好”或“出现问题”来监控他们的工作表现。对于那些需要将盗取的信用卡信息货币化的网络犯罪分子来说，他们只需登录相关网站，就能访问到一个网络仪表盘，在这里他们可以安排装运和指定目的地。转船服务通常会向客户收取固定的费用，或者是根据每个包裹收取一定比例的费用（郝，2015）。这种专业化的服务不仅提高了效率，也为网络犯罪分子提供了一种看似可靠的物流解决方案。

在执法层面，成功拦截和捕获非法包裹是打击此类犯罪行为和抑制信用卡欺诈的关键策略。由于包裹是实体物品，涉及再运输的骡子可以被识别并依法追究责任。关键在于如何准确地识别这些非法包裹。随着再运输骡子活动的展开，服务运营商开始使用被盗信用卡购买运输标签。由于这些标签往往是大批量购得，执法部门若能侦测到购买行为的欺诈性，邮政系统便能够标记并阻止所有携带这些标签的包裹进行投递。为了规避这种风险，犯罪分子转而采用合法的“白色标签”服务，向商家购买价格优惠的运输标签（郝，2015）。然而，与常规运输方式相比，再运输骡子的行为展现出一些异常特征，这些特征可以被执法人员和邮政官员利用来识别并截获含有赃物的包裹。例如，研究表明，大量包裹被运往俄罗斯莫斯科地区，并在当地黑市出售。此外，为了逃避税收，这些包裹常常被标记为二手商品。这些指标（如海关申报信息）可以用来识别可疑包裹并启动检查程序。为了避免被发现和拦截，网络犯罪分子必须不断适应这些执法措施，因为将包裹走私至海外是他们将信用卡欺诈所得货币化的核心手段。因此，我们建议采取适当的干预措施，比如通过降低航运企业的盈利空间来打击这种犯罪活动。这样的策略有助于破坏网络犯罪分子的物流链，从而有效遏制信用卡欺诈行为。

另一种有效的干预策略是对参与再次运输的骡子进行教育和干预。这些个体往往认为自己为合法的航运代理提供服务，却在不知情的情况下卷入了犯罪活动，因为他们协助将赃物运送至海外。研究表明，这些运输骡子经常遭受网站运营商的欺诈，后者承诺在服务初期结束后支付报酬，但最终并未兑现承诺（郝，2015）。这一现象为开展预防教育活动提供了契机，我们可以通过这些活动向潜在的骡子发出警示。这种教育至关重要，因为这类骗局的受害者往往是那些缺乏其他就业机会的社会弱势群体，包括有犯罪记录的人、需要在家照顾孩子的年轻母亲等。通过提高这些群体的意识，我们可以帮助他们避免成为网络犯罪的牺牲品，从而保护他们免受进一步的伤害。这样的干预措施不仅有助于切断犯罪分子的物流网络，还能为那些易受骗的群体提供必要的保护和支持。

信用卡和银行欺诈是典型的现代网络犯罪，其复杂性体现在涉及众多环节和参与者，这使得追踪和打击行动变得极为困难。在我们看来，在这些犯罪链条中，骡子这一环节尤为脆弱，针对他们的行动有可能对整个犯罪生态系统造成重大破坏。通过精准打击这一环节，我们能够有效地扰乱犯罪网络的运作，从而为防范和减少信用卡及银行欺诈犯罪提供有力支撑。

结论与挑战

在本章中，我们强调网络犯罪活动的一个关键弱点往往是与现实生活中具体的物理环节相关，这些环节通常涉及金钱的支付和赃物的物理转移。由于网络犯罪分子必须将虚拟网络上的犯罪转化为现实世界的收益，这些物理接触点成为了难以规避的环节，同时也为我们提供了实施打击的黄金机会。如果我们能够切断网络犯罪活动与现实中货币化过程之间的联系，那么这些犯罪集团将无法继续运作，因为它们的盈利能力将不复存在。通过这种方式，我们可以有效地瓦解网络犯罪的根基，从而保护公众免受其害。

在可预见的未来，我们可能会观察到犯罪分子逐渐转向使用加密货币等难以追踪的货币技术进行资金清洗（梅克约翰，2013）。这类货币因其提供的匿名性而天然地受到犯罪分子的青睐。然而，我们并不认为加密货币能够完全解决犯罪分子面临的所有追踪问题，原因有两点。首先，研究表明，无论是罪犯还是受害者，人们对使用加密货币仍不够熟悉，这导致仅接受加密货币支付的犯罪集团在数量上远远少于那些接受传统支付方式的集团（麦考伊，2016）。其次，尽管加密货币为用户提供了假名以进行黑市商品交易或其他网络犯罪服务，但其有限的接受度和使用范围对犯罪分子来说是一个显著的障碍。因此，即使加密货币提供了一定程度的匿名性，其在犯罪活动中的应用仍然受限，这为打击网络犯罪提供了重要的线索和策略。

参考文献

Andriesse, D. , Rossow, C. , Stone-Gross, B. , Plohmann, D. and Bos, H. 2013. “Highly resilient peer-to-peer botnets are here: an analysis of gameover zeus”. *In Proceedings of the* 8th *International Conference on Malicious and Unwanted Software*: “*The Americas*” (*MALWARE*) (pp. 116~123). Piscataway, NJ: IEEE.

Binsalleeh, H. , Ormerod, T. , Boukhtouta, A. , Sinha, P. , Youssef, A. , Debbabi, M. and Wang, L. 2010. “On the analysis of the zeus botnet crimeware toolkit”. *In Proceedings of the Eighth Annual International Conference on Privacy Security and Trust* (PST) (pp. 31~38). Piscataway, NJ: IEEE.

Bursztein, E. , Benko, B. , Margolis, D. , Pietraszek, T. , Archer, A. , Aquino, A. , Pitsillidis, A. and Savage, S. 2014. “Handcrafted fraud and extortion: Manual account hijacking in the wild”. *In Proceedings of the* 2014 *Conference on Internet Measurement Conference* (pp. 347~358). New York: ACM.

Cooke, E. , Jahanian, F. and McPherson, D. 2005. “The zombie roundup: understanding, detecting, and disrupting botnets”. In *Proceedings of the USENIX Workshop on Steps to Reducing*

Unwanted Traffic on the Internet (*SRUTI*) (pp. 1~6). Berkeley, CA: USENIX.

Florencio, D. and Herley, C. 2010. "Phishing and money mules". In *Proceedings of the 2010 International Workshop on Information Forensics and Security* (WIFS) (pp. 1~5). Piscataway, NJ: IEEE.

Hao, S., Borgolte, K., Nikiforakis, N., Stringhini, G., Egele, M., Eubanks, M., Krebs, B. and Vigna, G. 2015. "Drops for stuff: an analysis of reshipping mule scams". In *Proceedings of the 22nd ACM SIGSAC Conference on Computer and Communications Security* (pp. 1081~1092). New York: ACM.

Karami, M., Park, Y. and McCoy, D. 2016. "Stress testing the booters: understanding and undermining the business of DDoS services". In *Proceedings of the 25th International Conference on World Wide Web* (pp. 1033~1043). New York: ACM.

Krebs, B. 2014. *Spam Nation: The Inside Story of Organized Cybercrime-from Global Epidemic to Your Front Door*. Naperville, IL: Sourcebooks.

Levchenko, K., Pitsillidis, A., Chachra, N., Enright, B., Félegyházi, M., Grier, C., Halvorson, T., Kanich, C., Kreibich, C., Liu, H. and McCoy, D. 2011. "Click trajectories: end-to-end analysis of the spam value chain". In *Security and Privacy* (*SP*), *2011 IEEE Symposium on Security and Privacy* (pp. 431~446). Piscataway, NJ: IEEE.

Liu, H., Levchenko, K., Félegyházi, M., Kreibich, C., Maier, G., Voelker, G. M. and Savage, S. 2011. "On the effects of registrar-level intervention". *In Proceedings of the USENIX Workshop on Large Scale Exploits and Emerging Threats* (LEET) (pp. 1~6). Berkeley, CA: USENIX.

Mavrommatis, P. and Provost, N. and Abu Rajab, M. and Monrose, F. 2008. "All your iframes point to us". *Proceedings of the USENIX Security Symposium* (pp. 1~15). Berkeley, CA: USENIX.

McCoy, D., Pitsillidis, A., Jordan, G., Weaver, N., Kreibich, C., Krebs, B., Voelker, G. M., Savage, S. and Levchenko, K. 2012. "Pharmaleaks: understanding the business of online pharmaceutical affiliate programs". In *Proceedings of the 21st USENIX conference on Security symposium* (pp. 1~15). Berkeley, CA: USENIX.

McWilliams, B. S. 2014. Spam Kings: *The Real Story Behind the High-Rolling Hucksters Pushing Porn, Pills, and% * @) # Enlargements*. Sebastopol, CA: O'Reilly Media.

Meiklejohn, S., Pomarole, M., Jordan, G., Levchenko, K., McCoy, D., Voelker, G. M. and Savage, S. 2013. "A fistful of bitcoins: characterizing payments among men with no names". In *Proceedings of the ACM SIGCOMM Internet Measurement Conference* (IMC) (pp. 127~140). New York: ACM.

Sahami, M. , Dumais, S. , Heckerman, D. and Horvitz, E. 1998, July. “A Bayesian approach to filtering junk e-mail”. *In Learning for Text Categorization: Papers from the* 1998 *Workshop* (Vol. 62, pp. 98~105). Menlo Park, CA: AAAI.

Samosseiko, D. 2009. “The Partnerka-what is it, and why should you care”. In *Proceedings of the Virus Bulletin Conference*, Geneva, September.

Stone-Gross, B. , Abman, R. , Kemmerer, R. A. , Kruegel, C. , Steigerwald, D. G. and Vigna, G. 2013. *The underground economy of fake antivirus software. In Economics of Information Security and Privacy III* (pp. 55~78). New York: Springer.

Stone-Gross, B. , Holz, T. , Stringhini, G. and Vigna, G. 2011. “the underground economy of spam: a botmaster's perspective of coordinating large-scale spam campaigns”. In *Proceedings of the USENIX Workshop on Large Scale Exploits and Emerging Threats* (*LEET*) (pp. 1~8). Berkeley, CA: USENIX.

Stone-Gross, B. , Kruegel, C. , Almeroth, K. , Moser, A. and Kirda, E. 2009. “Fire: finding rogue networks”. In *Proceedings of the Annual Computer Security Applications Conference* (ACSAC) (pp. 231~240). Piscataway, NJ: IEEE.

Stringhini, G. , Hohlfeld, O. , Kruegel, C. and Vigna, G. 2014. “The harvester, the botmaster, and the spammer: on the relations between the different actors in the spam landscape”. In *Proceedings of the* 9*th ACM Symposium on Information*, *Computer and Communications Security* (pp. 353~364). New York: ACM.

第十九章
比特币匿名性的局限性

摘要

自 2009 年 1 月问世以来，比特币作为一种去中心化的数字货币，其应用迅速蔓延。用户通过假名（而非真实身份）进行比特币交易，这意味着在比特币网络中的身份与用户的现实世界身份并无直接关联，且用户能够识别其他交易参与者的假名。[1] 因此，比特币被一些人视为非法活动中的一种现金替代品，例如在地下市场“丝绸之路”及其后续网站上的非法毒品交易和洗钱活动。这种匿名性特征使得比特币在一定程度上成为了犯罪分子进行匿名交易的理想工具。

比特币匿名性的限制

比特币交易以其全球可见性而区别于现金交易，任何人均可查看网络中的每一笔交易记录。尽管交易双方使用的是假名，但大量的信息仍有泄露的风险。在以下案例研究中，我们将探讨比特币匿名性的局限，并发现其全球透明度和基于共享所有权的启发式聚类分析方法能够揭示比特币经济中关键而活跃的组成部分，即与现实世界实体或用户相关联的部分，除了简单的归因分析，我们还展示了追踪整个比特币网络中资金流动的能力，包括对大规模比特币盗窃案件的追踪。当我们可以追踪被盗比特币至其被存入比特币交易所——那些提供比特币兑换法定货币服务的平台时，法律传票的权力可以进一步促使交易所提供与存款相关的账户所有者的真实身份信息，从而揭露盗窃者的真实身份。这种方法为追踪和识别网络犯罪分子提供了一种有效的途径。

接下来，我们将深入探讨比特币的运作机制和用户生态系统的构成。在后续部分，我们将以案例研究的形式展开，详细描述在比特币用户之间转移资金时，追踪资金的可行性，并探讨这种追踪能力对匿名用户以及一般性犯罪预防策略所带来的影响。通过对这些案例的分析，我们将更加全面地理解比特币交易的透明性与隐私保护之间的微妙平衡。

比特币的背景

比特币，自 2008 年由神秘人物中本聪（Satoshi Nakamoto）创立以来，已经成为一种革命性的电子货币。它与现金相似，因为其交易是不可逆的，从而使得交易者难以被确切识别。在比特币网络中，交易的发起者和接收者通过假名进行标识，参与者可以自由地使用多个假名，且几乎不需要承担任何额外成本。比特币拥有两项与现金截然不同的特性：首先，它是一种完全去中心化的货币，运行在一个全球性的点对点网络上，不受任何单一中央实体（如政府）的监管或控制；其次，比特币维护着一个公开透明的交易账本，这意味着尽管交易是在假名之间进行，而非现实世界中的具体个人，但全世界的任何人都能够查看这些交易记录。这种透明度为比特币带来了一种独特的公开性，同时也引发了关于隐私保护与交易透明度之间权衡的广泛讨论。

自问世以来，比特币日益受到广泛关注，吸引了众多潜在用户的兴趣。企业家们竞相开发比特币相关的应用程序和媒体平台，而国际政府则试图对这种数字货币进行禁止或监管。这种关注的背后，很大程度上源于比特币的核心特性——假名系统和公开的交易账本。这种透明度激发了创业社区的创新精神，他们希望通过比特币的透明机制来革新传统的金融会计体系以及政府福利管理。然而，这种基于假名的交易方式也引起了政府和执法机构的警惕，他们担忧这种匿名性可能被滥用，从而导致洗钱和其他犯罪行为。此外，比特币的波动性和市值增长也引起了公众的极大关注。在 2012 年年中之前，比特币的单价还不到 15 美元，但到了 2012 年年底，其单价飙升至 1200 美元。尽管在 2013 年 1 月下跌至 600 美元，但比特币在 2015 年全年保持了相对稳定的价值。然而，到了 2018 年 9 月，比特币的价格再次迎来激增，达到了 6287 美元/个的历史高点。这种剧烈的价格波动和市值膨胀，不仅体现了比特币作为一种新兴资产类别的潜力，也暴露了其作为一种投资工具的风险性。

比特币是如何运作的

在深入分析具体案例之前，让我们先对比特币协议进行一番审视。比特币作为首个完全实现去中心化的货币体系，它独特地满足了货币两大核心需求：货币供应量的生成与交易账本的建立。这一创新之处在于，所有行动均由全球分散的对等网络而非某个中心化机构来执行。因此，网络参与者不仅能够参与到比特币的创造过程中，还能作为见证者，确保比特币在参与者之间的流转得到准确记录。这种去中心化的特性是比特币协议的基石，为一种全新的货币体系奠定了基础。

为了洞察比特币网络中的对等节点如何协作生成交易账本，我们首先需要理解比特币交易的基本形态。如先前所提及，比特币系统的参与者通过使用假名来保持匿名。在密码学领域，这些假名是通过将散列函数应用于数字签名公钥而创建的，而假名的所有者即是掌握相应私钥的个人。由于生成假名的成本低廉，比特币用户可以拥有众多不同的假名。设想一位用户使用一个特定的假名存储了比特币。当该用户希望将比特币转给另一位以假名身份出现的接收者时，他们将会发起一个交易。这个交易包含了一条信息，指明了接收者的假名，并且关键的是，它允许接收者通过其假名接收比特币。用户接着使用与发送假名相对应的私钥对这条信息进行数字签名，从而创建了一个独一无二的签名。随后，用户将这个签名和交易信息一同广播至网络中的其他参与者，这些参与者随后会将这笔交易进一步传播至整个比特币网络。这一过程确保了交易的有效性和安全性，同时也维护了比特币系统的去中心化特性。

在交易被广播至网络之前，每个对等节点都会仔细验证交易的有效性。这一过程包括两项关键检查：首先是签名验证，它确保了交易是由合法的所有者通过其加密属性正确签署的。这一步骤至关重要，因为它保证了只有真正的比特币持有者才能发起交易，而任何企图伪造签名的行为都需克服极其困难的密码学难题。其次是检查是否存在任何其他交易使用了相同的前置交易输出。这一属性对于防止比特币的“双重消费”至关重要，即确保每笔比特币仅被消费一次。交易必须引用之前的交易记录，以证明所花费的比特币确实属于发送者，并且尚未被其他交易使用。这也是为什么每个对等节点都需要访问完整的交易历史记录（或至少是所有未被消费的比特币交易记录）的原因。这样的机制保障了比特币系统的完整性和交易的唯一性，确保了网络中的每一笔交易都是可靠且有效的。

一旦交易被验证为有效，它将迅速传播至网络的每一个角落，确保所有活跃的对等节点都能够接收到这一信息。然而，这一过程并未揭示对等节点如何就统一的交易账本达成一致。为了理解这一点，我们需要引入一类关键参与者，即矿工。这些矿工负责收集他们所听闻的交易，并将它们打包成一组组的区块。这些新区块通过引用前一个区块的方式相互链接，形成了一条被称为区块链的数据链。每个区块都包含了一定数量的交易，并且被打上了一个时间戳，这不仅证明了这些交易在特定时间点是有效的，而且还确保了区块内记录的交易会在后续区块中被承认和巩固。这种结构使得整个区块链的完整性得到了加强，并为交易的历史顺序提供了一个不可篡改的记录。

为了确保交易账本的统一性和一致性，矿工们需要承担额外的职责，因为不同的矿工可能会独立地创建出彼此冲突的区块。网络中的对等节点需要一个明确的机制来决定哪一段交易历史是权威且有效的。为了激励矿工们完成这项至关重要的工作，我们引入了一种货币供应的激励机制。本质上，区块的创建过程不仅是为了维护交易账本的完整性，它同时也关乎比特币的发行。在这个过程中，矿工们有机会通过解决复杂的加密难题来创建新的比特币，这些新创造的比特币将作为对矿工辛勤工作的奖励。这一机制不仅促进了网络的安全性和一致性，同时也维持了比特币的经济活力。

因此，在汇集了来自其他节点的交易之后，矿工们会在区块中嵌入一种独特的交易，即硬币生成交易。通过这种方式，矿工作为参与者，可以获得一定数量的新比特币作为奖励。比特币的奖励机制与区块链的高度密切相关：起初，每成功创建一个区块，矿工可获得 50 个比特币的奖励。然而，当区块链达到 210 000 个区块（这一事件发生在 2012 年 11 月 28 日），奖励将减半，并且这种减半过程会定期发生。随着时间的推移，奖励将继续减半，直至比特币总量达到 2100 万个，这是比特币协议设定的最大供应量限制。

一旦矿工收集了一组交易，他们便会开始将这些交易的加密数据（连同其他元数据，如前一个区块的引用）输入到单向散列函数中。从密码学的角度来看，这种函数能够处理任意长度的输入数据，并生成一个固定长度的输出值，这个值在知道输入数据的情况下极难预测。这种难以预测的特性使得散列函数被称为“单向”。矿工的目标是找到一个散列值，这个值必须严格小于网络设定的目标值。这个目标值是一个动态参数，由网络中所有对等节点的集体计算能力共同决定。随着网络计算能力的增强，任何节点生成小于目标值的散列输出将变得更加困难，这确保了比特币挖矿的挑战性与网络的整体算力成正比。

一旦矿工成功计算出符合条件的散列输出值，这个输出值及其相应的输入数据（即交易集合）便共同构成了一个有效的区块。随后，矿工会将这个区块广播至整个网络。正如交易广播的过程一样，网络中的其他节点会通过应用散列函数来验证该区块的有效性。由于加密算法的固有复杂性，生成这样一个散列输出值的计算过程是极其密集的，这使得创建有效的区块变得相当困难，从而进一步确保了区块链的一致性和防止冲突。（然而，这并不是故事的全部，因为不同的矿工有可能同时生成两个有效的区块。）因此，比特币网络采用了以最长链为准的规则来确定交易账本的真实性。这意味着某些区块可能会被孤立，而网络中的节点将自行决定接受哪个区块作为有效链的一部分。当面临两个相互竞争的区块时，这一规则被用来解决冲突。

总的来说，每个加入比特币网络的节点所下载的账本即为一条区块链，这条链由一系列相互引用的区块组成，构成了整个网络的基础。区块链的一致性是通过网络中的共识来实现的：只有当足够多的节点验证并同意一个区块的有效性（例如，其散列值满足所需的难度目标，且区块中包含为矿工提供的正确奖励的硬币生成交易），该区块才会被接纳。这个过程遵循一系列明确且共识认可的规则，而非依赖于中央权威机构的指令。这些区块中包含了成组的交易（这些交易在网络上通过节点验证其有效性），这些交易记录了比特币从一位参与者（通过其匿名标识）转移到另一位参与者的过程。

比特币生态系统

比特币协议不仅支持比特币的生成，还允许比特币在用户之间进行转移。自然而然地，人们会对如何在实际场景中消费比特币，以及是否存在其他途径来获取这种数字货币感到好奇。

自 2010 年起，比特币生态系统迅速发展，涌现出众多相关服务。其中最为人熟知的便是比特币交易所，这类平台允许用户将比特币兑换成各种其他货币，无论是传统的法定货币（例如美元），还是其他加密货币（例如以太坊）。用户可以通过交易所轻松购入比特币，或者利用如 Local Bitcoins 这样的点对点交易服务，从附近的个人卖家那里直接购买。大多数交易所还提供类似银行的服务，意味着它们可以为用户保管比特币（尽管也有专门提供比特币存储服务的钱包存在）。然而，在这些服务的使用过程中，用户始终面临着安全风险，服务被黑客入侵、用户资金被盗的事件时有发生，这种情况在现实中并不罕见。

到 2018 年初，外汇经济是比特币生态系统中交易量最高的部分，因为用户试图利用货币的波动性（低买高卖）直接获利，或者在不同的交易所设定不同的汇率进行套利。尽管如此，很多商家仍然接受比特币作为支付方式，以及其他以比特币为基础的活动，因为用户可以在线参与（比如赌博）。

在探讨比特币的非法使用方面，有犯罪分子利用这一加密货币在地下市场中进行毒品和其他违禁品的交易。历史上，FBI 在 2013 年 10 月成功打击了一个著名的地下市场，但随后不久，新的市场如继任者般涌现，其中一些甚至开始接纳“altcoins”——这些经过精心设计的替代加密货币。此外，为了掩盖资金流向，犯罪分子会利用诸如 Bitfog 之类的洗钱服务。Bitfog 声称能够接收比特币，并通过复杂的处理过程，将全新的比特币发送至指定的地址，从而切断与原始资金之间的关联。这种手段在犯罪活动中被用来混淆视线，以逃避监管和追踪。

真实世界中的比特币拥有者

监管的担忧一直笼罩着比特币，其假名特性使得追踪其使用和消费的具体情况变得相当困难。比特币协议本身确实提供了一种强大的匿名机制。然而，在实际应用中，许多用户依赖第三方服务来存储比特币，并从事看似完全匿名的交易，这些行为实际上有悖于比特币协议的初衷。这为我们提供了一个预防犯罪的机会：通过针对这些依赖第三方服务的用户行为，我们可以有效地削弱比特币用户的匿名性。在这个过程中，我们并非需要对每个个体进行去匿名化，而是通过对整个比特币网络中的资金流动进行监控和分析，从而实现了一定程度的去匿名化。这种方法有助于揭示网络中的异常活动，同时为打击犯罪活动提供了新的途径。

我们的研究方法主要分为两个阶段。首先，我们直接参与到多种比特币交易中，以收集基础的实证数据。通过将这些比特币存入像 Bitstamp 这样的比特币账户，我们能够追踪到该服务所关联的最终地址。为了扩大这一初步的实况数据集，我们接着采用了两种启发式聚类方法来分析比特币地址：一种基于比特币协议的内在特性，另一种基于比特币网络中的常规使用模式。通过对这些地面实况数据进行分层聚类分析，我们能够递推标记整个地址群集，将其归属到特定的用户或服务。如果分析表明，我们标记为 Bitstamp 的地址属于某个特定的群集，那么我们可以据此以一定的置信度，将整个群集中的所有地址都标记为与 Bitstamp 相关联。这种方法不仅增强了我们对比特币网络中用户行为的理解，也为追踪和监控比特币流动提供了有力的工具。

截至 2013 年 4 月 13 日，我们完成了这项研究，当时区块链记录了超过 1200 万个独特地址的交易数据。在这段时间内，超过 1100 万个比特币被多次交易，总交易量达到了令人瞩目的 1 万亿比特币。这些数字不仅展示了比特币网络的活跃度和广泛性，也为我们的研究提供了丰富的基础数据集。

身份验证攻击

在研究的初始阶段，我们为了收集地面实况数据，涉及了众多先前描述过的服务类型。具体来说，我们在 26 家不同的交易所和 10 家钱包服务提供商处创建了账户，并从 25 家供应商处进行了购买，其中 9 家采用了 BitPay 支付网关。此外，我们也投身于比特币采矿的经济活动，这包括加入了矿工"池"，因为单独挖矿需要庞大的计算资源。这一参与行为意味着我们购买了 AMD Radeon HD 7970 显卡，并与 11 个不同的矿池展开了合作。同时，我们与 5 个在线扑克网站保持联系，并与 8 个提供迷你游戏或彩票服务的网站进行了交易。最后，我们通过 4 种所谓的"混合"服务发送比特币，这些服务承诺将发送的比特币与其他用户的资金混合，以此来混淆交易历史，从而基本清除潜在的"污点"比特币。同时，我们还与包括 2 个向维基解密捐赠的网站在内的其他一些网站进行了互动。这些多样化的互动为我们提供了深入了解比特币生态系统各个方面的机会。

我们在 344 笔交易中运用了这些服务，从而能够准确地标记出 832 个地址。值得注意的是，每笔交易可能包含多个输入地址，这使我们能够对每笔交易中的多个地址进行标记。此外，我们还识别了一些公开声明过的地址，例如在比特币论坛上用户自行公布的地址（在此过程中，我们谨慎地仅采纳了经过手动尽职调查确认的标签）。这种方法确保了我们标签的准确性和可靠性。

分组比特币地址

理论上，比特币通过使用假名提供了一种被称为“不可追踪性”的特性，这意味着用户在一组假名下进行的交易应当与另一组假名下的交易保持独立，互不关联。然而，在实际应用中，比特币的某些技术特性却可能削弱这种假定的匿名性，使得用户的交易活动在一定程度上变得可以追踪和关联。

回顾一下，要构建一个有效的比特币交易，发送方必须掌握对应比特币公钥的私钥来进行签名。设想一个用户想要向商家发送 10 个 BTC，而该用户拥有两个地址，一个包含 4 个 BTC，另一个包含 6 个 BTC。在这种情况下，支付给商家的一个可能方式是先创建一个新的地址，并将 4 个 BTC 和 6 个 BTC 分别转移到这个新地址，然后从这个新地址一次性发送 10 个 BTC 给商家（实际上，这种方法在某些情况下被视为隐藏身份的最佳实践）。然而，比特币协议本身提供了一种更为简洁且高效的处理方式：一个交易可以包含多个输入，因此用户可以直接将包含 4 个 BTC 和 6 个 BTC 的两个地址作为同一次交易的输入，从而简化了整个支付过程。

这一洞察激发了我们形成第一个地址簇的灵感：如果两个地址在同一个交易中作为输入出现，那么它们很可能是由同一位用户控制的。这种启发式方法在安全性上相对可靠（至少在 2013 年 4 月之前是这样），因为交易发送方必须掌握所有输入地址对应的私钥才能生成有效的交易。基于这一原理，它已经成为比特币研究领域的一个标准概念，并且已经有免费的工具被开发出来，用于执行此类分析工作。

第二种启发式聚类方法是对初始方法的进一步扩展，它采用了对余额变更策略的洞察。在比特币的协议机制中，当一个地址累积了一定数量的比特币后，它通常会在一次交易中全部用尽（需要注意的是，每一笔交易都必须指向前一个交易，且交易输出不能被重复使用）。如果某笔比特币的总额超出了用户想要立即支付的金额（例如，某人在一个地址存入了 4 个 BTC，但只想向商家支付 3 个 BTC），那么用户将发起一笔新的交易。这笔交易将包含两个输出：一个是支付给实际收款方（比如，商家接收 3 个 BTC 的部分），另一个则是返回给用户自己的地址，作为找零（比如，返还剩余的 1 个 BTC）。

这种操作触发了第二阶段的聚类分析：由发送者控制的变更地址在交易中的使用。由于变更地址在本质上与其他地址并无二致，因此需要谨慎地辨识。首先，我们观察到标准的比特币客户端在用户无察觉的情况下（尽管用户可以通过手动检查区块链来发现这一点）自动创建了这些变更地址。而且，这些变更地址通常只被使用两次：第一次是接收交易中的找零，第二次则作为其他交易的输入（此时，客户端会生成一个新的地址来接收新的找零）。

通过对交易记录的深入分析，并专注于那些仅被使用一次的输出模式，我们得以准确地识别出变更地址（在存在多个符合这一模式的输出时，出于谨慎，我们可能会避免标记以防止错误）。采用这一识别模式，并结合一些额外的谨慎措施（例如，等待一周时间以确认地址确实是作为变更地址使用的），我们成功识别了大约 350 万个变更地址，估计的假阳性率为 0.17%。需要注意的是，这个假阳性率是基于估计的，因为缺乏确凿的基准数据，我们无法完全确定哪些地址实际上是变更地址。利用这种启发式聚类方法，我们将大约 1200 万个公钥汇集成了大约 330 万个地址簇群。

分析思路

通过对地面实况数据的分层聚类分析（这意味着将先前标记的地址整个群集纳入考量），我们得以将大约 190 万个公开密钥与特定的服务或身份相关联。在多数情况下，这些身份可能并非真实姓名，而是诸如在线论坛的用户名等。尽管这一数字仅占所有公开密钥的一小部分（大约 16%），但它为我们提供了一种途径，可以匿名地追踪整个比特币网络中大量资金流动的轨迹。

为了实现这一目标，我们首先深入探讨了比特币服务之间的相互作用。通过识别众多不同服务的地址网络（例如，我们发现 Mt. Gox 这一在我们分析中最大的交易所控制着约 50 万个地址，而著名的地下市场丝绸之路则掌握了超过 25 万个地址），我们得以勾勒出所需的信息图景。尽管这种方法并不能揭示参与交易的具体个人身份（我们能够观察到用户与服务之间的互动，但并不一定能确定是哪位具体用户的操作），但它确实有助于我们理解比特币在服务之间流入和流出的匿名性流量模式。

追踪比特币流量

为了展示这种分析的实际效用，我们将焦点转向了比特币经济中的犯罪行为。在比特币的世界里，犯罪行为可能采取多种形式，从丝绸之路上的毒品交易到单纯的比特币盗窃。在这项研究中，我们追踪了从丝绸之路（特别是那些声名狼藉的地址）流出的比特币，以及一些广为人知的盗窃案件，目的是探究我们是否能够追踪比特币流向已知的金融服务。尽管一些盗窃者试图通过复杂的混币技术（或混币服务）来隐藏资金的流动轨迹，但在大多数情况下，追踪比特币的过程相对简单。最终，我们发现大量比特币直接从盗窃者手中（或从丝绸之路撤资）流向了各个不同的交易所。

我们的追踪技术专注于比特币交易中的一种独特模式，我们将其称为“剥离链”现象。这种模式始于那些持有大量比特币的地址（例如，一个交易所可能在一个地址中存储了 100 个 BTC），并通过从这笔较大金额中“剥离”出较小金额的方式进行交易。具体来说，就是创建一笔交易，将一小部分比特币转移到一个新的地址，而剩余的大部分则返回到同一个交易所的控制下的另一个变更地址。这个过程可能反复进行，直到原本的大额比特币被分割成许多小部分。最终，用户可能会从账户中提取出 1 个 BTC。由于我们能够识别这些变更地址，这就允许我们追踪到“剥离”出来的比特币（即交易中具有实际意义的接收方），并利用这些变更地址继续跟踪整个资金链。

我们将焦点放在交易所上有两个主要理由。首先，这些服务平台面向广泛公众，并且与法定货币及其监管环境有着直接的互动。随着监管的加强，越来越多的交易所必然开始实行了解客户（KYC）政策，这使得它们成为揭示比特币用户真实身份的关键渠道。其次，对于那些希望将比特币财富转化为现金的用户来说（至少在 2013 年之前是这样），交易所成为了资金流转的必经之路，成为了整个系统的瓶颈。因此，虽然仅将被盗比特币追踪到交易所的存储地址并不能直接揭露盗窃者的身份，但我们的分析结合法律传票的效力，有可能揭示被盗比特币账户的实际所有者。

追寻丝绸之路比特币

我们首先将追踪技术应用于一个与著名的丝绸之路平台相关的比特币地址。这个地址堪称最知名的比特币地址之一，在它的全盛时期，它曾一度持有全球产生的比特币总量的5%。在短短8个月内，这个地址就接收了613 326个BTC，而随后几乎在瞬间清空了其全部余额。

在资金转移过程中，丝绸之路的比特币地址将158 336个比特币分两次发送，分别转移了50 000个和58 336个比特币至两个不同的地址。随后，这两个地址各自生成了由数百个比特币组成的剥离链。我们对每条链进行了100次的追踪分析，并监控了10个不同的比特币交易所，其中包括11笔资金流向Mt. Gox的交易。在此过程中，我们发现共有492个BTC最终被送入了这些交易所，涉及300个不同的交易所账户。正如所述，这一发现为那些能够对这些交易所发起法律传唤的实体提供了机会，使他们能够追踪到与这些比特币用户真实身份相关的线索。

追踪盗窃案

为了拓展我们分析的应用范围，我们还深入研究了比特币历史上一些重大的盗窃事件，其中包括比特币历史上最为严重的保证金交易服务Bitcoinica遭遇的盗窃案，该事件中高达58 547个BTC被盗取。通过对这些案例的深入研究，我们旨在提升分析方法的普遍适用性和参考价值。

在探究这些盗窃案件的过程中，我们注意到一些盗贼采取了复杂的分层和混合策略来掩盖其踪迹，而其他盗贼则几乎没有尝试隐藏被盗比特币的来源。这一对比提供了一个鲜明的例证，揭示了比特币在匿名性方面的双重特性：一方面，它具备提供匿名潜力的能力；另一方面，通过特定的方法和手段，这种匿名性可以被削弱，使得比特币的来源得以被追踪。这一发现对于理解比特币系统的隐私特性具有重要意义。

结论与犯罪预防效果

本章内容致力于描绘比特币不断进化的本质特征，尤其关注面向公众服务的兴起，以及比特币协议所承诺的匿名性与用户在实际操作中实现的匿名性之间的日益显著的差异。为了深入探究这一问题，我们开发了一套创新的启发式聚类算法，该算法能够有效识别归属于同一用户的比特币地址。同时，我们通过手动搜集和标记了一部分比特币交易数据，以增强算法的准确性和实用性。这一方法为我们理解比特币用户行为的透明度与隐私性提供了新的视角。

正如先前所提及的，这些技术及其追踪手段并不足以保证比特币用户的匿名性。相反，我们认为，如果有特定机构能够利用法律手段，如传票权（例如，由加密货币交易所执行），来确定用户的真实身份，那么这些机构便能有效地削弱比特币用户的匿名保护，进一步揭露用户的真实身份信息。这一观点强调了在法律监管下，比特币用户隐私的潜在脆弱性。

因此，尽管我们的研究并未直接阻止人们利用比特币进行犯罪活动，但我们的分析表明，这种行为并非难以追踪。据此，我们得出结论，使用比特币进行洗钱或其他非法活动（至少在我们的研究框架内）并不具备显著的优势。通过对我们研究后非正式观察到的犯罪行为的分析，我们发现这种可追踪性似乎形成了一种威慑作用，或者至少构成了一道进入门槛。这意味着，只有那些自认为具备足够专业技能的人才可能认为他们能够安全地使用比特币进行犯罪活动。这一发现强调了在犯罪活动中使用比特币所固有的风险和挑战。

注释

1. 在这里以及接下来的文章中，我们将使用比特币来表示点对点网络和抽象协议，而 BTC 则表示货币单位。

第二十章
物联网时代的犯罪

当无线技术被完美应用时，整个地球将被转化为一个巨大的大脑，事实上，所有的东西都是一个真实而有节奏的整体的粒子。与我们现在的电话相比，我们能够实现这一目标的仪器将非常简单。人们甚至可以把它放在背心口袋里携带。

尼古拉·特斯拉，1926

我从不考虑未来——因为它来得很快。

阿尔伯特·爱因斯坦，1930

概要

英国发明家凯文·阿什顿在20世纪90年代末期首次提出了“物联网”这一概念，用以描绘计算机具备观察、识别并理解周围物理世界的能力。在一场演讲中，阿什顿阐述了一个愿景，即未来的计算机将能够通过互联网，无需依赖人类打字、记录或扫描条形码等方式来获取数据（阿什顿，2009）。然而，他指出了一个关键问题：鉴于人类在时间、注意力和精确度上的局限性，这种方法容易产生错误。基于这一认识，阿什顿设想了一个全新的世界，在那里计算机能够自主地获取所需的数据，而无需人类的直接介入。

事实上，物联网的理念可以追溯到1988年，当时马克·维瑟提出了他称之为“普适计算”的概念，并在其颇具影响力的论文《21世纪的计算机》中对其进行了详尽阐述。在这篇论文中，他描绘了一种与当时主流的桌面电脑截然不同的计算模式。他引人深思地提出，“最深刻的科技是那些消失于无形之中的科技”，它们悄无声息地融入了我们日常生活的方方面面，直至与我们的生活无缝对接（维瑟，1999）。10年后的今天，计算机已经实现了这一愿景：几乎所有的设备都内置了处理器。这些设备涵盖了从家用电器如洗衣机、洗碗机、微波炉，到工业自动化设备如电话交换机、网桥、路由器、网关，再到工厂控制器、电动机、传感器和执行器，以及道路基础设施（如交通控制和监控系统、收费系统）、医疗设备（如 X 光机、MRI、超声波、CT 扫描、输液泵和血压监测器）、汽车安全系统（如防抱死制动系统、电子稳定控制系统和发动机管理系统）。如今，每年大约有 30 亿个 ARM 处理器被运用于各类设备中；此外，还有其他类似的制造商加入这一领域（数据来源于 2017 年的 ARM）。此外，无线通信技术的集成已经成为硬件层面的标配——购买集成了处理器和无线通信功能的片上系统（SoC）几乎与单独购买处理器的成本相差无几。

然而，物联网的发展目前仍处于起步阶段。

这一现象的主要原因是物联网系统本身的脆弱性。本章将重点探讨与物联网相关的犯罪行为，以及如何利用物联网系统来实现犯罪目的。在研究直接针对物联网的犯罪方面，我们将关注那些近期可能受到攻击的关键领域——制造业和工业领域，而在考虑利用物联网系统来辅助犯罪的情况下，无论犯罪形式如何，物联网系统似乎都成为了犯罪分子的首选工具。

定义

目前，对于物联网的定义尚未形成广泛共识；相反，不同的研究者和组织纷纷提出了自己的见解（如，维梅桑等人，2009；斯坦科维奇，2014；国际电信联盟，2012）。这些研究成果都在试图勾勒出一个共同的愿景：在这个愿景中，各种物体（即“物”）能够在任何时间、任何地点，通过无线或有线方式（即“互联网”）相互交流，且无需人工介入。我们当前的所有努力都旨在实现这一共同目标。根据博尔吉亚（2014）的研究，物联网设备的核心特性可以概括为：普遍的感知能力、异构网络连接以及自我智能化的特性。

普遍感知涉及一系列物联网节点，它们通过采集环境中的各类信息点（例如光线、形状、位置、温度、压力、动作和交互等）来反馈关于物理环境的数据。

这些物联网节点所收集的数据，基于多种不同的通信协议和标准（如 3G、4G、Wi-Fi、无线传感器网络、低能耗蓝牙以及以太网等），通过各种可能的异构网络传输至目的地。

自我智能能力则是指这些节点网络能够自主地进行配置和自组织，以适应环境变化，同时处理输入数据以平衡所需的保真度、功耗限制和数据压缩需求。这种自我调整和优化的能力是物联网节点网络的核心特性，确保了高效、可靠的数据收集与传输。

另一个显著推动物联网研究进展的因素是广泛部署的传感器网络。这一点的显著性在上述技术列表中显而易见，因为它在物联网的相关文献中占据了一个重要的部分，但却往往忽略了整个驱动设备类别。执行器作为物联网的关键组件，能够对现实世界中的物体进行物理操作（通常是马达或开关等设备），这种能力使得物联网系统能够主动地影响环境，而不仅仅是被动地感知。然而，这种主动干预的能力也带来了潜在的安全风险，可能是最大的安全隐患之一。

物联网应用面临的挑战

物联网系统的潜力已被广泛宣传，其被寄望于能够转变我们生活的各个方面，从家庭自动化到工业矿业的应用。然而，据加特纳（2016）分析，物联网已达到了其宣传周期的顶峰，预示着它将很快步入所谓的“幻灭谷”阶段。这一阶段的出现是因为人们开始意识到，物联网技术的实际应用远比最初宣传中所描述的要复杂和困难得多。作者指出，迄今为止，物联网系统未能被广泛采纳的主要原因包括：一是安全性挑战，二是缺乏清晰的价值主张。这些因素共同作用，限制了物联网技术的普及速度和深度。

确保物联网系统的安全极具挑战性。由于物联网设备资源有限，部署复杂的保护机制变得困难。同时，无线连接的可用性使得攻击者可以绕过防火墙等防护措施，直接攻击物联网设备。此外，新形式的攻击也应运而生，比如设备可能采用电池供电，设计上尽可能节省能源，以延长使用时间。这种设计为攻击者提供了阻止系统运行的潜在手段。同样，如果物联网设备连接了执行器，就可能对人员或财产造成物理损害。

缺乏明确的价值主张并不适用于所有领域。例如，除了目前市场上相对简单的产品外，家庭应用的商业模式并不明显。实际上，联网家庭正处于加特纳炒作周期的顶峰。然而，在能源和采矿、电力和公用事业、汽车、工业、酒店、医疗保健和零售等领域，人们已经对如何通过改进流程来创造收入有了更清晰的认识。物联网首先可能会在工业和制造业领域产生重大影响。有趣的是，与基于互联网世界的应用领域相比，这个领域采取了不同的安全策略：主要防御措施一直是通过隔离来实现安全。

第一个应用领域

2013 年，德国前瞻性地推出了工业 4.0 概念，旨在巩固德国制造业的未来地位，并维持其在全球经济中的竞争力（卡格曼，2013）。这一由德国政府支持的计划汇聚了 16 家公司、10 个研究机构、2 个工会和 4 个行业协会的力量，共同探索新技术如何促进高效、实时和灵活的制造系统。这一转变意味着从传统的集中式控制迈向分散式的自组织网络，从预设的制造流程转向主动、自适应的自组织系统，从被动发展产品到主动发展产品，以及实现人、机器和资源之间的无缝交流。德国的愿景是将物联网技术与服务贯穿于整个生产流程，使工厂转变为智能化的环境。工业 4.0 设定了三大目标（卡格曼，2013）：一是通过价值网络实现横向集成，二是实现整个价值链的端到端数字集成，三是推动垂直集成和网络化制造系统的发展。在应对物联网技术挑战的同时，工业 4.0 采取的是一种系统化制造的方法，而物联网正是这一宏大愿景中不可或缺的组成部分。

德国并不是唯一一个通过将物联网技术融入制造业来提升经济实力的国家。全球范围内，还有其他多项重要举措，包括美国的工业互联网联盟（2016）、欧盟的研究与创新框架计划（2016）、未来研究协会的欧洲工厂（2016）、中国的《中国制造 2025》计划（常，2015）、日本的产业价值链倡议（2016），以及英国工程与物理科学研究委员会（EPSRC）对物联网研究中心的投资（EPSRC，2016）。这些举措共同体现了全球对于通过物联网技术推动制造业革新和增强竞争力的广泛重视。

安全控制系统

工业控制系统是制造业和国家关键基础设施（如天然气、电力、水处理、电信和交通）的核心指挥和控制系统。相较于制造业，这些关键基础设施往往受到更为严格的保护，但它们也成为民族国家行为体的目标。对这些系统的攻击能够远程实施，产生与传统热战相似的影响，而且这种攻击似乎难以避免。相比之下，犯罪分子通常不太可能针对那些利润较低、经济价值不显著的制造业目标，而且政府机构可能也不会立即对这些攻击作出反应。因此，本章节的后续内容将主要聚焦于制造业的安全问题。

在制造业的安全历史上，保护措施主要依赖于隔离和隐秘性。工厂采用的系统通常使用专门的工业通信协议，并通过物理安全边界的隔离来提供防护。这些系统因其专业性和对人力的依赖，曾经相对难以遭受攻击。然而，这些曾经足以威慑对手的假设，现在已经不再充分。为了降低成本，工业控制系统（ICS）越来越多地采用了通用计算技术，包括商用现成组件（COTS），运行标准 PC 操作系统（通常是 Windows 或 UNIX），并接入传统及无线网络。随着 ICS 与办公 IT 系统之间的差异日益缩小，它们之间的界限也逐渐模糊。这为攻击者提供了更容易接近的机会。此外，尽管这些消费级技术成本较低，但它们与企业 IT 服务一样，面临着安全风险：广泛使用的标准技术意味着潜在的攻击者众多，且他们对现代操作系统有着深入的了解。基于这一点，攻击者能够不断创造新的（零日）攻击，而无需具备专门负责主动管理系统安全的专家，只需通过发布软件安全补丁来应对。在 ICS 领域，这类安全专业人才的缺失，导致公司管理层对行业新兴的重大风险缺乏认识。同时，黑客社区对 ICS 的攻击兴趣日益浓厚。竞争对手能够获取大量资源，以提升对传统 IT 系统的技能和知识。在当今，黑客会议充斥着实践研讨会和现场演示，旨在提升攻击者的技术水平并进行技术测试。

目前的工业控制系统

如图 20.1 所示，工厂中部署的工业网络通常采用分层结构。这种架构设计旨在应对大量组件的复杂性，同时确保满足高可靠性要求的时间约束。自动化系统的最底层是现场层，这一层包含了传感器、执行器等现场设备，它们负责测量或对物理过程进行直接影响。传感器收集的信号被传递至控制器，而控制信号则通过闭环网络发送至执行器，这些信号的定时对系统性能和产品质量至关重要。在这一层级中，常用的通信协议包括设备网络（DeviceNet）、PROFIBUS、CANOpen 以及 LonWorks 等（参考马哈利克，2003）。

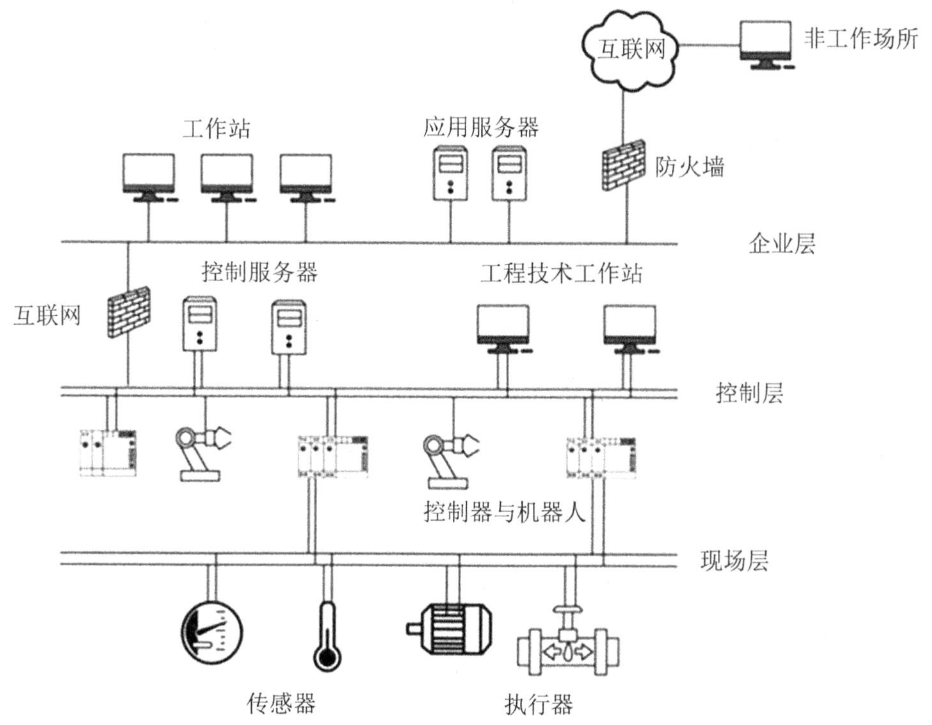

图 20.1　工业自动化系统的一般层次结构

在控制层，包含了多种算法，这些算法根据传感器收集的预期结果和信息来决定如何调整执行器的操作。在这一层级，时间的精确性同样至关重要。该系统涵盖了可编程逻辑控制器（PLC）、分布式控制系统（DCS）、监控与数据采集系统（SCADA）以及人机界面（HMI）。在工厂环境中，生产过程通常被划分为多个局部的自动化单元，每个单元负责生产过程中的特定环节。为了实现生产的顺畅协调，这些自动化设备必须与操作员工作站相连，操作员的职责包括加载算法、设置参数、输入数据以及监控生产过程。在这一层面，所采用的通信协议包括 PROFIBUS、ControlNet 以及工业以太网标准（马哈利克，2003）。

自动化系统的顶层，即企业层，是企业决策的制定中心。这个层次负责根据企业的战略目标监控生产活动。因此，企业级的管理应用程序和服务器通常通过广域网络进行连接（例如，广域以太网）。为了确保网络间的安全性，防火墙被广泛应用以提供必要的安全控制，防止任何未经授权的访问行为。

保护这类系统架构面临巨大的挑战。ICS 的一个普遍特点是，许多（如果不是全部）遗留组件在设计时并未充分考虑安全性，因为历史上的威胁环境与今天相比有着显著差异。由于安全性问题跨越多个领域，将非安全的 ICS 系统改造为安全的系统既复杂又容易出错。正如先前所述，新技术的融合使得现代集成电路与传统设备在更多层面上存在共性。从积极的角度来看，这表明安全性已经成为许多系统的标配，而安全漏洞和攻击者也成为了不得不面对的常态。作为早期采用物联网系统的 ICS，这一转变可能推动 ICS 向更专业化的方向发展，但同时也引入了新的安全漏洞和复杂性。这些因素最终可能导致 ICS 的保护工作变得更加复杂和困难。

针对工业控制系统的攻击

在工业领域，安全漏洞往往未能得到充分的报告和关注。已公开记录的事件中，包括爱沙尼亚国家基础设施遭遇的网络攻击（莱斯克，2007）、马里兰州马鲁希郡的污水控制系统被破坏（瑟雷和米勒，2008）导致数十万升未经处理的污水排入自然环境、伊朗的核设施遭受网络攻击（法雷尔等人，2011）、乌克兰电网遭受攻击导致大量居民停电（图普图克和海尔，2016）、德国一家钢铁厂遭受攻击造成重大物理损害（BSI，2014），以及贝灵厄姆汽油管道控制系统故障（NTSB，2002）导致数千加仑汽油泄漏至附近溪流，造成 3 人不幸遇难。这些事件突显了一个严峻的现实：成功的网络攻击不仅可能导致重大的经济损失，还可能引发长期的环境污染，甚至威胁到人类的生命安全。

普遍观察到的现象是，迄今为止，针对工业工厂的攻击主要采取 2 种形式：渗透攻击和破坏攻击。然而，这些攻击的执行前提是攻击者能够获得对整个系统的深入访问。

渗透攻击通常涉及未经授权的访问，目的是窃取关键的系统操作细节和工业流程信息。这些被非法获取的数据可能会被用于工业间谍活动、知识产权窃取，以及发起其他具有破坏性的攻击。以下是一些渗透攻击的典型案例：

窃听攻击：在这种攻击模式下，对手通过监听网络流量来截取关键信息。由于工业通信协议往往缺乏必要的安全防护，被动窃听变得尤为简单。即便网络通信采用了加密技术，竞争对手仍有可能捕获到敏感数据，例如传感器与执行器正在与哪个控制中心进行通信的情报。

伪装攻击：这种攻击手段通过模仿网络系统中的合法实体，未经授权地获取访问权限，进而实施数据窃取、恶意软件传播以及其他有害行为。

侧通道攻击：此类攻击利用多种技术手段，对系统和设备的物理特征进行监控。这包括但不限于处理器的功耗、光辐射、信号传输、通信流量延迟，以及硬件组件产生的电磁泄漏、声波和热辐射（斯坦达特，2010）。

隐蔽通道攻击：这类攻击通过利用现有的合法通信渠道，巧妙地绕过安全措施，在看似安全的环境中秘密传输和接收敏感信息（图普图克和海尔，2015）。

破坏攻击旨在破坏系统的正常运行，以引发物理层面的影响。破坏攻击通常用于识别潜在的攻击目标，一旦锁定目标，攻击者便会试图中断、延缓或破坏传感器、执行器与控制器之间的通信。以下是一些破坏攻击的示例：

重放攻击：在这种类型的攻击中，对手捕获并重新发送合法的通信数据，以实现其恶意目的。

中间人攻击：在这种攻击模式下，攻击者位于通信双方之间，篡改传递的信息。例如，他们可能在控制器与传感器之间的加密密钥交换过程中进行拦截（需要注意的是，许多 ICS 即使在未加密的情况下也能执行此类协议），并植入恶意密钥。

虚假数据注入攻击：通过篡改数据包的有效载荷，攻击者向系统或网络中注入虚假或有害数据。

数据篡改攻击：在这种情形下，攻击者未经授权地访问并修改存储或传输中的数据。这可以包括对服务器上存储数据的修改，或对来自控制器的命令的篡改。

拒绝服务（DoS）攻击：在这种攻击中，攻击者试图剥夺合法用户对网络、系统或设备等资源的访问权限。DoS 攻击可能导致启动、感应或控制操作出现延迟，这些延迟可能进而导致操作失误、效率降低，甚至是系统完全故障。

分布式拒绝服务（DDoS）攻击：在这种网络攻击模式下，攻击者操控一群受损的设备发起协同的 DoS 攻击。近年来，恶意软件不断试图入侵物联网设备，将其转化为僵尸网络——一系列受中央控制的网络设备，用以发起毁灭性的 DDoS 攻击。值得注意的是，诸如 Mirai（安东纳卡基斯等人，2017）和 Hajime（爱德华兹和普菲娅缇，2016）等物联网僵尸网络，已经感染了数十万台物联网设备，包括打印机、路由器、监控摄像头、数字视频录像机以及电视接收器等。这些僵尸网络发起的 DDoS 攻击规模之大，堪称史上之最。

这些攻击很大程度上源于通信协议的不安全性、缺乏有效的认证和访问控制机制、安全管理的不足，以及软件供应商和用户对潜在安全漏洞的忽视。从技术角度来讲，零日漏洞——软件供应商尚未知晓的软件缺陷——因其缺乏针对性的防御措施，成为攻击者渗透系统、进行数据过滤或造成破坏的途径。零日漏洞攻击的数量日益增多，这在很大程度上归因于寻找这些漏洞的强烈动机。市场上确实存在这样的交易，某些漏洞攻击（即攻击者利用的特定软件漏洞的代码）的售价甚至高达数十万美元。正如我们后续讨论所提及，这些漏洞在网络物理系统遭受针对性攻击中扮演了至关重要的角色。

一旦某个漏洞被揭露，攻击活动的频率往往会迅速上升，部分原因是系统修复可能需要较长的时间。研究（比给和杜米特拉斯，2012）显示系统的脆弱期可能长达 312 天。此外，零日漏洞攻击很快就会被集成到攻击工具箱中，这些工具箱包含了预先打包的软件工具，即使是技能有限的攻击者也能利用它们执行复杂的攻击。例如，2010 年出现的 BlackHole exploit Kit（霍华德，2012）凭借其不断更新的版本和吸引人的商业模式（如按年租赁价格从 50 美元至 1500 美元不等）长期占据犯罪软件市场的主导地位，直至 2013 年。

据我们所了解，迄今为止尚未有攻击工具包能够针对网络物理系统中的已知漏洞进行攻击。然而，来自复杂（国家级）攻击的代码已经被专业人士应用于其他高级攻击中。基于这一趋势，我们预计不久的将来可能会出现面向一般用户的类似工具。

为了执行这些攻击，攻击者首先需要获得对系统的访问权限。以下是 3

种常见的入侵途径：

> 内部人员渗透：内部人员可能包括公司高管、在职及离职员工、商业伙伴、承包商、服务提供商、供应商、访客、清洁工、系统支持工程师等，他们与组织有着正式或非正式的关联。这些内部人员可能被利用来对系统进行感染。例如，那些未连接互联网或局域网的设备可能最容易通过诸如感染了恶意软件的闪存驱动器等介质遭受攻击。
>
> 社交工程手段：最典型的社交工程攻击方式是鱼叉式网络钓鱼。这种针对性的网络钓鱼邮件会诱导收件人打开恶意附件或点击恶意链接（这些链接可能伪装成来自知名行业网站的合法链接）。鱼叉式网络钓鱼攻击正变得越来越具有针对性和侵略性（赛门铁克，2015），其中制造业和公用事业部门已成为主要攻击目标。
>
> 驱动下载攻击：这种攻击利用了网络服务器、浏览器及其插件的漏洞，在用户的计算机上安装恶意软件。早期的攻击方式是通过引导受害者浏览器访问承载恶意下载内容的服务器。然而，为了降低追踪性，攻击者现在更倾向于入侵合法网站并在用户的访问过程中传播恶意软件。这种形式的攻击被称为水坑攻击。在这种攻击中，攻击者会监视目标系统用户（如工程师和操作员）常访问的网站，并将恶意软件植入这些网站提供的原始软件版本或更新中。

目前，鱼叉式钓鱼和水坑攻击技术已成为最常见的感染途径。随着物联网技术的广泛应用，每个物联网节点都潜在地存在安全漏洞，这可能导致在未来几年内，攻击手段和感染途径发生相应的变化。

不怀好意的人

ICS 吸引了众多具有各异技能和动机的参与者，他们如同现实生活中的演员，各自扮演着不同的角色。民族国家渴望对他国进行密切监控；企业竞争对手觊觎商业机密；犯罪分子追求经济利益；恐怖分子策划引发公众恐慌的暴力行动；活动家致力于传播他们的意识形态和政治观点；内部人员可能出于报复而被激发行动；而某些孤独的黑客或许只是追求刺激，或是追求名声。

网络空间为这些普通的嫌疑人提供了实现目的的舞台，且无需离开他们的物理环境。我们必须认识到，这些行为者拥有不同的动机和能力，因此，针对某一群体的安全措施并不能自动降低来自其他群体攻击的风险。

民族国家凭借其雄厚的资金实力，能够调动必要的资源和招募拥有先进技术的人才，以执行高水平的渗透（间谍）活动和破坏性攻击。间谍攻击变得越来越频繁，其主要目标是国家的机密信息、专利技术以及重要项目（赛门铁克，2015）。实施间谍活动、搜集情报、在目标基础设施中潜伏而不被发现，通常比进行破坏性攻击以造成即时和最大程度的破坏要更为复杂和困难。据此，民族国家可能会继续将大部分资源和能力投入到情报收集上，而非直接的破坏性行动（雷德，2012）。

企业在激烈的竞争中不断探索超越对手的新途径，工业间谍活动成为一种颇具吸引力的手段，它能够帮助企业获取竞争优势。尽管组织可能会涉足此类间谍行为，但只有在潜在收益大于可能带来的负面影响时，这种做法才被视为合理。在这种情况下，那些被定罪为间谍行为的人可能会面临声誉受损甚至牢狱之灾。

某些关键基础设施，例如公用事业、电信和卫生系统，对恐怖组织具有极大的吸引力。由于恐怖主义行动的非对称性，针对 ICS 的攻击提供了一种途径，能够在不亲自到场的情况下造成广泛而严重的损害，同时还能实现其宣传目的，而无需依赖传统的攻击手段。然而，迄今为止，我们并未看到恐怖组织公开报道实施此类破坏性攻击。这可能是由于几方面的原因：首先，他们可能缺乏实施此类攻击所需的工程技术和专业知识；其次，可能缺乏收集成功执行攻击所需的详细目标信息的手段；最后，可能是因为激发公众恐慌和反应的动机不如自杀式袭击那样直接和强烈。

黑客行动主义是一种由政治和社会理念激发的网络行动，其参与者利用技术手段推动其议程。历史上，这些活动家曾发起过针对汉莎航空网站的干扰行动，支持无证移民在德国的遣返运动，声援伊朗的异见人士，对澳大利亚政府的网络过滤和审查法律发起 Dos 攻击，通过破坏油气公司的网站和电子邮件系统来抗议油价上涨，并围绕诸如维基解密事件等政治和社会议题展开活动（佩奇特，2012）。Dos 攻击、网站破坏、机密信息的窃取与传播一直是他们的主要行动手段。近期，黑客激进分子发起了一系列大规模的 DDos 攻击（赛门铁克，2015），这些高调的攻击行动预计将在未来持续发生并保持其引人注目的特点。

网络犯罪，其动机通常源于经济利益或个人报复，已逐渐成为企业日常运营中不可避免的一部分。犯罪分子惯常利用合法网站作为媒介，将恶意软件悄无声息地植入受害者的设备中。这些恶意软件包括但不限于键盘记录器，用于窃取机密数据；间谍软件和勒索软件，用以实施敲诈勒索；Dos 攻击，以服务中断为威胁进行勒索；以及恶意软件操控路由器进行广告欺诈，亦称为恶意流量操纵。此外，还有利用网络连接存储设备进行加密货币挖掘的行为。近年来，加密勒索软件的使用急剧增加，尤其是那些相对破坏性较小的“锁屏式”勒索软件，它们仅锁定用户的电脑屏幕。攻击者不断改进其勒索策略，如今，若受害者未满足其要求，他们甚至会威胁在网上公开受害者数据（米莫索，2015）；而当受害者支付赎金后，攻击者有时会如约删除数据（阿布拉姆，2016a）。最具代表性的勒索软件之一，WannaCry 在 2017 年 5 月感染了全球 150 个国家的计算机。一旦 WannaCry 感染了电脑，它就会加密文件并删除原始数据，然后要求受害者支付比特币以解密文件。英国国家卫生服务部门在此次攻击中受到严重影响，导致医疗服务出现重大延误和中断，包括手术取消、急诊暂停和紧急入院受阻（赫尔南和吉布斯，2017）。其他受影响的机构还包括西班牙电信公司、中国和俄罗斯银行、法国汽车工厂以及德国国家铁路公司（戈什和阿肖克，2017）。值得注意的是，勒索软件利用的是微软旧版操作系统的安全漏洞，而微软公司实际上在犯罪分子发动攻击前就已经发现了这一漏洞并发布了修复补丁。遗憾的是，许多用户似乎并未及时更新系统，从而为勒索软件的传播留下了可乘之机。

犯罪分子正在调整他们的策略，转而针对那些防御能力较弱的组织，如医疗服务机构，这种做法直接威胁到在那里接受治疗的病人的安全。他们还采用了新颖的传播手段来散布恶意软件。在 2016 年 12 月，安全研究人员发现了一款名为“爆米花时间”的恶意软件（阿布拉姆，2016b），该软件采用了一种独特的激励机制，允许受害者选择支付赎金（1 个比特币相当于 898. 46 美元或 729. 57 英镑）或者通过帮助传播恶意软件来换取解密密钥。这种策略提出了一种胡萝卜加大棒的方法：如果有 2 个被感染的用户支付赎金，那么他们将会免费获得解密密钥。勒索软件持续对组织构成威胁，其敲诈金额也在不断攀升。犯罪分子的平均赎金要求已从 2015 年底的 294 美元增加到 679 美元（赛门铁克，2016）。

内部人员由于合法地接触目标系统，因此拥有更多的攻击机会，也成为了勒索活动的理想目标。典型的内部攻击行为涉及未授权访问机密信息、盗取知识产权、传播恶意软件以及执行实际的攻击操作。这些内部恶意行为的动机可能极为复杂，涵盖了寻求财务利益、职场不满、个人报复、政治信念的驱动，以及出于恐惧或胁迫（由于能够接触到敏感数据）等因素。此外，有些人可能仅仅是出于对越界行为的刺激或兴奋感。在许多组织中，内部攻击的形态千变万化，往往只有在采取法律行动对付攻击者时，这些行为才会被公之于众。然而，这种情况并不多见，因为组织担心负面宣传可能带来的声誉损害和业务负担。

独立的黑客可能出于多种目的发起网络攻击，包括寻求挑战、娱乐，或是为了展示和推销自己的技术能力。这些攻击者往往将网络系统视为技术上的挑战，借此机会展示他们的技术水平。知名组织，如公用事业部门和政府机构，对袭击者来说具有极大的吸引力，因为他们通过使这些权威机构陷入尴尬境地，希望能够引起公众的广泛关注，从而达到某种程度上的名声和认可。

选定攻击目标

据记载，针对物理基础设施的首次网络攻击可能发生在 1982 年的冷战时期，针对的是西伯利亚的天然气管道系统。当时，美国中央情报局（CIA）部署了一款专门设计的恶意软件，旨在操控乌伦戈伊-波马里-乌兹戈罗德管道系统，该系统负责向中欧和西欧市场输送天然气。这款隐蔽的软件操纵了泵的速度和阀门设置，使得管道内的压力超过了接头和焊缝的承受极限，从而引发了潜在的安全风险（罗素，2004）。这一事件作为网络空间对物理世界基础设施攻击的先例，突显了网络安全与物理安全之间日益紧密的联系。

在 2007 年，以色列针对叙利亚代尔祖尔地区的一项名为“果园行动”的军事空袭引人注目，该行动成功摧毁了一个被怀疑是核反应堆的雷达系统。尽管叙利亚拥有当时世界上顶尖的雷达技术，却未能探测到以色列的战斗机。这一事件的详细原因至今仍然是个谜，但它激起了对于叙利亚雷达系统中所使用的商用芯片安全性的广泛担忧。据推测，这些芯片的制造商可能有意对这些芯片进行了修改，以植入隐蔽的后门功能（阿迪，2008）。这种修改可能允许通过发送特定的代码来操控这些芯片，从而使雷达系统在关键时刻失效或中断运作，这一事件突显了供应链安全和硬件级别后门所潜在的安全风险。

在 2000 年，位于澳大利亚东南部昆士兰州马鲁希郡的一个热水自来水公司遭遇了一次内部安全威胁。一名不满的前雇员（承包商）控制了该委员会的废水管理系统，该系统由超过 140 个通过无线电通信与控制中心相连的泵站组成。利用无线电通信的漏洞，这名前雇员伪装成合法控制器，向泵站发送指令，阻止了水泵的正常运转，并阻止了向控制中心发送警报。结果导致了约 80 万升污水未经处理直接排放到环境中，污染了酒店、当地公园和河流，对公共健康、鱼类和野生动物造成了严重威胁（瑟雷和米勒，2008）。这一事件突显了内部人员可能引发的严重安全后果，提醒我们不仅要加强外部安全防御，还要重视内部安全。

这意味着，为了实现首要的安全目标，保护内部人员和系统安全是至关重要的（纽曼和克拉克，2003）。一个著名的例子是 2013 年发生在美国大型零售商 Target 的一次重大数据泄露事件。攻击者通过窃取与零售商系统相连的暖气、通风和空调（HVAC）系统的分包商的凭据，获得了外部访问零售商网络的权限。利用这一途径，犯罪分子入侵了 Target 的系统，窃取了 7000 万客户的个人信息，包括 4000 万张借记卡和信用卡账户信息（克雷布斯，2014）。这次攻击带来了严重的后果，包括长期的股价下跌、收入损失、首席执行官的辞职，以及超过 1 亿美元的技术更新支出（克拉克，2014）。这一事件进一步强调了内部安全措施的重要性，以及供应链安全在整个组织安全中的关键作用。

迄今为止，针对物理基础设施的最复杂网络攻击当属 2010 年的 Stuxnet 病毒事件（法雷尔等人，2011）。Stuxnet 的目的是通过重新编程 PLC，对广泛应用于工业自动化领域的 PLC 进行恶意操作。该病毒的主要目标是伊朗纳坦兹的浓缩铀工厂，通过缩短离心机的使用寿命并将浓缩铀倾倒进废料容器，对该工厂造成长期破坏。Stuxnet 是一种极为复杂的恶意软件，它能够在未联网的机器之间悄然传播，专门针对西门子公司生产的特定型号 PLC（PLCS7-125 和 S7-417）。一旦侵入这些控制器，Stuxnet 就会注入恶意代码，在短时间内扰乱系统运行，篡改传感器读数以避开监测。在不执行恶意操作时，它允许合法代码正常工作，以此掩盖自身的存在。尽管如此，它仍能造成系统缓慢而持续的损害（朗格纳，2011）。Stuxnet 利用了未修补的安全漏洞来访问系统（其中包括 2 个之前未知的漏洞），并使用合法（但被盗用的）数字证书来与指挥控制服务器通信，接收更新（通过局域网内的对等网络自动更新）。它还具备高级隐藏能力，以逃避检测（法雷尔等人，2011）。鉴于 Stuxnet 的复杂性、所需的资源和投资，以及攻击背后的潜在受益者，普遍认为这次攻击是由美国和以色列的情报机构联手发起的。

Stuxnet 的出现颠覆了以往对 ICS 安全的普遍认知。在此之前，人们普遍认为 ICS 相对安全，因为它们通常不直接连接到互联网，且部署在物理上隔离的环境中，享有较高的物理访问安全性。此外，人们坚信，即便发生攻击，也能够迅速察觉并采取应对措施。然而，Stuxnet 的出现打破了这个假设，揭示了即使是看似孤立的工业系统，也面临着前所未有的网络安全威胁。

在 2014 年 11 月，德国联邦信息安全办公室（BSI）在其年度报告中披露了一起引人注目的网络攻击事件。据报告指出，一家钢铁厂遭受了网络攻击，并遭受了物理损害。攻击者采用了精准的网络钓鱼攻击和其他复杂的社会工程技术手段，成功渗透进企业网络，随后将恶意代码传播至工厂的内部网络。尽管关于此次攻击的具体细节仍然模糊不清，但攻击者展现了高超的技术能力，以及对工业控制系统和生产线流程的深刻理解。这次攻击的后果是灾难性的，导致了关键设备控制单元的故障、高炉失控，以及核电站设施的严重损坏。

在 2015 年 12 月，乌克兰的电网遭受了一次严重的网络攻击，这次攻击不仅造成了数字层面的破坏，还引发了物理上的损害，这一事件迅速引起了全球的广泛关注（图普图克和海尔，2016）。攻击者通过协同攻击配电管理系统，引发了一系列大规模的停电事件，导致乌克兰全国超过 225 000 个家庭用户遭受断电之苦。与德国钢铁厂遭受的攻击类似，此次攻击者也被认为是通过网络钓鱼攻击手段获得了初始访问权限，进而窃取必要的凭证，提升权限，并最终成功转移到目标控制系统（E-ISAC 和 SANS，2016）。乌克兰安全部门及国际媒体迅速将此次攻击的矛头指向了据称受到俄罗斯政府支持的黑客团体。然而，由于攻击的复杂性，以及认知偏差可能被用作误导调查人员的策略，确定攻击者的真实身份仍然存在挑战。

基于上述讨论，图 20.2 显示了目标攻击（或被科尼什称为犯罪脚本）的流程（科尼什，1994）。

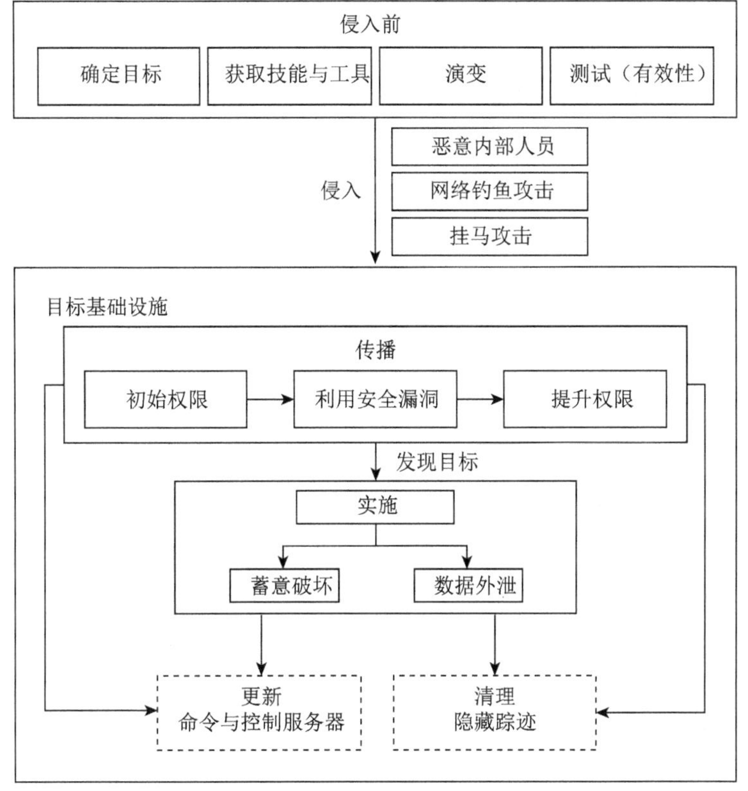

图 20.2　目标攻击的常见步骤

犯罪分子的准备工作精细而周密，涉及了一系列基础工作的设计与执行。这包括明确攻击目标（即识别具体的目标及其重要性）、积累或获取实施攻击所需的知识、技能和资源（如系统原理图、操作手册、认证证书）、开发专门的工具以及确定感染目标系统的途径。为了评估被检测的可能性，恶意软件通常在隔离的镜像环境中进行测试。常见的感染途径涉及利用内部人员、应用社会工程技术（如精确的钓鱼攻击）和采取进攻性策略，或是通过破坏供应链（例如水坑攻击，其中恶意软件通过受感染的合法供应商网站提供的软件更新进行传播）。在传播阶段，攻击者会尝试感染更多的系统和设备，提升权限以访问关键资源（如敏感数据或其他相关系统），并常常利用其他已知漏洞来加速这一过程。在某些情况下，攻击者在收到控制者的进一步指令之前，可能仅保持对系统的监视状态。在此期间，攻击代码能够在系统中通过命令和控制服务器接收和发送更新信息。执行阶段则涉及到为了实现攻击目的而激活恶意负载：可能是中断系统运作（即执行破坏性操作）或窃取数据（即信息过滤）。在整个攻击周期中，为了规避检测并维持对目标基础设施的控制，犯罪分子通常会进行一系列的清理工作，以消除痕迹并确保其活动的隐蔽性。

防卫

为了管理和强化 ICS 的安全性，政府和行业组织提供了众多标准、指导方针和最佳实践文档。以下，我们列举了一些供参考的实例（ENISA，2011）。

北美电力可靠公司（North American Electric reliability Corporation）制定的关键基础设施保护可靠性标准（CIP）涵盖了 10 项针对网络安全的控制措施，这些措施旨在降低电力系统网络的潜在风险。这些措施全面覆盖了从物理安全、电子防护边界到事故报告等多个方面。另一方面，ISA/IEC 62443 系列标准亦旨在提升 ICS 的安全性，该系列基于国际自动化学会（ISA）所制定的 ISA99 标准，并分为 4 个主要类别：通用要求、政策和程序、系统和组件。这些标准涉及安全管理、安全技术以及控制系统集成等多个关键领域。此外，ISO/IEC 27019 标准目前正处于审查过程中，其核心目标是为能源行业中的过程控制系统量身定制一套专业的信息安全管理体系，旨在进一步增强该领域安全防护的坚实性。

一系列专注于 ICS 领域的组织亦发布了相关的指导性文件。例如，美国国家标准与技术研究院（NIST）提供了包括 NIST SP 800-82《控制系统安全指南》在内的系列指导资料；英国国家基础设施保护中心（CPNI）推出了一系列关于 ICS 安全的最佳实践指南；《工业控制系统网络安全评估良好实践指南》（CPNI，2017）则是由国土安全部携手编写的重要文献。这些指南和文件共同为 ICS 的网络安全提供了宝贵的指导和参考。

目前，我们对黑客组织如何处理海量信息并筛选出适用于其目的的数据集合的具体方法并不完全了解。在遵循标准规范以确保安全性的过程中，我们面临着巨大的复杂性，尤其是在新技术与旧设备和协议融合的情况下。北美电力可靠公司的案例显示，企业在面临严格的安全监管时，往往会寻求规避监管的途径。例如，他们可能会选择取消黑启动功能——这是一种在系统全面或部分停机后恢复电力供应的能力——以此来规避合规成本（安德森和富罗里亚，2010）。这种行为虽然可以理解，但却可能对整个系统的稳定性造成潜在的风险。

ICS 的安全性研究已成为多学科领域的焦点议题，涵盖了入侵检测系统（米切尔和陈，2014）、安全性与风险管理（诺尔斯等人，2015）以及模拟试验台（霍尔姆等人，2015）等多个方面。然而，这些研究成果，与许多新兴的学术研究一样，尚未达到在实际应用中广泛部署的成熟阶段。它们大多基于有限的数据集进行平台评估，并且往往局限于非商业化的实验性实施。这些研究的实际应用潜力仍有待进一步发展和完善。

当前工业控制系统的发展概况

我们此前讨论过，ICS 是一个拥有实际商业应用的领域，它推动了物联网的早期使用。然而，物联网引入的复杂性和潜在的安全漏洞可能会加剧安全挑战。分析现有系统表明，ICS 的安全性至关重要，因为这些系统负责监管对国家经济繁荣和公民福祉至关重要的一项项服务。随着 COTS 的发展，这些现有系统变得尤为吸引攻击者的目光。引入物联网使得攻击行动从源头上变得更加复杂，因为传统的基于互联网的 COTS 技术转移不仅扩大了攻击面，还引入了额外的资源，这在长远来看可能使得系统更加脆弱。因此，确保这些系统的安全成为了当务之急。

网络空间的犯罪与传统的物理空间犯罪在本质上并无显著差异。犯罪分子的动机相似，都在寻找易受攻击的目标，却往往无需面对直接的监管。与传统犯罪不同，网络犯罪不再依赖于物理接近性，作案者能够在全球任何地点发动攻击，而无需身处受害者附近。犯罪行为往往是连续性的（伯伦内尔和克拉克，2005），表现为一种一对一的互动，犯罪者每次集中攻击一个目标，随后可能转向下一个受害者，有时甚至会回头再次对同一受害者进行攻击。与此形成鲜明对比的是，在网络空间，犯罪者能够同时在全球多个地点展开多样化的犯罪活动，这种能力使得网络犯罪的影响范围和复杂程度显著增加。

犯罪动机和类型保持不变，主要聚焦于经济利益或造成物理伤害。普遍认为，针对物联网系统的新一波犯罪活动同样会出于这些根本动机。在 ICS

中，物联网组件可能提供了不同的（且往往更为简便的）攻击路径，主要涉及破坏和渗透。然而，物联网系统所面临的潜在风险范围可能会发生扩展，不仅包括对个人隐私的侵犯或计算机系统的破坏，还可能更广泛地涵盖对ICS的多种物理性损害，从而使得安全威胁的层面更为复杂和多样。

物联网未来犯罪

本章聚焦于工业自动化领域，部分原因是它往往是首批采纳物联网系统的领域。同时，ICS所遭受的攻击揭示了在互联网驱动世界中可能发生的犯罪类型。网络攻击不仅能够引发物理损害、人员伤亡、破坏基础设施和设备，还可能对环境造成严重影响。为了充分发挥物联网技术的潜力，它必将深入渗透到我们生活的各个层面，特别是在医疗保健、智能家居、智能城市以及交通工具等关键领域。因此，确保这些技术的安全性显得尤为重要。

在医疗领域，物联网技术正迅速成为第二大应用领域。从滴定泵、胰岛素泵到机器人辅助外科手术，嵌入式计算技术已经被广泛集成到医疗设备中，而这些设备正日益增多地与网络相连，同时也带来了不容忽视的安全隐患。此外，可穿戴的无线传感装置正被广泛应用于各种情境，从提升生活质量的设备（如简单的步数计数器）到门诊患者的监测（如远程矫正治疗），再到加强社会关怀（如在家中监测老年人健康状况）的设备。物联网技术在医疗保健领域的融合趋势预计将持续增长，这主要得益于它能够提供前所未有的数据详尽度和控制精度，这种水平的精细管理在过去是无法实现的。

鉴于物联网设备和ICS面临的攻击类型以及相似的漏洞，我们认为类似的网络攻击不仅有可能发生，实际上已经发生了。目前，我们对于问题的严重性认识不足，往往只有在攻击造成显著影响时，这些事件才会被公开。例如，2016年，美国发生了一系列针对医院的勒索软件攻击（西蒂希和辛格，2016）。在其中一起事件中，一家医院的计算机系统被迫离线超过一周（泽特尔，2016），最终院方在无奈之下选择支付了相当于17 000美元的赎金以恢复对系统的访问。在英国，有1/3的国家卫生局信托基金成为了勒索软件的受害者(2017)。2017年5月发生的WannaCry勒索软件攻击表明，犯罪分子是机会主义者，他们不会因为潜在的社会危害而限制自己的行为。医院成为勒索软件攻击的主要目标有以下几个原因：（1）它们提供关键的重症监护服务；

（2）对病人数据的即时访问需求；（3）虽然医院员工有安全意识，但这种意识通常集中在保护病人隐私上，而非对抗这些新型的网络攻击；（4）医院拥有许多系统，尤其是那些为在隔离环境下操作而设计的系统，它们的安全要求往往最低。WannaCry 勒索软件事件给我们的主要教训是，有效的信息安全治理对于保障公共安全至关重要。许多英国医疗服务机构容易受到 WannaCry 勒索软件的攻击，因为该软件专门针对使用了 15 年的老旧操作系统（如 Windows XP），而这些系统几乎没有抵抗力。这一事件强调了迫切需要加强和更新网络安全措施，以保护我们关键的基础设施不受此类威胁。

另一个引人关注的问题是个人医疗设备（例如胰岛素泵、心脏起搏器、植入式心脏除颤器和神经刺激器等）的安全性问题（莫伊，2016）。随着技术的进步，这些设备越来越多地被设计为能够通过无线方式连接到互联网，以便更便捷地提供远程医疗服务。然而，这也引入了新的安全风险。针对这些医疗系统的潜在攻击手段包括：识别个体是否植入了特定设备；获取植入设备的信息（如型号、品牌）；窃取患者的个人信息（如身份资料、医疗记录）；篡改设备设置；调整治疗方案；甚至不当施放电击（哈尔佩林等人，2008）。识别某人是否植入了医疗设备，不仅可能侵犯患者隐私，还可能为潜在的雇主、保险公司甚至恐怖分子提供寻找目标的机会。美国前副总统迪克·切尼在 2013 年的采访中透露，为了避免潜在的恐怖袭击，他拒绝了在心脏植入具有无线功能装置的医疗建议（BBC，2013）。当时，这种担忧可能被认为是过于谨慎。但自那以后，美国食品药品监督管理局（FDA）在 2015 年和 2017 年发布了几起医疗设备召回通知，这些通知虽然没有涉及利用安全漏洞的报道，但确实表明这些设备在黑客攻击下存在对患者造成伤害的风险。这些事件突显了医疗设备安全性的重要性，以及采取措施保护这些设备免受恶意攻击的必要性。

无人驾驶汽车：无人驾驶汽车的研发势头强劲，预计在未来 10 年至 20 年内，我们将见证它们作为商品逐渐普及。事实上，目前许多自动驾驶车辆所需的关键功能技术，如智能巡航控制、车道变更警告和泊车辅助，已经在现有车辆中得到开发和应用。甚至汽车音响系统、后视镜和引擎管理系统等，也越来越依赖车辆内部网络进行控制，尤其是控制器局域网络（CAN 总线）。当这些网络与遥测系统或移动电话网络相连时，它们面临着遭受攻击的风险（格林博格，2015b、2016）。汽车制造商如克莱斯勒和三菱在意识到旗下车型易受远程攻击后，已经召回了部分车型。一些制造商（例如，特斯拉和福特）已经开始提供软件补丁，特斯拉甚至通过无线方式直接推送，省去了车主前往经销商的麻烦。通用汽车等制造商也计划从 2020 年开始提供软件补丁下载服务。由于车辆是由多个供应商提供的复杂系统，每个子系统都包含数百个 CPU，软件更新的管理变得极为复杂。面对这些安全挑战，安全监管机构和保险业如何应对，目前还没有明确的答案。这要求整个行业和相关监管机构共同努力，确保未来的交通系统既智能又安全。

自 2016 年 7 月以来，欧洲多个城市，包括斯德哥尔摩、伦敦和巴塞罗那，共发生了 7 起利用汽车作为恐怖袭击工具的事件。这些恐怖袭击揭示了汽车不仅作为日常交通工具，在被不当使用时也能成为致命的武器。尤为令人不安的是，这种攻击手段有可能被远程操控，意味着众多交通工具可能面临被一小撮不法分子同时破坏的风险，这无疑加剧了公共安全的担忧。

智慧城市的发展：追溯到 1950 年，城市居住人口仅占全球总人口的 30%（联合国，2015），这一比例在 2014 年已上升至 54%。预计到 2050 年，这一数字将进一步增加至 64%，伴随全球人口的激增，预计将新增 25 亿人。面对这样的人口增长趋势，设计具有可持续性的智慧城市（沙弗斯等人，2011）变得至关重要，这不仅是为了应对人口激增的挑战，也是为了提升居民的生活品质。相较于向分散的农村地区提供服务，为人口密集的城市区域提供公用事业、住房、垃圾收集、照明、停车、医疗、教育和交通服务更为经济高效，同时也更加环保。物联网技术在智慧城市的设备互联、环境感知、监控与控制方面发挥着无可替代的作用。然而，正如其他众多领域一样，犯罪分子可能会瞄准这些系统的漏洞，以实现非法目的。这些非法行为可能涉及人身伤害、利用勒索软件等手段获取经济利益，或侵犯公民个人隐私。遗憾的是，在智慧城市的安全意识方面，我们仍处于起步阶段，安全意识的缺乏已成为一个不容忽视的问题（ENISA，2015）。

从犯罪者视角分析

目前，我们认识到物联网技术可能为犯罪分子提供新的机会。在本节中，我们借鉴了英国犯罪报告的分类，从犯罪者的视角分析这些新兴技术对他们的潜在价值。如今，一旦某个安全漏洞被发现，往往很快就会有人开发出恶意软件来加以利用。如果设备供应商不能迅速地创建并推送补丁，或者设备所有者未能及时更新这些安全补丁，那么这些系统极有可能被用作多种犯罪行为和恐怖主义活动的工具。

考虑到现有系统的易受攻击性，表 20.1 揭示了利用物联网技术可能实施的一系列犯罪行为。随着连接设备数量的增加，系统的脆弱性也随之增强。这不仅仅是因为攻击面的扩大，而且也由于资源有限的设备之间交互的复杂性随着设备数量和多样性的增长而加剧。

表 20.1　物联网领域未来犯罪的一些例子

罪行	进攻组	细节
企图谋杀	对人的暴力	入侵个人医疗设备。例如，胰岛素泵、起搏器、植入式心脏复律除颤器、神经刺激器和护理机器人助手，可能会造成身体伤害并可能导致患者死亡（芬克尔，2014；莫伊，2016；哈尔佩林等人，2008）。
企图谋杀	对人的暴力	通过控制恒温器在冬天关闭老年人的暖气。
企图谋杀 干扰机动车	对人的暴力 车辆违法	禁用自动驾驶汽车的转向控制和刹车（格林伯格，2016）。
勒索	盗窃	在关键时刻利用勒索软件劫持智能家居设备、个人医疗设备和机动车辆等设备。例如，入侵车辆的无钥匙门锁系统以防止驾驶员打开车门。
跟踪	对人的暴力	移动和智能家居设备，例如电视（哈里斯，2015）、玩具（吉布斯，2015）、婴儿监视器（古丁，2015），用于间谍监视、监控、位置跟踪。
从人那里盗窃	盗窃	从个人和智能家居设备中窃取个人数据，并将这些数据出售给相关方。
从人那里盗窃	个人盗窃	公用事业公司欺骗他们的客户，但破坏公用事业的使用，例如使供暖时间稍长于所需时间。
从自动机器或仪表上盗窃	盗窃	非法侵入智能家居系统和智能电表等设备以少报能耗。
公众的恐惧、恐慌或痛苦	公共秩序	对智能城市交通基础设施进行黑客攻击，例如对道路标志、交通信号灯、路灯和路灯的分布式攻击，可能会导致混乱（哈代，2016）。

续表

罪行	进攻组	细节
持有其他武器	拥有武器	拥有和传播恶意软件，这些恶意软件有可能进行可能导致物理损坏或勒索的攻击。
对人的罪行	突击	操作（例如打开和关闭）智能家居设备，例如冰箱、烤箱、洗碗机、洗衣机、恒温器、电视、游戏机和照明系统。

在当前环境下，许多针对物联网犯罪的防护措施往往基于两种假设：一是犯罪者缺乏必要的技术知识，二是发起攻击所面临的难度意味着他们会选择其他更简单的犯罪手段。然而，我们若继续依赖这种假设是颇为冒险的。正如墨西哥的案例所示，强大的犯罪集团如卡特尔已经建立了自己的私有移动网络基础设施（约翰逊，2011），并且研发出了比警方更为先进的技术来追踪警方的位置，这表明犯罪集团在技术上的能力不容小觑。

总结

我们正站在技术革命的风口浪尖上，嵌入式物联网技术无疑将成为未来智能系统不可或缺的核心要素。这些技术的一些应用已经开始投入使用，并逐渐渗透到社会运行所依赖的关键基础设施之中。这些领域往往尚未完全暴露在传统网络攻击的威胁之下，更不用说针对物联网系统的特定攻击了。物联网技术在我们的理解尚未深入之际，其脆弱性尤为明显。一旦被恶意利用，它们可能成为攻击者的得力工具。例如，我们最近目睹的物联网 Dos 攻击，或是物联网设备本身遭受的攻击。那些赋予它们强大功能的特点——如低成本、易用性和高度连通性——也正是它们脆弱性的来源。

构建一个能够抵御误用、故障和恶意行为的安全可靠的系统，是一项极为复杂的工程挑战。无线技术和其带来的移动性特点，已经颠覆了我们对于具有明确网络边界的封闭系统的传统认知。在当今时代，系统正不断地进化并融入我们的日常生活物品之中，我们对它们的依赖也与日俱增，依靠它们来管理和控制关键服务，以及提供生命支持能力。因此，安全不再仅仅是信息安全领域的首要考量（如保密性、完整性和可用性），而是成为了一门融合多学科知识的工程学科。它致力于设计出既安全又可靠的系统，以防范各种潜在风险。未来，企业、工厂、智能城市、智能家居以及智能医疗系统的成功与否，将在很大程度上取决于我们在安全工程领域能否创新和进步。

物联网的发展是一项技术密集型任务，确保物联网节点网络的的高效运作更是充满了挑战。目前，物联网系统的研发重点往往放在功能创新上，而对于物联网安全技术的关注不足，对潜在犯罪活动的认识也相对匮乏。为了深刻理解这一点，我们需要组建一个跨学科团队，专注于技术研究、安全防护、应用场景，以及犯罪动机和资源的探究。一旦出现安全事件，数字取证工作必须能够识别并分析潜在的风险点。工程学、安全工程学、犯罪学和法庭科学之间需要建立紧密的合作桥梁，以实现必要的协同效应。此外，这项工作刻不容缓，且必须采取主动防御的策略。如果我们仅仅将安全问题视为次要问题，认为通过购买和升级系统就能解决，这种看法未免过于简单化。事实上，这种做法从未真正有效，未来也不太可能奏效。

参考文献

Abrams, L. 2016a. “Jigsaw Ransomware Decrypted: Will Delete Your Files until You Pay the Ransom”. Bleeping Computer. Available: www. bleepingcomputer. com/news/security/jigsaw-ransomware-decrypted-will-delete-your-files-until-you-pay-the-ransom [Accessed 12/02/2017].

Abrams, L. 2016b. “New Scheme: Spread Popcorn Time Ransomware, Get Chance of Free Decryption Key. Bleeping Computer”. Available: www. bleepingcomputer. com/news/security/new-scheme-spread-popcorn-time-ransomware-get-chance-of-free-decryption-key [Accessed 12/02/2017].

Adee, S. 2008. “The Hunt for the Kill Switch”. IEEE Spectrum. Available: http://spectrum. ieee. org/semiconductors/design/the-hunt-for-the-kill-switch [Accessed 12/02/2017].

Anderson, R. and Fuloria, S. 2010. “On the Security Economics of Electricity Metering”. In *Proceedings of the Ninth Workshop on the Economics of Information Security* (*WEIS*), June 2010.

Antonakakis, M. etal., 2017. “Understanding the Mirai Botnet”. 26th Security Symposium. Vancouver, BC: USENIX Association.

ARM 2017. “ARM Holdings: Q1 2017 Roadshow Slides”. Cambridge: Arm Holdings. Available: www. arm. com/company/-/media/arm. com/company/Investors/Quarterly% 2520Results%

2520-%2520PDFs/Arm_ SB_ Q1_ 2017_ Roadshow_ Slides_ Final. pdf [Accessed 06/09/2017].

Ashton, K. 2009. "That 'Internet of Things' Thing. RFiD Journal". Available: www. rfid-journal. com/articles/view? 4986 [Accessed 10/12/2016].

BBC 2013. "Dick Cheney: Heart Implant Attack Was Credible". The British Broadcasting Corporation. Available: www. bbc. co. uk/news/technology-24608435 [Accessed 10/02/2017].

Bilge, L. and Dumitras, T. 2012. "Before We Knew it: An Empirical Study of Zero-day Attacks in the Real World". In *Proceedings of the* 2012 *ACM Conference on Computer and Communications Security*. Raleigh, NC: ACM.

Borgia, E. 2014. "The Internet of Things Vision: Key Features, Applications and Open Issues". *Computer Communications*, 54: 1~31.

Bowles, N. 2016. "Yet Another Car Can Be Hacked – This Time it's the Mitsubishi Outlander Hybrid". *The Guardian*. Available: www. theguardian. com/technology/2016/jun/06/mitsubishi-outlander-car-hacked-security [Accessed 10/02/2017].

Brenner, S. W. and Clarke, L. L. 2005. "Distributed Security: Preventing Cybercrime". *The John Marshall Journal of Information Technology & Privacy Law*, 23: 659~709.

BSI 2014. *Bericht zur Lage der IT-Sicherheit in Deutschland 2014*. Bundesamt für Sicherheit in der Informationstechnik. Available: www. bsi-fuer-buerger. de/SharedDocs/Downloads/DE/BSI/Publikationen/Lageberichte/Lagebericht2015. pdf? _ _ blob = publicationFile&v = 5 [Accessed 12/04/2016].

Chang, L. 2015. "Innovation Key to Boost Manufacturing Sector". *China Daily*. Available: http://english. gov. cn/news/top_ news/2015/08/04/content_ 281475160745630. htm [Accessed 2/01/2017].

Clark, M. 2014. "Timeline of Target's Data Breach and Aftermath: How Cybertheft Snowballed for The Giant Retailer". *International Business Times*. Available: www. ibtimes. com/timeline-targets-data-breach-aftermath-how-cybertheft-snowballed-giant-retailer-1580056 [Accessed 28/12/2016].

Cornish, D. 1994. "The Procedural Analysis of Offending and its Relevance for Situational Prevention". *In Crime Prevention Studies*. Monsey, NY: Criminal Justice Press.

CPNI 2017. "Internet of Things and Industrial Control Systems". Centre for the Protection of National Infrastructure (CPNI). Available: www. cpni. gov. uk/internet-things-and-industrial-control-systems [Accessed 14/02/2017].

Edwards, S. and Profetis, I. 2016. "Hajime: Analysis of a Decentralized Internet Worm for IoT Devices". Security Research Group, Rapidity Networks.

E-ISAC and SANS 2016. "TLP: White Analysis of the Cyber Attack on the Ukrainian Power Grid". The Electricity Information Sharing and Analysis Center, The SANS Institute.

EFFRA 2016. "European Factories of the Future Research Association". Available: www.effra.eu [Accessed 14/02/2017].

ENISA 2015. "Cyber Security for Smart Cities: An Architecture Model for Public Transport". European Union Agency for Network and Information Security.

EPSRC 2016. "New Internet of Things Research Hub Announced. The Engineering and Physical Sciences Research Council". Available: www.epsrc.ac.uk/newsevents/news/iotresearchhub [Accessed 20/12/2016].

European Commission 2016. "Factories of the Future". Available: http://ec.europa.eu/research/industrial_technologies/factories-of-the-future_en.html [Accessed 28/12/2016].

Falliere, N., Murchu, L. O., and Chien, E. 2011. "Symantec Security Response W32. Stuxnet Dossier". Online white paper available: www.symantec.com/content/en/us/enterprise/media/security_response/whitepapers/w32_stuxnet_dossier.pdf [Accessed 20/12/2016].

FDA 2015. "Vulnerabilities of Hospira Life Care PCA3 and PCA5 Infusion Pump Systems: FDA Safety Communication". FDA US Food & Drug Administration. Available: www.fda.gov/MedicalDevices/Safety/AlertsandNotices/ucm446809.htm [Accessed 12/04/2017].

FDA 2017. "Cybersecurity Vulnerabilities Identified in St. Jude Medical's Implantable Cardiac Devices and Merlin@ home Transmitter: FDA Safety Communication". FDA US Food & Drug Administration. Available: www.fda.gov/medicaldevices/safety/alertsandnotices/ucm535843.htm [Accessed 12/04/2017].

Finkle, J. 2014. "J and J Warns Diabetic Patients: Insulin Pump Vulnerable to Hacking". Reuters. Available: http://uk.reuters.com/article/us-johnson-johnson-cyber-insulin-pumps-e-idUKKCN12411L [Accessed 12/04/2017].

Gartner 2016. "Gartner's 2016 Hype Cycle for Emerging Technologies Identifies Three Key Trends That Organizations Must Track to Gain Competitive Advantage". Gartner. Available: www.gartner.com/newsroom/id/3412017 [Accessed 12/04/2017].

Gibbs, S. 2015. "Hackers Can Hijack Wi-Fi Hello Barbie to Spy on Your Children". *The Guardian*. Available: www.theguardian.com/technology/2015/nov/26/hackers-can-hijack-wi-fi-hello-barbie-to-spy-on-your-children [Accessed 12/04/2017].

Ghosh, A. and Ashok, I., 2017. "Wannacry: List of Major Companies and Networks Hit by Ransomware around the Globe". *International Business Times*. Available: www.ibtimes.co.uk/wannacry-list-major-companies-networks-hit-by-deadly-ransomware-around-globe-1621587 [Accessed 05/09/2017].

Goodin, D. 2015. "9 Baby Monitors Wide Open to Hacks that Expose Users' Most Private Moments". Ars Technica. Available: http://arstechnica. com/security/2015/09/9-baby-monitors-wide-open-to-hacks-that-expose-users-most-private-moments [Accessed 10/04/2017].

Greenberg, A. 2015a. "After Jeep Hack, Chrysler Recalls 1.4M Vehicles for Bug Fix". *Wired*. Available: www. wired. com/2015/07/jeep-hack-chrysler-recalls-1-4m-vehicles-bug-fix/ [Accessed 10/04/2017].

Greenberg, A. 2015b. "Hackers Remotely Kill a Jeep on the Highway—With Me in It". *Wired*. Available: www. wired. com/2015/07/hackers-remotely-kill-jeep-highway/ [Accessed 12/04/2017].

Greenberg, A. 2016. "The Jeep Hackers Are Back to Prove Car Hacking Can Get Much Worse". *Wired*. Available: www. wired. com/2016/08/jeep-hackers-return-high-speed-steering-acceleration-hacks [Accessed 12/04/2017].

Halperin, D., Heydt-Benjamin, T. S., Ransford, B., Clark, S. S., Defend, B., Morgan, W., Fu, K., Kohno, T., and Maisel, W. H. 2008. "Pacemakers and Implantable Cardiac Defibrillators: Software Radio Attacks and Zero-Power Defenses". IEEE Symposium on Security and Privacy (SP 2008).

Hardy, I. 2016. "Are Smart City Transport Systems Vulnerable to Hackers?" British Broadcasting Corporation Available: www. bbc. co. uk/news/business-36854293 [Accessed 06/09/2017].

Harris, S. 2015. "Your Samsung SmartTV Is Spying on You, basically". The Daily Beast. Available: www. thedailybeast. com/articles/2015/02/05/your-samsung-smarttv-is-spying-on-you-basically. html [Accessed 04/09/2017].

Hern, A. and Gibbs, S., 2017. "What is WannaCry Ransomware and Why is it Attacking Global Computers?" *The Guardian*. Available: www. theguardian. com/technology/2017/may/12/nhs-ransomware-cyber-attack-what-is-wanacrypt0r-20 [Accessed 06/09/2017].

Holm, H., Karresand, M., Vidström, A. and Westring, E. 2015. "A Survey of Industrial Control System Testbeds". In: Buchegger, S. and Dam, M. (eds) *Secure IT Systems: 20th Nordic Conference, NordSec 2015, Stockholm, Sweden, October 19-21, 2015, Proceedings*. Cham, Switzerland: Springer International Publishing.

Howard, F. 2012. "Exploring the Blackhole Exploit Kit. SophosLabs, UK". Available: https://sophosnews. files. wordpress. com/2012/03/blackhole_ paper_ mar2012. pdf [Accessed 06/09/2017].

IIC 2016. "Industrial Internet Innovation Forum. Industrial Internet Consortium". Available: www. iiconsortium. org/index. htm [Accessed 12/12/2016].

ITU 2012. Y. "2060 Series Y: Global Information Infrastructure, Internet Protocol Aspects, Next-generation Network: Next Generation Networks-Frameworks and Functional Architecture Models, Overview of the Internet of things". International Telecommunications Union.

IVI 2016. "Industrial Value Chain Initiative". IIV. Available: www. iv-i. org/en [Accessed 17/01/2017].

Johnson, R. 2011. "Mexican Drug Cartels Have Built Their Own National Radio System to Communicate with Members". Business Insider. Available: www. businessinsider. com/mexican-drug-cartels-have-built-their-own-national-radio-system-to-communicate-wih-members-2011-12? IR=T [Accessed 06/09/2017].

Knowles, W., Prince, D., Hutchison, D., Disso, J. F. P. and Jones, K. 2015. "A Survey of Cyber Security Management in Industrial Control Systems". *International Journal of Critical Infrastructure Protection*, 9: 52-80.

Krebs, B. 2014. "Target Hackers Broke in Via HVAC Company". KrebsonSecurity. Available: https://krebsonsecurity. com/about [Accessed 06/09/2017].

Kuehn, A. and Mueller, M. 2014. "Shifts in the Cybersecurity Paradigm: Zero-Day Exploits, Discourse, and Emerging Institutions". In *Proceedings of the 2014 New Security Paradigms Workshop*. Victoria, BC: ACM.

Langner, R. 2011. "Stuxnet: Dissecting a Cyberwarfare Weapon". *IEEE Security & Privacy*, 9: 49~51.

Lesk, M. 2007. "The New Front Line: Estonia under Cyberassault". *IEEE Security & Privacy*, 5, 76~79.

Mahalik, N. P. 2003. *Fieldbus Technology*. New York: Springer-Verlag Berlin Heidelberg.

Mimoso, M. 2015. "Chimera Ransomware Promises to Publish Encrypted Data". Threatpost. Available: https://threatpost. com/chimera-ransomware-promises-to-publish-encrypted-data-online/115293 [Accessed 06/09/2017].

Mitchell, R. and Chen, I. -R. 2014. "A Survey of Intrusion Detection Techniques for Cyber-Physical Systems". *ACM Computing Survey*, 46: 1~29.

Moe, M. 2016. "Go Ahead, Hackers. Break My Heart". *Wired*. Available: www. wired. com/2016/03/go-ahead-hackers-break-heart [Accessed 06/09/2017].

Newman, G. R. and Clarke, R. V. 2003. *Superhighway Robbery: Preventing E-commerce Crime*. Cullompton, Devon: Willan Publishing.

NTSB 2002. "Pipeline Accident Report: Pipeline Rupture and Subsequent Fire in Bellingham, Washington June 10, 1999". Washington, DC: National Transportation Safety Board.

Paget, F. 2012. "White Paper: Hacktivism Cyberspace Has Become the New Medium for Political Voices" . McAfee Labs.

Register. 2017. "Ransomware Brutes Smacked 1 in 3 NHS Trusts Last Year" . The Register. Available: www. theregister. co. uk/2017/01/17/nhs_ ransomware/ [Accessed 06/09/2017].

Rid, T. 2012. "Cyber War Will Not Take Place" . *Journal of Strategic Studies*, 35: 5~32.

Russell, A. 2004. "CIA Plot Led to Huge Blast in Siberian Gas Pipeline" . *The Telegraph*. Available: www. telegraph. co. uk/news/worldnews/northamerica/usa/1455559/CIA-plot-led-to-huge-blast-in-Siberian-gas-pipeline. html [Accessed 12/01/2017].

Schaffers, H. , Komninos, N. , Pallot, M. , Trousse, B. , Nilsson, M. and Oliveira, A. 2011. "Smart Cities and the Future Internet: Towards Cooperation Frameworks for Open Innovation" . In: Domingue, J et al. (eds) The Future Internet: Future Internet Assembly 2011: A-chievements and Technological Promises. Berlin, Heidelberg: Springer Berlin Heidelberg.

Sittig, D. F. and Singh, H. 2016. "A Socio-Technical Approach to Preventing, Mitigating, and Recovering from Ransomware Attacks" . *Applied Clinical Informatics*, 7: 624~632.

Slay, J. and Miller, M. 2008. "Lessons Learned from the Maroochy Water Breach" . In Goetz, E. and Shenoi, S. (eds) *Critical Infrastructure Protection*. Boston, MA: Springer US.

Standaert, F. -X. 2010. "Introduction to Side-channel Attacks" . In Verbauwhede, I. M. R. (ed.) *Secure Integrated Circuits and Systems*. Boston, MA: Springer US.

Stankovic, J. A. 2014. "Research Directions for the Internet of Things" . *IEEE Internet of Things Journal*, 1: 3~9.

Symantec 2015. *Internet Security Threat Report*, Volume 20. Mountain View, CA: Symantec.

Symantec 2016. *Special Report: Ransomware and Businesses*. Mountain View, CA: Symantec.

Tuptuk, N. and Hailes, S. 2015. "Covert Channel Attacks in Pervasive Computing" . IEEE International Conference on Pervasive Computing and Communications (PerCom), 23~27 March 2015, 236~242.

Tuptuk, N. and Hailes, S. 2016. "The Cyberattack on Ukraine's Power Grid Is a Warning of What's to Come" . The Conversation. Available: https://theconversation. com/the-cyberattack-on-ukraines-power-grid-is-a-warning-of-whats-to-come-52832 [Accessed 13/01/2017].

UN 2015. *World Urbanization Prospects: The* 2014 *Revision* (ST/ESA/SER. A/366). United Nations, Department of Economic and Social Affairs.

Vermesan, O. , Friess, P. , Guillemin, P. , Gusmeroli, S. , Sundmaeker, H. , Bassi, A. , Jubert, I. S. , Mazura, M. , Harrison, M. , Eisenhauer, M. , and Doody, P. 2009. "Internet of Things Strategic Research Roadmap" . *Internet of Things: Global Technological and Societal Trends*, 1 (2011): 9~52.

Weiser, M. 1999. "The computer for the 21st Century" . *ACM SIGMOBILE Mobile Computing and Communications Review*, 3, 3~11.

Zetter, K. 2016. "Why Hospitals Are the Perfect Targets for Ransomware". *Wired.* Available: www. wired. com/2016/03/ransomware-why-hospitals-are-the-perfect-targets [Accessed 14/01/2017].

第二十一章

虚拟空间的跨学科研究：在线警告信息能减少潜在犯罪者访问儿童性剥削内容吗?

摘要

虚拟空间中的人类行为是一个越来越重要的研究领域。然而，虚拟空间不仅是人与机器互动的场所，它还随着计算机和网络技术的飞速发展，以及人类对这一空间的操控和适应能力的增强，展现出巨大的潜力。技术变革的快速步伐、研究领域的复杂性、潜在的价值，以及物联网和大数据累积带来的影响（多迪格·克恩科维奇等人，2017；陈和本尼特·摩西，2016），对虚拟空间中的行为研究显得尤为关键。这些研究的深入探索将对我们的理解和应对不断变化的网络环境产生重要影响。

我们对虚拟空间的运用呈现出一种连续性，既包括积极的利用，也包括滥用。尽管非法滥用行为在众多领域广为人知，但这些行为的本质及其犯罪性往往是争议性的，或者取决于具体情境。无可否认，对虚拟空间的潜在滥用至少与它的正面应用同等重要，这是我们在探讨虚拟空间使用时必须关注的一个重要方面。

为了更好地理解虚拟空间发生了什么，我们必须从多学科的角度出发，并努力超越传统的学科界限，否则就会限制我们的分析（格雷登，2013）。本章介绍了基于多学科视角的研究项目，它也是一个首次迭代研究的案例。该项目将测试警告信息是否能被用于阻止试图访问在线儿童色情作品——此处称为儿童性剥削内容（CEM）——的人们。因此，该项目涉及的跨学科问题[1]完全属于犯罪科学领域（格雷登，2013）。[2]

亨辛格（2005）指出，互联网研究的复杂性要求我们采取跨学科的研究方法来应对这些挑战。跨学科研究在其他领域已成功实施，例如在公共卫生问题日益突显的背景下，医疗专业人员之间的协同合作已成为一种常规做法（德阿奥尔等人，2005）。同样地，面对犯罪问题的复杂性，我们迫切需要组建跨学科的研究团队，以有效应对这些复杂性问题（例如，法林顿和佩特罗诺，2001）。

本章伊始，我们探讨了“跨学科”研究的概念，它作为一种方法论，能够为多学科实证研究提供分类框架，并强调了其在犯罪科学领域的重要性。随后，我们回顾了信息通信技术（ICT）的演进，特别是针对在线 CEM 犯罪的研究，这一领域因技术发展而引起了特别的关注和研究的必要性。

在此基础上，我们借鉴环境犯罪学理论，尤其是 SCP 的理念，对在线 CEM 问题进行了深入探讨。以此视角，我们审视了在线警告信息是否能作为一种情境威慑手段，有效阻止潜在犯罪者试图接触 CEM。将自动网络警告作为预防技术犯罪的策略，已经在对抗黑客行为的研究中得到应用（迈蒙等人，2014；特斯塔等人，2017；威尔逊等人，2015）。然而，目前对于运用此类警告预防 CEM 犯罪的具体效果评估仍然较为缺乏（奎雷亚和库科普洛斯，2018）。[3]

我们呈现了一项基于早期迭代研究方法的案例研究。该研究突显了跨学科研究在连接非学术领域专业知识与特定学科技能方面的重要性。最终，我们探讨了成功开展跨学科研究所需的关键因素。

跨学科犯罪科学研究

协作水平的划分可以基于“多学科”与“跨学科”两种研究模式（德阿奥尔等人，2005）。在多学科研究中，项目通常由各个独立的子模块组成，这些子模块由不同学科领域的专家分别独立完成。相比之下，跨学科研究则更强调合作间的紧密相依性，参与者们共同致力于项目的各个环节，包括关键里程碑的达成，共同决策，并积极探索知识的整合与融合。

跨学科合作强调加深合作者之间的相互依赖性。对于专业团队来说，这种合作主要体现在合作者之间有意识地加强知识共享和协同决策，同时逐步消解传统学科之间的界限（德阿奥尔等人，2005：120）。这种模式下，各领域专家共同努力，推动不同学科间的深度融合，以促进创新和解决问题的新途径。

亨利（2005、2012）呼吁学术界对跨学科犯罪学研究进行深入反思，并强调我们应当特别关注理论与知识在实践中的应用。他建议犯罪学研究者应积极与其他学科的学者携手合作，并且开放心态，与来自非学术领域的“知识创造者”共同努力，这包括但不限于专业人士（例如，从业人员、机构代表和专业协会成员）以及那些具有第一手实践经验的人士（如，服务对象、消费者和权益倡导者）（亨利，2012：76）。通过这种跨界合作，犯罪学研究能够更全面地理解并解决复杂的犯罪问题。

马龙夫妇（2013：170）将网络安全描述为一个“邪恶的问题”，指出它向决策者提供了“不完整且常常相互矛盾的信息，这些信息还在不断变化且相互依赖”。虚拟空间中犯罪的复杂性成为了推动跨学科实践的重要动力。亨利（2012：76）指出，对于像犯罪这样复杂的问题，我们需要采取综合性的政策与实践方案，这些方案应当融合不同学科、专业领域和社会各界的参与者。与此相对照的是，如果仅从传统学科的角度审视犯罪，可能只能捕捉到“犯罪原因的狭隘层面”，并据此制定出基于单一学科的政策，这种做法难以全面应对当今犯罪现象的复杂性。

犯罪科学、信息通信技术和儿童性剥削犯罪

ICT 的飞速发展，开辟了众多前沿专业领域。新兴的与信息技术紧密相连的领域涵盖了社交媒体、大数据、云计算以及移动通信等。当前，所谓的“网络犯罪”正对信息技术专家、犯罪学者、政策制定者、执法部门和司法机构构成了前所未有的挑战（霍尔特弗雷特和迈耶斯，2015）。在网络安全这一关键领域，所谓的“转型成果”正是依托于一系列深奥的专业知识才得以孕育而生（瓦古恩和斯特劳恩，2015：45；姜，2013）。

在线 CEM 问题引起了全球广泛关注。自 2012 年起，全球反儿童虐待联盟成立，并在 2013 年发布了一份具有里程碑意义的承诺宣言。紧接着在 2014 年，来自 54 个国家的部长们共同签署了一份声明，旨在加强国际合作，推动在线儿童性虐待案件的调查工作。

此外，在 2013 年，美国与英国携手成立了专门的任务小组，致力于打击网络空间中的儿童性剥削和性虐待行为。紧接着在 2014 年，英国政府召集了一次跨部门会议，汇聚了政府、行业代表及非政府组织的力量，共同目标是

根除网络上的儿童性剥削及其他侵害儿童的行为。

这些发展表明，国际社会认识到解决在线 CEM 问题需要通力合作。CEM 的刑事定义因辖区不同而不同。本章将使用各国通用的核心特征来定义 CEM。其中包括实际性剥削或性虐待未满性同意年龄的儿童（一般认为 16 岁，但有些国家适用较低年龄）（吉莱斯皮，2011；克拉夫，2012）。最恶劣的 CEM 描述了野蛮的性虐待（普里查德和斯皮拉诺维奇，2014）。CEM 可以用数码相机或录音机在世界各地制作。CEM 涵盖了包括婴儿在内的所有年龄段的孩子。事实上，2009 年美国有 20%的 CEM 犯罪被捕，据称这其中包含 4 岁以下儿童的色情照片（沃拉克，芬克尔霍尔和米切尔，2012）。

鉴于 CEM 的传播途径多种多样，且部分途径极为隐蔽，全球 CEM 市场的规模难以准确估算。然而，随着数码相机和互联网技术的普及，CEM 市场急剧扩大。自 2002 年以来，国家儿童失踪与剥削中心已经分析了约 2.49 亿张疑似 CEM 图片，旨在协助执法机构识别并救助处于风险中的儿童。[4]4 项针对点对点（P2P）网络的研究发现，仅在美国，一年内就有近 24.5 万台电脑共享了 120 418 个独特的 CEM 文件（沃拉克，立波托伊和莱文依，2013）。另一项类似的 P2P 研究显示，全球每天有超过 9700 个国家的 250 万个对等节点在传播相关文件（赫尔利等人，2012）。多姆贝特等人在 2016 年的一项在线调查中，对 8718 名德国男性进行了调查，结果显示有 2.4%的受访者表示他们经常接触 CEM，1.7%的受访者偶尔接触，而 0.7%的受访者承认曾与儿童有过性接触。

当将这些数据与 CEM 相关的逮捕和起诉数据进行对比时，显而易见，刑事司法系统仅针对了 CEM 犯罪者中的一小部分进行了处理。根据麦克马纳斯和阿曼德（2014）的报告，在 2012 年至 2013 年间，英国共有 268 名犯罪者因持有 CEM 材料而被定罪，此外，还有 1247 名犯罪者因制作和分发 CEM 而被判有罪。据估计，美国在 2009 年共有 4901 人因涉及 CEM 而被逮捕。这些数字突显了尽管有司法行动，CEM 问题的规模依然庞大（沃拉克，芬克尔霍尔和米切尔，2012）。

执法机构在全球范围内肩负着打击 CEM 市场的重任，并且在进行着广泛国际合作（科隆，2005；阿卡尔，2017）。在明显的个人关联证据（如信用卡交易记录）指引下，执法人员通常会优先关注并起诉那些明显涉及 CEM 犯罪的行为。[5] 然而，接下来的关键步骤可能是深入挖掘 CEM 的分销网络，以及个人犯罪行为的其他特征。例如，CEM 的扩散规模，以及从执法视角对接触 CEM 图像的风险进行评估，这些都是至关重要的考量因素。

然而，发布和访问 CEM 的个人数量庞大，意味着执法机构在阻止这些违规行为方面面临着几乎不可能的任务。在考虑到 CEM 来源的广泛性时，一位参与在线 CEM 调查的澳大利亚高级警官形象地描述了这一挑战：“这就像是我们试图通过啜饮消防栓的水来阻止洪水”。这一比喻强调了在打击 CEM 方面的艰巨性和复杂性。

预防并不是全球反性虐待儿童联盟的一个核心重点。[6] 在考虑到涉及的材料数量以及互联网用户接触 CEM 的广泛机会，我们必须正视当前在预防 CEM 方面的政策或策略相对不足的问题。鉴于这一挑战，我们应该承认，在制定有效的预防措施方面，我们还存在显著的短板和需要迫切解决的缺陷。

有人或许认为，预防措施的重要性不大，因为 CEM 犯罪者通常对技术十分精通，且他们的动机强烈，他们需要通过使用 CEM 来寻求性满足（如，奥尔布里赫特・帕尔默，2013）。然而，深入研究 CEM 犯罪者的特征，尤其是探讨罪犯之间异质性的研究，实际上为我们提供了开发预防策略的空间。以下内容将阐述这些预防策略的具体潜力。

采用环境犯罪学理论的视角

埃克布洛姆和吉尔（2016）在犯罪脚本分析领域对 SCP 的研究进展进行了深入回顾。他们细致地阐述了影响犯罪者行为的生态学、环境以及心理层面的因素，并强调了跨学科研究在理解犯罪机会和诱因方面的重要性。对犯罪学理论在虚拟空间犯罪中的应用进行审查和实证测试，对于构建有效的网络犯罪预防策略具有至关重要的意义。这一研究途径不仅有助于揭示网络犯罪发生的深层次原因，也为制定针对性的预防措施提供了科学依据。

我们认为，互联网用户在接触 CEM 内容时，并不一定需要具备高超的“技术悟性”。首次有意浏览 CEM 内容（即“入门”）可以通过多种途径发生，包括：通过手机、电子邮件、USENET 论坛、专门的 CEM 网站，以及互联网上的点对点（P2P）聊天室。这些渠道为用户提供了接触 CEM 的潜在途径（伯克和埃尔南德斯，2009）。

在探讨人们为何开始关注 CEM 的“动机”方面，确实有人是因为对恋童癖产生了兴趣而开始接触这类内容。然而，也有研究表明，这种接触可能发生在那些原本没有此类性倾向的人身上（例如，普里查德和斯皮拉诺维奇，2014 ：12）。从情境犯罪学的视角来看，这种现象得到了合理解释，因为它基于一个基本事实：犯罪决策是由个人的内在因素与外部环境相互作用的结果。（沃特利和斯莫尔本，2012）提出，CEM 市场的急剧扩张主要是由外部环境因素推动的，例如数码相机和互联网的普及；而非个人因素，如恋童癖的倾向。在互联网这一特定环境下，用户只需采取一些基本的防范措施，便能相对容易地接触到 CEM 内容，且被查获的风险相对较低。这些环境因素对个体行为的影响，在那些仅因访问 CEM 而被起诉，而非实际参与儿童性犯罪的罪犯档案中表现得尤为明显。这些罪犯在受教育程度、职业状况、家庭背景等方面存在显著差异，他们最显著的特征是“平凡而不引人注目”（沃特利，2012 ：193）。这表明，情境因素在促使这些人接触 CEM 方面扮演了关键角色。

情境犯罪学的研究者们注意到，那些以往一直守法的个体，如果频繁地面临犯罪机会，他们可能会“被卷入某种犯罪行为之中”（克拉克，2008 ：180）。当这些人开始认识到可以为犯罪行为辩护的借口，并且内心接受了这些借口时，他们参与犯罪的风险便随之增加（科尼什和克拉克，2003）。在 CEM 的语境中，一些罪犯声称，他们观看 CEM 并不认为这是有害的，也不认为这与实际的虐待行为有关（梅尔丁、威尔逊和波尔，2009）。这种认知偏差为他们提供了一个合理化的借口，从而降低了他们对于观看 CEM 内容的道德和法律抵制。

或许在社区中认同这类借口的人并不在少数，但这方面的具体情况仍有待未来的实证研究进一步评估。麦凯布（2000）对美国 261 名参与警方“犯罪观察”项目的民众进行了调查，结果显示大约有 1/3 的受访者认为下载 CEM 是合法的。在加拿大进行的一项由兰姆、米切尔和濑户（2010）进行的近期研究发现，6.7%的参与者（N = 252）认为观看 CEM 是合法的。在针对 431 名澳大利亚大学生的研究中，有 10%的学生报告称观看 CEM 对身体无害（普里查德等人，2016）。至少有一位公众评论员基于相似逻辑提出了持有 CEM 合法化的观点（法尔克温格，2012）。其他研究也揭示了 CEM 有时会在主流和流行网站上被正常化（普里查德等人，2011）。例如，它可能被嵌入主流流行文化中，包括电视节目、书籍、软件、音乐，以及面向各个年龄段的影视大片。这些现象表明，CEM 的合法性和道德界限在某些群体中可能存在模糊认知，这是一个值得关注的社会问题。

网络自动报警是犯罪科学预防的潜在战略

在其他的策略建议中，（如，奎伊和库科普洛斯，2018），研究人员提出将互联网警告信息作为一种有效的工具来对抗 CEM（泰勒和奎伊，2008）。这些警告信息能够高效且经济地触及大量潜在的违法者，在他们考虑获取不当材料时起到警示作用。ICT 学者指出，自动警告是可行的（如迈蒙等人，2014）。众多实体通过将代码注入 HTML 页面并激活 JavaScript 脚本中定义的各种操作来实施互联网警告。这一过程可以通过国内外的执法合作机构，如虚拟全球工作队，以及媒体通信监管机构、全球搜索引擎、ISP、广告网络和 P2P 平台来实现。警告功能还可以集成到如梭鱼（Barracuda）和网络保姆（Net Nanny）等互联网过滤软件包中。这样一来，不论规模大小的家庭都能在自己的服务器上启用反 CEM 的警告系统，从而增强对不当内容的防范。

然而，关于最有效的自动警告信息的性质和语调，目前仍存在较大的不确定性。借鉴健康警告有效性研究的流行病学视角，威廉姆斯（2005）提出，相较于仅仅强调 CEM 非法性的信息，那些详细解释 CEM 对受害者造成的长期伤害的警示信息可能更为有效。她主张，以威慑为主的警告信息可能会激发观众更强烈的观看 CEM 的冲动，这种自相矛盾的效果可能会引起那些反对监管控制的人的逆反心理，甚至可能通过增加与这些材料使用相关的兴奋感，从而产生反效果。

沃特利和斯莫尔本同样认识到了以伤害为中心的信息的价值，他们指出这类信息能够触动潜在初犯者的良知，在其企图参与非法活动时产生阻止作用（2012：120）。然而，与威廉姆斯的研究不同，他们认为威慑性信息同样是有效的，条件是这些信息强调的是被发现的潜在风险。他们与其他学者一样，认为互联网的匿名性大大提升了网络空间中无约束的可能性和冲动行为的发生概率，这包括对 CEM 的浏览行为（如，贝尔福等人，2015；梅尔丁、威尔逊和鲍尔，2009）。

在这一点上，研究表明儿童美容师和 CEM 犯罪者之间的风险认知呈现出一种连续性（贝尔福等人，2015）。一方面，人们对这些风险似乎有足够的认识。然而，在互联网的另一端，许多在线 CEM 犯罪者似乎对风险全然不知，或者尽管意识到风险，却并未采取实际行动以避免被察觉（贝尔福等人，2015）。根据 2006 年对 605 名网上消费电子产品用户的调查，仅有 3%的人采取了复杂的手段来隐藏他们的网络活动（沃拉克、芬克尔霍尔和米切尔，2011）。令人惊讶的是，只有 19%的人使用了技术手段来隐藏他们的图片，这一比例之低令人瞩目。

案例研究：跨学科研究自动报警功能

鉴于缺乏证据证明自动警告的有效性（或其他干预措施），任何机构都缺乏采取行动的动力。我们认为，正如亨利（2012）所探讨的，为了客观评估自动警告的成效及其应如何设计，我们必须探究这些警告的外观特征如何影响互联网用户的感知和行为。通过这种方式，我们可以更好地理解哪些设计元素可能增强警告措施的效果。

在上述两个广泛的研究领域内，自动警告的设计似乎较为直观，尽管迄今为止，犯罪预防专家在考虑 CEM 这一关键议题上仍显不足。研究心理学家扎伊金娜·蒙哥马利（2011）回顾了过去 50 年工业研究中关于警告标志成功要素的文献（例如，在机械和化工产品领域的应用），并发现这些资料表明警告标志的有效性受到危险图标（如代表电流的闪电 bolt）和信号词使用（如“停止”或“警告”）的影响显著。这一发现为设计更有效的自动警告系统提供了宝贵的见解和启示。

扎伊金娜·蒙哥马利对青少年和成年人群进行了一项研究，要求他们根据网络警告中不同的颜色、图标和信号词等元素，来评估其对互联网用户的影响。研究发现，图标、信号词和信息内容之间存在主要效应以及交互作用——也就是说，信号词的效果会受到图标类型和信息内容的相互作用影响。这一发现强调了在设计网络警告时，综合考虑这些元素相互作用的重要性。

这一实验方法可被巧妙地应用于探讨 CEM 问题。例如，可以邀请成年参与者评估那些初次接触 CEM 内容的网络用户对自动警告的感知程度，以此来考察颜色、图标和信号词的具体影响。这类实验室研究仅是探索自动警告效果的第一步，然而，如何在现实网络环境中客观地测试这些警告的实际效果，仍然是一个挑战。实验室研究的明显局限在于，它难以完全复制现实生活中网络环境的复杂性和动态性。

事实上，犯罪学家曾经在现实生活中模拟过网络环境（迈蒙等人，2014；特斯塔等人，2017；威尔逊等人，2015），但是并不涉及 CEM。布罗德赫斯特和贾亚瓦德纳（2011）利用假儿童身份在网上社交平台上进行研究，以研究那些可能对儿童产生性兴趣的人。德梅特里奥和西尔克（2003）感兴趣的是测量用户是否愿意参与低水平异常决策。他们开发了一个含有色情链接的游戏网站。在 88 天内，该网站记录到的访问者（N=803）试图访问该色情链接（N=483）。特斯塔等人（2017）就网络犯罪环境中的警告信息进行了实验研究，并探讨了警告信息载明的处罚威胁对阻止系统进一步侵入（蜜罐）计算机系统造成的影响。

沃特利和斯莫尔本（2012：108）曾推测，如果在德梅特里奥和西尔克（2003）的实验中巧妙地设置错误的 CEM 链接，我们可能会观察到不同的研究结果。然而，他们也指出，开展此类实验将不可避免地遭遇重大的伦理挑战。

2012 年的试点研究试图通过借鉴刑法专业的知识来解决这一问题。我们得出结论，任何点击虚假 CEM 链接的参与者，除了其他道德方面的问题外，都会因为试图根据本国法律访问这些资料而被定罪。所以我们决定创建一个免费游戏网站，比如德梅特里奥和西尔克（2003），这些网站中会含有虚假的合法色情链接。

这些资料声称展示的是女性色情图片，这些女性实际上是成年人，但看上去却像未成年人。通过这种方式，我们建立了 CEM 法律代理机构，明确规定成人和未成年人之间的关系色情化。这种形式的色情作品，通常称为“勉强合法”或“青少年”类作品，相对来说这种作品更受欢迎，而且被广泛使用（詹森，2010）。

“青少年”色情作品的合法形式可能比主流色情作品更具有越轨性。例如，丹尼斯（2009：124）称“青少年”色情作品为“伪儿童色情”。该试验由经过注册的伦理委员会批准。[7] 尽管这项研究涉及不经参与者同意就可以进行欺骗和隐蔽观察，但委员会认为该项目符合国际公认的研究道德规范，因为：

（1）这些虚假链接被指为合法色情内容。

（2）本组织的 ICT 程序充分保护参与者的匿名性。

（3）这项研究是为了公共利益，即设法寻找新的战略以减少 CEM 的需求。

然而，这一试验的显著特点并非是假链接本身，而是一项由参与者参与的双盲随机对照试验，以检验自动警告的效果。本研究旨在测试自动警告是否会增加停止行为，换句话说，它们是否能有效阻止参与者进入色情网站。

点击假色情链接的参与者会被随机分配到三个条件之一的群组。实验组会自动收到警告。其中一条信息描述了观看合法“青少年”色情作品的危害（害处），另一条则认为这些内容可能是非法的（威慑）。通过将这两类信息结合起来，该研究还旨在直接解决 CEM 文献中关于自动信息可用性问题的分歧（威廉姆斯，2005；沃特利和斯莫尔本，2012）。

在取消警告之后，两组参与者会进入色情网站的入口，选择“退出”“返回上一页”或者“进入”，从而触发一个错误信息，表明网站暂时出现故障。对照组参与者被引导至入口，没有自动警告。控制条件包括作为参与者持续性和不确定度的“进入/退出”选项。

参与者的人口统计学数据尚未公开。然而，该网站主要针对年轻男性网民，这一群体似乎更有可能不经意间遭遇 CEM 内容，而无需刻意搜索（普里查等人，2013；斯维丁、克尔曼和普里贝，2013）。

这表明，尽管我们的研究结果可能不如代表性样本那样具有普遍性，但其质量仍优于便利样本。此外，本研究采用的双盲随机对照设计，结合了未受干扰的在线参与者，进一步增强了数据的可靠性。值得注意的是，本研究采用的 ICT 程序有效防止了重复参与（确保每位互联网用户仅能参与一次实验），并排除了网络爬虫和用户代理（如，Googlebot）产生的虚假数据。

该研究在 2012 年圆满完成，旨在进行概念验证，证实了所有网站功能和实验操作均能顺利执行。然而，研究同时揭示了吸引和维持互联网用户对网站的注意力存在挑战，尤其是在网站缺乏明确性取向标识的情况下。为了测试用户对虚假链接的互动情况，实验性网站必须具备足够的“在线吸引力”。在 5 个月的观察期内，网站的访问量不足，导致用户未能深入浏览网站内容，同时也没有访客点击那些虚假链接。

在 21 世纪的曙光中，德梅特里奥与西尔克（2003）依靠他们自建的网站，在没有广告资助的情况下，成功维持了 88 天的样本量。然而，在当今的网络环境中，吸引用户流量并保持他们对网站功能的关注变得日益具有挑战性。如果网站缺乏时尚而前沿的界面设计，用户流量很容易迅速流失。

面对这一新增的复杂性，我们作出了积极的调整，将研究的视野从跨学科（涵盖 ICT、犯罪学与法律）拓展至跨领域。我们深刻认识到，项目的成功不仅依赖于学术能力，还包括当今时代所需的非学术技能，如现代艺术性的网页设计和市场化的网站推广，这些都是在商业实践中至关重要的能力。因此，与商业界的紧密合作已成为我们正在进行研究工作的重要组成部分。

我们备受鼓舞，因为行业对我们的研究目标给予了支持，并表现出极大的热情，愿意设计出能够吸引并留住年轻男性群体的网站。按照合同约定，我们的行业合作伙伴已成功实现了每月的参与者招募目标，这些成果是基于对试验性假链接的跟踪分析。在即将到来的项目迭代中，我们将与更多领域的专家携手合作，以便更全面地解决设计和内容上的挑战，最大限度地提升网站的吸引力和兴趣点。

结论

针对 CEM 市场的预防性策略显得尤为迫切。依赖执法手段虽然必要，但显然不足以彻底解决问题（例如，贝利，2018），这种方法的局限性在于，全球范围内仅有极少数的 CEM 用户被逮捕并最终定罪。随着 CEM 市场的持续膨胀，我们必须探索并实施额外的措施，以有效控制和遏制 CEM 的制造与传播。值得注意的是，许多原本守法的个体之所以首次接触 CEM，往往是受到在线环境中特定的情境因素和暗示的影响，这些因素不仅为异常行为提供了土壤，还强化了用户的匿名性。因此，本研究旨在评估自动警告信息对于减少新用户进入 CEM 市场的潜在效果。如果这些警告信息能够以较低的成本产生显著影响，那么它们不仅能减少新用户的流入，还能有效减轻执法机构和刑事司法系统的负担。

我们并非是第一批认识到跨学科合作价值的研究者。然而，基于我们迄今为止的探索和经验，我们必须强调，面对像 CEM 这样的 21 世纪复杂新型犯罪，我们迫切需要探索新的应对策略。同时，跨领域的合作不仅提升了我们的创新潜力，它还融合了不同领域的知识——包括实践经验丰富的非学术专家的见解——以及对信息的多元解读，这些协同作用能够带来传统研究方法难以企及的成果。

致谢

澳大利亚政府通过澳大利亚研究委员会（编号为 DP160100601）部分资助了该项目。

注释

1. 正如莱科克（2014：394）所指出的那样，犯罪科学“系统地运用科学原理来控制犯罪（包括混乱、有组织犯罪和恐怖主义）”。

2. 参见弗罗德曼等人（2017），多学科研究（包括学科并置）、跨学科研究（包括创建新的整体综合）。

3. 斯提尔（2015）分析了搜索引擎中 CEM 相关查询的普遍性（2013 年 7 月至 2014 年 7 月），未能区分警告消息和拦截策略的影响。

4. 国家儿童失踪与剥削中心，关键事实，www. missingkids，com/KeyFacts（访问于 2015 年 2 月 18 日）。

5. 例如，据报道，昆士兰警察局将优先处理那些儿童被认为具有危险性的 CEM 案件（昆士兰量刑咨询委员会，2017：24）。

6. 欧盟委员会，移民与内政，http://ec. europa. eu/dgs/home-affairs/what-we-do/policies/organized-crime-and-human-trafficking/global-alliance-against-child-abuse/index_ en. htm.

7. 塔斯马尼亚大学人文研究伦理委员会，HH1212409，2012。

参考文献

Acar, K. V. 2017, “Organizational aspect of the global fight against online child sexual abuse”. *Global Policy*, 8 (2) 259~262.

Bailey, S. 2018, “National Police Chiefs' Council-written evidence”. *Home Affairs Committee Policing for the Future Inquiry*, PFF0013, 8 May 2018.

Balfe, M., Gallagher, B., Masson, H., Balfe, S., Brugha, R. & Hackett, S. 2015, "Internet child sex offenders' concerns about online security and their use of identity protection technologies: a review". *Child Abuse Review*, 24, 427~439.

Broadhurst, R. & Jayawardena, K. 2011, "Online social networking and pedophilia: an experimental research 'sting' ". *Cyber Criminology.* Hoboken, NJ: CRC Press, 79~102.

Chan, J. & Bennett Moses, L. 2016, "Is Big Data challenging criminology?". *Theoretical Criminology*, 20 (1), 21~39.

Clarke, R. 2008, "Situational crime prevention". In R. Wortley & L. Mazerolle (Eds), *Environmental Criminology and Crime Analysis.* Cullompton, UK: Willan Publishing, 178~195.

Cornish, D. & Clarke, R. 2003, "Opportunities, precipitators and criminal decisions: a reply to Wortley's critique of situational crime prevention". *Crime Prevention Studies*, 16, 41~96.

Clough, J. 2012, "Lawful acts, unlawful images: the problematic definition of 'child' pornography". *Unlawful Images: The Problematic Definition of "Child" Pornography*, 38 (3), 213~245.

D' Amour, D., Ferrada-Videla, L., Rodriguez, & Beaulieu, M. 2005, "The conceptual basis for interprofessional collaboration: core concepts and theoretical frameworks". *Journal of Interprofessional Care*, 19, 116~131.

Demetriou, C. & Silke, A. 2003, "A criminological internet 'sting' -experimental evidence of illegal and deviant visits to a website trap". *British Journal of Criminology*, 43 (1), 213~222.

Dines, G. 2009, "Childified women: how the mainstream porn industry sells child pornography to men". In S. Olfman (Ed.), *The Sexualization of Childhood.* Westport, CT: Praeger, 121~142.

Dodig-Crnkovic, G., Kade, D., Wallmyr, M., Holstein, T. & Almér, A. 2017, "Transdisciplinarity seen through information, communication, computation, (inter) -action and cognition". In M. Burgin & W. Hofkirchner (Eds), *Information Studies and the Quest for Transdisciplinarity, World Scientific Series in Information Studies: Volume* 9. Singapore: World Scientific Publishing Company.

Dombert, B., Schmidt, A. F., Banse, R., Briken, P., Hoyer, J., Neutze, J. & Osterheider, M. 2016. "How common is men's self-reported sexual interest in prepubescent children?" *The Journal of Sex Research*, 53 (2), 214~223.

Ekblom, P. & Gill, M. 2016, "Rewriting the script: cross-disciplinary exploration and conceptual consolidation of the procedural analysis of crime". *European Journal on Criminal Policy and Research*, 22 (2), 319~339.

Falkvinge, R. 2012, "Three reasons possession of child porn must be re-legalised in the coming decade", http://beforeitsnews. com/eu/2012/09/three-reasons-child-porn-must-be-re

-legalized-in-the-coming-decade-2449306. html (accessed 18/02/15).

Farrington, D. & Petrosino, A. 2001, "The Campbell Collaboration Crime and Justice Group". *The Annals of the American Academy of Political and Social Science*, 578 (1), 35~49.

Frodeman, R., Thompson Klein, J. & Dos Santos Pacheco, R. 2017, *The Oxford Handbook of Interdisciplinarity*, Second Edition. Oxford: Oxford University Press.

Gillespie, A. A. 2011, *Child Pornography: Law and Policy*. London: Routledge.

Gradon, K. 2013, "Crime science and the internet battlefield: securing the analog world from digital crime". *IEEE Security & Privacy*, September-October, 93~95.

Henry, S. 2005, "Disciplinary hegemony meets interdisciplinary ascendancy: can interdisciplinary/integrative studies survive, and if so, how?". *Issues in Integrative Studies*, 23, 1~37.

Henry, S. 2012, "Expanding our thinking on theorizing criminology and criminal justice? The place of evolutionary perspectives in integrative criminological theory". *Journal of Theoretical and Philosophical Criminology*, 4 (1), 62~89.

Holtfreter, K. & Meyers, T. 2015, "Challenges for cybercrime theory, research, and policy, in G. Lajeunesse (Ed.)". *The Norwich Review of International and Transnational Crime*. Norwich, UK: Norwich University.

Hui, A., Wong, P. & Fu, K. 2015, "Evaluation of an online campaign for promoting help-seeking attitudes for depression using a facebook advertisement: an online randomized controlled experiment". *JMIR Mental Health*, 2 (1), e5.

Hunsinger, J. 2005, "Toward a Transdisciplinary Internet Research". *The Information Society*, 21 (4), 277~279.

Hurley, R. C. et al. 2012, "Measurement and analysis of child pornography trafficking on gnutella and emule, University of Massachusetts". https://web. cs. umass. edu/publication/docs/2012/UM-CS-2012-016. pdf (accessed 18/02/2015).

Jang, Y. J. 2013, "Harmonization among national cyber security and cybercrime response organizations: new challenges of cybercrime" (arXiv preprint). arXiv: 1308. 2362.

Jensen, R. 2010, "A content analysis of youth sexualized language and imagery in adult film packaging, 1995-2007". *Journal of Children and Media*, 4 (4), 371~386.

Jones, H., Maimon, D. & Ren, W. 2017, "Sanction threat and friendly persuasion effects on system trespassers' behaviour during a system trespassing event". In T. Holt (Ed.), *Cybercrime Through an Interdisciplinary Lens*. London: Routledge, 164~180.

Krone, T. 2005, "International police operations against online child pornography". *Trends and Issues in Crime and Criminal Justice*, 296, 1~6.

Laycock, G. 2014, "Crime science and policing: lessons of translation". *Policing: A Journal of Policy and Practice*, 8 (4), 393~401.

Lam, A., Mitchell, J., & Seto, M. C. (2010). "Lay perceptions of child pornography offenders". *Canadian Journal of Criminology and Criminal Justice*, 52 (2), 173~201.

Maimon, D., Alper, M., Sobesto, B. & Cukier, M. 2014, "Restrictive deterrent effects of a warning banner in an attacked computer system". Criminology, 52 (1), 33~59.

Malone, E. & Malone, M. 2013, "The 'wicked problem' of cybersecurity policy: analysis of United States and Canadian policy response". *Canadian Foreign Policy Journal*, 19 (2) 158~177.

McCabe, K. A. (2000). "Child pornography and the Internet". *Social Science Computer Review*, 18 (1), 73~76.

McManus, M. A. & Almond, L. 2014, "Trends of indecent images of children and child sexual offences between 2005/2006 and 2012/2013 within the United Kingdom". *Journal of Sexual Aggression*, 20 (2), 142~155.

Merdian, H., Wilson, N. & Boer, D. 2009, "Characteristics of Internet sexual offenders: a review". *Sexual Abuse in Australia and New Zealand*, 2 (1), 34~47.

Olbrycht-Palmer, M. 2013, "The Pirate party and Coalition agree: internet censorship is not the answer". *The Guardian*, 06/09/2013. www. theguardian. com/commentisfree/2013/sep/06/pirate-party-censorship-australia (accessed 22/01/2014).

Prichard, J. & Spiranovic, C. 2014, Child Exploitation Material in the Context of Institutional Child Sexual Abuse. *Royal Commission into Institutional Responses to Child Sexual Abuse*, *Sydney*.

Prichard, J., Spiranovic, C., Gelb, K., Watters, P. & Krone, T. 2016, "Tertiary education students' attitudes to the harmfulness of viewing and distributing child pornography". *Psychiatry*, *Psychology and Law*, 23 (2), 224~239.

Prichard, J., Spiranovic, C., Watters, P. & Lueg, C. 2013, "Young people, child pornography, and subcultural norms on the internet". *Journal of the American Society for Information Science and Technology*, 64 (5), 992~1000.

Prichard, J., Watters, P. & Spiranovic, C. 2011, "Internet subcultures and pathways to the use of child pornography". *Computer Law & Security Review*, 27 (6), 585~600.

Quayle, E. & Koukopoulos, N. 2018, "Deterrence of online child sexual abuse and exploitation". *Policing*: *A Journal of Policy and Practice*, *pay*028, 1~18.

Queensland Sentencing Advisory Council, 2017, Classification of child exploitation material for sentencing purposes. Consultation paper, QSAC, Brisbane.

Rouse, J. 2014, Personal communication, 9/5/2014.

Steel, C. M. 2015. "Web-based child pornography: the global impact of deterrence efforts and its consumption on mobile platforms". *Child Abuse & Neglect*, 44, 150~158.

Taylor, M. & Quayle, E. 2008, "Criminogenic qualities of the internet in the collection and distribution of abuse images of children". *The Irish Journal of Psychology*, 29 (1~2), 119~130.

Testa, A., Maimon, D., Sobesto, B. & Cukier, M. 2017, "Illegal roaming and file manipulation on target computers: assessing the effect of sanction threats on system trespassers' online behaviors". *Criminology & Public Policy*, 16 (3), 689~726.

Vagoun, T. & Strawn, G. 2015, "Implementing the Federal cybersecurity R&D strategy". *Computer*, April, 45~55.

Williams, K. 2005, "Facilitating safer choices: use of warnings to dissuade viewing of pornography on the internet". *Child Abuse Review*, 14 (6), 415~429.

Wilson, T., Maimon, D., Sobesto, B. & Cukier, M. (2015). "The effect of a surveillance banner in an attacked computer system: additional evidence for the relevance of restrictive deterrence in cyberspace". *Journal of Research in Crime and Delinquency*, 52 (6), 829~855.

Wolak, J., Finkelhor, D. & Mitchell, K. 2011, "Child pornography possessors: trends in offender and case characteristics". *Sexual Abuse: A Journal of Research and Treatment*, 23 (1), 22~42.

Wolak, J., Finkelhor, D. & Mitchell, K. 2012, Trends in arrests for child pornography possession: the third national juvenile online victimization study (NJOV-3). Durham, NH: University of New Hampshire.

Wolak, J., Liberatore, M. & Levine, B. 2013, "Measuring a year of child pornography trafficking by us computers on a peer-to-peer network". *Child Abuse & Neglect*, 38 (2), 347~356.

Wortley, R. 2012, "Situational prevention of child abuse in the new technologies". In E. Quayle & K. Ribisl (Eds), *Understanding and Preventing Online Sexual Exploitation of Children*. London: Routledge, 188~204.

Wortley, R. & Smallbone, S. 2012, *Internet Child Pornography: Causes, Investigation, and Prevention*. Oxford: Praeger.

Zaikina-Montgomery, H. 2011, "The dilemma of minors' access to adult content on the internet: A proposed warnings solution". University of Nevada. http://digitalscholarship.unlv.edu/thesesdissertations/944 (accessed 07/07/2018).

第二十二章

做大坏事的人仍然会做小坏事：重申自我选择警务的理由

摘要

传统上，执法机构依赖于公众提供的线索和法庭科学技术来识别严重犯罪分子，或者采取针对已知犯罪者的策略。后者通常被称作“常规嫌疑人”调查方法，这是一种专门针对“已知罪犯”而发展的策略（麦康维尔、桑德斯和棱格，1991）。这种方法主要针对那些“已有多次犯罪记录且为当地执法部门所熟知”的个体（马圭尔，2008，第 435 页）。例如，在处理性犯罪案件时，警方在初期调查中往往会特别关注那些已被列入“性犯罪者登记册”的人员，因为他们往往成为重要的线索来源。

传统的“常规嫌疑人”方法往往忽视了那些新近开始犯罪活动的在逃人员，而将焦点放在那些已经停止犯罪活动的个体上（汤斯利和皮斯，2003）。这种调查手段依赖于对活跃犯罪分子及其犯罪模式的精确掌握。如果没有这种了解，警方可能会徒劳无功，甚至可能因为误操作而面临被调查者以骚扰为由的投诉。简而言之，尽管“常规嫌疑人”方法在一定程度上能够（并且确实）正确地识别特定犯罪嫌疑人，但我们仍需谨慎运用此策略。对于追踪严重犯罪分子，存在一种补充性的、更为道德合理的方法，即自我选择警务（SSP）（罗奇和皮斯，2016；罗奇，2007a、2007b），但其应用在英格兰和威尔士的执法机构中并不普遍。本章的主要目标是阐述 SSP 是什么，探讨它为何在当地的执法实践中未被广泛采纳，以及我们为何应当考虑采纳并推广这一方法。

SSP 的核心目标是识别那些目前表现为轻微、通常是常见的犯罪行为，但有可能逐步升级为更严重犯罪的行为模式（罗奇和皮斯，2016；罗奇，

2007a、2007b)。这种方法建立在一个简单的理念之上:“重大犯罪往往源于小错”(罗奇,2007a)。警方通过对某些轻微罪行的深入审查,旨在揭示是否隐藏有更严重的犯罪行为,而这些行为可能并未成为当前调查的重点。我们所指的是那些重罪犯罪者初期常常涉及的轻微罪行。需要注意的是,并非所有轻微罪行都会被纳入考量,因为许多轻罪是由那些不太可能犯下重罪的人所实施的。

罗奇和皮斯(2016)指出,要想将 SSP 确立为一种可靠的执法手段,我们必须能够提供一个令人信服的理由和解决方案。

1. 在犯罪学、犯罪科学和心理学文献中,有哪些理论和实证研究为这一策略提供了支持?

2. 在确定哪些轻罪能够有效触发 SSP 的“预警信号”方面,有哪些案例研究提供了实证支持?

3. 在实际操作、后勤保障、伦理道德以及制度层面,实施 SSP 会遭遇哪些障碍?为何 SSP 尚未能成为英国日常执法工作的一部分?

4. 在未来的经验研究、警察政策以及实践中,SSP 将如何发展?

本章围绕上述 4 个核心问题,对 SSP 的案例进行了深入的重审。它强调警察、犯罪科学家以及犯罪学专家应更加重视 SSP,并呼吁将其更广泛地融入到警察的思维方式与日常执法实践中。然而,为了达成这两项目标,我们必须识别并克服警察思维模式、警务政策以及实践中的诸多障碍。在此基础上,本文提出了一系列建议,旨在应对这些挑战,促进 SSP 的进一步发展与应用。

为什么及如何进行自我选择警务?

为了更有效地应对犯罪问题,采用 SSP 的策略,我们必须首先支持以下 3 个关键前提,正如罗奇和皮斯(2016)所指出的:

1. 活跃的重罪犯往往具备多方面的犯罪能力;
2. 这些积极的、严重的犯罪者不太可能停止犯下轻微罪行;
3. 当前的重罪犯与特定类型的轻罪之间存在着显著的关联。

接下来，我们将依次简要探讨这些问题，从最为关键的问题着手：那些犯下重大罪行的人是否同样会涉及轻微犯罪（罗奇，2007a）。

一个罪行牵涉到严重的罪犯

在 1988 年，戴维·法林顿与他的研究团队对所谓的“专家”罪犯或“多才多艺”的罪犯进行了综合评述。他们从犯罪职业研究的广泛成果中提炼出一个核心观点：“尽管专业化程度不高，但其重要性不容忽视，且展现出广泛的普遍性”（法林顿、斯奈德、芬尼根，1988，第 483 页）。自 1988 年以来，证据显示大多数罪犯的犯罪多样性并未显著改变，这一点得到了多项研究的支持（例如，坎利夫和施菲尔，2007；罗奇和皮斯，2013）。实际上，即便是那些常被认定为高度专业的罪犯，其行为也未必如我们所假设的那样单一。例如，英国针对特定罪犯群体制定了一系列法律，如 1997 年的《性罪犯法案》、1997 年的《儿童（防止犯罪）条例》，以及 1998 年的《犯罪与秩序法案》。然而，许多这类罪犯的行为并不完全符合犯罪专家的模式。在一项研究中，索希尔等人（2000）对超过 7000 名英国性犯罪者的犯罪历史进行了深入分析，发现不同性别的犯罪群体在犯罪的专业化和变异性方面存在显著差异。索希尔等人（2000）提出，在考虑犯罪职业时，犯罪学者需要在两个层面上认识到犯罪的专门化与普遍性的并存：性犯罪者可能是专门的专家，也可能是多面手，或者在不同情况下兼具这两种特征。

在犯罪学领域，布鲁姆斯坦、科恩、罗思和维舍尔的里程碑式著作《犯罪生涯与职业罪犯》（1986a、1986b）首次揭示了大多数犯罪生涯中专业化的局限性。同时期其他研究也支持了这一关于犯罪适应性的核心发现（例如，法林顿，1986；布鲁姆斯坦、科恩、达斯、莫伊特拉，1988；戈尔德弗雷德森和希尔斯基，1990）。不论是通过自我报告、逮捕记录还是定罪数据的研究，都得出了相似的结论（例如，索希尔、菲茨帕特里克、弗朗西斯，2009；哈里斯、斯莫尔本、丹尼森、奈特，2009）。这些发现与最近一项关于“非典型人类杀手”的犯罪历史研究相吻合（格林尔和怀特，2015），进一步巩固了我们对犯罪生涯专业化程度的理解。

特别是对于那些持续犯罪的个体来说，他们在犯罪行为上展现出显著的多样性（布鲁姆斯坦等人，1988；科恩和费尔森，1979、1986；法林顿，1988；

戈尔德弗雷德森和希尔斯基，1990；肯普夫，1987；勒布朗和弗雷谢特，1989；马泽罗尔等人，2000；塔林，1993）。特里·莫菲特及其同事们区分了两种不同的罪犯群体：一是“青春期受限”的群体，主要由年轻男性组成，随着年龄的增长，他们往往会放弃初级违法行为；二是“终身持续”的群体，其成员在整个生命周期中持续犯罪，仅在监禁或死亡时犯罪生涯才会中断。莫菲特指出，后者在犯罪行为上表现出特别的“多才多艺”（莫菲特，1997、1999、2003；皮奎罗和莫菲特，2004）。此外，亚历克斯·皮奎罗（2000）的研究发现，频繁的暴力犯罪者与那些非暴力犯罪者在犯罪适应能力上并无显著差异，这两项研究均突显了犯罪者的适应性和多样性。

迄今为止，关于犯罪多样性的观点再次得到强调：尽管我们认识到在犯罪生涯中衡量犯罪专业化程度的研究难题（参见菲舍尔和罗斯，2006，第154页），但值得注意的是，罪犯大多为多面手，尤其是那些“终身持续”的犯罪者（莫菲特，1997、1999、2003；皮奎罗和莫菲特，2004）。根据犯罪职业的文献，这一群体既可能犯下轻微罪行，也可能犯下严重罪行，这似乎为SSP的策略提供了理论基础。然而，对于重刑犯也会犯下轻罪的确凿证据，我们该如何寻找？我们将从轶事证据和非正式观察开始探讨这一问题。

迄今为止，关于重刑罪犯“多才多艺”最令人发指的例子就是有关臭名昭著的连环杀人犯和强奸犯的发现。我们之所以可以得到这些研究结论，与其说是有赖于警察长期高调的调查，不如说是因为他们犯下的罪行更普遍，也更随意。英国著名的例子就是18世纪臭名昭著的强盗理查德·迪克·特平。特平因偷马罪（较轻）而被捕入狱，但是当局几个星期以来一直都没有意识到逮捕他的重要性，以至于当他们最后发现他就是一起凶杀案的凶手时，已经铸成大错。

以下是一些现代案例，摘自舍赫特与埃弗里特所著的《连环杀手百科全书》（2006）：

·在英国，著名的连环杀手彼得·萨特克利夫，亦称约克郡开膛手，至少对13名女性的死亡负有责任。在追捕过程中，官方推测他故意犯下轻微罪行，以维持自己的匿名状态。

·美国的查尔斯·曼森，一名被定罪的杀手，最终在被警方因其轻微违法行为传唤回家时被捕。

· 大卫 · 伯克维茨，被称为“山姆之子”的连环杀手，因一张停车罚单而被警方逮捕。

· 美国的杀人犯丹尼尔 · 里夫金，在一次因轻微交通违规被警察拦下后，警方惊讶地在其车内发现了第 13 具受害者的遗体。

众多案例表明，一些严重犯罪分子最终是通过轻微违法行为被绳之以法的。以 2013 年英国西米德兰兹地区的一起案件为例，5 名男子因策划实施恐怖活动而被判有罪。[1] 他们曾密谋在英国国防联盟在约克郡杜斯伯里举行的集会上引爆炸弹。这伙人计划驾驶两辆车实施屠杀，但由于错估了集会时间而未能准时到达。在返回途中，其中一辆车因未购买保险而被警方在 M11 公路上通过自动车牌识别系统拦截。车辆被扣后，警方在后备箱中意外发现了炸弹和数把枪支，从而揭露了他们的恶行。

SSP 的理论基础植根于犯罪科学领域，尤其是环境犯罪学的研究。

RCP 指出，个体在预判收益超过潜在成本和风险时，可能会选择从事损害行为。当前，重大刑事犯罪的肇事者往往不会因为轻微罪行而感到过多的道德自责，因为这类轻罪通常不会招致严厉的处罚。换句话说，那些愿意承担巨大风险犯下严重罪行的人，不太可能因面临较小的风险而却步。

RAA（亦称 RAT）通过探索与犯罪行为相关的环境要素，为 SSP 提供了理论支持。在这一框架下，即便是技巧娴熟的犯罪者，在实施犯罪时也展现出行为的多样性。他们在遇到犯罪机会时（或选择不采取行动时）往往并不表现得像专业人士那样老练。科恩和费尔森（1979）虽然最初聚焦于掠夺性犯罪，但他们对于严重犯罪与轻微犯罪在日常活动中的解释几乎是相通的。

在回顾 SSP 的理论基础与实施方法时，我们可以提炼以下 2 个核心论点，并提供相应的理论及实证支撑：

我们的分析揭示，那些活跃的重罪犯罪者往往是全能型犯罪者，这一观点得到了犯罪学领域广泛研究的支持，包括莫菲特的理论分类、RAA 和理性选择理论等，这些都强调了这类犯罪者在不同犯罪领域中的灵活性和专业性。

此外，实证研究表明，这些活跃的重罪犯罪者在他们的犯罪生涯中，不太可能主动放弃轻微犯罪。这一论断得到了犯罪记录分析以及那些声名狼藉的暴力犯罪者的行为模式的证实。

哪些轻罪最有效？搜索自我选择警务“触发”罪行

尽管因轻罪逮捕而揭开连环谋杀案的故事听起来颇具戏剧性，但这种情节并不完全是为 SSP 方法站台。在本章中，我们将简要回顾目前有限的 SSP 研究，同时也认识到并非所有研究都明确标注为 SSP。所提及的数据指出了 SSP 研究在未来的潜在发展方向。[2] 值得注意的是，这些如今被视为 SSP 的案例，最早可以追溯到 1999 年，当时切纳利、亨肖、皮斯首次提出了这一概念。

自我选择警务：实证研究的开端

以下是一些早期的自我选择策略的例子。

凯灵和柯尔斯（1995）在研究中发现，在纽约市，大量针对所谓“刮水机商人”的严重犯罪逮捕案件尚未了结。[3] 基于这一现象，一旦有城市中的“刮水机商人”因刮水[5] 收到出庭通知[4] 而未能到庭，执法人员可以立即对其采取逮捕措施，涉案嫌疑人随后很可能遭到监禁。得益于这种迅速且严厉的惩罚机制，短短几周内，此类行为便得到了显著遏制（凯灵和柯尔斯，1995，第 143 页）。

纽约交通警察局的研究表明，地铁和火车系统中犯罪率普遍降低，这一现象可归因于对个人跳闸逃票行为的有效防范。换言之，犯罪率降低的主要原因被认为是那些试图逃避票务检查的逃票者（迈普，1999）。研究人员指出，那些翻越旋转栅门的人，可能更容易倾向于从事更严重的犯罪活动。

杰奎琳·施奈德对入室盗窃进行了深入的研究，并揭示了商店盗窃与住宅入侵之间的非同寻常的联系。施奈德推断商店盗窃在连环入室盗窃的模式中扮演了关键角色（施奈德，2005）。在对 50 名犯罪者的访谈中，有 44 人（占 88%）承认曾参与过商店的入室盗窃。在这些盗贼中，有 26 人表示他们每天都在进行此类犯罪，另有 8 人则在一周内多次犯案。仅有 6 名窃贼声称自己从未涉足商店盗窃。这一发现促使施奈德得出结论：“对商店入室盗窃的防范措施应当与其他类型的入室盗窃受到同等的重视。”

上述 3 项研究对 SSP 策略产生了深远的影响，并为其实践应用提供了坚实的实证基础。首先，它们使我们意识到存在着“多才多艺”的罪犯，这些罪犯可能在不同类型的犯罪中都有涉足。其次，研究表明，重罪犯罪者往往不会对犯下轻罪感到不满或抱怨。最后，这些研究强调了轻微犯罪行为可能成为触发更严重犯罪活动的潜在因素，如入室盗窃。这些发现提示我们在警务工作中应当对各类犯罪行为给予足够的重视，并采取相应的预防和干预措施。

实际上，施奈德的研究揭示了盗窃者倾向于频繁地对商店下手，这一现象也促使警方加强了对商店的监控工作。事实上，警方通过更为合理地审视已知犯罪者的生活模式，将更有可能识别出那些所谓的“兼职窃贼”。在这种情况下，商店盗窃不仅应被视为一个触发点，用以揭露可能涉及更严重犯罪行为的小偷，而且这些行为由于较高的可见性，通常更容易被侦查到（施奈德，2005）。这一发现强调了在警务工作中，对商店盗窃采取预防措施的重要性，以及将其作为预防和打击更严重犯罪的一个关键环节。

迄今为止，实证研究已经揭示，大多数由 SSP 策略所触发的犯罪事件都与驾驶行为密切相关。正因为这种显著的关联性，研究人员和执法部门才有充分的理由深入探究后续的犯罪环节和相关的预防策略。这一发现强调了在制定有效的警务计划时，应特别考虑驾驶相关犯罪的重要性和潜在影响。

驾驶罪与重罪

早期英国的一项开创性研究，以及一项经典的研究成果表明，SSP 策略能够揭露严重的犯罪行为。这项发现源于当地对残疾人停车位非法占用的一项研究（切纳利、亨肖和皮斯，1999）。研究结果显示，在这些轻微违法行为中，有 1/5 涉及个人持有待执行的逮捕令，或者是车辆注册所有者具有“立即引起警方注意”的特征，如与前科记录相关联。与此形成鲜明对比的是，在合法停放的车辆中，这一比例仅为 2%（切纳利、亨肖和皮斯，1999）。该研究指出，在邻近有可用停车场的情况下，残疾人停车位的不当使用成为了潜在严重犯罪活动的显著指示器，并确立了这类轻微违法行为与更严重犯罪活动之间的相关性。这一发现强调了在警务工作中，即使是看似微不足道的违规行为，也可能成为揭露和预防重大犯罪的关键线索。

长期以来，驾驶犯罪与其他犯罪类型之间的联系已经为学界所关注。早在 1964 年，威利特所著的《路上的罪犯》一书，便首次深入探讨了交通违规者与其他犯罪行为的关联。然而，直到 2000 年，盖瑞·罗斯的研究才进一步深入这一领域，专注于大量严重交通违法者的犯罪背景。在斯蒂尔和科尔希（1967）进行的一项较小规模的研究中，他们检验了一个假设：那些犯有严重交通违法行为的人并不一定比普通驾驶员更多地涉及其他犯罪行为。为了深化我们的理解，罗斯（2000）指出，有必要对严重交通违法行为的本质进行深入研究，并对涉及这些行为的个体进行更全面的调查（罗斯，2000，第 67 页）。这一建议强调了对于交通违法行为及其潜在犯罪倾向进行深入分析的重要性，以促进我们对犯罪行为模式的认识。

罗斯将英国的严重交通肇事者划分为 3 个主要类别：酒驾、无资格驾驶和危险驾驶。总体来看，这些严重交通违法者多为男性白人。研究揭示，危险驾驶和无资格驾驶者的年龄分布与一般违法者群体相仿，主要集中在 18 岁至 32 岁的年龄段，约占所有肇事者的 60%至 75%。而酒驾者的年龄则相对较大。此外，来自社会经济底层的人群更易触犯车辆牌照和保险相关的法规。研究还发现，家庭背景、学校教育以及同龄人影响等社会危险因素与严重交通违法行为之间存在显著的相关性（罗斯，2000）。这些发现强调了社会环境和个人经历在交通违法行为中的重要作用。

罗斯的研究不仅揭示了一些新的见解，也与先前的研究成果形成了呼应。例如，斯蒂尔和科尔希（1967）在研究中指出，不诚实的违规者与驾驶违法者之间存在差异，前者群体"涵盖了不合格驾驶者和无证驾驶者"。而罗斯进一步揭示，斯蒂尔和科尔希所描述的"驾驶违法者"并不仅仅是社会中的"不幸个体"，他们实际上更有可能成为严重的常规犯罪者。具体来说，数据显示酒后驾车者拥有犯罪记录的可能性是一般人的 2 倍，而那些危险且鲁莽的驾驶员则很可能同时涉及其他犯罪活动，尤其是车辆盗窃罪。这些发现强调了驾驶违法行为与更广泛犯罪活动之间的深层联系。

盖瑞·罗斯的研究成果与萨格斯（1998）的研究成果不谋而合。萨格斯的研究聚焦于汽车犯罪者，包括车辆盗窃和未经许可的驾驶行为，并参与了由国家缓刑服务局监管的几个汽车维修项目。萨格斯的研究发现，这些驾驶汽车的犯罪者并非仅仅是"犯罪专业人士"，而且是经常涉及严重的主流犯罪，如盗窃（占 75%）、入室盗窃（占 60%），以及身体暴力犯罪（占 30%）。在二次犯罪行为中（指在 2 年内发生的犯罪），盗窃占 39%，入室盗窃占 25%，身体暴力犯罪占 15%。另一方面，斯默登和索斯（1997）在一项针对未购买汽车保险的司机的小规模研究中发现，作为案例研究的重点对象之一，一名罪犯在接受了采访后不久，便因抢劫罪被捕。这些研究共同强调了驾驶违法行为与更广泛犯罪活动之间的密切关联。

维尔史密斯和吉尔（2005）的研究探讨了停车定额罚款通知（Fixed Penalty Notice，FPN）与同时犯罪行为之间的关系。研究表明，单一的犯罪记录并不能可靠地预示严重犯罪行为。然而，研究发现重复收到 FPN 的犯罪行为与同时发生的其他犯罪之间存在一定的相关性，而这一发现是在对随机选取的对照组进行研究后得出的。这表明，频繁的交通违规行为可能与更广泛的犯罪活动有关联，而不仅仅是一次性的不当行为。

在 2003 年，汤斯利和皮斯开展了一项名为《安全地带行动》的研究，旨在探寻一些关键问题的答案。他们与默西塞德郡的警方、车辆和驾驶员执照管理局（DVLA）以及当地的出租车行业协会合作，实施了一项车辆检查计划。在对自选的私家车辆进行检查时（样本量为 62 辆），结果显示有 3%的驾驶员现场被逮捕，14.5%的驾驶员违反了车辆消费税许可规定，另有 11%的驾驶员因驾驶“不适合上路”的危险车辆而受到禁驾令。在此次行动中，被检查的出租车（包括私家出租车辆）中有 50%收到了车辆缺陷和停车通知，这导致他们的私家出租车辆牌照被暂时吊销，直至车辆达到“适于上路”的标准为止。这项研究不仅揭示了车辆合规性问题，也强调了通过联合行动改善道路安全和提升车辆管理的重要性。

相比之下，在没有启用安全带自动监测触发机制的情况下，警方会在特定时段对特定年龄层的车辆进行拦截，这是基于警方对车辆被盗风险的预估。据观察，大约有 5%的驾驶员存在其他违法行为，这一数据暗示，与随机抽查相比，未系安全带的比例至少要高出 10 倍（汤斯利和皮斯，2003）。

在审视迄今为止发表的关于驾驶相关自我选择行为的研究中，有 2 项发现尤为引人关注。首先，罗奇（2007a）在针对监狱访问的研究中意外地发现，在持有内政部道路运输 1 号许可证（HO/RT1）的驾驶员中，有高达 25%的人未能遵守相关规定。根据 HO/RT1 的规定，他们必须在 28 天内向警方出示相关证件，如驾驶执照和保险证明，或者在同样的时间内完成相关手续。这一发现引发了一个疑问：为何如此之多的人无法提供必要的文件？这是否暗示了一种对刑事司法体系的普遍漠视？简而言之，未能遵守这些“小规定”

可能预示着他们正在从事更为严重的“大犯罪”。为进一步探究这些假设，研究人员对特定日期发放的 120 多个 HO/RT1 许可证进行了深入分析（罗奇，2007b）。分析结果显示，那些未能或只是部分遵守 HO/RT1 规定（即“未显示”组）的人，与那些完全遵守规定（即“显示”组）的人相比，更有可能拥有犯罪记录。事实上，未遵守规定的人往往拥有 2 个或更多的犯罪记录，且许多人甚至有 3 项以上的犯罪记录。此外，“未显示”组的犯罪行为通常更为严重，且往往涉及暴力。更重要的是，回归分析指出，与“显示”组相比，“未显示”组的违规行为更倾向于在收到 HO/RT1 后的 6 个月内发生，这表明了近期违规行为的显著倾向。

进一步地，罗奇（2017）对 50 名因驾驶不当而被定罪的个体进行了深入研究。调查结果揭示，这些驾驶员累计拥有 704 项犯罪记录，平均每人有 14 项违规记录，范围从 0 次到 84 次不等，标准差为 17. 63。在这 50 名驾驶员中，高达 86%（即 43 人）因驾驶资格以外的罪行而受到刑事定罪。若不考虑最初导致驾驶资格取消的罪行，这些犯罪记录涵盖了从 1 种到 10 种不同的犯罪类型，种类多样性从 1 种到 10 种不等，平均值为 4. 9 种，标准差为 2. 8。[6] 此外，60%的驾驶员因 4 种至 10 种其他罪行而被定罪，这表明因驾驶不当被定罪的人很可能具有多方面的犯罪倾向。尽管他们的驾驶违法行为已相当严重，但这些人的犯罪行为更为广泛，更类似于典型的犯罪分子，而不仅仅是驾驶方面的违规者（罗奇，2017）。因此，吊销驾驶执照似乎是一种能够揭露个体多种犯罪行为的有效手段。

在探讨为何警务实践中未广泛采用自我选择法之前，不妨回顾一下该方法的理论依据。研究表明，通过罪犯的自我选择，我们能够更有效地识别活跃的严重刑事犯罪分子，相较于随机挑选个体（如，罗奇，2007b；维尔史密斯和吉尔，2005；汤斯利和皮斯，2003；迈普，1999，切纳利等人，1999）。本章的核心论点是：职业罪犯涉及的犯罪行为具有广泛性、严重性差异和犯罪频率的不一致性。这意味着，通过将警力关注点聚焦于那些频繁犯下轻微罪行以及那些参与重大犯罪活动的人群，我们可以更有效地识别罪犯。某些特定的轻微罪行，如果能够从违法行为中可靠地筛选出来，就能成为发现罪犯的线索。自我选择法的价值在于，罪犯因轻罪行为而吸引警察的注意。维尔史密斯和吉尔（2005）提出，为了使 SSP 能够“触发”犯罪识别，必须符合以下 3 个标准：警方应关注这些行为的阈值性质；它们与未来犯罪活动的潜在联系性；以及它们通常不会引起警方的特别注意，因为大多数目标对象并非处于活跃状态的严重刑事犯罪分子。

在接下来的章节中，我们将探讨为何 10 年前对 SSP 的热情并未促使警方广泛采用该策略，也未能催生一项积极的研究计划以确立新的、更为有效的犯罪预防措施。然而，在本章的结尾，我们将以积极乐观的视角，讨论如何克服在 SSP 思考与执行过程中所遇到的种种障碍，并展望一个专门的研究项目应该如何展开，以促进该领域的发展。

那又怎么样？采用自主选择警务的障碍

在过去 10 年中，刑事政策实施所面临的主要挑战可归纳为三大类：一是犯罪模式的变迁，二是警察政策和实践的限制，三是专门研究计划的缺失。

对犯罪模式的认知

对于支持 SSP 的研究证据，人们的看法与关于犯罪适应性的理解存在分歧。有许多理由可以推测，人们往往倾向于强调犯罪职业的单一性（即犯罪专业化的程度），而不是其多样性（即犯罪的多元性）。我们用以描述犯罪分子的语言往往隐含着这种单一性的假设。例如，当我们提及小偷、抢劫犯、诈骗犯和恋童癖者时，我们可能会说“最近的犯罪活动主要是入室盗窃”，这种表述方式本身就暗示了对罪犯同质化的看法（罗奇和皮斯，2013）。流行文化中的犯罪剧集和文学作品同样展现了将重刑犯视为“犯罪专家”的趋势，例如维多利亚时代的绅士罪犯莱佛士（霍尔农，1899）等形象鲜明的人物。

在评估犯罪生涯时，这种对犯罪专业化的高估无疑可以溯源至“代表性启发式”（卡尼曼、斯洛维奇和特沃斯基，1982）的认知偏差，即人们往往仅凭少量或部分信息来作出判断（例如，巴尔・希勒尔，1982；卡尼曼，2011）。按照这种逻辑，社区居民很可能会基于片面的信息，将那些被判有罪的人一概视为对儿童的潜在威胁。

代表性启发法的一个显著体现是“确认偏差”，这种偏差指的是初始的、部分或非全面的信息（在本例中指的是先前处理的犯罪记录）不适当地限制了调查人员的探索范围。例如，那些因入室盗窃而被定罪的人可能不会被视为抢劫案件的嫌疑人。确认偏差这一问题很可能涉及了许多刑事调查未能成功的原因（罗斯莫，2009）。

现有研究表明，警方在评估犯罪行为时往往倾向于过分强调犯罪的同质性。在罗奇和皮斯（2013）的一项研究中，他们探讨了警方对于犯罪者未来行为的预测。研究发现，绝大多数参与调查的警察认为，犯罪者的历史犯罪类型最能预示其未来的犯罪行为。换言之，无论犯罪者之前的犯罪记录为何，参与者普遍倾向于预测其下一次犯罪将与前一次相同（例如，如果嫌疑人之前犯下抢劫罪，他们很可能预测下一次犯罪也将是抢劫）。实际上，参与者对大多数罪犯和犯罪类型的同质性预测平均超过了 50%，而与重新定罪的研究相比，这一比例实际上约为 30%（例如，坎利夫和施菲尔，2007）。罗奇和皮斯（2013）指出，在直接比较参与者的犯罪同质性预测时存在一些难题，如缺乏关于不同犯罪类别中首次犯罪与第二次犯罪的详细信息。尽管如此，这些数据为刑事职业研究的普遍发现提供了支持，即犯罪的同质性通常较低（坎利夫和施菲尔，2007；法林顿，1988；罗奇和皮斯，2013），这与警方所持的较高同质性观点相去甚远。

这种对犯罪同质性的高估如何妨碍我们采用 SSP 方法呢？原因在于，警方尤其是对于那些重罪罪犯，往往倾向于将他们视为在各个领域都有特定活动的专家，并且根据犯罪类型（如专门的抢劫小组）来组织打击策略。这种做法反映出警方并未将重刑犯视为多面手（罗奇和皮斯，2013）。如果这种对犯罪同质性的高估确实是警界的普遍观念，那么这就对警方的方法论提出了一个根本性的挑战：在多种犯罪模式中，尤其是在较轻微的违法行为中，识别出积极的、严重的犯罪者变得尤为困难。在这种情况下，那些犯下“重大罪行”的个体可能仅参与了“轻微罪行”（切纳利、亨肖、皮斯，1999；罗奇，2007a、2007b；罗奇和皮斯，2016），这与警方对严重犯罪者的看法以及罗奇和皮斯（2013）的研究成果形成了鲜明对比。犯罪行为的同质性似乎被过度强调，并渗透到了基于犯罪类型建立的专门小组和打击犯罪策略的普遍实践中。

在过去 10 年中，对犯罪模式的理解偏差很可能对是否采纳 SSP 方法产生了负面的影响，这也似乎成为了警务政策制定中一个重要的考量因素。这种误解可能导致了在考虑是否运用 SSP 方法时的犹豫不决，甚至完全忽视了这一策略的潜在价值。

警察政策与做法

鉴于警察资源的有限性，警方自然倾向于将资源和注意力集中在重罪案件的调查上，相对忽视那些被视为次要的犯罪行为。实际上，在英国，这种做法已得到21世纪警务工作重大审查（弗拉纳根，2008）的认可。该审查建议警方应当优先应对诸如恐怖主义等重大威胁。这意味着，对于一些轻微犯罪，警方可能会进行较为简略的调查，从而使得全面收集这些犯罪细节变得更具挑战性。

遵循弗拉纳根的指导原则，警方制定了一套筛选政策，将某些罪行置于优先处理的位置。[7] 这种犯罪筛选过程和调查资源分配的优先级依据犯罪类型的严重性来决定。引人注目的是，除了存在“特殊加重因素”（如重复受害或明显的受害证据）的情况外，那些严重性和危害性较大的犯罪案件会被标记为“优先处理”。因此，对犯罪进行分类，将严重犯罪与轻微犯罪区分开来，并分别对待，成为了这一政策的核心操作。这种明确的筛选政策反映出对重罪与轻罪之间差异认识的不足。由于大多数轻微犯罪的优先级较低，这意味着它们往往无法通过警方的筛选程序，而警方主要关注严重犯罪案件，并将资源集中在追捕重大刑事犯罪嫌疑人上。

读者通常倾向于相信，严重的刑事罪犯往往涉及更为严重的违法行为。当前的犯罪甄别政策与SSP模式有所不同，因为在警察的政策和指导方针中，普遍存在着一种假设，即轻微犯罪者仅会涉及轻微犯罪，从而导致许多可能的自我选择干预机会被忽视。值得注意的是，这仅仅是目前英国警察政策和思维方式中所采取的主要策略之一。这也解释了为何这种策略在十几年前所受到的热烈支持已经逐渐消退。那么，为了促进SSP（可能指某种警务策略或犯罪预防计划）的健康发展，我们该如何克服这些思维定势和政策上的障碍呢？本章节的后续内容将提出一些简要的建议，以探讨可能的解决方案。

自我选择警务的未来？

为了将SSP策略纳入常规警务工作的范畴，我们必须着手实施一系列改革。尽管这些挑战不容小觑，但它们完全是可克服的。

首先，我们必须对犯罪生涯和犯罪模式的理解进行根本性的转变。一旦人们意识到 SSP 的核心目标是识别活跃的严重刑事罪犯，它便不再显得与现有的警察政策格格不入。因此，至关重要的是，警方在考虑这一策略时，要认识到 SSP 能够对打击严重犯罪的工作作出重要贡献。正如我们先前所讨论的，自我选择过程中面临的最大障碍可能是警方对犯罪同质性的过度估计。如果这种普遍存在的认知偏差（罗奇和皮斯，2013）确实存在，那么在广泛接受 SSP 之前，我们必须努力克服它。笔者推测，为了实现这一目标，我们需要提供更多关于犯罪异质性的证据，并通过教育警官（尤其是新入职的警察）来提高他们对罪犯自我选择问题的理解。

我们必须承认，许多经验丰富且敏锐的警官已经直觉地洞察到罪犯 SSP 策略的潜在价值。以下是对此的论述：

1. 我们应该基于研究来选择那些可能预示着更严重犯罪行为的轻微犯罪，以明确这些行为与严重罪行之间的联系程度和本质。这样的做法有助于消除执行过程中的主观性，确保警务工作更加客观和精准。

2. 应当构建一套机制，使得警察的直觉能够得到外部利用，并基于证据进行验证和测试，以确保直觉判断的可靠性和有效性。

换言之，罪犯的自我选择不仅是重新认识警察专业技能的一个方面，更重要的是要验证和量化那些经验丰富的警察所感知到的罪行之间的内在联系，并摒弃那些缺乏根据的直觉判断。许多警察习惯于依赖直觉行事，他们对“SSP”这一概念可能并不熟悉，但正是这种科学的验证过程，将有助于提升他们的直觉判断力，使其更加精准和可靠。

第二条建议预示着研究方法上的重大转变，但并非与第一条建议相悖。尽管犯罪学的研究表明犯罪者通常展现出犯罪的异质性（例如，法林顿等人，2006；索希尔等人，2000；法林顿和霍金斯，1991），但犯罪学者们往往未能充分关注轻微犯罪行为可能具有的深层含义。正如先前所讨论的，犯罪生涯的研究往往忽略了轻罪在犯罪者生涯发展中的潜在重要性，而将其视为一种暂时的或表面的现象。据笔者所知，SSP 这一概念在犯罪学、犯罪科学及警务实践中鲜被提及（例如，马圭尔、摩根、雷纳，2012；纽伯恩，2012；纽伯恩和尼鲁迪，2008；纽伯恩、威廉姆斯、怀特，2007；史密斯和蒂利，2005）。

这一领域的忽视为我们的研究提供了新的方向和探索空间。

人们期待，随着对 SSP 理念的深入研究，这种情况将逐步得到认识和改变。当前，我们迫切需要的可能是一项全面的研究计划，该计划将深入探讨严重犯罪与轻微犯罪之间的潜在联系，并识别出那些可靠且有力预示犯罪行为的关键因素。笔者目前正致力于探究不合格驾驶者的犯罪历史和犯罪模式，因为这一行为被视为那些策划恐怖活动的人可能涉及的轻微罪行之一。同时，我们也关注虐待动物行为，这或许能作为触发更严重犯罪的一个预警信号。尽管已取得一定进展，但我们仍有许多工作要做，以揭示和理解这些行为背后的深层次联系。

最终，以下 6 点建议可能有助于推动 SSP 理念的被接受和实施。对于那些仍在犯下轻微罪行的不良行为者，一个以证据为基础的研究计划将为执法部门提供一种额外的工具来识别他们。以下是具体的要求：

1. 一项专注于探索主要犯罪与次要犯罪之间联系的研究项目至关重要。众多轻微罪行可能成为识别潜在严重刑事犯罪者的关键指示器。为了确立最为可靠和坚实的方法论，我们必须投入大量精力进行深入研究。

2. 应当重新审视将轻罪视为潜在重罪的前兆。越来越多的研究表明，重罪犯罪者往往会展现出一系列不同的犯罪行为，这在严重违法与轻微违法行为之间尤为明显。通过轻罪行为，这些犯罪者实际上可能是在自我暴露，吸引警方的注意，这反过来有助于揭露他们可能涉及的更严重犯罪活动。

3. 采纳一种非歧视性的自主选择政策，其优势在于不依赖于任何歧视性手段（如对罪犯的刻板定性）来识别犯罪行为和犯罪者。该政策的核心在于关注个体的行为，无论这些行为看似多么微不足道，从而确保了一种公正和无偏见的犯罪预防和侦查方法。

4. 对于警官而言，进行 SSP（可能指某种犯罪预测或策略模型）的教育以及培养其对此的理解至关重要。由于大多数前线工作人员的工作经验不足 5 年，在我们大量招募新成员进入警队之后，显然迫切需要向他们传授专业知识。随着对犯罪者自主选择行为的认识不断增长，这些知识为经验较少的警官提供了他们迫切需要的技能。例如，如果能提供一份需要加强审查的轻罪清单，这将极大地影响警察资源的有效分配。

残疾人停车场非法停车研究（切纳利等人，1999）揭示了警方与交通管理人员之间加强合作的重要性，以便更有效地识别被通缉的重犯和惯犯。这种跨部门的协同作用对于提高警务工作的效率和效果至关重要。

5. 为了确保 SSP 触发的犯罪行为得到公众的认可，同时不侵犯个人权利，至关重要的一点是，任何被视为潜在犯罪指标的违规行为都应尽量减少对公众的干扰，并且必须是合理合法的。通常情况下，只要公众能够清楚地理解搜查的理由，他们并不会对警方的突然行动持反对态度。监狱搜查就是一例。罪犯自主选择理论强调的是那些可能预示着更严重犯罪行为的轻罪，但我们也应记住，大多数轻罪是由偶犯而非惯犯所犯。最理想的触发犯罪行为的行动应当是低调且不引起注意的，正如在残疾人停车场的研究中所见，非法停车者往往没有意识到他们的行为会逐渐引起执法部门的关注。在这种情况下，误报的数量要么不重要（因为它们不会造成实质性的不便），要么实际上可能对他人安全产生积极影响。例如，驾驶时使用手机和不系安全带可能成为预防犯罪的诱因。无论如何，向未参与犯罪活动的公民提供指导和建议，最终将有利于所有驾驶员的安全与福祉（汤斯利和皮斯，2003）。

6. 构建一个 SSP 的“证据库”至关重要。只有那些经过深入研究和验证的、强有力的犯罪触发因素，才应当被纳入警务实践之中。现代的高级警官们更有可能信赖那些基于坚实研究基础的证据。

最终，我们的调查范围扩展到了包括虐待动物和涉嫌策划恐怖袭击者的轻罪行为。如果您有任何额外的建议或见解，我们将会非常感激并予以充分考虑。

注释

1. 请参阅 www. bbc. uk-22344054（2015 年 8 月 26 日访问）。

2. 读者可以参考罗奇和皮斯（2016）来了解更详细的研究。

3. 当交通信号灯变红或交通阻塞时，“刮水机商人”是指主动清洁驾驶者挡风玻璃的人。

4. 出庭通知——指到警局支付罚款。

5. 如果它是个自创词，请原谅，这代表会有一个不错的表现。

6. 参见罗奇（2017），了解模仿英国国家刑事诉讼法所采用的 12 类犯罪。

7. 例如，请参阅《剑桥警察政策指南》。www. cam6s. police. uk/about/foi/policies/Crime%20Screening%20Policy%20_09. 10. 06_ . pdf（2018 年 2 月 3 日访问）。

参考文献

Bar-Hillel, M. (1982) "Studies of representativeness". In D. Kahneman, P. Slovic and A. Tversky, A. *Judgement Under Uncertainty: Heuristics and Biases*. Cambridge: Cambridge University Press.

Blumstein, A., Cohen, J., Roth, J. A. and Visher, C. A. (eds) (1986a) *Criminal Careers and "Career Criminals"*, Vol. I. Washington, DC: National Academy Press.

Blumstein, A., Cohen, J., Roth, J. A. and Visher, C. A. (eds) (1986b) *Criminal Careers and "Career Criminals"*, Vol. II. Washington, DC: National Academy Press.

Blumstein, A., Cohen, J., Das, S. and Moitra, S. D. (1988) "Specialisation and seriousness during adult criminal careers". *Journal of Quantitative Criminology*, 4: 303~345.

Chenery, S., Henshaw, C. and Pease, K. (1999) *Illegal parking in disabled bays: a means of offender targeting, policing and reducing crime*. Briefing note 1/99. London: Home Office.

Clarke, R. V. G. (1980) "Situational crime prevention: theory and practice". *British Journal of Criminology*, 20 (2): 136~147.

Clarke, R. V. G. (1997) (ed.) *Situational Crime Prevention: Successful Studies (2nd edition)*. Albany, NY: Harrow and Heston.

Clarke, R. V. G. and Felson, M. (1998). "Opportunity makes the thief. Practical theory for crime prevention". Police Research Paper 98. Policing and Reducing Crime Unit, Research, Development and Statistics Directorate, UK Home Office. Also found at http://webarchive. nationalarchives. gov. uk/20110218135832/rds. homeoffice. gov. uk/rds/prgpdfs/fprs98. pdf (accessed 08/10/2015).

Cohen, L. and Felson, M. (1979). "Social change and crime rate trends: a routine activity approach", *American Sociological Review*, 44: 588~608.

Cohen, L. and Felson, M. (2008) "The routine activity approach". In R. Wortley, and L. Mazerolle (eds) *Environmental Criminology and Crime Analysis*. Collumpton, UK: Willan Publishing.

Cornish, D. B. (1994) "The procedural analysis of offending, and its relevance for situational prevention". In R. V. Clarke (ed.) *Crime Prevention Studies*, *Volume* 3. Monsey, NY: Criminal Justice Press.

Cornish, D. B. and Clarke, R. V. (1986) (eds) *The Reasoning Criminal*. New York: Springer-Verlag.

Cornish, D. B. and Clarke, R. V. (2006). "The rational choice perspective". In S. Henry and M. M. Lanier (eds) *The Essential Criminology Reader*. Boulder, CO: Westview Press.

Cornish, D. B. and Clarke, R. V. (2008) "The rational choice perspective". In R. Wortley and L. Mazerolle (eds) *Environmental Criminology and Crime Analysis*. Uffculme: Willan Publishing.

Cunliffe, J. and Shepherd, A. (2007) *Re-offending of adults: results from the* 2004 *cohort*. Home Office Statistical Bulletin 06/04. London: Home office.

Deane, G., Armstrong, D. P. and Felson, R. B. (2005). "An examination of offense specialization using marginal logit models". *Criminology*, 43 (4), 955~988.

Farrington, D. P. (1986). "Age and Crime". *Crime and Justice*, 7: 189~250.

Farrington, D. P., Coid, J. W., Harnett, L., Jolliffe, D., Soteriou, N., Turner, R. and West, D. J. (2006) *Criminal careers and life success: new findings from the Cambridge Study in Delinquent Development*. Home Office Findings Paper 281. London: Home Office. Also found at www. crim. cam. ac. uk/people/academic_ research/david_ farrington/hofind281. pdf (accessed 08/10/2015).

Farrington, D. P. and Hawkins, J. D. (1991) "Predicting participation, early onset, and later persistence in officially recorded offending". *Criminal Behaviour and Mental Health*, 1: 1~33.

Farrington, D. P., Snyder, H. N. and Finnegan, T. A. (1988) "Specialisation in juvenile court careers". *Criminology*, 26: 461~487.

Felson, M. (1994) *Crime and Everyday Life*. Thousand Oaks, CA: Pine Forge Press.

Felson, M. (1998). *Crime and Everyday Life* (*2nd edition*). Thousand Oaks, California: Pine Forge Press.

Fisher, G. and Ross, S. (2006). "Beggarman or thief: methodological issues in offender specialisation research". *Australian and New Zealand Journal of Criminology*, 39: 151~171.

Flanagan, R. (2008) "A review of policing-final report". Independent Review of Policing, found at http://webarchive. nationalarchives. gov. uk/20080910134927/police. homeoffice. gov. uk/publications/police-reform/review_ of_ policing_ final_ report (accessed 08/10/2015).

Gottfredson, M. and Hirschi, T. (1990) *A General Theory of Crime*. Stanford, CA: Stanford University Press.

Greenall, P. V. and Wright, M. (2015) "Exploring the criminal histories of stranger sexual killers". *The Journal of Forensic Psychiatry and Psychology*, 26 (2): 249~259.

Harris, D. A., Smallbone, S., Dennison, S. and Knight, R. A. (2009) "Specialisation and versatility in sexual offenders referred for civil commitment". *Journal of Criminal Justice*, 37 (1): 37~44.

Hornung, E. W. (1899) *The Amateur Cracksman*. New York: Schriber's.

Innes, M. (2007). "Investigation order and major crime inquiries". In T. Newburn, T. Williamson, and A. Wright (eds) *Handbook of Criminal Investigation*. Cullompton: Willan Publishing, pp. 255~275.

Kahneman, D., Slovic, P. and Tversky, A. (1982) *Judgement Under Uncertainty: Heuristics and Biases*. Cambridge: Cambridge University Press.

Kelling, G. and Coles, C. (1995) *Fixing Broken Windows*. New York: Free Press.

Kempf, K. (1987) "Specialisation and the criminal career". *Criminology*, 25 (2): 399~420.

LeBlanc, M. and Frechette, M. (1989) *Male Criminal Activity from Childhood Through Youth: Multilevel and Developmental Perspectives*. New York: Springer-Verlag.

Maguire, M. (2008) "Criminal investigation and crime control". In T. Newburn (ed.) *Handbook of Policing* (2nd Edition). Cullompton, UK: Willan Publishing.

Maguire, M., Morgan, R. and Reiner, R. (eds) (2012). *The Oxford Handbook of Criminology (5th Edition)* Oxford: Oxford University Press.

Maple, J. (1999) *Crime Fighter*. New York: Broadway Books.

Mazerolle, P., Brame, R., Paternoster, R., Piquero, A. and Dean, C. (2000) "Onset age, persistence, and offending versatility: comparisons across gender". *Criminology*, 38: 1143~1172.

McConville, M., Sanders, A. and Leng, R. (1991) *The Case for the Prosecution*. London: Routledge.

Moffitt, T. E. (1997) "Adolescent-limited and life-course persistent offending: a complementary pair of developmental theories". In T. Thornberry (ed.) *Developmental Theories of Crime and Delinquency*. Advances in Criminological Theory. Abingdon, UK: Transaction Publishers.

Moffitt, T. E. (1999) "Life-course persistent and adolescence-limited antisocial behaviour: a developmental taxonomy". *Psychological Review*, 100: 674~701.

Moffitt, T. E. (2003) "life-course-persistent and adolescent-limited antisocial behavior". In B. B. Lahey, T. E. Moffitt and A. Casp (eds) *Causes of Conduct Disorder and Juvenile Delinquency*. New York. The Guilford Press.

Newburn, T. (2008) (ed.) *Handbook of Policing (2nd edition)*. Cullompton, UK: Willan Publishing.

Newburn, T. (2012) *Criminology (2nd edition)*. London: Routledge.

Newburn, T. and Neyroud, P. (2008) *Dictionary of Policing*. Cullompton, UK: Willan Publishing.

Newburn, T., Williamson, T. and Wright, A. (2007) (eds) *Handbook of Criminal Investigation*. Cullompton, UK: Willan Publishing.

Piquero, A. (2000) "Frequency, specialisation, and violence in offending careers". *Journal of Research in Crime and Delinquency*, 37: 392~418.

Piquero, A. and Moffitt, T. (2004) "Life-course persistent offending". In J. Adler (ed.) *Forensic Psychology: Concepts, Debates and Practice*. Cullompton, UK: Willan Publishing, pp. 177~193.

Roach, J. (In press). "Self-selection policing and the disqualified driver". *Policing: A Journal of Policy and Practice* (advanced access paw056). https://doi.org/10.1093/police/paw056.

Roach, J. (2007a) "Those who do big bad things also usually do-little bad things: identifying active serious offenders using offender self-selection". *International Journal of Police Science and Management*, 9 (1): 66~79.

Roach, J. (2007b) "HO/RT1culture: cultivating police use of Home Office Road Traffic 1 form to identify active serious offenders". *International Journal of Police Science and Management*, 9 (4), 357~370.

Roach, J. (2012) "Terrorists, affordance and the over-estimation of offence homogeneity". In M. Taylor and P. M. Currie (eds) *Terrorism and Affordance*. London: Continuum.

Roach, J. and Pease, K. (2013) "Police overestimation of criminal career homogeneity". *Journal of Investigative Psychology and Offender Profiling*, 11: 164~178.

Roach, J., and Pease, K. (2016) *Self-Selection Policing: Theory, Research and Practice*. London: Palgrave Macmillan.

Rose, G. (2000) "The criminal histories of serious traffic offenders". *Home Office Research Study Number* 206. London: Home Office.

Schechter, H. and Everitt, D. (2006) *The A-to-Z Encyclopedia of Serial Killers*. New York: Simon and Schuster.

Schneider, J. L. (2005). "The link between shoplifting and burglary: the booster burglar". *British Journal of Criminology*, 45: 395~401.

Smerdon, J., & South, N. (1997). "Deviant Drivers and 'Moral Hazards': Risk, No-insurance Offending and Some Suggestions for Policy and Practice". *International Journal of Risk Se-*

curity and Crime Prevention, 2, 279~290.

Smith, M. J. and Tilley, N. (eds) (2005) *Crime Science: New Approaches to Preventing and Detecting Crime*. Cullompton, UK: Willan Publishing.

Soothill, K., Fitzpatrick, C. and Francis, B. (2009) *Understanding Criminal Careers*. Cullompton, UK: Willan Publishing.

Soothill, K., Francis, B., Sanderson, B. and Ackerley, E. (2000) "Sex offenders: specialists, generalists or both?" *British Journal of Criminology*, 40: 56~67.

Steer, D. J. and Carr-Hill, R. A. (1967). "The Motoring Offender-Who Is He?" *Criminal Law Review*, 214.

Suggs, D. (1998). "Motor projects in England and Wales: an evaluation". Home Office Research, Development and Statistics Directorate, Research Findings Number 81. London: Home Office.

Tarling, R. (1993) *Analysing Offending: Data, Models and Interpretations*. London: HMSO.

Townsley, M. and Pease, K. (2003) "Two go wild in Knowsley: analysis for evidence-led crime reduction". In, K. Bullock and N. Tilley (eds) *Problem-Orientated Policing*. Cullompton, UK: Willan Publishing.

Wellsmith, M. and Guille, H. (2005) "Fixed penalty notices as a means of offender selection". *International Journal of Police Science and Management*, 7 (1): 36~44.

West Midlands Police (1997) "Annual Report". Found at www.west-midlands.police.uk/pdfs/publications/annual-reports/.pdf (accessed 17/4/2005).

Willett, Terence C. (1964). *Criminal on the Road*. Tavistock Publ.

第二十三章
基于代理的犯罪科学家决策支持系统

摘要

犯罪事件往往是复杂系统互动的产物。犯罪的发生地点、时间、犯罪者及其手段，都是具有多元性、异质性和适应性的行为者及其环境之间相互作用、相互依赖和相互影响的结果。这些犯罪现象（及其控制措施）以及其深层的机制，一直是对科学方法的观察和控制能力的挑战。从学术研究的角度来看，这种难以捉摸的特性限制了犯罪理论的深入发展。我们认为，这不仅限制了我们对犯罪的反应策略，还混淆了对正在发生事件的解读，并阻碍了对过去犯罪行为能力深入理解，从而影响了未来犯罪预防措施的有效制定。

在本章中，我们将探讨计算分析法，该方法容纳了这种复杂性，并试图深入探索，以期加深我们对犯罪现象的理解，并揭示可能采取的策略与措施。在过去 10 年中，犯罪学者们借鉴了分布式计算领域的研究成果，并结合其他具有相似研究目标的社会科学领域，开始运用计算机模型来更深入地洞察个体行为与互动如何影响复杂社会系统的运作、犯罪机遇的产生、犯罪事件的发生，以及潜在应对措施的有效性。

通过将现实世界的系统转化为计算机程序，研究人员得以构建一个简化的系统模型。这些计算模型整合了一系列数据元素、算法以及逻辑上的依赖关系，共同构成一个引人入胜的系统框架。由此产生的模型不仅使得研究人员能够更容易地观察系统行为，还能够更加便捷地对其进行操作，从而相较于它们所模拟的真实系统，提供了更为清晰的洞察和操控能力（汤斯利和柏克斯，2008）。

在实证研究受到可行性限制或成本过高的情况下，这些模型为自然科学与社会科学的研究提供了有力的支持。特别是，基于个体或代理的模型（ABM）方法，在实际应用中已经取得了显著的进展。ABM 允许研究者构建合成环境，并在其中置入虚拟决策者，即所谓的代理，这些代理代表了关键的社会角色。这些代理的行为基于理论命题和/或先前的经验性见解。一旦模型构建完成，它就可以用于模拟实验，通过在特定配置中部署代理群体，并观察他们重复交互产生的总体结果模式，例如犯罪模式。在犯罪计算的这一新兴领域，ABM 已经被有效地开发并应用于研究多种犯罪现象及其应对策略（参见柏克斯等人，2012、2014；柏克斯和戴维斯，2017；博斯等人，2010；布兰廷厄姆和蒂塔，2008；格罗夫，2007、2008；希尔等人，2013；马勒森等人，2012；马尔乔内等人，2014；王等人，2008；魏斯伯德等人，2017）。

这种解析犯罪事件及其模式的方法与其他定量建模技术有着显著的区别，后者通常采用“自上而下”的分析视角，通过整体观察到的关系（如财富与犯罪之间的关联）来推测个体层面的原因。与此相反，ABM 为研究人员提供了一种“自下而上”的探索路径，将犯罪视为一系列底层互动的涌现结果。在这样的框架下，个体犯罪事件的参与者、他们的特征以及相互作用都被形式化为模型的一部分。通过运行这些模型，研究人员能够评估个体层面的机制是否能够合理地产生观察到的结果模式。ABM 因此提供了一种手段，用以检验提议的决策逻辑是否足以解释已知的社会现象（爱泼斯坦，1999）。这种方法本质上是一个形式化的提问：“如果人们确实如此行动，我们预期会观察到什么？”通过将这些模型的输出与现实世界的系统进行比较，我们得以对基础理论的有效性进行验证（柏克斯等，2012）。

构建个人行为与犯罪事件之间关系的模型，为研究复杂社会系统的形成与演变带来了内在的分析优势。第一，这种方法允许明确地模拟异质性的群体。在 ABM 中，代理被设计为具有独特属性和行为的类或模板，这些属性和行为可以根据每个代理的特定情况进行定制。这样的设计使得模型能够模仿现实世界中不同群体的参与者，从而克服了传统分析中为简化问题而常常假设的群体同质性。第二，ABM 通过模拟重复的相互作用，使得研究者能够探索纵向的发展过程。代理的行为可以设计为反映反馈驱动的过程，其中事件 t_1 的影响可以传递并通知后续的事件 t_{1+n}。这样，代理就能“学习”并适应以往的经验。第三，由于代理在模拟环境（无论是真实的还是抽象的）中相互作用，ABM 提供了一个平台，用于模拟情境交互并揭示认知决策过程，这超越了其他统计模型（如离散选择模型）的范畴。第四，或许最为关键的是，ABM 为研究者提供了一种工具，能够在所有尺度上进行全面观察和操作——

从个体决策的内部计算到环境配置，以及整体的社会结果。因此，ABM 可以被视作社会科学的一个“培养皿”，它为社会系统的研究提供了一个体外实验的平台。

通过塑造代表潜在犯罪者、潜在受害者和犯罪控制主体的代理，并模拟他们之间的相互作用，ABM 让研究者能够洞察行为与环境条件的不同组合如何导致特定的犯罪模式。这种能力使得研究者能够构建并评估各种犯罪控制策略的效力。因此，ABM 相当于一个计算实验室，研究人员可以在这里设计、试验并精炼犯罪理论及提议的干预策略，而无需面对现实世界实证研究中可能出现的道德和后勤挑战。这一方法为理论的原型设计和干预措施的预先测试提供了一个无约束的环境。

在本章中，我们将专注于探讨 ABM 在探索不同犯罪控制策略可能影响方面的应用——旨在揭示反事实动力学模型如何在犯罪科学领域发挥其效力，并为复杂系统中的决策提供支持。我们的目标是阐述 ABM 如何作为一种决策支持工具被广泛应用于此领域。首先，我们将概述 ABM 作为一种决策支持手段的基本概念。随后，我们将深入探讨一个关于警察资源部署的 ABM 案例研究，并展示一系列基于此模型的示范性实验。在章节的结尾，我们将讨论从这一简化的模型中获得的洞见，并强调在未来研究领域中的几个有前景的方向。

基于代理的决定支持系统

ABM 在为决策者及政策制定者提供独特洞察力方面，超越了其他分析方法（格罗夫和柏克斯，2008）。在本节中，我们将简明扼要地探讨 ABM 如何能够为决策者带来更深刻的见解，不仅关乎提议的干预措施，也关乎待解决的问题本身。这种能力使得决策者能够以科学化、基于证据的方式来制定政策和实践指导。

我们认识到，决策者致力于实现三大核心目标：首先，识别社会的实质性挑战；其次，深入理解这些挑战的根本原因；最后，有效地实施解决方案。从战略层面来看，我们假设前两个目标已经得到妥善处理——决策者们已经成功识别了关键的社会问题，并且研究工作已经揭示了这些问题的根源。当前所面临的挑战主要集中在如何精确地定位并激活最有效的解决方案路径。

剧透警告：理论上的目标往往比实际达成这些目标要简单得多。实际上，众多基础性的限制因素常常阻碍这一过程的实施。

第一，语境对于有效实践的至关重要。干预措施往往只对特定群体或情境有效（帕森和蒂利，1997）。政策制定者必须考虑到多样化的背景因素，并评估这些因素在何种程度上可能促进或妨碍预期干预机制的有效性。尽管存在如莱科克（2002）提出的建议，但大部分策略最终还是依赖于对相关领域的深入了解和一套连贯的思维框架。我们认为，潜在的环境多样性极为广泛，这使得在实际操作中面临的挑战尤为艰巨。

第二，规模的限制成为了一个关键因素。虽然某些社会问题可能通过示范项目或试点计划得到局部解决，但要将这些解决方案规模化并推广，却常常受限于诸多实际因素。例如，社会营销可能依赖于网络效应的大规模运作，而这往往超出了多数试点项目的财政能力。即便行动研究模式能够提供某些有效证据，但一旦干预措施成为主流，其效果也可能因规模化而减弱。

第三，限制因素涉及众多思想家所探讨的意外后果。以 20 世纪广受欢迎的理论家罗伯特·默顿为例，他在 1936 年的工作中引用了多位杰出思想家的观点，包括黑格尔、韦伯、马克思以及亚当·斯密。默顿及其前人的许多论著，在后来的实践中，常常成为政策失败的注脚。这些案例读起来仿佛是在说："若我们当时能够预知，便能避免那些不可预见的后果。"虽然案例研究为我们理解目标提供了宝贵的参考，但要确保我们从这些错误中学习并避免重蹈覆辙，就需要进行深入且严谨的分析与训练。这种训练不仅要求我们对历史案例有深刻的理解，还需要我们具备从复杂性中提炼教训的能力。

我们主张，由于 ABM 能够模拟出人工社会，它们为政策制定者和决策者提供了一个理想的实验平台。在这个虚拟环境中，他们可以摆脱现实世界中的财务、伦理和后勤限制，从而有效地规避规模带来的挑战。通过对个体层面的动态行为进行深入理解和形式化表达——也就是说，将个体参与者的行为逻辑清晰地编码到模型中——ABM 能够为决策者提供一个独特的情境测试场所。在领域专家的协助下，ABM 可以操纵各种背景特征，并对潜在的意外后果进行模拟和分析。

因此，我们将 ABM 视为一种决策支持工具，旨在辅助犯罪学专家深入理解犯罪问题，并为决策者及政策制定者搭建一个实验平台。在这个平台上，他们可以探索各种策略的潜在成果与影响、意外后果，以及不同政策力度下的竞争性策略反应。

这些模型能够在多个抽象层次上进行操作，涵盖了从宏观抽象的视角（例如，探究特定战术如何防止特定类型的犯罪热点形成）到微观实用层面的分析（例如，评估服务呼叫经验分布的合理性，这部分内容将在后文详细讨论）。在这样一个连续体中，特定的 ABM 的位置取决于用于构建和校准模型的数据的详细程度，以及我们对建模系统的认识深度。当我们对目标系统有了充分的理解，我们就能构建出相应的 ABM，并模拟多种潜在的干预策略，在不同的情境下对模型进行仿真实验。

为了突显这种潜力，我们目前呈现了一个简化的 ABM，用以探讨各种警务呼叫服务响应策略的效果。此处的主要目的并非展示最为复杂或最有效的模型，而是揭示在构建反犯罪动态模型过程中所涉及的关键步骤，并展示我们如何支持犯罪科学领域内的决策制定过程。

一个示例：呼叫服务调度的原型策略

问题

警察工作的核心职责之一是响应紧急服务召唤（CFS）。每天，警察部门都会接收到众多要求警察迅速出动的 CFS。对这些服务召唤的响应需要警方对持续涌入的服务请求进行评估，并合理地确定它们的优先级，随后高效地分配和调度必要资源以应对这些请求。

这些响应策略的成效可以从多个维度进行评估，包括响应事件所需的时长、所需响应人员的数量（及其相应的成本）、响应人员用于实际响应工作的时间比例（即效率指标），等等。此外，以安全为核心的考量也不容忽视，这包括轮班安排、每班次平均响应的事件数量等因素。最终，还必须遵守一些不容逾越的限制条件，例如政府设定的最大响应时间限制。

此外，任何特定策略的构成要素可以通过一系列关键的潜在变量来界定。这些变量涵盖了在特定时刻可调配的响应车辆数量、响应人员部署的空间布局、对同类事件响应的标准程序、响应人员在待命状态下可能采取的策略以最小化后续响应时间，以及相关的成本考量等因素。

如果我们考虑到这几项拟议的战略特征，就很容易看到一系列潜在的战略配置会迅速出现。为了说明这一点，表 23.1 中描述的假设策略特征总共产生了 8000（100×2×4×10）种独特的响应策略。

表 23.1　作为例证的响应策略参数

战略要素	描述	假设的可能值
响应人数	随时可以响应的响应者数量	0~100
事件优先级	当前活动的 CFS 如何分配给响应者	先进先出 最近事件
空闲策略	当前未响应事件的响应者的导航策略	（1）静态的；（2）随机游走；（3）全球热点监测；（4）局部热点监控
发货地点的空间配置	派遣响应者的地点	10 种独特的空间配置

由于多种复杂因素，将庞大的资源配置与众多潜在结果变量相联系面临着显著挑战：

（1）在后勤上，对所有的潜在调度配置进行全面的评估是不切实际的。

（2）某些配置，如频繁变动派遣位置，可能根本无法进行测试。

（3）从伦理角度考虑，对某些调度配置的有效性进行实证评估可能并不合适。

（4）优化配置以实现特定目标，如平均响应时间或资源成本的最优化，是一个涉及多重约束的复杂问题。

在此，我们与其他研究者（张和布朗，2013）一同，提出了一种探究调度配置与效能关联性的新方法。该方法涉及构建一个 ABM，对各种潜在的配置进行原型设计，并通过一系列评价指标来预估其可能的性能表现。为了阐述这一概念，我们现将一个简化的警察调度模型及其核心组成部分予以介绍，并对该模型进行详细阐述。

模型

我们构想了一个概念性的城市环境模型，其中警察部门向 CFS 派遣响应车辆。我们构建了一个针对 CFS 假设分布的模型，该模型在经验上能够为研究者提供一系列调度配置的选择。这使得我们能够对众多策略进行详尽审查，并通过一系列输出指标来评估其效能。

模型环境

在该模型中，环境被抽象为二维的晶格网络。在本研究介绍的这一模型版本里，该网络由 2500 个独特的位置（或称单元）组成，它们分布在 50 行 50 列的晶格结构中。每个单元映射到实际面积为 1000 米乘 1000 米的区域。基于假设的平均响应速度为每小时 60 公里，我们推算出模拟中的响应车辆能够在短短一分钟内穿越一个单元。换言之，在每个模拟时间周期内，这一速度假设是恒定不变的。

紧急呼叫服务

我们把 CFS 模拟成每一次模拟运行时都可能产生的离散事件。其目的在于提供一个简单的近似值，用于真实世界的 CFS。在本例中，模型 CFS 具有 3 种属性：（1）发生时间、（2）发生位置、（3）持续时间。

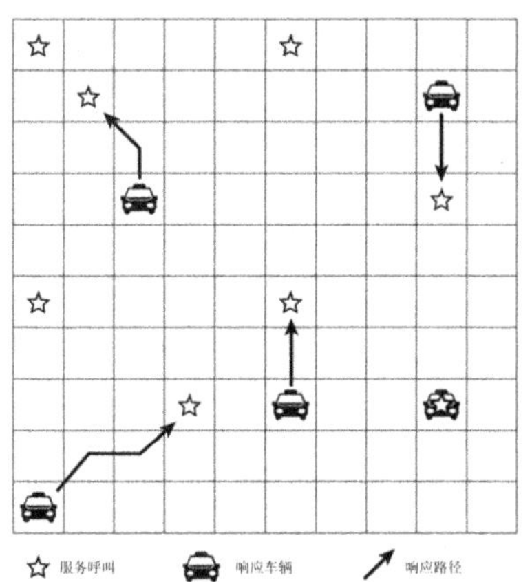

图 23.1　示例模型环境[1]

在模拟过程中，每一个循环都要采取下列步骤生成 CFS。

（1）根据 λ 的泊松分布绘制 CFS 数。我们通过实验操作 λ，产生了 3 个不同需求模型（见下文）。

（2）对于所产生的每一 CFS，我们有可能确定该呼叫是唯一事件［p（0.5）］，还是该呼叫集中于前一 CFS［p（0.5）］。前者简单地定位于环境中的任意位置，后者则位于当前有效 CFS 的 3 个半径内。这些简单规则使得 CFS 分布具有空间和时间上的集中。

（3）对于所生成的每一个 CFS，我们也可以在概率上确定响应者到达之后处理事件所需要的周期。从泊松分布中再次提取该持续时间，使得持续时间= Poisson（3）+1。因此，大多数事件都能在短时间内得到响应，但是有些则需要更多的资源。

考虑到该模型正在生成 CFS 的假设分布，我们也产生了 3 个独特的呼叫需求场景——低、中、高。这通过低需求（=0.5）、中需求（=0.75）、高需求（=1.5）来实现。这些 λ 值相当于每 24 小时产生大约 500 立方英尺、1000 立方英尺和 2000 立方英尺。另外，我们假定所有的 CFS 必须在发电后的 2 小时内（120 个周期）内作出响应，否则将被认为是失败的响应。

应答者

我们对模拟中的响应车辆群体进行了代理化处理。这些车辆在二维晶格环境中自如地穿梭。在每个时间周期，每辆响应车辆都能沿着 8 种基本方向之一，从一个单元移动到相邻单元。一旦接到事故现场的指派，响应代理将自动选择到达指定事故地点（CFS）的最短路径。在移动过程中，我们设定每单元的移动消耗一个单位的燃料。因此，响应人员的状态分为 3 种：（1）前往事故现场的路上；（2）参与事故处理；（3）处于待命状态，即当前没有分配到任何事故现场的响应人员。这一模型精确地反映了响应人员在执行任务过程中的不同状态和活动。

响应策略参数

我们研究了响应策略参数对响应数量、事件优先级和空闲策略的影响。我们现在来描述每个响应参数。

响应人数：在响应策略的众多关键要素中，响应车辆的数量尤为重要。此特性指的是在模拟开始时设定的响应代理（即车辆）的初始数量，它对于分析不同资源投入水平对警察调度响应效能的影响至关重要。在本次研究中，我们设定了 5 种不同的车辆配置方案以进行比较分析：分别是 10 辆、20 辆、30 辆、40 辆和 50 辆。

事件优先级：CFS（综合分配优先级）是影响响应策略的核心因素，它决定了在应对不同事件时，资源分配的优先顺序。优先级策略明确了响应资源向各类 CFS 分配的具体原则。本文将深入探讨 2 种截然不同的事件优先级模型。

（1）先进先出：一种简单的先进先出排队系统，以便事件能按接收顺序作出响应。一旦事件到达队列的前端，最近的无响应车辆就会被分配给它。

（2）最近事件：分配最近事件的无响应车辆至当前位置，忽略接收事件的次序（注意，如果同一响应者附近有多个事件发生，则随机选择）。

空闲策略：一天中有几个响应方不响应 CFS，这取决于当前的需求。空闲策略参数决定了响应方在此状态下应采取何种空间策略。我们将探讨 4 个不同的策略，如果没有当前事件：

（1）静态：无反应车辆保持静止，直到分配给新的 CFS。

（2）随机行走：在指定新 CFS 之前，无反应车辆在整个环境中随机移动。

（3）全球热点监控–全球：无响应车辆在过去 24 小时内接收最多 CFS 的地点移动。

（4）本地热点监测：无响应车辆在当前位置 10 格内向最近 24 小时内接收最多 CFS 的位置移动。

实验设备

在完善了 ABM 之后，我们将开展一系列模拟实验，旨在评估各异质调度策略对于关键绩效指标的具体影响。这些实验设计旨在量化不同响应人数配置与事件优先级机制如何作用于调度效能，从而为优化调度策略提供数据支持和科学依据。

如上所述，所有模拟操作的自变量（IVs）如下：响应人数、优先策略和空闲策略。通过操纵这些 IVs，我们也研究了在低需求、中需求和高需求情况下的结果。这种配置产生了 3（需求情况）×5（响应人数）×2（优先策略）×4（空闲策略）分析实验设计，由此产生 120 个独特的需求响应配置。由于模型具有一定的概率性，我们对每种配置进行 100 次模拟（1440 次循环，即 24 小时）。在每一次模拟中，我们都会使用唯一的随机种子值，以确保 CFS 的分布是独一无二的（就像现实世界里每天一样）。这样，该模型就运行了 12 000 个模拟。最后，我们对 120 种独特需求——响应配置的 100 次模拟结果进行汇总。

模型输出数据

在每一次模拟中，我们都会记录下列有关 CFS 事件的数据：

（1）为事件分配的响应车辆；

（2）事件发生至响应人到达事件所需周期数。

此外，我们还为每个响应车辆记录：

（1）响应时间或空闲周期数；

（2）燃料消耗量（假定车辆移动单个电池时消耗一单位燃料）。

根据这些数据，我们整理了以下汇总统计数据：

（1）在 2 小时内响应事件的比例；

（2）平均响应时间；

（3）每个事件平均响应成本（24 小时内所有响应者消耗的燃料总和除以响应事件总数）；

（4）响应方花费响应时间或空闲时间。

调查结果

总之，我们模拟了 3 种情况（高、中、低 CFS 需求）。该模型允许将 3 种输入参数组合在一起，从而制定巡逻策略：（1）响应人数；（2）响应方如何分配 CFS；（3）当没有电话需要回复时应如何做。如果这是一场游戏，玩家会有 3 个转盘，从这个转盘中产生 1 种反应策略，其中有 40 种可能的巡逻策略。在评估这些策略的有效性时，我们有 5 个类似于关键绩效指标的指标：（1）参与事件的比例；（2）响应时间；（3）总燃料消耗；（4）事件消耗的燃料；（5）运行或空转时间的百分比。

附录中的表 23.2、表 23.3 和表 23.4 描述了响应人数、优先策略、空闲策略以及上述 3 个结果指标之间的关系（低-表 23.2，中-表 23.3，高-表 23.4）。

虽然本章不会全面而系统地探讨模型结果，但是下面我们会讨论三种响应策略参数所能收集到的一些关键信息。这些“定性”的洞察力展示了 ABM 是如何让我们了解模型系统动力学的。

模式识别

响应人数

通过对响应人数的检查，我们可以得出一些关键结果。首先，潜在的直觉断言，即响应时间和响应车辆数目是线性关系。图 23.2 显示了 3 个需求情况下，需要响应者有 1 个临界值，以确保所有事件在规定的 2 个小时内响应。低需求和中需求模式需要 20 名响应者，高需求情况下需要 40 名响应者。然而，超过这些临界值后，额外响应者成本所带来的优势就会明显下降。例如，在中需求情况下，响应人数由 30 增加至 40 或 50，这需要相当多的资源，但是平均响应时间会减少，每增加 10 个响应者大约减少 1 分钟。

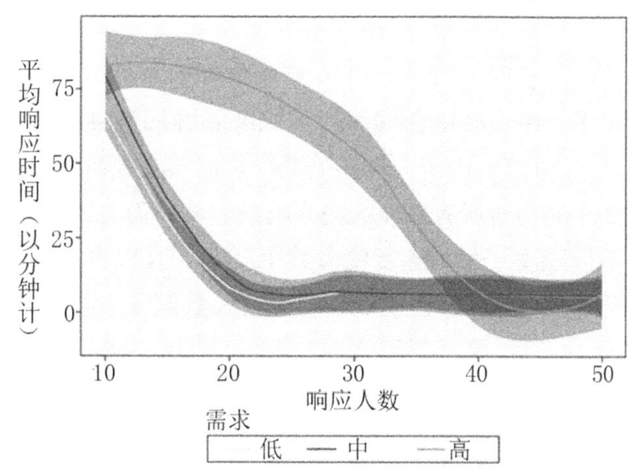

图 23.2 按需求情境划分的响应人数和平均响应时间之间的关系

值得注意的是，图 23.3 展示了一个有趣的现象：在静态空闲策略下，增加响应者人数对缩短响应时间的影响并不显著，反而可能导致燃料消耗的减少（显然，这并不涉及人力资源的节省）。这一结果揭示了，相比于广泛分散的响应者，实际所需穿越环境的响应人数较少，从而影响了响应效率。

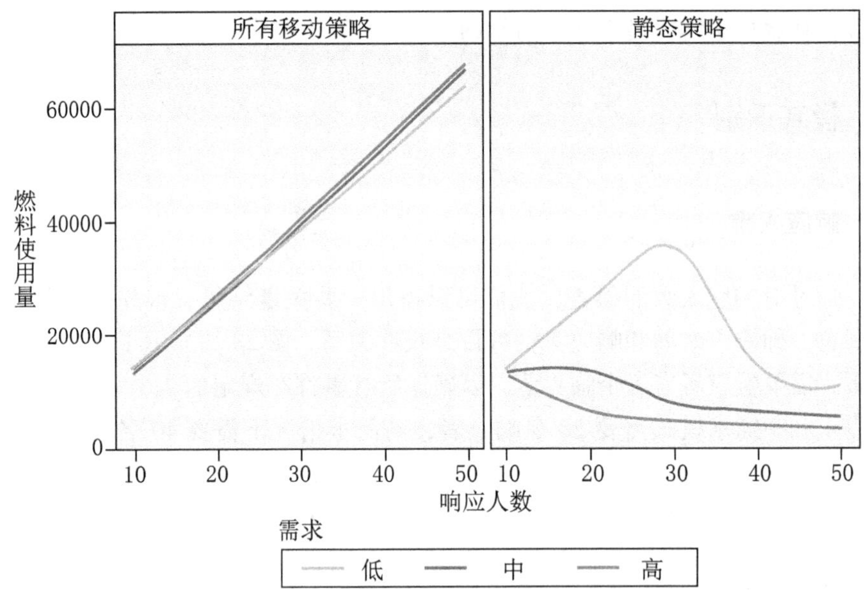

图 23.3　按需求情境划分的响应人数与燃料使用量之间的关系

在最终的分析中，图 23.4 揭示了在所有事件均在 2 小时响应时间窗口内处理的模型设定下，响应者的实际响应时间分布并非最理想。以低需求时段为例，即使部署了 10 名响应者，他们仍需投入近 98%的时间来处理事件，却依然难以实现 2 小时内对所有事件的完全响应。相对而言，部署 20 名响应者则显著提升了响应速度（平均速度快大约 10 倍），且仅占用他们大约 1/4 的时间来执行响应任务。这一对比突显了响应人数配置对提升调度效能的重要性。

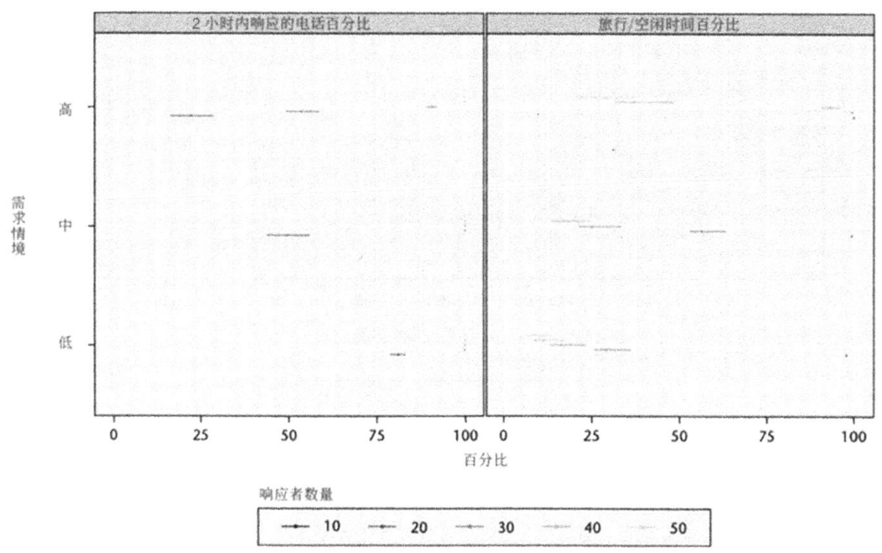

图 23.4 按需求情境划分的响应人数、2 小时内响应的电话百分比和旅行/空闲时间百分比之间的关系

优先战略

在审视事件优先级策略的影响时，我们观察到了一个既有趣又出乎意料的发现。图 23.5 展示了一种场景，即在 2 小时的时间窗口内有足够的响应者可以处理所有事件的情形下，先进先出策略与最近事件优先策略之间并未呈现出显著差异。然而，在响应者资源紧张，导致不是所有事件都能在 2 小时内得到处理的情况下，最近事件优先策略则展现出了更低的平均响应时间以及更高的响应率，在 2 小时的时间窗口内持续表现出较优的效能。

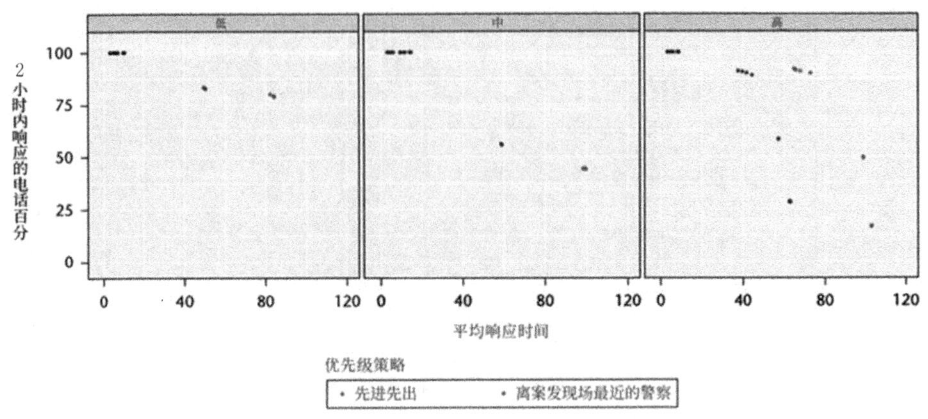

图 23.5　按优先级策略和需求场景划分的响应人数、2 小时内响应的电话百分比和平均响应时间之间的关系

例如，在中需求水平下，当配备 10 名响应者时，采用先进先出优先级策略所得到的平均响应时间略微超过了 100 分钟，同时响应率维持在了 44%。相较之下，应用最接近优先策略的模型则展现出了更高效的性能，其响应者平均在 60 分钟内完成响应，响应率提升至 55%。通过对多种模型配置的效率进行比较分析，我们发现资源紧张时，最接近优先策略相较于先进先出策略具有显著的优势。观察单个模拟运行的情况，我们注意到一个有趣的现象：采用先进先出策略的响应者似乎更频繁地处于“追赶”状态，这可能是导致其响应效率低于最接近优先策略的原因。

空闲策略

最终，我们深入分析了 4 种提议的空闲策略对调度效率的影响。研究揭示了几个重要的见解。首先，直观来看，当响应者的大部分时间都被响应任务占据时，空闲策略对效能的影响相对较小。这是因为在这种情况下，响应车辆几乎没有时间来执行任何空闲策略。其次，更有趣的是，尽管静态策略和随机游走策略在响应时间上仅有细微的差别，但在燃油消耗上的差异却非常显著。研究结果表明，两种基于热点监控的策略都能有效减少响应时间并提高燃油效率。尽管这一发现可能与车辆空闲状态（CFS）的分布有关，但根据当前模型分析，采取响应车辆相对静止的策略能够在响应时间和资源消耗之间实现较为理想的平衡。

讨论

在以下段落中，我们旨在阐述如何巧妙地运用 ABM 来辅助犯罪学专家及一线实践者做出更加精准的决策。本章节中，我们精心构建了一个具启发性的警察调度模型，并对该模型的核心构件进行了详尽阐述。借助这一模型，我们开展了一系列模拟实验。我们期望这个模型不仅能展现 ABM 在研究中的强大支撑作用，还能为 ABM 在实际应用中提供深刻见解和指导。

尽管 ABM 并非旨在替代现有的分析手段，但它们确实为理论与实证研究开辟了新的途径，尤其是在那些因后勤和伦理限制而使得传统研究方法难以施展的领域。我们构建并应用的这一模型，展现了一系列在考虑复杂现场服务（CFS）问题时并不直观的总体成果，这些成果用传统的逻辑经验方法往往难以预测和评估。

这些发现揭示了在多样化环境下，识别能有效降低犯罪率技术的挑战性。我们期望，本文所阐述的 ABM 能够为理解犯罪事件这一复杂系统提供深刻的洞见。此外，通过提供一个针对响应者策略原型的模拟方法，ABM 有助于识别可能最有效干预这些事件的策略。在未来的工作中，我们建议将这些策略在实际运行环境中进行现场试验，以验证其效果，并通过实践反馈进一步优化这两种响应策略。这将有助于在适当的情况下，为模型迭代提供新的数据支持。

此外，模型分析揭示，在复杂的治安环境中，制定犯罪控制策略需考虑多重约束的交织作用。在此背景下，ABM 提供了一种既简便又经济的手段，用以评估不同策略对这些约束的潜在影响。

然而，在最终决策过程中，仍需依靠工作人员的专业判断，以确定哪些约束在当前情况下最为关键。

最终，我们认识到我们一直在构思、设计和开发一种动力学模型，旨在应对犯罪问题。这种模型本身是提升我们对特定问题深度思考的强大工具。在构建 ABM 的过程中，必须能够将人们对世界的心理认知模型高效地转化为计算模型。这一转化过程很快就能揭示出我们在理解世界及其概念上的不足。这一过程“强化了科学思维的习惯”（爱泼斯坦，2008）。因此，所有以问题解决为导向的犯罪学者应当努力培养并保持这种科学思维的习惯。

注释

1. Freepik 汽车图标是从 www. flaticon. com 制作的。

参考文献

Birks, D. & Davies, T. (2017). "Street network structure and crime risk: an agent-based investigation of the encounter and enclosure hypotheses". *Criminology*, 55 (4), 900~937.

Birks, D., Townsley, M., & Stewart, A. (2012). "Generative models of crime: using simulation to test criminological theory". *Criminology*, 50, 221~254.

Birks, D., Townsley, M., & Stewart, A. (2014). "Emergent regularities of interpersonal victimization: an agent-based investigation". *Journal of Research in Crime and Delinquency*, 51 (1), 119~140.

Bosse, T., Elffers, H., & Gerritsen, C. (2010). "Simulating the dynamical interaction of offenders, targets and guardians". *Crime Patterns and Analysis*, 3 (1), 51~66.

Brantingham, P. & Brantingham, P. (2004). "Computer simulation as a tool for environmental criminologists". *Security Journal*, 17 (1), 21~30.

Brantingham, P., Glasser, U., Kinney, B., Singh, K., & Vajihollahi, M. (2005a). "A computational model for simulating spatial and temporal aspects of crime in urban environments". *IEEE International Conference on Systems, Man, and Cybernetics*, 4, 3667~3674.

Brantingham, P., Glasser, U., Kinney, B., Singh, K., & Vajihollahi, M. (2005b). "Modelling urban crime patterns: viewing multi-agent systems as abstract state machines". *Proceedings of the 12th International Workshop on Abstract State Machines*, 101~117.

Brantingham, P. J. & Tita, G. (2008). "Offender mobility and crime pattern formation from first principles". In L. Liu & J. Eck (Eds). *Artificial Crime Analysis Systems: Using Computer Simulations and Geographic Information Systems* (pp, 193~208). Hershey, PA: IGI Global.

Eck, J., & Liu, L. (2008). "Contrasting simulated and empirical experiments in crime prevention". *Journal of Experimental Criminology*, 4, 195~213.

Epstein, J. M. (1999). "Agent-based computational models and generative social science". *Complexity*, 4 (5), 41~57.

Epstein, J. M. (2008). "Why model?" *Journal of Artificial Societies and Social Simulation*, 11 (4), 12.

Groff, E. (2007). "Simulation for theory testing and experimentation: an example using routine activity theory and street robbery". *Journal of Quantitative Criminology*, 23 (2), 75~103.

Groff, E. (2008). "Adding the temporal and spatial aspects of routine activities: a further test of routine activity theory". *Security Journal*, 21 (1-2), 95~116.

Groff, E. & Birks, D. 2008. "Simulating crime prevention strategies: a look at the possibilities". *Policing: A Journal of Policy and Practice*, 1 (0): 1~10.

Hill J. F., Johnson S. J., & Borrion H. (2013). "Potential uses of computer agent-based simulation modeling in the evaluation of wildlife poaching". In A. Lemieux (Ed.) *Situational Prevention of Poaching*. London: Routledge.

Laycock, G. (2002). "Methodological issues in working with policy advisers and practitioners". In N. Tilley (Ed.) *Analysis for Crime Prevention*, Volume 13 of Crime Prevention Studies (pp. 205~237) Monsey, NY: Criminal Justice Press.

Malleson, N. & Brantingham, P. L. (2009). "Prototype burglary simulations for crime reduction and forecasting". *Crime Patterns and Analysis*, 2 (1), 47~65.

Malleson, N., See, L., Evans, A., & Heppenstall, A. (2012). "Implementing comprehensive offender behaviour in a realistic agent-based model of burglary". *Simulation*, 88 (1), 50~71.

Marchione, E., Johnson, S., & Wilson, A. (2014). "Modelling maritime piracy: a spatial approach". *Journal of Artificial Societies and Social Simulation*, 17 (2), 9. http://jasss.soc.surrey.ac.uk/17/2/9.html. DOI: 10.18564/jasss.2477.

Melo, A., Belchior, M., & Furtado, V. (2006). "Analyzing police patrol routes by simulating the physical reorganization of agents". In *Multi-Agent-Based Simulation VI* (pp. 99~114). Berlin, Heidelberg: Springer.

Merton, R. K. (1936) "The unanticipated consequences of purposive social action". *American Sociological Review*, 1 (6), 894-904. DOI : 10.2307/2084615.

Pawson, R. & Tilley, N. (1997). *Realistic Evaluation*. New York: Sage Publications.

Townsley, M. & Birks, D. J. (2008). "Building better crime simulations: systematic replication and the introduction of incremental complexity". *Journal of Experimental Criminology*, 4 (3), 309~333.

Wang, X., Liu, L., & Eck, J. (2008). "Crime simulation using GIS and artificial intelligent agents". In L. Liu & J. Eck (Eds) *Artificial Crime Analysis Systems: Using Computer Simulations and Geographic Information Systems* (pp. 209~225). Singapore: Idea Group Inc.

Weisburd, D., Braga, A. A., Groff, E. R., & Wooditch, A. (2017). "Can hot spots policing reduce crime in urban areas? an agent-based simulation". *Criminology*, 55 (1), 137~173.

Zhang, Y. & Brown, D. E. (2013). "Police patrol districting method and simulation evaluation using agent-based model & GIS". *Security Informatics*, 2 (1), 1~13.

附录

表 23.2 低需求情境

空闲策略	响应人数	优先策略	平均响应时间(分钟)	每次事故的燃料	响应时间百分比	2 小时内响应的事件百分比	总燃料消耗	总人分钟
静态策略	10	先进先出	82.63	17.48	98.07	80.02	12 557.22	14 400
		最近事件	50.35	17.25	98.03	82.78	12 442.35	14 400
	20	先进先出	7.31	8.30	26.37	100	5 968.79	28 800
		最近事件	7.35	8.34	26.45	100	6 005.13	28 800
	30	先进先出	4.85	5.83	13.20	100	4 172.67	43 200
		最近事件	4.86	5.85	13.36	100	4 223.71	43 200
	40	先进先出	3.77	4.75	8.54	100	3 416.78	57 600
		最近事件	3.81	4.79	8.65	100	3 470.54	57 600
	50	先进先出	3.13	4.11	6.20	100	2 970.67	72 000
		最近事件	3.12	4.10	6.18	100	2 963.85	72 000
随机游走	10	先进先出	82.58	17.92	97.92	79.86	12 823.18	14 400
		最近事件	50.16	17.64	97.96	82.62	12 708.69	14 400
	20	先进先出	7.07	36.03	25.75	100	25 892.56	28 800
		最近事件	7.01	36.13	25.56	100	25 873.93	28 800
	30	先进先出	4.69	55.20	13.04	100	39 811.16	43 200
		最近事件	4.67	55.47	12.96	100	39 804.99	43 200
	40	先进先出	3.71	74.82	8.49	100	53 789.20	57 600
		最近事件	3.74	74.67	8.55	100	53 772.74	57 600
	50	先进先出	3.15	93.58	6.26	100	67 788.63	72 000
		最近事件	3.15	94.46	6.20	100	67 792.82	72 000

续表

空闲策略	响应人数	优先策略	平均响应时间（分钟）	每次事故的燃料	响应时间百分比	2小时内响应的事件百分比	总燃料消耗	总人分钟
本地热点监控	10	先进先出	84.43	17.82	98.06	78.70	12 844.25	14 400
		最近事件	49.87	17.69	97.97	83.15	12 697.79	14 400
	20	先进先出	8.12	36.23	28.53	100	26 116.70	28 800
		最近事件	8.16	36.56	28.38	100	26 114.60	28 800
	30	先进先出	6.20	55.37	15.51	100	39 651.11	43 200
		最近事件	6.29	55.27	15.73	100	39 824.78	43 200
	40	先进先出	5.58	75.16	10.89	100	54 228.52	57 600
		最近事件	5.59	74.43	10.86	100	53 540.12	57 600
	50	先进先出	5.25	94.84	8.32	100	68 206.09	72 000
		最近事件	5.32	93.47	8.37	100	66 982.65	72 000
全球热点监控	10	先进先出	84.31	17.88	97.95	79.33	12 834.49	14 400
		最近事件	49.32	17.74	97.46	83.19	12 713.80	14 400
	20	先进先出	11.10	36.77	36.04	100	26 432.62	28 800
		最近事件	11.10	36.76	36.16	100	26 508.56	28 800
	30	先进先出	10.58	55.89	23	100	40 302.53	43 200
		最近事件	10.72	55.91	23.21	100	40 264.72	43 200
	40	先进先出	10.52	76.02	17.07	100	54 623.38	57 600
		最近事件	10.51	75.91	17.04	100	54 510.74	57 600
	50	先进先出	10.30	94.89	13.45	100	68 399.13	72 000
		最近事件	10.22	95.43	13.33	100	68 673.30	72 000

表 23.3　中需求情境

空闲策略	响应人数	优先策略	平均响应时间(分钟)	每次事故的燃料	响应时间百分比	2 小时内响应的事件百分比	总燃料消耗	总人分钟
静态策略	10	先进先出	100.07	12.04	99.39	43.84	13 020.19	14 400
		最近事件	59.16	11.70	99.36	55.52	12 646.96	14 400
	20	先进先出	11.79	11.93	54.23	100	12 902.39	28 800
		最近事件	11.75	11.80	53.90	99.92	12 802.63	28 800
	30	先进先出	5.52	6.50	21.85	100	7 034.40	43 200
		最近事件	5.51	6.50	21.70	100	6 988.62	43 200
	40	先进先出	4.09	5.08	13.53	100	5 487.14	57 600
		最近事件	4.09	5.08	13.49	100	5 470.79	57 600
	50	先进先出	3.33	4.31	9.62	100	4 654.03	72 000
		最近事件	3.34	4.32	9.66	100	4 672.67	72 000
随机游走	10	先进先出	99.98	12.18	99.35	44.22	13 113.06	14 400
		最近事件	59.24	11.80	99.39	55.80	12 731.23	14 400
	20	先进先出	11.09	23.13	52.80	100	25 076.08	28 800
		最近事件	11.64	23.14	53.97	99.98	25 078.83	28 800
	30	先进先出	5.24	35.91	21.11	100	38 780.47	43 200
		最近事件	5.26	35.91	21.15	100	38 787.99	43 200
	40	先进先出	3.98	48.96	13.29	100	52 727.23	57 600
		最近事件	3.98	49.18	13.23	100	52 756.45	57 600
	50	先进先出	3.29	61.93	9.55	100	66 706.65	72 000
		最近事件	3.30	61.84	9.59	100	66 728.86	72 000
本地热点监控	10	先进先出	99.75	12.11	99.37	44.38	13 098.84	14 400
		最近事件	59.01	11.83	99.33	56.09	12 734.83	14 400
	20	先进先出	11.64	23.42	54.59	100	25 258.76	28 800
		最近事件	11.80	23.33	55.12	99.98	25 202.58	28 800
	30	先进先出	6.49	36.31	24.22	100	39 083.31	43 200

续表

空闲策略	响应人数	优先策略	平均响应时间(分钟)	每次事故的燃料	响应时间百分比	2 小时内响应的事件百分比	总燃料消耗	总人分钟
		最近事件	6. 57	36. 12	24. 40	100	38 846. 46	43 200
	40	先进先出	5. 71	48. 49	16. 72	100	52 622. 33	57 600
		最近事件	5. 71	49. 25	16. 57	100	53 060. 16	57 600
	50	先进先出	5. 37	62. 40	12. 65	100	66 979. 88	72 000
		最近事件	5. 30	62. 16	12. 58	100	66 815. 66	72 000
全球热点监控	10	先进先出	98. 75	12. 11	99. 29	44. 10	13 114. 14	14 400
		最近事件	59. 08	11. 80	99. 29	56. 01	12 726. 43	14 400
	20	先进先出	14. 13	23. 52	61. 43	100	25 473. 57	28 800
		最近事件	14. 81	23. 49	63. 43	99. 93	25 479. 60	28 800
	30	先进先出	10. 12	36. 52	33. 52	100	39 397. 15	43 200
		最近事件	10. 12	36. 72	33. 46	100	39 550. 43	43 200
	40	先进先出	9. 73	49. 92	24. 25	100	53 832. 60	57 600
		最近事件	9. 94	49. 24	24. 66	100	53 146. 09	57 600
	50	先进先出	9. 60	63. 05	19. 11	100	67 970. 63	72 000
		最近事件	9. 71	62. 70	19. 28	100	67 561. 66	72 000

表 23.4　高需求情境

空闲策略	响应人数	优先策略	平均响应时间(分钟)	每次事故的燃料	响应时间百分比	2 小时内响应的事件百分比	总燃料消耗	总人分钟
静态策略	10	先进先出	103. 38	6. 21	99. 78	16. 68	13 416. 61	14 400
		最近事件	63. 45	5. 90	99. 76	28. 37	12 718. 40	14 400
	20	先进先出	99. 36	11. 93	99. 34	49. 18	25 781. 04	28 800
		最近事件	57. 80	11. 64	99. 26	58. 53	25 136. 13	28 800
	30	先进先出	68. 45	16. 21	93. 20	90. 77	35 055. 16	43 200
		最近事件	40. 09	15. 87	92. 09	90. 38	34 394. 02	43 200

续表

空闲策略	响应人数	优先策略	平均响应时间（分钟）	每次事故的燃料	响应时间百分比	2 小时内响应的事件百分比	总燃料消耗	总人分钟
	40	先进先出	5.40	6.37	32.48	100	13 718.66	57 600
		最近事件	5.35	6.32	32.51	100	13 682.65	57 600
	50	先进先出	4.01	4.99	21.61	100	10 769.12	72 000
		最近事件	3.98	4.96	21.52	100	10 706.71	72 000
随机游走	10	先进先出	103.64	6.19	99.77	16.66	13 439.73	14 400
		最近事件	63.20	5.92	99.78	28.54	12 747.80	14 400
	20	先进先出	99.04	12	99.24	49.34	25 953.29	28 800
		最近事件	57.97	11.80	99.28	58.60	25 342.12	28 800
	30	先进先出	65.37	17.48	92.48	91.78	37 696.93	43 200
		最近事件	38.15	17.39	90.40	90.93	37 497.77	43 200
	40	先进先出	5.14	23.10	31.54	100	49 741.53	57 600
		最近事件	5.13	23.04	31.55	100	49 709.89	57 600
	50	先进先出	3.82	29.42	21.04	100	63 588.69	72 000
		最近事件	3.82	29.55	20.97	100	63 608.41	72 000
本地热点监控	10	先进先出	103.47	6.21	99.78	16.71	13 438.69	14 400
		最近事件	63.04	5.89	99.77	28.25	12 752.64	14 400
	20	先进先出	99.46	12.05	99.26	49.24	25 967.70	28 800
		最近事件	57.79	11.80	99.28	58.54	25 351.24	28 800
	30	先进先出	66.28	17.53	93.25	91.29	37 803.79	43 200
		最近事件	41.98	17.45	93.98	89.99	37 676.71	43 200
	40	先进先出	6.40	23.16	36.46	100	49 980.82	57 600
		最近事件	6.42	23.09	36.66	100	49 958.88	57 600
	50	先进先出	5.38	29.63	25.79	100	63 884.92	72 000
		最近事件	5.45	29.56	26.02	100	63 736.18	72 000

续表

空闲策略	响应人数	优先策略	平均响应时间(分钟)	每次事故的燃料	响应时间百分比	2 小时内响应的事件百分比	总燃料消耗	总人分钟
全球热点监控	10	先进先出	103.16	6.22	99.75	16.45	13 454.27	14 400
		最近事件	63.20	5.89	99.75	28.42	12 745.03	14 400
	20	先进先出	99.32	12.02	99.28	49.34	25 962.72	28 800
		最近事件	57.69	11.72	99.22	58.46	25 332.02	28 800
	30	先进先出	73.33	17.60	95.70	89.81	37 937.27	43 200
		最近事件	44.72	17.51	95.99	88.82	37 784.29	43 200
	40	先进先出	9.40	23.55	47.87	100	50 854.94	57 600
		最近事件	9.37	23.61	47.67	100	50 975.89	57 600
	50	先进先出	8.86	29.81	36.59	100	64 442.82	72 000
		最近事件	8.82	29.81	36.43	100	64 407.39	72 000

第二十四章
经济效率与犯罪侦查：基于中国香港的警务

随着专注于预防犯罪而非仅仅关注犯罪的创新科学家的出现，社会在预防犯罪方面的目标得到了推动。这一群体开发或调整的预防技术已被证明能立即且可持续地减少犯罪。然而，背景至关重要，因为动态且高度可变的环境容易受到微小变化的影响，这些变化可能会影响政策或干预措施的效果。尽管这些技术具有很大前景，但它们的有效性将始终根据环境内部和环境之间的效率来衡量。简而言之，政策是通过将投入与预期产出或结果进行比较来制定的。

在经济分析方面，我们通常会考虑投入（成本）和结果（收益），并想到 CBA。然而，经济学的贡献远不止于此！在本章中，我们使用中国香港警务的数据，展示了如何应用微观经济学技术（“DEA”）来确定组织警务单位的相对绩效，由于存在多个输入和输出，这使得比较变得困难。这项技术解决了关于不同地区预防犯罪效果的关键政策要求，尽管背景略有不同。

摘要

犯罪学家对犯罪和刑事司法系统的明确关注基于丰富的理论传统，该传统已经确定了犯罪者和刑事司法人员行为的潜在因果机制。此外，他们了解刑事司法系统和研究人员面临的数据问题。如果没有犯罪学家的不懈努力，经济学家对犯罪研究以及试图预防和控制犯罪的机构的贡献可能会受到阻碍。

布什威和鲁特根据以下方面对经济学家对犯罪和司法研究的贡献进行了分类：（1）理论——例如，经济学家在感知威慑方面的工作，强调时间贴现的中心性（例如，纳金，1978、1998；帕特诺斯特，1987）；（2）技术——例如，计量经济学家使用的专业技术，特别是詹姆斯·赫克曼的选择问题方法（参见布什威，约翰逊和斯洛克姆，2007）和 CBA（例如，奥斯、菲普斯、巴诺斯基和李格，2001；鲍尔斯和普拉蒂乔，2004）；以及（3）实质性专业知识——例如，经济学家对非法市场，特别是毒品市场的研究（例如，卡梅伦和威廉姆斯，2001；皮特里、佩普和曼斯基，2001；鲁特和格林菲尔德，2001）。

在本章中，我们专门关注技术。[1] 我们并未采用犯罪学家充分记录和理解的技术（如多变量时间序列分析或 CBA），而是采用一种相对不太常用和理解的 DEA 技术来检查中国香港组织警务单位的相对效率。我们的目标是展示如何利用 DEA 向警察和政策制定者提供信息，帮助其转变警务投入（如人力资源），以产生更高效和有效的结果（如侦查犯罪）。

以下是对与经济效率有关的概念、衡量经济效率的技术、本研究采用的方法和后果，以及 DEA 在制定警察管理政策和程序方面的作用的简要讨论。

与效率有关的经济概念

衡量效率包括两个方面——技术效率和配置效率。技术效率是指一个组织在有限的投入（如警力）下最大限度地提高产出（如犯罪侦查率）的能力。配置效率反映了组织在相对于一组可比组织实体的价格下优化投入使用的能力（斯托恩，2002）。实现综合经济效率需要兼顾技术效率和配置效率。“生产可能性边界”（PPF）用于确定理论上可以通过使用相同或相似数量的投入来实现的产出组合。在讨论如何衡量效率之前，我们先介绍几个重要的经济学概念。

比较优势

比较优势是指在机会成本较低的情况下生产特定商品或服务的能力。[2] 也就是说，如果生产商品或服务所必须放弃的东西的价值被评估为低于所生产东西的价值，那么一个组织就具有相对优势（曼宁、约翰逊、蒂利、王和沃西娜，2016）。在一个组织内，员工之间的专业化也可能产生相对优势。

分工

经济学家使用“分工”一词来描述每个工人专门从事不同任务的情况。分工使群体能够实现比较优势，并以经济高效的方式生产产出（希尔，2004）。通过分工实现专业化的好处包括：（1）根据个人偏好和能力，根据比较优势法则分配任务；（2）让员工反复执行相同任务以提高技能；（3）由于员工从事具有专业知识和能力的任务，减少因转换任务而损失的时间；（4）开发和引入新技术或工具，使专门从事特定产出或生产活动的员工能够提高生产力。

生产可能性边界

生产要素——参与商品与服务生产的投入，包括土地、劳动力和资本——在生产过程中的运用，特别是专业化和分工，对于实现产出或成果的有效性和效率起着决定性作用。PPF 揭示了在投入或生产要素总量固定的情况下，可能实现的不同产出组合。在犯罪防控领域，这一概念可以体现为通过一系列综合性干预措施（即投入）来预防犯罪的发生数量（即产出或成效），或者是实施特定类型干预措施的数量与效果。

图 24.1 展示的 PPF 揭示了在两个不同选项（例如，两种不同的犯罪预防策略）之间进行选择时所涉及的机会成本。标记为 A、B、X 和 Z 的点代表着两种虚拟选项（1 和 2）的可能组合。PPF 线上的任意一点（如点 A 和点 B）均被视为有效产出，意味着稀缺资源得到了最大程度的利用。这些组织或经济体被认为是实现了“高效配置”。它们由于有效运用了现有资源或生产要素，从而展现了较高的生产效率。相对地，PPF 内的任何点（如点 X）则表示产出尚未达到潜在的最高效率，被视为无效。由于资源限制，PPF 边界以外的点（如点 Z）是无法实现的。只有通过技术进步，PPF 曲线才能够向外扩展（如虚线所示），实现原本不可能的产出组合。PPF 的概念对于指导决策者进行专业化选择或调整策略以提高经济活动的可行性具有重要作用。

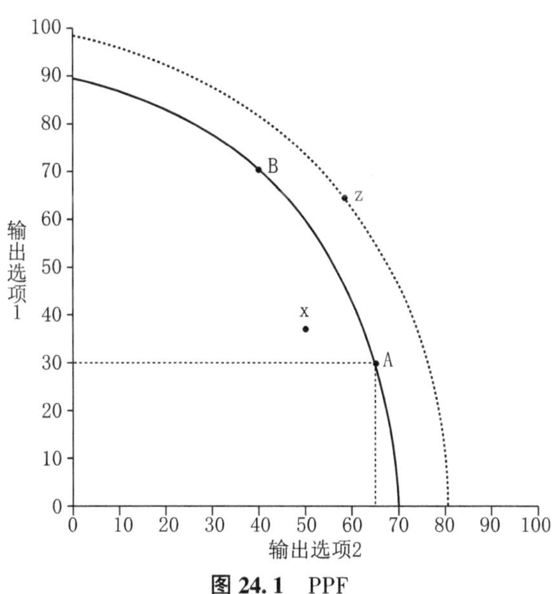

图 24.1 PPF

在使用 PPF 的分析中，我们可以通过从点 A 移动到点 B 来形象地展示干预措施所带来的产出变化及其机会成本。在这种情境下，从点 A 到点 B 的移动代表了从 65 单位的输出选项 2 减少到 40 单位，这意味着该决策的机会成本是 25 单位的输出选项 2。以降低犯罪率为例（如针对与酒精相关的暴力事件），PPF 上的干预措施（标记为 A、B、X 或 Z）可能指代在犯罪高发区域部署积极的常规警察巡逻。这里，干预的产出可以是暴力事件的减少率（即输出选项 1）以及公众安全感的提升（即输出选项 2）。PPF 提供了一种框架，从理论和实证的角度估算不同资源分配组合的潜在影响。当然，PPF 的坐标轴刻度和形状会根据所考虑的不同替代方案而变化，但其核心原理是恒定的。这一原理强调为了增加一种产出，我们必须接受另一种产出的减少，而 PPF 正是这一权衡的直观表现。

衡量相对效率

标准经济方法的缺点

传统的经济评估方法，例如 CBA，在回答某些核心问题时显得力不从心。例如，CBA 能够识别出在一系列干预措施中最经济有效的选项，但它并不总能明确揭示出推动这些干预措施效率的核心机制和所需的具体环境因素。在没有 PPF 作为参照的情况下，对比不同干预措施效率的尝试变得缺乏依据。因此，标准的经济分析方法往往未能展示如何通过调整策略来提升其 PPF，或是实现与基准干预措施相同的效率水平。鉴于此，卡尔等研究者（2010）和尤奥（2001）建议，在运用标准经济分析（如 CBA）的同时，应当结合前沿的效率评估技术（如 DEA），以获得更全面的经济效率评估和更深刻的策略优化建议。

效率模型

面向输入的模型

以投入为导向的模型允许我们衡量技术效率，它试图估算如何减少投入以产生相同的产出。图 24.2 提供了一个示例，涉及警方干预，通过 2 个输入［即侦探人数（x^1）和制服警察人数（x^2）］产生 1 个输出［即减少与酒精有关的暴力（y）——假设规模回报不变[3]］。以 F 点为代表的完全有效干预，位于等量 SS′上，提供了技术效率 TE 的度量。如果干预措施使用一定数量的输入（由 P 点定义）来产生输出，则技术效率低下可被确定为距离 FP。这表示干预可以在不减少产出的情况下按比例减少投入的量。通常，该度量值表示为一个比率：

$$TE_1 = 0F/0P \tag{1}$$

公式中，TE 等于 1 减去 FP/0P。效率得分始终在 0 到 1 之间（0 表示完全无效，1 表示完全有效）。这个分数提供了干预的相对技术效率的衡量标准。当价格比率已知时，评估者可以测量配置效率，这由图 24.2 中的 AA′行表示。配置效率定义为一个比率：

$$AE_1 = 0G/0F \tag{2}$$

其中，GF 之间的距离表示如果将输入降低到有效点（图 24.2 中的 F′），理论上可以实现的成本降低。最后，AE 和 TE 的结合产生了整体 EE 的度量。这被定义为一个比率：

$$EE_1 = TE_1 \times AE_1 = (0F/0P) \times (0G/0F) = (0G/0P) \quad (3)$$

图 24.2 中 GP 之间的距离代表了降低成本的机会，但不以牺牲产出为代价。斯托恩（2002）对 DEA 的证明和定理进行了更全面的讨论。

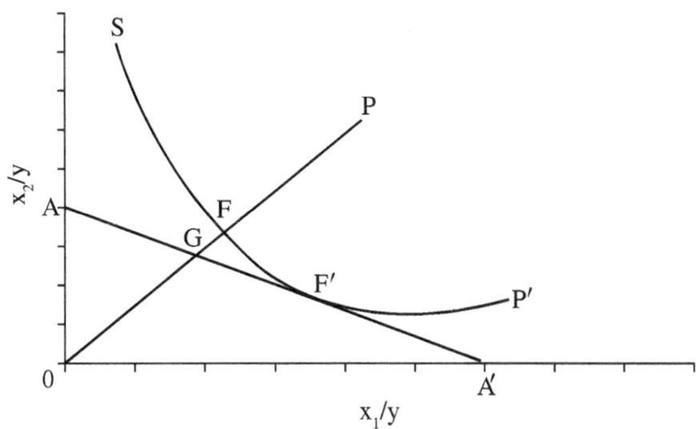

图 24.2 输入导向模型示意图

面向输出的模型

以产出为导向的模型通过在保持投入不变的情况下，产出可以按比例增加多少来进行评估。图 24.3 提供了一个场景，其中在图 24.3 中 P. TE 点运行的低效干预由规模收益率递减的技术[4]f（x）表示，由以下比率表示：

$$TE = CP/CD \quad (4)$$

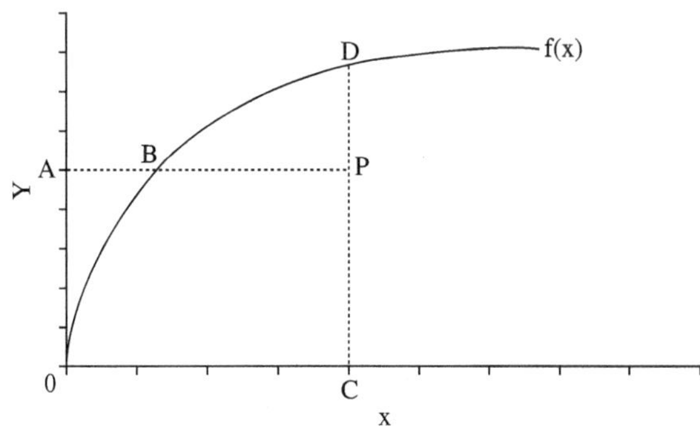

图 24.3 规模化技术收益递减的说明

图 24.4 给出了一个涉及 2 个输出（y1 和 y2）和 1 个输入（x1）的场景。假设规模回报率不变，ZZ′线代表单位 PPF，A 点突出了低效干预。请注意，点 A 位于 PPF 下方（即低于生产可能性的上限），距离 AB 表示技术效率低下。该距离表示在不使用额外输入的情况下可以增加输出的量。以产出为导向的技术效率以比率表示：

$$TE_o = 0A/0B \tag{5}$$

根据价格信息，我们可以生成收入线 DD′，并通过以下比率计算配置效率：

$$AE_o = 0B/0C \tag{6}$$

整体 EE 由以下等式表示：

$$EE_o = TE_o \times AE_o = (0A/0B) \times (0B/0C) = (0A/0C) \tag{7}$$

与投入导向模型中产生的效率得分类似，估计值以 0 和 1 为界。

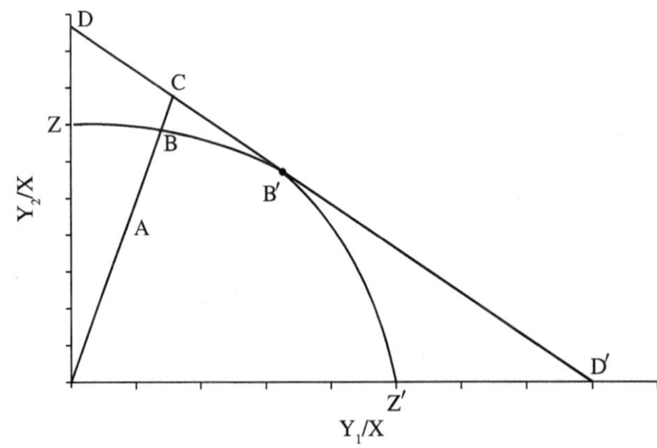

图 24.4　以输出为导向的模型示意图

总之，前沿分析有助于发现：（1）组织中的资源分配是否有效（通过使用以投入/产出为导向的模型）；（2）如何提高效率（通过提高技术效率）（曼宁等人，2016）。

数据包络分析

DEA 提供了一种基于数学规划的途径，旨在衡量同类组织单元（即决策单元，DMU）之间的相对效率。在 DEA 模型中，需选定输入导向或输出导向的评估方式，这涉及在既定输出水平下最小化输入，或在既定输入水平下最大化输出。同时，还需对输入/输出的规模报酬特性做出假设，包括恒定规模报酬（CRS）与可变规模报酬（VRS）。起源于 1978 年的 DEA-CCR 模型（查恩斯、库珀和罗兹，1978），该模型默认采用 CRS 假设，意味着输入的任何增加都能带来等比例的输出增加。DEA-BCC 模型（班科、查恩斯和库珀，1984）引入了不同的假设条件，能够为处于生产前沿的每个 DMU 提供个体特有的规模效率信息。这些信息反映出规模报酬可能呈现递增（IRS，即输入增加导致输出超比例增加）或递减（DRS，即输入增加导致输出低于比例增加）的特性。通过这些分析，我们可以识别出最有效的生产规模和配置，进而为决策提供指导，以优化资源配置并提升整体的生产效率。

全球各地的警察部队日益认识到评估自身行动效率的重要性。在此背景下，DEA 已被广泛应用于多个国家和地区，如英格兰和威尔士（德雷克和辛珀，2000、2001、2002、2003、2004、2005a、2005b；塔纳苏里斯，1995）、西班牙（迪兹・提西奥和万赛邦，2002；加西亚・桑切斯、罗德里格斯・多明戈斯和帕拉・多明戈斯，2013；加西亚・桑切斯，2007、2009）、比利时（弗莱舍和罗根，2012）、葡萄牙（巴罗斯，2006；卡洛斯・佩斯塔纳・巴罗斯，2007）、美国（费兰迪诺，2012；戈尔茨，2006；戈尔曼和鲁杰罗，2008；摩尔、诺兰和西格尔，2005；尼汉和马丁，1999）、澳大利亚（卡林顿、普图切里、罗斯和耶萨旺，1997；休斯和耶萨旺，2004）、中国台湾（孙，2002；吴、陈和叶，2010）、土耳其安卡拉（阿克多根，2012）、以色列（哈达德、克伦和哈纳尼，2013）以及印度（维尔马和加维尔内尼，2006），以提升其服务效能与决策质量。

数据包络分析中输入和输出变量的选择

警察生产过程的产出

在考察警察生产过程时，其产出可被划分为两大核心类别：一是犯罪控制，二是社会秩序的维护。本研究主要聚焦于对犯罪侦查成果的深入探讨。

逮捕人数和案件清除数量通常被作为输出的关键指标。这些数据可以以绝对数值的形式呈现（即逮捕或清除犯罪活动的具体数量），也可以表现为相对比率（即与报告犯罪案件数相关的逮捕率或清除率）。分析人员还能够根据犯罪类型进行细分。在执法的逮捕与案件清理或侦查工作中，普遍认为逮捕并非最佳手段。例如，迪兹·提西奥和万赛邦（2002）提出了两个主要的限制因素：首先，可能包括误捕或逮捕了无法被定罪和惩罚的犯罪分子；其次，涉及到数据可能被操纵，以反映逮捕次数的增加，而非真正侦查犯罪活动的成效。鉴于这些限制，我们更倾向于将侦查成功率作为评估的输出变量。

警察生产过程的投入

在审视警察部门的生产过程时，投入因素主要可分为两大类：一是资源投入，包括土地、劳动力、资本等；二是与人口相关的背景因素，如人口规模、地理辖区范围等。资源类投入通常由警察机构自主调控，而背景因素则大多超出了警察机关的直接控制范畴。在 DEA 的方法论框架下，输入要素需要满足完全可替代性的假设，这意味着通过任意单一输入或输入组合的无限制搭配，都能够实现特定的产出目标，例如犯罪清除率等（基里吉亚，2013）。这种假设为评估警察部队的效率提供了一种理论上的理想模型。

在考虑资源投入的情况下，效率分析模型通常涉及对人力资源，如警察力量（包括官员和平民）以及资本设备（例如，办公大楼的数量、车辆和信息系统等）的考量。根据不同的模型类型，这些资源可以按照 CBA 的框架（即成本效率分析）进行评估，或者作为功能性投入进行量化（即配置效率分析）。在成本效率分析的框架下，分析师可能旨在评估 DMU 相对于某一基准 DMU（如一个警察局）的成本效率。此时，支出通常按以下类别进行记录：部门总成本、人员雇佣成本、物业相关费用、交通支出以及资本和其他相关费用。而在配置效率分析中，每个劳动力和资本投入的单位可能有所差异。已有的一系列早期研究（如，巴罗斯，2007；卡林顿等人，1997；迪兹·提西奥和万赛邦，2002；戈尔曼、鲁杰罗，2008；休斯和耶萨旺，2004；摩尔等人，2005；孙，2002；塔纳苏里斯，1995）对此进行了探讨。其中一些研究将警察总数与所服务区域人口的比例作为重要的投入指标，以此来评估警察部队的资源配置效率。

在对警察部队行动效率进行评估时，我们需要注意到警察职能的多样性及其对评估结果的可能影响。其中，宣誓警察与非宣誓警察的区分是一个重要的考量因素。宣誓警察通常指的是那些穿着制服、负责日常执法活动的人员，包括巡逻、响应紧急呼叫以及侦查犯罪案件。这种分类的简单性允许分析人员根据他们在逮捕罪犯和侦查工作中的具体贡献来衡量其劳动力的投入。然而，目前的警察效率评估模型，如 DEA，在考虑警察职能差异方面还存在局限性。这种局限性可能源于数据的可用性，例如，无法获取每个 DMU 内警察人数的详细信息。另一种情况是，所有警察在产出方面的贡献被视为等同，这可能忽视了不同职能间的差异性。文职或非宣誓职位涵盖了多种角色，如分析犯罪数据的犯罪分析师和负责收集分析法医证据的法医学专家。由于这些角色的职责通常不直接涉及犯罪侦查的主要生产过程，文职人员往往被视为独立的劳动投入，或者在 DEA 模型中被忽略。

资金投入，包括车辆、证据收集设备、侦查材料和场地等，是警察机关用来产出成果的关键资源，如侦查犯罪活动或逮捕犯罪嫌疑人。在配置效率分析中，常用的资金投入指标之一是警用车辆的可使用数量。这些资金投入主要依靠警察部门的预算进行资助和维持。

在考量警察部队行动效率的评估时，外部因素或背景因素变量为分析提供了一个基础框架，这些因素影响着生产过程的具体情境。考虑到这些变量，我们能够更好地解释为何在资源投入相似的情况下，不同的 DMU 会展现出不同的相对效率得分。公众的态度和行为对警察的侦查效率有着显著的影响，这种影响可以通过以下途径体现：首先，在其他条件保持一致的情况下，人口规模可能与对警察服务的需求有直接关联，而这些服务需求并不总是与犯罪活动或罪犯直接相关。例如，人口密集地区的警察部门可能需要分配更多资源去处理那些与打击犯罪无直接关联的警务活动。其次，随着人口数量的增加，识别和侦查犯罪嫌疑人的难度也会相应提升。通常情况下，人口增长会导致逮捕犯罪嫌疑人的可能性降低。最后，公众的积极参与对于警方侦查工作至关重要。莫里斯和希尔（1981）指出，公众向警方报告犯罪行为是启动侦查过程的前提。如果假设不同地区公众报告犯罪的意愿和能力没有显著差异，那么一个地区的人口规模可以作为一个衡量该地区公众对警察工作贡献的粗略指标。将这些因素纳入到对警察部队效率评估的 DEA 模型中，有助于提供一个更为全面和精准的评估，它不仅考虑到劳动力和资本设备等传统资源投入，也兼顾了公众因素对侦查成功率这一输出变量的潜在影响。

在进一步探讨以提高资源配置效率为目标的警察部队行动效率评估时，我们必须考虑到区域间的犯罪率差异这一重要背景因素。这种差异性对于理解不同地区警察工作效率的变异具有显著影响。为此，我们可以将犯罪率这一指标整合进入基于产出导向的 DEA 模型中。在过往的研究中（例如，巴罗斯，2006、2007；德雷克和辛珀，2005a、2005b；加西亚·桑切斯等人，2013；哈达德等人，2013；孙，2002），已经运用了生产模型来分析不同犯罪活动记录数量对 DEA 中 DMU 效率评估的影响。通过考虑某一地区的犯罪问题严重程度及资源投入量，分析人员能够对该地区警察的犯罪侦查效率进行更为精确的评估。具体来说，官方记录的犯罪数量通常与警察人数之间存在相互关系，这不仅反映了犯罪发生的实际情况，也可能影响公民报告犯罪的意愿。因此，建议在 DEA 模型中，将犯罪清除率或破案率作为输出变量，以此来衡量并体现该地区犯罪率对警察工作效率的影响。这样的评估方法能够帮助决策者更深入地理解警察资源配置与地区犯罪率之间的关系，从而指导更有效的资源配置策略。

方法

本研究运用了一种以输出为导向的 DEA 方法，旨在评估中国香港的警察部队的运作效能。该研究详细阐释了如何运用 DEA 方法来评估警察的工作效率，并探讨了如何在宏观层面（即对政策决策信息的指导）和微观层面（即对警察具体行动的塑造与干预）有效利用这些分析结果。

中国香港的警务效能研究

本研究基于中国香港警署的行政数据展开，采用了 DEA 模型。在模型中，我们选取了 3 种输入变量，包括身着制服的警察数量、侦探人数以及人口规模。同时，还确定了 3 种输出变量，分别为暴力犯罪案件数、盗窃案件数和其他犯罪案件数。遗憾的是，由于数据限制，DEA 分析并未包含其他可能影响效率的相关变量，例如文职人员数量和使用的资本设备。此外，由于成本数据（如预算支出）在公共行政统计中的不可用性，这部分数据未能被纳入分析之中。

背景与背景设定

警队负责维护社会治安、预防犯罪和保护生命财产，并与社区及其他机构合作（中国香港警务处，2017）。警队分为五大地区（港岛，九龙东，九龙西，新界北，新界南）及水警区。这项研究仅涵盖了陆地上的警务工作。

这项研究集中于21个地区中的18个地区。这18个地区覆盖了98.9%的人口规模，警队处理超过97%的有犯罪记录的案件。表24.1给出了概要。

表24.1　中国香港2014警区特征

DMU	估计人口	该地区的暴力/人口 * 100 000	入室盗窃/区内人口 * 100 000	该地区的其他犯罪/人口 * 100 000	暴力犯罪侦查率	入室盗窃侦查率	其他犯罪的侦查率
中环	104 900	390.85	82.94	2297.43	0.62	0.25	0.32
湾仔	154 400	373.70	64.77	1950.78	0.65	0.27	0.44
西区	422 900	113.27	28.85	453.06	0.63	0.19	0.37
东区	587 800	88.30	14.46	527.39	0.55	0.20	0.39
黄大仙	469 500	132.27	31.52	590.84	0.69	0.07	0.37
秀茂坪	361 500	141.91	18.81	622.96	0.62	0.10	0.42
观塘	717 100	117.14	26.64	537.86	0.53	0.12	0.35
油尖	122 200	600.65	139.93	3214.40	0.57	0.15	0.40
旺角	191 400	410.66	155.17	2252.35	0.54	0.13	0.44
深水埗	423 700	194.71	70.33	847.53	0.58	0.08	0.39
九龙城	387 600	139.32	46.70	623.32	0.63	0.12	0.36
元朗	582 000	174.74	39.86	728.52	0.65	0.14	0.43
屯门	496 700	118.99	22.95	549.63	0.63	0.11	0.45
大埔	577 200	125.95	29.97	625.09	0.64	0.14	0.36
荃湾	291 600	151.92	29.49	733.88	0.63	0.27	0.42
沙田	663 400	83.66	19.14	455.53	0.66	0.19	0.44

续表

DMU	估计人口	该地区的暴力/人口*100 000	入室盗窃/区内人口*100 000	该地区的其他犯罪/人口*100 000	暴力犯罪侦查率	入室盗窃侦查率	其他犯罪的侦查率
葵青	493 200	109.49	20.68	467.36	0.69	0.17	0.49
大屿山	110 900	156.00	58.61	652.84	0.78	0.08	0.48
均值		201.3	50.05	1007.27	0.63	0.15	0.41
排除的样品							
边界	39 100	243.0	125.3	1355.5	0.75	0.08	0.48
水警区	37 700	114.1	10.6	220.2	0.81	0.25	0.71
机场区	不适用	不适用	不适用	不适用	0.73	不适用	0.76

结果

型号选择

我们对评估所选 DMU（18 个警区）效率的理论模型中包含的输入变量的相关性进行了检查。表 24.2 显示了每个模型中包含的变量以及与基本模型（模型 1）相比效率分数变化超过 10% 的 DMU 的百分比。我们的生产模型通过在每个步骤中包含一个附加变量来逐步扩展。

表 24.2 模型选择过程的结果

变量	模型 1（基本案例）	模型 2	模型 3	模型 4
地区犯罪侦查率（DRC）	X	X	X	X
地区侦探人数（D）	X	X	X	X
地区穿制服的警察人数（UPO）		X		X
地区人口规模（POP）			X	X
效率分数变化≥10%的 DMU 百分比	不适用	50	11.11	55.55

模型 1 包括该地区的侦探人数（D）。输入变量在步骤 1 中进行了扩展，添加了该地区的穿警服的警察人数（UPO）（模型 2）。研究发现，额外变量对解释犯罪侦查效率有显著贡献。模型 3 中引入了输入变量，即地区人口规模（POP）。与模型 2 相比，这对整体犯罪侦查效率的影响显著但幅度相对有限。采用所有输入变量的总体模型（模型 4）强调，所有输入的使用在很大程度上有助于解释犯罪侦查的效率。

表 24. 3 列出了对所审查的 18 个警区的总体效率、技术效率和规模效率以及规模回报率的分析结果。结果表明，72. 2%的评估 DMU 总体效率低下，平均总体效率得分为 69. 34。此外，18 个 DMU 中有 66. 7%的技术效率低下，平均技术效率得分为 92. 24。大约 72. 2%的样本规模效率低下，平均规模效率得分为 74. 23。关于每个规模收益类别中的 DMU 数量，有 5 个 DMU 具有 CRS、13 个 DMU 具有 DRS。

表 24. 3　18 个警区的效率

DMU	效率措施（%）			即时战略
	整体效率	技术效率	规模效率	
中环	100	100	100	CRS
湾仔	100	100	100	CRS
西区	75. 3	91. 2	82. 6	DRS
东区	68. 4	85. 9	79. 6	DRS
黄大仙	36. 8	88. 7	41. 5	DRS
秀茂坪	55. 4	85. 7	64. 6	DRS
观塘	42. 3	73. 5	57. 5	DRS
油尖	85. 8	90. 6	94. 8	DRS
旺角	66. 6	93. 1	71. 6	DRS
深水埗	100	100	100	DRS
九龙城	43. 8	84. 7	51. 8	CRS
元朗	41. 3	90. 4	45. 7	DRS
屯门	51. 8	91. 7	56. 5	DRS

续表

DMU	效率措施（%）			即时战略
	整体效率	技术效率	规模效率	
大埔	52.4	89.2	58.8	DRS
荃湾	100	100	100	DRS
沙田	59.3	95.6	62.1	CRS
葵青	69	100	69	DRS
大屿山	100	100	100	DRS
均值	69.4	92.2	74.2	CRS

注：CRS = 规模收益不变；DRS = 规模收益递减。

18 个 DMU 中有 5 个被发现总体上是有效的。它们包括中环、湾仔、深水埗、荃湾和大屿山。这 5 个 DMU 也具有规模和技术效率。葵青区的技术效率较高，但整体效率或规模效率不高。74.2 的平均规模效率得分表明，如果 DMU 与 CRS 一起运行，效率还有进一步提高的潜力（约 25.8%）。由于这 18 个 DMU 正在经历 DRS，因此可以通过改进其输入输出组合和降低其当前的操作输入水平来提高其性能。

同行参考

表 24.4 报告了基准 DMU 用作高效生产或低效 DMU 良好性能指标的参考集和次数。报告最多的基准地区是大屿山、湾仔和葵青。这些 DMU 的相似之处在于它们具有相对较高的侦探与人口比率、穿制服的警察与人口的比率以及所检查的犯罪类型的高侦查率。

表 24.4　DMU 的参考集

DMU	带权重的 BCC 模型参考集	被选为同行参考的频率
中环		1
湾仔		10
西区	湾仔（0.672）；大屿山（0.328）	0

续表

DMU	带权重的 BCC 模型参考集	被选为同行参考的频率
东区	湾仔（0.640）；葵青（0.360）	0
黄大仙	湾仔（0.036）；大屿山（0.964）	0
秀茂坪	大屿山（0.413）；葵青（0.587）	0
观塘	湾仔（0.286）；大屿山（0.442）；葵青（0.272）	0
油尖	湾仔（0.283）；中环（0.170）；大屿山（0.547）	0
旺角	湾仔（0.267）；葵青（0.180）；大屿山（0.553）	0
深水埗		0
九龙城	湾仔（0.311）；大屿山（0.689）	0
元朗	湾仔（0.251）；葵青（0.357）；大屿山（0.392）	0
屯门	大屿山（0.214）；葵青（0.786）	0
大埔	湾仔（0.441）；大屿山（0.559）	0
荃湾		0
沙田	大屿山（0.179）；湾仔（0.456）；葵青（0.365）	0
葵青		7
大屿山		11

松弛分析

表 24.5　低效 DMU 的每个输入和输出的松弛

DMU	输入			输出		
	D	UPO	POP	DRV	DRB	DRO
中环	0	0	0	0	0	0
湾仔	0	0	0	0	0	0
	D	UPO	POP	DRV	DRB	DRO
西区	8.478	143.486	282 747.605	0	0	0.047
东区	3.478	50.408	311 463.504	0.023	0	0

续表

DMU	输入			输出		
	D	UPO	POP	DRV	DRB	DRO
黄大仙	83.777	373.653	357 042.114	0	0	0.056
秀茂坪	21.764	24.035	26 341.151	0	0.009	0
观塘	64.646	181.166	489 788.354	0	0	0
油尖	111.490	327.061	0	0.089	0	0
旺角	99.975	99.909	0	0.146	0	0
深水埗	0	0	0	0	0	0
九龙城	58.987	318.761	263 160.176	0	0	0.042
元朗	99.707	331.966	323 689.383	0	0	0
屯门	52.399	0	85 263.584	0.017	0.023	0
大埔	86.302	203.875	447 112.569	0	0	0.053
荃湾	0	0	0	0	0	0
沙田	35.689	189.661	392 975.432	0	0	0
葵青	0	0	0	0	0	0
大屿山	0	0	0	0	0	0
均值	40.37	124.67	165 532.44	0.015	0.00	0.011
有松弛变量的DMU数量	12	11	10	4	2	4

注：D=侦探人数；UPO=穿制服的警察人数；POP=人口规模；DRV=暴力犯罪的侦查率；DRB=入室盗窃侦查率；DRO=其他犯罪的侦查率。

松弛分析的结果（表 24.5）揭示了低效警区在哪些领域以及在多大程度上可以改进的信息，以便它们可以与基准同行一样高效。对于输出测量，非零松弛变量的数量最多来自暴力犯罪和其他犯罪的侦查率，而入室盗窃的侦查率具有最低的非零松弛变量。为了提高经济效益，4 个 DMU 可以将暴力犯罪和其他犯罪的侦查率分别提高 0.015 和 0.011。此外，2 个 DMU 可以将盗窃检测率提高 0.002。

在产出导向 VRS 前沿模型（即有技术效率但总体效率不高）（如 2011 年东区）下，效率低（即投入但无产出）的 DMU，结果突出表明，如果警区要实现规模效益（即技术效率和整体效率），就必须同时估计检测率增加（对低效人员）或维持（对低效人员）等因素。一些效率较低的 DMU 可能会改变每一宗犯罪案件侦查率，同时保持警察服务水平不变。在投入措施方面，非零松弛变量最大的是侦探人数，而人口规模作为公众对犯罪侦查活动贡献的代表，非零松弛变量最少。如果警察服务水平不变，12 个 DMU 平均减少了 40 名侦探；11 个 DMU 平均减少了 125 名穿着制服的警察；10 个 DMU 平均减少了 165 532 名居民，而不会减少产出。

为了使低效 DMU 完全有效，它必须遵循松弛运动，即根据估计的减少投入和增加产出，同时努力达到最佳的投入产出水平。表 24. 6 提供有关这类目标水平的资料，以及与原始投入产出水平相比所占百分比的变化情况。例如，观塘区可以改善投入产出转换，使侦探人数减少 41. 44%，制服警察减少 29. 08%，公众参与侦破活动减少 68. 3%。理论上，这些投入的减少会使 DMU 具有规模效益，可以作为同行参考。但是，对公众参与犯罪侦查结果的解释需要谨慎。作为这一贡献的代表，该地区的人口规模已经超出了警察的控制范围。目标人口的规模表明，如果警区要提高效率，就能减少对自愿支持和参与公众的依赖。

表 24. 6　低效 DMU 的目标输入和输出水平

DMU	目标输入（百分比变化）			目标产出（百分比变化）		
	D	UPO	POP	DRV	DRB	DRO
西区	106. 52 (−7. 37%)	448. 51 (−24. 24%)	140 152. 40 (−66. 86%)	0. 69 (9. 60%)	0. 21 (9. 80%)	0. 45 (22. 37%)
东区	129. 52 (−2. 62%)	564. 59 (−8. 20%)	276 336. 50 (−52. 99%)	0. 66 (20. 55%)	0. 23 (16. 50%)	0. 46 (16. 31%)
黄大仙	49. 22 (−62. 99%)	282. 35 (−56. 96%)	112 457. 90 (−76. 05%)	0. 78 (12. 86%)	0. 08 (13. 02%)	0. 47 (27. 91%)
秀茂坪	88. 24 (−19. 78%)	475. 97 (−4. 81%)	335 158. 90 (−7. 29%)	0. 73 (16. 75%)	0. 13 (26. 29%)	0. 49 (16. 68%)
观塘	91. 35 (−41. 44%)	441. 83 (−29. 08%)	227 311. 70 (−68. 30%)	0. 72 (35. 95%)	0. 16 (36. 30%)	0. 47 (35. 91%)

续表

DMU	目标输入（百分比变化）			目标产出（百分比变化）		
	D	UPO	POP	DRV	DRB	DRO
油尖	82.51 (-57.47%)	415.94 (-44.02%)	122 200.00 (0.00%)	0.72 (26.03%)	0.16 (10.12%)	0.44 (10.43%)
旺角	83.03 (-54.63%)	405.10 (-19.78%)	191 400.00 (0.00%)	0.73 (34.32%)	0.15 (7.66%)	0.47 (7.37%)
九龙城	74.01 (-44.35%)	354.24 (-47.36%)	124 439.80 (-67.89%)	0.74 (18.07%)	0.14 (18.08%)	0.46 (29.92%)
元朗	94.29 (-51.40%)	462.03 (-41.81%)	258 310.60 (-55.62%)	0.71 (10.69%)	0.16 (10.38%)	0.47 (10.63%)
屯门	102.60 (-33.81%)	545.00 (0.00%)	411 436.40 (17.17%)	0.71 (11.72%)	0.15 (28.91%)	0.49 (9.11%)
大埔	85.70 (-50.17%)	388.13 (-34.44%)	130 087.40 (-77.46%)	0.72 (12.16%)	0.16 (12.10%)	0.46 (26.72%)
沙田	113.31 (-23.95%)	518.34 (-26.79%)	270 424.60 (-59.24%)	0.69 (4.60%)	0.20 (4.78%)	0.47 (4.71%)

总结

在本节中，我们运用非参数 DEA 方法简化了前沿分析技术，对中国香港警务处不同警务区域的相对效率进行了评价。为了更清晰地阐述该方法，我们采用了一个简化的模型。然而，更为复杂的模型，如曼奎斯特生产力指数分析或窗口分析，也可被用于获取更为精细的结果，并在一定时间范围内对效率的动态变化进行跟踪分析。研究结果揭示了警队内部各决策单位之间在效率上的显著差异，大约有 72%的警务区域在整体效率上低于其高效能的同级单位。这一效率评估表明，通过减少已识别的投入要素，观察到的输出——犯罪侦查率有望得到显著提升。基于这些分析结果，警方管理层应当关注调整自由输入变量（如侦探和制服警察的数量），并强化输入与输出之间的转换效率，以实现 CRS。这样的改进有助于优化资源配置，提高警务工作的整体效率和效能。

这些证据的重要性在于，它们能够对传统经济分析进行补充，为警察部门提供更为优质和高效的服务。对于警察管理者和决策者来说，这些证据可以帮助他们客观地处理关键的政策问题，特别是那些与警察服务提供方案的效率相关的议题。在综合考虑多种投入和产出因素后，这些证据能够潜在地优化警察部门的生产流程。此外，当决策基于坚实的证据时，警察的合法性和公信力将得到加强。例如，通过经验证据表明低效率的（DMU），可以支持决策者将警力巡逻资源重新部署到人口密集和犯罪高发区域，从而更有效地分配警力资源，提升整体的服务效率和公众的安全感。这种基于数据的决策方法，不仅有助于提升警察工作的针对性和有效性，而且有助于增强社会对警察工作的认可和支持。

最终，这些发现为确定未来研究的可能方向提供了依据，旨在引入先进技术以促进对潜在犯罪因素的探测和预防（PPF 的传播）。正如先前所述，通过运用面板数据分析方法，如窗口分析，来探究生产率的变化，并深入考察环境及外部因素等非随机要素对生产过程的影响，将进一步增进我们对提高警务效能的认识。

注释

1. 如果你想全面回顾一下经济学家在犯罪和犯罪预防方面的贡献，请阅读布什威和鲁特（2008）。

2. 成本被认为是机会成本。也就是说，如果输入不是在一个背景中使用的，那么它可以被用在其他环境中（曼宁，2014）。换言之，使用投入的机会成本就是它在最佳替代使用途中的价值。

3. 输入单位产生输出单位。

4. 输入一单位导致输出少于一单位。

参考文献

Akdogan, H. (2012). "The efficiency of police stations in the city of Ankara: an application of data envelopment analysis". *Policing*, 35 (1), 25~38.

Aos, S., Phipps, P., Barnoski, R., & Lieb, R. (2001). "The Comparative Costs and Benefits of Programs to Reduce Crime". Version 4.0. Olympia, WA: Washington State Institute for

Public Policy.

Banker, R. D. , Charnes, A. , & Cooper, W. W. (1984). "Some models for estimating technical and scale inefficiencies in data envelopment analysis" . *Management Science*, 30 (9), 1078~1092.

Barros, C. P. (2006). "Productivity growth in the Lisbon police force" . *Public Organization Review*, 6 (1), 21~35.

Barros, C. P. (2007). "The city and the police force: analysing relative efficiency in city police precincts with data envelopment analysis" . *International Journal of Police Science & Management*, 9 (2), 164~182.

Bowles, R. , & Pradiptyo, R. (2004). "Reducing burglary initiative: an analysis of costs, benefits and cost effectiveness" . London, UK: Home Office, Research, Development and Statistics Directorate.

Bushway, S. , Johnson, B. , & Slocum, L. A. (2007). "Is the magic still there? The use of the Heckman two-step correction for selection bias in criminology" . *Journal of Quantitative Criminology*, 23 (2), 151~178.

Bushway, S. , & Reuter, P. (2008). "Economists' contribution to the study of crime and the criminal justice system" . *Crime and Justice*, 37 (1), 389~451.

Cameron, L. , & Williams, J. (2001). "Cannabis, alcohol and cigarettes: substitutes or complements?" *Economic Record*, 77 (236), 19~34.

Caro, J. J. , Nord, E. , Siebert, U. , McGuire, A. , McGregor, M. , Henry, D. , ... Kolominsky-Rabas, P. (2010). "The efficiency frontier approach to economic evaluation of health-care interventions" . *Health Economics*, 19 (10), 1117~1127.

Carrington, R. , Puthucheary, N. , Rose, D. , & Yaisawarng, S. (1997). "Performance measurement in government service provision: the case of police services in New South Wales" . *Journal of Productivity Analysis*, 8 (4), 415~430.

Charnes, A. , Cooper, W. W. , & Rhodes, E. (1978). "Measuring the efficiency of decision-making units" . *European Journal of Operational Research*, 2 (6), 429~444.

Coase, R. H. (1978). "Economics and contiguous disciplines" . *The Journal of Legal Studies*, 7, 201~211.

Coelli, T. (1996). *A Guide to DEAP Version 2.1: A Data Envelopment Analysis (Computer) Program.* Armidale, NSW: University of New England.

Diez-Ticio, A. , & Mancebon, M. -J. (2002). "The efficiency of the Spanish police service: an application of the multiactivity DEA model" . *Applied Economics*, 34 (3), 351~362.

Drake, L. , & Simper, R. (2000). "Productivity estimation and the size-efficiency relationship in English and Welsh police forces: an application of data envelopment analysis and multiple discriminant analysis". *International Review of Law and Economics*, 20 (1), 53~73.

Drake, L., & Simper, R. (2001). "The economic evaluation of policing activity: an application of a hybrid methodology". *European Journal of Law and Economics*, 12 (3), 173~192.

Drake, L., & Simper, R. (2002). "X-efficiency and scale economies in policing: a comparative study using the distribution free approach and DEA". *Applied Economics*, 34 (15), 1859~1870.

Drake, L., & Simper, R. (2003). "The measurement of English and Welsh police force efficiency: a comparison of distance function models". *European Journal of Operational Research*, 147 (1), 165~186.

Drake, L., & Simper, R. (2004). "The economics of managerialism and the drive for efficiency in policing". *Managerial and Decision Economics*, 25 (8), 509~523.

Drake, L. M., & Simper, R. (2005a). "The measurement of police force efficiency: an assessment of U. K. Home Office police". *Contemporary Economic Policy*, 23 (4), 465~482.

Drake, L. M., & Simper, R. (2005b). "Police efficiency in offences cleared: An analysis of English 'Basic Command Units' ". *International Review of Law and Economics*, 25 (2), 186~208.

Ferrandino, J. (2012). "The comparative technical efficiency of Florida campus police departments". *Criminal Justice Review*, 37 (3), 301~318.

García-Sánchez, I. -M. (2007). "Evaluating the effectiveness of the Spanish police force through data envelopment analysis". *European Journal of Law and Economics*, 23 (1), 43~57.

García-Sánchez, I. -M. (2009). "Measuring the efficiency of local police force". *European Journal of Law and Economics*, 27 (1), 59~77.

García-Sánchez, I., Rodríguez-Domínguez, L., & Parra Domínguez, J. (2013). "Evaluation of the efficacy and effectiveness of the Spanish security forces". *European Journal of Law and Economics*, 36 (1), 57~75.

Goltz, J. W. (2006). "Police organizational performance in the state of Florida: Confirmatory analysis of the relationship of the environment and design structure to performance". PhD, University of Central Florida Orlando, FL.

Gorman, M. F., & Ruggiero, J. (2008). "Evaluating US state police performance using data envelopment analysis". *International Journal of Production Economics*, 113 (2), 1031~1037.

Hadad, Y., Keren, B., & Hanani, M. Z. (2013). "Combining data envelopment analysis and Malmquist Index for evaluating police station efficiency and effectiveness". *Police Practice and Research*, 16 (1), 5~21.

Hill, L. (2004). "Division of labour". Paper presented at the Australasian Political Studies Association Conference, Adelaide, SA: University of Adelaide.

Hong Kong Police Force. (2017). "Force vision, common purpose and values". Retrieved from www. police. gov. hk/ppp_ en/01_ about_ us/vm. html.

Hughes, A., & Yaisawarng, S. (2004). "Sensitivity and dimensionality tests of DEA efficiency scores". *European Journal of Operational Research*, 154 (2), 410~422.

Kirigia, J. M. (2013). "Introduction to health services production and cost theory". In J. M. Kirigia (Ed.), *Efficiency of Health System Units in Africa: A Data Envelopment Analysis* (pp. 69~136). Nairobi: University of Nairobi Press.

Manning, M. (2014). "Cost-benefit analysis". In G. Bruinsma & D. Weisburd (Eds.), *Encyclopedia of Criminology and Criminal Justice* (pp. 641 ~ 651). New York: Science + Business Media.

Manning, M., Johnson, S., Tilley, N., Wong, G. T. W., & Vorsina, M. (2016). *Economic Analysis and Efficiency in Policing, Criminal Justice and Crime Reduction: What Works?* London: Palgrave Macmillan.

Moore, A., Nolan, J., & Segal, G. F. (2005). "Putting out the trash: measuring municipal service efficiency in US cities". *Urban Affairs Review*, 41 (2), 237~259.

Morris, P., & Heal, K. (1981). "Crime control and the police: a review of research". Home Office Research Study No. 67. London: HM Stationery Office.

Nagin, D. (1978). "General deterrence: a review of the empirical evidence". In A. Blumstein, J. Cohen, & D. Nagin (Eds.), *Deterrence and Incapacitation: Estimating the effects of Criminal Sanctions on Crime Rates*. Washington DC: National Academy Press.

Nagin, D. (1998). "Criminal deterrence research at the outset of the twenty-first century". *Crime and Justice*, 23, 1~42.

Nyhan, R. C., & Martin, L. L. (1999). "Assessing the performance of municipal police services using data envelopment analysis: an exploratory study". *State & Local Government Review*, 31 (1), 18~30.

Paternoster, R. (1987). "The deterrent effect of the perceived certainty and severity of punishment: A review of the evidence and issues". *Justice Quarterly*, 4 (2), 173~217.

Petrie, C., Pepper, J., & Manski, C. (2001). *Informing America's Policy on Illegal Drugs: What We Don't Know Keeps Hurting Us*. Washington, DC: National Academies Press.

Reuter, P., & Greenfield, V. (2001). "Measuring global drug markets". *World Economics*, 2 (4), 159~173.

Stone, M. (2002). "How not to measure the efficiency of public services (and how one might) ". *Journal of the Royal Statistical Society*: *Series A* (*Statistics in Society*), 165 (3), 405~434.

Sun, S. (2002). "Measuring the relative efficiency of police precincts using data envelopment analysis". *Socio-Economic Planning Sciences*, 36 (1), 51~71.

Thanassoulis, E. (1995). "Assessing police forces in England and Wales using data envelopment analysis". *European Journal of Operational Research*, 87 (3), 641~657.

Url, N. D. (2001). "Technical efficiency, allocative efficiency, and the implementation of a price cap plan in telecommunications in the United States". *Journal of Applied Economics*, 4 (1), 163~186.

Verma, A., & Gavirneni, S. (2006). "Measuring police efficiency in India: an application of data envelopment analysis". *Policing*: *An International Journal of Police Strategies & Management*, 29 (1), 125~145.

Verschelde, M., & Rogge, N. (2012). "An environment-adjusted evaluation of citizen satisfaction with local police effectiveness: evidence from a conditional data envelopment analysis approach". *European Journal of Operational Research*, 223 (1), 214~225.

Wong, K. C. (2015). "HKP reform: the 1950s". In K. C. Wong (Ed.), *Policing in Hong Kong*: *History and Reform* (pp. 341~434). Boca Raton, FL: CRC Press.

Wu, T.-H., Chen, M.-S., & Yeh, J.-Y. (2010). "Measuring the performance of police forces in Taiwan using data envelopment analysis". *Evaluation and Program Planning*, 33 (3), 246~254.

第二十五章

非常规 X 射线：用于警务行动的穿墙雷达

摘要

19 世纪 80 年代后期，德国物理学家海因里希·赫兹应用詹姆斯·克拉克·麦克斯韦关于电磁辐射（麦克斯韦，1873）的数学理论，以证明目前已知的无线电波存在。然而，直到 20 世纪初，古列尔莫·马可尼在无线电报领域的开拓性工作（马可尼，1897）展示了第一次跨大西洋的无线电通信，从而使无线电波开始了实际的应用，也因此他在 1909 年获得了诺贝尔物理学奖。德国发明家克里斯蒂安·侯斯美尔在马可尼试验无线电波时发明了一种远程移动反射镜（克里斯蒂安·侯斯美尔，1904），这是一种用于防止在大雾天气中船舶碰撞的简单探测装置。这一无线电探测与目标测距技术代表了一个新的遥感时代的到来，这项技术至今已被广泛应用于世界各地。

在 20 世纪中后期，雷达技术在海空军事领域的应用迅猛增长，而在民用领域的应用则相对较少，主要局限于天气预报、空中交通管理和航空测绘等方面。然而，在近几十年间，得益于低成本计算能力的提升和 COTS 硬件的普及，民用及家用雷达技术得到了显著推动。因此，雷达技术的应用范围已拓展至船舶和自行车防撞系统（霍温，2015）、自动驾驶汽车（吉佐，2011），甚至包括日常智能设备（鲍德温，2015；普等人，2013）。雷达系统还被用于研究南极冰架的融化（布伦南等人，2014）、雪崩的流动特性（克洛克等人，2014），以及检测铁路轨道上的碎片（考克斯沃斯，2012），显示出其应用领域的广泛性和多样性。

在过去 10 年中，雷达技术已被警察和安保部门广泛采用，作为对抗犯罪的重要工具。目前，各种先进的雷达系统已经成为执法机构工具箱中的标准配置。这些系统包括探地雷达（科学杂志，2013），它能迅速扫描并定位大量埋藏的证据，如尸体、武器和其他非法物品；周边监控雷达（卡里斯等人，2015），它用于监控关键基础设施周边的受限区域，以检测活动和潜在入侵；以及成像雷达技术，如全息雷达和超宽带系统（斯科尔尼克，1980），它们能够探测衣物遮盖下的隐藏物品。此外，利用多普勒雷达技术的速度摄像头，用于监测道路上的超速违规，是执法部门大规模部署雷达技术的典型例子。截至 2014 年，据估计，英国共配备了约 3500 套固定式雷达设备和 2500 套便携式雷达设备，这些设备在维护公共安全和秩序方面发挥着重要作用。

本章深入探讨了在警务行动中应用的穿墙雷达（TTW 雷达）技术。首先，在雷达基础部分，我将阐述一些核心技术原理，为非专业读者构建理解雷达作战概念的知识框架。接着，我们将探讨 TTW 雷达这一专门子领域，并展示如何运用先进的雷达系统和技术来克服穿墙“视觉”所面临的主要挑战。本部分还将概述最新的技术突破，这些进展预示着未来商用 TTW 系统集成的可能性。TTW 雷达技术最初为军事目的而开发，其战场应用的需求可能与执法部门的应用存在显著差异。因此，本文将阐述 TTW 雷达如何满足以下 5 种执法场景的能力需求：建筑扫描、突袭行动、紧急情况、战略规划和搜索救援。随后，我们将重点讨论 TTW 雷达在实现战略运营效益方面的关键作用，以及在执法过程中应用 TTW 技术所涉及的伦理和法律问题。最后，我们将介绍“穿墙被动雷达”，这是一种新兴的 TTW 雷达技术，它属于我们正在积极开发的“无源雷达”领域。这种创新技术将为执法部门提供更多样化的工具，以应对复杂多变的安全挑战。

雷达基础

无线电波位于电磁频谱的低频段，其频率范围被界定在 10 000 赫兹至 1 000 000 千赫（或 100 兆赫）之间，具体见表 25.1。在这些频率中，最低频的无线电波能够传播至极远的距离，穿透众多物质，并能在电离层反射，有效克服地球的曲率限制。随着频率的提升，无线电波遭受的衰减也相应增加，这是由于散射和吸收导致的信号功率损耗。因此，高频电波虽然传播距离较短、穿透能力较弱，但却能携带更多的信息，并在目标探测上提供更高的精度。图 25.1 展示了无线电波，或称射频（RF）波，在不同频率下穿过 3 种材料时所经历的不同衰减程度。与所有电磁辐射一样，射频波的传播速度等同于光速，大约为每秒 3 000 000 米，这一速度为无线电通信和雷达技术提供了快速且可靠的信息传输能力。

表 25.1 电磁频谱

0 赫兹	10^{10} 赫兹	10^{15} 赫兹	10^{16} 赫兹	10^{18} 赫兹	10^{20} 赫兹
无线电和微波	红外辐射	可见光	紫外线辐射	X 射线	伽马射线

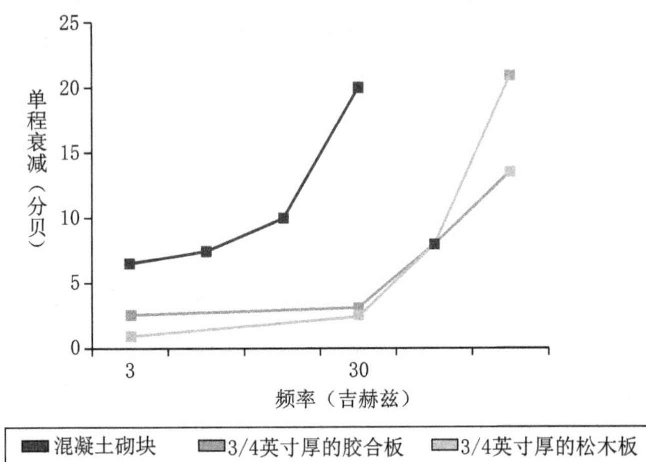

图 25.1 普通建筑材料的衰减特性。(图片来源于 1997 年 2 月 18 日，弗雷泽，《通过固体材料进行雷达监视》，华盛顿州贝灵汉：《机密》，2938：139~146)

雷达通过向特定区域发射射频信号进行探测，以测量该区域内的物体。这些信号在遇到空间中的物理对象时会被散射到各个方向，从而使雷达能够探测到物体的存在，并在某些情况下获取关于物体的更多信息。在户外环境中，这些物体可能包括树木、车辆、飞机和建筑物；而在室内环境中，则可能涉及人员、小型物品、家具以及墙壁等。目标的雷达散射截面（Radar Cross Section，RCS）是指其反射射频信号返回雷达方向的能力，这一特性受多种因素影响，包括发射的射频信号类型、目标的形状、大小、材料和相对方向。发射的信号可以是连续的无线电波，也可以是脉冲式的，在限定时间内重复发射。在采用脉冲信号的情况下，通过计算发射和接收回波之间的时间差（飞行时间），可以确定目标与雷达之间的距离。雷达系统的距离分辨率（即距离精度）取决于发射信号的带宽，带宽越宽，分辨率越高，精度可以从毫米级别（高带宽信号）到千米级别（低带宽信号）。当关注的对象处于运动状态时，多普勒效应（吉尔，1965）会导致反射信号的频率发生变化，其变化量与目标的速度成正比。雷达通过检测这些微小的频率变化，能够区分静止目标与运动目标，并测定它们的速度。为了准确解读记录的信号数据并实现预期的功能，所有的雷达系统都采用了复杂的信号处理技术。这些技术是雷达系统能够高效、准确地执行探测任务的关键。

隔墙感应

雷达探测面临一种特殊挑战，即雷达与目标之间存在不透明的障碍物（如墙壁），这大大增加了雷达感应环境的复杂性。遗憾的是，雷达操作人员无法通过简单地提升信号传输功率来克服这一障碍，因为这样做会导致信号在撞击墙壁时产生的初始反射功率同样线性增加，进而对雷达探测最小目标回波的灵敏度（即动态范围）造成压力。更糟糕的是，这种强烈的主墙反射可能会使雷达接收器的电子组件达到饱和状态，从而影响雷达的正常工作。

当射频信号成功穿透墙壁并与目标发生作用（这一过程伴随着巨大的能量损耗）后，情况变得更加复杂。因为反射信号在返回接收器时，还必须再次穿过墙壁。这些连续的穿透过程导致反射的目标信号相比原始发射信号弱了多个数量级。因此，TTW 雷达往往需要被直接安装在墙壁上，以尽量减少信号功率的损失，确保系统能够接收到足够强度的反射信号。

TTW 雷达系统尚未完全实现其巨大潜力，目前仍需不断优化与改进，以便在安全、监控、搜救等现有应用领域发挥更大作用，并探索新的应用可能性。为了推进这一目标，学术研究团体一直在积极应对 TTW 检测技术面临的诸多挑战。TTW 雷达的研究范围广泛，涵盖了雷达硬件和射频电路设计、信号与数据处理、成像技术的提升、天线设计以及电磁波的传播等多个领域。此外，它还融合了通信、计算机科学、医学和材料科学等多个研究领域的成果。为了向读者展示目前的技术能力和未来的发展潜力，接下来的章节我们将概述 TTW 雷达技术的最新发展动态，以及在该领域取得的关键突破。

雷达系统与波形

大多数 TTW 雷达系统采用了基于短超宽带脉冲（纳格等人，2002）或基于较长的连续波（CW）传输波形（斯科尔尼克，1980）。连续波波形的特点是持续发射，保持“常开”状态，并具有多样化的类型。在连续波雷达的基本形式中，稳定的频率持续发射，这使得多普勒处理技术感应到运动目标。然而，这种雷达的一个局限性是它们无法精确测量目标的距离，因此主要被应用于多普勒雷达的运动检测。调频连续波（FMCW）技术通过其波形中瞬时频率的线性变化克服了这一限制，并在 TTW 雷达应用中得到了研究（马雷夫等人，2009）。同样地，TTW 雷达系统中也采用了频率逐渐升高的步进连续波系统（格雷内克三世，1998）和跳频雷达技术（亨特，2009）。这些技术都在不断提升 TTW 雷达的性能和应用的多样性。

超宽带雷达技术（萨斯曼等人，2008）已成为 TTW 雷达系统的首选。与传统的窄带雷达系统不同，超宽带雷达利用极短的脉冲波（通常小于 1 纳秒）进行信号传输。这些具有极高带宽的射频信号展现出卓越的分辨率和出色的穿透能力。根据定义，超宽带雷达的最小带宽为传输频率的 25%，这意味着至少要达到 500 兆赫。例如，如果一个 TTW 雷达发射的射频信号中心频率为 4 吉赫，那么它所需的带宽至少为 1 吉赫才能符合超宽带的标准。超宽带波形不仅提供了卓越的距离分辨率，还能在不同尺度上对目标进行有效散射，从而相较于窄带系统展现出更优的目标识别能力。然而，超宽带雷达的不足之处在于，适用于该技术的电子元件成本较高，同时对宽带天线的性能要求也更为苛刻。

目标识别与定位

TTW 雷达探测到的信号有很多种来源，包括最初遇到的墙壁，以及墙的另一面，比如桌子、椅子、其他家具、墙壁和人。TTW 雷达利用人类非平稳的特性，使原始发射信号产生多普勒偏移，从而使目标速度得到指示，这将把人类和其他信号散射体区分开。一旦目标的运动被确定，它的位置就可以被确定。有 2 个定位措施：轴向距离和目标与雷达角度。轴向距离仅为雷达与目标之间距离 d，由信号发射与接收回波之间的飞行时间确定。正如雷达基础部分所提到的那样，d 存在一种称为“距离分辨率”Δ R 的相关不确定性，由方程式（1）给出：

$$\Delta R = C/2B \tag{1}$$

C 表示光速，B 表示信号带宽。除了距离分辨率外，由于 d 在天线波束宽度内可为等值范围线的任意位置，如图 25.2 所示。这种角不确定性可通过使用更窄的波束宽度天线（其折中方案是使用更小的监视覆盖小区）或采用通常需要附加天线和/或接收机信道的测向（DF）技术（希尔和加德纳，1993），从而使雷达系统复杂化。

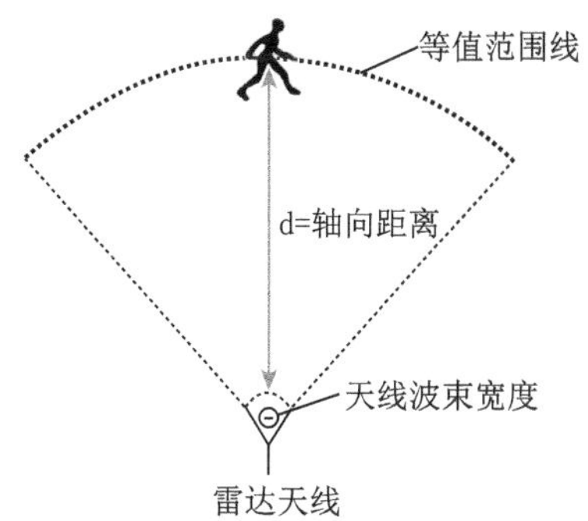

图 25.2　雷达天线和目标之间的距离 d 由雷达信号发射和接收之间的飞行时间决定。然而，在发射天线的波束宽度 Θ 内，目标可能位于等值范围线上的任何点（每个点都有距离 d）。这表示雷达测量的角度不确定性

在许多实际情况中，多个目标会同时存在，因此雷达监视单元内多个目标的探测能力就显得尤为重要。但是，距离小于雷达距离分辨率的两个目标不能被区分开来，而且雷达只能看到单个目标。在传统雷达系统中，通常传输带宽约为 50 兆赫的信号，方程（1）预测距离分辨率为 3 米，对于某些操作应用来说，距离分辨率相当粗糙。然而，更复杂、更昂贵的超宽带系统（最小带宽是 500 兆赫）将提供超过 0.3 米的距离分辨率。

TTW 雷达探测定位能力分为 0 维、1 维、2 维、3 维（分别为 0D、1D、2D、3D）。0D 系统只是一个运动检测器，它不输出任何与目标相关的距离和角度信息。这些系统一般为简单的连续波雷达。1D 系统可以测距目标，但无法在一定角度定位目标。1D 系统仅具有测距能力，使雷达能够区分不同目标（系统距离分辨率范围），并大致有助于识别目标是否位于房间某一区域内、相邻房间内或大楼内。1D 系统还包括发射机和接收机天线。用于 2D 系统和 3D 系统的天线阵列可以实现波束形成和 DF 功能。DF 技术用于估算出目标信号进入接收信道时的距离、方向等参数信息。在 TTW 雷达研究之外，需要确定目标位置的应用也产生了大量的 DF 策略和算法。

3.3 建筑内部图的绘制

2D 和 3D 系统能够利用合成孔径雷达（SAR）技术对建筑物结构进行成像。与 1D 系统相比，林平等人（2005）和纳格等人（2002）开发的 2D 系统能够通过测量目标在距离和角度上的信息来显著提升定位能力。然而，这种系统可能会因为目标在 2D 平面上的投影而产生一定的失真效应。艾哈迈德和阿明（2008）提出的 3D 方法则旨在获取景物在距离、方位角和仰角方面的立体表示，从而有效克服了 2D 成像所固有的失真问题。尽管这些 3D 技术提供了更为精确的成像结果，但它们的成本相对较高，且通常需要安装在特定的车辆上进行实际部署。

多壁探测

在日常环境中（包括住宅、办公室、商业大楼、商场、超市和夜总会等地），警方可以运用 TTW 雷达技术将需要勘查的区域划分为独立的房间。因此，一款理想的 TTW 雷达不仅应能够探测到被墙壁遮挡的特定区域，还应具备穿透相邻或更深层空间的能力，这些空间可能同样存在物理屏障。在这种情境下，雷达信号必须穿透包括外墙和内墙（由石膏板、木板或砖块等材料构建）在内的多种材质。正如雷达基础部分所提及，障碍物对雷达信号的衰减作用是主要挑战之一，这会显著降低信号的功率。因此，穿过多重墙壁会大幅减少雷达探测目标的灵敏度。如图 25.1 所示，不同材料对射频信号的衰减程度具有频率依赖性，这使得 TTW 雷达在所有情况下都能发挥最佳性能变得极为复杂。为了应对这一挑战，一些 TTW 雷达原型开始采用双频或三频结构（阿明，2011）或跳频技术（唐纳德，2013），以优化工作参数并提升灵敏度。这些系统还受益于软件定义系统和可重构硬件（云强和法西，2009）的进一步改进，从而增强了其在复杂环境下的探测能力。

有效识别

当使用雷达监视某一区域时，除了人类以外，还有许多其他非固定目标可被登记为“被侦测者”。以下原因可能导致错误警报：

-猫、狗等动物。

-机械运动，如空调机，风扇和洗衣机。

-无人驾驶车辆，如微型无人机和无线电控制汽车。

-物体坠落，可能由于枪声、音乐震动等原因。

-随风摆动的物体。

因此，TTW 雷达具备区分人与其他移动动物和物体的能力。在 TTW 雷达研究的最新领域，微多普勒特征分析技术正被应用于更全面地描绘目标的动态特性。这项技术能够详细识别不同种类的人类活动（陈等人，2014），并且还能够有效区分人类与其他运动目标，例如动物或风扇叶片等。通过这种高级分析，TTW 雷达在目标识别和监测方面的性能得到了显著提升。

微多普勒效应是发生在主多普勒运动之上的附加现象，例如，物体的旋转或人类肢体的摆动会在主多普勒频移周围产生额外的频率扰动。这些细微的扰动，即微多普勒信号，揭示了特定运动模式的独特特征（史密斯等人，2010）。因此，通过分类技术（巴莱里等人，2011），我们可以利用这些微多普勒信号来获取关于目标行为的额外信息，从而提高对关注目标的识别和解析能力。

在主多普勒运动中识别代表微多普勒特征的周期频率调制一直是信号处理与机器学习领域的一个难题。由于微多普勒本质上是时间效应，相应的信号处理是基于一组称为“联合时频方法”的技术，其中最常用的是短时傅立叶变换（STFT）（艾伦，1977）。STFT 输出频谱图显示目标反射频率随时间变化。图 25.3 所示的频谱图展示出一人（a）走路、（b）跑步及（c）太极拳时的微多普勒信号。这些特征来自于手臂和腿的摆动以及躯干的摆动。

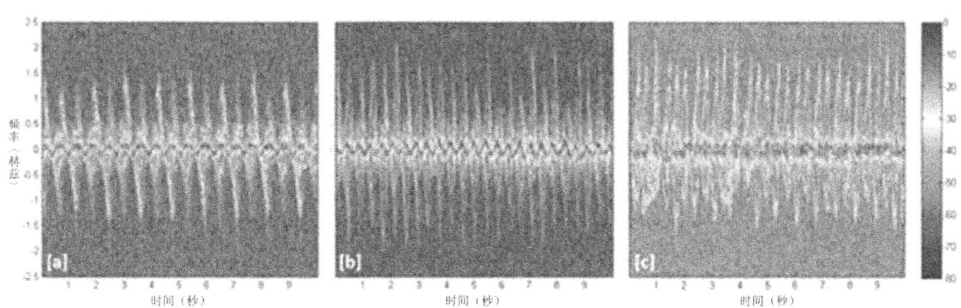

图 25.3　频谱图显示了一个人（a）走路、（b）跑步和（c）太极拳时的雷达微多普勒信号。这些测量是在 UCL 进行的

微多普勒信号的辨识依赖于能够基于能量分布特征进行分离的算法，例如，采用主成分分析（费尔柴尔德和纳拉亚南，2014）。在人体微多普勒建模中，将人体视作由多个通过铰链关节连接的刚体部件，当这些部件协同运动时，由于关节运动的复杂性，整体运动可被视为一系列非刚性运动（阿明，2011）。拉姆等人（2010）提出了一种模拟工具，该工具能够用于模拟墙后移动人体产生的微多普勒信号。这一方法结合了标准人体模型和时域有限差分模拟技术，并通过实验数据进行了验证。研究结果表明，尽管墙壁对回波信号的功率有显著影响，但对微多普勒信号的影响相对较小，这为穿墙监测提供了重要的技术依据。

追踪

当人们在建筑物内移动时，跟踪他们的移动提供了丰富的信息以帮助决策。雷达跟踪方法是将连续观测到的同一目标，形成包含目标位置、航向、速度等信息的航迹，并由目标运动模型通知。然而，不同于车辆跟踪能够在一定程度上预测目标的运动，人们在房间和建筑物内的移动方式具有不可预知性，因此目前只有少数研究会涉及到人类目标跟踪。近几年来，文献中出现了许多新的雷达目标跟踪方法（袁等人，2011），目前科研人员正在研究穿墙场景（热纳雷利等人，2015；肖丽等人，2014）。

生命体征探测

探测生命迹象是一项新兴的雷达技术功能，其主要通过识别人体在呼吸过程中胸部的细微动作，或是直接检测心脏的跳动来实现。超宽带雷达因其卓越的距离分辨率而适合此任务，而多普勒雷达则因其对运动的高度敏感性而备受青睐（奥斯曼等人，2013）。此外，采用窄波束宽度天线的设计可以有效地减少对目标区域以外移动的人员和物体的射频照射。同时，这种窄波束天线具有很高的灵敏度，即所谓的“天线增益”，这使得它们在探测生命迹象时尤为有效。

TTW 生命信号检测技术日益受到广泛关注。阿迪布等研究者（2015）已经验证了他们的雷达系统——名为“Vital Radio”——具备探测到靠墙站立人员的胸壁运动的能力。此外，在我们实验室正在研发的一项创新雷达技术，即无线被动雷达技术（切蒂等人，2012），因其超高的运动敏感度，已经展现出穿越墙壁探测生命迹象的潜力（具体可见“穿墙被动雷达”研究）。

穿墙雷达在行动警务中的应用

墙壁、门乃至窗帘等障碍物严重影响了执法人员在行动场景中建立态势感知的能力，这在人质劫持事件中警方策划大楼突击行动，或在对罪犯及恐怖分子的长期监控行动中尤为明显。然而，即便是市面上最基础的手持式 TTW 雷达系统，其高昂的成本也使得它难以广泛应用于优先级较高的事件中。根据 2014 年 5 月美国司法部发布的一份报告，商用 TTW 雷达系统的单价在 6000 美元至 50 000 美元之间（埃里克森等人，2014），这一价格区间显著限制了其普及性。

虽然媒体报道的相关活动主要发生在美国，但全球警方对于 TTW 雷达的使用往往保持高度保密。这种保密态度部分源于 TTW 技术通常被部署在知名度高且生命安全风险极大的情境中，同时其使用也触及了一系列伦理议题。2015 年 1 月，美国《今日美国》报纸揭露，至少有 50 个美国执法机构秘密配备了 TTW 雷达（海尔斯，2015），而且这些机构“几乎未向法院和公众通报”。因此，关于全球警察部队所配备系统的数量和运用频率的记录资料极为稀缺。

在执法领域应用的 TTW 雷达系统往往源自军事技术，其设计初衷与警务行动的实际需求并不完全契合。例如，大多数为国防工业开发的 TTW 雷达仅能提供实时输出，缺乏记录功能，无法添加时间戳，也不能对测量数据进行地理编码。此外，当前许多系统都要求操作者具备专业技能，能够熟练调整雷达参数并准确解读结果。这些专业技能和操作要求使得未经充分训练的警察在实际行动中难以有效使用这些设备。

正如本节所阐述，TTW 雷达系统的当前及未来能力将基于 5 种典型的警察行动场景进行评估，这些场景的关键操作和技术需求。TTW 在这些场景中已经或潜在地展现出能够带来显著的优势。表 25. 2 详细列出了这 5 个案例，并针对每个案例提出了其基本的技术和操作要求。

表 25.2　行动警务中不同场景下穿墙系统的要求

关键： √√ = 必不可少的 √ = 渴望获得的 × = 非必需的	警察行动场景				
	[A] 建筑扫描	[B] 突袭行动	[C] 紧急情况	[D] 战略规划	[E] 搜索救援
示例	正在发生的入室盗窃 搜寻隐藏人员	突击搜查房屋	恐怖分子接管	人质事件突袭任务	建筑物坍塌
目标识别	√√	√√	√√	√√	√
目标定位	×	√	√√	√	√
内部测绘	×	×	√√	√√	×
多墙检测	√	×	√	√√	×
活动分类	×	√	√	√√	×
跟踪	×	×	×	√√	×
生命迹象检测	√	×	√	√	√√
快速部署	√√	√√	√√	×	√√
移动性强且轻便	√√	√√	√	×	×
低成本	√√	√√	×	×	√

场景 A：建筑扫描

在执行任务时，警方经常面临需要快速扫描多个区域以确认建筑物内是否有人存在的需求。这包括在入侵者搜查中、火灾救援时寻找受困人员，或在绑架案件中揭露隐藏区域的情况。在这些场合，所需的雷达系统应当具备高效的运动探测能力，且需轻便、易于携带。为了提升搜索效率，警方需要雷达能够穿越多种障碍物进行广泛的区域监测。针对入室盗窃和逃犯追捕等大规模、低级别犯罪活动，TTW 雷达系统应具备成本效益，并且能够被仅接受过基础培训的人员所操作。针对这些特定需求而设计的商业系统是 Range-R 雷达：一款重量仅为 0.5 公斤、探测范围可达 15 米以上的手持式 TTW 运动探测器，每台设备的价格大约为 5000 英镑。

场景 B：突袭行动

执法人员在执行任务时，频繁需要进入建筑物，尤其是民居，以搜集证据和执行逮捕令。据（怀特海，2013）报告，2014 年美国特种武器与战术部队（SWAT）进行了超过 80 000 次住宅搜查。在破门而入的工具选择上，执法人员通常使用锤子、斧头，或是利用门本身结构的设备。在更为极端的情况下，警方会采用爆破手段强行进入建筑物。在所有这些情况下，入口区域往往存在视线盲区，这对警察构成了极高的受伤甚至死亡风险。为了确保警员安全，他们可以借助 TTW 雷达来确认入口附近的潜在危险区域内是否无人。这些障碍物通常由木材、高密度塑料或砖墙构成。对此，雷达系统需要满足以下关键要求：精准的目标定位，以确保检测到的目标不在高风险区域；目标辨识能力，能够区分人类与猫、狗等动物；快速部署和机动性，以适应频繁的住宅搜查需求；以及低成本，确保系统可以大规模经济高效地应用。

场景 C 和 D：紧急情况和战略规划

在策划不同级别的行动计划时，TTW 雷达能为警方提供至关重要的支持。这包括在紧急情况下迅速提供关键信息，以及在一定时间范围内构建更详尽的战术场景。紧急情况若不能得到及时处理，可能会导致恐怖分子控制局面，如肯尼亚西门购物中心、法国巴黎巴塔克兰剧院以及马里巴马科丽笙酒店的袭击事件所示。在这些情况下，TTW 雷达快速识别人员位置的能力展现了其显著的操作优势。活动识别功能能够区分正在移动并做出明显动作的人员与采取顺从姿态蹲下或躺下的人。这种能力极其宝贵，因为它实质上是警方在突袭建筑物前内部情况的 2D 平面布局图。然而，这些任务所需的时间和复杂性可能意味着它们无法在紧急情况下完成。尽管如此，对于获取图像等任务，额外的时间投入可以帮助警方制订更为周密的战略作战计划。此外，目标跟踪技术还可用于记录受害者和攻击者的身份信息，例如通过窗户识别人质和劫持者的位置，或通过固定电话线路追踪人质劫持者的活动。

TTW 雷达凭借其先进的定位、识别、成像和跟踪功能，构成了一套专业且复杂的技术系统。这样的系统往往不符合低成本、轻量化、便携性和用户友好性等应用需求。然而，针对特定场景 B 和场景 C 的需求，车载 TTW 雷达系统（通常安装在车辆内部）则显示出其适用性和优势。这类系统为需要在移动中进行的侦察和监控操作提供了理想的解决方案。

场景 E：搜索救援

建筑物倒塌是一个全球性问题，可能由多种原因引起，包括恐怖袭击、地震、滑坡、季风降雨，或是单纯的结构缺陷。在搜救行动中，警察和紧急救援人员传统上依赖搜救犬来寻找幸存者，但这种方法的局限性显而易见。例如，搜救犬的有效工作时长受限。相较之下，采用 TTW 雷达技术，警方可以利用其基础功能——生命信号探测，该技术以其轻便性和快速部署能力而著称。正如《生命迹象探测》一书中所提及，雷达系统通过探测与呼吸相关的心跳和胸壁运动，代表了这一领域的前沿科技。美国喷气推进实验室和美国宇航局团队开发的一款便携式搜索设备便是其中的佼佼者（巴克，2015）。初步测试表明，该系统能够探测到 20 英尺厚实心混凝土背后 30 英尺范围内的人体生命迹象。在 2015 年 4 月的尼泊尔戈尔卡地震中，搜救队在部署了 FINDER 探测器后，成功地在三层泥土和瓦砾下找到了 4 名幸存者（戈夫，2015）。这项技术的应用，不仅极大地提高了搜救效率和成功率，而且在紧急救援领域开辟了新的可能性，为受困者带来了更多的生机。

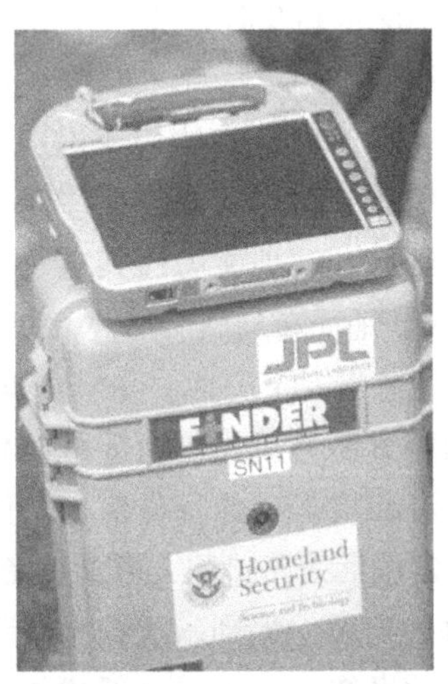

图 25.4 灾难和紧急情况中的搜寻者-搜索雷达

公民自由与法律

将 TTW 雷达技术引入执法领域，不可避免地引发了一系列法律和隐私权的争议。在美国，法律专家们对于这种技术是否可以在没有授权的情况下用于对私人住宅的扫描提出了质疑。2001 年，俄勒冈州警方采用热成像技术对丹尼·李·凯洛的住所进行了扫描，以检测其发出的热量，并据此推断出与室内大麻种植所用高强度照明相匹配的热源。基于这一发现，相关部门签发了搜查令，并对凯洛因违反联邦毒品法进行了指控和起诉。凯洛辩称，警方的热成像扫描侵犯了他的隐私权，并试图排除在其家中发现的毒品证据。然而，在 2001 年，美国最高法院作出裁决，认定警方在没有搜查令的情况下对凯洛住宅的搜查违反了美国《宪法第四修正案》。这一裁决意味着，在没有适当授权的情况下，警方不得使用热成像摄像头监控公民的住宅。此外，法院还特别强调，这一判决同样适用于当时正在开发的 TTW 雷达系统，为这项技术的使用划定了法律界限。

近期，在 2014 年 12 月，美国警方利用 Range-R TTW 雷达（见图 25.5）成功定位了逃犯史蒂文·丹森在威奇托的藏身之处。在丹森的住所内，警方还发现了 2 把非法持有的枪械。丹森试图推翻针对他的枪支指控，并声称警方的行动侵犯了他的个人隐私。尽管他的努力未能成功，但这一案件在全国范围内引发了广泛的关注和公开辩论。在此过程中，法官尼尔·戈尔索奇发表了以下观点：

> 毫无疑问，此处部署的雷达设备预示着未来将给法庭以及社会各界带来诸多疑问。新技术的出现不仅为执法机构提供了前所未有的机遇，同时也带来了潜在的滥用风险，以及可能侵犯宪法赋予权利的新途径。

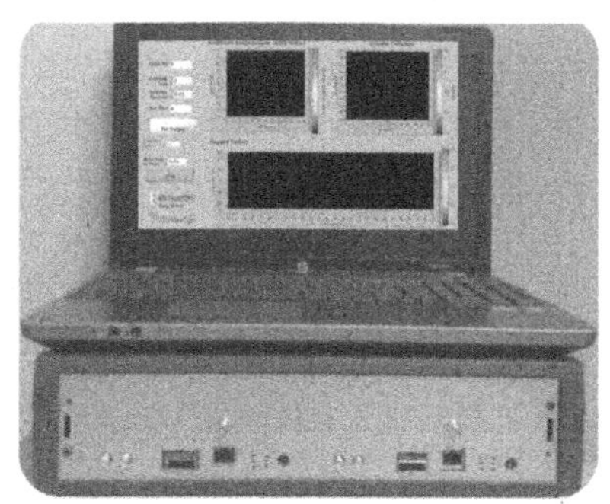

图 25.5　UCL 的被动无线移动检测器

美国公民自由联盟的首席技术专家克里斯托弗·索吉安指出："TTW 雷达无疑是警方最具侵略性的工具之一，它意味着政府能够通过墙上的信号设备窥探你的家中隐私"（李，2015）。《今日美国》作为首家报道此事的媒体揭露了，自 2012 年起美国联邦调查局及国内执法机构已经开始使用这类雷达设备。据悉，警方在这类设备上的投资至少达到了 18 万美元（约合 11.8 万英镑）。然而，到目前为止，没有任何机构对外公开这些设备的具体使用情况及其使用时长。

穿墙被动雷达

所谓的"被动"雷达是一种创新的雷达系统，它采用机会性发射技术，即利用大气中已有的信号来进行目标探测（豪兰，2005）。这些信号可能来源于调频广播、电视发射塔（格里菲斯和隆，1986；豪兰等人，2005）、GSM 移动通信基站（泽玛瑞等人，2014），以及无线局域网（WLAN）（切蒂等人，2009）。在 UCL，我们持续研发被动式无线运动探测（PWMD）雷达技术，该技术能够利用现成的无线网络信号或移动设备发射的信号来检测和分类人体运动。PWMD 平台（见图 25.5）基于软件定义无线电（SDR）硬件，这种硬件具有高度的灵活性，能够适应包括 WiMAX、Z-Wave、蓝牙、DAB 和 LTE 在内的多种信号源。

在过去的几十年中，Wi-Fi 网络技术在全球范围内迅速普及。与传统的"主动"雷达技术相比，基于 TTW Wi-Fi 的被动雷达系统具有一项显著优势：Wi-Fi 接入点通常已经被安装在建筑物内部，这意味着被动系统在穿透墙壁进行探测时不会遭受能量损耗的问题。此外，被动雷达在检测运动方面展现出极高的敏感性。然而，这种技术也存在 2 个主要局限性：（1）雷达操作员无法控制发送的 Wi-Fi 信号，导致无法针对特定应用进行优化；（2）被动系统需要 2 个同步的接收信道：一个参考信道用于监测来自机会发射源的通信信号，另一个信道则用于记录目标反射的信号。为了准确获取目标的距离和多普勒信息，必须对这两个信道检测到的信号进行交叉关联分析。

一系列实验已经证实，PWMD 系统能够有效穿透墙壁探测目标（切蒂等人，2014）。这些实验在砖砌结构的展馆中进行，如图 25.6 所示。当测试对象在无线接入点的覆盖范围内移动时，其活动被系统探测到，此时参考接收机和监控接收机均位于墙壁的另一侧。图 25.7 展示的实验结果表明，该系统能够成功检测到在监测区域内行走的人员。值得注意的是，在这种情况下，当人员向远离监控接收机的方向移动时，目标速度（通过多普勒频移表示）呈现为负值。此外，PWMD 系统在类似 TTW 场景中也能够检测到生命体征，如图 25.8 所示，在呼吸过程中胸部的运动引起的多普勒频移变化也被成功捕捉到。

图 25.6　演示 UCL 被动无线运动探测器穿墙探测能力的实验测试场地

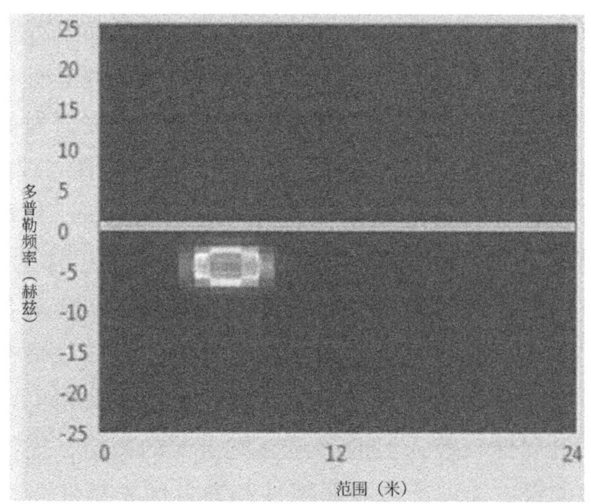

图 25.7　在实验测试场景中通过墙壁检测人。y 轴上的多普勒频移表示目标的速度，x 轴表示目标距离监视接收器的距离

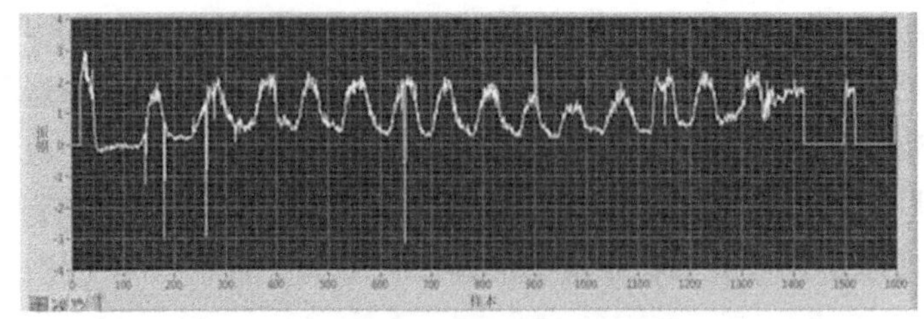

图 25.8 使用 UCL 的被动无线运动检测器进行穿墙式呼吸检测。轨迹显示正弦波模式，对应于目标的吸气和呼气

总结

穿透墙壁进行探测并绘制内部结构图无疑是一项既复杂又充满挑战的技术任务，而在雷达技术领域，这一目标已经得到实现。TTW 雷达技术正是这样一种逐渐被引入民用治安领域的案例。然而，大多数系统的设计初衷并非专为满足警务行动的特定需求，而是更多地考虑减少公众的质疑和避免侵犯法律的行为。

在这一章节中，我们为非专业读者提供了物理学和工程学原理的基础知识，并阐述了将墙体障碍引入监控场景所带来的额外复杂性。同时，本章也介绍了最新的系统发展，并探讨了学术界和工业界正在研发的、未来可能整合到下一代 TTW 雷达系统中的先进能力。基于这些背景知识，我们提出了 5 种方案，用于对现有及未来的 TTW 系统进行深入的分析，旨在提升警务操作的效益。主要发现表明，TTW 雷达技术有望成为警务工作的一项有力工具。然而，其具体应用需要一系列定制化的系统：这些系统应具备低成本、可移动性、轻便性，以及基础的运动检测和测距功能，以便能够在警方系统中广泛部署，并有效应对日常的低级别犯罪。同时，这些系统也可以扩展到更复杂的系统，虽然机动性较差，但能够建立更全面的网络，提供更详细的模糊区域图像，以协助警方处理严重犯罪案件和紧急优先事件。此外，TTW 雷达系统的部署和运行必须遵循现行法律法规，并尽可能地获得公众的支持与接受，以确保在打击犯罪活动中发挥其最大潜力。

参考文献

Adib, F. , Mao, H. , Kabelac, Z. , Katabi, D. & Miller, R. C. 2015. "Smart Homes that Monitor Breathing and Heart Rate". *Proceedings of the 33rd Annual ACM Conference on Human Factors in Computing Systems*. Seoul, Republic of Korea: ACM.

Ahmad, F. & Amin, M. G. 2008. "Multi-location wideband synthetic aperture imaging for urban sensing applications". *Journal of the Franklin Institute*, 345, 618~639.

Allen, J. B. 1977. "Short term spectral analysis, synthesis, and modification by discrete Fourier transform". *IEEE Transactions on Acoustics, Speech and Signal Processing*, 25, 235~238.

Amin, M. 2011. *Through-the-Wall Radar Imaging*. Boca Raton, FL: CRC Press.

Baldwin, R. 2015. "Google's Project Soli to bring gesture control to wearables" [online]. Engadget. Available: www. engadget. com/2015/05/29/atap-project-soli [accessed Feb 2016].

Balleri, A. , Chetty, K. & Woodbridge, K. 2011. "Classification of personnel targets by acoustic micro-doppler signatures". *Radar, Sonar & Navigation*, IET, 5, 943~951.

Brennan, P. V. , Lok, L. B. , "Nicholls, K. & Corr, H. 2014. Phase-sensitive FMCW radar system for high-precision Antarctic ice shelf profile monitoring". *Radar, Sonar & Navigation, IET*, 8, 776~786.

Buck, J. 2015. *DHS successfully transistions search and rescue tool that pinpoints buried victims*. NASA Headquarters Press Office.

Caris, M. , Johannes, W. , Stanko, S. & Pohl, N. 2015. "Millimeter wave radar for perimeter surveillance and detection of MAVs (micro aerial vehicles) ". *Radar Symposium* (IRS), 16th International, 24-26 June 2015, 284~287.

Chen, V. C. , Tahmoush, D. & Miceli, W. 2014. "Micro-Doppler Signatures - Review, Challenges, and Perspectives". *Institution of Engineering and Technology*.

Chetty, K. , Bo, T. & Woodbridge, K. "2014 Data processing for real-time wireless passive radar". Radar Conference, 2014, IEEE, 19~23 May, 0455~0459.

Chetty, K. , Smith, G. , Hui, G. & Woodbridge, K. 2009. "Target detection in high clutter using passive bistatic WiFi radar". Radar Conference, 2009 *IEEE*, 4-8 May, 1~5.

Chetty, K. , Smith, G. E. & Woodbridge, K. 2012. "Through-the-wall sensing of personnel using passive bistatic wifi radar at standoff distances". *IEEE Transactions on Geoscience and Remote Sensing*, 50, 1218~1226.

Coxworth, B. 2012. "Radar system could detect people who fall onto train tracks" [online].

Gizmag. Available: www.gizmag.com/radar-train-subway-platforms/21028 [accessed Feb 2016].

Dona, G. 2013. "Frequency Hopped UWB radar for through-the-wall breathing detection and area surveillance tracking". In *14th International Radar Symposium (IRS)*. https://ieeexplore.ieee.org/document/6581687.

Ericson, L., Hayes, J., Huffman, C., Fuller, J. & Libonati, V. 2014. *Through-the-Wall Sensors (TTWS) for Law Enforcement: Use Case Scenarios*. Fairmont, VA: ManTech, for National Institute of Justice.

Fairchild, D. P. & Narayanan, R. M. 2014. "Classification of human motions using empirical mode decomposition of human micro-Doppler signatures". *Radar, Sonar & Navigation, IET*, *8*, 425~434.

Gennarelli, G., Vivone, G., Braca, P., Soldovieri, F. & Amin, M. G. 2015. "Multiple extended target tracking for through-wall radars". *IEEE Transactions on Geoscience and Remote Sensing*, 53, 6482~6494.

Gill, T. P. 1965. *The Doppler Effect: An Introduction to the Theory of the Effect*. London: Logos Press.

Gough, M. 2015. "NASA radar detects heartbeats under rubble, saves four men in Nepal" [online]. Science Alert. Available: www.sciencealert.com/nasa-radar-detects-heartbeats-under-rubble-saves-four-men-in-nepal [accessed May 2018].

Greneker III, E. F. 1998. "Radar flashlight for through-the-wall detection of humans". In *Proceedings Volume 3375, Targets and Backgrounds: Characterization and Representation IV*. https://doi.org/10.1117/12.327172.

Griffiths, H. D. & Long, N. R. W. 1986. "Television-based bistatic radar". *Communications, Radar and Signal Processing, IEE Proceedings F*, 133, 649~657.

Guizzo, E. 2011. "How Google's self-driving car works" [online]. IEEE. Available: http://spectrum.ieee.org/automaton/robotics/artificial-intelligence/how-google-self-driving-car-works [accessed Feb 2016].

Heath, B. 2015. "New police radars can 'see' inside homes". *USA Today* (Jan. 19).

Hovenden, C. 2015. "First ride with the new Garmin Varia range of 'smart' cycling devices" [online]. *Cycling Weekly*, July. Available: www.cyclingweekly.co.uk/news/latest-news/first-ride-with-new-garmin-varia-range-of-smart-cycling-devices-182166 [accessed Feb 2016].

Howland, P. 2005. "Editorial: passive radar systems". *Radar, Sonar and Navigation, IEE Proceedings*, 152, 105~106.

Howland, P. E., Maksimiuk, D. & Reitsma, G. 2005. "FM radio based bistatic radar". *Radar, Sonar and Navigation, IEE Proceedings*, 152, 107~115.

Hülsmeyer, C. 1904. "The Telemobiloscope". *Electrical Magazine*. London.

Hunt, A. R. 2009. "Use of a frequency-hopping radar for imaging and motion detection through walls". *IEEE Transactions on Geoscience and Remote Sensing*, 47, 1402~1408.

Keylock, C. J., Ash, M., Vriend, N., Brennan, P. V., Mcewaine, J. N. & Sovilla, B. 2014. "Looking inside an avalanche using a novel radar system". *Geology Today*, 30, 21~25.

Kyllo v. United States (99-8508) 533 U. S. 27. 2001. United States Supreme Court.

Lee, L. 2015. "Radar that 'sees' through walls raises privacy concerns" [online]. BBC News. Available: www.bbc.co.uk/news/technology-30904218 [accessed May 2018].

Lin-Ping, S., Chun, Y. & Qing Huo, L. 2005. "Through-wall imaging (TWI) by radar: 2-D tomographic results and analyses". *IEEE Transactions on Geoscience and Remote Sensing*, 43, 2793~2798.

Louwagie, L. 2014. "Police radar carries risk of abuse, court says" [online]. Courthouse News Service. Available: www.courthousenews.com/2014/12/31/police-radar-carries-risk-of-abuse-court-says.htm [accessed May 2018].

Maaref, N., Millot, P., Pichot, C. & Picon, O. 2009. "A study of UWB FM-CW radar for the detection of human beings in motion inside a building". *IEEE Transactions on Geoscience and Remote Sensing*, 47, 1297~1300.

Marconi, G. 1897. Transmitting electrical signals. United States patent application. July 13, 1897.

Maxwell, J. C. 1873. *A Treatise on Electricity and Magnetism*, Oxford: Clarendon Press.

Nag, S., Barnes, M. A., Payment, T. & Holladay, G. 2002. "Ultrawideband through-wall radar for detecting the motion of people in real time". *Radar Sensor Technology and Data Visualization*. Orlando, FL. SPIE, 48~57.

Othman, M. A., Sinnappa, M., Azman, H., Aziz, M. Z. A. A., Ismail, M. M., Hussein, M. N., Sulaiman, H. A., Misran, M. H., Said, M. A. M., Ramlee, R. A., Jack, S. P. & Ahmad, B. H. 2013. "5.8 GHz microwave Doppler radar for heartbeat detection". In *2013 23rd International Conference Radioelektronika*. https://ieeexplore.ieee.org/document/6530947.

Pu, Q., Gupta, S., Gollakota, S. & Patel, S. 2013. "Whole-home gesture recognition using wireless signals". *Proceedings of the 19th Annual International Conference on Mobile Computing*. Miami, FL: ACM.

Ram, S. S., Christianson, C., Youngwook, K. & Hao, L. 2010. "Simulation and analysis of human micro-Dopplers in through-wall environments". *IEEE Transactions on Geoscience and Re-*

mote Sensing, 48, 2015~2023.

Schell, S. V. & Gardner, W. A. 1993. "High - Resolution Direction Finding". In Bose, N. K. & Rao, C. R. (eds) *Handbook of Statistics*. Amsterdam: Elsevier Science Publishers.

Sisma, O., Gaugue, A., Liebe, C. & Ogier, J. -M. 2008. "UWB radar: vision through a wall". *Telecommunication Systems*, 38, 53~59.

Skolnik, M. I. 1980. *Introduction to Radar Systems*. New York: McGraw-Hill.

Smith, G. E., Woodbridge, K., Baker, C. J. & Griffiths, H. 2010. "Multistatic micro-Doppler radar signatures of personnel targets". *Signal Processing*, *IET*, *4*, 224~233.

Whitehead, J. W. 2013. "Are police in America now a military, occupying force?" [online]. The Rutherford Institute. Available: www. rutherford. org/publications_ resources/john_ whiteheads_ commentary/are_ police_ in_ america_ now_ a_ military_ occupying_ force [accessed May 2018].

Xiaoli, C., Leung, H. & Mao, T. 2014. "Multitarget detection and tracking for through-the-wall radars". *IEEE Transactions on Aerospace and Electronic Systems*, 50, 1403~1415.

Yuan, H., Savelyev, T. & Yarovoy, A. 2011. "Two-stage algorithm for extended target tracking by multistatic UWB radar". In *Proceedings of* 2011 *IEEE CIE International Conference on Radar*. https://ieeexplore. ieee. org/abstract/document/6159660.

Yunqiang, Y. & Fathy, A. E. 2009. "Development and implementation of a real-time see-through-wall radar system based on FPGA". *IEEE Transactions on Geoscience and Remote Sensing*, 47, 1270~1280.

Zemmari, R., Broetje, M., Battistello, G. & Nickel, U. 2014. "GSM passive coherent location system: performance prediction and measurement evaluation". *Radar*, *Sonar & Navigation*, IET, 8, 94~105.

第二十六章

电子鼻：嗅觉化学与安全

摘要

在本章中，我们将探讨气味在侦查和预防犯罪中的重要作用，特别是针对这一目的开发的电子鼻技术。首先，我们将介绍嗅觉与犯罪和安全之间的联系；然后，阐述电子鼻的设计和实际应用；最后，通过深入的案例研究，探讨电子鼻在探测爆炸物方面的应用。

我们要闻的是什么？为何？

嗅觉是一种极具力量的感官能力，它能够揭露诸多非法物质和犯罪行为。在犯罪预防领域，我们频繁依赖嗅觉感应来警示和通知专业人员潜在的危险，如进入可能藏有爆炸性物质的甲基苯丙胺实验室，或是侦测到酒精气息或腐败尸体的犯罪现场。气味检测的优势在于其能够侦测到肉眼不可见的风险因素，而且这些气味通常难以被操控或隐藏（皮尔斯等人，2002）。这种感官能力为预防犯罪和确保安全提供了至关重要的支持。

我们通过挥发性有机化合物（VOC）与嗅球中的受体之间的相互作用来感知各种气味。虽然这些相互作用的具体机制尚存在一些争议（布洛克等人，2015；布鲁克斯等人，2007；海廷格，2011），但其最终效应是激活特定的嗅觉受体群，进而引发大脑对所接收信号的解析与理解，使我们能够识别和感知周围的气味环境。这一过程是嗅觉感知的核心，也是我们解读周围世界的重要途径。

VOC 的气味强度受其产生的蒸气量及嗅觉感受器对这种蒸气的敏感度共同影响。在常温下，VOC 释放的蒸气量被量化为“蒸气压”，其计量单位为帕斯卡（Pa）。蒸气压的数值越低，表明蒸气的排放量越少。相应地，VOC

的蒸气压越高，其在室温下形成的水蒸气浓度也就越高。气味浓度通常以百万分之一（ppm）或十亿分之一（ppb）来衡量，其中 1 ppb 相当于 1mg，这个比例相当于在奥运会规模的游泳池中仅有一滴水。这意味着气味浓度可以极其微小，却能被我们的嗅觉系统敏锐地检测到。

许多 VOC（如表格 26.1 中所列的腐胺）因其较高的蒸气压或嗅球对微量 VOC 的高度敏感性，能够被人类的嗅觉所察觉。人类嗅觉能够探测到某些浓度低至 10 ppb 的 VOC，例如硫化氢（其具有臭鸡蛋的气味）。然而，在日常生活中，大量化合物对我们来说是不可闻的，这是因为它们的蒸气压较低，不足以达到人体嗅觉阈值（OTV）以上的浓度。因此，我们无法获得足够的气味分子以感知这些化合物，或者我们的嗅觉系统灵敏度不足以识别这些微弱的气味。例如，表格 26.1 中提到的 DMDNB（莱昂纳多等人，1969）便属于这一类。

表 26.1　化学加臭剂（VOC）及其典型浓度的选择取决于蒸气压力。DMDNB 是美国用来标记军用炸药的 2, 3-二甲基-2, 3-二硝基丁烷。DNT 是 TNT 分解后的产物，它具有较高的蒸气压，也是多种炸药的主要加臭剂

VOC	……中的气味	蒸气压（25℃，单位：Pa）
乙醇	酒精	5 950
腐胺	腐烂的尸体	310
苯甲酸甲酯	可卡因	40
DMDNB	塑料炸药	0.28
二硝基甲苯（DNT）	高能炸药	0.049
三硝基甲苯（TNT）	高能炸药	0.0001

为了侦测这些难以察觉的有机化合物，我们常常依赖于犬类的敏锐嗅觉，同时老鼠和蜜蜂也被视为潜在的化学感应器（富尔顿和迈尔斯，2001；麦凯布等人，2012）。专业的侦查犬（也称为嗅探犬）在搜寻隐藏的毒品、爆炸物或失踪人员方面得到了广泛应用。犬类的嗅觉极为灵敏，能够识别万亿分之一（0.001ppb）级别的气味。这是因为某些犬种在嗅球中拥有高达 2.2 亿个嗅觉细胞，占据了鼻腔面积的近一半。与此相比，人类的嗅觉细胞数量平均仅为 500 万。此外，嗅觉处理在犬类大脑中所占的比例高达 1/8（富尔顿等人，

2015）。例如，犬类能够探测到浓度低至 0.5 ppb 的 DMDNB 化合物，这种化合物常用于标记军用炸药；而人类只有在气味浓度达到数千 ppb 甚至更高时，才能够察觉到这些物质的存在。

然而，狗的嗅觉敏感性并非对所有物质都极高，正如人类鼻子对某些气味不够敏感一样。为了有效地利用犬类的嗅觉能力，我们必须对它们进行严格的训练和专业的指导，以确保它们能够发挥出最大的侦测潜力。

在利用犬类嗅觉检测非法物质的过程中，我们必须考虑到诸多额外因素。例如，犬类及其嗅觉器官容易疲劳，这意味着它们只能在有限的时间内保持高效工作。研究表明，一旦犬类感到疲劳，其检测的效率和准确性便会降低（波里特等人，2015）。此外，尽管犬类能够定位气味的来源，但它们除了被训练识别特定的物质外，通常无法提供关于物质具体性质的更多信息。因此，面对新兴的威胁或新型违禁品，我们必须对犬类进行再训练，以提升它们对这些新物品或物质气味的识别敏感性，从而保持其在探测新型威胁和非传统违禁品方面的有效性。

这同样指出我们对许多物质的嗅觉特性知之甚少——犬类并不总能直接识别药物本身的化合物，它们实际上是在检测药物制造过程中产生的溶剂和分解产物的特定气味。例如，苯甲酸甲酯是可卡因的一个显著气味标志，而胡椒醛则与摇头丸（MDMA）中的 VOC 相关联（富尔顿等人，2002；富尔顿等人，2015）。这些气味标识在不同批次、配方以及原产地的药物中可能存在显著差异，这就给工作犬的可靠性训练带来了挑战。由于这些变异性，我们需要更为细致和复杂的训练方法，以确保犬类能够在复杂的气味环境中准确识别目标物质。

为了深入探究这一现象，研究人员广泛分析了药物、爆炸物以及其他犯罪相关物品或活动产生的 VOC（罗西耶等人，2015）。在此，我们将以爆炸物气味的探讨作为一个典型案例进行阐述。

随着执法人员和安全人员对 VOC 的认识不断深化，他们需要检测的内容也日益增加，化学工程师与电子工程师已经投入大量精力开发出所谓的“电子鼻”或“气味探测器”。这些设备通过采集空气样本并进行化学分析，能够识别潜在的威胁，并将关键信息反馈给操作人员，模拟了人造鼻子的功能。尽管电子鼻在灵敏度上可能不及训练有素的工作犬，但它们已能够达到令人满意的十亿分之一（ppb）检测水平。其优势在于不会因疲劳而影响性能，能够持续不断地工作，并实时反馈任何检测到的威胁或非法物质信息。这些设备体积小巧、能耗低、便于携带，即便在隐蔽环境下也能随时使用，极大地提高了现场检测的效率和安全性。

这种传感器网络同样可以大规模部署，用于实时监控区域大气状况，并且能够与闭路电视及其他成像技术相结合，有效指示并识别固定和移动的潜在威胁（瑞典国防研究机构）。

通过将新文件上传至电子鼻的数据库，电子鼻能够轻松地实现“再训练”，以便探测新的气味。此外，它还能够扩展其功能，作为检测毒品、爆炸物以及尸体的多功能设备。

截至目前，研究人员已成功开发出电子鼻技术，主要用于侦测毒品（哈迪等人，2011）、爆炸物、酒精及其他违禁物质（帕尔多等人，2003）。这些电子鼻不仅具备检测特定气味的能力，还能够识别气味的缺失，进而区分高价值物品的真伪，例如葡萄酒、烈酒和香水等（贝尔纳，2010）。

电子鼻的性能评估主要依赖于其对气味的敏感度和特异度两大指标。敏感度与 OTV 相似，它衡量的是电子鼻探测气味所需的最小浓度水平；而特异度则描述了在多种气味并存的情况下，电子鼻正确识别并报告目标气味的能力，同时减少假阳性结果的产生。

如何打造电子鼻

多年来，化学领域的专家不断致力于开发和构建用于检测蒸气的传感器及系统。然而，区分传感器与单次测试之间的差异至关重要。单次测试仅提供一个即时快照，之后可能需要重新校准或直接弃用。相比之下，一个优秀的电子鼻传感器能够实时地提供连续且可重复使用的检测数据（沃尔夫贝斯，2013）。

电子鼻的设计多种多样，尺寸和形态各异，但除了它们高度敏感和特异化的嗅觉检测元件外，还有一些基本的功能要求。这些包括便携式的设计、空气采样的能力，以及内置的计算机系统，用于分析传感器数据并向操作者显示是否存在目标物质的信息（如图 26.1 所示）。在构建传感网络的情况下，便携性可能不是首要考虑的因素。然而，总的来说，这些设备应当尽可能设计得轻便、易于携带，以便于应急响应人员和专业军队在行动中便捷使用。

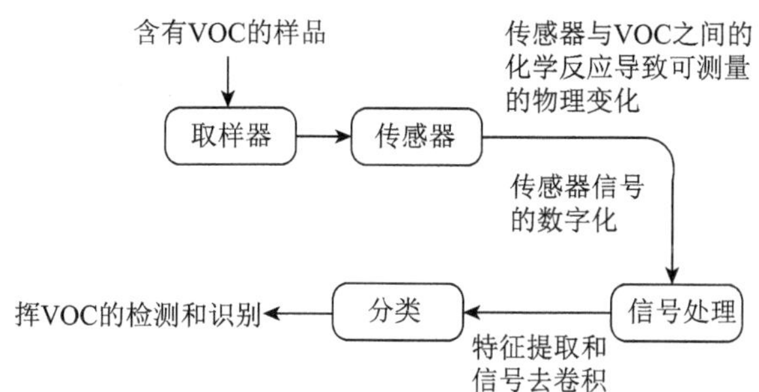

图 26.1　电子鼻的示意图。取样器吸入空气并将样本通过传感器。然后，来自传感器的信号由计算机处理，以提供有关存在的 VOC/威胁的信息。分类可以在设备上本地进行，也可以远程进行

空气采样—嗅探

空气采样器是一种精密系统，设计用于吸取周围环境中的空气，并通过感应元件进行控制。该系统若依赖自然气流，可能会减少实际采样的空气量，进而影响其灵敏度。自然气流的不稳定性甚至可能导致传感器读取错误数据。因此，为了确保蒸气样品能够以均匀和一致的方式通过传感器，需要采取措施防止这种不稳定性对采样过程造成影响。

传统的空气采样方法主要包括两种方式。第一种是恒定流量采样，此时风扇以稳定的速率将空气抽吸至传感器元件。进气量直接关系到设备能够采集的空气量，然而，需要注意的是，收集的空气量越大，样品在传感器中的停留时间就会相应缩短，这可能会导致整体的灵敏度下降。第二种采样方法是预浓缩技术。在这一过程中，一个风扇将一定量的空气吸入储存容器中，以便捕捉并保存气味物质。随后，这些样品被释放（解吸）到传感器上进行检测。这种方法的优势在于能够从大量的空气中提取并浓缩少量的目标物质，从而显著提升电子鼻的灵敏度。此外，这种技术也适用于直接检测固体样品，例如在机场行李检查中使用的拭子。然而，预浓缩系统也存在一些局限性，比如较低的样品处理能力和不连续的感测过程，这可能会增加遗漏短暂或瞬时气味信号的风险。

气味感应—嗅觉

传感器元件构成了电子鼻的核心部分，它们之间的相互作用依赖于化学反应，这些反应直接影响传感器的响应。这一相互作用的过程在专业领域中被称作“传导”。尽管不同的电子鼻在传导机制上可能展现出显著的多样性，但大多数设备都是通过改变传感器在电学、光学或物理层面的特性来实现这一过程的。这种变化使得电子鼻能够捕捉到气味的微妙差异，并据此进行检测和分析。

为了实现卓越的灵敏度和特异度，电子鼻的传感器元件设计可以遵循两种不同的构建模型。第一种模型是通过精密的仪器技术来识别特定分子的特征信号，这些信号可能包括分子的质量、电荷或光学属性，如质谱、离子迁移谱和红外光谱等。通过将这些未知样品的特性与数据库中存储的已知特性进行对比，从而实现分子的识别和匹配。这种方法依赖于分子的高度特异性质，并且通常需要使用在实验室条件下已经明确特征的技术（卡伊吉尔等人，2012）。这种精确的识别过程为电子鼻在复杂气味环境中的高精度检测提供了坚实基础。第二种模型采用了交叉反应传感阵列，它并非通过精确测量未知气味的具体属性，而是模仿哺乳动物的嗅觉系统。这种阵列通过一系列高度特异的传感器来检测不同传感器之间的相互作用，进而生成一种“感觉模式”。这种模式随后与预先存储在数据库中的模式进行匹配（阿尔伯特等人，2000）。这种方法有效提升了检测的特异性，并且使得利用相对简单的技术制造出能够识别和区分多种气味的设备成为可能（乌特里艾宁等人，2008；ICX技术，2011）。这种交叉反应传感阵列的设计理念，为电子鼻技术在复杂气味识别领域的应用开辟了新的途径。

本章讨论了电子鼻传感器技术的 3 个示例，前 2 个是基于阵列的方法，第 3 个是更具体的方法。

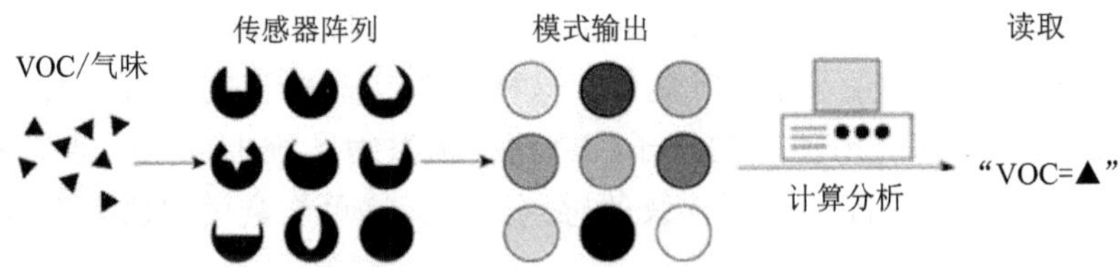

图 26.2　基于阵列的传感示意图，说明了使用 VOC 的非特异性结合来生成该 VOC 的特定图案，该图案可以通过计算方法进行分析和识别

自 1960 年代起，电化学气体传感器的研究便已展开，并已广泛应用于环境监测领域。无论是家庭环境中的一氧化碳等有毒气体检测，还是工作场所及户外对氧化亚氮、臭氧等气体的监测，这些传感器都能有效满足我们的需求。近年来，它们也开始被纳入安全领域，用于毒品和爆炸物的探测。尽管这些传感器技术简便、便携，但在灵敏度和特异度方面仍有提升空间。传感器通常由一种特定材料构成，位于电极之间，通过测量材料电阻的变化来监测电流。当蒸气分子与传感器发生结合时，会引起电阻特性的改变，这种变化与检测到的蒸气种类相关联。电化学气体传感器的发展趋势包括对半导体金属氧化物材料的改进，以及采用金纳米粒子、碳纳米管等纳米材料作为传感元件（埃尔南德斯等人，2014；施诺尔等人，2013）。这些先进材料的运用不仅提升了传感器的性能，也为电化学气体传感器在精确检测和识别多种气体方面的应用带来了新的可能性。

第二种技术是基于荧光聚合物的新型传感技术，由麻省理工学院的斯沃格等人开创。这种创新的聚合物在紫外线照射下能够发出明亮的光芒。当空气中的特定分子接触到这种发光聚合物时，其荧光效应会发生熄灭，这种所谓的荧光猝灭现象是易于检测的。即便是低浓度的 VOC 也能引发显著的荧光猝灭，这在爆炸物检测的研究案例中得到了证实。聚合物的结构能够针对不同的蒸气分子进行适应性变化，荧光猝灭程度与蒸气分子的浓度成正比。科研人员近期的研究重点在于开发激光诱导的聚合物技术，以进一步增强其灵敏度，从而拓宽这种材料的应用范围（杨和斯沃格，1998；斯沃格，1998）。这些进展为荧光聚合物传感器在快速、高灵敏度检测领域的应用提供了新的发展方向。

最后一项关键技术涉及使用质谱或离子迁移谱（IMS）来识别和区分各种气味分子。IMS 技术通过吸入蒸气样本并在电场中对其进行离子化处理，随后让这些带电分子通过一个特定的管道。分子在管道中的运动速度取决于它们自身的电荷和质量，这使得它们可以与原始蒸气中的成分相关联。虽然这项技术需要较为复杂的机械设备来支持，但经过大量的研究和发展，我们已经成功研制出了便携式设备，这些设备能够可靠地分辨复杂的混合物，并展现出极高的灵敏度。因此，IMS 技术已成为目前军方广泛采用的标准技术（艾曼和斯托恩，2004）。这种技术的应用显著提升了现场快速检测和辨识不同气体和蒸气混合物的能力。

气味分析—识别与行为

传感器元件在捕获信号后，需将这些信号转化为操作人员能够理解和采取行动的信息（如物质识别和预警）。通过运用模式识别技术对传感器信号进行分析，并将其与一个预先分类和编码的信号数据库进行对比，系统能够生成与检测到物质相对应的结果。这个数据库能够轻松地整合新的材料或气味信息，而无需进行繁重的再培训过程。在信号模式与数据库中的信息不匹配的情况下，系统会向操作员提供类似模式的指示，这样便可以给出基于最佳推测的选项，同时附上每个推测的可信度等级，以辅助操作员做出明智的决策。这种方法极大地提高了检测效率和准确性，同时降低了操作复杂性。

模式识别依托于一系列数学方法，即所谓的“机器学习”算法。这些算法通过分析特定的训练数据集（包含检测到的信号与相应材料的信息）来构建数学模型。在对待测的未知信号进行处理时，这些模型通过比较信号与已知材料数据之间的相似度来实现匹配。实现这一过程的算法多种多样，包括但不限于线性判别分析（LDA）、支持向量机（SVM）和主成分分析（PCA）。这些方法在材料识别和信号处理领域有着广泛的应用，并已由迪尔和安斯林在 2013 年的研究中进行了深入探讨。这些先进的算法显著提高了电子鼻技术在复杂环境中的检测能力和准确度。

案例研究—嗅出爆炸物

正如前文所述，在广泛部署电子鼻技术的应用中，其用于检测爆炸物是一项尤其具有挑战性的任务。爆炸物通常具有较低的蒸气压（如表 26.1 所列的 TNT 一样），这意味着它们的气味难以被察觉。因此，在该领域的专业人士依赖于高灵敏度的电子鼻技术，以便具备卓越的检测能力和对爆炸物信号的准确理解，同时还能在常见的日常气味（如香水、汽车尾气等）的干扰下保持高度的选择性。为了应对这一挑战，已经开发出了一系列工具，其中包括基于成熟原理且经过广泛验证的可靠技术，以及刚刚从实验室走向应用领域的新兴技术。这些新兴技术有望提供更高的敏感性和选择性（佩维尔等人，2016、2017）。这些创新的进展为爆炸物检测领域带来了新的希望，提高了安全监测的效能。

爆炸物感应器的设计旨在探测和辨识多种潜在的威胁物质。首要目标包括传统的高能炸药，诸如 TNT、RDX 和 PETN 等。其次，这些感应器还能够识别各式自制爆炸物，这些通常是由强氧化剂如过氧化氢和高氯酸盐（常见于漂白剂中）与其他化学物质如丙酮等混合而成的危险物品。通过对这些多样化爆炸物的有效检测，感应器为安全防护和反恐工作提供了关键的技术支持。

爆炸物检测用的电子鼻技术能够专门识别多种 VOC，这些化合物不仅包括用于制造爆炸物的有气味原料（如丙酮和氨），还包括生产过程中产生的副产品（例如 TNT 污染和 RDX 中残留的环己酮）。此外，该技术还能针对那些将不同炸药混合在一起的增塑剂进行识别，例如 C4 炸药成分中的 2-乙基-1-己醇（坎兹等人，2014）。同时，电子鼻还能检测到为了增强爆炸物蒸气检测而特意添加的化学标记物（如 DMDNB）。这种全面的识别能力极大地提高了对爆炸物及其相关成分的探测效率和精确度。

在针对爆炸物检测的电子鼻技术领域，IMS 技术被广泛应用。研究表明，IMS 能够高效地识别和检测微量纯爆炸物以及与之相关的 VOC（艾曼和施密德特，2009；艾曼和斯托恩，2004）。传统的 IMS 技术依赖于放射性源进行样品的电离，然而，这种做法在放射性源的获取、安全存储和处置方面存在明显不足。近期的研究趋势是采用无需放射性源的高压电喷雾技术。尽管这种技术可能增加能耗、降低设备的便携性，但它显著提升了操作的可靠性和安全性（里德·阿斯伯里等人，2000）。这一进展为爆炸物检测领域带来了重要的技术革新。

随着 FIDO 仪器的推出（ICX 技术，2011；安德鲁和斯沃格，2007），利用荧光聚合物检测痕量级硝基芳烃类炸药的方法变得日益普及。在最新的检测技术中，RDX 的研究备受关注（戈帕拉克里希南和迪希特尔，2013），其研究重点在于开发能够对空气中爆炸性气味产生高度敏感反应的聚合物，同时，如先前所述，这些聚合物也能检测到伴随炸药产生的更易察觉的气味（托马斯等人，2005；罗沙特和斯沃格，2014）。目前，除了聚合物之外，大量其他荧光材料也被探索用于此类应用，包括纳米结构材料（尤尔西奇等人，2015；迪尔和安斯林，2013；热尔曼和坎普，2009）。这些材料的应用极大地拓展了爆炸物检测技术的范围和效能。

最新的爆炸物电化学传感技术进展集中在开发小型、低成本的电子鼻设备，这些设备专门用于检测爆炸物释放的 VOC。通过采用传感器阵列技术和先进的模式识别软件，研究人员能够有效地识别 DMDNB、2-乙基-1-己醇和氨等物质，展现出卓越的特异性（佩维尔等人，2013）。然而，这种技术的一个主要局限在于，为了达到最佳的灵敏度，需要加热传感器，这无疑增加了功耗，同时也限制了设备的便携性。目前，科研人员正致力于在室温条件下实现相似或更高的灵敏度和特异度（埃文斯等人，2014）。这些努力旨在克服现有技术的局限，推动爆炸物检测设备的实用性和普及性。

尽管一系列被宣传为具有爆炸物检测功能的电子鼻技术令人充满期待，但实际上它们并不总是如宣传所言。近年来，随着犯罪分子在民用和军事领域频繁使用 IED 作案，许多公司开始研发并推广声称能够探测到微量爆炸物的设备。然而，目前还缺乏科学和有效的操作标准，这导致应急响应人员和国防军事人员必须对这些技术保持警惕，以免因误信而将自己或他人置于危险之中（雷克德等人，1999）。在对这些技术的可靠性和准确性有更多确凿证据之前，谨慎对待并严格评估这些检测设备的使用至关重要。

未来的前景

电子鼻技术已经在军事和民用应急领域得到广泛应用。在美国和英国军队在阿富汗和伊拉克的作战行动中，IMS 和 FIDO 系统，以及专为爆炸物检测设计的电子鼻系统，已成为应对爆炸物探测需求的常规工具。此外，他们的国防部门以及英国警方也对这些技术进行了投资。当电子鼻与其他检测技术如 X 射线或太赫兹扫描结合使用时（尤其是在电子鼻技术被集成到扫描设备中时），它能够在不增加额外检测时间的前提下，提升对人员和货物的安全检查效率。这种集成化的检测方案为反恐和执法部门提供了更为快速和高效的爆炸物探测手段。

在电子鼻技术的科研前沿，研究人员正致力于创新传感技术的开发。他们积极探索全球实验室最新研制的新材料和工程技术，旨在打造体积更小巧、重量更轻盈、灵敏度更高、针对性更强的电子鼻设备。几乎每天都有新型传感器材料被研发出来，但只有将最有潜力的材料转化为实际的工程应用，并结合最优数据处理技术，才能真正开发出卓越的电子鼻系统。这一过程需要科研人员的精准判断、创新设计和不懈努力。

电子鼻技术的嗅觉探测能力正需不断进化以应对日益复杂的挑战。虽然我们已经在电子鼻的使用和研发上投入了大量工作，特别是针对传统军事炸药（如 TNT 和 C4）和常见毒品（如可卡因和甲基苯丙胺）的检测，但新兴的威胁同样不容忽视。当前电子鼻的研发趋势正在向探测过氧化物类爆炸物（伯克斯和哈吉，2009）和新一代毒品扩展，甚至有研究尝试开发能够探测隐藏人体的电子鼻技术（吉安诺克斯等人，2018）。这些新兴应用领域带来了一系列前所未有的挑战。例如，气味的极端变化性以及更为复杂的方法来隐藏和掩饰这些气味，这要求我们必须提升电子鼻的检测敏感性，以适应这些多变的需求。

电子鼻技术是科学研究领域中一个迅速发展的前沿，它蕴含着巨大的实用潜力。通过将实践领域的需求与科研人员的深厚知识相结合，我们有望显著提升在预防犯罪和维护生命安全方面的能力。这种跨学科的合作将促进技术创新，为公共安全贡献力量。

参考文献

Albert, K. J. et al., 2000. "Cross-reactive chemical sensor arrays". *Chemical Reviews*, 100 (7), pp. 2595~2626.

Andrew, T. L. & Swager, T. M., 2007. "A fluorescence turn-on mechanism to detect high explosives RDX and PETN". *Journal of the American Chemical Society*, 129 (23), pp. 7254~7255.

Berna, A., 2010. "Metal oxide sensors for electronic noses and their application to food analysis". *Sensors*, 10 (4), pp. 3882~3910.

Block, E. et al., 2015. "Implausibility of the vibrational theory of olfaction". *Proceedings of the National Academy of Sciences*, 112 (21), pp. E2766~E2774.

Brookes, J. C. et al., 2007. "Could humans recognize odor by phonon assisted tunneling?" *Physical Review Letters*, 98 (3), p. 038101.

Burks, R. M. & Hage, D. S., 2009. "Current trends in the detection of peroxide-based explosives". *Analytical and Bioanalytical Chemistry*, 395 (2), pp. 301~313.

Caygill, J. S., Davis, F. & Higson, S. P. J., 2012. "Current trends in explosive detection techniques". *Talanta*, 88, pp. 14~29.

Diehl, K. L. & Anslyn, E. V., 2013. "Array sensing using optical methods for detection of chemical and biological hazards". *Chemical Society Reviews*, 42 (22), pp. 8596~8611.

Eiceman, G. A. & Schmidt, H., 2009. "Advances in ion mobility spectrometry of explosives". In M. Marshall & J. C. Oxley (eds) *Aspects of Explosives Detection*. Oxford: Elsevier, pp. 171~202.

Eiceman, G. A. & Stone, J. A., 2004. "Peer reviewed: ion mobility spectrometers in national defense". *Analytical Chemistry*, 76 (21), pp. 390 A~397 A.

Evans, G. P. et al., 2014. "Single-walled carbon nanotube composite inks for printed gas sensors: enhanced detection of NO2, NH3, EtOH and acetone". *RSC Advances*, 4 (93), pp. 51395~51403.

Furton, K. G. & Myers, L. J., 2001. "The scientific foundation and efficacy of the use of canines as chemical detectors for explosives". *Talanta*, 54 (3), pp. 487~500.

Furton, K. G. et al., 2002. "Identification of odor signature chemicals in cocaine using solid-phase microextraction-gas chromatography and detector-dogresponse to isolated compounds spiked on US paper currency". *Journal of Chromatographic Science*, 40 (3), pp. 147~155.

Furton, K. G. et al., 2015. "Advances in the use of odour as forensic evidence through optimizing and standardizing instruments and canines". *Philosphical Transactions of the Royal Society B*, 370 (1674), p. 20140262.

Germain, M. E. & Knapp, M. J., 2009. "Optical explosives detection: from color changes to fluorescence turn-on". *Chemical Society Reviews*, 38 (9), pp. 2543~2555.

Giannoukos, S., Agapiou, A. & Taylor, S., 2018. "Advances in chemical sensing technologies for VOCs in breath for security/threat assessment, illicit drug detection, and human trafficking activity". *Journal of Breath Research*, 12 (2), p. 027106.

Gopalakrishnan, D. & Dichtel, W. R., 2013. "Direct detection of RDX vapor using a conjugated polymer network". *Journal of the American Chemical Society*, 135 (22), pp. 8357~8362.

Haddi, Z. et al., 2011. "A portable electronic nose system for the identification of cannabis-based drugs". *Sensors and Actuators B: Chemical*, 155 (2), pp. 456~463.

Hernάndez, P. T. et al., 2014. "Assessing the potential of metal oxide semiconducting gas sensors for illicit drug detection markers". *Journal of Materials Chemistry A*, 2 (23), pp. 8952~8960.

Hettinger, T. P., 2011. "Olfaction is a chemical sense, not a spectral sense". *Proceedings of the National Academy of Sciences*, 108 (31), pp. E349~E349.

ICX Technologies, 2011. *Fido Explosives Detectors Technical Overview*. PDF online: www.flir.ca/threatdetection/display/? id=65350.

Johnston, J. M., 1999. "Canine detection capabilities: operational implications of recent R &

D findings". Institute for Biological Detection Systems.

Jurcic, M. et al., 2015. "The vapour phase detection of explosive markers and derivatives using two fluorescent metal-organic frameworks". *Journal of Materials Chemistry A*, 3 (12), pp. 6351~6359.

Kranz, W. et al., 2014. "On the smell of composition C-4". *Forensic Science International*, 236 (0), pp. 157~163.

Leonardos, G., Kendall, D. & Barnard, N., 1969. "Odor threshold determinations of 53 odorant chemicals". *Journal of the Air Pollution Control Association*, 19 (2), pp. 91~95.

McCabe, K. J., Wingo, R. M. & Haarmann, T. K., 2012. "Method for training honeybees to respond to olfactory stimuli and enhancement of memory retention therein". USPO Patent US20 120264353A1.

Pardo, M. et al., 2003. "Detection of contraband food products with a hybrid chemical sensor system". *Proceedings of IEEE Sensors Conference*, 2003 (pp. 1073~1076). DOI: 10.1109/ICSENS.2003.1279108.

Pearce, T. C. et al. (eds) 2002. *Handbook of Machine Olfaction*. Weinheim, FRG: Wiley-VCH Verlag GmbH & Co. KGaA.

Peveler, W. J. et al., 2013. "Detection of explosive markers using zeolite modified gas sensors". *Journal of Materials Chemistry A*, 1 (7), pp. 2613~2620.

Peveler, W. J. et al., 2016. "Multichannel detection and differentiation of explosives with a quantum dot array". *ACS Nano*, 10 (1), pp. 1139~1146.

Peveler, W. J., Jaber, S. B. & Parkin, I. P., 2017. "Nanoparticles in explosives detection-the state-of-the-art and future directions". *Forensic Science, Medicine, and Pathology*, 10, pp. 1~7.

Porritt, F. et al., 2015. "Performance decline by search dogs in repetitive tasks, and mitigation strategies". *Applied Animal Behaviour Science*, 166, pp. 112~122.

Reid Asbury, G., Klasmeier, J. & Hill Jr., H. H., 2000. "Analysis of explosives using electrospray ionization/ion mobility spectrometry (ESI/IMS)". *Talanta*, 50 (6), pp. 1291~1298.

Rhykerd, C. L. et al., 1999. "Guide for the selection of commercial explosives detection systems for law enforcement applications". Washington, DC: US Department of Justice.

Rochat, S. & Swager, T. M., 2014. "Fluorescence sensing of amine vapors using a cationic conjugated polymer combined with various anions". *Angewandte Chemie International Edition in English*, 53 (37), pp. 9792~9796.

Rosier, E. et al., 2015. "The search for a volatile human specific marker in the decomposition process". *PLOS ONE*, 10 (9), p. e0137341.

Schnorr, J. M. et al., 2013. "Sensory arrays of covalently functionalized single-walled carbon nanotubes for explosive detection". *Advanced Functional Materials*, 23 (42), pp. 5285~5291.

Swager, T. M., 1998. "The molecular wire approach to sensory signal amplification". *Accounts of Chemical Research*, 31 (5), pp. 201~207.

Swedish Defence Research Agency, EMPHASIS. foi. se. Available at: www. foi. se/en/Customer--Partners/Projects/EMPHASIS/EMPHASIS [accessed May 7, 2015].

Thomas III, S. W., et al., 2005. "Amplifying fluorescent polymer sensors for the explosives taggant 2, 3-dimethyl-2, 3-dinitrobutane (DMNB)". *Chemical Communications*, 36, pp. 4572~4574.

Utriainen, M. et al., 2008. *Novel Hand-Held Chemical Detector with Micro Gas Sensors*. Article in M. Utrianinen, ed. Oslo: Nordic Innovation Centre.

Wolfbeis, O. S., 2013. "Probes, sensors, and labels: why is real progress slow?" *Angewandte Chemie International Edition in English*, 52 (38), pp. 9864~9865.

Yang, J. -S. & Swager, T. M., 1998. "Porous shape persistent fluorescent polymer films: an approach to TNT sensory materials". *Journal of the American Chemical Society*, 120 (21), pp. 5321~5322.

第二十七章
理解法庭科学痕迹证据

摘要

微量的物质，如微粒和残留物，往往承载着关键的情报信息，并为犯罪现场的重建提供了关键的证据。对这些材料来源的深入理解至关重要。更进一步，探究这些物质在不同环境和条件下的行为表现同样至关重要，这是因为这种认识是基于透明且证据驱动的分析。目前，这一领域仍在积极研究之中。在法庭科学的发展进程中，深化对痕迹证据动力学的理解显得尤为关键，这一进展不仅有助于提升证据分析的准确性和科学性，也为法庭决策提供了更加坚实的依据（弗拉赤等人，2014；摩根等人，2014a；布雷利·莫里斯等人，2015）。

证据动力学这一概念最初由奇萨姆和图尔维（2000）提出，旨在探讨那些可能影响、改变、重新分布、模糊化、污染或破坏痕迹物证的多种变量。这些变量包括环境因素、时间依赖性以及人为因素，它们在证据的形成、传播和采集过程中发挥着至关重要的作用。因此，在案件中，对微量物质（无论是在一般情境还是特定情况下）背景的深入理解，对于作出关于其来源和活动水平的准确推断极为关键。这种理解的核心在于建立一个经验证据的基础，以确保证据的平衡性、逻辑性、透明性和坚实性。然而，直到最近几年，为了响应实验研究的迫切需求，法庭科学领域的研究成果才开始在学术文献中得以发表，这一进展有助于推动法庭科学向更加严谨和可靠的方向发展（摩根等人，2009）。

证据的转移与持久存在是法庭科学材料从简单的“物质”转化为具有价值的“证据/情报”的核心环节。实验研究为我们揭示了这些过程在不同环境中的运作机制。通过对特定法庭科学材料中微量物质的转移特性和持久性进行理解，我们能够为特定案件中的法庭科学证据/情报赋予相应的重要性和可信度。在过去 5 年中，实证研究特别强调了证据转移过程中的一个关键属性：证据在系统内（无论是衣物还是犯罪现场）的多次转移及其普遍存在的再分配现象（摩根等人，2010；弗拉赤等人，2012；米金和贾米森，2013）。理解证据多次转移的程度对于在特定背景下的“例证”部分中评估证据的重要性是极为关键的。这种认识有助于确保在法庭科学分析中，证据的解读和应用更为准确和权威。

因此，实验研究在建立基线和提供推论所需的经验证据方面扮演着至关重要的角色。确实，确立痕迹的来源是至关重要的，但同样关键的是理解痕迹的转移和保存历史，这些信息对于推断在特定案件背景下特定痕迹的实际意义同样不可或缺。通过对这些过程的深入了解，我们能够更加准确地分析和解释法庭科学证据，从而在法庭上提供更加坚实的科学支持。

本章节将探讨 3 种不同类型的痕迹证据：DNA、子弹残留物和沉积物，它们分别代表着法庭科学调查的 3 个重要领域。每一种证据都是法庭科学专家在犯罪重建过程中努力解答的关键问题。每一个案例都详细阐述了实验研究在构建经验证据基础方面的贡献，这些研究使得法庭科学家能够深入理解特定法庭科学痕迹材料的动态特性，进而推断在特定案件背景下这些痕迹的深层含义，为法庭提供科学的解释和支撑。

例证

DNA

构成我们身体的细胞包含更细小的亚结构单元——细胞核，这些细胞核内含有 DNA，这是法庭科学 DNA 分析中常用的关键物质。由于几乎所有的细胞（除了红细胞例外）都拥有细胞核，因此在犯罪现场常常可以采集到 DNA 样本。传统上，为了获得足够的细胞量以进行检测，往往需要寻找体液，如血液或精液。但是，随着分析技术的灵敏度不断提升，我们现在能够从包括体液和皮肤在内的各种生物组织样本中，可靠地获取来自未知生物的 DNA 分析结果。这种进步极大地扩展了法庭科学 DNA 分析的应用范围和效力。

当采集到的 DNA 来自不明确的生物时，这种 DNA 通常被称作“微量

DNA”或“接触 DNA”（米金和贾米森，2013）。然而，“接触 DNA”这一术语常常被误解，人们普遍认为只要接触了某个表面，DNA 就会留在那里。相比之下，“微量 DNA”这一术语更为广泛，它涵盖了 DNA 可能通过其他途径转移的情况，例如通过说话或咳嗽将 DNA 颗粒散布到周围的物体上。虽然目前尚未有公开的研究明确证实这些活动会导致 DNA 转移，但理论上是存在这种可能的。这类转移的例子被归类为直接转移，即 DNA 首先沉积在一个表面上，随后转移到另一个表面，这一过程称为间接转移。这种转移可能通过一个中间面（“二次转移”）、两个中间面（“三次转移”）或更多表面进行。无论这些表面是人体还是物体，DNA 都有可能继续其转移过程。

提取犯罪现场微量的 DNA，主要旨在实现两个目标：首先，是识别 DNA 的来源；其次，是通过分析 DNA 的位置和比例，评估其与犯罪的潜在关联性。在后者的情况下，法庭科学专家需要特别考虑几个关键因素：转移机制（DNA 是如何到达现场的）、持久性（DNA 在现场存留了多久）以及保存状况（DNA 是否在特定环境条件下得以保留）。这些因素对于理解微量 DNA 在犯罪现场的重要性及其作为关键证据的解释至关重要。通过对这些因素的细致分析，法庭科学专家能够更准确地解读 DNA 证据，从而为案件提供科学且有力的支持。

DNA 间接转移

(a) 问题

目前，已有经验研究间接表明，在特定的工作场景中，DNA 的转移是有可能发生的（米金和贾米森在 2013 年，以及范·奥尔肖特等人在 2010 年的综述中，都涉及了此类研究）。然而，许多实验研究关于间接转移的证据是基于已经清除了 DNA 的物品进行的，这与实际个案研究中的情况有所不同，因为在接触犯罪嫌疑人的 DNA 之前，物品上很可能已经存在一定量的 DNA。考虑到普通人每天大约会脱落 400 000 个皮肤细胞（威肯海泽，2002），经常使用的物品，如衣物和某些武器，其表面很可能已经覆盖了一层 DNA。这就引出了一个关键问题：在存在背景 DNA 的情况下，我们是否仍能在表面上检测到通过间接转移而来的 DNA。本节介绍了米金等人（2015）的一项研究，该研究探讨了通过握手间接传递的 DNA 是否能在被设定为“经常使用”的刀柄上被检测出来。这项研究对于理解在实际场景中 DNA 的转移和检测具有重要意义。

（b）试验和结果

志愿者每天使用1套刀具，每天使用2次，持续2天。在接下来的3天里，每一位“普通用户”都和另一位（“握手者”）握手10秒钟，然后立即用他惯用的小刀反复刺入泡沫块60秒钟（图27.1 a）。研究人员使用微型胶带（图27.1 b所示胶带的黏合剂）从刀柄提取DNA并分析产生的DNA图谱。在4组志愿者中，有3组人的DNA被从刀柄上提取的细胞中恢复了完整和局部轮廓，比例约为10∶1（图27.1 c）。另一组发现了未知的DNA（图27.1 c），这可能是普通用户的伴侣的特征。对于第4组，研究人员仅恢复了与普通用户特征相匹配的完整的单源DNA配置文件。

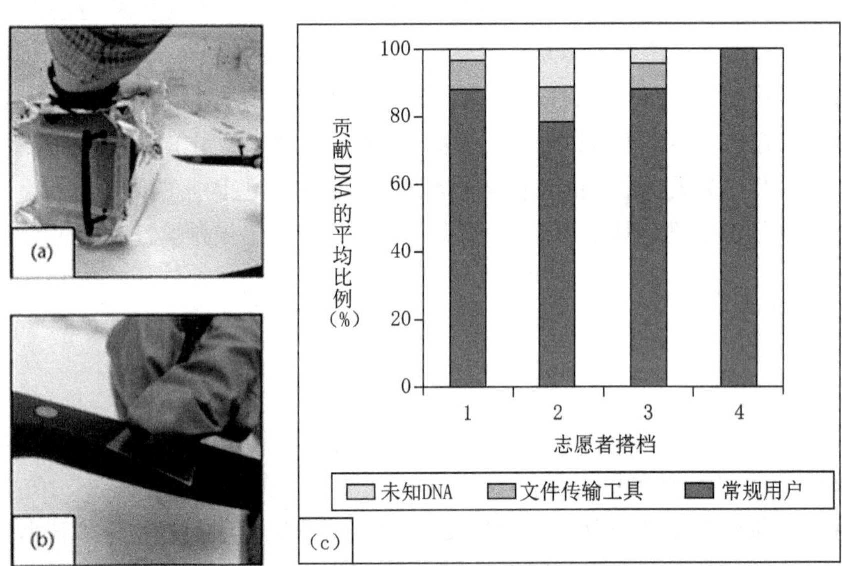

图27.1 握手后将常用刀具刺入泡沫块（a），使用迷你胶带（b）从刀柄中回收DNA，以及从刀柄获得的轮廓中观察到的DNA贡献（c）

（c）影响

研究结果表明，即便在存在背景DNA层的情况下，间接转移的DNA依然可以被检测到（米金等人，2015、2017a）。因此，在个案研究中，我们有时可能会从从未直接接触过目标物品的人那里检测到DNA。虽然这项研究主要关注的是握手后立即进行的 DNA 检测，但其他无关人员在实验中的 DNA 出现表明，DNA 的间接转移和检测是相对容易发生的。尤其值得注意的是，研究人员在某些情况下检测到的 DNA 甚至来自一名志愿者的伴侣，而该伴侣实际上从未进入过实验室（米金等人，2015、2017a）。在评估案件中发现的微量 DNA 时，法庭科学专家必须深入考虑转移的问题，并确保对 DNA 如何在案件物品上这一问题形成的任何解释都是基于科学的合理推断。这对于避免错误地将无辜人士卷入犯罪行为中，确保 DNA 证据解释的准确性至关重要。

DNA 持久性

（a）问题

在从犯罪现场可疑物表面提取微量 DNA 时，判断 DNA 是在犯罪发生期间沉积的，这一点至关重要。混合 DNA 图谱，即包含多个个体 DNA 的图谱，通常出现在犯罪过程中所涉及的物品上。这就引发了一个问题：如何准确鉴定最近接触过该物品的人。尽管我们通常认为混合 DNA 中的主要轮廓来自最后接触物体的人，但实际上，最后接触表面的人未必是主要的 DNA 贡献者（戈雷和范·奥尔肖特，2015）。对于经常使用的物品，这种情况尤其令人关注，因为这些物品可能已经形成了背景 DNA 层（如前所述），这可能导致主要的 DNA 贡献者并非最近的使用者。在衣物方面，英国的一些个案研究科学家认为，主要的 DNA 特征可能是穿着者留下的（凯西等人，2016），但需要明确的是，这指的是最近的穿着者还是经常的穿着者，这取决于具体案件的情况（米金和贾米森，2016）。本节所述的一项初步研究通过分析普通穿着者和其他人穿着的 T 恤，旨在评估 DNA 恢复方法是否能够区分出哪一份 DNA 图谱来自哪一位穿着者（米金等人，2014）。这项研究对于理解 DNA 在衣物上的沉积和转移提供了重要的科学依据。

（b）试验和结果

在连续 2 年的实验中，一件 T 恤衫经过频繁穿着与清洗，每天由不同的人轮换穿着。用于 DNA 分析的样本是通过迷你胶带或从袖子内侧剪取的微小织物片段来收集的。尽管最近穿着者的 DNA 痕迹可通过迷你胶带检出，但分析结果同时也揭示了先前穿着者的主要 DNA 成分。

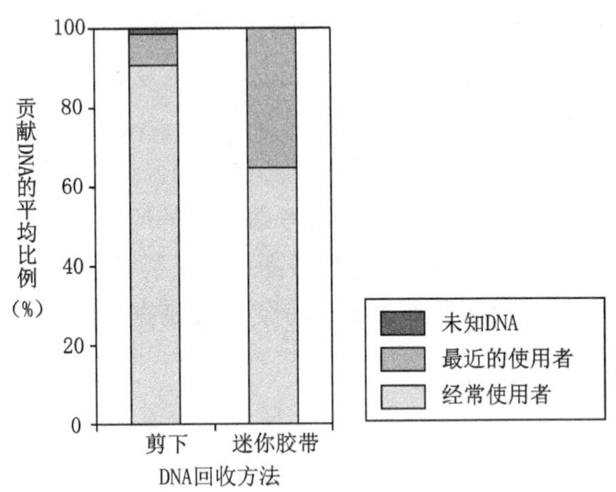

图 27.2　从经常穿着的 T 恤衫中提取的 DNA 图谱中观察到的 DNA 贡献，这些 T 恤衫首先由经常穿着的人穿着，然后由第二个人穿着

(c) 影响

这些发现与先前的研究成果（范·奥尔肖特等人，2014；奥尔多尼等人，2016）一致，表明常规使用者或佩戴者的 DNA 有可能在物品上持续留存，从而在后续使用者接触后，显著地维持或形成混合 DNA 轮廓。然而，后续研究（米金等人，2017b）指出，究竟是常规佩戴者还是最近佩戴者的 DNA 在混合轮廓中占主导地位，这取决于个体间 DNA 脱落量的差异。因此，法庭科学专家在评估 DNA 是否在犯罪行为前后存留时，必须考虑到 DNA 的持久性和转移性。本研究初步展示了从物品中提取 DNA 的潜力，这有助于揭示最近使用者的遗传信息。尽管还需进一步的研究来深化理解，但这一领域的进展预示着未来的广泛应用潜力（米金等人，2017b）。

DNA 保存

(a) 问题

犯罪之后，罪犯或受害人可能试图销毁与犯罪有关的证据。当调查怀疑出现这种情况时，考虑恢复 DNA 证据是很重要的。一个值得注意的例子是经常发生涉及国内儿童性交易的性侵犯案件。据了解，受害者在接受刑事调查时，可能他们被侵犯的时候所穿着的衣服已经被清洗，并且已经时隔几个月。因此在调查中，此类物品往往不被检测，因为人们普遍假定时间延迟和清洗会导致施暴者的 DNA 无法被检测。2015 年，布雷利·莫里斯等人做了一项研究，他们研究了从精液污渍中是否能恢复有效的 DNA 图谱。

(b) 试验和结果

在一项旨在探究精液污渍中 DNA 持久性的研究中，研究人员将沾有 1 毫升新鲜精液的英国学校制服 T 恤在衣柜中放置了长达 8 个月的时间。随后，这些 T 恤在不同的条件下进行了清洗：在 30℃ 或 60℃ 下使用非生物洗涤剂或生物洗涤剂。部分 T 恤在 30℃ 条件下经过多次非生物洗涤剂的清洗。研究结果显示，即使经过这些清洗条件，所有 T 恤上的精液染色点仍然能够回收大量的 DNA，范围在 6 微克到 18 微克之间。这一发现表明，DNA 的回收效率并不受清洗条件（如图 27.3a 所示）或清洗次数（如图 27.3b 所示）的影响。

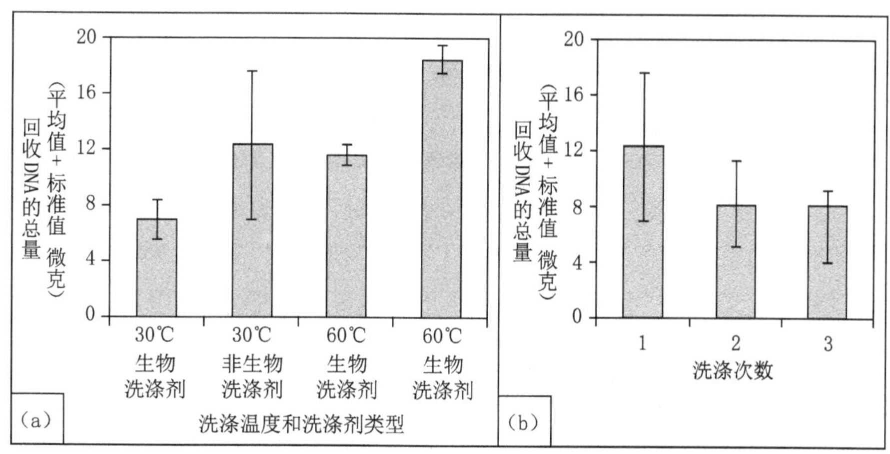

图 27.3 (a) 用不同的洗涤剂在不同温度下洗涤 (b) 用非生物洗涤剂在 30°C 下洗涤多次的 T 恤衫精液染色部位回收的 DNA 量。摘自布雷利·莫里斯等人，2015

(c) 影响

该研究指出，即便是经过数月洗涤的衣物，也能成功从精液污渍中提取出 DNA（布雷利·莫里斯等人，2015）。研究人员强调，不管性侵犯事件发生后多久，衣物被清洗过多少回，我们都必须尽力找回受害者当时所穿的衣物。这是因为这些衣物可能携带着施暴者的精液和关键的 DNA 证据。这一发现为在刑事诉讼过程中，利用 DNA 保存的研究成果来探寻可能的 DNA 证据提供了新的希望。

枪弹残余物

枪弹残留物（GSR）或火器发射残留物（FDR）由推进剂、起爆剂以及弹药和其他相关材料组成。这些残留物形成的颗粒大小通常在 1 微米至 10 微米之间，但也有可能测量到超过 30 微米甚至 100 微米的颗粒。这些微小的颗粒往往是球形的，其元素成分源自底漆。GSR 颗粒通常含有铅、钡和锑等元素，而其他类型的底漆则不含铅，这就导致了 GSR 颗粒呈现出多种不同元素的组合特征（见华莱士于 2008 年的综合评论）。目前最成熟的 GSR 分析方法为扫描电镜与能量色散 X 射线光谱分析（SEM-EDX），具体的分析方法可参见罗梅罗和玛戈（2001）以及多尔比等人（2010）的研究。然而，某些环境物质和工业过程也可能产生与 GSR 相似的颗粒（例如，加罗法等人，1999；托雷等人，2002）。因此，为了准确判断 GSR 颗粒的存在，必须遵循 ASTM 标准（ASTM，2010）进行鉴定。

GSR 颗粒的提取和鉴定对于涉及枪械的案件调查和现场重建具有至关重要的意义。通过分析 GSR 粒子的分布特征，我们可以追溯到特定类型的弹药，并推断射击的距离和角度。嫌疑犯手上存在 GSR，这可能意味着他/她开过枪、接触过枪支，或者是枪支意外走火的结果。麦屯等人（2017）与布莱基等人（2018）对现有的 GSR 文献进行了全面的回顾，并深入探讨了如何解释这类痕迹证据，为案件的分析提供了重要的科学依据。

二次转移的概念在法庭科学领域涉及多种类型的证据转移现象（参见格拉芙等人，1989；范·奥尔肖特和琼斯，1997；弗拉赤等人，2012）。所谓二次转移，是指某种材料通过一个中间表面传递到另一个非直接接触的表面，这种过程导致原本不与物质源直接接触的表面上出现了微量的物质。而在此基础上的第三次转移，则可能由于后续的接触事件而发生。这种现象在法庭科学调查中对于理解证据的传播和解释其含义至关重要。

研究仍在探索间接 GSR 转移的可能性，目前对于通过间接接触方式将 GSR 传递给个人的情况尚不明确。深入理解 GSR 的转移和沉积机制，以及积累关于这些过程的经验数据，对于确保对 GSR 证据的准确解读至关重要。如果这些转移机制在 GSR 的保存过程中被证实有效，但在实际个案分析中未能得到充分考虑，那么就可能导致错误的解读，最终可能造成对嫌疑人的错误指控。因此，对 GSR 转移机制的深入研究对于维护法庭科学证据的可靠性和公正性具有重要意义。

GSR 转让

(a) 问题

通过实验研究，研究人员提出并解决了以下几个问题：

GSR 除了发射枪械外，还有多少其他机制可以被转移和沉积吗？
这些机制如何影响犯罪重构与证据解释？

(b) 试验与成果

为了解决这些问题，我们设计了 3 个试验（参见弗拉赤等人，2014；弗拉赤和摩根，2015，见表 27.1）。所有试验均使用 SIG SauerP226 自动手枪和 5 发 9 毫米口径弹药来进行测试。用 SEM-EDX 和自动搜索与检测软件包分析参与者的手是否存在 GSR。在每次试验之前，受试者都要接受控制的抽样，以确保没有 GSR 的存在。最终，GSR 检测结果均为阴性。

表 27.1 试验场景概述

	试验场景			
	1（二次转移）	2（三次转移）	3（枪支处理）	4（旁观者）
每次运行的回合数	5	5	5	5
描述	发射后，枪手与一名在枪击期间不在场的参与者握手	发射后，枪手与一名参与者握手，后者随后与另一名参与者握手	发射后，枪手将枪支交给了一名在枪击过程中不在场的参与者	发射时，一名旁观者双手站在枪手身后 1 米处

续表

	试验场景			
	1（二次转移）	2（三次转移）	3（枪支处理）	4（旁观者）
取样	握手接受者	第二次握手接受者	枪械处理员	旁观者
运行	3	3	3	3

表 27.2 显示了每一场景的每一次运行时来自发送接受者的 GSR 粒子计数。结果证实了 GSR 粒子在每一场景中的转移和沉积都是由所研究的机制所引起的。研究人员观察到通过接触射击者或者接触已经使用的枪支而向个人转移。同时，通过与两家中介媒介的联系，研究人员观察到了三次转移。最后，GSR 是从旁观者那里回收得到的。在这 4 种机制中，射手通过二次转移获得的材料数量最多（第 1 轮、第 2 轮、第 3 轮分别为 88、30 和 129 颗）。然而，在场景 3 的其中一个操作中处理了枪支之后，研究人员回收到了 86 颗颗粒。很显然，在运行过程中，转移量和沉积量是不同的。这不足为奇，因为从射手身上回收的 GSR 初始数量是可变的（马特里卡迪和基蒂，1977；林赛等人，2011；弗拉赤等人，2014）。

表 27.2　在试验场景 1、2、3、4 的运行 1~3 中从受试者身上回收的 GSR 粒子（弗拉赤等人，2014；弗拉赤和摩根，2015）

	实验场景			
	1（二次转移）	2（三次转移）	3（枪支处理）	4（旁观者）
运行 1	88	18	86	21
运行 2	30	22	18	36
运行 3	129	12	14	28

（c）影响

值得注意的是，在每次实验中都能回收大量的 GSR，这对利用 GSR 证据进行枪支犯罪调查具有重要意义。从实验数据中我们可以推断，在枪手直接接触以外的表面也可能恢复到 GSR。因此，为了最大化 GSR 的回收量，我们必须精确重现犯罪场景，并建议对旁观者、其他可能受污染的表面以及相关人员也进行取样。同时，GSR 的持续转移特性强调了在警方逮捕嫌疑人、处理枪械或证据时，存在意外污染的风险。这种转移风险必须被认真考虑，并且需要采取措施以防止污染发生，确保法庭科学证据的完整性和可靠性。

关键在于，这些发现对从嫌疑人身上发现的 GSR 证据具有深远影响。数据清晰地表明，在某些案件当中，嫌疑人体内发现的中等量 GSR 可能并非源自他们亲自开枪，而是由于 GSR 的转移和沉积现象。这些实验观察到的转移和沉积特性提示我们，GSR 的存在可以通过合理的转移途径来解释。因此，在确定嫌疑犯 X 是否为持枪者时，我们必须考虑到一种可能性：在某些情况下，即使嫌疑人并非开枪者，我们也可能观察到 GSR 证据，这可能是因为他们在事件发生后间接接触了枪手，或者参与了枪械的处理和隐藏。基于贝叶斯模型（库克等人，1998a、1998b；埃维特等人，2000）以及在平衡性、逻辑性和鲁棒性原则的基础上产生的经验数据，对于解释证据处理过程中的观察结果至关重要。这样的分析为合理推断嫌疑人与犯罪现场之间的关系提供了科学依据。

沉积物

土壤和沉积物因其独特的环境特征，能够为犯罪现场的时空重建提供关键的指示信息。这些沉积物展现了多样的物理特性（如矿物学组成、粒度分布和颜色特征）、化学成分（包括盐度、pH 值和元素分布）以及生物组成（如花粉和硅藻残留）（布尔和摩根，2007）。在现有的文献和研究案例中，不乏沉积物作为关键证据来源的例子，它们为鞋类和交通工具等提供了重要的来源和历史信息，成为犯罪调查中的有效证据或情报来源（拉夫尔和麦金利，2008）。这些沉积物的分析为犯罪重建工作提供了宝贵的线索和科学依据。

深入理解沉积物在不同环境条件以及不同人类活动过程中的迁移模式和持久性，对于可靠地解读特定痕迹在特定地点出现的原因及其在具体案件中的重要性至关重要（摩根等人，2009）。因此，实验研究在确保对微量法庭科学材料进行准确、透明的解释方面扮演着关键角色，正如引言中所阐述的那样。本文以土壤和沉积物中的花粉成分为例，阐明了实验研究在支撑这一解释的稳健性方面所发挥的作用，从而为法庭科学分析提供了科学严谨的方法和依据。

住宅花粉分布情况

(a) 问题

众多已发表的文献探讨了花粉组合在不同环境条件下的特定分布模式(布莱恩特等人, 1990; 米尔登霍尔, 2006; 蒙塔里等人, 2006; 米尔登霍尔等人, 2006)。这些研究成果已广泛应用于户外犯罪现场的重建工作(霍罗克斯和沃尔什, 1999; 布朗, 2002)。然而, 直到最近, 利用花粉组合来描绘室内环境的特征, 这一方法主要还是局限于医学和职业健康领域的研究(安培林等人, 2004), 而在法庭科学现场重建领域的应用则相对较少。

揭示室内环境中法庭科学地质指标(如花粉)的积累机制, 有助于我们更深入地理解花粉的收集和沉积过程。识别花粉最可能丰富的来源, 可以指出如果犯罪嫌疑人接触了这些区域, 哪些表面更易成为花粉转移的途径。此外, 这一认识还能描绘出室内环境的特征轮廓, 与邻近的室外环境相比, 它提供了一种区分住宅内部与外部接触的有效手段, 从而为法庭科学调查提供了重要的线索和区分标准。

(b) 试验和结果

为了评估室内环境中花粉的空间分布, 研究人员设计了一系列的试验研究(摩根等人, 2014a):

法庭科学地质指标(花粉)如何在室内环境中累积?
室内地质取证指标剖面是否与室外近距离位置不同?

研究结果显示, 在家庭住宅的房间内放置花朵会产生特征明显的花粉组合。在连续 17 天的观察期间, 发现在距离花朵 0.8 米的范围内, 花粉数量达到最高值。研究还发现, 移除花朵后, 这些沉积的花粉颗粒在房间内能够保持长达 20 天以上。因此, 房间的内部环境可能会形成一种特有的花粉组合, 反映了几天、几周甚至数月前存在的花粉历史。实际上, 这些花粉颗粒广泛存在于房间的各种表面, 无论是柔软的装饰品还是硬质表面, 都可能在房间内的接触过程中附着到鞋子或衣物上。此外, 由于室内摆放的非本地开花植物通常源自进口, 它们并不反映当地自然环境, 因此室内的花粉轮廓随时间推移往往会与室外环境形成显著差异。这种现象为法庭科学调查提供了重要的时间线和环境区分依据。

(c) 影响

这项研究揭示了在犯罪嫌疑人可能接触的家庭关键区域（例如门把手或桌面）通过花粉分析，可以推断犯罪嫌疑人的活动轨迹及可能的花粉组合特征。这些发现为建立经验性的证据基础提供了重要支持，指导调查人员在现场采集具有代表性的比较样本，以便与嫌疑人的物品（如手套和衣物）进行对比分析。此外，这些结果也为“证据收集程序”提供了指导，确保在重要展品（如衣物或鞋子）上不会遗漏任何可能包含有价值证据的线索，这些证据对于重建犯罪现场和活动层次至关重要。最终，理解一栋房屋内可能存在的花粉组合及其与其他住宅（或之前讨论的住宅）的区别，对于解释从衣物、车辆或鞋子中提取的花粉证据具有重要意义。这一发现为评估花粉数据的来源提供了一个经验性的基础，从而在具体案件中，我们可以更加深入地认识到这些概况作为证据或情报的价值。

火灾后保存花粉

(a) 问题

尽管掌握犯罪现场特定的来源组合对于推断物证来源极为关键，但同样重要的是要了解这些微量物质随时间推移如何发生变化，这包括它们的数量和可识别特征，尤其是在遭受诸如洗涤或焚烧等可能破坏证据的过程之后。进一步，确定在清洗和焚烧过程中痕迹证据可能保持其完整性的程度，对于指导调查人员从特定物品（如洗衣机滤网或洗涤后的鞋底）中采集样本的最佳实践至关重要。这还关系到这些形式的证据在经过潜在破坏性处理后，是否仍然适合进行分析和进一步的解释工作。这样的认识有助于提高法庭科学证据的采集效率和可靠性，确保在司法过程中能够充分利用这些关键信息。

(b) 试验和结果

研究人员开展了一系列精心的实验研究，旨在评估火灾环境下花粉颗粒的保存状况（摩根等人，2014b）。这些实验模拟了汽车火灾残留物中花粉所经历的条件。为了定量分析热力对花粉粒形态的影响，并评估检验人员识别热处理后花粉的能力，研究人员开发了一套详细的花粉粒特征分类体系（见表 27.3）。在分类体系中，第一类花粉粒保持原有的形状和质地，几乎未受热力影响；第二类花粉粒虽仍可辨认，但显示出一定程度的热应力迹象，如部分变形；第三类花粉粒则表现出明显的扭曲，并常常发生聚集；而第四类花粉粒由于严重变形，已无法进行识别，因此不适用于法庭科学鉴定工作。这一分类体系为火灾后花粉证据的评估和处理提供了重要的参考标准。

表 27.3　受热花粉粒的形态特征（摩根等人，2014b）

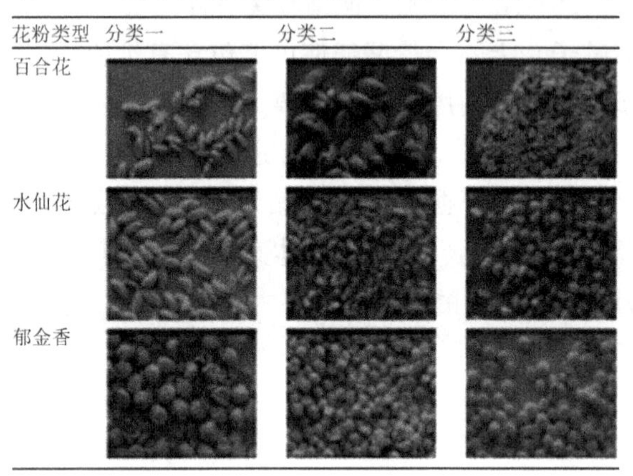

花粉类型	分类一	分类二	分类三
百合花			
水仙花			
郁金香			

研究结果表明，不同种类的花粉在高温环境下的持久性存在显著差异，在 400°C 的高温下暴露 30 分钟后，所有花粉的形态仍可被识别。然而，随着热暴露时间的缩短，能够识别花粉的临界温度阈值有所提高，例如在暴露 5 分钟后，这一阈值可达到 500°C。在较低的温度下，花粉形态的识别也展现出较好的持久性，例如，百合花粉在 300°C 下暴露 18 小时后仍能被研究人员识别，而水仙花粉在 200°C 的环境中同样能够保持其形态长达 18 小时。这些发现为在法庭科学中评估火灾现场花粉证据的可靠性提供了重要依据。

（c）影响

研究确认，车辆起火时的最高温度通常低于这些实验所确定的临界热阈值（摩根等人，2008）。因此，车辆中的花粉，尤其是位于脚坑和轮拱等位置的花粉，有可能在火灾中得以保存，从而可以在后续的调查中进行收集和形态学分析。这一发现对法庭科学调查的证据收集阶段产生了重大影响，确保即使在纵火事件发生后，也能够有效地采集到样品。同时，这些实验也表明，所测试的花粉颗粒形态确实会受到热量的影响（见表 27.3）。在法庭上能够证明花粉颗粒的原始形态对于确认车辆或建筑火灾现场发现的花粉证据的有效性至关重要。这一成果减少了对于特定火灾可能达到的热阈值的主观猜测，因为它表明，根据观察到的花粉粒形态学特征，可以进行视觉上的比较，或者在某些情况下，可能无法进行有效的比较。

总结

痕迹证据动力学是法庭科学流程中的一个关键概念，它涵盖了证据的收集、分析、解释和展示等多个环节。本章展示了实验研究的重大价值，它在构建实证证据库方面发挥着不可或缺的作用，为循证痕量物质的收集、分析和解释提供了坚实基础。尽管我们认识到实验研究往往受限于特定的范围，并且只能考虑有限的变量，但它们在确立证据的根本性以及理解特定情境中痕迹证据的表现方面扮演了至关重要的角色。

鉴于法庭科学所面临的科学挑战（国家科学院报告，2009）、法律挑战（法律委员会报告，2011）、经济考量（科学技术委员会 2012 年度报告）以及政治因素（首席科学顾问 2015 年度报告）等多重压力，我们必须及时认识到痕迹证据动力学的重要性。在当前环境下，我们对证据解释的审视达到了前所未有的细致程度，并迫切需要一个框架来巩固证据基础，将实验成果与专家经验有效结合。通过这种方式，我们可以提升证据解释的透明度和精确性，这是法庭科学在支持司法系统时所必需的。

这一方法具有深远的影响，对于调查人员以及法庭均具有显著的意义。在法庭科学证据能够辅助调查的情况下，向调查人员提供可靠的信息和证据显得尤为关键。只有当法庭科学能够为情报或证据提供清晰的解释时，调查人员才能有效地评估特定案件中这些证据或情报的重要性。在司法体系中，这种透明度同样至关重要。展望未来，多伯特可接受性测试（法律委员会，2011）可能会被更多司法系统采纳。正如摩根等人（2014b）所主张的，只有建立了实证证据基础，法庭科学证据的有效性才能通过这种测试得到验证。确保法庭提供的法庭科学证据能够让法官和陪审团明确证据的重要性和分量，对于提升案件审理过程中决策的透明度是极为必要的。

参考文献

Annual Report of the Government Chief Scientific Advisor (2015) "Forensic science and beyond: authenticity, provenance and assurance, evidence and case studies". Available at: www.gov.uk/government/publications/forensic-science-and-beyond.

ASTM (2010) E1588-10e1. *ASTM Standard Guide for Gunshot Residue Analysis by Scanning Electron Microscopy/Energy Dispersive X-Ray Spectrometry*. West Conshohocken, PA: ASTM International. DOI: 10.1520/C0033-03.

Blakey, L., Sharples, G., Chana, K., and Birkett, J. (2018) "Fate and behaviour of gunshot residue-a review". *Journal of Forensic Sciences* 63 (1): 9~19.

Brayley-Morris, H., Sorrell, A., Revoir, A.P., Meakin, G.E., Court, D.S., and Morgan, R.M. (2015) "Persistence of DNA from laundered semen stains: implications for child sex trafficking cases". *Forensic Science International: Genetics 19*: 165~171.

Brown, A.G. Smith, A., and Elmhurst, O. (2002) "The combined use of pollen and soil analyses ina search and subsequent murder investigation". *Journal of Forensic Sciences* 47 (3): 614~618.

Bryant, V.M., Jr, Jones, J.G., and Mildenhall, D.C. (1990) "Forensic palynology in the United States of America". *Palynology* 14: 193~208.

Casey, D.G., Clayson, N., Jones, S., Lewis, J., Boyce, M., Fraser, I., Kennedy, F., and Alexander, K. (2016) "A response to Meakin and Jamieson DNA transfer: review and implications for casework". *Forensic Science International: Genetics 21*: 117~118.

Chisum, W.J. and Turvey, B. (2000) "Evidence dynamics: Locard's exchange principle & crime reconstruction". *Journal of Behavioral Profiling*, 1 (1).

Cook, R, Evett, I., Jackson, G., Jones, P., and Lambert, J. (1998a) " 'A Model for Case Assessment and Interpretation' ". *Science and Justice* 38 (3): 151~156.

Cook, R., Evett, I., Jackson, G., Jones, P., and Lambert, J. (1998b) "A hierarchy of propositions: deciding which level to address in casework". *Science and Justice* 38 (4): 231~239.

Dalby, O., Butler, D., and Birkett, J. (2010) "Analysis of gunshot residue and associated materials-A review". *Journal of Forensic Sciences* 55 (4): 924~943.

Emberlin, J., Adams-Groon, B., Treu. R., and Carswell, F. (2004) "Airborne pollen and fungal spores in florist shops in Worcester and in Bristol, UK: a potential problem for occupational health". *Aerobiologia* 20 (2): 153~160.

Evett, I., Jackson, G., and Lambert, J. (2000) "More on the hierarchy of propositions: exploring the distinction between explanations and propositions". *Science and Justice* 40 (1): 3~10.

French, J. C., Morgan, R. M., Baxendell, P., and Bull, P. A. (2012) "Multiple transfers of particulates and their dissemination within contact networks". *Science and Justice* 52 (1): 33~41.

French, J. C., Morgan, R., and Davy, J. (2014) "The secondary transfer of gunshot residue: An experimental investigation carried out with SEM-EDX analysis". *X-Ray Spectrometry* 43 (1): 56~61.

French, J. C. and Morgan, R. (2015) "An experimental investigation of the indirect transfer and deposition of gunshot residue: further studies carried out with SEM-EDX analysis". *Forensic Science International* 247: 14~17.

Garofano, L., Capra, M., Ferrari, F., Bizzaro, G., Di Tullio, D., Dell'Olio, M., and Ghitti, A. (1999) "Gunshot residue: further studies on particles of environmental and occupational origin". *Forensic Science International* 103 (1): 1~21.

Goray, M. and van Oorschot, R. A. H. (2015) "The complexities of DNA transfer during a social setting". *Legal Medicine* 17: 82~91.

Grieve, M., Dunlop, J., and Haddock, P. (1989) "Transfer experiments with acrylic fibres". *Forensic Science International* 40 (3): 167~277.

Horrocks, M. and Walsh, K. A. J. (1999) "Fine resolution of pollen patterns in limited space: differentiating a crime scene from an alibi scene seven metres apart". *Journal of Forensic Science* 44 (2): 417~420.

House of Commons Science and Technology Committee (2013) "Forensic science 2nd report of session 2012-2013. Available at: www. publications. parliament". uk/pa/cm201314/cmselect/cmsctech/610/610. pdf.

Law Commission. (2011) "Law Comm. No 325. Expert evidence in criminal proceedings in England and Wales". Available at: www. lawcom. gov. uk/wp-content/uploads/2015/03/lc325_ Expert_ Evidence_ Report. pdf.

Lindsay, E., McVicar, M., Gerard, R., Randall, E., and Pearson, J. (2011) "Passive exposure and persistence of gunshot residue (GSR) on bystanders to a shooting: comparison of shooter and bystander exposure to GSR". *Canadian Society of Forensic Science Journal* 44 (3): 89~96.

Maitre, M., Kirkbride, K., Horder, M., Roux, C., and Beavis, A. (2017) "Current perspectives in the interpretation of gunshot residues in forensic science: a review". *Forensic Science*

International 270: 1~11.

Matricardi, V. and Kilty, J. (1977) "Detection of gunshot residue particles from the hands of a shooter". *Journal of Forensic Sciences* 22 (4): 725~738.

Meakin, G. and Jamieson, A. (2013) "DNA transfer: review and implications for casework". *Forensic Science International: Genetics* 7: 434~443.

Meakin, G. and Jamieson, A. (2016) "A response to a response to Meakin and Jamieson DNA transfer: review and implications for casework". *Forensic Science International: Genetics* 22: e5~e6.

Meakin, G. E., Boccaletti, S. and Morgan, R. M. (2014) "DNA as trace evidence: developing the empirical foundations for interpretation". *Australian and New Zealand Forensic Science Society 22nd International Symposium on the Forensic Sciences*. Adelaide, Australia.

Meakin, G. E., Butcher, E. V., van Oorshchot, R. A. H., and Morgan, R. M. (2015) "The deposition and persistence of indirectly-transferred DNA on regularly-used knives". *Forensic Science International: Genetics Supplement Series 5*: e498~e500.

Meakin, G. E., Butcher, E. V., van Oorshchot, R. A. H., Morgan, R. M. (2017a) "Trace DNA evidence dynamics: an investigation into the deposition and persistence of directly- and indirectly-transferred DNA on regularly-used knives". *Forensic Science International: Genetics* 29: 38~47.

Meakin, G. E., Jacques, G. S., and Morgan, R. M. (2017b) "The effects of recovery method and sampling location on DNA from regularly-worn hoodies subsequently worn by a different individual". 27th Congress of the International Society for Forensic Genetics. Seoul, South Korea.

Mildenhall, D. C. (2006) "Hypericum pollen determines the presence of burglars at the scene of a crime: an example of forensic palynology". *Forensic Science International* 163 (3): 231~235.

Mildenhall, D. C., Wiltshire, P. E. J. And Bryant, V. M. (2006) "Forensic palynology: why do it and how it works". *Forensic Science International* 163 (3): 163~172.

Montali, E., Mercuri, A. M., Grandi, G. T., and Accorsi, C. A. (2006) "Towards a 'crime pollen calendar' -pollen analysis on corpses throughout one year". *Forensic Science International* 163 (3): 211~223.

Morgan, R. M., Allen, E., King, T., and Bull, P. A. (2014a) "The spatial and temporal distribution of pollen in a room: Forensic implications". *Science and Justice* 54 (1): 49~56.

Morgan, R. M., Cohen, J., McGookin, I., Murly-Gotto, J., O Connor, R., Muress, S., Freudiger-Bonzon, J. and Bull, P. A. (2009). "The relevance of the evolution of experimental studies for the interpretation and evaluation of some trace physical evidence". *Science and Justice* 49 (4): 277~285.

Morgan, R. M., Flynn, J., Sena, V., Bull. P. A. (2014b) "Experimental forensic studies of the preservation of pollen in vehicle fires" *Science and Justice 54* (2): 141~145.

Morgan, R. M., French, J. C., O' Donnell, L., and Bull, P. A. (2010) "The reincorporation and redistribution of trace geoforensic particulates on clothing: An introductory study". *Science and Justice* 50 (4): 195~199.

Morgan, R. M., Gibson, A., Little, M., Hicks, L., Dunkerley, S., and Bull, P. A. (2008) "The preservation of quartz grain surface textures following vehicle fire and their use in forensic enquiry". *Science & Justice* 48 (3): 133~140.

Oldoni, F., Castella, V., Hall, D. (2016) "Shedding light on the relative DNA contribution of two persons handling the same object". *Forensic Science* International: Genetics 24: 148~157.

Romolo, F. and Margot, P. (2001) "Identification of gunshot residue: a critical review". *Forensic Science International* 119 (2): 195~211.

Ruffell, A. and McKinley, J. (2008) *Geoforensics*. Hoboken, NJ: Wiley-Blackwell.

Taroni, F., Aitken, C., Garbolino, P., and Biedermann, A. (2006) *Bayesian Networks and Probabilistic Inference in Forensic Science*. Chichester, UK: John Wiley.

Torre, C., Mattutino, G., Vasino, V., and Robino, C. (2002) "Brake linings: a source of non-GSR particles containing lead, barium and antimony". *Journal of Forensic Sciences* 47 (3): 494~504.

van Oorschot, R. and Jones, M. (1997) "DNA fingerprints from fingerprints". *Nature 387*: 767.

van Oorschot, R. A. H., Ballantyne, K. N., and Mitchell, R. J. (2010) "Forensic trace DNA: a review". *Investigative Genetics 1*.

van Oorschot, R. A. H., Glavich, G., and Mitchell, R. J. (2014) "Persistence of DNA deposited by the original user on objects after subsequent use by a second person". *Forensic Science International: Genetics* 8 (1): 219~225.

Wallace, J. (2008) *Chemical Analysis of Firearms, Ammunition, and Gunshot Residue*. Boca Raton, FL: CRC Press.

Wickenheiser, R. A. (2002) "Trace DNA: a review, discussion of theory, and application of the transfer of trace quantities of DNA through skin contact". *Journal of Forensic Sciences* 47 (3): 442~450.

第二十八章

在法庭科学过程的每一个步骤中解释法庭科学证据：不确定条件下的决策

摘　要

法庭科学致力于基于证据的法庭科学重建工作，旨在辅助侦查和预防犯罪。这些重建成果源自法庭科学的全过程，涵盖了犯罪现场的活动、实验室分析、对分析结果的解释，以及将这些发现作为情报或法庭证据提供给调查人员。人们日益认识到，人类在决策过程中会受到众多心理因素的影响（埃德蒙等人，2016），而这些决策是法庭科学不可或缺的一环（摩根，2017a、2017b；德洛尔，2018）。鉴于重建过程的本质特性，这些决策往往伴随着不确定性。在这种情境下，证据呈现出局部性和概率性，且通常缺乏确凿的“基准事实”。

广泛的研究文献探讨了法庭科学重建推断中固有的不确定性（艾特肯和塔罗尼，2004；塔罗尼等人，2006；罗伯逊等人，2016；比德尔曼等人，2016）。当前的研究重点在于量化这种不确定性，并采用统计方法对概率进行评估。然而，在法庭科学的各个阶段，人为决策因素仍未受到足够重视。例如，关于犯罪现场所做的决策，如选择在何处寻找证据以及采集何种痕迹样本，都会对后续的实验室分析产生重大影响。现场提出的问题同样会左右证据的分析过程及其顺序。尽管已有研究为法庭科学解释阶段提供了有价值的见解，但我们仍未形成一个既普遍又全面的框架，以应用于处理高度复杂和特定案例的法庭科学调查和犯罪重建（摩根，2017a、2017b）。

近年来，人们对于人类认知功能以及法庭科学证据解释中存在的认知偏差有了更深入的认识（庞德，2015；卡辛等人，2013；埃德蒙等人，2016）。在法庭科学的每一个环节中，理解认知因素如何影响人类的决策过程对于确定最佳实践至关重要（鲁克斯等人，2012；摩根，2017a）。认知影响渗透到法庭科学重建的整个推理和结论形成过程中，特别是在信息与证据的最初识别、感知和观察阶段，这些认知因素就可能已经开始影响推断和结论的形成（德洛尔，2016）。

本章对法庭科学过程中的4个核心环节（犯罪现场处理、证据分析、解释和法庭呈现）的决策进行了概述，并强调了每个阶段可能出现的认知影响。采用这种分析方法，我们得以阐明采用整体方法对于理解和缓解推理过程中人类认知的潜在影响，以及这些影响在法庭科学重建过程中的重要性。这不仅有助于提升证据处理的准确性和公正性，还有助于完善整个法庭科学实践的质量。

鉴定过程中的认识和决定；向法庭移交犯罪现场

在法庭科学中采用整体方法解释的重要性

图28.1揭示了从犯罪发生到司法判决的法庭科学证据发展流程，阐述了法庭科学程序中决策的关键阶段，并展示了这些阶段与警务活动中关键决策领域的相互关联。我们必须着重指出法庭科学鉴定过程的线性与迭代特性，即后续的每个过程（及相应的决策）都依赖于前一个过程（或决策）的结果。因此，从法庭科学调查的启动到整个法庭科学流程的每个环节，决策和解释都发挥着至关重要的作用。早期的决策不仅会影响到后续的调查方向（德洛尔等人，2017；纳哈伊扎德等人，2017），还可能对案件的司法结果产生重大影响。因此，对于整个法庭科学流程及其各个阶段，都应当采纳科学的法庭科学方法，以确保推理和结论的形成具有明确和可靠的基础。采用这种视角来审视法庭科学程序，强调了采用全面法庭科学调查方法的必要性，这种方法不仅限于实验室分析，还要求所有参与法庭科学程序的从业者都有机会参与决策和解释过程。本章重点探讨了法庭科学证据的收集、分析、解释等各个阶段，并认识到在警务调查犯罪过程中所作出的关键决策，具体见图28.1。

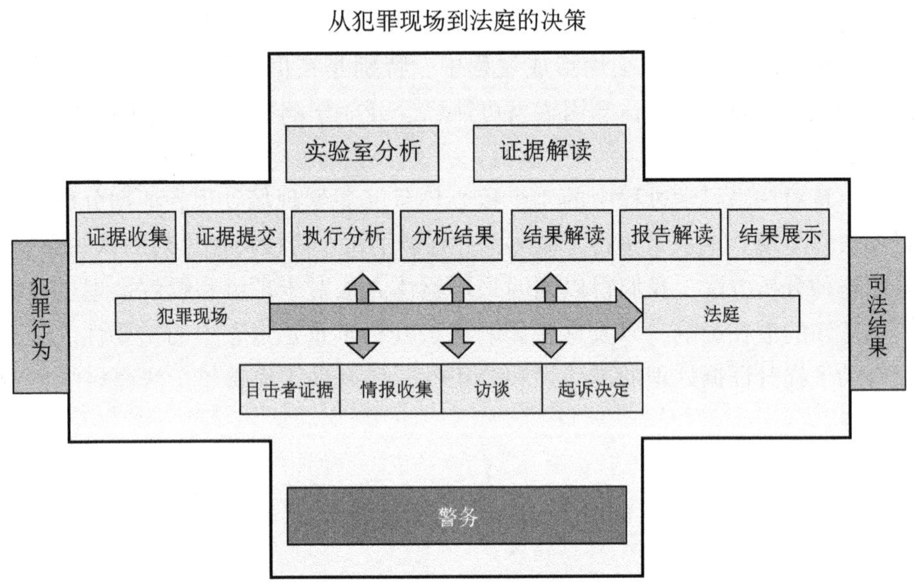

图 28.1　从犯罪现场到法庭的法庭科学过程及其决策

犯罪现场决策的挑战

在犯罪现场，侦查人员常常需要在情绪紧张、充满压力且不确定性高的环境中做出众多决策。现场勘查员抵达现场后，必须综合考虑多种因素，以制定现场处理策略。确定犯罪性质（有时需判断是否确实发生了犯罪），以及可用于处理此类犯罪的资源，这些因素都将显著影响后续的决策过程。早期的决策可能涉及设定犯罪现场警戒线的位置，例如，在处理一起自行车盗窃案件时，警戒线可能仅限于车棚周边；而在谋杀案中，警戒线则需要设置得更广。其他决策还包括确定现场勘查人员的数量，以及是否需要专业人士如病理学家或昆虫学家的参与。这些专家通常提供与指控罪行相关的背景信息，而勘查员则有责任识别出恰当的问题，以便在现场进行有效的证据搜集。这些因素综合起来，将共同影响与现场相关的策略制定。勘查员需要根据既定策略决定哪些证据需要被采集，这要求勘查员判断物品是否与调查事件相关，并识别可能的法庭科学证据类型及其潜在价值。

该决定对于搜集最恰当且最具价值的物证和样本至关重要。若在当前阶段未能恢复相关资讯，或者所恢复的证据无法保持其连续性和完整性，这些证据在调查过程中可能会遗失（威斯顿，1998）。因此，在做出这些决策时，我们必须力求逻辑性与证据支持的严密性。

然而，在作出这些关键决定的背景下，犯罪现场调查员（SOCO）可能易受所谓的“认知污染”（德洛尔，2014）的影响。例如，警察在抵达犯罪现场之前，就可能已经接收到关于犯罪指控和现场情况的信息。这些预先获得的信息可能会在调查员心中形成先入为主的观念（伯克，2005）。这种影响体现在调查员倾向于接受那些与初步假设相符的新信息，同时对那些与初步描述相矛盾的证据给予较低的重视。其他警务人员的调查工作也进一步证实了这种认知偏差的存在（阿斯克等人，2008）。同样，受害者或目击者向调查员提供的犯罪经过描述，虽然对于指导证据搜集策略至关重要，但也可能以高度情绪化的方式传递潜在的误导信息，这不仅增强了调查的情感色彩，还可能对后续的处理工作产生影响（范登伊登，2016）。

此外，犯罪现场调查员的经验水平对他们对现场的理解和处理方式也有着显著影响。研究表明，新手（如大学生）在评估犯罪现场时，往往关注于现场的物品本身，而资深专家（实操型犯罪现场调查员）则专注于对这些物品潜在的证据价值进行深入评估（巴贝尔和巴特勒，2012）。这种评估方法的对比揭示了不同经验层次的调查员之间存在个体差异，同时也突显了专业知识在复杂性和解释上的重要性。因此，专业知识和经验在调查参与者如何处理背景信息与进行推理的过程中发挥着关键作用（多克和阿西马科普洛斯，2007；戈贝特，2015）。由于选择和收集证据的方法对后续实验室分析至关重要——例如，了解不同化学处理对指纹实验室的影响，确保证据在适当的基质上，或使用正确的棉签技术采集 DNA 样本——在犯罪现场，调查员尤其容易遭受认知过载的问题。

为了深入理解并确立“认知污染”的概念，我们需要开展进一步的研究（德洛尔，2016；德洛尔等人，2017）来探讨其在犯罪现场管理中的影响，并对犯罪现场的决策过程进行更为细致的考察。这类实证研究对于构建一个更加深入、均衡的犯罪现场调查信息管理策略具有根本性的重要意义。在法庭科学程序的犯罪现场阶段所做出的决策极为关键，因为这些决策有可能在后续的法证分析过程中引发一系列偏差反应和偏差累积效应（德洛尔等人，2017）。因此，对犯罪现场关键决策的理解，采取基于证据的方法，对于不仅在犯罪现场，而且在整个法庭科学流程中识别和消除不当影响至关重要。

实验室分析过程中需要的决策

法庭科学证据从犯罪现场提取后，通常会被送至警察局的证据处理实验室，或由外部专业供应商进行更为深入的分析。根据证据的类型，所进行的分析各不相同，涵盖了DNA分析、药物样本的化学分析、毒理学分析以及通过化学方法可视化潜在的指纹等。尽管实验室分析环节对微量证据有着严格的质量标准和程序，但这一阶段的分析过程，类似于犯罪现场调查，却鲜有研究关注其中涉及的决策和认知过程。然而，认识到法庭科学家在整个分析过程中所需做出的决策至关重要，这对于确保证据分析的准确性和可靠性具有重要意义。

实际上，在处理个案时，实验室分析员的决策受到多种因素的影响（德洛尔，2016）。在实验室内部，必须做出众多决策，例如，选择最佳的实验方法及其执行顺序。同时，分析人员与法庭科学证据之间存在大量的互动。在实验室环境中，与现场调查人员面临的问题相似，例如，根据活动水平和具体情境，分析员可能需要确定最佳的采样区域（摩根等人，2018），并对微量物质的质量进行评估。在指纹分析领域，这种情况尤为典型。

基于决策案例的指纹证据分析

指纹增强实验室在法庭科学领域扮演着至关重要的角色，科学家们通过化学处理强化犯罪现场上的潜在指纹，并向指纹识别部门提供已知嫌疑人的详细信息。鉴于警方内部法庭科学服务的资源限制，要求实验室人员提交每一项细节并不现实。因此，他们必须筛选出已开发的指纹标记，并尽可能提交符合质量标准的分数供指纹检查员使用，同时放弃那些质量不佳的分数。指纹增强实验室的员工接受了常规的化学和物理显影技术培训，以增强不同表面类型的潜在指纹。然而，他们通常没有接受过关于指纹分析和质量评估的专业培训。尽管如此，实验室工作人员仍需按照指纹检查员的质量标准来对分数进行评估（伊尔沃克等人，2015 a）。因此，在实验室的处理和分析过程中，标记的可行性和质量评估成为了关键性的决策因素。

最初的研究目的是提升从实验室到机构的标记提交过程的效率（伊尔沃克等人，2015b）。该研究采用指纹检验员的识别能力作为评估标准，以判断实验室人员在决定是否提交或放弃指纹标记时的“准确性”。为了这一目的，指纹检验员被提供了一系列经过显影处理的指纹图像以及10个同一来源的墨水指纹作为对照。检验员被询问是否能够识别出经过标记的每张指纹图像，以便他们提供10张高质量的指纹图像。在识别过程中，如果检验员们对某张标记图像达成一致意见，则该标记被视为“实验性标记”。其中一半的实验性标记被认为质量不足，而另一半则被认为质量足够好。实验室工作人员收到了这些实验性指纹的图像，并要求他们逐一审查每个指纹，决定是否将其提交给机构。实验室人员的提交决策与检验员的识别判断进行了对比。将可识别的标记提交而放弃不可识别的标记被认定为“正确的”实践者决策，而错误地提交了不可识别的标记被视为“假阳性”，反之，放弃了本可识别的标记则被视为“假阴性”。

研究结果表明，实验室在提交指纹标记的决策与指纹检验员的可用性判断之间存在显著差异（参见表28.1）。这种差异主要体现在假阳性（即提交给机构的低质量标记）和假阴性（即被丢弃的高质量标记）的情况上。在实验中，实验室从业人员所做的提交决策中有34%与检验员的可用性判断不符，其中20%涉及提交了实际上不可用的指纹，另外14%则涉及丢弃了实际上可用的指纹。

表28.1　指纹提交过程中的假阴性和假阳性
决定结果的百分比（改编自伊尔沃克等人，2015b）

参与的从业者	质量足够的被丢弃标记的百分比（假阴性）	提交的分数质量不高的百分比（假阳性）	误报提交是否高于或低于大都会警察局最大误报提交阈值20%
A	45.45（N=33）	28.57（N=7）	高于最大阈值
B	30.00（N=20）	30.00（N=20）	高于最大阈值
C	25.00（N=20）	25.00（N=20）	高于最大阈值
D	20.00（N=25）	0.00（N=15）	低于最大阈值
E	35.71（N=28）	16.67（N=12）	低于最大阈值
F	37.04（N=27）	23.08（N=18）	高于最大阈值
G	38.46（N=13）	44.44（N=27）	高于最大阈值

续表

参与的从业者	质量足够的被丢弃标记的百分比（假阴性）	提交的分数质量不高的百分比（假阳性）	误报提交是否高于或低于大都会警察局最大误报提交阈值 20%
H	45.16（N=31）	33.33（N=9）	高于最大阈值
I	20.00（N=10）	40.00（N=30）	高于最大阈值
J	11.11（N=9）	38.71（N=31）	高于最大阈值
K	0.00（N=1）	48.72（N=39）	高于最大阈值

这项研究突显了一个重要的观点，即我们必须将法庭科学证据的恢复链视为一个连贯的整体过程，而不仅仅是在犯罪现场和嫌疑人痕迹之间的简单比较。在实验室环境中做出的关键决策，对于法庭科学证据的恢复至关重要，可能会对后续的证据解释产生重大影响。尽管本研究聚焦于提升实验室内的指纹恢复和分析过程，以及标记质量的评估，但我们也应认识到，犯罪现场调查员在日常工作中也需定期进行类似的质量评估决策，这也是整个证据恢复链中不可或缺的一环。

判别证据解释

法庭科学证据的解读往往涉及主观判断，这自然引入了人类决策者易出错的特点（卡辛等人，2013）。这种解读过程通常包括将物证、受害者或嫌疑人的痕迹与对照样本进行对比，或是将犯罪现场的痕迹与嫌疑人的模式进行对照（如现场指纹与嫌疑人指纹，或现场工具痕迹等），这些都属于主观评估的范畴（德洛尔，2014；PCAST 报告，2016）。值得注意的是，在比较犯罪嫌疑人 DNA 样本与犯罪现场 DNA 样本时，虽然司法人员可借助人口频率数据库，但在法庭科学领域内，解释复杂 DNA 轮廓的工作仍然具有挑战性（米金和贾米森，2013）。例如，在处理混合 DNA 样本时（德洛尔和汉皮基安，2011），这种复杂性尤为明显。

在法庭科学的多个领域，已经进行了评估研究，以确定影响法庭科学证据解读的各种因素。以指纹分析为例，背景信息的显著影响已得到证实，这些信息能够指导审查官判断指纹是否源自同一来源（德洛尔和查尔顿，2006；德洛尔、查尔顿和贝隆，2006；德洛尔等人，2011）。众多实验表明，专家在重新评估先前进行的指纹比对时，往往会得出不同的结论，尤其是在提供新的背景信息后，分析结果的不一致性尤为明显（德洛尔等人，2005；德洛尔和查尔顿，2006），这揭示了确认偏误和背景偏误的可能性。在指纹比对的其他研究中，即便在没有提供指纹比对背景的情况下，分析某些潜在的指纹特征时也存在着一致性不足的问题（希弗和尚波德，2007；朗根堡等人，2009；德洛尔等人，2011）。这种不一致不仅体现在不同专家之间，同一专家在不同时间点的分析也同样存在差异（德洛尔等人，2011；德洛尔，2016）。此外，研究还揭示了指纹在“队列”中的位置如何影响指纹检验员的评估方式，从而突显了错误排除和不确定性识别的广泛程度。在一项实验研究中，涉及 55 200 个比对结果，其中 1 516 个被标记为“错误”（德洛尔等人，2012），这一数据强调了在指纹分析中存在的潜在问题。

在 DNA 分析（德洛尔和汉皮基安，2011）、笔迹与文件鉴定（庞德和加纳斯，2013）、鞋印分析（克斯特霍尔特等人，2007）、子弹比对（克斯特霍尔特等人，2010）、法庭科学人类学（纳哈伊扎德等人，2017），以及血迹分析（拉比尔等人，2014）等多个法庭科学领域，确认偏差和背景效应的问题同样显著。此外，背景信息的潜在影响在法庭科学昆虫学（阿驰尔和沃尔曼，2016）、咬痕比对（佩奇等人，2011；奥斯本等人，2014）以及火灾现场调查（比伯，2012）等法庭科学分支中也得到了体现，强调了在法庭科学证据解读中需要考虑多种可能的偏差来源。

背景效应在法庭科学人类学证据解释中的个案研究

在法庭科学人类学领域，研究已经揭示出提供的背景信息对评估和解释人类遗骸的生物特征具有显著影响（克拉尔斯和莱西奥托，2016；纳哈伊扎德等人，2017；纳哈伊扎德等人，2014a）。在纳哈伊扎德等人（2014a）的研究中，受试者被分成 3 组，要求他们对一具信息不明的骨架进行评估，使用传统的视觉方法来确定性别、种族和死亡年龄。研究结果表明，这 3 组受试者在评估结果上存在显著差异，并且这种差异明显受到了事先提供的背景信息的影响。例如，在性别评估中，当告知受试者该骨架属于女性时，相应的小组中所有成员都一致确认其为女性。相反，在被告知该骨架属于男性时，只有 14%的受试者正确地将其评估为女性（72%的受试者错误地将其评估为男性，14%的受试者未能得出确定性结论，见图 28. 2）。这种背景信息对评估结果的影响在确定种族和死亡年龄的判断中同样得到了体现。

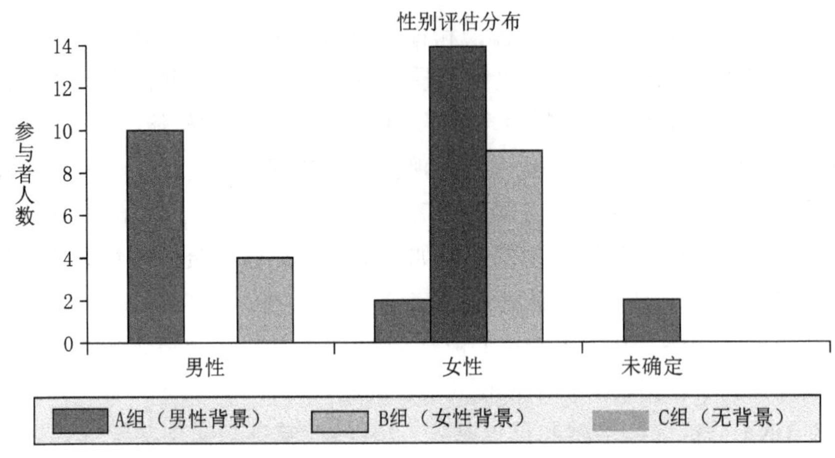

图 28.2　纳哈伊扎德等人（2014a）研究遗骸的性别评估

尽管如此，我们必须意识到，背景信息确实可能影响解释过程，但并不总是决定最终判决的结果，尤其在情况模棱两可时，它可能会对最终决策产生影响。例如，克斯特霍尔特等人在2010年的研究探讨了向专家提供附加的背景信息来评估两颗子弹相似性时，这种背景信息是否会对专家的判断产生影响。他们的研究结果表明，所提供的背景信息并未改变专家的最终结论。这一发现同样适用于鞋类分析领域，即背景信息的操纵并不影响专家的评估结果（克斯特霍尔特等人，2007）。尽管这些研究并未揭示出法庭科学专家受到确认偏见的明显影响，我们仍需关注到，某些被认为是“有影响力”的信息实际上取决于任务的性质、证据特征的模糊程度、判断的难度，以及决策背景的强度和参与者对背景信息的信任程度（昆达，1990；德洛尔，2016；纳哈伊扎德等人，2017）。这些因素共同塑造了法庭科学专家在评估证据时的决策过程。

揭示法庭科学解释中潜在的错误性（如前述实证研究所展示）并不意味着法庭科学专家的判断整体上是缺乏合理性的。然而，这些研究确实提示我们，决策过程中所涉及的信息可能会对最终决策产生影响。关键在于我们应当认识到，影响证据解读和观察结果的因素多种多样，它们的强度和方向性，以及影响结论形成的诸多因素，都是复杂且多样的（德洛尔，2016）。这一认识强调了在法庭科学实践中，对信息处理和结论形成的批判性思考的重要性。

向法庭陈述证据的挑战（可接受的证据、专家证人、陪审团决定和法官决定/判决）

心理学和社会科学领域关于决策的研究表明，感知与理解过程与个体的情绪状态紧密相连，并且在信息的处理与解释中扮演着关键角色（伯恩和艾森克，1993；德洛尔等人，2005）。例如，在模拟陪审团的研究中，情绪状态被发现能够显著影响裁决结果。研究发现，情绪化的证据能够动摇模拟陪审员的判断，有时甚至可能导致对嫌疑人的有罪判决（布莱特和古德曼·德拉亨蒂，2006）。此外，陪审员接收的信息与他们个人的先前知识及信仰相结合，尤其是在他们对刑事司法体系和法庭科学证据的整体理解方面（史密斯等人，2011），这些因素可能会引发对证据的不切实际的预期（杜尔纳尔，2010）。这些研究结果强调了情绪和信念在法庭科学证据解释和司法决策中的潜在影响。

同样，陪审员经常需要在事件发生后对结果达成一致意见，这使得陪审员很容易受到所谓的事后偏见影响（霍金斯和海斯丁斯，1990）。"事后偏见"是指这样一种认知偏差：当人们知道结果已经发生后，尽管这种预测几乎没有任何客观依据，但它似乎更有可能发生。记忆重构是事后偏见的重要组成部分。心理学研究显示，人们在寻找记忆的时候，往往会对事件产生错误的记忆（克莱曼，1995）。卡里（1999）的一项研究向参与者展示了一次强奸的案例。参与者分为反馈组和非反馈组。结果显示，反馈组在一周后被要求描述一段强奸经历后，他们很难忽视事件的结果。反馈组比非反馈组更倾向于错误地回忆起强奸经历的细节，从而更符合强奸结果。类似地，模拟陪审员研究发现，陪审员往往不能忽视法庭裁决不可接受的证据，而且往往会受到事后偏见的影响（霍金斯和海斯丁斯，1990）。

在探讨如何将复杂的法庭科学证据以易于非专业人士理解的方式在法庭上呈现时，学界逐渐展开了一场深入的讨论。概率性的表述框架，如似然比或以口头形式表达的概率意义，正日益受到法庭科学界的重视，并在不同学科和司法管辖区得到应用（阿斯科特等人，2017；豪斯等人，2015；库克等人，1998；威利斯等人，2015；威利斯等人，2015；马库斯等人，2016）。尽管这些方法的应用存在多样性，但对于如何在法庭上有效地展示复杂的法庭科学分析结果，尚未充分融入心理学、判断与决策领域丰富的实证研究成果。研究不断指出，公众在理解概率论和统计学概念时普遍存在困难（吉格伦泽和爱德华兹，2003）。为了克服这一障碍，有学者建议使用口头表述来传达统计信息。然而，这一做法也引发了新的问题，因为研究显示，不同个体对于相同的口头表述可能会有不同的解读，且这些表述所处的语境也会影响人们的理解（例如，贝思·马罗，1982；布德斯库和华尔斯顿，1995；维勒尤贝尔等人，2009；凯瑟和埃尔弗斯，2012；马迭尔等人，2013、2014）。这些发现强调了在法庭交流中，准确性和一致性至关重要，同时也指出了在法庭科学证据呈现中，需要进一步考虑认知心理学和沟通策略的必要性。

显然，我们亟需开发出一套方法，将证据有效地融入到具体案件中去，并阐明不同类型的证据在重要性及其相互关系上如何精确地影响法庭科学的重建与推断。一些颇具潜力的方法，如贝叶斯网络（塔罗尼等人，2006；芬顿等人，2016），提供了一种图形化的手段来揭示不同证据类型之间的联系，以及这些证据在塑造概率判断中的作用。初步研究已经突显了一些潜在的透明化方法，用以阐释可能的推论（如，斯米特等人，2016）以及如何推导出最终的概率性结论。这些方法为法庭科学领域提供了一种新的视角，有助于提升法庭科学证据呈现的清晰度和说服力。

总结

在不确定的条件下做出决策存在于法庭科学过程的每个阶段。本章介绍的法庭科学过程不同部分的整体性和互动性（总结在图 28.1 中）表明，决策不是孤立做出的。在一个阶段做出的决定和推论有可能影响后续阶段，从而影响案件的最终司法结果（德罗尔等人，2017）。因此，必须将背景效应对策行为的影响管控机制嵌入到法庭科学的每个阶段，而不仅仅是“解释”阶段。

鉴于在法庭科学重建中决策过程的重要性，学界呼吁开发标准化乃至自动化的证据解释方法。然而，我们也必须认识和重视人类决策者在处理具体案件中的法庭科学证据所发挥的关键作用（鲁克斯等人，2012；玛戈，2011；摩根，2017 a）。为了确保法庭科学解释的可靠性，决策者需要具备坚实的证据基础和深厚的专业知识，这样才能充分考虑每个案件的特殊变量和条件（摩根，2017b），并提供既可靠又透明的法庭科学重建结果。这种融合人类专业判断与标准化方法的做法，对于提升法庭科学证据解释的准确性和法庭科学的整体公信力至关重要。

因此，我们需确立一种方法论，清晰地展示证据，以便全面理解在法庭科学程序中做出的每一项决策。通过这种方式，我们能够审视先前决策如何影响最终的结论，并更准确地评估这些结论的重要性和权重。这种方法还有助于揭示推论的基础，确保结论的准确性，避免过度夸大。

对于确保法庭科学证据的解释具备背景信息敏感性，并且透明地呈现给裁判者，理解整个法庭科学程序中的决策流程至关重要。我们必须在具体案例中细致处理法法庭科学证据，并在决策过程中综合考虑各种影响因素。人类认知在这一复杂、多层次且关键的过程中发挥着重要作用。只有深入理解决策的时机、场合、所受的认知影响因素，以及决策的基础，我们才能在法庭科学证据得到确认后，有效地进行解释和阐述。这样的方法将有助于提升法庭科学证据解释的可靠性和透明度。

参考文献

Aitken, C. G. and Taroni, F. (2004). "Uncertainty in forensic science". *Statistics and the Evaluation of Evidence for Forensic Scientists*, Second Edition, pp. 1 ~ 34. Chichester, UK: John Wiley & Sons.

Archer, M. S. and Wallman, J. F. (2016). "Context effects in forensic entomology and use of sequential unmasking in casework". *Journal of Forensic Sciences*, 61 (5), 1270 ~ 1277.

Arscott, E., Morgan, R., Meakin, G., and French, J. (2017). "Understanding forensic expert evaluative evidence: a study of the perception of verbal expressions of the strength of evidence". *Science & Justice*, 57 (3), 221 ~ 227.

Ask, K., Rebelius, A., and Granhag, P. A. (2008). "The 'elasticity' of criminal evidence: a moderator of investigator bias". *Applied Cognitive Psychology*, 22 (9), 1245 ~ 1259.

Baber, C. and Butler, M. (2012). "Expertise in crime scene examination: comparing search strategies of expert and novice crime scene examiners in simulated crime scenes". *Human Factors: The Journal of the Human Factors and Ergonomics Society*, 54 (3), 413 ~ 424.

Beyth-Marom, R. (1982). "How probable is probable? A numerical translation of verbal probability expressions". *Journal of Forecasting*, 1, 257 ~ 269.

Bieber, P. (2012). "Measuring the impact of cognitive bias in fire investigation". *In Inter-*

national Symposium on Fire Investigation. Columbia, MD, 3～15 July 2012, pp. 3～15

Biedermann, A., Bozza, S., Taroni, F., and Aitken, C. (2016). "The consequences of understanding expert probability reporting as a decision". *Science & Justice*, 57, 80～85.

Bright, D. A. and Goodman-Delahunty, J. (2006). "Gruesome evidence and emotion: anger, blame, and jury decision-making". *Psychiatry, Psychology & Law*, 11 (1), 154～166.

Budescu, D. V. and Wallsten, T. S. (1995). "Processing linguistic probabilities: general principles and empirical evidence". *Psychology of Learning and Motivation*, 32, 275～318.

Burke, A. S. (2005). "Improving prosecutorial decision making: some lessons of cognitive science". *William and Mary Law Review*, 47 (5), 1587～1633.

Byrne, A. and Eysenck, M. W. (1993). "Individual differences in positive and negative interpretive biases". *Personality and Individual Differences*, 14 (6), 849～851.

Carli, L. L. (1999). "Cognitive reconstruction, hindsight, and reactions to victims and perpetrators". *Personality and Social Psychology Bulletin*, 25 (8), 966～979.

Cook, R., Evett, I. W., Jackson, G., Jones, P. J., and Lambert, J. A. (1998). "A model for case assessment and interpretation". *Science & Justice*, 38 (3), 151～156.

Crispino, F., Ribaux, O., and Margot, P. (2011). "Forensic science-a true science?" *Australian Journal of Forensic Sciences*, 43 (2～3), 157～176.

de Keijser, J. and Elffers, H. (2012). "Understanding of forensic expert reports by judges, defense lawyers and forensic professionals". *Psychology, Crime & Law*, 18 (2), 191～207.

Doak, S. and Assimakopoulos, D. (2007) "How do forensic scientists learn to become competent in casework reporting in practice: A theoretical and empirical approach". *Forensic Science International*, 167 (2～3), 201～206.

Dror, I. E. (2014). "Practical solutions to cognitive and human factor challenges in forensic science". *Forensic Science Policy & Management: An International Journal*, 4 (3～4), 105～113.

Dror, I. E. (2016). "A hierarchy of expert performance (HEP)". *Journal of Applied Research in Memory and Cognition*, 5 (2), 121～127.

Dror, I. E. (2018). "Biases in Forensic Experts". *Science*, 360 (6386), 243.

Dror, I. E., Champod, C., Langenburg, G., Charlton, D., Hunt, H., and Rosenthal, R. (2011). "Cognitive issues in fingerprint analysis: inter- and intra-expert consistency and the effect of a 'target' comparison". *Forensic Science International*, 208 (1～3), 10～17.

Dror, I. E., Charlton, D., and Péron, A. E. (2006). "Contextual information renders experts vulnerable to making erroneous identifications". *Forensic Science International*, 156 (1), 74～78.

Dror, I. E. and Charlton, D. (2006). "Why experts make errors". *Journal of Forensic Identification*, 56 (4), 600～616.

Dror, I. E. and Hampikian, G. (2011). "Subjectivity and bias in forensic DNA mixture interpretation". *Science and Justice*, 51 (4), 204~208.

Dror, I. E., Morgan, R. M., Rando, C, Nakhaeizadeh, S. (2017). "The bias snowball and the bias cascade effects: two distinct biases that may impact forensic decision-making". *Journal of Forensic Sciences*, 62 (3), 832~833.

Dror, I. E., Peron, A. E., Hind, S. L., and Charlton, D. (2005). "When emotions get the better of us: the effect of contextual top-down processing on matching fingerprints". *Applied Cognitive Psychology*, 19 (6), 799~809.

Dror, I. E., Wertheim, K., Fraser-Mackenzie, P., and Walajtys, J. (2012). "The impact of human-technology cooperation and distributed cognition in forensicscience: biasing effects of AFIS contextual information on human experts". *Journal of Forensic Sciences*, 57 (2), 343~352.

Durnal, E. (2010). "Crime Scene Investigation (as seen on TV)". *Forensic Science International*, 199 (1~3), 1~5.

Earwaker, H, Charlton D, and Bleay, S. (2015a). Fingerprinting - the UK Landscape: Processes, Stakeholders, and Interactions. Horsham, UK: Forensic Science Knowledge Transfer Network.

Earwaker, H., Morgan, R. M., Harris, A. J. L., and Hall, L. J. (2015b). "Fingermark submission decision-making within a UK fingerprint laboratory". *Science & Justice*, 55 (4), 239~247.

Edmond, G., Towler, A., Growns, B., Ribeiro, G., Found, B., White, D., Ballantyne, K., Searston, R. A., Thompson, M. B., Tangen, J. M., and Kemp, R. I. (2016). "Thinking forensics: cognitive science for forensic practitioners". *Science and Justice*, 57, 144~154.

Fenton, N. E., Neil, M., Lagnado, D., Marsh, W., Yet, B., and Constantinou, A. (2016). "How to model mutually exclusive events based on independent causal pathways in Bayesian network models". *Knowledge-Based Systems*, 113, 39~50.

Found, B. (2015). "Deciphering the human condition: the rise of cognitive forensics". *Australian Journal of Forensic Sciences*, 47 (4), 386~401.

Found, B. and Ganas, J. (2013). "The management of domain irrelevant context information in forensic handwriting examination casework". *Science and Justice*, 53 (2), 154~158.

Gigerenzer, G. and Edwards, A. (2003). "Simple tools for understanding risks: from innumeracy to insight". *BMJ*, 327 (7417), 741~744.

Gobet, F. (2015) *Understanding Expertise: A Multidisciplinary Approach*. London: Palgrave Macmillan.

Hawkins, S. A. and Hastie, R. (1990). "Hindsight: biased judgments of past events after the outcomes are known". *Psychological Bulletin*, 107 (3), 311~327.

Howes, L. M. (2015). "The communication of forensic science in the criminal justice system: a review of theory and proposed directions for research". *Science & Justice*, 55 (2), 145~154.

Kahneman, D. and Klein, G. (2009). "Conditions for intuitive expertise: a failure to disagree". *American Psychologist*, 64 (6), 515.

Kassin, S. M., Dror, I. E., and Kukucka, J. (2013). "The forensic confirmation bias: problems, perspectives, and proposed solutions". *Journal of Applied Research in Memory and Cognition*, 2 (1), 42~52.

Kerstholt, J., Elkelboom, A., Dijkman, T., Stoel, R., Hermsen, R., and van Leuven, B. (2010). "Does suggestive information cause a confirmation bias in bullet comparisons?" *Forensic Science International*, 198 (1~3), 138~142.

Kerstholt, J. H., Paashuis, R., and Sjerps, M. (2007). "Shoe print examinations: effects of expectation, complexity and experience". *Forensic Science International*, 165 (1), 30~34.

Klayman, J. (1995). "Varieties of confirmation bias". *Psychology of Learning and Motivation*, 32, 385~418.

Klales, A. R. and Lesciotto, K. M. (2016). "The 'science of science': examining bias in forensic anthropology". *In American Association of Forensic Science Annual Meeting*, 188~189.

Kunda, Z. (1990). "The case for motivated reasoning". *Psychological Bulletin*, 108, 480~498.

Laber, T., Kish, P., Taylor, M., Owens, G., Osborne, N., and Curran, J. (2014). *Reliability assessment of current methods in bloodstain pattern analysis.* Washington, DC: National Institute of Justice, US Department of Justice. Available at: www.ncjrs.gov/pdffiles1/nij/grants/247180.pdf.

Langenburg, G., Champod, C., and Wertheim, P. (2009). "Testing for potential contextual bias effects during the verification stage of the ACE-V methodology when conducting fingerprint comparisons". *Journal of Forensic Sciences*, 54 (3), 571~582.

Margot, P. (2011). "Forensic science on trial – what is the law of the land?" *Australian Journal of Forensic Sciences*, 43 (2~3), 89~103.

Marquis, R., Biedermann, A., Cadola, L., Champod, C., Gueissaz, L., Massonnet, G., and Hicks, T. (2016). "Discussion on how to implement a verbalscale in a forensic laboratory: benefits, pitfalls and suggestions to avoid misunderstandings". *Science and Justice*, 56 (5), 364~370.

Martire, K. A., Kemp, R. I., Watkins, I., Sayle, M. A., and Newell, B. R. (2013). "The expression and interpretation of uncertain forensic science evidence: verbal equivalence, evidence strength, and the weak evidence effect". *Law and Human Behaviour*, 37 (3), 197~207.

Martire, K. A., Kemp, R. I., Sayle, M. A., and Newell, B. R. (2014). "On the interpretation of likelihood ratios in forensic science evidence: presentation formats and the weak evidence effect" . *Forensic Science International*, 240, 61~68

Meakin, G. and Jamieson, A. (2013). "DNA transfer: review and implications for casework" . *Forensic Science International: Genetics*, 7 (4), 434~443.

Morgan, R. M. (2017a). "Conceptualising forensic science and forensic reconstruction; Part I: a conceptual model" . *Science and Justice*, 57 (6), 455~459.

Morgan, R. M. (2017b). "Conceptualising forensic science and forensic reconstruction; Part II: the critical interaction between research, policy/law and practice" . *Science and Justice*, 57 (6), 460~467.

Morgan, R. M., French, J. C., and Meakin, G. E. (2019). "Understanding forensic trace evidence" . In R. Wortley etal. (eds) *Handbook of Crime Science*. Abingdon, UK: Routledge.

Nakhaeizadeh, S., Dror, I., and Morgan, R. M. (2014a). "Cognitive bias in forensic anthropology: visual assessment of skeletal remains is susceptible to confirmation bias" . *Science & Justice*, 54 (3), 208~214.

Nakhaeizadeh, S., Hanson, I., and Dozzi, N. (2014). "The power of contextual effects in forensic anthropology: a study of biasability in the visual interpretations of trauma analysis on skeletal remains" . *Journal of Forensic Sciences*, 59 (5), 1177~1183.

Nakhaeizadeh, S., Rando, C., Dror, I. E., and Morgan, R. M. (2017). "Cascading bias of initial exposure to information at the crime scene to the subsequent evaluation of skeletal remains" . *Journal of Forensic Sciences*, 63 (2), 403~411.

Osborne, N. K., Woods, S., Kieser, J., and Zajac, R. (2014). "Does contextual information bias bitemark comparisons?" *Science & Justice*, 54 (4), 267~273.

Page, M., Taylor, J., and Blenkin, M., (2012). "Context effects and observer bias -implications for forensic odontology" . *Journal of Forensic Sciences*, 57 (1), 108~112.

PCAST Report to the President. (2016). *Forensic science and the criminal courts: ensuring scientific validity of feature comparison methods*. Available at www.whitehouse.gov/sites/default/files/microsites/ostp/PCAST/pcast_ forensic_ science_ report_ final.pdf.

Robertson, B., Vignaux, G. A., and Berger, C. E. (2016). *Interpreting Evidence: Evaluating Forensic Science in the Courtroom*. Chichester, UK: John Wiley & Sons.

Roux, C., Crispino, F., and Ribaux O. (2012). "From forensics to forensic science". *Current Issues in Criminal Justice*, 24(1), 7~24.

Saks, M. J., Risinger, D. M., Rosenthal, R., and Thompson, W. C. (2003). "Context effects in forensic science: a review and application of the science of science to crime laboratory practice in the United States" . *Science & Justice*, 43 (2), 77~90.

Schiffer, B. and Champod, C. (2007). "The potential (negative) influence of observational biases at the analysis stage of fingermark individualisation" . *Forensic Science International*, 167 (2~3), 116~120.

Smit, N. M. , Lagnado, D. A. , Morgan, R. M. , and Fenton, N. E. (2016). "Using Bayesian networks to guide the assessment of new evidence in an appeal: a real case study" . *Crime Science*, 5, 9~21.

Taroni, F. , Aitken, C. , Garbolino, P. , and Biedermann, A. (2006). *Bayesian Networks and Probabilistic Inference in Forensic Science*. Hoboken, NJ: Wiley-Blackwell.

Taroni, F. , Bozza, S. , Biedermann, A. , Garbolino, P. , and Aitken, C. (2010). *Data Analysis in Forensic Science: A Bayesian Decision Perspective* (*Vol.* 88) . Chichester, UK: John Wiley & Sons.

van den Eeden, C. A. J. , de Poot, C. J. , and van Koppen, P. J. (2016). "Forensic expectations: investigating a crime scene with prior information" . *Science and Justice*, 56 (6), 475~481.

Villejoubert, G. , Almond, L. , and Alison, L. (2009). "Interpreting claims in offender profiles: the role of probability phrases, base-rates and perceived dangerousness" . *Applied Cognitive Psychology*, 23, 36~54.

Weston, N. (1998). The crime scene. In P. White (ed.) *The Essentials of Forensic Science*. London: Royal Society of Chemistry.

Willis, S. , Mc Kenna, L. , Mc Dermott, S. , O' Donnell, G. , Barrett, A. , Rasmusson, B. , Höglund, T. , Nordgaard, A. , Berger, C. , Sjerps, M. , Molina, J. J. L. , Zadora, G. , Aitken, C. , Lovelock, T. , Lunt, L. , Champod, C. , Biedermann, A. , Hicks, T. , and Taroni, F. (2015). "ENFSI guideline for evaluative reporting in forensic science" . www. enfsi. eu/news/enfsi-guideline-evaluative-reporting-forensic-science.

Wilson, M. (2011). "Quality assurance standards for forensic analysis of evidence" . In J. B. Cliff, H. W. Kreuzer, C. J. Ehrhardt, and D. S. Wunschel (eds) *Chemical and Physical Signatures for Microbial Forensics*. New York: Springer.

第二十九章
为未来做更好的准备：不要给它留机会

摘要

关于未来，已经有很多论述。然而，本文从未来并非预先确定的前提展开讨论。事实上，观察表明，无人能准确预测未来。博彩公司之所以盈利，是因为人们无法准确预测体育赛事的结果；许多出版物都涉及占星术，即便人们并不完全相信，但仍会广泛阅读。这或许会激发我们的乐观情绪，让我们认识到我们将“在周二学到一些对我们有利的东西”。更为严重的是，虽然有些人声称预见到了这一切，但阿拉伯之春、柏林墙的倒塌和全球金融危机都让人感到意外。然而，有一件事是肯定的，那就是无论它对我们来说是什么，未来都会发生。

本章旨在介绍一些有助于我们更好地准备和预测会影响我们未来发展的想法和方法。在政府和大公司中，这项活动有很多名称，包括“前瞻”和“地平线扫描”（哈伯格，2009）。这些术语并不总是定义得很好，但它们通常包含了一系列可以帮助我们更加了解未来的技术，使我们的规划更具战略性、对变化更有弹性，并在必要时帮助我们尽早介入。社交媒体的发展是技术如何在相对较短的时间内改变人们思维的一个有益例子。

预测社交媒体未来的发展方向颇具挑战性。互联网的增长非常显著，统计数据也相当惊人（雷根，2015）。目前，全球有超过 30 亿互联网用户，其中 22 亿是社交媒体的活跃用户。不同的分析师给出了不同的数字，但有一点是一致的，那就是这些数字正在加速。显然，这种增长需要在大公司和政府制定的许多战略中得到认可。

英国政府联合情报委员会主席约翰·戴在 2012 年进行的一次审查中，将地平线扫描定义为：

对信息进行系统审查，以确定议会任期后的潜在威胁、风险、新出现的问题和机会，从而更好地作好准备，并将缓解和利用纳入政策制定过程。

（内阁办公室，2013，第 2 页）

以下是地平线扫描的众多定义之一，实际上还有更多（例如，皮尔森，2015）。在文章中，陷入定义的泥潭似乎没有多大意义。因此，为了本章的目的，我们将采用约翰·戴的定义。

未来规划——警惕反乌托邦观点

如果你想描绘未来，想象一只靴子永远踩在人们的脸上的场景吧。

乔治·奥威尔，1984

有很多关于未来的反乌托邦观点，如上文提到的乔治·奥威尔的例子。这是一部优秀的科幻小说：法律由无情的机器人来执行。然而，为了了解未来，回顾过去将会对我们很有帮助。

以人均寿命为例，自工业化时代以来，全球各国的经济增长速度迅猛（如罗瑟所指出）。在相近的历史时期，我们可以观察到一些国家的识字率也呈现出类似的上升趋势（这些案例仅供参考）。深入分析相关数据，我们发现尽管在某些特定时期，部分国家的预期寿命出现了短暂的下降——例如，第一次世界大战期间的俄罗斯——但总体而言，无论是经济增长还是预期寿命，两者的长期趋势都是呈上升态势的。

这两个实例揭示了未来并不总是阴云密布，特别是当我们关注长期趋势而非单一事件时。常言道，世界正变得越来越紧密。尽管当今世界的财富分配存在不公，但新闻和思想的传播速度之快，以及科技进步给全球带来的巨大福祉都是不争的事实。许多曾经致命的疾病正在被治愈，甚至有望被彻底根除。同时，现代农业设备的采用使得耕作更加高效。在 1990 年至 2000 年期间，高达 16 亿人口获得了使用电力的机会，这一转变极大地改善了他们的生活条件（拜哲尔，2013）。这些进步不仅体现了人类社会的不断发展，也预示着更加光明的未来。

这正是全球化的脉动，它们是推动未来发展的强大引擎。影响这一进程的因素众多，而它们之间的相对重要性往往难以精确确定和量化。在太空探索领域，20 世纪 50 年代和 60 年代的科学家们曾预测，我们将在 20 世纪 80 年代在月球上建立基地，并在 2000 年前后在火星上实现类似的壮举。然而，火星基地的建立并未如预期那样顺利，甚至可能在相当长的一段时间内都难以实现。

与此形成鲜明对比的是，在计算能力和计算机技术方面，实际的进展远远超出了当时的预测。几乎没有人预见到会出现类似万维网这样的革命性技术，它彻底改变了我们的生活方式和信息交流的方式。这些技术的发展速度之快、影响力之深远，是当时难以想象的。

即便在 20 世纪 90 年代中期，对于网络发展趋势的预测也往往与实际情况有所出入（奥图尔，2014）。这一例子充分说明了预测未来的复杂性。地平线扫描并非关乎预测，而是关乎探索未来可能出现的各种情景，以及我们如何能够为此做好准备。在下一部分，我们将探讨一些实用的工具和方法，它们可以帮助我们在面对未来的不确定性时，做出更加周密的规划和决策。

未来规划工具

地平线扫描与风险管理紧密相连，两者共同致力于增强我们的适应能力和减轻潜在问题。在构建抗逆力和缓解策略方面，有两种策略工具尤为关键。实际上，地平线扫描中使用的某些图表与风险管理工具颇为相似。然而，地平线扫描工具的开发相对较新，且具备极高的灵活性。地平线扫描不仅需要想象力，还需要通过开发和构建场景与情节板来有效预见未来的发展趋势。英国政府已经制定了一套专门用于未来战略开发的工具（政府科学办公室，2017），这些工具值得深入研究和探讨。此外，更为全面的前瞻性思考工具可以在千禧年计划中找到。以下是一些主要的工具包，它们为我们提供了洞察未来、规划当下的重要支持。

德尔菲方法

德尔菲方法应该在项目初期使用，并且需要众多外部专家的积极参与。在迭代过程中，通过一组预先设定的议题来搜集关于潜在事件可能发生的时间及其潜在影响的深入见解。在初期，这些问题被发送至各个小组，小组成员独立且匿名地提交答案。随后，对这些回答进行范围分析。分析结果将反馈给专家小组，部分专家可能会据此调整他们最初的看法。

这一过程确认了共识的形成。在后续迭代中，通常会组建一个由利益相关者组成的第二组，以便他们能够对这些经过调整的观点进行考量。

地平线扫描

请避免与经常用于未来分析的全球通术语混淆。地平线扫描应在项目初期阶段就被采用，因为它能够审视现有证据，并识别潜在的问题。虽然许多人可能会本能地采取这种做法，但将其正式化可以带来显著的好处。我们建议构建一个结构化的地平线扫描框架。一种常见的框架是杵（也可称为敲打、击打或拍打），这些要素涵盖了外部环境的各个方面（包括社会、政治、技术、环境、经济、法律、伦理和组织）。这些研究通常分为短期（0 到 2 年）、中期（2 年到 5 年）和长期（5 年以上）三个时间范围。这些研究可以由个人独立进行，并为未来的讨论和决策提供坚实的基础。

三种视野

这是一种视觉化的方法，它能够展示出问题的重要性如何随着时间的推移而变化。通过将地平线扫描练习的结果根据时间和影响力进行绘图，我们创造了这些投影。随着发展方向逐渐明朗，某些趋势在不久的将来可能会变得更加突出。在未来，一些目前看似微不足道的趋势信号可能将会发挥关键作用。以塑料污染为例，尽管其风险早已被确认，但直到最近，我们才普遍开始意识到海洋塑料污染的严重性（海丝特和哈里森，2011）。这种方法有助于我们追踪并预见这些变化，从而为决策提供前瞻性指导。

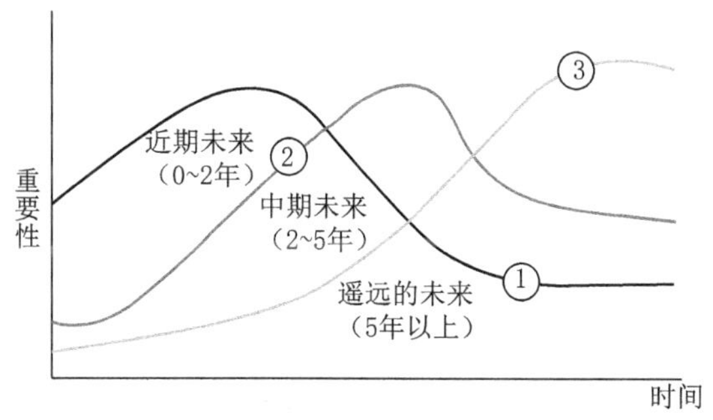

图 29.1 地平线方法表示法（摘自未来工具包，2017）

七个问题

这种技术旨在捕获来自高层管理人员及关键利益相关者的关键信息，它应当在项目启动阶段就被充分利用。该技术最早由壳牌公司提出，其原始的七个步骤在林兰和施瓦茨（1998）的研究中首次亮相。此后，SAMI 咨询公司进一步发展了这一方法，创造出了多种卓越的变体形式，以适应不同组织和情境的需求。

1. 您如何看待未来面临的关键挑战？
2. 在一切顺利、前景乐观的情况下，您理想中的成果是什么样的？
3. 如果出现不利情况，您最担忧的问题是什么？
4. 从内部系统的角度出发，我们需要进行哪些变革以确保实现预期目标？
5. 回顾历史，您认为是什么核心因素导致了当前的局面？
6. 面向未来，如果您需要承担起责任，哪些优先行动方案会被您推荐以应对可能的危机？
7. 如果所有限制都被解除，您认为可以采取哪些行动？

这些问题可以根据具体情况进行调整和优化。

因果分层分析法（Causal layerd analysis，CLA）

这项技术由伊纳亚图拉（2014）首创，它采用多维度视角对复杂情况进行综合研究。最初，它聚焦于标题性议题（在学术文献中常被描述为连篇累牍的讨论），这些议题往往带有激发情感和政治倾向的特点。接着，通过运用数据和深思熟虑的分析方法，技术进一步深入到系统层面，揭示更深层次的结构和机制。随后，探讨的层面扩展到了世界观，这实质上是公众对于特定问题的集体感知和认知，其中涉及了权利、责任等概念。最终，第四个层面可能是最为难以把握的，它在文献中被称作神话或隐喻，反映了那些深植于我们思维、情绪且近似于潜意识的信念体系。尽管这种技术的应用颇具挑战性，但其强大的分析能力不容忽视。一个典型的例证便是大规模移民问题的探讨，它揭示了深层次的社会心理和文化影响因素。

它们的标题往往会引人注目，例如《加莱扎营地数千移民的困境》或《25 万移民渴望踏入欧盟的门槛》。在第二个层面，我们不禁要问：这些人为何选择前往欧洲？可能是为了逃离原籍国的压迫政权，或是为了摆脱失业的困境，又或是在饥荒中寻求温饱。对于这一现象，目标国家持何种立场？有人主张，鉴于劳动力需求，我们可以接纳他们；也有人试图尽可能地阻止移民潮的涌入。当然，有些国家的态度则介于这两种极端之间。从第三个层面来看，移民们往往将欧洲视为一个充满就业机会和美好生活的天堂；而东道国的居民可能会有不同的看法，他们认为移民缺乏工作意愿，只想通过医疗保健和福利制度获得便利。在第四个层面上，我们可能会探讨历史对移民群体的态度，有些群体可能难以融入当地社会，无论是在宗教信仰、社会态度、家庭结构甚至饮食习惯上，都可能遭遇“文化水土不服”的挑战。

从横向和纵向的角度来看，可以看到一个更加丰富的图景，规划应该更加全面和明智。图 29. 2 显示了 CLA 方法。

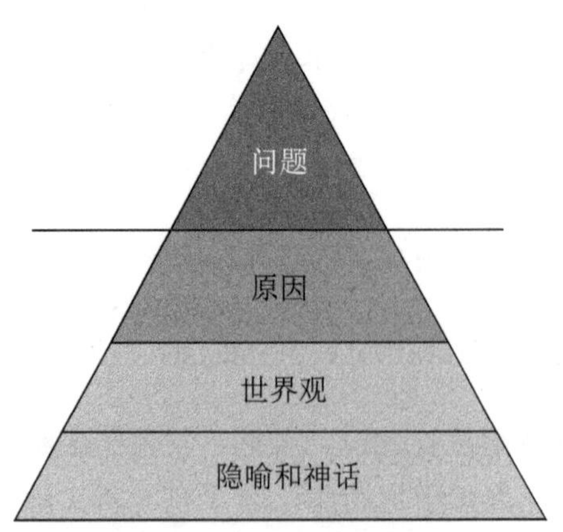

图 29. 2　CLA 方法示意图

图 29. 2 基于丰富的视觉元素构建而成。其中的金字塔常常被形象地比喻为冰山，只有 10%的表面问题能够直观地被察觉，而其余 90%的深层次问题则隐藏在视野之外。这一问题的持久性在于，导致这些状况的根本原因可能需要数年时间才能改变，而世界观的转变则需要更长的周期。隐喻和神话已经深深植根于我们的社会文化之中，因此，任何试图改变它们的过程都将是缓慢而艰难的。

请记住，未来的分析将带来持续演变的洞察。这并非一旦完成后便被置于脑后的一次性练习。随着新的信号和额外信息的显现，我们必须保持灵活性，及时更新和修正我们的分析框架。

几个有效场景

让我们探讨一些具体的案例。无疑，汽车制造业的自动化程度正在飞速提升。谷歌的无人驾驶汽车已经累计行驶超过 100 万英里，目前它们在加利福尼亚州山景城的道路上自如穿行。关于这些无人驾驶汽车的评论铺天盖地，大多出自驾驶记者之手，他们将这种乘坐体验描述为单调乏味。这主要是因为这些汽车被设计得极其注重安全，导致司机在旅途中感觉无事可做。以一个例子来说，当交通信号灯由红变绿时，无人驾驶汽车会在确认安全后才会启动，哪怕这意味着需要等待一秒钟，以避免因他人闯红灯而可能引发的事故。

众多大型汽车制造商预计将在 2020 年启动无人驾驶汽车的推广，但这些车辆的成功上路还依赖于一系列配套设施的支持。试想一下，如果不仅仅是汽车，而是整个交通体系——包括交通信号灯、路标、卫星导航和碰撞预警系统——都实现自动化无人操控，我们的世界将呈现出怎样的景象。这正是物联网技术与道路交通融合的临界点（政府科学办公室，2014）。

在这种情境下，所有汽车都能自主行驶，几乎不需要乘客的任何干预（或许完全不需要）。作为交通工具的乘客，乘坐汽车将变得与乘坐火车无异。这将带来诸多社会益处，尤其在老龄化社会中，能够显著延长老年人的活动能力。无人驾驶车辆的行驶速度限制有望大幅提升道路安全性，同时减少对当前道路监控措施的依赖。交通事故也可能成为历史。然而，仍有一些问题需要解决。对于那些热爱驾驶并希望继续享受这一活动的人来说，这些需要驾驶的传统汽车（在不久的将来可能会成为少数派）将如何与绝大多数无人驾驶汽车共存？我们是否应该允许儿童独自乘坐这些无人驾驶的交通工具？这又会对诸如酒后驾车等问题产生何种影响？这些都需要通过立法来解决，同时也需要对道路运输的基本原则进行深刻的反思。

对于汽车所有权而言，这将意味着一场变革。如果一辆汽车能够从有人驾驶模式切换到无人驾驶模式，人们可以预见未来不再需要拥有一辆私家车，而是可以根据需要随时租用。当然，设想一下，如果我们在去超市购物时遗漏了一些必需品，也许我们可以依赖无人驾驶汽车或无人机服务，让超市直接将所需物品送至我们的家中门口。这种便捷的服务将成为未来生活的一部分，极大地提升我们日常的便利性和效率。

随着创新的不断涌现，新的商业模式也应运而生。然而，正如利润的诱惑随之而来，犯罪行为也往往紧随其后。如果上述无人驾驶汽车租赁服务成为日常现实，我们必须应对欺诈行为和使用虚假账户的风险。犯罪分子可能会试图劫持乘客，或者盗用信用卡信息进行支付。为此，租赁公司必须部署强大的计算机安全措施来防止这些风险，数据加密也将成为标准做法。这是一个明确的信号，表明这些问题已经在银行、通信等领域出现，随着这些服务的日益自动化，确保安全性的挑战也日益增加。

另一个至关重要的考量是我们的“公路网络”基础设施的安全性。在信息时代，如果这一网络遭受黑客攻击，它可能变成 OC 和恐怖分子利用的工具。设想一下，由于个人的恶意行为，交通系统可能遭受瘫痪，这不仅可能导致大规模的混乱，还意味着整个国家可能面临敲诈勒索的风险。因此，确保公路网络的信息安全，对于维护社会秩序和公共安全具有不可估量的重要性。

当前，我们正目睹一个趋势，即科技与日常穿戴的融合日益紧密。那么，除了已经熟知的产品，还有哪些科技可以融入我们的衣物之中呢？以下是一些未来可能的小贴士：一件能够从我们的身体运动中收集能量，并为电子设备充电的智能服装；将手机功能整合到手表或手环中的先进技术；能够根据环境温度自动调节保暖或降温的智能衣物；以及能够展示个人信息，甚至监测和报告我们健康状况的智能服饰。这些创新不仅将提升我们的生活质量，还可能彻底改变我们对服装的传统认知。

已经有先驱者开始探索将虚拟现实（VR）和增强现实（AR）技术融入

我们的日常生活，例如谷歌推出的谷歌眼镜（诺顿，2017）。虽然这些技术目前尚未完全成熟，但众多大型企业已经积极投身这一领域，预计在未来的几年中，这些技术将得到显著的发展和普及。随着持续的创新和投资，我们有望见证这些前沿科技在现实世界中的应用逐渐成熟和广泛。

何谓能够调节情绪的穿戴技术？（文卡塔拉马南，2015）英国一家创新公司研发了一款名为 Doppel 的产品，宣称它能够像音乐一样影响并改变用户的情绪。

随着科技的进步，我们预计在未来几年，将会有越来越多的科技穿戴产品融入我们的日常生活。然而，这也会带来一个值得关注的问题：随着穿戴科技的普及，是否会像智能手机初期那样，引发一系列盗窃案件？尽管整体犯罪率可能有所下降，但手机盗窃案件的数量仍在持续上升，这是一个不容忽视的事实。面对这样的挑战，我们需要探讨并实施哪些预防措施来保护这些高科技穿戴设备，以防止类似情况的发生。

总结

我们期望本章能够突显对未来分析与前瞻性扫描的重要性。在这本探讨犯罪的著作中，任何预防犯罪的策略都将受益于前瞻性的洞察。或许在您阅读这一章节之际，其中的信息已然变得陈旧。面对科技的飞速发展，除了惊叹不已，我们还能采取哪些措施来应对那不可预知的未来？显然，我们不能坐视不管。我们必须主动出击，积极探索和适应不断变化的技术环境，以便更好地预测潜在的风险，并制定出相应的预防策略。通过不断的学习和实践，我们能够为未来的挑战作好准备，确保社会的和谐与安全。

参考文献

Badger, E. (2013). "Where a billion people still live without electricity". Citylab. www.citylab.com/life/2013/06/where-billion-people-still-live-without-electricity/5807.

Cabinet Office (2013). "Review of cross-government horizon scanning". London: Gov.UK. www.gov.uk/government/uploads/system/uploads/attachment_data/file/79252/Horizon_Scanning_Review_20121003.pdf.

Government Office for Science (2014). "Internet of Things: making the most of the second digital revolution" . Gov. UK. https://assets. publishing. service. gov. uk/government/uploads/system/uploads/attachment_ data/file/409774/14-1230-internet-of-things-review. pdf.

Government Office for Science (2017). "The futures toolkit: tools for thinking and foresight across UK Government" . Gov. UK. https://assets. publishing. service. gov. uk/government/uploads/system/uploads/attachment_ data/file/674209/futures-toolkit-edition-1. pdf.

Habegger, B. (2009). *Horizon Scanning in Government*. Zurich: Centre for Security Studies.

Hester, R. E. and Harrison, R. M. (eds) (2011). *Marine Pollution and Human Health*. London: Royal Society of Chemistry.

Inayatullah, S. (2014). "Causal layered analysis defined" . *The Futurist*, 48 (1), 26.

International Organization for Standardisation (n. d.). ISO31000 – Risk management. www. iso. org/iso-31000-risk-management. html.

Millenium Project (n. d.). *Global futures studies and research*. www. millennium-project. org.

Naughton, J. (2017). "The rebirth of Google Glass shows the merit of failure" . *The Guardian*, 23 July. www. theguardian. com/commentisfree/2017/jul/23/the-return-of-google-glass-surprising-merit-in-failure-enterprise-edition.

O' Toole, J. (2014). "5 predictions for the Web that were WAY off" . *CNN Tech*. http://money. cnn. com/2014/03/11/technology/web-predictions.

Pearson, T. (2015). "Defining 'horizon scanning'?" Simplexity analysis. www. simplexityanalysis. com/blog/2015/6/23/defining-horizon-scanning.

Regan, K. (2015). "10 amazing social media growth stats from 2015" . *Social Media Today*. www. socialmediatoday. com/social-networks/kadie-regan/2015-08-10/10-amazing-social-media-growth-stats-2015.

Ringland, G. & Schwartz, P. P. (1998). *Scenario Planning: Managing for the Future*. Chichester, UK: John Wiley & Sons.

Roser, M. (n. d.). "Life expectancy" . https://ourworldindata. org/life-expectancy.

SAMI Consulting (n. d.). "The SAMI seven questions" . www. samiconsulting. co. uk/training/sevenquestions. html.

Venkataramanan, M. (2015). "The Doppel writstband can literally change your mood" . *Wired*. www. wired. co. uk/article/doppel-wristband.

White, S. (2013). "Social media growth 2006 to 2012" . All Things Marketing. http://dstevenwhite. com/2013/02/09/social-media-growth-2006-to-2012.

第三十章
未来犯罪

摘要

犯罪的本质正在经历着变迁。以英国和威尔士最近的一项犯罪调查为例，该调查首次将网络犯罪纳入研究范畴。尽管该调查仅涉及网络犯罪的一小部分，研究结果表明，[1] 至少有半数犯罪与计算机滥用有关。值得注意的是，此次调查中许多类型的网络犯罪并未被充分考量，这可能导致了对网络犯罪实际规模的低估。互联网不仅孕育了众多新型的犯罪形式，而且新的犯罪机会远不止我们传统意义上所称呼的“网络犯罪”。这些犯罪机会正在不断扩展，超越了我们对网络犯罪的传统理解范围。

成立于 2016 年 10 月的 UCL 道斯未来犯罪中心，致力于识别并应对新兴的犯罪形态。该中心开展了一系列研究，旨在探索因技术进步而产生的新型犯罪机遇，同时探寻打击犯罪的创新方法。迄今为止，该中心已经推进了三项主要研究。第一项研究聚焦于关键科技文献的检索，旨在揭示可能对犯罪模式产生影响的新兴技术；第二项研究则系统性地回顾了 UCL 内部的研究成果，特别关注那些明确探讨科技与犯罪之间关联的讨论；第三项研究关注的是 UCL 自身开发的技术，这些技术虽潜在地与犯罪活动相关，但在之前的研究中并未得到充分探讨。通过这些研究，道斯未来犯罪中心旨在为预防和应对未来犯罪提供深刻的洞见和策略。

在本章中，我们将深入探讨这些研究成果。它们揭示了新兴技术如何可能催生新的犯罪形式（或更可能的犯罪手段），并强调了目前在这些领域内活跃的学科和大学部门的广泛多样性。值得注意的是，许多本章将要讨论的问题在主流犯罪学期刊中鲜被提及。我们的目标并非探究这一现象背后的原因，而是强调，为了有效应对未来和不断涌现的犯罪威胁，我们必须采用更为宽广的视角和明确的多学科研究方法来审视犯罪问题。通过这种方式，我们能够更全面地理解并预防犯罪活动的未来发展。

管理期望

在深入探讨后续内容之前，我们必须承认预测未来充满了挑战。无论是突如其来的趋势，还是误判的可能性，都使得准确预测变得困难重重。以1957年Lewyt Vacuum的总裁亚历克斯·莱伊特的预测为例，他声称核动力真空吸尘器将在10年内问世，然而这一预测并未成真。这一案例提醒我们，管理期望至关重要。未经审视的预测可能导致我们重复历史上的错误，正如埃克布洛姆（1997）所指出的，创新与变革的故事反复上演，新技术的引入和服务革新既能带来收益，也可能提高犯罪活动的利用率。遗憾的是，由于对犯罪预防的忽视或低估，新产品和服务往往为犯罪分子提供了新的机会。例如，20世纪80年代的犯罪模式变化（莱科克，2004）和ATM机的抢劫（盖雷特和克拉克，2003）、20世纪90年代的信用卡盗窃（列维，2000），以及21世纪初的手机盗窃（梅利等人，2008），在这些案例中，犯罪分子均利用了产品和服务的漏洞，导致了犯罪率上升。这些问题虽然都在我们的预见范围之内，但遗憾的是，我们往往是在问题出现之后才开始寻找解决方案。

在本章中，我们探讨的另一个关键议题是，我们的工作重点在于审视多种正在研发中的技术，而非深入分析某一特定技术在未来犯罪中的潜在应用。因此，我们不会对背景变化或其他相关因素进行详尽探讨。这些因素将在其他分析中得以考虑，或是作为本书第二十九章的讨论内容。虽然针对特定技术类别的深入研究是必要的，但在此我们并未展开相关报告。最后需指出的是，本章所呈现的研究成果均基于2017年初的数据。因此，在本书出版之际，一些技术的发展可能已经取得了显著的进展。

在本章的后续内容中，我们将探讨如何运用犯罪科学领域的广泛理论（例如，第一章；布鲁因斯马和约翰逊，2018）来展望未来，并利用这些理论来识别可能对犯罪活动产生影响的新技术。接下来，我们将描述在UCL进行的研究审查中所采用的方法学，并对审查的主要发现进行概括性总结。此外，我们还将简要介绍在研究过程中识别出的一些尚在发展中的犯罪技术。最终，我们将探讨犯罪预防的策略，以及不同利益相关者如何在预防未来犯罪方面发挥作用。

犯罪科学视野下的未来

在本节中，我们将对犯罪科学研究中频繁引用的一些理论观点进行精要概述。本书的其他章节，特别是第一章，已对这些理论进行更为深入的探讨。因此，我们的重点将放在这些理论的核心要素上，并阐述它们如何塑造我们对未来犯罪趋势的理解和预测。

RAA 视角（科恩和费尔森，1979；皮斯，1997；费尔森和埃克特，2015）构成了一种犯罪发生的生态学模型。该模型关注的是日常活动如何将潜在的犯罪者（具备能力和动机）与易受攻击的目标以及监管能力不足的情境相互联系起来。这一理论的核心在于认识到，不仅是犯罪者的行为，任何这些相关因素的活动变化都有可能影响犯罪事件的发生概率。因此，在面对任何技术或社会变革时，我们都应该提出这样的问题："这项创新或变革将如何影响潜在犯罪者、合适的目标以及有能力监管者的日常活动模式？"这种思考方式有助于我们预测和评估新兴因素对犯罪生态的潜在影响。

RCP 理论，一种探讨犯罪者决策的心理、经济和机会因素的模型（科尼什和克拉克，2017），基于"机会结构"的概念，深入分析了犯罪者对于预期犯罪行为中感知到的风险、所需付出的努力以及预期回报的反应。根据这一理论，犯罪者在认为潜在回报超过风险与努力时，更倾向于参与犯罪活动。因此，我们在探讨这一视角时可能会提出以下问题："技术创新或变革如何改变特定犯罪机会的实际风险、所需努力和潜在回报？"同时，我们也会探究："特定技术进步可能会开辟哪些全新的犯罪途径？"这样的分析有助于我们更好地理解技术发展对犯罪行为选择的影响。

犯罪模式理论传统上采用地理学方法来解析犯罪者的活动范围及其行为模式，以及这些因素如何影响犯罪者对本地环境和犯罪机会的认知（布兰廷厄姆夫妇和安德森，2017）。在探讨这一理论时，我们可能会提出以下问题："技术创新或变革如何改变犯罪者在特定活动空间内的行为、机遇的发现以及对风险的评估？"更进一步，我们可以思考："例如，随着新交通系统的引入和移动导航应用的普及，人们可能会探索以前未曾涉足的区域，或者由于接收到新的本地活动数据，活动空间本身可能发生哪些变化？"此外，我们还应当考虑："犯罪者如何利用新技术提供的虚拟环境或其他活动空间来实施犯罪？比如，无人机的普及使得空中空间和三维空间变得更加易于接触和利用。"这样的分析有助于我们预测和应对技术发展对犯罪模式带来的潜在影响。

犯罪诱因是一种心理学方法，它关注于直接影响犯罪行为的具体情境因素，这些因素可能使犯罪者更容易察觉或利用犯罪机会。这包括环境线索、特定事件或任何可能促使、压迫、许可或激发犯罪行为的影响（参见沃特利，2008、2017）。在探讨这一概念时，我们可能会提出以下问题："技术创新或变革如何改变情境诱因的本质、强度和模式？它们又如何影响犯罪者的易受诱惑程度？"这样的探讨有助于我们深入了解技术发展如何塑造犯罪行为的诱发因素，从而为预防和干预策略提供新的视角。

25种情境预防技术是基于风险、努力、罪犯的奖励、借口和挑衅等核心预防原则而展开的（参见克拉克和埃克，2003；以及 www. popcenter. org/25techniques/的资源）。在反思这些技术时，我们可能会深入探讨如下问题："技术创新或变革如何增强这些预防性技术的操作性和实施效果？又是如何影响各个具体技术模式的？"这样的分析有助于我们理解如何在不断变化的技术环境中有效地运用和调整预防策略，以应对新兴的犯罪挑战。

综合犯罪机会（CCO，埃克布洛姆，2011，参见 http://5isframework. wordpress. com）构成了一套全面的框架，涵盖了导致犯罪事件的直接因素及其相应的干预原则。随着时代的演进，这些因素和干预手段可能会经历变化，为我们提供了丰富的线索，以便系统地探索犯罪与安全的潜在可能性。在审视这一框架时，我们可以提出如下问题："技术创新或变革对犯罪事件的直接原因具有多大的影响力？它们又将如何扩展或调整我们干预这些原因的策略范围？"这样的探讨有助于我们预测和适应未来犯罪预防工作的复杂性，确保我们的干预措施能够有效应对不断变化的犯罪环境。

"错误行为与安全框架"是一种被称为"思维盗贼"的方法论，它旨在对多种犯罪行为进行分类，如盗用、误导、错误处理、误用和误伤，并探索相应的安全对策（见埃克布洛姆，2005、2017）。在探讨这一框架时，我们可以提出如下深刻的问题："技术创新或变革如何可能导致或限制犯罪者的滥用、冒犯等不当行为？"这样的分析有助于我们更深入地理解创新对犯罪行为模式的影响，从而为制定更有效的安全策略提供洞见。

我们采用了诸如 CRAVED（克拉克，1999）等分析框架，旨在洞察哪些特性使得某些产品成为“热门”（即高风险的盗窃目标）。这些受欢迎的产品往往具备以下特点：易于隐藏、便于携带、使用简便、价值较高、能带来愉悦体验，以及具有一次性使用的特性。通过这些框架，我们能够更深入地理解产品特性如何影响其成为犯罪目标的概率，从而为制定针对性的犯罪预防措施提供依据。

识别感兴趣的开发技术

在第一部分研究中，我们专注于识别那些可能被用于犯罪目的的技术开发。该研究的宗旨并非在于编制一份能让研究人员普遍认可的详尽清单，而是旨在梳理一份涵盖当前开发中的技术概览。为此，本研究的第一作者投入了 6 个月的时间，对主要科技出版物进行了系统的监测和审视，从相关视角对这些文献进行了深入思考。在此过程中,《科学日报》[2]、BBC 的科技栏目[3]、BBC 科学与环境网站[4] 几乎每天都会受到关注，《新科学家》杂志则每周进行一次审查，而英国工程与物理科学研究委员会（EPSRC）的杂志则是每季度被细致阅读。这种不同的扫描频率反映了各来源出版物的出版周期和更新速度。

《科学日报》和英国广播公司网站每日都会刷新科技新闻和专题报道，其内容横跨各个学科和领域，亦包含相关的社会科学信息。《科学日报》作为一份精心编纂的宣传资料，它基于来源机构提供的科学期刊文章，并常常附有指向正式出版物的链接，从而广泛覆盖了科技领域的最新动态。《新科学家》同样提供了丰富的新闻故事和特别委托的专题文章链接，这些内容不仅主题广泛，而且来源多样，为读者提供了深入且多元的视角。

《每日电讯报》《经济学人》《独立报》《连线》和《自然》等出版物的研究采取了更为精细的方法。所有审查的文章都经过了多方面的编码处理，其中最重要的考量因素是它们是否涉及到潜在的犯罪用途或安全隐患。由于这项工作仅由一名作者负责，因此在方法上可能带有一定的主观性。尽管如此，前述提到的框架被用作指导研究流程的基础。这项研究的成果是一组关键词的集合，这些关键词可用于在 UCL 员工发表的文献中进行搜索，以进一步探索相关技术发展的安全性问题。

UCL 系统回顾

正如所述，在 UCL 的研究出版物中进行了两项系统的检索工作，旨在区分两类研究：一类是明确探讨犯罪技术的开发，另一类则没有明确讨论犯罪，但未来可能涉及犯罪或安全问题。为了执行这两项检索，我们从 UCL 研究出版物服务（RPS）数据库中提取了 2013 年 1 月至 2016 年 12 月期间发布的所有研究成果，总计 89 299 条记录。在筛选过程中，有 16 144 项文献因不符合纳入标准而在四个筛选阶段之一被排除。图 30. 1 详细展示了排除这些文献的原因。最终，有 73 155 项研究成果符合进一步审查的条件。

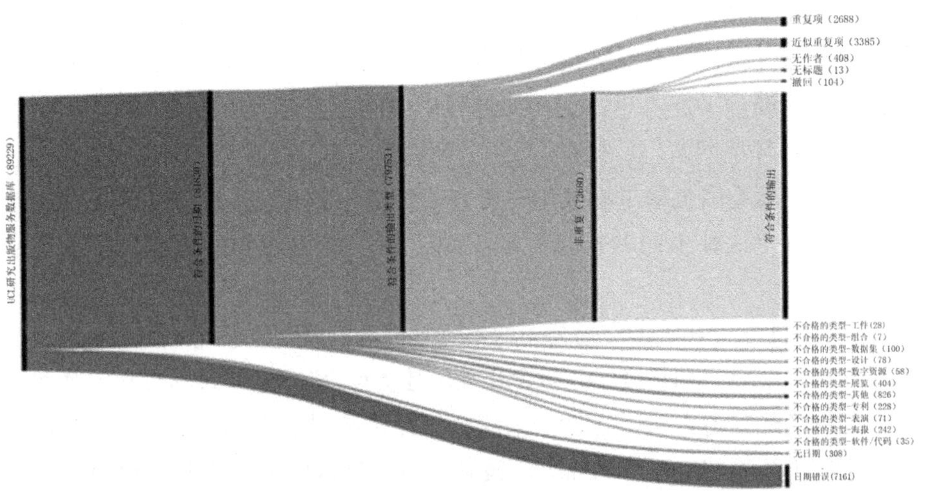

图 30. 1　Sankey 图表显示了文献选择过程以及研究成果的包含和排除

搜索 1：明确提到犯罪的研究

对上述 73 155 项产出的标题、摘要、关键词和注释进行了系统搜索，以使用以下 16 个关键词集查找与犯罪直接相关的产出：

· 攻击 *（表示攻击性、攻击性的等）	· 警察/警察

续表

· 袭击	· 抢劫/强盗
· 窃贼	· 安全 * （用于保卫、安全等）
· 犯罪	· 盗窃
· 法庭科学	· 威胁
· 恶意	· 受害者
· 谋杀	· 暴力 * （表示暴行、暴力的等）
· 冒犯 * （用于冒犯者、冒犯的等）	

请注意，字符“*”是一个通配符，因此可以识别所搜索词干的变体（例如，冒犯*可以识别冒犯、袭击和攻击等术语）。

检索结果包含了一个或多个关键词，旨在标识潜在的相关性，并为进一步的审查提供依据。“紊乱”是最初作为关键词之一而被采用的。然而，初步的测试结果表明，该关键词检索到了大量与犯罪研究不相关的成果（超过3000篇），例如，那些涉及心理健康障碍等与犯罪无关的文章。基于这一发现，“紊乱”这一关键词被从检索策略中排除。

在总计的产出中，有1 839项包含至少一个与犯罪相关的关键词。在这些成果中，UCL安全与犯罪科学系的223名员工和学生作出了显著的贡献。然而，由于我们的研究重点在于那些在非犯罪学学术领域发表的文章，我们将这些与犯罪学科直接相关的成果排除在外。经过这一筛选过程，最终确定了1 616项产出作为我们的研究样本。

随后，三名研究助理之一对剩余产出的标题、摘要和关键词进行细致审查，以评估其与研究的相关性。与之前的练习相似，这一过程不可避免地涉及一定程度的主观判断（具体细节如下所述）。尽管如此，我们严格遵循了明确的纳入和排除标准以确保筛选的准确性。本研究主要关注那些正在开发中的技术，这些技术被定义为新颖或正在研发中，并有可能在未来5年内应用于犯罪的预防或侦查。此外，评分员之间在对样本文章的评价中显示出高度一致性，这表明研究助理在审查过程的不同阶段作出了相当一致的判断。经过这一审阅过程，研究助理最终筛选出274篇文章以供进一步详尽审查。

图30.2展示了一张网络图，它揭示了研究活动在UCL的分布情况，这些

活动在摘要、标题或关键词中均有明确标识。图中每一个浅色点代表一个研究成果，而每一个深色点则代表该成果主要作者所属的学术部门。正如图 30.2 所展示的，UCL 的一些部门（及其研究人员）呈现出研究活动的集中趋势。特别是在计算机科学领域，这一点尤为显著，正如 CSEW 的数据所表明，目前至少有一半的犯罪活动都与网络有关。同时，显而易见的是，UCL 的众多部门都在进行相关研究，这强调了多学科合作对于理解犯罪与安全问题的必要性，同时也突显了我们打破学科壁垒、促进跨学科交流的重要性。

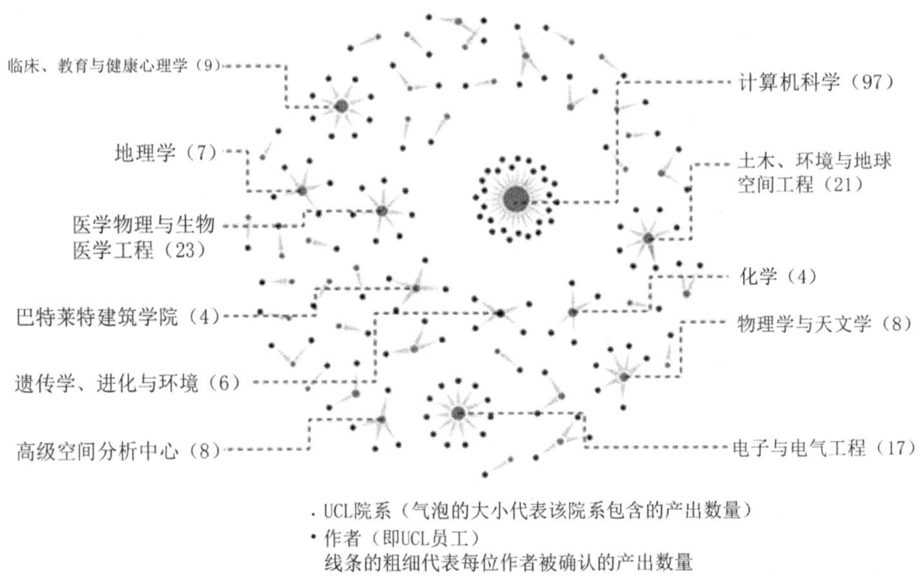

图 30.2　显示 UCL 各部门与犯罪和技术有关的研究活动的网络图

新兴主题

在这一部分，我们将从已确定的文献中引出一些一般主题。这些都是通过反复“主题分析”确定的，代表了多种类型的犯罪，例如网络犯罪、目标、技术和方法。274 个产出被分为 13 个总主题，这些主题列于表 30.1 中，以及与每一主题相关的产出数量。

表 30.1　按主题分列的出版物数量

主题	所有输出	高度相关的输出
网络安全	127	26
扫描技术	29	9
取证	22	2
其他	15	3
空间分析	15	0
警务	13	4
健康和安全	10	0
智能科技	9	1
野生动物和环境犯罪	9	0
恐怖主义	8	1
关键基础设施安全	7	1
神经科学	5	0
虚拟现实	5	0

在这些研究成果中，有一部分被进一步归类为与未来犯罪议程紧密相关的产出，共计 46 篇文章。现在，我们将重点放在这些成果上。图 30.3 揭示了已确定的主题（以浅色点表示）与主要作者所属学术部门（以深色点表示）之间的联系，部分展示是为了说明之用。网络图中的节点大小按比例调整，以直观地展示特定主题的研究产出数量，以及各个部门研究人员的工作量。主题与部门之间的连线同样按比例着色，以突出显示每个部门在每个主题上的贡献程度。观察图示可以发现一个明显的趋势：尽管研究活动在某些领域有所集中，但这些工作往往跨越多个部门，从而突显了这些犯罪问题研究的跨学科特性。

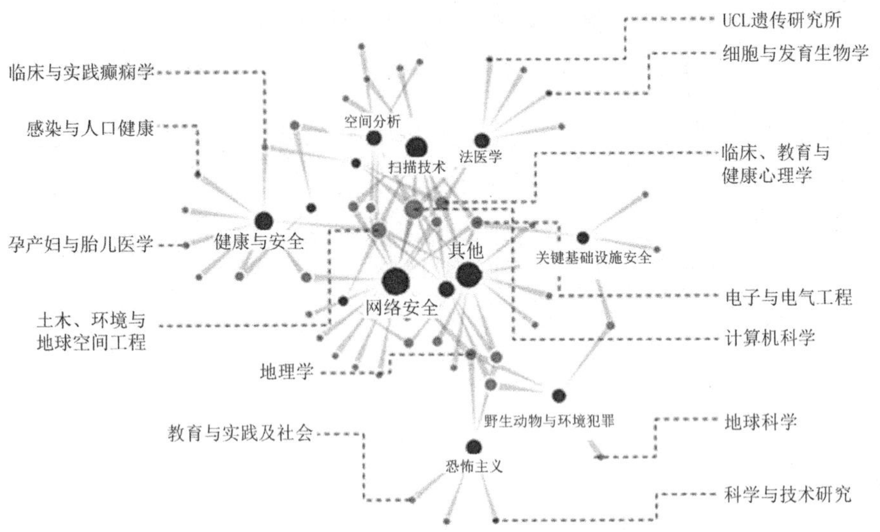

图 30.3　按研究主题和 UCL 相关部门显示研究活动的网络图

在本章中，所探讨的每一个主题及其相应研究都深远而广泛，超出了本章所能详尽阐述的范畴。取而代之的是，我们仅对其中部分议题进行了简要探讨，旨在展示当前正在进行的研究类型，并探讨这些技术如何一方面孕育了新的犯罪机遇，另一方面也为解决这些问题提供了可能性。

在网络安全主题下，共有 127 项研究成果，其中 26 项被认为与未来犯罪议题高度相关。这些产出可进一步细分为多个子类别，涵盖了政府服务隐私保护与双重认证系统（布兰道等人，2015）、云计算的安全性（济科等人，2013）、电话安全中加密技术的应用（默多克，2016）、加密货币领域（如，库尔图瓦等人，2014）、网络计算机安全的快速更新机制（福雷斯特等人，2016）、Web 浏览器的安全性（杨等人，2013）、网络攻击的传播模式（皮姆等人，2012[5]），以及 5G 网络的安全性（王等人，2016）等研究。[6] 这些子类别的探讨为我们揭示了当前网络安全领域研究的多样性和深度。

众多主题反映了新兴的网络活动技术，这些技术具备重塑未来并深刻影响日常生活的潜力，同时也可能孕育出新的犯罪机会。以货币领域为例，加密货币如比特币，得益于其匿名性和去中心化的特点，已在暗网中被犯罪分子采用一段时间。尽管如此，加密货币正逐渐被合法实体如微软、旅游公司 Expedia 以及城市中小型企业所接受。[7] 随着合法使用的增长，新的犯罪机会可能随之产生。5G 技术的推广预计将大幅提升互联网连接设备的带宽能力，进一步改变网络环境。同时，有关在线活动的其他研究探讨了在线安全技术的可用性与安全性之间的平衡（萨塞和史密斯，2016），以及网络安全警告失效的原因（萨塞，2015）。这些研究不仅揭示了技术发展带来的挑战，也为预防和应对潜在的犯罪行为提供了宝贵的洞察。

第二个主题聚焦于扫描技术领域。这包括了对货物的 X 射线图像自动分析方法的深入研究（雅卡德等人，2016；罗杰斯等人，2017），旨在提升集装箱内物品检验的效率和准确性，以及开发用于快速包装环境中非法药物检测的新系统（德拉科斯，2015）。此外，研究还涉及利用纳米材料（佩维尔，2015）探测非法物质，以及电磁成像系统（达雷尔等人，2015）的应用。与上述网络犯罪案例相似，这些关于扫描技术的研究同样是为了应对犯罪机会的演变，特别是随着货物运输方式的变革。例如，在线购物的迅猛增长和市场竞争的加剧，催生了大量“快速”包裹的流通，这在为消费者带来便利的同时，也为犯罪分子和执法机构提供了新的机会与挑战。这些研究工作不仅展现了技术进步在打击犯罪方面的潜力，也反映了在快速变化的市场环境中，持续创新以保持法律执行效率的必要性。

搜索 2：犯罪潜在影响研究

第二项调研的目的是识别那些可能对未来犯罪模式产生影响的开发技术，而这些潜在影响在文献的标题、摘要、关键词或注释中往往未被明确提及。这些研究论文并未直接探讨犯罪问题，因为从事这些技术研究的学者通常来自多个学科领域，犯罪影响仅仅是这些技术应用的潜在后果之一。因此，本研究的宗旨在于揭示这些技术发展背后所隐含的犯罪学意义，以便更全面地理解和应对技术进步带来的挑战。

同样地，我们对上述 73 155 项研究成果进行了系统的检索。在这次搜索中，我们采用了 76 个与技术研究相关的关键词进行筛选。与之前的犯罪关键词搜索类似，部分最初选择的关键词产生了大量的结果（超过 1 000 条），但经过初步的样本测试（约 5%的抽样）发现，这些结果与犯罪研究并无直接关联。因此，我们剔除了这些不相关关键词所产生的内容。[8] 此外，为了确保研究的独特性和避免重复，我们也排除了在犯罪关键词搜索中已经确定的研究成果。

在本次搜索中，我们共检索到 3 251 项包含一个或多个技术相关关键词的研究成果。与首次搜索的做法相同，每一项产出都由研究助手进行了细致的审查，以确定其是否符合我们的纳入标准，并据此决定是否保留。[9] 经过这一筛选过程，最终有 304 份出版物符合我们的要求，并被保留下来进行进一步的分析和审查。

图 30.4 揭示了在 UCL 中，这类研究活动的分布情况。值得注意的是，由于关键词搜索的焦点，所绘制的网络图不仅包含了来自社会科学学院的研究成果，还包含了 UCL 其他部门的相关产出。与图 30.2 相比，我们可以观察到一些相似之处：研究活动在特定的学部中集中，这种趋势在整个大学范围内也有所体现。然而，两者之间也存在显著差异。例如，电子与电气工程学部的表现更为突出，在图 30.4 中占 77 项产出，而在图 30.2 中仅占 17 项。此外，图 30.4 还展现了药剂学、材料科学和组织学的特点，这些在相应的图 30.2 中并未显现。在这一轮搜索中，各部门特别相关的产出数量通常超过了前一轮。这或许可以解释为未来研究犯罪问题将需要更多学科领域的参与和贡献。

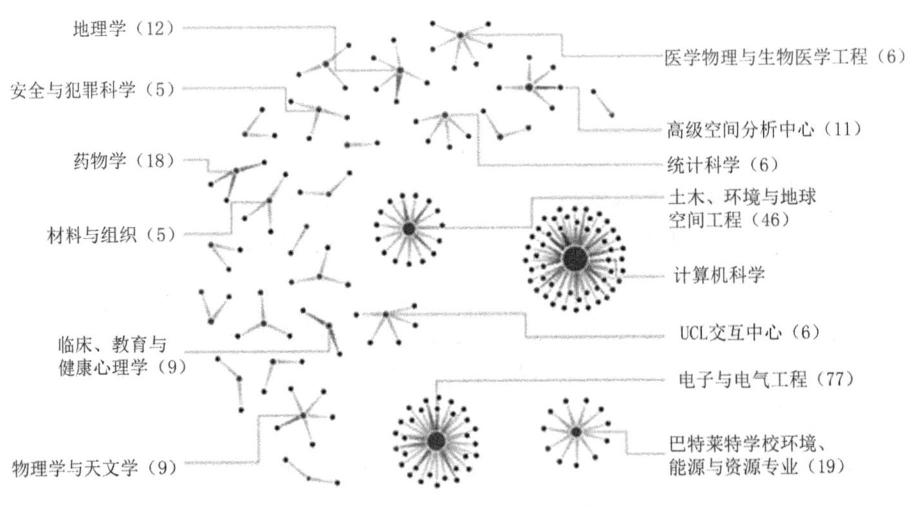

图 30.4　网络图显示了 UCL 各部门与研发对犯罪有影响的技术相关的研究活动

新兴主题

我们对 304 项产出进行了反复的“主题分析”，共揭示了 18 个“总体”研究主题。图 30.5 展示了这些研究主题（浅色点）以及主要作者的学部（深色点）。

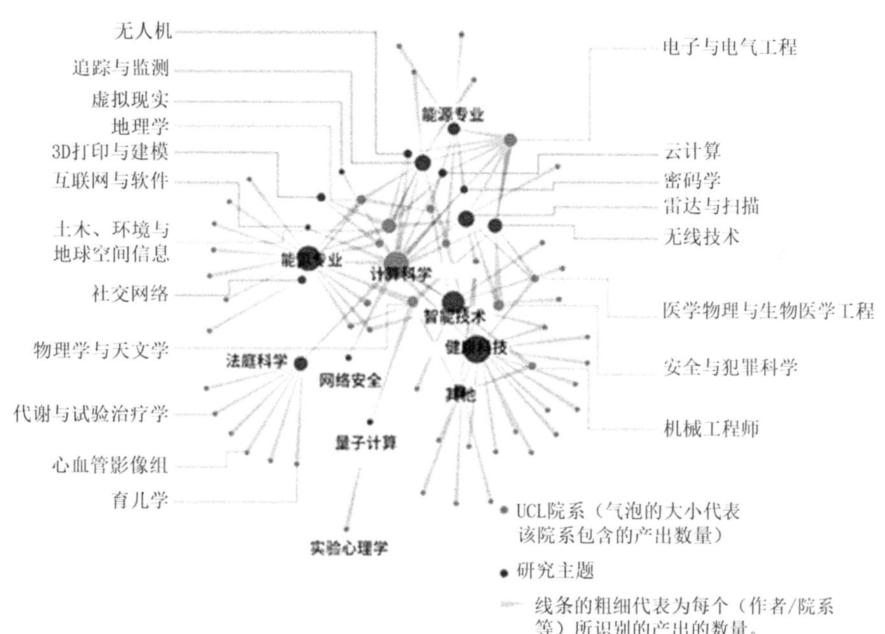

图 30.5　网络图显示了按研究主题和 UCL 相关部门划分的研究活动

在表 30.2 中，我们对研究主题进行了深入的综合分析，特别关注了 10 个本章作者认为与犯罪或犯罪预防密切相关的领域。这些领域的重要性在于它们可能对理解犯罪行为或发展预防策略有所贡献。由于篇幅限制，本章不打算对每个主题进行详尽讨论；相反，这些主题的识别旨在展现问题的广泛性和特定的重要性。因此，我们将在每个案例中提供一个概要，以勾勒出这些问题的核心内容。为此，本文精选 2 个关键主题，并将对其进行详细探讨。

表 30.2　新兴技术对犯罪的影响

话题
1. 犯罪、地点和互联网 在城市中，分析表明犯罪在空间上存在聚集，大约 20% 的地方解决了 80% 的犯罪问题。这为成功预防犯罪提供了依据。我们可以问，虽然网络犯罪不会以相同的方式发生在物理位置，但它是否以其他可能有助于我们理解（网络）犯罪及其预防的方式聚集在一起？
2. 雷达和扫描 合法包裹的移动速度越来越快，以满足消费者的需求（跨越国界和境内），这为非法货物的移动提供了机会。传感器技术的进步帮助我们可以对在容器、包裹中的东西进行检测（例如，假药），而人工智能（AI）的进步可以提高分析和理解从传感器获得的数据的速度。总之，这些技术可能在减少快速包裹为犯罪分子提供的犯罪机会方面发挥重要作用。
3. 社交网络和监控技术 移动技术和传感技术的进步使人们的身体和在线活动能够被实时跟踪和关联。这可以用于犯罪目的（例如，跟踪），但也可以用于“推动”积极行为，或扫描新出现的问题。
4. 物联网——工业和家用设备/自动驾驶汽车、智慧城市 电子设备、建筑物和其他物理基础设施越来越多地支持互联网。这为提高人们的生活质量、使我们的道路更安全，以及更有效和更可持续地运营我们的城市提供了机会。然而，如果缺乏足够的安全性，连接的基础设施可能会容易受到网络攻击。
5. 智能技术与人工智能 进步使人工系统能够学习而不是遵循指令。这场革命，以及能够以低成本进行传感的“智能设备”（例如亚马逊 Alexa）的激增，极大地增加了它们在积极应用和犯罪应用方面的潜力（见下文）。
6. 无线技术 下一代无线技术（例如 5G）旨在实现更快的数据传输、最小化能耗并允许无线能量传输。环境信号还可用于检测和跟踪封闭空间中的活动。
7. 纳米材料 纳米材料（包括石墨烯）具有微小的成分。它们的结构特性使制造可以嵌入传感器的轻质、弹性材料成为可能。这些材料可以满足特定的功能要求，这对打击犯罪具有明显的意义。这其中的例子包括警官的轻便但超强的防护服。
8. 合成生物学，包括 CRISPR CRISPR 允许 DNA 编辑和生物电路的操作。目前的应用是医药和作物，可能的应用还包括以 DNA 作为存储介质。这其中的潜在影响是深远的。犯罪示例包括基因兴奋剂和麻醉作物突变，而基因标记可能有助于追踪和防止工业材料的盗窃。

续表

话题
9. 区块链 区块链是一种电子的、开放的、分布式的账本系统，它用于安全地验证和记录交易。它可能最为人所知的是支持加密货币（包括比特币）的技术。它可能从根本上改变经济和其他基于交易的系统（例如，土地和财产登记系统），从而使其更加安全。它还可能用于在（数字）调查中获取证据。然而，其中的漏洞也可能会被利用，并且由于加密货币是匿名的，它们可以并且已经促进了网络犯罪。
10. 量子计算 量子计算将使复杂的计算（目前难以处理）能够有效地完成。这种影响将无处不在，因为当前的加密方法（保护互联网）将受到威胁。量子密码学将解决这个问题。

智能技术

正如在第二十章所讨论的，智能技术，亦称为物联网，指的是那些连接到互联网的设备，它们配备了传感器，并可能包含能够改变周围环境的执行器。这些设备的宗旨通常是提升人们的生活品质。目前市场上的一些典型例子包括智能手表和活动追踪器、心率监测器以及其他健康监测设备、联网冰箱、智能电表和家居安全系统。这些设备大多负责收集和传输数据，如健康指标、身体活动记录等。因此，这些技术的安全性至关重要，因为它们可能存储和/或传输包含个人日常生活中的敏感信息，这可能导致用户更容易遭受犯罪行为的侵害。不幸的是，DCMS 在 2018 年的报告指出，许多此类设备的安全性并不尽如人意。随着设备数量的激增，行业分析师（如加特纳）预测，到 2020 年将有大约 200 亿台设备可能被用于犯罪活动。

正如第 20 章所提及的，物联网的安全性缺陷对国家基础设施安全构成了严重威胁。鉴于物联网在日常生活中的广泛应用，这些设备能够传递和接收有关个人移动和行为的数据。犯罪分子可能会利用这些信息实施入室盗窃等犯罪行为。监控措施虽然是一种重要的预防手段，但也可能加剧家庭虐待的发生（如德拉吉维奇等人，2018）。从更广泛的犯罪机会视角来看，家庭和关键基础设施中大量使用的联网设备表明，这些设备存在着巨大的被滥用潜力，这引发了严重的担忧和潜在的后果。

在积极的进展方面，UCL 的研究团队（亨特，2016）开发了一种能够在移动设备上运作的自动说服系统（APS）。随着移动设备的广泛普及，越来越多的人将接触到 APS，这些系统有潜力影响并改变他们的行为——换言之，解决问题的方案正与问题本身同步扩展。在犯罪预防领域，研究者探讨了如何利用这些系统来遏制反社会行为，包括暴力、性别歧视和性骚扰等犯罪行为。同样，拉蒂亚等人（2013）的研究也探讨了智能手机如何在不妨碍用户的前提下感知人类行为，并通过反馈机制监测和修正这些行为。这些研究成果暗示了一种引人注目的应用前景：利用技术预防伤害性犯罪，如家庭虐待。例如，当检测到潜在的虐待行为时，智能传感器可以及时介入，并通过 APS 系统采取措施，阻止罪犯的跟踪或其他虐待行为。

在探讨家庭虐待案例的另一种设备应用时，我们遇到了这样一个情景：[10] 施虐者在对受害者进行辱骂时，无意中下达了看似报警的指令。家里的智能设备误解了这一指令，认为需要联系警方，随即自动拨打了报警电话。警方接报后迅速出动，处理了这一紧急情况。这引发了一个值得深思的问题：未来我们是否可以，又是否应该利用这种技术来预防犯罪和侦查罪犯？在探讨这些问题的同时，我们必须审慎考虑道德伦理问题，以及这种保护措施可能被滥用的风险。例如，尽管这些系统中使用的人工智能技术不断进步，但已有研究（如卡里尼和瓦格纳，2018）表明，这些系统可能在不被人类察觉的情况下，通过所谓的对抗性干扰而被误导。

智慧城市

“智慧城市”这一概念汲取了智能设备的精髓，并将其扩展至城市层面，旨在提升城市的整体运行效率，同时还能增强城市的可持续性。智能网络的融合与渗透有能力重塑城市的各个功能领域。全球各地的城市都在积极探索和部署智能技术，如智能垃圾桶、智能交通管理系统等，以期打造更加高效、环保的生活环境。

在智慧城市的愿景中，交通运输领域即将迎来翻天覆地的变革，这不仅影响着服务提供者，也同样触及每一位市民。以移动即服务（MaaS）的兴起为例，这一模式有望极大地削弱甚至消除个人对拥有私家车的需求。MaaS 通过手机应用程序，为用户提供了一站式的全程交通解决方案，从起点到终点，涵盖了多种交通方式。用户的旅程可能结合了铁路、出租车、共享汽车等多种选项，一切根据个人偏好灵活定制，理论上实现了无缝衔接的交通服务大融合。这些服务虽然有望大幅改善城市环境和提升人们的流动性，但也引发了对它们如何影响我们日常生活，以及这些变化是否会带来新的犯罪机会或是消除现有的犯罪风险的讨论。

在探讨智慧城市的话题时，一个显著忧虑的焦点是它们的脆弱性。以 2017 年的 Wannacry 网络攻击为例，该攻击严重影响了英国 1/3 院信托基金（艾伦费尔德，2017；梅尔，2018）。Wannacry 勒索软件被用作犯罪工具，攻击者通过它控制医院系统并对患者数据实行加密，迫使医院员工支付赎金以解密这些数据。在许多情况下，这些攻击严重扰乱了患者治疗的正常流程。加密货币的存在在一定程度上助长了此类犯罪活动的发生。尽管加密货币具有多项优势（布里托和卡斯蒂略，2013），但其匿名性质使得犯罪分子能够利用它们，通过传统银行系统隐藏自己的身份（参见梅克约翰等人，2013）。加密货币的使用突显了技术融合而非单一技术如何增加了犯罪风险。换句话说，如果没有加密货币这一工具，犯罪分子将难以大规模且轻松地收取赎金。从 RCP 角度来看，这些技术改变了风险、努力与回报之间的传统平衡，为犯罪分子创造了全新的犯罪机会。

正如可穿戴设备所展现的潜力一样，智慧城市在执法和预防犯罪领域亦拥有巨大的应用前景。以目前执法机构使用的环境传感器为例，它们已经能够提供类似于闭路电视摄像头的监控能力，从而辅助犯罪侦查和预防工作（法林顿，2009）。尽管目前警方常用的摄像头并未普遍接入互联网，但随着越来越多的摄像头实现网络连接，一个潜在的摄像头网络将能更有效地用于犯罪预防。这引出了一个重要问题：智慧城市基础设施中的其他传感器将如何参与到执法行动中，以及如何触发警报？为了避免出现奥威尔式的监控噩梦，我们必须审慎考虑这些技术的应用。然而，如果公众认为这些措施是在道德上合理且情有可原的，那么在适当的监管和制衡下，利用这些技术来保护我们城市的安全将大有可为。同时，确保数据来源的可靠性和核查的准确性同样关键，因为网络干扰或数据注入行为可能会增加犯罪发生的风险。

讨论

在文献回顾过程中，我们采纳了多种理论框架，如 RAA 和 RCP，以指导我们的思考。这一做法帮助我们识别了多种可能增加犯罪机会的方法，并为我们提供了解决这些已识别问题类型的思路。最为显著的是，SCP 的运用已成为打击犯罪的有效手段（克拉克，1995）。SCP 最初用于应对城市日常犯罪（例如，入室盗窃和盗窃），随后其应用范围扩展到对付恐怖主义行为（克拉克和纽曼，2006）以及网络犯罪（纽曼和克拉克，2013）。正如第一章所介绍，这一方法目前包含 25 项策略，旨在通过增加犯罪的努力（如汽车防盗装置）、增加犯罪的风险（如公共交通中的闭路电视监控）、减少犯罪的奖励（如及时清除涂鸦）、减少挑衅引起的犯罪（如在足球场设置隔离栅栏以避免球迷冲突），或消除犯罪的借口（如在酒吧安装呼气测试仪）（克拉克和埃克，2003；www. popcenter. org/25technologies）。这些建议似乎为研究者提供了一个宝贵的起点，以探索如何应对新兴的犯罪问题，或利用不断进步的技术来强化现有的犯罪预防措施。

斯科特等人（2008）提出的与日常活动相关的问题分析三角（亦见第一章）提供了一个思考未来犯罪问题解决策略的框架，尤其关注哪些角色需要参与到这些问题的解决过程中。正如本书其他部分以及本章引言中所探讨的，在日常活动中，受害者、犯罪者和有能力的监护人扮演着核心角色。当有能力的监护人在场时，犯罪的发生可能性通常会降低；而在他们缺席的情况下（这种情况往往较为常见），犯罪则更有可能发生。这一分析框架有助于我们理解如何通过调动不同参与者的作用来预防和减少犯罪。

监护人的角色可以多样化，涵盖任何能够阻止犯罪发生的有责任感的个人。在探讨新型犯罪时，我们必须深入思考这一角色的含义。无疑，警察在犯罪预防中发挥着至关重要的作用，但他们无法独自解决所有未来的犯罪问题，也不应该承担这样的责任。网络犯罪的例子揭示了监护人角色如何随着时代而演变。在这里，防病毒软件和家庭路由器成为了关键的监护工具，它们共同保护家庭网络免受互联网威胁的侵害。尽管防病毒软件面对零日漏洞攻击（即病毒或恶意软件的模式尚未被发现时）可能效果有限，但它仍然在预防已知病毒感染方面发挥着重要作用。至于路由器，它们的安全性又如何呢？绍夫奇克和麦克唐纳（2017）指出，路由器的通信技术架构师往往忽视了安全性这一重要因素，因此在犯罪机会的框架下，他们可以被视作“犯罪推动者”。这个概念指的是个人、组织或设计者无意中疏忽地或故意地增加了他人实施犯罪的可能性，例如提供易受攻击的目标或为犯罪提供便利资源。对犯罪推动者的关注促使我们更加明确地审视技术、商品和服务可能如何在未来导致犯罪，并强调除了警察之外，其他角色在预防犯罪中的潜在作用。

以路由器为例，正如绍夫奇克和麦克唐纳（2017）所指出的，人们目前往往更重视其功能而非安全性。这是未来我们需要解决的一个问题，同时，新技术的发展也应秉承类似的安全考量。

随着时间的推移，对日常活动的理解已经扩展到包括其他参与者，他们的行为和决策可能会显著影响犯罪发生的概率。这包括场所管理者（马登森和埃克，2018），他们负责监管特定场所、执行政策，以及场所使用者对这些政策的遵守程度。在展望未来犯罪防控的环境下，我们应当探讨场所管理者在减少罪犯利用新兴犯罪机会方面所能发挥的作用。例如，这可能涉及到确保社区合成生物学实验室的管理者（参见表 30.2）制定并严格执行明确的规章制度，[11] 以此确保实验室的使用者不会涉及任何犯罪行为。这样的措施有助于营造一个安全的环境，减少犯罪活动的发生。

在智慧城市的背景下，地方管理者的职责和角色面临着重新定义的必要性。随着环境日益自动化和自组织，我们不禁要问：个人的作用是否会逐渐减弱，无论这种变化是缓慢的还是迅速的？尽管这种未来可能看似遥远，但考虑到自助结账在商店中的应用已有一段时间，这种趋势对犯罪的影响值得我们密切关注。自助结账的出现消除了一种传统的监护形式，而证据（如，泰勒，2016）表明，随着这种技术的引入，商店盗窃案件的数量也随之增加，这一点并不令人意外。进一步地，我们注意到，亚马逊（位于西雅图）和中国的电商公司已经开始测试顾客的购物体验，其中顾客（通过智能手机应用注册）甚至不需要经过结账环节。以亚马逊为例，顾客只需将商品加入购物车并点击结账按钮，相应的费用就会自动从他们的账户中扣除。这种无缝的购物体验虽然便捷，但也提出了新的安全和道德挑战，需要我们深入探讨如何在智慧城市中平衡便利性与安全性。

随着人们作为地方管理者的角色可能逐渐减弱，我们必须关注如何将他们至今所承担的职责有效地整合到智能现场管理系统之中。若忽视这一点，我们则需要思考场所管理者如何能够影响这些智能系统，以减少犯罪发生的风险。显然，在不久的将来，某些环境将变得更加自动化，而其他环境则可能继续依赖于人工管理。面对这种情况，我们必须对这两种管理方式都给予充分考虑。最终，我们必须做好准备，当犯罪分子的适应能力超越了自动化安全系统的防御能力时，人工管理者将需要发挥关键作用，以应对这种适应性（埃克布洛姆，2017）。这意味着，在推进自动化和智能化管理的同时，我们不应忽视人类在预防和应对犯罪中的灵活性和创造性。

在分析犯罪预防的三角关系中，另一个关键角色是执行者，他们能够直接影响潜在犯罪者的行为。执行者通常与犯罪分子存在情感上的联系，如父母、朋友或兄弟姐妹（桑普森等人，2010）。监护人、执行者和场所管理者构成了控制者群体（同上），每个人都具备影响犯罪发生的可能性，保护受害者、阻止犯罪行为以及提升场所安全的能力。进一步延伸这些概念，研究表明超级控制者是一群间接参与犯罪预防方程式的行为者，他们能够影响激励或强制实施预防犯罪措施的方式。这包括监管机构、媒体和大众市场。超级控制者通过各种途径对所有参与者施加影响。例如，监管机构可以制定产品或服务的标准，以减少犯罪发生的风险，并确保这些标准的执行。在新兴的物联网设备领域，目前尚缺乏确保安全的标准，这导致许多设备安全性较低，易受攻击并被犯罪分子利用。[12] 在多数国家，已有法规确保车辆的适航性和驾驶安全，因此我们不禁要问，为何在物联网和类似技术领域缺乏相应的法规。目前，一些政府已经开始着手解决这一问题（例如，DCMS，2018），但这需要时间，而我们已经目睹了犯罪分子利用这些不安全设备带来的后果。我们希望这些措施尚未太晚，但显然需要尽早开始。因此，在技术开发和服务设计的早期阶段，我们必须考虑超级控制者的作用，确保（至少）那些即将普及的技术不会为犯罪提供便利，并设计出相应的安全规则（关于这一问题的详细讨论，参见克拉克，2005）。我们面临的挑战是如何将超级控制者从潜在的犯罪促进者转变为积极的、有效的犯罪预防者。

监管措施并不总是能够直接解决问题，但超级控制者依然扮演着关键的角色。以20世纪90年代英国面临的汽车犯罪问题为例，当时汽车失窃案件激增，这一现象并不令人意外，因为尽管公众呼吁采取行动，但车辆的安全保护措施严重不足。为了激发行业的积极响应，英国内政部推出了汽车失窃指数（参见莱科克，2003），该指数向消费者提供了不同品牌和型号汽车的失窃率（相对于英国道路上的汽车总数）。虽然这一指数设计简单，但它有可能影响消费者的购车决策。汽车制造商为了避免声誉受损，不得不接受这种透明度的提升。汽车失窃指数的发布成为推动汽车行业迅速提升车辆安全性的一个重要因素。这一事件展示了超级控制者如何利用数据和证据，结合消费者和声誉压力，来施加影响，而不必依赖于立法手段。这是一个清晰的例证，说明通过非正式的监管措施也能有效地促进行业变革和提升公共安全。

在本章中，我们深入探讨了科技如何为犯罪行为及其预防开辟新的可能性。然而，科技并非是塑造未来犯罪形态的唯一动力。政策层面的广泛变革、社会偏好的演变以及人口结构的变动等因素，也都可能成为影响未来犯罪模式的重要外部力量。为了预见并应对未来犯罪的新机遇，我们必须综合考虑这些变化，并探究它们与技术创新的相互作用。正如本章以及整本书开篇所强调的，识别这些影响因素、理解它们的作用机制，并寻找解决潜在问题的策略，正是犯罪科学所追求的愿景。通过这种全面的分析和准备，我们能够更好地预测和应对犯罪行为的发展趋势，从而构建一个更加安全的社会。

注释

1. 值得注意的是，调查并未涵盖所有犯罪，包括商店和其他商业活动。

2. www. sciencedaily. com.

3. www. bbc. co. uk/news/technology.

4. www. bbc. co. uk/news/science_environment.

5. 最新版本的论文由鲍德温等人（2017）发表。

6. 令人感兴趣的是，该研究采用统计模型来研究城市犯罪中的近重复现象（例如，莫勒等人，2010）。

7. www. expedia. com/Checkerout/BitcoinTermsAndConditions.

8. 尤其是“视觉”“大脑与（阅读或控制）”这两个词，分别导致了关于眼睛状态和大脑功能异常扫描等主题的识别。

9. 文章需要解决的主要标准就是要关注一种正在开发的技术，这种技术会对犯罪产生合理的影响，以及在未来 5 年内合理地应用这项研究。

10. www. independant. co. uk/life-style/gadgets-and-tech/news/man-beat-girlfriend-murder-threat-alexa-gadget-call-police-google-home-bernalillo-county-sheriff-new-a7835366. html，2018 年 6 月 25 日是最后一次访问。

11. www. nature. com/scitable/bio2. 0/synthetic-biology-at-home.

12. 有关示例，请参见 https:// Krebsonsecurity. com/tag/iot/；https:// Krebsonsecurity. com/2017/10/reaper-calm-before-the-iot-security-storm/；https://arstechnica. com/information-technology/2016/01/how-to-search-the-internet-of-things-for-photos-of-sleeping-babies.

参考文献

Baldwin, A., Gheyas, I, Ioannidis, C., Pym, D., and Williams, J. (2017). "Contagion in cyber security attacks". *Journal of the Operational Research Society*, 68 (7), 780~791.

Brandão, L. T., Christin, N., and Danezis, G. (2015). "Toward mending two nation-scale brokered identification systems". *Proceedings on Privacy Enhancing Technologies*, 2015 (2), 135~155.

Brantingham, P. J., Brantingham, P. L., and Andresen, M. (2017). "The geometry of crime and crime pattern theory". In R. Wortley and M. Townsley (eds) *Environmental Criminology and Crime Analysis* (2nd edition). London: Routledge.

Brito, J. and Castillo, A. (2013). *Bitcoin: A Primer for Policymakers.* Mercatus Center at George Mason University.

Carlini, N. and Wagner, D. (2018). "Audio adversarial examples: targeted attacks on speech-to-text". arXiv preprint, arXiv: 1801.01944.

Clarke, R. V. (1995). "Situational crime prevention". *Crime and Justice*, 19, 91~150.

Clarke, R. (1999). "Hot products: understanding, anticipating and reducing demand for stolen goods". Police Research Series Paper 112. London: Home Office.

Clarke, R. V. and Newman, G. R. (2005). "Security coding of electronic products". *Crime Prevention Studies*, 18, 231.

Clarke, R. V. G. and Newman, G. R. (2006). *Outsmarting the Terrorists.* Westport, CT: Praeger.

Cohen, L. and Felson, M. (1979). "Social change and crime rate changes: a routine activities approach". *American Sociological Review*, 44, 588~608.

Cornish, D. and Clarke, R. (2017). "The rational choice perspective". In R. Wortley and M. Townsley (eds) *Environmental Criminology and Crime Analysis* (2nd edition). London: Routledge.

Courtois, N. T., Valsorda, F., and Emirdag, P. (2014). "Private key recovery combination attacks: on extreme fragility of popular bitcoin key management, wallet and cold storage solutions in presence of poor RNG events". Available at https://eprint.iacr.org/2014/848.

Darrer, B. J., Watson, J. C., Bartlett, P. A., and Renzoni, F. (2015). "Electromagnetic imaging through thick metallic enclosures". *AIP Advances*, 5 (8), 087143.

Dragiewicz, M., Burgess, J., Matamoros-Fernάndez, A., Salter, M., Suzor, N. P.,

Woodlock, D. , and Harris, B. (2018). "Technology facilitated coercive control: domestic violence and the competing roles of digital media platforms" . *Feminist Media Studies*, 4, 609~625.

Drakos, I. (2015). "Optimisation of illicit drug detection using X-ray diffraction: drug identification using low angle X-ray scatter-DILAX III" . Doctoral dissertation, University College London.

Ehrenfeld, J. M. (2017). "Wannacry, cybersecurity and health information technology: A time to act" . *Journal of Medical Systems*, 41 (7), 104.

Ekblom, P. (1997). "Gearing up against crime: a dynamic framework to help designers keep up with the adaptive criminal in a changing world" . *International Journal of Risk Security and Crime Prevention*, 2, 249~266.

Ekblom, P. (2005). "How to police the future: scanning for scientific and technological innovations which generate potential threats and opportunities in crime, policing and crime reduction". In M. Smith and N. Tilley (eds) *Crime Science: New Approaches to Preventing and Detecting Crime*. Cullompton, UK: Willan Publishing.

Ekblom, P. (2011). *Crime Prevention, Security and Community Safety Using the 5Is Framework*. Basingstoke, UK: Palgrave Macmillan.

Ekblom, P. (2017). "Technology, opportunity, crime and crime prevention - current and evolutionary perspectives" . In B. Leclerc and E. Savona (eds) *Crime Prevention in the 21st Century*. New York: Springer.

Felson, M. and Eckert, M. (2015). *Crime and Everyday Life* (5th edition). London: Sage.

Foerster, K. T. , Schmid, S. , and Vissicchio, S. (2016). "Survey of consistent network updates" . arXiv preprint, arXiv: 1609. 02305.

Hunter, A. (2016). "Computational Persuasion with Applications in Behaviour Change" . In the annual proceedings of *Computational Models of Argument*, January, pp. 5~18.

Jaccard, N. , Rogers, T. W. , Morton, E. J. , and Griffin, L. D. (2016). "Tackling the X-ray cargo inspection challenge using machine learning" . In *Anomaly Detection and Imaging with X-Rays (ADIX)* (Vol. 9847, p. 98470N). International Society for Optics and Photonics.

Jeuk, S. , Zhou, S. , and Rio, M. (2013). "Tenant-id: tagging tenant assets in cloud environments" . In *IEEE/ACM International Symposium on Cluster, Cloud and Grid Computing (CCGrid)*, May 13, 2013 (pp. 642~647). Piscataway, NJ: IEEE.

Lathia, N. , Pejovic, V. , Rachuri, K. K. , Mascolo, C. , Musolesi, M. , and Rentfrow, P. J. (2013). "Smartphones for large-scale behavior change interventions" . *IEEE Pervasive Computing*, 12 (3), 66~73.

Levi, M. (2000). *The prevention of plastic and cheque fraud: a briefing paper*. London: Home Office.

Mailley, J., Garcia, R., Whitehead, S., and Farrell, G. (2008). "Phone theft index". *Security Journal*, 21 (3), 212~227.

Mayor, S. (2018). "Sixty seconds on ... the WannaCry cyberattack". *British Medical Journal*, 361: k1750.

Meiklejohn, S., Pomarole, M., Jordan, G., Levchenko, K., McCoy, D., Voelker, G. M., and Savage, S. (2013). "A fistful of bitcoins: characterizing payments among men with no names". In *Proceedings of the* 2013 *Conference on Internet Measurement Conference*, October (pp. 127~140). New York: ACM.

Murdoch, S. J. (2016). "Insecure by design: protocols for encrypted phone calls". *Computer*, 49 (3), 25~33.

Newman, G. R. and Clarke, R. V. (2013). *Superhighway Robbery*. Abingdon, UK: Routledge.

ONS (Office for National Statistics) (2017). "Crime Survey in England and Wales". Office for National Statistics. Available online at: www.ons.gov.uk/peoplepopulationandcommunity/crimeandjustice/bulletins/crimeinenglandandwales/yearendingmar2017#what-is-happening-to-trends-in-crime.

Pease, K. (1997). "Predicting the future: the roles of routine activity and rational choice theory". In G. Newman, R. V. G. Clarke, and S. G. Shosham (eds) *Rational Choice and Situational Crime Prevention: Theoretical Foundations*. Aldershot, UK: Dartmouth Publishing.

Peveler, W. J. R. (2015). "Development of nanomaterial-based sensors for the detection of explosives". Doctoral dissertation, University College London.

Pym, D. J., Williams, J., Ioannidis, C., Gheyas, I. A., and Baldwin, A. (2012). "Contagion in cybersecurity attacks". *In* 11*th Annual Workshop on the Economics of Information Security*. Berlin, 25~26 June.

Rogers, T. W., Jaccard, N., Morton, E. J., and Griffin, L. D. (2017). "Automated X-ray image analysis for cargo security: critical review and future promise". *Journal of X-ray Science and Technology*, 25 (1), 33~56.

Sampson, R., Eck, J. E., and Dunham, J. (2010). "Super controllers and crime prevention: a routine activity explanation of crime prevention success and failure". *Security Journal*, 23 (1), 37~51.

Sasse, A. (2015). "Scaring and bullying people into security won't work". *IEEE Security and Privacy*, 13 (3), 80~83.

Sasse, M. A. , and Smith, M. (2016). "The security-usability tradeoff myth" . *IEEE Security & Privacy*, 14 (5), 11~13.

Scott, M. , Eck, J. E. , Knutson, J. , and Goldstein, H. (2008). "Problem-oriented policing and environmental criminology" . In: R. Wortley and L. Mazerolle (eds) *Environmental Criminology and Crime Analysis*. Cullompton, UK: Willan Publishing, pp. 221~246.

Szewczyk, P. , and Macdonald, R. (2017). Broadband Router Security: "History, Challenges and Future Implications" . *Journal of Digital Forensics, Security and Law*, 12 (4), 6.

Taylor, E. (2016). "Supermarket self-checkouts and retail theft: the curious case of the SWIPERS" . *Criminology & Criminal Justice*, 16 (5), 552~567.

Welsh, B. C. and Farrington, D. P. (2009). "Public area CCTV and crime prevention: an updated systematic review and meta-analysis" . *Justice Quarterly*, 26 (4), 716~745.

Wang, L. , Wong, K. K. , Elkashlan, M. , Nallanathan, A. , and Lambotharan, S. (2016). "Secrecy and energy efficiency in massive MIMO aided heterogeneousC-RAN: a new look at interference" . *IEEE Journal of Selected Topics in Signal Processing*, 10 (8), 1375~1389.

Wortley, R. (2017). "Situational precipitators of crime" . In R. Wortley and M. Townsley (eds) *Environmental Criminology and Crime Analysis* (2nd edition). London: Routledge.

第三十一章
犯罪科学的未来方向

摘要

本书被视作犯罪科学领域的宣言书。在第一章中，我们追溯了犯罪科学的起源、发展历程及其核心特征；在第二章至第十三章中，我们展示了不同学科如何助力人们更深入地理解和更有效地应对犯罪；而第十四章至第三十章则提供了犯罪科学在实践中的案例研究。因此，本书的章节内容涵盖了极为广泛的主题范围。我们的目标之一是强调在犯罪科学这一框架下，研究的多元性和丰富性。在此意义上，本书所涉及的活动和主题仅为示例，而非穷尽无遗。我们的意图在于传达犯罪科学的广泛意义，而非试图包含所有潜在的研究方向。通过这种方式，我们旨在激发对该领域未来探索的思考和启发。

在最后一章中，我们提出了几项富有前景的研究方法，以供未来探索。我们在此提出的建议需谨慎对待：未来犯罪科学的发展将决定我们对抗犯罪的能力。同时，这些进展无疑会受到科学、技术、社会、环境和政治等多重因素的影响，其具体作用机制目前尚不明确。尽管面临这些挑战，在本章的后续内容中，我们依然提出了 3 个颇具潜力的研究方向：学术发展、扩大研究范围和深度，以及传统犯罪与新方法的结合。对于每个领域，我们都提出了一些具有启发性的子主题，这些子主题旨在提供指导而非穷尽所有可能性。

学术发展

学者们开发和探索新技术与理论是其学术使命的核心。因此，这一领域的持续进步并不令人意外。在接下来的章节中，我们建议犯罪科学可以将其学术研究重点放在以下的一些领域中。

犯罪生涯与机会关系

在第一章中，我们追溯了犯罪科学的起源，其根系于环境犯罪学。正如本书中的众多章节所展示，许多犯罪科学领域，例如环境犯罪学，主要关注的是犯罪事件本身，而非其深层根源。对于众多犯罪科学家而言，这种关注点的选择主要是因为他们致力于减少犯罪发生。大量研究证据支持这样一个观点：通过改变和优化现有环境，可以有效降低犯罪的发生概率。

然而，对犯罪关注的加深并非忽视对罪犯洞察力的重视，也不否认犯罪是人与环境相互作用的结果。以"国际犯罪率下降"的现象为例。如我们先前所述，许多西方国家的犯罪率自 20 世纪 90 年代初期至中期开始出现下降趋势（法雷尔、蒂利和特塞洛尼，2014）。这一变化伴随着犯罪年龄分布的显著转变，特别是在那些曾频繁发生的财产犯罪领域，如汽车盗窃和入室盗窃（法雷尔、莱科克和蒂利，2015）。随着时间的推移，青少年犯罪的高峰期已大幅下降（例如，参见马修斯和明顿，2018；佩恩等人，2018）。犯罪年龄曲线的走势已趋于平缓（尽管仍非完全平坦）。这表明，开始从事犯罪行为的人数正在减少。这对于那些致力于减少青少年犯罪活动，以及防止年轻人投身犯罪职业的人来说，是一个至关重要的发现。这一趋势提出了一项研究议程，旨在更深入地理解以下问题：（1）是否以及如何安全和日常活动质量及范围的改善所带来的机会变化，如何与招募青年参与犯罪活动的模式相互影响；（2）这一过程如何在长期犯罪活动模式中促成更广泛的变化。

在这一研究领域，我们面临着许多既有趣又充满挑战的任务。具体而言，这些工作包括：（1）模拟并分析不同环境与犯罪类型（包括那些可能转向网络犯罪的类型）中的机会和犯罪参与度的变化；（2）收集并分析关于犯罪模式的数据，以便能够按时间、地点和犯罪群体来重构犯罪职业生涯的模式及其变迁；（3）对现有数据集进行重新分析，特别聚焦于识别并解释机会和犯罪参与度变化的具体模式；（4）开展新颖的初步研究，特别关注犯罪行为中机会和参与度变化的新趋势。这些研究工作不仅将增进我们对犯罪动态的理解，也将为制定更有效的犯罪预防和干预策略提供科学依据。

这些建议并非意在贬低当前犯罪学研究的价值，而是旨在进一步描述和阐明犯罪生涯的复杂性。我们的意图是强调，犯罪学者通过聚焦于犯罪事件中的机会，以及这些机会与犯罪学研究长期关注的社会机会和犯罪生涯之间的相互作用，可以作出显著贡献。这种关注点的实际意义不容小觑。如果这两者之间的联系可以被确认和理解，那么相对而言，减少犯罪机会的任务可能会更加直接和可行。这是因为，与深入探究犯罪的生理和社会根源相比，寻找解决青少年犯罪问题的方法可能更为简便。

大数据分析犯罪科学研究进展

“大数据”这一概念虽然稍显宽泛，但无疑已成为一个广泛使用的术语，它指的是那些庞大的、未经加工的数据集，为深入探究人类行为趋势和模式开辟了新的途径。大数据的触角已深入现代生活的多个方面。例如，零售商常常筛选社交媒体数据，以识别哪些产品正在成为“热门趋势”，并据此预测消费者的未来购买行为。同样，能源公司也利用先进的分析软件来识别用户能源消耗的模式，以便更有效地应对能源需求的高峰。大数据甚至可能改变我们对于科学思考和执行的认知。根据安德森（2008）的观点，在大数据时代，传统的科学方法可能会逐渐淡出，而被超级计算机和机器学习技术所取代。这些技术能够分析海量数据，揭示出既可靠又往往出人意料的模式和关联。

无疑，大数据在犯罪预防和控制领域正发挥着深远的影响，并且这种影响已经显现。目前，我们不断听到政府和企业的数据库遭受黑客攻击、干扰和破坏的事件。与此同时，警方和刑事司法机构正日益依赖于大数据分析技术，以优化资源分配和提高效率。为了充分挖掘大数据在更深入理解和应对犯罪方面的潜力，目前仍有许多关键任务摆在我们面前（桑德斯和谢普茨基，2017；威廉姆斯、伯纳普和斯隆，2017）。这包括解释犯罪的本质和模式，例如通过分析手机数据来揭示个人移动模式（冈萨雷斯、伊达尔戈和巴拉巴斯，2008），以及预测犯罪发生的可能性。后者依赖于开发、验证和实施算法，这些算法可以利用历史犯罪数据来预测未来犯罪可能发生的地点（佩里，2013）。我们坚信，犯罪学研究者完全有能力在这一领域作出重要贡献，这在很大程度上需要与计算机科学和数据科学领域的技术专家紧密合作。

这种贡献可能采取多种形式。在自由探索大数据分析的过程中，我们必须警惕一个关键问题：使用内含偏见的数据（例如，某些警察数据中可能存在的对少数族裔定罪的不公平偏见）可能会无意中加剧这些偏见（贝恩，2017；弗格森，2017；夏皮罗，2018）。正如本书第一章所强调的，犯罪科学研究在追求犯罪减少的同时，必须始终牢记伦理上的考量。随着新颖且有价值的分析方法不断涌现，这一重要的警示往往容易被忽略。这意味着，在预测个人过往、当前或未来的犯罪行为时，数据分析中潜在的道德问题必须受到高度重视（哈考特，2005 年的开创性讨论，关于刑事司法精算化趋势的早期批判）。正如我们在讨论中提到的，为了预防犯罪而使用这些数据，我们并不认为这本身是一个道德上的挑战，因为它并不直接威胁到个人的自由和权利。然而，我们也必须始终注意权衡犯罪预防的潜在益处与其可能带来的负面影响。在这一过程中，确保公正和伦理的考量始终是我们行动的核心。

整合学科所面临的挑战

正如大数据的案例所清晰展示，技术的应用并非孤立无援地在真空环境中进行，而是涉及到技术层面与社会层面的交织。大量的大数据分析及其所引发的伦理议题，突显了社会科学家与数据科学家之间深入交流与合作的迫切需求。当然，这一原则同样适用于犯罪控制领域的众多其他方面。在本书的第一章中，我们已经阐述了突破传统框架的重要性，故在此不再赘述。在接下来的篇章中，我们明确希望从那些传统上未深入涉足犯罪研究的学科中汲取洞见和贡献。

然而，本书的多数贡献指出，单一学科对于普遍犯罪问题（见第一部分）或特定犯罪类别（见第二部分）的贡献往往是有限的，这反而进一步突显了犯罪科学的多学科特性。在第二十一章中，普里查德等人深入探讨了学科融合的问题。他们描绘了一个由计算机科学、心理学、犯罪学和法律专家组成的研究团队。该团队致力于创建一个模拟的网站，该网站声称提供濒临非法边缘的图片内容。当用户试图访问该网站时，他们会接收到一个旨在阻止进一步浏览的警告信息。作者们强调，正是得益于合作者们全面而深入的专业知识，这一创新项目才得以成功实施。

如第一章，实现学科整合的难度颇高。唯有破除结构性壁垒，诸如大学部门与研究资助机构中根深蒂固的学科划分，方能在学科整合之路上取得实质性的突破。然而，吉尔·丹多研究所的实践告诉我们，学科间的合作不仅可行，更是大有裨益。JDI 秉持问题导向的核心原则，汇聚了来自多元学科的专家学者，他们齐心协力，只为一个共同目标——探寻有效减少犯罪之道。共同的使命是凝聚团队协作的基石。即使我们在推进学科整合方面已取得一定进展，但我们亦需要清醒地认识到，如果我们要充分释放合作研究的潜力，尚需不断探索与努力。

扩大研究范围和深度

类似于犯罪学领域的普遍现象，犯罪科学至今仍主要关注少数特定的犯罪类型（如盗窃、入室盗窃、街头犯罪、性侵犯等），而这些犯罪往往与处于不利地位的年轻男性群体相关。在编纂本书的第二章（犯罪科学实践）过程中，我们面临的一项任务是梳理一系列研究案例，旨在突显那些被忽视或新兴的犯罪问题。然而，我们所做的仅仅是揭开了可能性的一角。在此，我们提出了一些未来的研究可能会深入探讨的犯罪学挑战。

全球范围内的犯罪和犯罪机会

“全球定位”这一术语描述了这一现象：在全球范围内，犯罪活动虽在某些区域出现衰退，却并未绝迹，反而在全球层面呈现增长趋势。从犯罪学的视角分析，这一现象提示我们必须对现有理论进行更新或重构。传统的 RAA，主要关注的是空间和时间上的相似性、易受攻击的目标以及有效监管的缺失；而环境犯罪学则着重于城市空间布局、潜在犯罪者的日常活动模式，以及犯罪目标的地理可及性如何塑造犯罪机会和犯罪分布的模式。尽管地方性犯罪仍然是犯罪活动的主体，但随着信息技术的飞速发展，全球性犯罪的影响力日益突显。如今，网络空间、数据流动以及网络中的机会意识已经成为塑造犯罪模式的关键因素（参见第十二章、第十八章、第三十章）。显然，犯罪仍然主要以财产犯罪和个人侵犯的形式出现，但犯罪目标、机会、脚本和资源如今已经跨越地理界限，遍布全球。

未来犯罪科学的一个重要发展动向在于对犯罪理论的适应性调整，制定更有效的预防犯罪策略，以及对犯罪网络和其全球性与物理性/地方性特征进行更深入的描绘，同时关注这两者之间不可避免的交汇。我们的初步探索表明这一方向是切实可行的。事实上，西德巴顿和蒂利（2017）的研究成果显示，在网络犯罪分布的分析中，物理空间犯罪模式呈现出显著的集中性特征，特别是在交友平台上的网络浪漫骗局案件中尤为明显。换句话说，研究发现犯罪活动在很大程度上被局限于少数几个实体地点，并且在网络空间中，尤其是交友网站，在所有报告的浪漫骗局中占据了不成比例的份额。

防止有组织犯罪与恐怖主义的发生

在犯罪学领域，针对OC和恐怖活动的预防研究尚显不足。在本书中，我们致力于填补这一研究空白（参见第十五章、第十六章、第十七章）。然而，这一领域的研究仍需深入挖掘。以人体器官贩运这一特定的OC形式为例，它涉及一系列可能有效的预防问题：地点、时间、行为、受害者以及激励机制等（例如，器官的来源、采集时间与方法、运输途径、身份的转换，以及哪些人知道或不知道器官的来源地）。在犯罪实施过程中，哪些因素反复成为机会的来源？（例如，具备何种管理结构的医院可能导致器官贩运风险降低、回报增加？如何通过特定关系网络确定潜在的“捐赠者”，以及如何支付获取器官的费用？）何时、何地以及采取何种措施可以有效阻止这些机会：增加犯罪风险、减少预期回报、提高犯罪难度、减少犯罪借口、消除犯罪提示和诱惑。例如，在确定“捐赠者”的过程中；在器官切除手术的实施中；在器官运输过程中，如何将贩卖的器官交由外科医生和其他卫生工作者，并最终转移到接受者手中？这些问题都需要我们进行深入探讨和解答。

针对特定感兴趣的OC形式，犯罪科学研究议程将跨越众多学科领域。在器官贩运的案例中，管理学、医学、经济学、心理学、社会学以及国际发展的专业知识，都将为揭示器官贩运模式的成因和探索切实可行的方法以减少器官贩卖机会提供宝贵的经验。这些跨学科的研究成果有望为打击器官贩运犯罪提供多元化的策略和解决方案。

在构思潜在的干预策略之前，我们必须对器官贩运进行深入的分析，这一过程同样适用于其他形式的OC。为了最大限度地减少这种犯罪所造成的损害，我们已经构建了一个庞大而全面的研究与政策议程，这一议程为我们提供了宝贵的资源和工具。通过对器官贩运的深入理解，我们可以更有效地制定策略，以应对并减轻这一及其他OC形式的危害。

白领犯罪

相较于其他所谓“体面”的、富有且权势显赫的犯罪者所犯下的罪行，这些罪行往往造成了极大的损害。涉及此类罪行的个体可能包括政府官员、执法人员、医疗专业人士、会计和律师，以及来自不同政治派别和司法管辖区的政治家和私营部门的管理人员。这些人的行为不仅破坏了社会秩序，还造成了深远的影响和严重的后果。

正如错误归因可能导致人们忽视环境对众多犯罪模式的重要作用，对于相对隐蔽的白领犯罪而言，环境因素同样关键。在这种情况下，将犯罪行为视为少数需要被识别和根除的孤立事件，是一种误导。这种观点转移了人们对那些孕育或助长犯罪行为模式的情境的注意力，以及忽略了我们可以采取哪些措施来减少犯罪机会的探讨。揭示这些情境并探索预防策略，无疑将成为未来犯罪科学研究的核心焦点。

低收入国家的伪劣药品

伪劣药品是一个普遍且代价高昂的问题，尤其对低收入群体影响深远。这些假药的形式各异，从完全不含必需活性成分的药品，到混合了无害物质的伪制剂。根据 2011 年世界经济论坛的报告，假冒药品市场的估值高达约 2000 亿美元，其规模仅次于毒品交易。

至今，大部分关于伪劣药品的研究都聚焦于问题的规模、关联性和危害性（参见克鲁斯、肯尼、奥弗林和斯柏乐，2018）。然而，对于提供预防策略的信息而言，关于造假模式和动机的研究却相对匮乏。正如“CRAVED”（即可隐藏、可移动、可用、有价值、可享受、可丢弃）被用来识别那些吸引犯罪分子、使某些物品更易被盗取的特征（克拉克，1999），我们也应探究是否某些特定类型的药物因其需求，或其产品和包装的易复制性而更易受到仿冒。这种以目标为导向的研究方法是犯罪科学领域的常规操作，但在资源有限的情况下，将犯罪科学的方法论系统地应用于伪药问题上的研究尚属罕见。我们认为，这一领域的研究迫切需要得到更多的关注和投入。

这一论述揭示了一个更为广泛的问题。至此，通过阅读本章，您应该能够清晰地认识到，尽管我们在认识上还存在巨大差距，但在控制犯罪以及理解如何有效打击犯罪的机制方面，我们已经取得了显著的进步。这些机制主要在西方民主国家得到了应用和验证。然而，同样的机制和预防技术是否能够被应用于经济欠发达地区，或是那些存在严重腐败和秩序混乱的国家，这仍是一个有待观察的问题。我们基于一个开放的前提，即这些机制能够奏效，因为它们建立在人性的某些基本特征之上——人类行为是内在倾向与外部环境力量相互作用的结果。尽管如此，我们也敏锐地意识到预防犯罪在实践中面临的挑战。在执行层面，存在诸多问题可能会影响上述预防机制的启动和持续运行。因此，我们需要一项系统性的工作计划，专注于预防机制普遍适用性的研究，以及在多样化的非典型情境中触发这些机制的效能和具体方法。

旧犯罪，新机会

犯罪科学的一个重要发现是，机会是推动犯罪发生的核心因素。这一认识促使我们明白，新技术和重大的社会变革不仅可能催生新的犯罪形式，同时也为我们提供了减少犯罪机会，进而降低犯罪率的新途径。在这一背景下，我们将探讨一些关键性的进展如何已经改变了犯罪态势，并讨论未来可能出现的发展趋势。

无形资产盗窃及其预防

传统的财产犯罪的目标是汽车、照相机、电脑等物品，但是现在的犯罪对象包括网络色情、银行存款、加密货币、音乐、电影、电脑游戏、电子书和付费电视等无形资产。到目前为止，犯罪科学的大部分注意力都集中在具有不同犯罪目标属性、需要不同犯罪技巧和独特预防挑战的物理对象上。罪犯对无形资产的渴求是存在的，但是无形资产在隐蔽性、流动性、可用性、价值性、享受性和可处置性等方面存在着不同的差异，这对犯罪预防提出了独特的挑战。让罪犯的偷窃行为和非法使用变得更危险和更困难，这可能需要 IT 专家和犯罪科学家们的关注。普里查德等人（第二十一章）先前所描述的项目是利用自动警告信息阻止个人访问儿童性剥削内容，这一策略可能在其他网络越轨行为中也会有用。

全球变迁

随着全球气候变化、人口迁移模式和人口结构的不断演变，我们可以预见未来将出现显著的社会转变。这些变化不仅会重新塑造犯罪的机会结构，还可能深刻影响犯罪的本质和类型。正如我们之前所探讨的技术进步对犯罪模式的影响，主动预测并采取措施以防止犯罪机会的这些预期变化，无疑是明智且必要的策略。通过这种前瞻性的思考和实践，我们可以更有效地应对新兴的犯罪挑战，保护社会的安全与秩序。

在北非及叙利亚等地政治局势不稳的背景下，地中海区域的人口贩卖活动显著上升。战乱、经济崩溃或两者的叠加效应，导致了大规模的人口流动，这为 OC 集团提供了可乘之机，他们在欧洲开辟了非法移民的途径。我们必须采取预防措施，避免仅在确定了贩运路线和犯罪组织网络后才采取行动。提前的干预和预防是更为有效的方式，更能打击这些非法活动并保护潜在的移民受害者。

技术发展、犯罪预见和预防犯罪

本书的核心论点是科技对我们所面临的犯罪与安全挑战产生了深远影响，并探讨了我们应该如何适应和应对这些不断演变的威胁。书中多个章节深入分析了犯罪分子如何运用尖端技术和创新手段来获取非法利益，涵盖了从比特币（梅克约翰，第十九章）到物联网（图普图克和海尔，第二十章）等议题。其他章节则专注于如何更有效地预测和应对新策略和新技术带来的犯罪风险（约翰逊，第三十章；莱西，第二十九章）。互联网的出现无疑是这些发展的一个典型例证。互联网的属性使其既成为执行合法任务的强大工具，也为犯罪分子提供了从事犯罪和恐怖活动的空间。与物联网相关的犯罪活动正逐渐浮现（Ng，2018；SafeGadget，2018）。数字革命已经重塑了犯罪与安全的局面。正如约翰逊等人（第三十章）所指出的，随着纳米技术、生物科学、机器人技术和控制论的进步，新的犯罪机会也将随之产生。新兴的武器、材料和设备（如无人驾驶汽车、3D 打印机等）可能会被滥用于犯罪活动中。为此，我们必须预见科技革新带来的新型犯罪威胁，并积极开发新的专业知识与策略来应对这些挑战。通过这种方式，我们能够确保社会的安全与法治得以维护，同时充分利用科技进步带来的积极影响。

除了面临这些新兴犯罪带来的技术性挑战，执法部门必须与掌握关键技术技能的专业人士紧密合作。技术辅助犯罪的一个显著特征是，它为许多犯罪分子提供了匿名的可能性，这一趋势对传统的刑事司法体系构成了严峻挑战。这种变化不仅改变了执法的实践方式，也影响了犯罪研究的需求和类型，要求我们重新审视和调整研究方法，以适应这一新的犯罪现象。

例如，CEM（参见沃特利和斯莫尔本，2012）。20 世纪 60 年代和 70 年代，美国（以及其他西方国家）经历了一场以书籍、照片和电影为主的小型纸质 CEM 热潮。这促使执法部门和海关部门通过一系列的传统执法活动来遏制这种趋势，包括引进新的立法、加强执法、提高起诉率和限制进口海外原材料等。这些努力非常成功，到 1980 年，据估计，美国最畅销的 CEM 杂志仅售出 800 本。1982 年，一份美国国会委员会的报告得出结论："商业 CEM 数量的减少，有赖于联邦政府负责 CEM 发行法律的颁布。"不要把 CEM 为优先事项。9 个月之后，1983 年 1 月，互联网协议签署，一切都发生了变化。

在互联网时代，CEM 的传播已经成为一个紧迫的国际性问题，涉及数以百万计的活跃犯罪者。互联网的普及为那些在传统环境下根本不可能接触或想到制作 CEM 的犯罪分子提供了渠道。然而，实际上，只有极少数犯罪者被逮捕并受到法律制裁。尽管技术上追踪许多（并非全部）犯罪者是可行的，但实际操作上的难度和资源限制使得这一任务几乎不可能完成。通过 IP 地址识别犯罪者需要付出巨大的努力，且警方资源难以承受如此庞大的工作量。此外，犯罪者可能身处世界各地，超出了当地调查机构的管辖范围。这一现状迫使执法策略从以罪犯为中心转变为利用新技术来打击和破坏犯罪者的在线匿名行为。对策必然是多元化的，例如，加强对 CEM 访问的限制（沃特利和斯莫尔本，2012）。同时，如果犯罪者从未被捕，那么运用传统心理学理论和方法来描述其心理状态实际上并无多大帮助。心理学及社会科学的价值在于：（1）理解犯罪者如何与科技互动，包括他们搜索材料的策略、对风险的态度以及避免被发现的手段，以便制定有效的对策。（2）协助执法部门合理分配工作量，确保资源能够被有效地用于处理风险最高、影响最严重的案件。（3）利用新技术来预测 CEM 犯罪的趋势及其传播方式，为打击犯罪提供科学依据。

类似的问题同样困扰着其他类型的网络犯罪，例如网络欺凌、网络诈骗以及各类网络欺诈行为。在这一背景下，犯罪科学模式的重要性日益突显，它强调预防措施的重要性以及跨学科合作的必要性，为有效应对犯罪威胁提供了理想的策略选择。

总结

在本章的序言中，我们回顾了犯罪科学的发展轨迹，并阐述了其核心特性。在章节的结尾，我们对这一领域未来可能的研究方向进行了前瞻性的探讨。我们在预测时持谨慎态度，并意识到犯罪科学的发展可能呈现出多种多样的路径。然而，有一点是确凿无疑的：犯罪科学为我们提供了一份极具价值的规划图，它不仅助力我们应对当前的犯罪挑战，也为未来可能出现的犯罪问题提供了应对策略。

参考文献

Anderson, C. （2008）“The end of theory: the data deluge makes the scientific method obsolete”. *Wired Magazine*, 16（7）, 16~17.

Brayne, S. （2017）“Big data surveillance: the case of policing”. *American Sociological Review*, 82（5）, 977~1008.

Clarke, R. （1999）*Hot products: understanding, anticipating and reducing demand for stolen goods*. London: Home Office, Policing and Reducing Crime Unit, Research, Development and Statistics Directorate.

Crews, C., Kenny, P. S., O'Flynn, D., & Speller, R. D. （2018）“Multivariate calibration of energy-dispersive X-ray diffraction data for predicting the composition of pharmaceutical tablets in packaging”. *Journal of Pharmaceutical and Biomedical Analysis*, 151, 186~193.

Farrell, G., Laycock, G., & Tilley, N. （2015）“Debuts and legacies: the crime drop and the role of adolescence-limited and persistent offending”. *Crime Science*, 4（1）, 16.

Farrell, G., Tilley, N., & Tseloni, A. （2014）“Why the crime drops?” *Crime and Justice*, 43, 421~490.

Ferguson, A. G. （2017）*The Rise of Big Data Policing: Surveillance, Race, and the Future of Law Enforcement*. New York: New York University Press.

Gonzalez, M. C., Hidalgo, C. A., & Barabasi, A. L. （2008）“Understanding individual human mobility patterns" . *Nature*, 453 (7196), 779.

Harcourt, B. E. (2005) *Against Prediction: Sentencing, Policing, and Punishing in an Actuarial Age*. University of Chicago Public Law & Legal Theory Working Paper No. 94.

Matthews, B. & Minton, J. (2018) "Rethinking one of criminology's 'brute facts': the age-crime curve and the crime drop in Scotland" . *European Journal of Criminology*, 15 (3), 296~320.

Ng, A. (15 March 2018) "IoT attacks are getting worse - and no one's listening" . C/Net. March 15. www. cnet. com/news/iot-attacks-hacker-kaspersky-are-getting-worse-and-no-one-is-listening.

Payne, J., Brown, R., & Broadhurst, R. (2018) "Where have all the young offenders gone? Examining changes in offending between two NSW birth cohorts" . *Trends and Issues in Crime and Criminal Justice No*. 553. Canberra: Australian Institute of Criminology.

Perry, W. L. (2013) *Predictive Policing: The Role of Crime Forecasting in Law Enforcement Operations*. Santa Monica, CA: Rand Corporation.

SafeGadget (1 January 2018) "Hacked Internet of Things database" . SafeGadget. www. safegadget. com/139/hacked-internet-things-database.

Sanders, C. B. & Sheptycki, J. (2017) "Policing, crime and 'big data'; towards a critique of the moral economy of stochastic governance" . *Crime, Law and Social Change*, 68 (1~2), 1~15.

Shapiro, A. (2018) "The Rise of big data policing: surveillance, race, and the future of law enforcement" . *Surveillance & Society*, 16 (1), 123~126.

Sidebottom, A. & Tilley, N. (2017) "Designing crime against systems: introducing leaky systems" . In N. Tilley & A. Sidebottom (eds) *Handbook of Crime Prevention and Community Safety*. London: Routledge.

Williams, M. L., Burnap, P., & Sloan, L. (2017) "Crime sensing with big data: the affordances and limitations of using open-source communications to estimate crime patterns" . *The British Journal of Criminology*, 57 (2), 320~340.

Wortley, R. & Smallbone, S. (2012) *Internet Child Pornography: Causes, Investigation and Prevention*. Santa Barbara, CA: Praeger.

后　记

犯罪学作为一门研究犯罪现象及其成因、预防和控制的学科，自诞生之初便伴随着社会的发展不断演进。在百年的发展历程中，犯罪学经历了古典主义学派和实证主义学派的繁荣，如今又迎来了新催生的犯罪科学学派。古典主义学派以19世纪意大利的三位著名犯罪学家切萨雷·龙勃罗梭（Cesare Lombroso）、恩里科·菲利（Enrico Ferri）和拉斐尔·加罗法洛（Raffaele Garofalo）为代表，迈出了犯罪学具有里程碑式意义的一步，他们试图从科学的角度来解释犯罪现象，以期能够预防和打击犯罪。他们对犯罪学的发展作出了基础性贡献。但是古典主义学派有其局限性，如“天生犯罪人”理论，也因此，实证主义学派应运而生。它反驳了古典主义学派的诸多观点，并运用人类学、生物学、心理学和社会学等学科的实证方法和理论来研究犯罪现象，为犯罪学的发展带来了革命性的变化。著名的“芝加哥”学派也是在这一时期诞生并延续至今。如今，犯罪科学学派在继承前两大学派的基础上，运用现代科学技术手段，以打破固有学科边际的哲学理念，运用多学科和多背景的理论和方法来对犯罪现象进行深入研究，以期用实用主义的方式更好地预防和控制犯罪。我博士就读的英国伦敦大学学院安全与犯罪科学系是该学派的创建者，也是此学派的领军者。

《犯罪科学》是英国伦敦大学学院诸位著名学者联袂的重磅学术书籍，旨在从多学科的角度探讨犯罪现象的成因、预防和控制策略。本书融合了法学、心理学、社会学、生物学、人类学、和数据科学等多个学科的研究成果，以跨学科的视角对犯罪行为进行科学分析。从犯罪类型、犯罪动机、犯罪心理、犯罪环境、文化背景等多角度详细解析了复杂的犯罪现象，并探讨了个体、家庭、社会环境等多方面因素对犯罪的影响。本书涵盖了犯罪理论、犯罪预防策略、犯罪控制方法、犯罪科学应用及其未来展望等多个方面。它提出了包括社会预防、心理预防、法律预防在内的多种预防策略，分析了刑事侦查、刑事司法、监狱改造等控制手段，并关注犯罪数据分析、风险评估、犯罪预测等实际应用。通过对犯罪科学的全面探讨，本书不仅为犯罪预防、犯罪控制和刑事司法实践提供了理论支持和实践指导，而且对犯罪学领域的研究者和实践者具有极高的参考价值，是一部既有理论深度又具实践指导意义的学术力作。

对于本书的出版问世，我要感谢我的恩师裴广川教授和中国政法大学出版社的尹树东社长。作为一名青年学者，能够得到他们的悉心指导、认可与鼓励，对我来说倍感振奋。本书的初稿于我留学英国攻读博士学位期间完成，裴教授在审阅初稿后，不吝赐教，夜以继日地为我提供了宝贵的意见和细致的修改建议，更亲自执笔为本书撰写序言。尹社长在我提出出版意向后，也给予了坚定的支持和热情的鼓励。此外，我还要对中国政法大学出版社的刘晶晶老师和柴之浩老师表达由衷的感激之情，他们在编辑和校对工作中展现出的专业素养和辛勤付出，让我在每一次交流中都收获满满，也为本书的顺利出版打下了坚实的基础。展望未来，我期待与各位前辈、老师继续携手合作，为推动我国犯罪研究的不断发展贡献绵薄之力。

最后，我要对我的家人表示衷心的感谢。本书初稿的撰写过程刚好经历了英国疫情肆虐的三年，对于我来说，这意义非凡。疫情伊始，我在殚精竭虑之时，正是你们无微不至的关怀温暖了远在伦敦独自一人求学的我。也是在你们的关心和鼓励下，我才能够坚持完成本书的近四十余万字的撰写工作。无数个夜以继日才换来本书的成功出版，你们陪伴着我经历了一切，甚至你们无数次的校对工作也为本书提供了实质性的帮助。如沐春风的关爱使我在前进的过程中从来不惧风雨，满怀期许的默默关注是我严谨治学的力量源泉。

综上所述，我诚挚地希望本书能够为广大的读者、学者、专业人士和学生带来宝贵的知识与启示。作为西方犯罪学领域最新也是最权威的经典之作，本书是我在咨询中西方多方专家的意见后，最终选定的作品，同时本书也是我在英国留学期间反复阅读的专业书籍之一。我的初衷是希望本书的出版能够让我国的学者、实务人员、学生和对犯罪学感兴趣的读者能够了解西方犯罪研究的最新动态，从而助力于我国犯罪研究的发展和进步。诚然，作为青年学者，书中难免可能存在不足之处，恳请广大读者海涵。最后，我真诚地邀请更多的人关注并从事犯罪研究事业，让我们携手同行，共创犯罪研究领域的蓬勃发展。

徐轶超

2025 年 1 月 1 日

图书在版编目（CIP）数据

犯罪科学 / (澳) 理查德·沃特利 (Richard Wortley) 等编 ; 徐铁超译. -- 北京 : 中国政法大学出版社, 2025. 4. -- ISBN 978-7-5764-2057-9

Ⅰ. D917

中国国家版本馆 CIP 数据核字第 2025BT3723 号

出版者　中国政法大学出版社

地　址　北京市海淀区西土城路 25 号

邮　箱　fadapress@163.com

网　址　http://www.cuplpress.com (网络实名：中国政法大学出版社)

电　话　010-58908524(第六编辑部) 58908334(邮购部)

承　印　保定市中画美凯印刷有限公司

开　本　720mm×960mm　1/16

印　张　40

字　数　640 千字

版　次　2025 年 4 月第 1 版

印　次　2025 年 4 月第 1 次印刷

定　价　139.00 元